내게 『속죄의 새 지평』은 손에 땀을 쥐게 하는 '신학 스릴러'였다. 현시대에 가장 중요한 히브리서 학자라고 할 수 있는 데이비드 모팟은 히브리서에서 거의 다루어지지 않았던 주제인 부활에 대한 새로운 이해를 제공한 바 있다. 특히 그는 유대 묵시적 세계관의 견지에서 부활과 속죄의 관계를 조명했다. 모팟은 그리스도의 십자가 죽음을 속죄의 전체라기보다는 속죄의 필수적 전제 조건으로 여기며 속죄를 십자가에서 시작하여 천상 성전에서 절정에 달하는 연속으로 이해한다. 이제 이 책에서 모팟은 히브리서에서 예수의 십자가 죽음은 언약을 출범하는 사건으로, 승천과 부활은 언약 관계를 유지하기 위한 지속적인 희생 제의라는 견지에서 재해석을 시도한다. 또한 부활, 천상 세계, 하나님 백성의 광야 정체성의 중요성을 새롭게 조명한다. 히브리서에 대한 격렬한 논쟁의 장으로 독자들을 초대하는 이 책은 히브리서와 신약의 속죄를 깊이 이해하고자 하는 모든 이의 서가에 놓일 것이다.

김규섭 아신대학교 신약학 교수

세인트앤드루스 대학교에서 신약학을 가르치는 데이비드 모팟 교수는 구약학자 제이컵 밀그롬과 크리스티안 에버하르트의 레위기 제사와 속죄에 대한 연구를 히브리서에 적용하여 기독론과 구원론의 전통적 합의점에 균열을 일으켰다. 그는 구원이나 속죄가 예수의 죽음으로 완성된 것이 아니라, 예수의 죽음과 부활, 승천, 중보, 재림을 포함한다고 주장한다. 구원의 서정을 인간론이 아니라 기독론으로 풀어냄으로써 신약신학에 신선한 충격을 준 『속죄의 새 지평』을 기독론과 구원론 및 히브리서 연구에 관심 있는 신학생, 목회자, 신·구약학자에게 강력하게 추천한다.

이상일 총신대학교 신학대학원 신약학 교수

세계 성서학계, 특히 히브리서 주석가들에게 적지 않은 파장을 일으켰던 데이비드 모핏의 저술이 우리말로 번역 소개되니 참 잘된 일이다. 모핏은 윌리엄 틴들 이후 신학계에 자리 잡아 온 '속죄'에 대한 개념적 혼동에 문제를 제기하면서, 히브리서의 속죄 개념이 그리스도의 십자가 죽음에서 끝나는 것이 아니라 그의 부활과 승천, 그리고 지금도 계속되는 그리스도의 중보적 사역을 아우른다는 과감한 논지를 전개한다. 대속죄일 제의를 렌즈로 삼아 그리스도의 구원 사역이 지닌 제의적 의미를 발견해 낸 히브리서의 독특한 신학을 치밀하고 명쾌하게 설명하고 그것을 초기 기독교 및 교부들과 연결한 것이 이 책의 특장점이다. 이미 세계 성서학계에서 히브리서를 공부하는 이들이 거쳐 가야 할 학자로 자리 잡은 모핏의 논의가 우리 성서학계, 신학자, 목회자에게도 신선한 안목을 선사해 주리라 믿는다.

조재천 전주대학교 선교신학대학원 교수

데이비드 모핏은 히브리서 연구에 혁명을 일으킨 저자로, 자신의 주해적 논증의 글을 모은 『속죄의 새 지평』을 통해 성육신, 죽음, 부활, 승천, 좌정 등 그리스도 안에서 이루어진 사역에 대한 총체적 이해를 회복하도록 도전한다. 그는 내가 히브리서를 읽는 방법뿐만 아니라 신앙을 생각하는 방식까지 변화시켰다. 이 책을 내 학생들과 교구민들에게 전해 주고 싶다.

에이미 필러 휘튼 칼리지 신약학 교수

모핏은 예수의 십자가 죽음으로 지상의 구원 사역은 완성되었지만 하늘에서의 제사장 사역은 계속되고 있으며, 이 역시 예수의 구원 사역과 속죄 사역의 일부임을 설득력 있게 주장한다. 이 책은 단순히 새로운 생각이 아니라 속죄 신학에서의 코페르니쿠스 혁명이다. 천체(부활하고 승천하신 예수 그리스도)의 움직임에 관한 것이며, 전통적인 구원론적 양극성을 뒤바꾸기를 요구하기 때문이다.

케빈 밴후저 트리니티 복음주의 신학교 조직신학 교수

신약성경을 안다는 생각을 다시 생각하게 만드는 새로운 저작이 등장하는 경우는 매우 드물다. 모팻의 히브리서 연구는 바로 그런 식으로 우리에게 다가온 획기적인 작품이다. 그는 심도 있는 연구가 담긴 이 새로운 글 모음집을 통해, 히브리서의 부활과 속죄에 대한 자신의 초기 해석을 기초로 하여 그것을 설득력 있게 확장하면서 다른 신약 문서들의 신학도 함께 조명한다. 명확하고 엄격한 주해를 이해하는 훈련을 받은 이들에게 이 책은 우유가 아닌 단단한 음식이다.

리처드 헤이스 듀크 대학교 명예 교수

데이비드 모팻의 신간은 언제나 반갑다. 이 책은 모팻이 제사의 성경적 논리에 대한 정확하고 명쾌한 분석을 히브리서와 다른 신약 본문에 적용한 여러 중요한 글을 모았다. 모팻은 엄밀한 주해 능력과 신학적 통찰력으로, 속죄에 대한 성경적 이해 안에서 예수의 부활과 승천(그리고 죽음)의 구원적 의미를 재검토해야 한다는 설득력 있고 긴박한 주장을 펼친다. 히브리서 연구에 필요불가결한 책, 속죄 신학 발전을 위한 기초가 될 책이다.

러브데이 알렉산더 셰필드 대학교 명예 교수

『속죄의 새 지평』은 엄격하고 깊이 있는 최고 수준의 성서학을 대표하는 책이다. 이 책은 단순히 독창적이기만 한 게 아니라 단연코 이 분야의 판도를 바꾸어 놓을 것이다. 모팻의 주해적 논증을 자세히 다루지 않고는 기독론은 물론 속죄에 관한 글을 쓰기가 더 이상 불가능할 것이기 때문이다. 하지만 가장 흥미진진한 점은, 단순히 그가 속죄에 대한 일반적 가정 속의 심각한 결함을 명쾌하게 보여 준다는 것이 아니라, 그 과정에서 복음을 생생하게 전달해 준다는 점이다. 성서학자뿐 아니라 여러 신학자와 학생, 목회자 모두에게 필독서가 되어야 하는, 성서학계에서 보기 드문 책 중 하나다. 아무리 추천해도 지나치지 않을 놀라운 책이다!

앨런 토런스 세인트앤드루스 대학교 명예 교수

현존하는 가장 훌륭한 신약학자 중 한 사람인 데이비드 모팟의 걸작이다. 이 책은 그의 가장 영향력 있는 글들을 모은 편리하고 합리적인 선집으로, 모팟에 대해 잘 모르는 이들에게는 그를 알 수 있는 기회를, 익숙한 이들에게는 그의 가장 영향력 있는 작업을 손쉽게 접할 기회를 제공한다.

매디슨 피어스 웨스턴 신학교 신약학 교수

속죄의
새 지평

IVP(InterVarsity Press)는
캠퍼스와 세상 속의 하나님 나라 운동을 지향하는
IVF(InterVarsity Christian Fellowship)의 출판부로
생각하는 그리스도인을 위한 문서 운동을 실천합니다.

© 2022 by David M. Moffitt
Originally published in English under the title
Rethinking the Atonement by Baker Academic,
A division of Baker Publishing Group
P.O. Box 6287, Grand Rapids, MI 49516, U. S. A.
All rights reserved.

Used and translated by the permission of Baker Publishing Group
through rMaeng2, Seoul, Republic of Korea.

This Korean translation edition © 2024 by Korea InterVarsity Press
156-10 Donggyo-ro, Mapo-gu, Seoul 04031, Republic of Korea.

이 한국어판의 저작권은 알맹2를 통하여
Baker Publishing Group과 독점 계약한 IVP에 있습니다.
신 저작권법에 의하여 한국 내에서 보호받는 저작물이므로
무단 전재와 복제를 금합니다.

속죄의
새 지평

예수의 죽음, 부활, 승천으로
구원을 다시 생각하다

데이비드 모핏
박장훈 옮김

N. T. 라이트 서문

Ivp

차례

약어 11

서문 — N. T. 라이트 17

1. 속죄 다시 생각하기 29
   서론

2. 모델로서의 모세 39
   히브리서에 나타난 예수의 죽음, 유월절, 마귀의 패배

3. 광야 정체성과 오경 내러티브 67
   히브리서에서 예수의 취임과 새 언약의 유지 구별하기

4. 이사야 53장, 히브리서, 언약 갱신 91

5. "다른 제사장이 일어나면" 129
   예수의 부활과 히브리서의 대제사장 기독론

6. 피, 생명, 속죄 147
   속죄일에 대한 히브리서의 기독론적 전유에 대한 재평가

7. 약하고 쓸모없는? 165
   히브리서에서의 정결, 모세 율법, 완전함

8. 하늘 성막에서의 섬김 189
   신성한 공간, 예수의 대제사장적 제사, 히브리서의 유비적 신학

9. 다 이루지 않았다   215
   히브리서에서 하늘 대제사장으로서의 예수의 지속적인 속죄 사역

10. 히브리서에서 성육신과 예수가 드리는 제사의 방향성에 대한 관찰   249

11. 초기 기독교의 히브리서 수용에 나타나는 예수의 천상적 제사   279
    개관

12. 의로운 피 흘림, 마태의 수난 내러티브, 성전 파괴   313
    마태복음의 상호본문으로서의 예레미야애가

13. 마태복음에 나오는 요나의 표적과 예언자 모티프   349
    이방인 선교로 나아가기

14. 오른편에서의 속죄   365
    사도행전에서 예수 승천의 제사적 의미

15. '신조'를 긍정하다   395
    고린도전서 15:3b-7에서 바울이 초기 기독교 공식을 인용한 범위

저자 찾아보기   437

성경과 고대 문헌 찾아보기   447

나에게 길을 알려 주시고,

그 길을 걷는 법을

자신들의 삶을 통해 보여 주신

부모님께.

약어

성경 버전

LXX	Septuagint
MT	Masoretic Text
NA^{27}	*Novum Testamentum Graece*. Edited by [E. and E. Nestle,] B. Aland et al., 27th rev. ed. Stuttgart: Deutsche Bibelgesellschaft, 1993
NA^{28}	*Novum Testamentum Graece*. Edited by [E. and E. Nestle,] B. Aland et al., 28th rev. ed. Stuttgart: Deutsche Bibelgesellschaft, 2012
NETS	A New English Translation of the Septuagint
NRSV	New Revised Standard Version
RSV	Revised Standard Version

구약 외경 / 제2경전

1-4 Macc.	1-4 Maccabees
Sir.	Sirach
Wis.	Wisdom (of Solomon)

구약 위경

Apoc. Ezra	Apocalypse of Ezra
Apocr. Ezek.	Apocryphon of Ezekiel
Apoc. Sedr.	Apocalypse of Sedrach

3 Bar.	3 Baruch (Greek Apocalypse)
1 En.	1 Enoch (Ethiopic Apocalypse)
2 En.	2 Enoch (Slavonic Apocalypse)
Jub.	Jubilees
Pss. Sol.	Psalms of Solomon
T. Ab.	Testament of Abraham
T. Levi	Testament of Levi
T. 12 Patr.	Testaments of the Twelve Patriarchs

타르굼

Tg. Isa.	Targum Isaiah
Tg. Lam.	Targum Lamentations
Tg. Neof.	Targum Neofiti
Tg. Zech.	Targum Zechariah

그 외 랍비 저작

Lam. Rab.	Lamentations Rabbah
Mek. Amalek	Mekilta Amalek
Mek. Pisḥa	Mekilta Pisḥa
m. Zebaḥ.	mishnah Zebaḥim
Pesiq. Rab.	Pesiqta Rabbati
Pirqe R. El.	Pirqe Rabbi Eliezer

신약 외경과 위경

Apos. Con.	Apostolic Constitutions and Canons

그리스어, 라틴어 저작

이레나이우스

Haer.	*Against Heresies*

요세푸스

Ant.	*Jewish Antiquities*

오리게네스

Hom. Lev.	*Homiliae in Leviticum*

필론

Congr.	*De congressu eruditionis gratia*
Legat.	*Legatio ad Gaium*
Mos.	*De vita Mosis*
QE	*Quaestiones et solutiones in Exodum*
Somn.	*De somniis*
Spec.	*De specialibus legibus*

현대 저작

AB	Anchor Bible
ANF	*Ante-Nicene Fathers*. Edited by Alexander Roberts and James Donaldson. 10 vols. Reprint, Peabody, MA: Hendrickson, 1994.
BECNT	Baker Exegetical Commentary on the New Testament
BETL	Bibliotheca Ephemeridum Theologicarum Lovaniensium
BNTC	Black's New Testament Commentaries
BZNW	Beihefte zur Zeitschrift für die neutestamentliche Wissenschaft
CBQ	*Catholic Biblical Quarterly*
CCL	Classic Commentary Library
CPG	*Clavis Patrum Graecorum*. Edited by Maurice Geerard. 5 vols. Turnhout: Brepols, 1974-1987.
CSCO	Corpus Scriptorum Christianorum Orientalium. Edited by Jean Baptiste Chabot et al. Paris, 1903.
CSEL	Corpus Scriptorum Ecclesiasticorum Latinorum
DDD	*Dictionary of Deities and Demons in the Bible*. Edited by Karel van der Toorn, Bob Becking, and Pieter W. van der Horst.

	Leiden: Brill, 1995. 2nd rev. ed. Grand Rapids: Eerdmans, 1999.
EDSS	*Encyclopedia of the Dead Sea Scrolls.* Edited by Lawrence H. Shiffman and James C. VanderKam. 2 vols. New York: Oxford University Press, 2000.
EKKNT	Evangelisch-katholischer Kommentar zum Neuen Testament
EvT	*Evangelische Theologie*
FC	Fathers of the Church
FRLANT	Forschungen zur Religion und Literatur des Alten und Neuen Testaments
GCS	Die griechischen christlichen Schriftsteller der ersten drei Jahrhunderte
Greg	*Gregorianum*
HBM	Hebrew Bible Monographs
HTR	*Harvard Theological Review*
ICC	International Critical Commentary
JAJS	Journal of Ancient Judaism Supplements
JSJSup	Journal for the Study of Judaism Supplements
JSNT	*Journal for the Study of the New Testament*
JSNTSup	Journal for the Study of the New Testament: Supplement Series
JSOTSup	Journal for the Study of the Old Testament: Supplement Series
JTS	*Journal of Theological Studies*
KEK	Kritisch-exegetischer Kommentar über das Neue Testament (Meyer-Kommentar)
LHB/OTS	The Library of Hebrew Bible / Old Testament Studies
LNTS	Library of New Testament Studies
NICNT	New International Commentary on the New Testament
NIGTC	New International Greek Testament Commentary
NovT	*Novum Testamentum*
NovTSup	Supplements to Novum Testamentum
NTAbh	Neutestamentliche Abhandlungen
NTL	New Testament Library

NTS	*New Testament Studies*
PG	Patrologia graeca [= Patrologiae cursus completus: Series graeca]. Edited by J.-P. Migne. 162 vols. Paris, 1857-1886.
PO	Patrologia Orientalis. Translated by F. G. McLeod.
SBLDS	Society of Biblical Literature Dissertation Series
SBLMS	Society of Biblical Literature Monograph Series
SBLRBS	Society of Biblical Literature Resources for Biblical Study
SC	Sources chrétiennes
SNTSMS	Society for New Testament Studies Monograph Series
STDJ	Studies on the Texts of the Desert of Judah
TCLA	Texts from Christian Late Antiquity. Translated by Thomas Kollam-parampil.
TJ	*Trinity Journal*
TSAJ	Texts and Studies in Ancient Judaism
TWNT	*Theologische Wörterbuch zum Neuen Testament*. Edited by Gerhard Kittel and Gerhard Friedrich. Stuttgart: Kohlhammer, 1932-1979.
WBC	Word Biblical Commentary
WMANT	Wissenschaftliche Monographien zum Alten und Neuen Testament
WS	Woodbrooke Studies. Edited by A. Mingana.
WUNT	Wissenschaftliche Untersuchungen zum Neuen Testament
ZNW	*Zeitschrift für die neutestamentliche Wissenschaft und die Kunde der älteren Kirche*

2장은 원래 "Modelled on Moses: Jesus' Death, Passover, and the Defeat of the Devil in the Epistle to the Hebrews." In *Mosebilder: Gedanken zur Rezeption einer literarischen Figur im Frühjudentum, frühen Christentum und der römisch-hellenistischen Literatur*, ed. Michael Sommer et al., pp. 279-297. WUNT 1/390. Tübingen: Mohr Siebeck, 2017과 비슷한 형태로 출판되었다. 허락받아 사용함.

3장은 원래 "Wilderness Identity and Pentateuchal Narrative: Distinguishing between Jesus' Inauguration and Maintenance of the New Covenant in Hebrews." In *Muted Voices of the New Testament: Readings in the Catholic Epistles and Hebrews*, ed. Katherine M. Hockey, Madison N. Pierce, and Francis Watson, pp. 153-171. LNTS 565. London: Bloomsbury T&T Clark, 2017과 비슷한 형태로 출판되었다. 허락받아 사용함.

5장은 원래 "'If Another Priest Arises': Jesus' Resurrection and the High Priestly Christology of Hebrews." In *A Cloud of Witnesses: The Theology of Hebrews in Its Ancient Contexts*, ed. Richard Bauckham et al., pp. 68-79. LNTS 387. London: T&T Clark, 2008과 비슷한 형태로 출판되었다. 허락받아 사용함.

6장은 원래 "Blood, Life, and Atonement: Reassessing Hebrews' Christological Appropriation of Yom Kippur." In *The Day of Atonement: Its Interpretations in Early Jewish and Christian Traditions*, ed. Thomas Hieke and Tobias Nicklas, pp. 211-224. Themes in Biblical Narrative Series 15. Leiden: Brill, 2012와 비슷한 형태로 출판되었다. 허락받아 사용함.

7장은 원래 "Weak and Useless? Purity, the Mosaic Law, and Perfection in Hebrews." In *Law and Lawlessness in Early Judaism and Early Christianity*, ed. David Lincicum, Ruth Sheridan, and Charles M. Stang, pp. 87-101. WUNT 1/420. Tübingen: Mohr Siebeck, 2019과 비슷한 형태로 출판되었다. 허락받아 사용함.

8장은 원래 "Serving in the Tabernacle in Heaven: Sacred Space, Jesus's High-Priestly Sacrifice, and Hebrews' Analogical Theology." In *Hebrews in Contexts*, ed. Gabriella Gelardini and Harold W. Attridge, pp. 259-279. Ancient Judaism and Early Christianity 91. Leiden: Brill, 2016과 비슷한 형태로 출판되었다. 허락받아 사용함.

9장은 원래 "It Is Not Finished: Jesus' Perpetual Atoning Work as the Heavenly High Priest in Hebrews." In *So Great a Salvation: A Dialogue on the Atonement in Hebrews*, ed. Jon Laansma, George H. Guthrie, and Cynthia Long Westfall, pp. 157-175. LNTS 516. London: Bloomsbury T&T Clark, 2019과 비슷한 형태로 출판되었다. 허락받아 사용함.

11장은 원래 "Jesus' Heavenly Sacrifice in Early Christian Reception of Hebrews: A Survey." *JTS* 68 (2017): pp. 46-71와 비슷한 형태로 출판되었다. 허락받아 사용함.

12장은 원래 "Righteous Bloodshed, Matthew's Passion Narrative and the Temple's Destruction: Lamentations as a Matthean Intertext." *Journal of Biblical Literature* 125 (2006): pp. 299-320와 비슷한 형태로 출판되었다. 허락받아 사용함.

13장은 원래 "The Sign of Jonah and the Prophet Motif in the Gospel of Matthew: Moving toward the Gentile Mission." In *How Jonah Is Interpreted in Judaism, Christianity, and Islam: Essays on the Authenticity and Influence of the Biblical Prophet*, ed. Mishael Caspi and John T. Greene, pp. 233-245. Lewiston, NY: Mellen, 2011과 비슷한 형태로 출판되었다. 허락받아 사용함.

14장은 원래 "Atonement at the Right Hand: Exploring the Sacrificial Significance of Jesus' Exaltation in Acts." *NTS* 62 (2016): pp. 549-568와 비슷한 형태로 출판되었다. 허락받아 사용함.

15장은 원래 "Affirming the 'Creed': The Extent of Paul's Citation of an Early Christian Formula in 1 Cor 15,3b-7." *ZNW* 99 (2008): pp. 49-73와 비슷한 형태로 출판되었다. 허락받아 사용함.

일러두기

이 한국어판에서는 'atonement'를 현재 일반적으로 통용되는 표현인 '속죄'로 번역했다. 히브리어 '키페르'는 그 의미를 파악하기도, 번역어를 정하기도 까다롭다. 모든 번역어는 만들어진 표현이기에 원래의 뜻을 담기에 한계가 있으며 때로는 오해를 불러일으킨다. 그러므로 서문에서 N. T. 라이트가 제안하는 바대로 번역어를 '약칭'으로 여기고 그 실질적·구체적 의미를 탐구하는 데 집중하는 게 좋을 것이다.

서문

속죄(atonement)는 설교자나 교사, 신학자, 주석가만이 아니라 하나님이 예수의 사역을 통해 인간을 죄에서 구하신다는 말의 의미를 이해하고자 하는 '평범한' 그리스도인들도 계속해서 씨름해 온 문제다. 니케아 신경의 신비한 구절인 "우리와 우리의 구원을 위하여"는 예수의 죽음뿐만 아니라 성육신, 부활, 승천(ascension), 재림을 포함한 예수의 전체 이야기를 가리킨다. 그러나 많은 신학 연구와 대중 설교에서는 구원과 속죄가 주로 예수가 십자가에 못 박히신 사건과 관련된다고 가정한다. 그래서 이제 그리스도인 대다수에게 '속죄'라는 단어는 그것이 어떻게 해석되든, 인간의 죄 문제를 해결하고 하나님과 인간 사이의 화해(reconciliation)를 이루고 궁극적으로 완전한 구원을 성취한 것은 특별히 예수의 죽음이었다는 점을 암시하게 되었다. 그 죽음이 어떻게 '작용'했는지에 대한 특정한 '속죄 이론들'이 특히 개신교회에서 제시되었고, 그 해석 중 일부가 공식적 교회 교리라는 지위를 얻었다.

이러한 논의에서 흔히 중심이 되는 것은 제사(sacrifice) 개념이었다. (이 논의의 가정에 따르면) 예수와 동시대를 살았던 유대인들이 제사를 위해 동물을 가져올 때, 그들은 자기 죄를 동물에게 전가하여 동물의 죽음이 자신의 죽음을 대신함으로써 하나님의 불쾌감이나 심판에서 벗어날 수 있다고 생각했다. 초기 그리스도인들이 예수의 구원 사역에 대해 쓸 때 제사 이미지를 자주 사용했기 때문에, 유대 제사의 중요성에 대한 이러한 가정은 죄인이 마땅히 겪어야 할 죽음을 예수 자신이 대신 죽으셨다는 속죄 해석을 지탱해 왔다. 여기서 주의할 필요가 있는 것은, 신약성경이 예수의 죽음을 해석하는 여러 지점에서, 비록 항상 대중 신학이 상상하는 방식대로는 아니지만 대리(substitution) 개념을 실제로 사용한다는 점이다.[1] 그래서 초기 그리스도인들이 예수의 구원 성취와 관련하여 제사 제도를 언급할 때 이것이 바로 그런 의미라고 생각하기가 너무 쉬웠던 것이다. 이런 상황에서 유대 제사와 초기 기독교 신앙을 논의하게 되면 우리는 곧장 히브리서로 넘어간다. 히브리서가 이제는 표준이 된 이 속죄 관점을 가르친다고 사람들이 흔히 생각하는 것은 그리 놀랍지 않다.

하지만 과연 그런가? 다시 질문하자면, 이 모든 것은 이스라엘의 성경과 1세기 유대인의 신앙, 특히 하나님과 예수와 구원에 대한 초기 기독교 신앙의 관점에서 어떻게 작동하는가? 신약성경 연구의 다른 영역에서 일어난 지각 변동(가장 분명한 경우로 바울에 대한 '새 관점'을 들 수 있다)에 상응하는 변화가 히브리서 해석에서는 나타나지 않았다는 사실은 여기서 아무 도움이 되지 않는다. '새 관점'은 주로 1세기 유대인들이 실제로 무엇을 믿었고 그에 비추어 바울을 어떻게 읽어야 하는지에 대한 역사적 질문에 의해 주

---

[1] 대리 개념과, 예수의 죽음을 악에 대한 승리로 보는 초기 기독교의 관점 내에서 그것이 작동하는 방식에 대해서는 내가 쓴 *The Day the Revolution Began: Reconsidering the Meaning of Jesus's Crucifixion* (San Francisco: HarperOne, 2016)을 보라. 『혁명이 시작된 날』(비아토르). 그 책에서 히브리서를 다루지는 않았다. 대리의 명백한 예로는 로마서 8:1-4(십자가에서 하나님이 "죄를 정죄"하셨기 때문에 "정죄함이 없다")과 예수가 바라바를 대신했다는 복음서의 기록(예를 들어, 요 18:40)을 들 수 있다.

도되었다.[2] 그러나 바울이 비록 예수의 성취를 해석하기 위해 제사 개념을 사용했다 하더라도, 예수의 죽음에 대한 그의 견해는 그와 그의 동시대인들이 레위기의 제도를 어떻게 이해했는지 세부 사항을 너무 깊이 조사하지 않고도 충분히 설명할 수 있다. 히브리서와 관련해, 우리는 이 문제를 회피할 수 없다. 물론 공식적으로 교회 정경으로 남아 있지만 지난 세대 학계에서는 바울서신이나 복음서보다 주목을 훨씬 덜 받았던 이 책을 이제는 재평가해야 한다.

이러한 필요에 너무도 풍성한 방식으로 응답하는 이 책은, 데이비드 모핏의 획기적인 초기 저작인 『히브리서에 나타난 부활의 논리와 속죄』(*Atonement and the Logic of Resurrection in the Epistle to the Hebrews*)를 기반으로 한다. 이 책을 구성하는 중대하고 예리한 장들은 대부분 히브리서와 관련한 광범위한 문제를 다루지만 마태복음과 누가복음-사도행전, 고린도전서 15장의 초기 '신조'에 대한 중요한 내용들도 포함한다. 풍부하고 상세한 주해적·신학적 논증을 바탕으로 학문적 논의를 개진하는 이 책의 목적은, 그의 초기 제안에 대한 비평가들의 비판에 답하는(특히 교부 자료를 상세히 연구함으로써 신랄하게 답한다) 동시에, 히브리서에서 실제로 말하는 바(많은 사람이 생각해 온 것과 다소 다른)와 관련해 현대적 재평가가 필요한 고대 유대 세계의 여러 영역으로 제안을 확장하는 것이다. 그리고 이러한 재평가는 오늘날 예수와 바울 연구에도 매우 중요하다. 괄목할 만한 일련의 주장들은 하나하나 숙고할 가치가 있으며, 우리는 히브리서와 그것이 초기 기독교 사상 전체에 기여한 바에 대한 전반적 평가에 그 주장들을 통합해야 한다. 모핏은 성경 주해의 세밀한 내용과 거기서 도출되는 신학적인

---

2 '새 관점'에 대해서는 특히 내가 쓴 *Paul and His Recent Interpreters* (Minneapolis: Fortress, 2015), 3, 4, 5장을 보라. 『바울과 그 해석자들』(IVP).

큰 그림을 대단히 즐기는 저자이기에, 이러한 열정을 공유하는 사람이라면 누구든 그의 글을 즐겁게 탐독할 수 있을 것이다.

이제 오랫동안 그토록 경시되어 온 히브리서가 특히 바울 해석에서 새로운 연구 방향을 제시하게 될지도 모른다. 오늘날 아무도 바울이 히브리서를 썼다고 생각하지는 않지만, 킹제임스 성경에 표기된 이 책의 제목(The Epistle of Paul the Apostle to the Hebrews—편집자)이 반영하는 오래된 가정은 흔히 상상하듯 그렇게 어리석지만은 않다. 바울과 히브리서는 비슷한 성경적 주제를 다루며(예를 들어, 시 8편과 110편), 모두 아브라함의 역할을 강조하고, 믿음으로 사는 의인에 대해 말하는 하박국 구절을 차용하는 등 유사성을 보인다. 물론 이러한 주제들을 다루는 방식의 차이를 발견하기는 어렵지 않다. 하지만 몇 가지 명백한 차이는 텍스트 자체보다는 텍스트에 부과한 현대적 가정 때문에 생긴 것일 수 있다. 따라서 이 책은 단순히 히브리서의(그리고 마지막 네 장에서는 마태복음, 누가복음-사도행전, 고린도전서 15장의 초기 기독교 신앙고백) 새롭고 깊이 있는 연구에 기여할 뿐만 아니라 이전에는 생각지도 못했던 질문을 촉발할 수 있을 것이다.

각 장의 내용이 무척 명료하지만, 학자와 교사들이 속죄 일반에 대해 그리고 특히 히브리서에 대해 생각할 때 이 책을 인용하게 만들 만한 몇 가지 주요한 주제를 강조할 필요가 있겠다.

하나는 'atonement'(속죄)라는 단어 자체와 관련한 것이다. 모팻은 이 영어 단어가 대중과 학계 모두에서, 예수의 죽음이 가져온 구원의 성취와 그 이면의 레위기 및 다른 곳에 명시된 유대 제사 제도의 구원 효과를 의미하게 되었다고 지적한다. 그러나 적어도 안셀무스(Anselm) 시대 이후로는, 하나님이 제공하신 해결책에 부합하는 문제가 무엇이고 그 해결책이 작동하는 방식이 무엇인지에 대한 대중적 가정은 보통 생각하는 것만큼 명확하지 않다. 우리는 우리가 만든 약칭을 조심해야 하며, 실제로 그것이 약칭임을 인식해야 한다. 성경 번역에서 '속죄'라는 단어를 접할 때, 우리는 더 깊이 탐구하여 그것이 무엇을 뜻하는지 살펴보아야 한다. 어떤 의미에서는 이 책 전체가 그러한 일련의 탐구 과정이며, 우리는 빠르고 쉬운 답을 피하는 것이 좋다. 우리는 고대 텍스트를 가지고 그것의 원래 의도와 상당히 다른 질문을 다루었던 중세나 르네상스 이론가가 아니라 1세기 유대인처럼(그리고 나사렛 예수가 하나님이 약속하신 메시아라고 믿었던 1세기 유대인처럼) 생각하는 법을 배워야 한다. 따라서 '속죄'라는 단어는 하나의 질문을 구성하고, 이에 대해 히브리서는 지금까지 가정되어 온 일정한 답과 다른 특정 종류의 답을 제시한다.

이 질문의 극명한 초점은 고대 유대인의 제사 제도에서 실제로 무슨 일이 일어났는지를 고려할 때 드러난다. 이 책의 여러 장은, 레위기와 (우리가 재구성할 수 있는 한에서) 예수 시대에 제사를 통해 드리던 예배에서 중심적 사건은 제사 동물의 살육이 아니었다는 점을 출발점으로 삼는다. 대중의 생각 속에서 이 '제사'라는 단어가 실제로 '속죄'라는 단어 자체와 마찬가지로 제사 동물의 살육을 가리키는 것으로 축소되었지만 말이다. 사실 성전(레위기에서는 성막)으로 데려온 동물은 제단이 아닌 경내의 다른 곳에서 도살했다. (이교 제사에서는 종종 제단에서 동물을 죽이는 경우가 있으며, 이는 매우 중요한 차이점이다.) 곡식 제물(즉 동물이나 피가 포함되지 않은 제물)을 포함했던 레위기 제도의 제사는 그 목적이 다양했는데, 그 핵심은 헌신의 상징으로서 하나님께 예물을 드리고자 하는 열망이었다. 거기서 정화가 필요한 경우 그것은 동물을 죽이는 행위 자체가 아니라 동물의 피를 제공함으로써 이루어졌다. 이 피는 성소와 그 가구, 경우에 따라 예배자 자신을 죄나 불순물의 지속적인 오염으로부터 정결하게 하는 정화제로 작용했다. 이것이 필요했던 것은, 성막과 성전이 이스라엘의 하나님이 그의 백성 가운데 거하겠다고 약속하신 장소이고 성전이 오염되면 그 일이 불가능해지기 때문이다. 히브리서의 근본 내러티브는 수 세기 동안 서양 신학에서 가정한 것과는 상당히 다르다. 히브리서는 죄인이 어떻게 거룩한 하나님께 나아갈 수 있는지를 묻는 것이 아니라 거룩하신 하나님이 어떻게 그의 백성 가운데 거하실 수 있는지를 묻는다. 그리고 그 해답은 제사의 피가 죄와 불순물로 생기는 죽음의 오염을 제거한다는 것이다. 종종 언급되었지만 다시 강조할 가치가 있는 사실은, 레위기에서 사람들이 그 머리 위에 죄를 고백한 동물만이 죽임을 당하지 않는 유일한 동물이라는 것이다. 사람들의 죄를 짊어짐으로 오염된 '속죄 염소'(scapegoat)는 제사에서 하나님께 제물로 바쳐질 수 없다. 광야로 쫓겨난다.

따라서 우리가 '제사'라는 단어를 사용해 레위기에 명시되어 있고 신약성경에서 예수의 업적과 관련하여 언급된 정교한 절차를 설명하기 위해서는, 더 긴 일련의 행위들을 염두에 두도록 의식적인 노력을 기울여야 한다(그리고 이 책은 다양한 방식으로 이를 돕는다). 동물의 경우든 예수 자신의 경우든 죽음은 단지 그 일부일 뿐이다. 목적과 목표는 정화하는 피가 하나님 앞에 드려져서 하나님과 예배자의 교제가 가능해지는 것이다. 이 관계는 이제 부활하고 승천한 인성 속에 살아 계셔서 자기 백성을 위해 중보하시는 예수의 지속적 사역으로 유지된다.[3] 히브리서에서 예수의 육체적 부활과 승천이 갖는 의미에 대한 모팟의 초기 연구 결과가 독특한 기여를 하는 지점이 바로 이곳이며, 이 책의 여러 장은 그에 따르는 광범위한 문제들에 적용된다.

논란이 많은 주제이지만, 이것은 예수가 백성을 대신하여 하신 일이 '그리스도의 완성된 사역'이라는 유명한 개신교 슬로건처럼 십자가에서 '완성'된 것이 아님을 의미한다. 물론 예수는 단 한 번만 죽으셨다. 예수는 다시

---

3 히브리서 7:25. 이는 로마서 8:34 같은 바울의 유사한 구절을 암시한다.

죽으실 필요가 없으며, 이미 단번에 죽으셨다(히 9:26). 예수가 죽으시며 하신 말씀을 통해 요한이 분명히 밝힌 것처럼(요 19:30), 예수의 죽음으로 무엇인가가 정말로 '완성'되었다. 이것이 미사 때마다 예수가 반복해서 십자가에 못 박히실 수 있다는 암시를 차단하는 전통적 개신교 논쟁이 강조하는 요점이다. 그러나 히브리서에서 말하는 '제사'가 예수의 죽음만이 아니라 더 큰 일련의 사건들이라면, 현재 진행 중인 언약 유지 사역은 모팟의 표현대로 '지속적인 속죄 사역'으로서 현재와 궁극적 미래에까지 계속된다. 훨씬 후대에 교회에서 이루어진 논쟁 때문에 '완성된 사역'을 강조하는 것은 종종 이 중요한 성경적 강조점을 숨기게 되며, 그 결과 많은 현대 그리스도인이 승천절에 무엇을 기념해야 하는지 진정으로 확신하지 못한다. 나는 예수의 '지속적인 속죄 사역'이라는 개념에서 설교상의 많은 적용점(예를 들어, 선교와 성화의 긴 여정에서 지친 그리스도인들의 결심을 강화하는)을 찾을 수 있다고 생각한다. 이 책의 내용은 여러 면에서 학문적 성과를 제공할 뿐만 아니라 설교와 목회 사역의 질문들과도 연결된다.

그리고 이 모든 것이 히브리서를 읽고 사용하는 가운데 제기되는 중요한 문제를 강조한다. 지상의 성막(또는 성전)과 예수가 승천하실 때 들어가신 하늘의 장막은 어떤 관계가 있는가? 오늘날 우리는 히브리서 저자가 당연하게 여기는 창조된 실재의 다양한 수준 또는 층위를 어떻게 상상할 수 있는가? 모팟은 두 가지 중요한 요점을 제시한다.

첫째, 히브리서는 플라톤적(Platonic) 관념론의 세계가 아닌 유대적 묵시의 세계에 속한다. 하늘의 세계는 철학자들이 상상한 비물질적이고 비시간적인 영역이 아니라 성경적인 '하늘'이다. 이 하늘은 항상 땅과 합하도록 설계되었기 때문에, (플라톤주의자에게는 말이 안 되는) 예수의 육체적 승천은 하나님이 의도하신 궁극적인 새 창조가 이미 준비된 실재로서 마침내 이루어질 것이라는 확실한 표시다. 이것이 바로 흔들리지 않는 나라다(히 12:28).

둘째, 그 결과 히브리서에서 현재의 예루살렘과 예수의 지상 사역은 하늘의 성전에서 이루어지는 하늘의 사역에 대한 은유가 아닌 하나의 유비로 작용한다. 본래 시내산에서 모세에게 보인 하늘의 성전을 본떠 주조된 지상의 의식은 가장 높은 하늘에 있는 동일한 성전을 가리킨다. 이것은 플라톤적 추상 혹은 신자의 내적 조명이나 실존적 안녕을 나타내는 은유가 아니라, 창조주 하나님이 항상 하늘에서와 같이 땅에서도 존재하도록 의도하신 실재를 가리킨다. 하늘과 땅은 모두 흔들려야 하며(히 12:26. 학 2:6, 21을 인용함), 이 놀라운 전망으로부터 하나님의 새로운 세계가 등장할 것이다.

겉보기에 고정된 실체가 흔들린다는 이 경고는 이 책 전체의 주장에 적용된다. 모핏은 히브리서를 보다 넓은 문화적(그리고 특히 성경적) 맥락에서 신중하고 상세하게 해설함으로써 독자들이 '속죄'나 '제사'와 같은 단어뿐만 아니라 이 단어들을 일반적으로 이해하는 데 전제된 성경적·해석학적 내러티브에 대해서도 다시 생각하도록 도전한다. 이것은 결코 쉽지 않은 작업이다. 바울에 대한 새 관점의 경우와 마찬가지로 사고 습관, 특히 신학적 사고는 쉽게 바뀌지 않는다. 변화가 일어나기 위해서는 대안적 관점을 빠르게 일반화하여 개요를 잡는 것만으로는 충분하지 않으며, 주해적이고 역사적인 세부 사항에 집요하게 집중할 필요가 있다. 그리고 이 책에 바로 그런 과정이 담겨 있다.

이렇게 1세기의 역사와 의미에 초점을 맞추면 오늘날의 폭넓은 논의 가운데 매우 중요한 지점을 발견할 수 있다. 현대의 정체성 정치는 신약성경이 반유대주의적 관점을 취했을 가능성을 묻는 더 오래된 질문에 새로운 자극을 주었다. 그래서 일부 사람들은 특정 초기 기독교 작가들을 가리켜, 대부분 이방인으로 구성된 예수를 믿는 공동체가 창조주 하나님의 목적 안에서 (여전히 대부분 믿지 않는) 유대인들을 '대체'했다고(superseded) 믿는 대체주의에 빠졌다고 비난했다. 이러한 비난은 때때로 히브리서 자체를 향하기도 했다. 이 비난이 이상하게 여겨진다면(히브리서는 명백히 당시 유대 세계의 공기를 호흡하고 있었기 때문에) 반드시 기억해야 할 것이 있다. 특히 플라톤주의와 공명하며 히브리서를 읽을 경우, 사람들은 히브리서 저자가 '비교종교학적으로' 다른 두 '제도'를 대조하며 '유대교'라고 불리는 것을 배격하고 '기독교'라고 불리는 것을 더 유리하게 제시한다고 가정하는 실수에 빠졌다는 사실이다. 그러나 이러한 현대적인 문제 제기 방식은(그리고 너무도 쉽게 갖다 붙인 시대착오적 꼬리표들은) 히브리서와는 너무도 거리가 멀다. 히브리서는 성경 내러티브의 측면에서 이스라엘의 성경이 어떻게 그 자체를 넘어 다가올 실재를 반복적으로 가리키는지, 그리고 어떻게 예기치 않은 충격적인 방식으로 오신 메시아 예수(십자가에 못 박히고, 부활하고, 승천하고, 중보하시는)가 약속된 미래의 초점이자 활동적 주체이신지를 설명한다. 비교종교는 현대의 유행이며, 기껏해야 초기의 예수 추종자들이 다른 질문을 패러디한 것에 불과하다. 그들이 관심을 가진 것은 메시아적 종말론이었다.

결국 1세기 유대 세계의 주요 쟁점 중 하나는 고대의 약속이 어떻게 성취될 것인지, 성취된다면 무슨 일이 일어날 것인지에 대한 질문이었다. 예수 전후 백여 년 동안 매우 다양한 유형의 메시아 운동 또는 유사 메시아 운동이 많이 일어났다. 헤롯 가문은 다윗의 진정한 후계자가 해야 할 일인 성전 재건으로 분주했고, 바르 코크바는 아직 재건되지 않은 성전을 자신의 동전에 그려 넣었다. 이런 모든 주장은 성취에 관해 대체주의적이었다. 쿰란 분파도(나름의 방식으로), 미쉬나의 편찬도(그것만의 매우 다른 방식으로) 마찬가지였다. 각자 고대의 약속이 특정한 방식으로 성취되고 있다고 주장했다. 특별히, 진정한 메시아가 실제로 나타나면 그것이 하나님의 약속을 성취하고 그의 백성을 단번에 변화시키는 하나님의 방법일 것임을 모든 사람이 알고 있었다. 쿰란 분파가 바리새파 같은 다른 집단에 엄중히 경고하고 미쉬나가 사두개파를 비난한 것처럼, 누구든 그들의 길에 동참하기를 거부한다면 그것은 성경의 유산에서 스스로를 배제하는 행동이었다. 그러한 믿음을 '반유대주의'라고 말하거나 메시아적 주장을 뒷받침하고자 이스라엘의 성경을 인용하는 것을 자신이 앉은 가지를 자르는 것과 같다고 말하는 것은 터무니없는 일이다.

더 넓게 보면, 세례 요한이 도끼가 나무뿌리에 놓였다거나 하나님이 강가의 돌로도 아브라함의 자손을 얻을 수 있다고 말한 것은 반유대적 표현이 아니었다. 히브리서 저자가 이스라엘의 성경을 읽을 때도 비슷한 일이 벌어진다. 당시 다른 많은 유대인처럼 히브리서 저자는 이스라엘의 성경을 하나님의 결말을 찾아가는 이야기로 읽고, 그 결말이 무엇인지 안다고 주장한다. 11장에 나오는 신실한 자들의 긴 목록은 12:1-2에 예수가 등장하면서 절정에 이른다. 이는 특별한 종류의 주장으로, 집회서가 유명한 인물 목록을 오니아스의 아들 시몬으로 끝낼 때(집회서 44-50장)보다 논란의 여지가 더 많지도 적지도 않다(명백히 덜 유대적이지도 않다). 그리고 여기서 우리는 (히브리서에서) 예수의 부활과 승천이 가지는 중요성에 대한 모팟의 초기 주장으로 다시 돌아온다. 예수를 믿음의 궁극적인 '선구자이자 완전케 하시는 자'가 되게 하는 것은 바로 그분이 사후에 하나님 우편에 오르셨다는 점이다(12:2).

이 전체 영역에서 계속될 논쟁은 우리가 처한 현재의 문화적·정치적 맥락과 감성에 의해 날카롭게 다듬어질 것이다. 그리고 우리의 논쟁은 실제적인 역사적 주해 작업과, 고대 유대 문헌의 유사점을 비교하는 작업, 언어적·맥락적·역사적 조사의 균형을 맞추며 어려운 고대 문헌들에 대한 너무나 손쉬운 현대적 가정들을 평가하는 작업으로 끊임없이 되돌아가야 한다. 그러나 이것은 결코 단순한 학문적 주장과 정의의 문제로만 남지 않을 것이다. '속죄'에 관해서는, 특히 히브리서에서 제시하는 이 단어의 더 큰 비전을 고려한다면, 설교자나 목회자 역시 상당 부분 연관되어 있다. 모팻의 저작은 그런 새롭고 다층적인 조사와 적용을 위한 많은 양의 재료를 제공한다. 그리고 나아가 이 중요한 텍스트에 대한 우리의 질문이 현명한 답을 얻고 그 답이 결실을 맺는 데 요구되는 끈기 있는 역사적·신학적 학문의 본을 보여 준다.

N. T. 라이트
전 더럼 주교,
세인트앤드루스 대학교 신약학 및 초기 기독교학 명예 교수,
옥스퍼드 대학교 위클리프 홀 선임 연구원

1. 속죄 다시 생각하기

서론

잉글랜드의 종교개혁자 윌리엄 틴들(William Tyndale)은 1525년에 그리스어 신약성경을 영어로 번역하면서, 바울이 예수의 구원 사역이 가져온 화해의 효과를 설명하기 위해 사용한 몇몇 그리스어 용어를 '속죄'(atonement)라는 말로 번역했다(롬 5:11; 고후 5:18-20을 보라). 틴들의 신약성경에서 바울이 선포한 복음은 '속죄'라는 좋은 소식, 혹은 예수가 이루신 하나님과 인간 사이의 화해라는 좋은 소식이었다. 틴들은 이후 히브리어 성경을 영어 성경으로 번역하는 일에도 관심을 가졌고 이때도 역시 '속죄'와 '화해'(reconciliation)라는 표현을 사용했다. 해당 히브리어 용어가 바울이 화해를 뜻하기 위해 사용한 그리스어 용어와 같은 의미가 아니었음에도, 그는 특정 레위기 제사의 맥락에서 이 용어를 사용했다.[1]

---

[1] 틴들은 바울서신에서 화해의 표현을 번역할 때 속죄 용어를 처음 사용했다(롬 5:11과 고후 5:20의 καταλλαγή, 고후 5:18-19의 καταλλάσσω). 틴들의 신약성경에서 바울은 예수의 구원 사역을 속죄, 즉 하나님과 인간을 화해시킨 행위의 관점에서 이야기한다. 틴들은 분명 '화해'와 '속죄'를 동의어로 보았다. 고린도후서 5:18-20에서 그는 같은 그리스어 어근에서 나온 단어들에 대한 번역으로 '화해'와 '속죄'를 호환하여 사용했다. 즉, 두 당사자를 화해시킨다는 것은 이들이 '하나가 되도록'(at one) 모으는 것이라는 뜻이다. 그러나 나중에 틴들은 히브리어 성경을 영어로 번역하기 시작하면서 다시 속죄라는 말을 사용했

틴들은 그리스어 신약성경에서 본래 화해를 표현하는 데 사용했던 언어를 히브리어 구약성경에 나타나는 제사의 특징에 적용함으로써 영어의 신학 담론에 개념적 혼란을 일정 부분 조장했다. 특히 그의 번역은 레위기의 제단에 피를 바르는 행위의 메커니즘, 즉 하나님과 언약 백성 사이의 특정 문제를 해결하는 메커니즘을, 이를 통해 달성하고자 하는 **결과**인 속죄/화해와 동일시했다. 킹제임스 성경의 번역자들은 구약 제사와 관련하여 속죄라는 말의 사용을 확대했다. 이를 통해 영어 번역 전통에서 속죄의 사용이 확고해졌고, 따라서 예수의 죽음에 대한 신학적 성찰 과정에서도 그 관행이 확고해졌다.

틴들이 특정 제사 의식과 관련하여 속죄라는 말을 사용하기로 한 것은 그가 레위기 제사의 중요한 요점, 즉 구약 제사가 대단히 관계적이라는 사실을 파악했음을 시사한다. 실제로 제사는 이스라엘 백성이 하나님을 예배하는 데서 핵심 요소이며, 제사가 예배를 구성하는 요소임은 **확실하다**. 틴들은 특정한 문제(특히 죄와 부정의 문제)로 인해 하나님과 그 백성의 관계에 장애가 생겼을 때 특정 레위기 제사(특히 소위 말하는 속죄제와 속건제, 특정 번제들)를 드림으로써 그 관계가 회복되었음을 바르게 인식했다. 이러한 제사는 관계의 장벽을 제거하는 데 도움이 되었고 그로 인해 하나님과 백성이 서로 화해할 수 있었다.

그러나 문제는 틴들이 '속죄하다'(때로는 '화해하다')로 번역한 히브리어 동사 자체가 이 제사로 인한 관계적 결과를 표현하지 않는다는 점이다. 오히려 이 동사는 관계 회복이라는 결과에 **기여하는** 메커니즘(깨끗케 함, 정화, 혹은 어떤 방해 요소의 제거)을 의미한다. 속죄가 그 자체로 이 메커니즘

다. 여기서 그는 더 의문의 여지가 있는 결정을 내렸는데, 히브리어 동사 כפר가 제사의 맥락에서 피엘 어간으로 사용된 몇몇 경우를 '화해'와 '속죄'로 번역한 것이다.

의 작동을 뜻한다면, 제사는 본질적으로 일종의 동어반복적 성격을 지닐 것이다. 제단에서 제사를 드리면서 속죄를 이루는 것이 속죄를 이룬다는 말이 되기 때문이다. 그러나 하나님과 그 백성의 화해(특히 죄 사함의 측면에서)는 그 자체가 화해를 이루기 위한 수단이나 메커니즘이 **아니다**. 오히려 제사가 그 역할을 다하기 때문에 화해가 가능해진다. 이는 사실 구약성경에 묘사된 제사가 단순히 적절한 의식을 행하는 것만으로 효과를 발휘하지는 않는다는 말의 다른 표현이다. 화해는 올바른 의식을 완료한다고 발생하는 것이 아니라 하나님께 달려 있다.[2] 하지만 하나님은 자신의 백성과 화해할 수 있는 조건을 만드는 수단으로 우리에게 의식을 주셨다.

레위기 17:11에서 하나님은 제단에 피를 바르는 것을 가장 중요하고 효과적인 제사 요소라고 밝히신다. 제단 위의 피는 특정 문제를 해결하여 하나님과 백성이 화해할 수 있게 하는 메커니즘의 중심에 있다. 제단 위의 피가 자기 역할을 다하기 때문에 하나님과 백성의 화해가 뒤따른다. 하나님은 바로 이러한 이유로 이 행위를 승인하시고 그의 백성에게 피를 사용할 수 있는 권리를 주셨다. 틴들이 그 메커니즘을 설명하는 데 사용된 동사를 속죄라는 말로 번역하기로 한 결정은, 희망하는 결과에 속죄의 메커니즘이 가려지는 결과를 낳았다. 다시 말해, 틴들이 구약 제사에 속죄라는 표현을 사용한 것은 제사, 특히 제사장이 제단에 피를 바르는 행위가 화해를 가능하게 하는 방법을 모호하게 만드는 효과를 낳는다. 이로 인해 결과가 메커니즘 자체를 대체해 버렸기 때문이다.

틴들의 결정으로 인해 또 다른 혼란이 생겨난다. 예수의 구원 사역에 관한 신약성경의 메시지에 대해 이 용어를 사용하고 또 구약의 특정 제사의

---

2 많은 히브리 성서학자가 언급하듯, 하나님은 동사 כפר의 피엘 어간에서 주어도 목적어도 아니다. 그러나 그분은 '용서하다'(סלח)라는 동사의 주어다. 제사는 관계의 장애물을 제거하는 데 도움이 되지만 화해는 궁극적으로 언제나 하나님의 특권이다.

맥락에서 이 용어를 사용하면, 영어 성경을 읽는 독자들은 예수의 사역과 구약의 제사가 동일한 것을 동일한 방식으로 성취하고자 한다는 인상을 받을 수 있다.[3] 따라서 예수의 죽음이 유대인의 모든 제사를 대신하고 대체한다는 사실이 자명해 보일 수 있고, 이 생각은 현대 히브리서 해석에 적지 않은 영향을 미쳤다.

틴들 시대 이후, 특히 예수의 죽음에 대한 기독교 신학적 성찰의 맥락에서 '속죄'라는 용어의 의미와 범위가 크게 확장됨에 따라 혼란도 커졌다. 화해의 개념이 사라지지는 않았지만 다른 여러 가지 의미가 추가되었다. 오늘날 '속죄'라는 말은 일반적으로 구원론의 약칭 역할을 하는 경우가 많다. 예수가 인류를 구원했다고 생각되는 모든 방식이 종종 속죄라는 범주 아래 함께 묶여 있다. 더욱이 이러한 요소들은, 화해에 대한 바울의 논의와 속죄 사이에 발생한 연관성과 함께, 십자가 죽음에 대한 환원적 사고에 기여했다. 오늘날 사람들은 예수의 모든 구원 사역이 십자가에서 죽으심으로 행한 사역에서 발견된다는 사실을 자명한 것으로 믿는다. 이처럼 속죄와 예수의 죽음은 동일 범위의 개념으로 간주되는 경향이 있고, 이로 인해 구약 제사와 예수의 죽음에 대해 생각할 때 개념적 혼란이 발생할 가능성이 더 커졌다.

그리스도인은 마태복음 1:21의 말씀처럼 예수가 자기 백성을 죄에서 구원하신다고 믿는다. 하지만 예수는 그 일을 어떻게 하시는가? 이 질문은 속죄에 대한 신학적 성찰의 핵심이다. 누구든 기독교 신학을 역사적으로 연구한다면, 다양한 시대와 장소의 그리스도인들이 속죄의 작동 방식을 여러 다른 방식으로 이해했음을 알 수 있을 것이다. 현대에는 예수가 자기 백성

---

[3] 그리스어와 히브리어 성경 본문을 읽는 사람들은 이 연결점이 직접적으로 보이지 않을 것이다(칠십인역에서는 결코 관련 כפר 동사를 καταλλάσσω의 형태로 번역하지 않는다는 점을 주목할 필요가 있다).

을 속죄하는 방법이 주로(종종 배타적으로) 그분의 죽음이라는 사건과 밀접하게 관련된다고 가정하는 경향이 두드러졌다. 예수의 죽음이 속죄의 중심(어떤 이들에게는 **유일한**) 메커니즘이 된다. 이것이 어떻게 작동한다고 상상하든(예를 들어, 형벌 대속, 승리자 그리스도, 배상설) 속죄는 일반적으로 십자가 죽음의 기능으로 간주된다. 종종 이 가정은 최소한 두 개의 다른 가정과 상관관계가 있다. (1) 예수의 죽음은 위대한 대제사장으로서 십자가 제단에서 죽음으로써 하나님께 생명을 바칠 때 이루어진 속죄 제사의 규모 또는 총합이다. (2) 속죄와 관련하여 예수의 부활과 승귀(exaltation)는 일차적으로 그의 죽음이 효과적이었음을 입증하는 역할을 한다. 하나님이 예수를 죽음에서 살리심으로써 그의 고난과 죽음을 속죄 제물로 받으셨음을 보여 주셨기 때문이다.

이 책 『속죄의 새 지평: 예수의 죽음, 부활, 승천으로 구원을 다시 생각하다』(*Rethinking the Atonement: New Perspectives on Jesus's Death, Resurrection, and Ascension*)의 제목은, 예수의 속죄/구원 사역을 이해하는 데 이 책이 오늘날 많은 사람이 가정하는 바와 다른 접근 방식을 취할 것임을 시사한다. 이 책은 속죄라는 말을 둘러싼 모호함과 혼란을 크게 두 가지 방식으로 다룬다고 볼 수 있다. 우선, '속죄'를 예수의 모든 구원 사역을 가리키는 뜻으로 사용한다면, 많은 장의 내용이 예수의 죽음, 부활, 승천 모두가 구원을 위해 예수가 행하신 사역에 기여한다는 주장으로 보일 수 있다. 이런 의미에서 속죄는 예수의 죽음보다 훨씬 많은 것을 포함하는 것으로 재구성될 수 있다. 반면, '속죄'라는 용어의 의미를 (제사장 사역과 구약 제사의 특성을 설명하는 데 이 말을 사용해 온 오랜 전통에 따라) 레위기 제사의 영역으로 좁히면, 적어도 신약성경 일부가 예수의 죽음보다 부활, 승천, 아버지 앞에서의 계속되는 중보에 훨씬 지속적인 관심을 집중하고 있다는 증거를 찾을 수 있다. 이 본문들에서 예수의 대제사장 사역과 제사 사역(그리고 그런 의미에서 예수의 속죄 사역)은, 예수가 하늘에 좌정하시고 하나님의 임재 안에서 지속적으로 중보하시는 것과 연결되어 있다. 이번 장의 균형을 맞추기 위해, 이 책의 연구들이 어떻게 이런 속죄에 대한 넓고 좁은 관점들을 모두 재고하는지 설명하겠다.

이 책에 수록된 글들은 모두 예수의 죽음, 부활, 승천을 일정 부분 다룬다. 대부분은 이전에 출판되었지만, 이 서문 외에 두 편은 발표된 적이 없다(4장과 10장). 대부분은 히브리서를 다루고(2-11장), 어떤 글은 앞서 언급한 주제 중 하나를 다른 주제보다 더 많이 다룰 것이다. 2-4장은 예수의 죽음에 일차적으로 초점을 맞추는데, 히브리서 기자가 예수의 죽음을 마귀를 물리치고 새 언약을 출범시키는 방법으로 표현하는 방식들을 탐구한다. 5-7장은 히브리서가 예수가 부활하셨다는 고백을 가지고 예수의 대제사장직과 대제사장 사역을 설명하는 방식에, 그리고 예수의 생명을 그분이 바치는 제물로 인식하는 방식에 대부분 초점을 둔다. 8-11장은 히브리서에 나타난 예수의 승천과 하늘에서 계속해서 이루어지는 사역의 여러 면을 강조하고, 14장은 몇몇 동일한 생각이 사도행전에서도 다루어진다고 주장한다. 모든 장에서 속죄라는 주제를 명시적으로 다루지는 않는다. 12장, 13장, 15장에서는 신약의 특정 부분(특히 마태복음과 고린도전서 15장)에 대한 논쟁에서 때때로 간과되는 예수의 죽음과 부활에 대한 보다 일반적인 면을 탐구한다.

이 글들은 지난 20년 동안 여러 학술지와 단행본, 학술대회에서 먼저 개별적으로 발표되거나 출판되었기 때문에, 모두를 하나로 묶을 수 있는 하나의 포괄적 논지는 없다. 그러나 글 대부분은 신약성경이 예수의 죽음, 부활, 승천이 주는 구원의 유익을 반영하는 몇 가지 방식을 검토함으로써 예수의 구원 사역에 대한 새로운 관점을 제시하는 것을 목표로 한다. 이렇듯 예수의 구원 사역에 대해 더 넓은 초점을 가지고 있다는 점 때문에 일반적으로 이 글들은 속죄에 대한 현대적 논의의 영역 안으로 들어온다. 하지만 이 글들은 속죄가 전적으로 십자가 사건에 밀접하게 얽혀 있다는 일반적 가정에 도전하기도 한다. 이 글들의 목표는, 때로 인식되는 것보다 훨씬 의미 있는 예수의 부활과 승천에 대한 성찰이 일부 신약성경(특히 히브리서)에 등장함을 보여 주고, 나아가 그런 성찰이 구원 사역을 예수의 죽음과 부활, 승천의 결과로 여긴다는 점을 밝히는 것이다. 나는 몇몇 지점에서 이 모든 구원 사역이 레위기 제사의 관점에서 설명될 수 있다거나 설명되어야만 하는 것은 아니라고 주장할 것이다. 하지만 글 대부분이 목표하는 바는, 신약성경(특히 히브리서와 사도행전)에서 레위기 제사 범주와 제사적 속죄 개념이 예수의 죽음이 아니라 승천 및 하나님 우편으로의 승귀와 가장 밀접하게 연관되는 경우들이 있음을 보여 주는 것이다.

따라서 이 책에 실린 글 대부분은 예수의 죽음, 부활, 승천 모두 그의 백성의 구원을 위해 (각기 구별된 방식으로) 필요불가결함을 암시한다. '속죄'라는 단어의 가장 넓은 의미에서 볼 때 셋 모두가 구원에 중요하다. 이들 모두 중요한 구원의 사역을 이루기 때문이다. 예수의 부활과 승천은, 그 속죄의 죽음이 하나님께 진실로 받아들여졌고 따라서 효력을 가진다는 점을 보이기 위해 초기 그리스도인들의 신앙을 통해 해석된 단순한 사건이 아니다. 예수의 부활과 승천은 그저 십자가 죽음이라는 주요 사건에 대한 중요한 부록도, 혹은 일부 현대 신학이 말하듯 주요 사건의 **의미**를 나타내는 중요한 표현도 아니다. 예수의 부활과 승천은 그 자체로 온전하고 강력하게 구원적이다. 만약 속죄를 예수의 구원 사역 측면에서 폭넓게 이해한다면, 이 글의 목표는 예수의 죽음, 부활, 승천이 모두 속죄를 이룸을 보이는 것이다.

바울의 말을 바꾸어 표현하면, 예수는 물론 죽으심으로 자기 백성을 구원하시지만, 부활하고 승천하시고 지금은 아버지의 우편에서 중보하심으로 (참조. 롬 8:34) **더 많이** 구원하신다. 형제자매를 향한 예수의 사랑이 십자

1. 속죄 다시 생각하기

가를 넘어 지속적인 중보로 나아가도록 하기 때문에 그 무엇도 우리를 하나님에게서 끊을 수 없다(참조. 8:35-39). 예수는 **우리를 위해** 죽으셨을 뿐 아니라 지금도 아버지 앞에서 **우리를 위해** 중보하신다. 그의 구원 사역의 이러한 면들은 그분 인격 안에서 통합된다. 그것들은 그분 인격의 일부다. 예수는 죽고 부활하고 승천하셔서 아버지 우편에 앉아 계신 분이다. 하나님 아들이 누구인지를 이해하도록 돕는 이러한 신조의 선언들은 모두 **그분이** 자기 백성을 죄에서 구원하는 방법의 일부다. 성육신하신 하나님 아들의 생애에서 하나의 사건만이 모든 구원의 일을 행하는 것이 아니다. 모든 사건이 구원을 위해 필수적인 만큼, 이것들은 성육신하신 아들 예수의 인격 안에서 통합된다. 예수의 죽음도, 심지어 소위 말하는 그리스도 사건도 아닌 **예수가** 백성을 죄에서 구원하는 것이다. 이 글들은 초기 그리스도인들이 예수의 죽음이 구원을 가져다준다고 생각한 구체적 방식뿐 아니라 부활과 승천이 구원을, 따라서 속죄를 이룬다고 생각한 방식들을 탐구하려는 시도다.

하지만 '속죄'라는 단어의 사용을 제사의 맥락으로, 그리고 예수와 관련해 제사의 개념을 고려하는 쪽으로 범위를 좁히고 싶다면, 하나님과 백성의 언약 관계 역학 내에서 다음의 사항이 명확해 보인다. 즉, 일부 신약성경 텍스트(특히 히브리서와, 14장에서 논할 사도행전)가 예수의 제사적 속죄가 발생하는 장소로 그분이 승천한 곳인 하늘 지성소를 일관적으로 가리킨다는 점이다. 이곳은 이제 예수가 속죄를 이루는 대제사장으로서 그의 백성을 위해 중보로 섬기는 곳이다. 이렇게 해서 언젠가 그가 속죄 사역을 마치고 형제자매에게 돌아갈 때(히 9:28; 10:35-39) 백성들은 구원을 확신한다. 그리고 그들 모두 흔들리지 않는 약속된 왕국을 상속받을 것이다.

이 책에 글을 수록하기 위해 여러 가지 사소한 수정이나 교정, 편집을 거쳤다(예를 들어, 과거에는 구원과 관련한 복잡한 사건들을 지칭할 때 '그리스도 사건'이라는 표현을 기꺼이 사용했지만, 성육신적 표현으로 대체했다). 원어 인용은 그대로 유지하되 영어(이 번역본에서는 한국어) 번역도 제공했다. 책 전체의 통일성을 위해 전반적으로 다양하게 문체를 교정했다. 몇 군데에서 명확성을 위한 설명을 추가했고 지적받은 실수를 수정했다. 아주 세심하게 교열하고 매우 유용한 제안을 해 준 멜리사 블로크에게 특히 감사를 표한다. 하지만 중대한 수정은 시도하지 않았고 대부분 갱신된 내용 없이 원래 출판된 형태로 실렸다. 그래서 예를 들어 NA²⁷ 또는 UBS⁴를 언급한 내용은 이후에 갱신된 그리스어 신약성경 버전들이 나왔음에도 수정하지 않았다. 이것은 때때로 몇몇 장에서 어느 정도 반복이 있다는 뜻이기도 하다. 특히 각 글의 맥락에서 레위기 제사의 작동 방식에 대한 중심되는 가정을 설명하기 위해 구체적 논증을 전개하는 일이 필수라고 여길 때 이런 반복이 나타날 것이다. 독자들은 이런 부분을 대충 훑어보고 지나가고 싶을 수도 있다. 하지만 내 바람은 이런 반복을 통해 레위기 제사와 속죄가 실제로 무엇이고 어떻게 기능했는지에 대한 현대의 생각에 재조정이 필요한 중요한 부분들이 강조되는 것이다.

2. 모델로서의 모세

히브리서에 나타난 예수의 죽음, 유월절, 마귀의 패배

히브리서에서 제시하는 모세라는 인물을 평가하기는 꽤 어려운데, 특히 이 서신이 전제하는 공동체와 당시의 다른 유대인 공동체 사이의 관계에 대한 까다로운 질문이 제기되기 때문이다. 오늘날 많은 사람은 1세기의 '유대인'과 '그리스도인'이라는 단순한 이분법적 구분을 피할 것이고 그 태도는 옳다. 그러나 예수가 이전의 유대 인물들과 제도들보다 우월하다는 히브리서의 반복적 주장과, 동물 제사의 궁극적 효능에 대한 단정적 비판은 종종 기독교 대체주의 또는 대체 신학의 발단으로 해석된다.[1] 이 관점에서 모세는 저자가 미리 형성한 기독론을 부각하는 대조 인물이나 암호에 불과해

이 글의 이전 버전을 비판적으로 평가해 준 동료 엘리자베스 샤이블리(Elizabeth Shively)에게 감사를 전한다. 또한 내가 현재 선교와 윤리 프로젝트의 연구원으로 섬기고 있는 프리토리아 대학교 신약학과에도 감사를 전한다.

1   특히 분명한 몇 가지 예로는 다음 문헌이 있다. A. N. Chester, "Hebrews: The Final Sacrifice," in *Sacrifice and Redemption: Durham Essays in Theology*, ed. S. W. Sykes (Cambridge: Cambridge University Press, 1991), pp. 57-72; S. Haber, "From Priestly Torah to Christ Cultus: The Re-Vision of Covenant and Cult in Hebrews," *JSNT* 28 (2005): pp. 105-124; A. J. M. Wedderburn, "Sawing Off the Branches: Theologizing Dangerously *ad Hebraeos*," *JTS* 56 (2005): pp. 393-414.

보일 수 있다.

어떤 사람들은 저자가 미리 정해진 기독론에 비추어 모세에 대한 생각을 이 고대 텍스트 안에 형성함으로써 그를 '그리스도인'으로 만들었다고 주장한다.[2] 히브리서의 모세에 대한 중요한 연구에서 메리 로즈 단젤로(Mary Rose D'Angelo)는 히브리서 저자가 모세에 대해 회고적 접근 방식을 취한 것은 모세를 그리스도께 적극적으로 부합시키기 위함이지 그 반대가 아니라고 주장한다.[3] "히브리서에서 예수가 모세와 같다는 것은 결코 사실이 아니다"라고 그는 분명히 말한다.[4] 따라서 히브리서는 "신약 내의 성경 해석 원리로서 기독론의 작용을 살펴보는 데 이상적인 주제다."[5] 이에 비추어 볼 때 모세는 하나님의 백성과 함께 고난받기로 선택했다는 점에서 "그리스도인의 모델이자 그리스도의 모방자"가 된다.[6] 모세가 하나님의 백성을

---

2 특히 M. R. D'Angelo, *Moses in the Letter to the Hebrews*, SBLDS 42 (Chico, CA: Scholars Press, 1979), 예를 들어 p. 12; 참조. J. Barclay, "Manipulating Moses: Exodus 2.10-15 in Egyptian Judaism and the New Testament," in *Text as Pretext: Essays in Honour of Robert Davidson*, ed. R. P. Carroll, JSOTSup 138 (Sheffield: JSOT Press, 1992), pp. 28-46, 여기서는 pp. 44-45.

3 단젤로는 가장 초기의 기독론이 모세와 같은 구약 인물들의 영향을 받아 형성되었음을 부인하지 않는다. 그러나 그는 신약성경 대부분이 기록될 무렵에는 더 유동적이었던 기독론 형성 과정이 변증학으로 바뀌었다고 주장한다. 이러한 전환과 함께 초기 그리스도인들(이 점이 히브리서에서 특히 분명하게 드러난다)은 성경의 권위 있는 인물과 제도가 실제로 예수에게 부합하는 것이지 그 반대가 아님을 보여 주고자 적극적으로 노력하기 시작했다(*Moses*, pp. 2-3). 중요한 점은, 히브리서 저자가 이 때문에 모세가 약화된다고 생각했다고 단젤로가 주장하지는 않는다는 것이다. 오히려 그가 분명히 말했듯 히브리서 저자 자신은 '높은 모세론'을 가정한다(p. 257). 모세에 대한 이 높은 견해 자체가 히브리서 저자의 더 높은 기독론에 종속되고 그에 의존할 뿐이다. 따라서 "[히브리서] 주해의 원리는 그리스도다"(p. 260).

4 D'Angelo, *Moses*, p. 11.

5 D'Angelo, *Moses*, p. 11.

6 D'Angelo, *Moses*, p. 254.

위해 그리고 백성 가운데서 한 사역은 예수의 사역을 알려 주는 것이 아니라, 예수께 충실하다는 것이 무슨 뜻인지를 보여 주는 본보기다. 단젤로에게 이 결론은 다음의 사실, 즉 히브리서 저자는 모세가 시내산에서 하나님의 영광을 보았을 때 사실상 하나님의 영원한 아들이신 그리스도의 영광을 보고 있었다고 믿었다는 데서 도출된다.[7]

패멀라 아이젠바움(Pamela Eisenbaum)은 히브리서가 모세를 그리스도인으로 만들었다는 데 동의한다.[8] 그러나 그는 여기서 더 나아가, 저자가 민족 해방자이자 하나님 백성의 지도자로서 모세의 역할을 의도적으로 축소하고 있다고 주장한다. 아이젠바움은 히브리서가 모세를 개인의 미덕(특히 그의 신앙)에 대한 증인으로 부각한다고 생각한다. 따라서 "모세의 성품에 대한 강조는⋯이스라엘 민족의 구원자로서 모세의 역할을 축소한다. 모세는 이스라엘 백성을 속박에서 벗어나게 하는 사람으로 묘사되는 대신, 자신을 위해 현명한 선택을 하는 사람으로 묘사된다."[9] 심지어 모세가 백성을 위해 어떤 일을 하는 것으로 묘사된 히브리서 11:28에서도 "유월절의 상징은 예수의 죽음을 예표하는 역할로 사용되지 않는다."[10] 즉, 여기서도 모세의 행위를 구원 사건으로 기념한다고 볼 수 없다. 단젤로와 마찬가지로 아이젠바움 역시 모세는 예수를 따르는 현재의 공동체가 본받아야 할 윤리적 모델로서만 기능할 뿐, 자신의 사역과 섬김을 통해 예수를 어떻게 이해해야 하는지 혹은 예수가 자기 백성에게 구원을 가져다주기 위해 무엇을 하셨는지를 알려 주는 모델은 아니라고 생각한다.

---

7   D'Angelo, *Moses*, 특히 p. 177.
8   P. M. Eisenbaum, *The Jewish Heroes of Christian History: Hebrews 11 in Literary Context*, SBLDS 156 (Atlanta: Scholars Press, 1997), p. 220.
9   Eisenbaum, *Jewish Heroes*, p. 170.
10 Eisenbaum, *Jewish Heroes*, p. 170.

존 더닐(John Dunnill)은 다소 다른 주장을 하는데, 히브리서가 모세를 의도적으로 양면적인 인물, 즉 저자가 그의 실패에 집중함으로써 장점이 심각하게 축소된 인물로 묘사한다는 것이다. 모세는 신실한 종이자 하나님을 만나는 특권을 누리고 그분의 임재 앞에서 경외와 떨림이라는 마땅한 반응을 나타낸 사람으로 묘사된다. 그럼에도 저자는 모세가 준 언약과 율법이 임시적이며 백성을 하나님이 약속하신 땅으로 인도하기에는 불충분하다고 비판한다. 따라서 히브리서의 모세는 궁극적으로 "지도자로서 임무에 실패한 사람이다. 양면적 지위를 가진 그는 아마도 저자의 관점에서 볼 때 유대교의 상징일 것이다."[11] 그의 칭찬받을 만한 자질이 무엇이든, "모세의 평판은 그가 그러한 불완전한 언약의 중재자라는 연상 때문에 저하된다."[12] 그렇다면 모세의 주된 역할은 긍정적 모델이 아니라 예수에 대한 부정적 대조 인물이다.

나는 히브리서에서 모세를 다루는 방식에 대한 이러한 평가가 히브리서에서 펼치는 논증의 복잡성을 제대로 다루지 못한다고 생각한다. 히브리서, 특히 11장에서 모세는 분명 독자들이 본받아야 할 모델 역할을 한다. 주목할 필요가 있는 것은, 예수도 그 역할을 하신다는 점이다.[13] 더욱이 히브리서에서 모세가 맡은 일부 역할을 보면, 저자가 모세(그리고 출애굽에 관한 오경 내러티브)를 존중하고 그를 통해 예수와 구원 사역에 대한 이해를 전달하고 있음을 알 수 있다.[14] 저자가 예수에 대해 갖고 있는 개념은

---

11   J. Dunnill, *Covenant and Sacrifice in the Letter to the Hebrews*, SNTSMS 75 (Cambridge: Cambridge University Press, 1992), 특히 p. 168.
12   Dunnill, *Covenant and Sacrifice*, p. 169.
13   특히 히브리서 12:1-10을 보라. 예수는 모세와 히브리서 11장의 다른 인물들처럼 견뎌내야 할 징계를 넘어 하나님이 약속한 영원한 영광을 바라보셨다. 히브리서에서 예수는 고난 가운데서도 아버지께 순종한 최고의 모델이다(예를 들어, 5:7-10을 보라). 히브리서 저자는 예수를 더 우월한 인물로 생각하면서도 이런 방식으로 예수와 모세를 견준다.

모세와 출애굽 해석에 틀림없이 도움을 주지만(그는 예수에 비추어 유대 성경을 소급하여 읽고, 성육신의 특수성의 관점에서만 예수를 예표하는 것으로 확인할 수 있는 패턴을 찾아낸다), 그와 반대되는 동등한 해석적 힘도 작용하고 있다. 즉 모세에 대한, 특히 출애굽 당시 그의 역할에 관한 성경 기록과 후대 전승에서 나온 요소들은 히브리서의 기독론 이해에 긍정적으로 기여한다.[15] 히브리서 저자는 성경의 개별적 증거들, 특히 예수의 구원 사역과 관련한 증거들을 가지고 기독론의 측면들을 구성하고 결정하는 데 열려 있다.[16] 모세는 이 점에서 중요한 인물이다. 따라서 히브리서 저자는 분명 예수의 인격과 사역이 모세의 인격과 사역보다 우월하다고 생각하지만, 그렇

---

14 단젤로는 히브리서 3:1-6을 논하면서, 이 구절에서 "서신에 나오는 모세에 대한 다른 묘사들과 마찬가지로 [히브리서의 미드라쉬적 성경 해석]을 안내하는 것은 모세에 대한 어떤 계승된 혹은 현대적인 그림이 아닌 저자의 기독론이다"라고 말한다(*Moses*, p. 69). 단젤로는 모세에 관한 전통이 히브리서에 미친 영향을 부정하지 않는다. 다만 그는 이러한 영향이 모세와 예수를 비교하고 대조하는 내용에 실질적으로 기여하기보다, 히브리서 첫 장들의 논증 구조 형태를 결정하는 데 대체로 한정된다고 주장한다. 단젤로에게 전자는 저자의 기독론에 의해 엄격하게 주도된다. 저자는 모세의 위대한 통찰과 계시의 원천인 시내산 천상 환상(출 33-34장을 보라)을 지탱하는 것이, 그가 마주친 하나님의 영광이 실제로는 하나님의 영원한 아들 예수였다는 사실이라고 생각했기 때문이다.

15 제2성전기와 초기 유대교의 모세에 관한 전통을 살펴본 J. 리어먼(Lierman)의 광범위한 연구는, 모세라는 인물이 예수에 대한 초기 기독교의 사고가 발전하는 데 도움을 주었을 몇 가지 핵심 방식을 추적한다[*The New Testament Moses: Christian Perceptions of Moses and Israel in the Setting of Jewish Religion*, WUNT 2/173 (Tübingen: Mohr Siebeck, 2003)].

16 A. T. 링컨(Lincoln)은 다음과 같이 비슷한 주장을 펼친다. "유대 성경과 기독론 사이의 상호 작용은 저자가 기독론적 열쇠를 성경 읽기에 가져올 때 처음으로 일어나는 것이 아니다. 현재 열쇠를 제공하는 기독론을 공식화하는 과정에서 이미 상호 작용이 이루어지고 있었다. 따라서 기독론적 해석이 단순히 새것에서 옛것으로의 일방적인 이동이라고 생각해서는 안 된다"["Hebrews and Biblical Theology," in *Out of Egypt: Biblical Theology and Biblical Interpretation*, ed. C. Bartholomew et al., Scripture and Hermeneutics Series (Grand Rapids: Zondervan, 2004), pp. 313-338, 여기서는 p. 320].

다고 해서 모세를 비판하거나 그가 예수를 어떻게 닮았는지의 기준으로만 그의 가치를 보는 모형론적 구속을 강제하지 않는다.[17] 오히려 히브리서 저자에게 모세는 중심 모델로서, 예수가 형제자매들을 위해 수행하신 가장 중요한 구원론적 역할 중 일부에 대한 저자의 이해에 영향을 미친다.[18]

이번 장에서 나는 히브리서가 모세를 다루는 모든 방식을 연구하기보다, 그의 역할 중 하나를 탐구할 것이다. 즉, 첫 유월절을 충실히 수행하여 하나님의 백성을 멸하는 자로부터 보호한 사람으로서 모세다.[19] 나의 주장은 저자가 더 큰 오경 형태의 패턴 또는 내러티브를 통해 모세와 예수를 연결한다는 것이다. 그가 이 패턴을 사용한다는 사실이 암시하는 바는 성경 본문과 모세에 관한 유대 전통 사이에, 그리고 한편으로는 저자의 기독론과 구원론 사이에 생각보다 많은 대화적·상호본문적(intertextual) 관계

---

17   C. L. 웨스트폴(Westfall)은 히브리서 3:1-6과 관련하여 비슷한 결론을 내린다["Moses and Hebrews 3:1-6: Approach or Avoidance?," in *Christian-Jewish Relations through the Centuries*, ed. S. E. Porter and B. W. R. Pearson, JSNTSup 192 (Sheffield: Sheffield Academic Press, 2000), pp. 173-201]. 이 구절에서 집의 정체에 대한 내 견해는 그와 다르지만(뒤의 각주 21에 남긴 이 문제에 대한 내 의견을 보라), 나는 히브리서 3:1-6에 관한 논증의 핵심이 경멸적인 것이 아니라 예수와 모세와의 긍정적 비교에 의존한다는 웨스트폴의 주장에 전적으로 동의한다[참조. H. W. Attridge, *The Epistle to the Hebrews*, Hermeneia (Philadelphia: Fortress, 1989), p. 105].
18   이번 장의 논의는 히브리서에 묘사된 예수의 인격이나 사역을 단지 여기 언급된 요점들로 축소하려는 의도로 기록된 것이 전혀 아니다.
19   모세의 다른 중요한 역할들도 고려해야 한다는 주장도 가능할 것이며, 다음의 역할이 포함된다. 제사장 그리고 아마도 사도로서 모세(히 3:1-3; 특히 Lierman, *New Testament Moses*, pp. 272-273를 보라), 권위 있는 율법 제정자로서 모세(특히 7:11-19; 10:28), 언약과 의식의 창시자이자 언약 중재자로서 모세(8-9장), 신실하고 덕망 있는 지도자로서 모세(11:23-28), 하나님 백성의 목자로서 모세다[13:20의 사 63:11에 대한 암시를 보라. 사 63:11에서는 하나님이 모세를 양들의 목자로 세우셨다고 말한다. 이 요지는 P. R. Jones, "The Figure of Moses as a Heuristic Device for Understanding the Pastoral Intent of Hebrews," *Review and Expositor* 76 (1979): pp. 95-107, 여기서는 pp. 101-103에 간략히 언급된다].

성이 작용한다는 것이다. 구체적으로 나는 히브리서 저자가 예수의 죽음이 지닌 의미의 여러 측면을 주로 첫 유월절 때 모세의 이야기와 행동에 근거하여 추론한다고(특히 예수의 죽음이 마귀의 패배와 하나님 백성의 해방을 표시하며 그 결과 이들이 약속된 기업을 향해 광야를 여행할 수 있게 되었음을 뜻한다고) 주장한다. 따라서 모세는 히브리서에서 발전하는 기독론과 구원론의 필수 요소인데, 예수의 죽음이 마귀를 물리치고 하나님의 백성을 죽음의 공포에서 해방했다는 저자의 주장 이면의 논리가 첫 유월절 때의 모세와 그 역할로 설명되기 때문이다. 다르게 설명하면, 예수가 모세와 유사해지는 한 가지 핵심 방식은 하나님의 장자인 백성을 멸하려는 악한 천사를 물리치는 데 그의 죽음이 수행한 역할과 관련이 있다. 주장하건대, 히브리서에서 예수의 죽음은 모세가 첫 유월절에 수행한 일과 비교된다.

히브리서 2장의 모세와 첫 유월절 암시

히브리서는 3:2-6에서 모세를 처음 명시적으로 언급한다.[20] 저자는 예수와의 비교를 확장하며 민수기 12:7에서 가져온 언어를 통해 모세를 긍정적으로 묘사한다.[21] 저자는 모세가 하나님 집의 종으로서 충실했다고 말한다.

---

[20] 모세는 히브리서 3:2, 3, 5, 16; 7:14; 8:5; 9:19; 10:28; 11:23-24; 12:21에 명시적으로 언급된다.

[21] 단젤로는 "히브리서 3:2에 인용된 본문은 민수기 12:7이 아니라(암시가 존재하고 미결인 채로 남아 있지만) 역대상 1:17이며, 아마도 칠십인역에 따른 것이라고 주장하겠다"고 말한다(*Moses*, p. 69). 그는 히브리서의 이 부분에 나단 신탁의 영향이 있다고 강력하게 논증한다. 그럼에도 그의 진술은 인용과 암시의 식별이 거꾸로 된 것 같다. 저자가 사용한 민수기 12:7은 히브리서 3:2의 인용과 거의 동일하고, 3:5에 그 구절이 명시적으로 인용된다. 반면 역대상 17:14이 사용되고 있는 것이 맞다면 그것은 훨씬 더 암시적이다(참조. Attridge, *Hebrews*, p. 109n53). 본문들의 관계를 이렇게 볼 때, 히브리서 3:4-6에서 예수가 집 짓는 자로 제시된다는 단젤로의 결론은 상당히 약화된다. 단젤로는 이 결

그러나 저자가 왜 설교의 이 지점에서 처음으로 모세에게 명시적 관심을 보이는지 질문할 필요가 있다.

모세의 승천과 히브리서 2장의 논리

나는 다른 글에서, 히브리서 2:5-9에서 저자가 시편 8편을 부각하는 맥락이 몸을 가진 한 인간이 승천하여 그로 인해 천사들보다 높아지는 것에 대한 논의라고 주장했다.[22] 이러한 시편 8편 사용은 모세가 율법을 받기 위해 시내산에 올라갔을 때 하늘로 승천하여 그에 따라 천사들과의 관계가 달라졌음을 나타내는 전통을 증언하는 일부 제2성전 및 후대 랍비 저작의 논리를 떠올리게 한다. 히브리서 저자는 아마도 이 전통을 활용하고 있는 것 같다. 2:9에서 그는 수사학적 기교를 부리면서 예수의 이름에 대한 언급을 미루며 그를 인류(ἄνθρωπος)가 언젠가 창조 질서에서 천사들보다 높

론이 다윗의 아들이 하나님의 집을 지을 사람이라는 나단 신탁에서 비롯된다고 생각한다. 그러나 히브리서는 3:2-6에서 예수가 아니라 하나님이 집의 건축자라고 말한다. 물론 히브리서 1장에서와 마찬가지로 저자가 이 구절에서 하나님과 아들을 동일시하는 것일 수 있다. 그러나 여기서는 하나님과 아들을 구별하는 것이 동일시 못지않게 중요한데, 특히 이 구별이 아들과 모세를 비교하는 논리와 청중을 "그의[즉, 하나님의] 집"(3:6)으로 여기는 논리를 모두 끌어내기 때문이다. 주석가 대부분이 동의하듯 이 구절에서 문제가 되는 집은 오직 한 집, 즉 하나님의 집이다. 저자는 서로 다른 두 집이 아니라 모세와 예수를 비교하고 있다. 저자가 민수기 12:7(또는 준용하여, 대상 17:14)에서 하나님이 1인칭으로 하신 말씀을 히브리서 3:2와 3:5에서 3인칭으로 바꾼 것(οἶκος를 수식하는 속격 대명사를 μου에서 αὐτοῦ로 바꿈)은 3:5-6에 나오는 모든 대명사의 의미를 결정한다. 이들은 모두 하나님을 선행사로 가진다. 만물을 지으신 하나님이 이 집을 지으신 분이다(3:4). 그러므로 예수와 모세는 각자의 위치에서 **같은 집에** 충실했다. 모세는 하나님의 집 안에서 충실한 종이었지만, 예수는 하나님의 집을 다스리는 아들이다(참조. 10:21).

22 D. M. Moffitt, "Unveiling Jesus' Body: A Fresh Assessment of the Relationship between the Veil and Jesus' Flesh in Hebrews 10:20," *PRS* 37 (2010): pp. 71-84를 보라.

아지라라는 시편 8편의 암묵적 주장을 궁극적으로 성취한 분으로 제시한다. 따라서 이미 모세에 대한 이해가 (비록 암시적이기는 하지만) 예수가 천사들보다 높임을 받았다는, 히브리서 2장에서 계속되는 주장의 의미를 밝혀 준다.[23]

이 점을 인식하면, 히브리서 2:14-15에서 예수가 마귀를 물리치고 죽음의 공포에 사로잡힌 사람들을 해방하셨음을 언급하는 대목에서 주목할 만한 점이 떠오른다. 여기서 저자의 논의는, 특히 멸하는 자의 정체와 첫 유월절에 관한 일부 유대 전통에 비추어 볼 때(pp. 49-54를 보라), 이 주장의 내막에 바로 모세의 영향이 있음을 계속해서 암시한다. 많은 주석가가 히브리서 2:14-16이 예수의 죽음에 대해 주장하는 내용에서 출애굽 주제가 갖는 잠재적 중요성에 주목하지만,[24] 여기에 첫 유월절에 대한 보다 구체적인 암시가 있다고 주장하는 주석가는 훨씬 적다.[25] 그럼에도 이 결론을 뒷받침

---

23 Moffitt, "Unveiling Jesus' Body," 특히 pp. 80-81.
24 예를 들어, C. R. Koester, *Hebrews: A New Translation with Introduction and Commentary*, AB 36 (New York: Doubleday, 2001), pp. 234, 240. 『앵커바이블 히브리서』(기독교문서선교회). 애트리지(Attridge)는 출애굽이 이 구절에 미친 영향을 인정하지만(*Hebrews*, p. 93), 이것이 여기서 지배적인 생각이라고 여기지는 않는다(p. 93n161). L. T. 존슨(Johnson)은 동사 ἀπαλλάσσω가 출애굽 이야기에 사용되지 않았다는 사실에 주로 근거하여 히브리서 2장에서 출애굽이 어떤 중요한 역할을 한다는 사실을 부인한다[*Hebrews: A Commentary*, NTL (Louisville: Westminster John Knox, 2006), p. 100].
25 애트리지는 "히브리서가 [유월절]에 대한 상징적 또는 모형론적 의미를 명시하지 않는다"고 말한다(*Hebrews*, p. 343; 참조. Eisenbaum, *Jewish Heroes*, p. 171; Koester, *Hebrews*, p. 504). 그러나 히브리서 11:28과 2:14-16 사이의 연관성을 간략하게 주장하는 P. E. 휴스(Hughes)를 보라[*A Commentary on the Epistle to the Hebrews*, NICNT (Grand Rapids: Eerdmans, 1977), pp. 500-501]. 그리고 한편으로는 유월절 어린양의 죽음과 백성의 해방 사이의 연결성과, 다른 한편으로는 예수의 죽음이 가지는 구원 효과를 인정하는 존슨을 보라(*Hebrews*, p. 303). 이와 대조적으로, J. 더닐은 유월절(그는 유월절이 피, 의식적 죽음, 죄 씻음, 언약의 성립이라는 모티프를 결합한다고 주

하는 세 개의 요점은 다음과 같다.

첫째, 모세가 하나님의 지시를 받아 이스라엘 백성에게 첫 유월절에 관해 지시한 사람으로 오경에 묘사된 것은 매우 의미심장하다.[26] 모세가 이스라엘 백성에게 유월절 양의 피를 상인방과 문설주에 바르라고 명령한 결과, 백성들은 장자의 죽음을 경험하지 않을 수 있었다. 모세에 관해 적어도 몇몇 제2성전 문헌에서 보이는 성찰에 비추어 볼 때, 첫 유월절을 충실히 수행한 모세의 역할은 히브리서에서 예수를 자신의 죽음으로 죽음의 권세를 휘두르는 악한 천사, 즉 마귀를 물리친 분으로 제시한 것과 잘 들어맞는다.

둘째, 첫 유월절을 통해 모세가 백성들을 이집트의 속박에서 인도해 냈다는 사실은, 예수가 마귀를 물리친 것과 백성을 종살이에서 해방하신 것의 연관성과 일치한다. 즉, 만약 저자가 히브리서 2:14에서 유월절을 암시한다면, 예수가 마귀를 물리치셨다는 이 언급 바로 뒤 15절에 예수가 형제자매들을 죽음의 두려움에 대한 종신 노예 상태에서 해방하셨다는 주장이 등장하는 것은 우연이 아닐 것이다. 히브리서는 여기서 출애굽을 광범위하게 사용하지 않고, 출애굽을 개시한 사건 즉 첫 유월절에 특별히 초점을 맞춘다.

셋째, 유월절과 출애굽 이야기의 더 큰 패턴과 관련된 또 다른 요점을 주목할 필요가 있다. 모세는 바로의 속박에서 해방된 백성을 광야로 인도했고, 그들은 시내산에서 하나님을 만나 예배를 드렸다. 이야기의 이러한

장한다)을 히브리서의 주장 여러 부분을 설명하는 중요한 주제로 본다[*Covenant and Sacrifice*, 특히 pp. 127-128, 154-155, 159(참조. p. 107)].

26 민수기 12:7에서 모세의 신실함은 모세가 하나님께 직접 접근하고 하나님이 모세에게 직접 말씀하시고 지시하신 것과 연관되는데, 이 상황을 고려할 때 하나님의 모든 집에서 모세가 신실하게 행한 것에는 첫 유월절을 지킨 것도 포함될 가능성이 높다. 아마도 이것이, 히브리서 11:28이 모세가 믿음의 행동으로서 정확히 유월절 피를 사용한 것을 강조하는 이유인 듯하다. 모세는 단순히 하나님이 말씀하신 대로 행했다.

측면은 히브리서 3-4장에 나타나는 저자의 움직임과 너무나 놀랍게 들어맞는다. 여기서 그는 예수와 모세를 처음으로 명시적으로 비교할 뿐 아니라 자신의 청중을 출애굽 세대, 즉 이집트에서 해방되어 광야에 들어간 바로 그 세대와 비교한다.[27] 또한 설교 후반부에서 저자가 그의 청중을 '장자들의 모임'과 연결하는 것도 인상적이다. 이들은 모세와 시내산의 출애굽 세대처럼 시온에 계신 예수 주위에 모인 사람들이다.

히브리서에 담긴 유월절의 반향

히브리서 저자는 본문에서 유월절을 단 한 번 명시적으로 언급한다. 그는 11:28에서 믿음으로 모세가 "유월절과 피 뿌리는 예식을 정하였으니"(πεποίηκεν τὸ πάσχα καὶ τὴν πρόσχυσιν τοῦ αἵματος) 이는 "장자를 멸하는 자"(ὁ ὀλοθρεύων τὰ πρωτότοκα)가 이스라엘의 백성과 가축을 건드리지 못하게 하기 위함이었다고 말한다.[28] 이 "멸하는 자"(ὁ ὀλοθρεύων)에 대한 언급은 칠십인역 출애굽기 12:23의 흥미로운 진술을 떠올리게 한다. 이 구절에서 문설주와 상인방에 묻은 피 때문에 주님이 "멸하는 자"가 이스라엘 백성의 집에 들어가 장자를 치는 것을 "허락하지 않으실"(οὐκ ἀφήσει τὸν ὀλεθρεύοντα) 것이라고 말하기 때문이다. 히브리서 11:28의 유월절 언급은, 특히 출애굽기 12:23의 멸하는 자에 관한 일부 유대 주석 전통에 비추어 이해할 때, 예수가 마귀를 물리치고 동족을 죽음의 공포에서 해방하신 것을 언급하는 히브리서 2:14-15이 첫 유월절을 행하여 멸하는

---

27 히브리서 2장의 큰 주장을 뒷받침하는 암시 외에도, 저자가 2:2에서 시내산에서 율법을 중재한 천사의 전통을 분명히 언급한 것은 저자가 설교의 이 부분에서 모세, 출애굽, 시내산 이야기를 염두에 두었음을 시사한다는 점에 주목할 필요가 있다.

28 출애굽기의 기록에 따라 히브리서 11:28의 중성 복수형 τὰ πρωτότοκα는 하나님이 이스라엘의 장자들뿐 아니라 이스라엘 가축의 맏배들까지도 살려 주셨음을 의미한다.

자를 막았던 모세를 암시하고 있음을 시사한다.

출애굽기 12:23의 멸하는 자

출애굽기 본문은 유월절에 관한 대부분의 기록에서 주님이 마지막 재앙으로 이집트의 장자들을 치셨다고 언급하지만(예를 들어, 출 12:13), 피로 인해 멸하는 자가 백성을 치지 못한다는 12:23의 언급은 본문의 세부 사항에 주의를 기울이는 누구에게든 주해상의 호기심을 불러일으킨다. 출애굽기 본문은 왜 여기서 멸하는 자를 언급하는가? 이 이상한 진술은 첫 유월절에 주님과는 다른 어떤 인물이 치는 역할을 했다는 암시를 허용한다.[29] 그렇다면 이 멸하는 자는 누구인가? 의미심장하게도 일부 고대 유대 해석가는, 12:23이 마지막 재앙에서 실제 치는 일을 수행하는 주체로 하나님이 아닌 대리자, 즉 악의적인 죽음의 천사를 가리킨다고 결론 내린다.

신약성경을 비롯한 여러 텍스트에 따르면, 제2성전기의 많은 유대인은 악마의 세력이 세상을 황폐화하고 하나님의 백성을 공격하고 있다고 믿었다. 그중에서 (때로는 사탄 또는 고발자로 불리고 때로는 벨리알이나 마스테마 같은 고유명사로 묘사되는) 죽음의 천사라는 한 특정 인물이 이 모든 악마 세력의 우두머리로 여겨졌다.[30] 제2성전 및 랍비 시대 문헌의 증거에 따르

---

29 초기 유대 해석을 보면 그러한 주해적 가능성이 탐구되고 발전되었음이 나타난다. 나는 뒤에서 희년서에 초점을 맞출 것이다. 그러나 탄나임 시대에는 일부 랍비가 하나님 이외의 천사나 대리자가 치는 역할을 했다는 견해를 명시적으로 거부함으로써 이 전통의 존재를 입증했다(예를 들어, Mek. Pisha 7.28-30; 13.9-11, 하지만 11.61-62도 보라; Mek. Amalek 1.128-129에는 천사의 활동이 단순하게 전제된다). 후대 랍비 저작들은 하나님과 멸하는 자를 구별하는 경향을 보인다[예를 들어, Tg. Neof. 출 12:23; 다음 문헌들에 제시된 증거도 보라. L. Ginzberg, *The Legends of the Jews*, 2nd ed. (Philadelphia: Jewish Publication Society, 2003), 1: pp. 537-538; M. Segal, *The Book of Jubilees: Rewritten Bible, Redaction, Ideology and Theology*, JSJSup 117 (Leiden: Brill, 2007), p. 210n20].

면, 일부 유대 해석자는 출애굽기 12:23에서 언급하는 멸하는 자가 주님과 구별되는 대리자를 가리킨다고 결론 내릴 뿐 아니라 이를 악마들의 수장이자 죽음의 천사인 거대 사탄과 동일시했다.[31]

예를 들어, 희년서에서 출애굽기 12:23의 멸하는 자는 마스테마라는 인물과 연결되어 있는데, 몇 군데에서는 벨리알로 언급되기도 한다(희년서 1:20; 15:31-33). 희년서 전체에서 마스테마는 모든 파괴하는 영의 지도자로서 하나님 백성의 주된 영적 대적자로 기능한다.[32] 마스테마는 악마 무리를 조종하여 사람들이 우상을 만들고 다른 가증한 죄들을 짓도록 유도하는 존재로 묘사된다(예를 들어, 희년서 11:4-5; 참조. 12:20). 욥기 1-2장과 스가랴 3장에 묘사된 악의적인 고발자(사탄)처럼 마스테마는 하늘 법정에 서서 하나님의 백성을 고발할 수 있다(희년서 17:16; 참조. 1:20; 10:8; 48:9). 희년서 48장에서 마스테마는 모세를 죽이려고 한다(48:2). 그런 다음 바로와 이집트인들이 모세와 이스라엘 백성을 반대하도록 동기를 부여한다(예를 들어, 48:9, 12). 마침내 선한 천사들이 마스테마를 잠시 결박하고 나서야 바로

---

30 마스테마(*Mastemah*)가 쿰란 두루마리에 항상 등장하는 이름은 아니다. 때때로 이 용어는 적대적 천사인 벨리알(Belial) 또는 적대적 천사 무리를 묘사하는 데 사용된다. 그러나 1QS 3.13-4.26에서 벨리알/마스테마는 그의 하수인들과 함께 세상을 지배하고 인류를 오도하는 어둠의 천사와 동일시되는 인물일 가능성이 높다. 이 적대적 인물들은 하나님을 대적하지만 그럼에도 하나님에 의해 창조되었으며 때때로 그의 명령을 수행한다. M. Mach, "Demons," *EDSS* 1: pp. 189-192를 보라.

31 마스테마라는 이름은 '적대감'을 뜻하는 히브리어 명사 משטמה에서 유래했다. 이 명사의 히브리어 어근은 שטם으로, '사탄'이라는 용어를 파생시킨 어근 שטן의 변형이다(J. W. van Henten, "Mastemah," *DDD* 1033-1035).

32 예를 들어, 희년서 17:19. 에티오피아 용어인 마스뗌(*Mäṣṭəm*, 히브리어 משטמה의 음역어)은 희년서에서 고유명사로 기능했을 가능성이 높다[van Henten, "Mastemah," p. 1033). 이 특별한 악마는 에티오피아 전통에서 종종 악마와 동일시된다(B. Burtea, "Demons," *Encyclopaedia Aethiopica*, ed. S. Uhlig et al., 5 vols. (Weisbaden: Harrassowitz, 2003-2014), 2: pp. 130-132를 보라).

는 백성들이 갈 수 있도록 허락한다(48:15, 18). 그러나 마스테마가 풀려나자 이집트인들은 마음을 바꾸고 다시 악한 자의 직접적 영향력 아래서 백성들을 노예로 삼기 위해 그들을 쫓는다(48:12, 16-17).

흥미롭게도 이 연구의 목적과 관련해, 희년서 49:2에서는 이집트에 내린 마지막 재앙이 "마스테마의 모든 군대"에 의해 수행된 것으로 묘사한다. 이 군대는 "바로의 장자부터 맷돌질하는 여종의 장자와 가축의 맏배까지, 이집트 땅의 모든 장자를 죽이도록 보냄을 받았다."[33] 이스라엘 집의 문설주와 상인방에는 유월절 제물의 피가 묻은 표식이 있었기 때문에 마스테마의 신하들이 들어가서 장자를 죽일 수 없었다.

희년서의 이 증거는 다음과 같은 두 가지 추론을 가능하게 한다. (1) 출애굽기 12:23에 언급된 멸하는 자는 희년서에서 악의적인 천사 대리자(angelic agent) 마스테마로 해석되며, 그의 하수인들이 이집트의 모든 장자를 죽이기 위해 파견된다.[34] (2) 첫 유월절은 이집트에서 바로의 노예 된 상

---

33 J. C. VanderKam, *The Book of Jubilees*, CSCO 511, Scriptores Aethiopici 88 (Leuven: Peeters, 1989), p. 315의 내용을 번역한 것. 희년서에 따르면, 마스테마는 당시 결박되어 있었기 때문에 직접 치는 일을 할 수 없었다. 할펀-아마루(Halpern-Amaru)의 적절한 설명에 따르면, 치는 일을 마스테마의 군대가 하고 군대가 야웨의 명령을 따랐다고 설명하는 것이, 야웨가 쳤다고 말하는 일부 본문과 "멸하는 자"가 그 일을 했다는 출애굽기 12:23 사이에 놓인 주해상의 문제를 희년서가 해결하는 방법이다[B. Halpern-Amaru, "The Festivals of Pesaḥ and Massot in the Book of Jubilees," in *Enoch and the Mosaic Torah: The Evidence of Jubilees*, ed. G. Boccaccini and G. Ibba (Grand Rapids: Eerdmans, 2009), pp. 309-322, 여기서는 p. 313을 보라].

34 희년서는 여기서 하나님의 세력과 마스테마의 세력이 모두 마지막 재앙을 집행하는 것으로 묘사한다는 점에서 출애굽기의 모호함을 공유한다(희년서 48:5-8; 49:2과 49:4을 비교하라. 또한 48:12, 15-17도 보라). 그러나 마스테마는 하나님과 동등한 존재로 묘사되지 않으며, 희년서 전체에 걸쳐 하나님이 역사를 완전히 통제하고 계심은 분명하다. 그럼에도 멸하는 자를 하나님의 백성을 고발하고 위협하는 사탄과 동일시하는 것은, 이 적대적 인물을 성경의 다른 부분에 언급된 천사 고발자와 연결하고 또 하나님의 백성이 다양한 위협에 직면했던 몇 가지 주요 사건과 연결하는 중요한 해석상의 움직임을 나

태로부터의 해방이며, 또한 바로와 이집트인들을 조종하던 마스테마의 지배로부터 일시적으로나마 풀려나는 것으로 이해된다.

이러한 결론은 이스라엘의 종말론적 미래를 반영하는 희년서의 다른 구절들에서도 일부 확인된다. 희년서 50:5은 약속의 땅이 궁극적으로 정화되고 백성의 죄와 의식적 부정이 결합되어 있는 문제가 마침내 해결될 미래의 때를 그린다. 그때는 멸하는 사탄이나 악한 자가 다시는 하나님의 백성을 괴롭히지 못할 것이다(참조. 23:29). 희년서에서 탁월한 대적자 사탄으로 등장하는(참조. 10:11) 마스테마는 주된 영적 원수요 멸하는 자임이 분명하며, 언젠가 하나님의 백성을 다시는 괴롭히지 못할 날이 올 것이다. 다시 말해, 희년서는 마스테마와 그의 세력으로부터 제한적으로 해방되는 첫 번째 출애굽과, 하나님의 백성이 궁극적으로 죄와 부정함과 모든 비난하는 사탄으로부터 해방될 미래의 새 창조 사이에 중요한 연관성을 제시한다.

출애굽기 12:23의 멸하는 자를 마스테마 및 그의 군대와 동일시하는 희년서 48-49장 내의 증거는, 히브리서 11:28이 장자를 멸하는 자와 관련해 모세가 첫 유월절 때 맡은 역할을 언급하는 내용을 잠재적으로 조명한다. 구체적으로는, 출애굽 내러티브(특히 출 12:23)에 대해 희년서가 제공하는 주해적 성찰은[35] 히브리서에 시사하는 바가 있다. 히브리서 저자가 출애굽

타낸다. 이러한 긴장이 희년서 48장과 49장이 서로 다른 출처에서 와서 편집된 표시라는 M. 시걸(Segal)의 주장이 옳을지도 모르지만(*Book of Jubilees*, 특히 pp. 210-228), 이런 종류의 신학적 긴장은 다른 제2성전 본문에서도 잘 나타난다(Mach, "Demons," p. 191를 보라). 이러한 역학을 특히 명확하게 표현한 예로, 1QS 3-4의 "Treatise of the Two Spirits"에 나오는 어둠의 천사에 대한 묘사를 보라(앞의 각주 30을 보라).

35 이와 비슷하게 광야에서 하나님의 백성에게 죽음을 가져온 인물과 멸하는 자를 동일시하는 것은 다른 제2성전 및 랍비 시대 본문에서도 발견된다. 지혜서 18:25 및 고린도전서 10:10을 보라. 두 본문에서는 광야 세대를 죽음으로 몰아넣은 인물을 "멸하는 자"로 지칭한다. 주목할 만한 것은, 지혜서 18:25에서는 이 인물을 이집트인들을 공격한 이와 동일시하지 않는다는 것이다(18:13-19). 앞의 각주 29에서 논한 내용도 보라.

기 12:23의 멸하는 인물을, 마지막 재앙에서 장자를 죽인 하나님 이외의 어떤 대리자로, 즉 하나님의 백성에 대한 최고의 우주적 고발자이자 대적자인 거대 사탄으로 여겼으리라는 가정은 타당하다.

내 주장은 히브리서의 저자가 틀림없이 희년서를 알고 그에 의존했다는 게 아니다. 오히려 희년서가 증명하는 출애굽기 12:23 해석이 히브리서 11:28에서 모세가 직면한 멸하는 자의 정체를 이해하는 방법을 제공한다는 것이다. 만약 저자와 그의 청중이 출애굽기 12:23의 멸하는 자를 하나님의 백성을 대적하는 최고의 천사 대적자로 여기는 전통을 희년서와 공유한다면, 히브리서 2:14에서 예수가 물리치신 인물(마귀)을 11:28에서 모세가 직면한 멸하는 자와 동일시할 가능성이 높다.[36]

출애굽기 12:23의 멸하는 자로서 히브리서의 마귀

히브리서에 나오는 세 가닥의 추가 증거는, 저자가 마귀를 모세가 첫 유월절에 하나님의 백성을 지켜 내고자 막았던 멸하는 자와 동일시한다는 가정을 지지한다. 첫째, 히브리서 11:28에 나오는 분사 ὁ ὀλοθρεύων의 미완료상(imperfective aspect)은 이 인물이 파괴를 특징으로 한다는 추론을 가능하게 한다. 즉, 이 대리자는 그저 첫 유월절 동안 특정한 일회성 임무를 수행하는 자가 아니다. 그는 단순히 이집트에서 장자를 '**멸했던**' 자가 아

36　더닐은 히브리서가 출애굽기 12장의 모호성을 수용하고 하나님을 멸하는 자이면서 동시에 그의 택한 백성을 보호하시는 분으로 본다고 주장한다(Dunnill, *Covenant and Sacrifice*, 특히 pp. 107, 159). 내가 볼 때 더닐은, 멸하는 자가 단독으로 행동할 수 없고 언젠가는 모든 권력을 박탈당할 것임에도 하나님으로부터 독립하고 하나님의 백성을 적대하는 존재로 묘사되는 희년서 같은 문헌들의 증거를 충분히 진지하게 여기지 않는 것 같다. 이 해석 전통은 (1) 피조물에 대한 하나님의 궁극적 통제와 (2) 하나님과 구별되지만 하나님이 정해진 기간 동안 창조 세계에서 중요한 역할을 부여하신 적대적인 천사 고발자와 그 하수인들의 존재를 모두 진지하게 받아들인다. 앞의 각주 34도 보라.

니다. '**멸하는** 자'라는 명칭은 파괴가 그가 지속적으로 하는 일임을 암시한다. 파괴는 그의 정체성의 일부다. 다시 희년서로 돌아가서, 멸하는 자는 이스라엘 백성이 이집트를 떠난 후 이들을 추격하도록 바로를 자극할 뿐만 아니라, 희년서 전체에서 하나님의 특별한 백성을 위협하는 자로 묘사된다. 사실상 희년서는 아케다(Akedah)를 마스테마의 강한 요구로 인한 결과로 묘사한다. 희년서 17:16에서 마스테마는 하늘에 계신 하나님 앞에 나아가 아브라함의 믿음에 도전한다. 희년서에 따르면, 아브라함이 이삭을 제물로 바치는 시험을 받게 하기를 제안하는 이는 마스테마다.

또한 흥미롭게도 희년서는 아케다와 첫 번째 유월절을 명확하게 연결하여 아케다의 시점을 유월절과 동일시하고 이삭을 명시적으로 아브라함의 '장자'로 부른다(희년서 18:11, 15).[37] 희년서는 성경이 이스라엘을 하나님의 장자로 여긴다는 사실과 출애굽기 12:23에 나타난 장자를 멸하는 자의 개념이, 이스라엘이 이 존재의 주요 표적임을 말해 준다고 여기는 듯하다. 이러한 관점에서 볼 때 히브리서 11:28의 "멸하는 자"는 하나님의 백성을 멸절시키려는 성향을 가진 우주적인 적에 대한 언급으로 이해될 만하다. 이 악의적인 파괴자가 이집트에서 하나님 백성의 장자를 해치지 못하도록 모세가 유월절 피를 집의 출입구에 뿌린 것이다.

둘째, 일부 제2성전 문헌의 출애굽기 12:23 주해에 등장하는 멸하는 자의 정체에 대한 앞선 관찰들이 히브리서 11:28 이해에 도움을 준다고 잠시 상정한다면, 히브리서 12:23에서 설교의 청중을 "장자들의 모임"(ἐκκλησία πρωτοτόκων)에 속한 자들이라고 밝힌 것은 다음의 내용을 시사할 수 있다. 즉, 저자는 청중 스스로가 "장자를 멸하는 자"와 그가 적대하는 주요 대상인 하나님의 백성 즉 "장자들의 모임" 사이의 우주적 전투 가운데 있다고

---

37 Segal, *Book of Jubilees*, pp. 191-198.

이해하기 원하는 것이다.[38] 다시 말해, 그들은 출애굽 당시 이스라엘의 장자처럼 하나님이 보호하고 해방하신 사람들이다. 이 비유는 히브리서 11:28에 언급된 인물 즉 출애굽기 12:23의 멸하는 자가, 항상 하나님 백성의 고발자였고 그렇기에 히브리서 청중의 원수인 악의적 존재 즉 마귀와 동일한 존재라는 추가적 추론을 가능하게 한다.

앞의 두 추론은 세 번째 요점을 낳는다. 저자가 독자들을 시온에 모인 장자들의 모임과 연관해 묘사하기 위해 사용한 이미지는 출애굽에 관한 오경의 더 큰 내러티브를 떠올리게 한다. 히브리서 12:18-23에서 예수와 시온에 모인 하나님의 백성, 그리고 모세와 시내산에 모인 출애굽 세대를 비교하고 대조하는 저자의 서술은 개념적 연관성을 특별히 명확하게 해 준다. 출애굽 백성이 이집트에서 해방되어 모세의 인도를 받아 광야에서 하나님을 예배하기 위해 시내산으로 간 것처럼, 히브리서의 청중은 자신을 마귀로부터 해방되어 예수에 의해 그들만의 광야 시간으로 인도되어 시온에 이르러서 하나님을 예배하게 된 사람들로 이해할 수 있다.

히브리서의 청중과 출애굽 세대 사이의 유비는 이미 히브리서 3-4장에 등장했고, 히브리서 12장의 이미지는 그것의 또 다른 측면을 발전시킨다. 그러나 출애굽 내러티브가 여기서의 논증에 영향을 준다는 인식은, 히브리서 12:23에서 "장자들의 모임"으로 언급된 사람들을 11:28의 장자들에 비유할 수 있다는 앞의 제안을 입증해 준다. 즉, 그들이 모세가 멸하는 자로부터 보호하고, 이집트의 속박에서 해방하여 광야로 인도하고, 시내산으로 데려간 후 약속된 기업을 향해 인도했던 그 장자들과 같은 존재라는 것이다.

이 세 요점은 히브리서 저자가 히브리서 3-4장에 나타난 수신자 회중과

---

38 출애굽기 4:22-23에서 이집트의 장자에게 내린 재앙과 바로가 하나님의 장자 이스라엘을 풀어 주지 않는 행위가 명시적으로 연결되고 있음을 주목할 필요가 있다.

출애굽 세대 사이의 유비를 발전시키고 확장하는 데 큰 관심이 있음을 시사한다. 전체적으로 볼 때, 사실상 이 증거는 한편의 예수와 그의 청중, 그리고 다른 한편의 모세와 출애굽 세대 사이에 저자가 상정하는 유비적 관계가 널리 퍼져 있음을 나타낸다.[39] 이 유비의 윤곽은 다음과 같다. 한편으로 모세는 유월절을 지켰고, (1) 적대적인 파괴자로부터 하나님의 백성을 보호하고, (2) 그들을 이집트의 노예 된 상태에서 해방하고, (3) 광야에서 그들을 인도하여 시내산에서 그들의 하나님을 예배하게 하고(일부 전통에서는 그가 시내산에서 하늘로 올라갔다고 주장하기도 한다), (4) 그들을 약속의 땅 가장자리까지 인도하는 데 중요한 역할을 했다. 다른 한편으로 예수는 (1) 마귀를 물리치고, (2) 하나님의 백성을 죽음의 공포에서 해방함으로 그들을 구원하여, (3) 이제 이들은 시온(과 승천한 지도자)을 중심으로 광야에 모여, (4) 궁극적으로 약속된 기업의 가장자리에 서 있다.[40]

이 유비에 대한 기본적 윤곽이 이렇다면, 당연한 질문이 자연스럽게 떠오른다. 예수도 모세의 신실한 피 뿌림과 같은 일을 하셔서 자기 백성이 멸

---

[39] 흥미롭게도 쿰란의 분파주의자들 또한 자신들의 상황과 모세와 출애굽 세대의 상황을 광범위한 유비 관계로 이해하여 해석했다[예를 들어, W. A. Meeks, *The Prophet-King: Moses Traditions and the Johannine Christology*, NovTSup 14 (Leiden: Brill, 1967), pp. 172-173의 논의를 보라]. 사실, 하나님의 백성이 광야에 있다는 개념은 제2성전기에 널리 퍼져 있었으며 다양한 방식으로, 그리고 종종 유배와 관련하여 사용될 수 있었다[H. Najman, "Toward a Study of the Uses of the Concept of Wilderness in Ancient Judaism," *Dead Sea Discoveries* 13 (2006): pp. 99-113를 보라].

[40] 이 비유는 복잡하고 다양한 수준에서 작동한다. 내 요지는 저자가 이 비유를 사용하는 모든 방식을 파악하거나 일관된 연대기 수준으로 축소하려는 게 아니다. 예를 들어, 청중이 시온 주변에 모여 있기도 하고 기업의 경계에 있기도 하다고 표현하는 것은, 저자가 더 큰 비유의 여러 측면을 탐구할 수 있음을 분명히 보여 준다. 나의 목표는 청중과 출애굽 세대 사이의 유비를 바탕으로 저자가 발전시키거나 암시하는 풍부한 은유의 태피스트리를 소진, 축소하거나 지나치게 단순화하는 게 아니라 그저 간과되는 경향이 있는 몇몇 상호 관련된 측면을 강조하려는 것이다.

하는 자로부터 보호받고 해방되어 광야로 인도되게 하셨는가? 만약 그렇다면 예수는 무엇을 하셨는가? 히브리서 저자는 실제로 예수가 모세가 첫 유월절에 행한 것과 같은 일을 하셨다고 생각한다. 구체적으로, 많은 자녀를 영광으로 인도하기 위해 고난을 받으시고 죽으시고 온전하게 되셨다는 것이다(히 2:9-10, 14).[41]

히브리서 2장에 나타난 새로운 유월절로서 예수의 죽음

히브리서 2:14에서 저자는 예수가 "죽음의 세력을 잡은 자"(τὸν τὸ κράτος ἔχοντα τοῦ θανάτου)인 마귀(τὸν διάβολον)를 물리친 것에 대해 이야기한다. 또한 2:15에서는 예수가 마귀가 휘두르는 죽음의 세력에 대한 두려운 속박(δουλείας)에서 자기 백성을 놓아주었다(ἀπαλλάξῃ)고 주장한다(참조. 히 2:10).[42] 앞서 제시된 유비의 관점에서 보면, 특히 희년서에 나타난 모세와 멸하는 자에 관한 주해 전통을 고려할 때 히브리서 2:14-15의 언어는 첫 번째 유월절과 뒤이은 출애굽을 강하게 연상시킨다. 그러나 이러한 암시를 인식하면 출애굽 이야기에서의 모세의 역할과 관련하여 예수의 죽음이 차지하는 개념적 위치를 정확히 파악할 수 있다. 예수의 죽음은 첫 유월절에 모세가 피를 뿌린 것과 같은 기능을 한다. 따라서 예수는 "그의 죽음을 통하여"(διὰ τοῦ θανάτου) 마귀를 물리친 것이다.

---

[41] 나는 다른 곳에서, 히브리서에서 예수의 온전하심이 육체적 부활을 언급하는 유일하지는 않지만 주된 방식이라고 주장한 바 있다[D. M. Moffitt, *Atonement and the Logic of Resurrection in the Epistle to the Hebrews*, NovTSup 141 (Leiden: Brill, 2011), 특히 pp. 198-200; 7장도 보라].

[42] '놓아주다'(ἀπαλλάσσω)라는 동사는 칠십인역의 출애굽 기사에 나오지 않지만, '속박'(δουλεία)이라는 단어는 이집트와 출애굽과 관련해 흔히 쓰인다. 실제로 칠십인역 출애굽기와 신명기에서 이 용어가 사용된 모든 경우는 이집트에서 백성들이 했던 종살이를 가리킨다(출 6:6; 13:3, 14; 20:2; 신 5:6; 6:12; 7:8; 8:14; 13:6, 11을 보라. 참조. 레 26:45).

그렇다면 모세의 경우 출애굽 이야기의 중심점, 즉 히브리서 11:28에서 백성을 멸하는 자로부터 보호하여 종살이에서 해방하고 광야로 출애굽을 시작하게 한 사건으로 지목되는 것은, 모세가 순종하여 유월절 피를 바른 사건이다. 예수의 경우 그 제자들을 마귀의 속박에서 해방하고 죽음의 공포에 종노릇하지 않고 광야로 나아가게 해 주는 중추적 사건은, 히브리서 2:14에서 분명히 밝히듯 그의 죽음이다.

그러므로 히브리서 2-4장에서 저자가 청중과 출애굽 세대 사이에 구성한 광범위한 유비는 설교의 핵심적 개념 틀을 형성하는 것으로 보이며, 그러므로 이것이 히브리서 11장과 12장에서 반복되는 것은 결코 우연이나 부수적인 것으로 볼 수 없다.[43] 다시 말해, 히브리서는 출애굽 세대와 서신에서 의도한 청중 사이의 강력한 유비를 발전시키며, 이 유비는 서신 전체에서 다양한 방식으로 반복된다. 이 유비에서 예수의 죽음은 첫 유월절에 모세가 피를 뿌린 것처럼 하나님 백성의 대적으로부터 보호와 해방을 가져다주고 광야로 여정을 시작하게 한, 본질적으로 유월절과 같은 사건으로 볼 수 있다.

모델로서의 모세

논의를 종합해 보면, 히브리서 저자가 첫 유월절에 하나님의 백성을 위협하고 장자를 친 자를 다름 아닌 죽음의 권세 가진 악한 천사, 즉 마귀로 이해하고 있음을 추론할 수 있다. 히브리서에서 예수의 죽음은 새 출애굽 내러티브의 시작점에 위치한다. 이에 따라 청중은 자신들이 광야에 있으며 하

---

[43] 나는 출애굽기와 출애굽 내러티브가 히브리서에서 차지하는 중요한 역할과 미치는 영향에 대해 D. M. Moffitt, "Exodus in Hebrews," in *Exodus in the New Testament*, ed. S. M. Ehorn, LNTS 663 (London: T&T Clark, 2022), pp. 146-163에서 더 자세하게 논한다.

나님이 그 백성에게 약속하신 기업을 목전에 두고 있다고 상상해야 한다. 이 공동체와 출애굽 세대 사이의 더 큰 유비 및 마귀와 첫 유월절의 멸하는 자와의 동일시에 비추어 볼 때, 예수의 죽음이 마귀를 물리쳤다는 저자의 진술은, 예수의 단번의 죽음과 본래의 출애굽을 개시한 첫 유월절의 독특한 시행 사이의 비교를 끌어낸다. 멸하는 자로부터 하나님의 백성을 보호하기 위해 모세가 지킨 첫 유월절에 대한 논의가 함의하는 바는, 히브리서 2:14-15에서 예수의 죽음이 인류를 종노릇하게 만드는 죽음의 세력과 그 세력을 휘두르는 거대한 파괴자 마귀로부터 해방하는 유월절 같은 사건으로 기능한다는 것이다. 예수의 죽음은 하나님의 백성을 마침내 마귀의 통치에서 완전히 해방하는 출애굽 같은 사건을 개시한다. 히브리서는 '새 출애굽' 모델을 사용하는 듯하지만, 이는 계속되는 유배라는 현실이 개념적으로 주도하는 모델은 아니다.[44]

---

[44] M. 티센(Thiessen)은 저자가 이스라엘의 이집트 탈출이 결코 끝나지 않았다고 생각한다는 흥미로운 주장을 펼친다["Hebrews and the End of Exodus," *NovT* 49 (2007): pp. 353-369]. 저자는 계속되는 유배라는 관점에서 생각하기보다, 출애굽 이후 이스라엘의 모든 역사를 광야에서 지체된 오랜 방랑의 시간으로 격하한다. 따라서 티센은 '새 출애굽'이라는 표현이 히브리서에는 부적절하다고 말한다(p. 355n7). 이 해석에 대한 자세한 논의는 이번 장의 범위를 벗어난다. 그럼에도 나는 티센의 논지가, 히브리서 저자가 하나님의 백성을 얼마나 구속사의 뒤쪽에 위치시키는지를 인식하지 못한 결과라고 생각한다. 히브리서 저자는 하나님의 백성이 그리스도 이전에는 진정으로 노예 상태에서 해방된 적이 없다고 생각하는 것 같다. 희년서처럼 히브리서도 하나님의 백성이 그들의 진정한 노예 상태의 참된 근원인 마귀로부터 완전히 해방되지 못했음을 암시한다. 그러므로 어떤 의미에서는 예수가 이 영원한 적을 물리치심으로 **진정한** 출애굽을 이루신 것이다. 마찬가지로 청중은 이제 **진정한** 광야에서 **진정한** 기업의 땅에 들어가기를 기다리고 있다. 하지만 그렇다고 해서 모세가 이끈 출애굽의 현실성과 여호수아와 백성들이 약속된 기업의 땅에 진입한 사건의 현실성을 부정하는 것은 아니다. 이러한 사건들에 대한 성경 내러티브는 저자가 예수가 누구이고 무엇을 하셨는지, 청중이 자신을 어떻게 생각해야 하는지에 대해 성찰할 때 필요한 범주를 제공한다. 이렇게 볼 때 히브리서에서 예수가 새 출애굽을 이끄신다고 말하는 것은 완전히 적절해 보인다.

이런 생각이 대략 정확하다면, 히브리서 2:14-16에 나오는 예수의 해방 사역은 하나님의 백성을 노예 상태에서 해방한 모세의 핵심적 역할을 모델로 삼은 것이다(참조. 히 3:16). 그러므로 모세라는 인물은 예수가 마귀를 물리쳤다는 주장의 중심에 있다. 첫 유월절 때 믿음으로 피를 다룸으로써 멸하는 자를 물리친 인물이 바로 모세이기 때문이다. 이 결론은 히브리서 2:14-16에서 예수가 이루신 해방의 의미와 논리를 새롭게 조명할 뿐 아니라(예수의 죽음은 마귀의 속박에서 해방하는 유월절 같은 행위다), 저자가 유월절과 출애굽에서 모세의 역할을 존중한다는 점을 암시한다. 모세의 유월절 수행과 백성의 해방자로서 역할은 비판받거나 경시되거나 예수께 맞추어 조정되지 않는다. 오히려 저자는 첫 유월절에 모세가 피를 다룬 행위와 백성을 광야로 인도한 행위를 가지고 예수가 누구이며 그의 죽음이 어떻게 구원을 가져다주는지 설명한다.

이 유비는 예수의 죽음이 궁극적으로 하나님의 백성을 죽음의 천사의 권세에서 해방하고 약속하신 영원한 기업을 향해 나아가는 광야 같은 기간으로 들어가게 해 주는 유월절 같은 사건임을 암시한다. 그러므로 저자는 예수의 해방 행위를 이전 사건의 진정한 의미를 보여 주기 위한 해석학적 열쇠로 삼아 출애굽 이야기에 억지로 집어넣지 않는다. 그 대신 모세에 대한 오경의 기록을 가지고, 예수와 모세 사이의 연속되는 지점 및 예수의 구원 사역이 지닌 참된 본질을 밝히는 데 도움이 되는 지점을 파악하게 해 주는 확장된 유비를 끌어낸다.

앞의 논증에서 도출되는 또 다른 중요한 점이 있다. 예수와 모세는 모두 **동일한 상대에 맞서는 가운데 신실함을 지켰다**. 그 상대는, 항상 하나님의 백성을 멸하려는 의도를 가진 악의적인 천사 대리자다. 예수와 모세 모두 하나님의 지시와 뜻에 충실했기에 각자의 방식으로 상대에게 승리를 거두었다. 하지만 그들의 승리는 그 종류와 정도에서 차이를 보인다. 히브리서에서 예수의 죽음은 탁월한 유월절 같은 사건으로 분명하게 묘사된다. 모세가 유월절을 수행함으로써 대적으로부터 부분적 해방을 얻고 하나님의 백성을 이집트의 속박에서 건져냈지만 죽음의 문제와 죽음에 대한 속박은 사라지지 않았고, 저자가 히브리서 3-4장에서 시편 95편을 통해 강조하듯 광야 세대는 그들이 나아가야 할 참된 약속의 안식에 궁극적으로 들어가지 못했다. 그러나 예수는 마침내 마귀를 물리치고 궁극적으로 하나님의 백성을 죽음의 공포에서 해방하셨다. 부활과 승천으로 인해, 예수는 그의 백성보다 앞서가셔서 하나님이 약속하신 기업으로 들어가는 새롭고 생명력 있는 길을 열어 주셨다.

이 해석이 대체로 옳다면, 첫 유월절에서의 모세의 중요성을 훼손하거나 모세를 예수께 부합하게 만들려는 시도는 여기에 없는 것으로 보이며, 실제로는 그 반대의 추진력이 작용하고 있는 것 같다. 저자는 첫 유월절에서 예수의 죽음이 지닌 중요성의 측면들을 끌어낼 근거를 발견한다. 하나님의 백성을 이집트에서 구속한 사건과의 유비에 따라, 예수의 십자가와 부활은 하나님의 백성을 고발하는 천사와 그들을 노예로 삼는 세력으로부터 해방한다. 모세, 유월절, 출애굽은 저자의 기독론적·구원론적 관점을 보여 주기 위해 거룩한 글에 억지로 집어넣은 단순한 암호가 아니다. 이들은 예수를 해방하는 인물로 받아들이고 그의 죽음이 어떻게 하나님의 백성을 죽음과 마귀의 노예 상태에서 해방했는지 생각하게 하는 권위 있는 패러다임을 히브리서 저자에게 제공한다. 즉, 예수의 죽음이 거대한 파괴자로부터의 출애굽 같은 해방을 개시하는 유월절 같은 사건이라는 패러다임 말이다.

결론

예수가 마귀를 물리치고 이어서 하나님의 백성을 해방하셨다는 히브리서 2:14-16의 주장과 논리 안에서 암시적으로 등장하는 첫 유월절의 모세와 그의 구원 사역은, 출애굽 내러티브에서 모세가 차지하는 중심되는 역할에 관한 성경과 다른 전통의 증언이 히브리서 저자가 예수의 죽음이 성취한 바를 이해하는 데 영향을 준다는 점을 암시한다. 히브리서 저자에게 모세는 하찮은 인물이 아니며, 하나님 백성의 해방자로서 그의 역할은 그리스도의 지속적이고 영원한 사역에 부합되도록 축소되지 않는다. 진실로 하나님의 집에서 신실하게 섬긴 종 모세는 장차 일어날 좋은 일들을 증언한다(히 3:5). 아마도 이것이 부분적으로 암시하는 바는, 히브리서 저자는 모세가 유월절을 충실히 수행한 일이 예수가 이루신 궁극적 해방을 예고하거나 본을 제시한다고 생각한다는 점일 것이다. 하지만 이로부터 도출되는 사실은, 유월절을 수행하고 멸하는 자로부터 백성을 보호하고 그들을 이집트로부터 광야로 이끌어 낸 모세의 리더십이 예수의 '더 나은' 사역으로 인해 축소되거나 대체되지 않는다는 것이다. 오히려 모세의 사역을 구성하는 이러한 요소들은 저자가 그리스도의 구원 사역을 성찰할 때 사용하는 모델이 된다.

　예수와 유월절 사이의 강한 연관성은 저자만의 독창적인 생각이 아니라 복음서들이 증명하듯 초기 기독교의 일반적인 생각이었다는 것은 의심할 여지가 없다. 그럼에도 히브리서는 일부 초기 그리스도인들의 대화적 추론에 대한 통찰을 제공한다. 그들은 하나님이 계시하셨고 따라서 권위 있다고 여겼던 성경 텍스트, 인물, 전통과 예수 사이에 반드시 존재한다고 생각했던 복잡한 관계를 숙고하면서 대화적 추론을 사용했다. 적어도 히브리서 저자의 경우, 앞의 논증을 통해 알 수 있는 바는 충실한 종 모세를 통해 이루신 하나님의 해방 사역이라는 더 큰 성경적 패턴 안에 예수를 위치시키는 것이 중요했다는 점이다. 특히 첫 유월절에 순종적으로 피를 뿌린 모세의 충실한 섬김은 이러한 문제에 대해 생각할 수 있는 성경적 틀을 제공함으로써 예수가 누구이고 죽음으로 무엇을 성취하셨는지를 조명한다. 히브리서는 첫 유월절에서 모세의 역할과 이것이 출애굽을 개시한 방식을 상기시킴으로써, 예수의 정체성과 그분이 형제자매들에게 구원을 가져다주기 위해 행하신 일을 이해하는 방식에 깊이와 질감을 더한다. 예수는 모세 같은 인물로, 그의 죽음은 마귀를 물리치고 하나님의 백성을 종살이에서 해방한 새 유월절이다. 다시 말해, 히브리서는 예수를 그 탁월한 유월절을 수행한 분으로 제시한다. 이제 청중은 자신이 시온을 중심으로 하는 새 광야 시대에 있다고 인식할 수 있다. 그곳에서 그들은 하나님을 예배하며, 승천하여 하나님의 임재 앞에 계신 언약의 중보자가 돌아와 마침내 그들을 충만한 기업으로 인도해 주시기를 기다린다.

이 모든 것이 함의하는 바는, 히브리서 저자에게 모세는 첫 번째 유월절이라는 특별한 사건 및 뒤이은 출애굽과 긴밀하게 연결된 인물이라는 것이다. 구체적으로, 모세는 하나님의 지시에 귀 기울이고 충실히 수행한 능동적 행위자로 간주된다. 앞서 언급했듯, 모세는 예수와 마찬가지로 청중이 본받아야 할 모델 역할을 했고 이 점에서 단젤로와 아이젠바움의 견해는 옳다. 그러나 모세는 예수처럼 하나님의 백성을 위해 필수적인 구원 행위를 수행했기 때문에 단순히 청중의 역할 모델이 아니다. 유월절에 모세가 피를 사용한 행위는 하나님의 백성을 보호하고 이집트에서의 해방을 이끌었다. 모세오경에서 하나님 백성의 역사를 서술하는 시간 순서를 보면 모세가 다른 하나님의 백성들과 비교하여 독특한 위치에 있음을 알 수 있다.

하나님 백성의 새 출애굽을 개시한 사건인 예수의 죽음 또한 독특하고 반복 불가능한 사건이다. 하나님의 백성을 파괴자로부터 보호하고 이집트에서 해방하고 약속된 기업으로의 여정에 착수하기 위해 모세가 수행한 첫 유월절은 매년 유월절 축제에서 반복적으로 기억되지만, 그 자체가 반복되지는 않는다. 마찬가지로, 죽음에 대한 예수의 유월절 같은 순종은 마귀를 물리쳤고, 하나님의 백성을 죽음의 권세의 압제에서 해방했으며, 그들이 마지막 날의 광야로 들어가는 여정을 시작하게 했다. 그곳에서 그들은 약속된 기업으로 완전히 들어가기를 기다린다. 이 사건은 성찬식을 통해 기억되지만 결코 반복되지 않는다. 따라서 히브리서 저자는 예수의 죽음을 모세가 충실히 수행한 첫 유월절과 비교하면서, 죽음과 마귀의 노예가 된 하나님 백성의 새롭고 궁극적인 출애굽을 일으킨 사건으로서 십자가를 집중 조명한다.

요약하자면, 지금까지의 논증은 히브리서가 성경과 대화적 상호 작용을 할 때 중심이 되는 해석학적 역학이 일방향적이지 않음을 보여 준다. 저자는 모세나 첫 유월절 또는 출애굽이 예수에 비추어서만 의미를 갖도록 끼워 맞추기보다는 성경의 이러한 측면에서 감지한 의미와 논리와 순서로부터 예수가 누구이고 무엇을 어떻게 하셨는지를 설명하는 데 도움을 얻는다.[45] 이러한 관점에서 모세는 저자가 예수가 성취하셨다고 고백하는 구원 사역의 몇 가지 필수 요소를 탐구하는 모델을 제시한다.

---

45 분명 저자는 성경을 해석할 때 시간 순서를 진지하게 고려한다. 이는 히브리서 3-4장에서 시편 95편을 사용하는 방식에 분명히 나타난다(특히 히 4:1-11을 보라). 히브리서에서 시편 95편을 주해적으로 사용할 때 시간 순서의 중요성에 대한 유용한 논의는 N. J. Moore, *Repetition in Hebrews: Plurality and Singularity in the Letter to the Hebrews, Its Ancient Context, and the Early Church*, WUNT 2/388 (Tübingen: Mohr Siebeck, 2015), pp. 111-115를 보라.

3. 광야 정체성과 오경 내러티브
히브리서에서 예수의 취임과 새 언약의 유지 구별하기

출애굽 후 이스라엘이 광야에서 보낸 시간을 떠올리게 하는 모티프는 히브리서 곳곳에서 발견된다.[1] 히브리서 저자는 이러한 모티프를 가지고 독자들의 상황에 대한 유비를 발전시켜 광야 정체성을 심어 준다. 그리고 이러한 유비들은 독자들이 스스로를 현재 광야 시대에 있는 사람으로 인식하게 만든다. 그런데 이렇게 이스라엘의 광야 세대와 동일시를 유도하는 이유는 무엇인가? 히브리서에서는 궁극적 기업에 도달하려면 시련을 견뎌야 한다는 도덕적 교훈을 이끌어 내기 위해 단순히 이스라엘의 이야기를 영적으로 이해한 것인가?

저자는 분명 이스라엘 역사에서 도덕적 교훈을 끌어내지만(예를 들어, 히 4:1-6) 우리는 히브리서의 광야 정체성에 대한 더 근본적인 근거를 찾을 수 있다. 히브리서 저자는 서신 전체에 걸쳐 오경 형식의 내러티브를 활용하여

---

1   예를 들어, 이스라엘이 약속의 땅에 들어가라는 하나님의 명령에 순종하지 않은 것은 3-4장에서 언급된다. 9장에서는 성막에 대해 광범위하게 고찰하며 9:15에서는 약속의 기업에 대해 말한다(참조. 11:9). 그리고 시내산 사건은 12장에서 논의한다. 출애굽과 히브리서의 출애굽 내러티브에 대한 나의 더 자세한 논의는 D. M. Moffitt, "Exodus in Hebrews," in *Exodus in the New Testament*, ed. S. M. Ehorn, LNTS 663 (London: T&T Clark, 2022), pp. 146-163를 보라.

그가 의도한 수신자의 정체성 형성을 돕는다. 의미심장하게도 이 내러티브의 구조는, 해방을 가져다주고 언약을 출범시키는 예수의 죽음을 하늘에서 언약을 유지하고 계시는 현재적 대제사장 사역과 구분하는 것과 상관관계가 있다. 이렇게 예수의 죽음이 지닌 효과와 승천이 지닌 효과를 구분하는 것과 밀접하게 연관된 것은, 독자들이 아직 약속된 기업에 들어가지 못했다는 사실이다.

이 요점들을 오경의 용어로 표현하자면, 히브리서 독자들이 하나님의 아들들(예를 들어, 히 2:10; 12:5) 심지어 장자들의 모임의 일원(12:23)으로 여겨지고, 그들을 노예로 삼았던 권세에서 해방되며(2:14-15), 하나님과 언약 관계를 맺었고(예를 들어, 8:6; 9:15), 대제사장이 그들을 위해 중보하며(7:25; 8:1-2), 시온산에 왔지만(12:22) 아직은 그들의 기업을 완전히 소유하지 못했고(4:1-2; 6:12), 그들의 예수(Ἰησοῦς)가 돌아오기를 기다리고 있는(9:28; 참조. 10:35-39) 상태는 그들을 광야의 이스라엘과 유사한 상태에 놓는다.[2] 나의 제안은, 예수와 그의 제자들, 그리고 오경이 기록하는 이스라엘의 출애굽과 그들이 모세와 여호수아의 지도하에 광야를 여행했던 일 사이의 근본적 유비가 히브리서 내의 정체성 형성에 결정적 역할을 한다는 것이다. 이를 명확하게 보기 위해서는 히브리서가 특정 언약 범주를 사용하는 것과 관련한 오해를 먼저 해결해야 한다.

---

2 나는 시간과 장소에 대한 이러한 개념이 히브리서 1:2에서 저자가 현재 시기를 "이 모든 날 마지막"이라고 표현한 종말론적 이해와 상관관계가 있다고 주장한 바 있다. D. M. Moffitt, "Perseverance, Purity, and Identity: Exploring Hebrews' Eschatological Worldview, Ethics, and In-Group Bias," in *Sensitivity to Outsiders: Exploring the Dynamic Relationship between Mission and Ethics in the New Testament and Early Christianity*, ed. J. Kok et al., WUNT 2/364 (Tübingen: Mohr Siebeck, 2014), pp. 357-381를 보라.

언약 취임과 언약 유지의 혼합

수전 헤이버(Susan Haber)는 갑작스럽게 세상을 떠나기 직전에 히브리서가 사용하는 언약과 제사 의식이라는 범주에 관한 흥미로운 글을 발표했다.[3] 헤이버는 이 서신에서 발견되는 새 언약 개념이 반유대주의적 관점에 뿌리를 두고 있다고 제안한다. 그는 특히 히브리서에서 예수의 속죄 제사와 새 언약의 개시를 연관시키는 방식을 파고든다.[4] 그는 저자가 모세 언약 및 토라에 자세히 설명된 제사장과 제사 제도에 반대하는 방식으로 속죄와 언약을 생각한다고 결론 내린다.

헤이버에 따르면, 히브리서 저자는 모세 율법의 "제사 의식을 통한 속죄 메커니즘"을 "그리스도를 통한 구원을 믿는 믿음과 상반되는" 방식으로 묘사한다.[5] 히브리서 저자는 율법의 본질적 결함을 규정된 제사와 그 제한된 속죄 효과에서 찾기 때문에, "히브리서에서 유대교에 대한 부정적 묘사는 죄 씻음에 대한 기독교적 관점을 위협하는 경쟁적 속죄 신학에 대한 논쟁으로 특징지어질 수 있다."[6]

기본 문제는 히브리서가 출애굽기 24:1-8에 묘사된 언약 비준 예식을 민수기 7:1-2에 나오는 성막 출범 기록과 혼합한 것과 관계있다(참조. 출 40:9; 레 8:10).[7] 저자는 이 사건들을 혼합함으로써 성막의 정화와 그 안에서 드

---

[3] S. Haber, "From Priestly Torah to Christ Cultus: The Re-Vision of Covenant and Cult in Hebrews," *JSNT* 28 (2005): pp. 105-124.

[4] 여기서는 헤이버의 모든 주장을 다룰 수 없다. 히브리서와 관련된 언약의 개시 의식과 유지 제사의 관계에 대한 그의 중심 논의에 초점을 국한하고자 한다.

[5] Haber, "Priestly Torah," p. 107.

[6] Haber, "Priestly Torah," p. 121.

[7] 헤이버의 주장 중 하나는 출애굽기 24:1-8의 피 뿌림과 그 기능을, 성막이 기름으로 봉헌되었다고 명시한 출애굽기 40:9와 레위기 8:10의 기름과 구분하는 것을 강조한다 ("Priestly Torah", pp. 110-111). 오경 자체는 피와 봉헌 기름을 명시적으로 혼합하지 않

려진 속죄 제사를 출애굽기 24장에 묘사된 언약 비준의 의식적 행위로 합할 수 있게 된 것이다. 헤이버에 따르면, 이러한 연결의 근거는 예수의 죽음이 새 언약을 출범시키는 사건인 동시에 그 언약의 완전한 속죄 제사라는 저자의 믿음에 있다. 즉 오경은 모세 언약을, 비준하는 행위(출 24:1-8)가 먼저 필요하고 그다음 성막의 출범(민 7:1-2)과 지속적인 제사장 사역과 속죄 제사가 뒤따르는 것으로 제시한다. 그러나 히브리서에서 중심이 되는 예수의 죽음과 관련해서는, 언약 비준 행위와 그 언약 안에 있는 사람들을 영원히 정화하고 용서하는 제사 행위가 하나의 동일한 사건이어야 한다는 것이다. 그러므로 예수의 죽음은 새 언약과 그 의식을 출범시킴과 동시에 이 언약을 유지하는 데 충분한 제물로도 기능한다. 요컨대, 히브리서에서 언약의 출범과 유지는 예수의 죽음 안에서 합해지고,[8] 이 통합은 다시 출애굽

으며, 출애굽기 24:1-8이 정결이나 봉헌에 대해 말하지 않는다는 헤이버의 주장은 옳다. 그러나 민수기에 성막을 봉헌하는 데 사용된 물질이 명시되지 않기 때문에 히브리서가 출애굽기 24:1-8과 민수기 7:1-2을 통합했다는 그의 주장은 설득력이 없다. 히브리서가 이 본문들을 통합했을 수도 있고(하지만 히 9:19에서 '기름을 붓다'가 아닌 '뿌리다'라는 동사를 사용한 것은 칠십인역 레 8:10을 암시하는 것일 수 있다), 히브리서에서 피만 언급하고 기름은 언급하지 않은 것도 분명하다. 그럼에도 제2성전 독자들이 출애굽기 24:1-8이 정화 행위를 묘사하는 것으로 추론할 수 있다는 주장은, 특히 제사를 통한 정화에서 피가 가진 역할을 고려할 때 합리적 결론으로 보인다. 더욱이 요세푸스(Josephus)의 기록에는 성막과 모든 그릇, 제사장과 그의 예복을 모두 정결하게 하기 위해서는 기름뿐 아니라 황소, 숫양, 염소의 피를 뿌려야 한다는 생각이 암시되어 있다(*Ant.* 3.204-206). 출애굽기 24장은 여기 포함되지 않지만, 제사장들과 그들의 의복뿐만 아니라 성막과 성막의 그릇에도 피를 뿌렸다는 요세푸스의 언급은 레위기 8:30(참조. 출 29:21)과 레위기 8:10을 혼합한 것일 수 있다. 적어도 요세푸스의 논리는 성막과 제사장의 봉헌을 위해 피를 뿌리는 행위가 밀접하게 연관되어 있음을 암시한다.

8 헤이버는 내가 여기서 채택한 언약 유지라는 언어를 사용하지 않는다는 점에 유의하라. 그러나 제물의 피를 통한 정결과 언약 비준 행위의 상관관계를 강조하는 한, 그는 히브리서에서 새 언약의 출범과 그 구성원들을 용서받고 정결하고 거룩하도록 유지하는 속죄 제사를 혼합하는 것을 잠재적 문제로 지적한다. 언약 관계의 구성원을 이러한 상태로 유지하거나 이러한 상태로 회복시키는 것이 제사 논리의 중심이며, 따라서 제사의 주된 이

기 24장을 읽는 데 적용된다. 따라서 히브리서는 모세 언약의 논리가 예수의 속죄적 죽음에 계시된 새 언약의 논리에 부합하도록 강요한다.[9]

언약과 의식/제사의 관계에 대한 헤이버의 초점은 예리하고 중요하다. 헤이버는 히브리서의 논리에 잠재적 결함이 있음을 밝혀냈는데, 만약 이것이 정확하다면 현대의 히브리서 주석가들은 이를 너무 자주 놓쳐 온 셈이다(예수의 영단번의 제사에 대한 더 큰 성경적·조직신학적 설명은 말할 것도 없다). 이 문제를 약간 다르게 표현하자면, 헤이버는 기독교 주석가와 신학자 대다수가 거의 주목하지 않는 기독교 속죄 신학의 특정 표현 속 제사 논리에 내재한 중요한 문제를 바라보도록 유익한 제스처를 취한다. 그의 구체적 주장은, 히브리서가 기록된 때부터 예수의 제사에 대한 일부 기독교적 설명이, 모세 언약을 비준하는 피로 이루어지는 의식적 행위와 언약의 성막과 제사장 직분을 출범시키는 이후의 정화 행위를, 그리고 언약 관계 유지 역할을 하는 피로 이루어지는 레위기 제사 행위를 의도적으로 혼동하고 혼합했다는 것이다. 그렇다면 독자는 이미 히브리서를 통해, 초기 기독교에서 제사와 속죄를 다루며 내놓은 어떤 형태의 성찰은 모세 언약 체제 내에서의 언약과 제사의 상호 연관된 역할과 논리를 고의적으로 오해할 만큼 본질적으로 반유대적이었음을 볼 수 있다.

요약하자면, 헤이버가 히브리서에서 지적하는 모세 언약과 새 언약의 핵심 차이는 새 언약이 예수의 죽음으로 시작될 뿐 아니라 그 단번의 사건으로 완벽하고 영구적으로 유지된다는 사실에 있다. 그러므로 청중은 이제 스스로를 예수의 죽음으로 이루어진 영단번의 제사로 인해 더 이상 언약을 유지할 필요가 없는, 완벽하게 용서받고 영원히 정결해진 새 언약의 일

유는 언약 관계의 유지다.
[9] 헤이버는 말한다. "히브리서에서 모세 언약은 예배적 질서**이다**"("Priestly Torah," p. 109).

원으로 여길 수 있다. 따라서 그들은 더 이상 유대 정결 의식이나 제사 혹은 유대 공동체들을 바라볼 필요가 없다. 이들과 핵심 정체성을 상당히 공유함에도 말이다.

지금까지의 분석이 헤이버의 중심 관심사(히브리서에서는 예수의 죽음이 하는 역할을, 새 언약을 출범시키고 **또한** 영원히 유지하는 한 번의 제사로 이해한다는 것)를 올바르게 밝힌 것이라면, 그의 더 큰 요점은 히브리서 저자가 구성하는 초기 기독교 정체성이 근본적으로 대체주의적 해석학을 중심에 둔다는 추가 암시를 내포한다. 히브리서가 후대의 마르키온처럼 유대 성경을 버린 것은 아니지만, 저자는 분명 그 성경의 목소리를 막고 제거했다. 그는 모세 언약과 그 제사 제도의 언어와 이미지를 예수의 죽음 사건에 적용하려는 미리 형성된 기독론과 구원론 때문에 유대 성경에 호소한다. 하지만 그 성경에 제시된 언약과 제사의 실제 의미나 논리에는 거의 관심을 기울이지 않는다. 그 대신 그는 십자가 사건을 사용해 성경 본문에 새로운 패턴을 부과하여 그 본문이 예수의 죽음으로 생겨난 새로운 현실을 불완전한 방식으로라도 증언하도록 강요한다.

이제 이번 장에서 탐구할 첫 번째 주요 질문으로 넘어갈 차례다. 히브리서는 실제로 방금 설명한 방식으로 언약의 취임과 언약의 유지를 혼합하는가? 저자는 정말로 예수의 제사와 속죄 사역을 십자가 죽음이라는 단 하나의 사건으로 축소하면서, 동시에 십자가를 새 언약을 시작하는 사건으로 그려 내는가? 히브리서가 출애굽기 24:1-8의 사건을 모세 의식(Mosaic cult)을 출범시키고 또한 일종의 의식적 정화도 제공하는 사건으로 나타낸다는 점에 주목한 헤이버의 설명은 옳다(히 9:19-22).[10] 그는 히브리서 저자가 율법에 따라 행해진 제사의 효력으로는 오로지 제한된 의식적 정화만

---

10   앞의 각주 7에서 논한 내용을 보라.

가능하다고 주장했음을 지적하는데, 이 또한 옳은 말이다(9:13). 많은 제2성전 유대인은 당연히 후자의 내용에 극도로 분노할 것이다. 히브리서가 논쟁적이라는 헤이버의 말은 옳다.

그런데 이 논쟁은 예수의 언약, 제사, 속죄에 대한 저자의 개념이 오경에서 발견되는 이 범주들에 대한 개념과 정반대라는 뜻인가? 여기서 나는 헤이버의 주장이 잘못되었지만 많은 부분을 조명해 준다고 생각한다. 현대의 많은 히브리서 해석자처럼, 헤이버의 실수는 이 서신의 구원론이 주로 예수의 죽음을 중심으로 전개된다고 가정하는 것이다. 이 가정을 따르면 헤이버의 주장이 옳을 가능성이 높다. 히브리서에서 예수의 죽음이 앞서 설명한 방식으로 작용한다면, 저자는 오경이 제시하는 논리로서 모세 언약과 레위기 제사에서 실제로 상호 관련된 논리에 거의 신경 쓰지 않는 언약과 제사에 대한 환원주의적 설명을 제공하는 것처럼 보인다.

그러나 그러한 가정은 저자의 주장에서 예수의 육체적 부활과 승천이 수행하는 중요한 역할을 놓친다.[11] 만약 그가 제사를 도살/죽음의 사건으로 축소하지 않고 더 크고 위계적으로 구조화된 과정으로 생각한다면, 그리고 이 과정이 몇 가지 필수 요소로 구성되어 그 절정이 제물을 하나님의 임재 앞에 전달하는 것이라면, 특히 예수의 승천에 대한 저자의 강조를 고려할 때 히브리서에서의 예수의 제사에 대한 매우 다른 해석이 가능해진다.

히브리서가 유대 성경, 관습, 신앙과 본질적으로 정반대되는 방식으로 언약과 제사의 관계를 성찰한다는 헤이버의 주장과는 대조적으로, 나는 저자가 새 언약의 출범과 예수의 속죄 제사를 오경에 묘사된 모세 언약과 레위

---

[11] 나는 히브리서에 나타난 예수의 육체적 부활 및 승천의 존재와 중요성을 D. M. Moffitt, *Atonement and the Logic of Resurrection in the Epistle to the Hebrews*, NovTSup 141 (Leiden: Brill, 2011)에서 자세히 논증한다.

기 제사의 관계와 사실상 유사한 방식으로 생각하고 있다고 제안한다. 히브리서는 언약의 시작을 알리는 언약 사건과 그 언약 관계를 유지하는 제사 의식 및 제사장 사역을 구별하는 언약과 제사의 논리를 이해하며 또 그 논리를 따른다. 나의 주장은 저자가 예수의 죽음을 전자(언약 시작)와 연결하고 승천을 후자(언약 유지)와 연결한다는 것이다. 이런 식으로 그는 오경의 더 큰 내러티브 패턴, 즉 출애굽 후에 언약이 출범하고 이어서 성막과 제사장직, 제사가 확립되는 패턴을 존중한다. 더 나아가 나는 저자가 이 내러티브 패턴을 통해 광야 세대를 강조함으로써 독자의 정체성을 형성하고자 한다고 주장한다. 앞으로 세 부분에 걸쳐 이러한 주장을 전개할 것이며 먼저 제사에 대한 논의로 시작하겠다.

제사와 히브리서

첫 번째 주장은 히브리서의 언약과 제사 논리가 모세 언약의 제사장 사역과 제사에 대한 유비로 작동한다는 것이다.[12] 즉, 히브리서 저자는 예수의 제사를 그저 십자가 죽음 사건으로 축소되는 순간적 사건이 아니라, 하늘 지성소에서 하나님의 임재 안으로 들어가 자신을 하나님께 바치고 백성을 위해 중보할 때 절정에 도달하는 다단계적 과정으로 생각한다. 이 마지막 요점이 중요한데, 예수가 자기를 바치고 지속적으로 중보하시는 일이 언약 유지 사역의 중심 측면으로 이해되어야 함을 암시하기 때문이다. 레위기에서는 특정 제사들을 위해 무엇을 해야 하는지 자세히 설명하고 이러한 제사들이 효과적이라는 확신을 주지만, 제사들의 작동 방식은 명시적으로 설명하지 않는다. 그럼에도 레위기 제사가 환원 불가능하고 위계적으로 구조

---

12 이 주장의 타당성을 자세히 논증하는 내용은 8장을 보라.

화된 절차로 구성된다는 결론을 내리는 데는 설명이 충분하다.[13] 레위기 제도에서 제사는 제사장이 하나님께 가까이 다가가 제물을 그분의 임재 앞에 전달하는 데서 절정에 이르는 일련의 사건을 수반한다.[14]

제사가 속죄를 목적으로 할 때, 제사 절차의 어떤 요소는 다른 요소보다 이 목표의 달성과 더 밀접하게 연관되어 있다. 제사를 통한 속죄(제물에 따라, 죄 용서 및/또는 의식적 정화)는 성소 및 부속물(특히 제단)에 피를 바르는 행위와 희생물의 신체 일부 또는 전체, 특히 지방(필요할 경우)을 태우는 행위로 발생한다.[15] 그리고 전체 절차의 정점이 되는 과정(속죄 목표의 달성)은, 제사장이 제단에 나아가 제사의 요소들을 하나님의 임재 앞으로 가져가며 수행하는 활동들로 구성된다.

이 모든 것이 암시하는 바는 제사장이 제물로 바칠 요소(희생물의 신체 일부와 피)를 제단으로 운반하는 것이 피 제사의 실질적 핵심이라는 것이다. 다시 말해, 이러한 제사의 요점은 제물로 드릴 요소를 하나님의 임재로 가져가는 것이다. 이것이 하나님께 제물이 **드려지는** 방식이다. 그렇다면 피 제사를 희생물의 도살 행위로 축소하는 것은 제사 의식의 핵심 개념(하나님께 가까이 다가가 예물을 드리는 것)을 잘못 이해한 것이다. 제사를 드리는 것은 하나님을 섬기는 방법에서 핵심 부분이다. 또한 제사를 수행함으로써 예배자와 예배 공간 모두 속죄와 같은 혜택을 얻을 수 있다.

---

13 더 확장된 이 주장에 대해 R. E. 게인(Gane)이 제시하는 탁월한 논의와 설명은 *Cult and Character: Purification Offerings, Day of Atonement, and Theodicy* (Winona Lake, IN: Eisenbrauns, 2005), pp. 3-24를 보라.
14 게인은 '제사'를 "신이 사용할 수 있도록 가치 있는 것을 의식적으로 신성한 영역으로 옮기는 종교적 의식"이라고 간결하게 정의한다(*Cult and Character*, p. 16).
15 이 점에 대한 자세한 논의는, 예를 들어 C. A. Eberhart, *The Sacrifice of Jesus: Understanding Atonement Biblically*, Facets (Minneapolis: Fortress, 2011), p. 85; Gane, *Cult and Character*, 특히 p. 67를 보라.

따라서 도살 행위, 즉 영어적 의미의 '피 흘림'으로만 제사가 이루어진다 거나 그 자체로 속죄 제사의 목표인 죄 용서 및/또는 정화를 달성한다는 추론은 레위기의 지지를 받지 못한다. 그렇다고 해서 도축이 피 제사에 없어도 된다는 의미는 아니다. 희생물의 피(즉, 생명)는 하나님께 속한 것이므로 제단에서 하나님께 돌려 드려야 하며(참조. 레 17:11), 그 누구도 보류할 수 없다. 따라서 레위기가 말하는 바는, 피 제사에서 도살 행위는 제물을 하나님께로 옮기는 과정에서 필요한 단계지만, 전체 절차에서 그것은 결코 전부가 아니고 중심적인 속죄 행위도 아니라는 점이다. 이러한 관찰은 (1) 왜 어떤 이스라엘 혹은 유대 제단에서도 도살을 하지 않는지, (2) 왜 레위기에서 도살이 늘 제사장에 의해 수행되지는 않는지, (3) 왜 희생물을 죽이는 것이 그 자체로는 결코 전체 과정이 목표하는 바인 속죄 혜택을 얻기에 충분하지 않은지 설명할 수 있다.[16]

한마디로 제사 절차의 위계적 구조가 나타내는 바는, 제사가 주는 속죄 혜택이 제사장이 하나님께 가까이 다가가 제사의 요소를 그분의 임재 안으로 전달하는 가운데 제단에서 수행하는 활동과 연결된다는 것이다.[17] 제사 절차를 이렇게 이해할 때, 우리는 의식적 죽음/도살을 제사적인 것으로 여기면서도 그 자체가 제사와 동일하지는 않음을 알 수 있다.[18]

16　이 절차의 다른 요소에도 같은 논리가 적용된다. 그 어느 것도 독립적으로 존재할 수 없다. 게인의 말을 다시 인용하면, "일반적인 체계가 그러하듯 의식은 위계적으로 구조화되어 있으며, 작은 체계들은 더 큰 체계 안에 포함되는 전체를 구성한다. 각 수준에서 '전체는 그 수준에서만 생겨나는 독특한 속성, 즉 전체를 구성하는 부분들은 가지지 않는 속성을 가진다.' 이스라엘의 의식 체계에서 전체는 실제로 부분의 합보다 크다. 의식 또는 의식 복합체는 적절한 순서로 활동들이 진행되는 가운데 전체적으로 수행될 때만 목표를 달성한다"(*Cult and Character*, pp. 19-20).

17　예를 들어, 에스겔 44:15-16에서 에스겔이 하나님께 나아가 피와 기름을 바치는 제사장의 행위를 강조하는 것을 보라.

18　다시 말해, 제사적 죽음(제사의 일부인 죽음)을 제사 전체와 혼동하지 않고도 그 죽음

(현대의 많은 사람이 그렇듯) 히브리서 저자가 이러한 점을 이해하지 못했거나 제사라는 큰 과정을 단순히 도살 행위로 축소하기 위해 의도적으로 잘못 해석했다면, 앞서 언급했듯 헤이버가 주장한 핵심 요소는 기본적으로 입증된다. 레위기에서 실제로 무엇을 말하고 레위기에 규정된 제사가 어떻게 작동하는지에 대해 히브리서에서는 거의 신경 쓰지 않는 것이다. 저자는 단순히 레위기를 급습하여 유용하거나 연상시키는 이미지를 얻어 내고 그것들로 예수의 구원 사역에 대한 추상적 개념을 구체화하는 은유를 만들어 낼 뿐이다. 직설적으로 말하자면, 유대 성경은 그가 이미 형성한 기독론과 구원론에 대한 증거 본문에 지나지 않는다.

그러나 히브리서에서 예수의 부활과 승천의 역할에 제대로 주목하면 놀라운 관점 전환이 일어난다. 예수의 제사를 다루는 저자의 논의는, 레위기에서 제사의 의식 절차 중심에 놓인 전달하고 바치는 행위를 강조하는 것으로 보인다. 레위기에서 대제사장들은 단순히 황소와 염소를 도살함으로써가 아니라 제물의 피를 지성소로 가져가 하나님 앞에 뿌림으로써 속죄일 제사를 드리거나 그 제사의 목적인 속죄를 얻었다(특히 레 16:15-16을 보라). 이에 따라 히브리서는 예수의 대제사장적 제사를 그가 하늘 지성소(예를 들어, 히 8:1-5)에 들어가 하나님 앞에 나타나기 위해 하늘을 통과한 사건과 연결한다. 이것이 바로 예수가 하나님께 자신을 제물로 바친 방법과 장소다(9:24-26). 저자가 보기에 예수는 멜기세덱의 계통을 따르는 인간 대제사장이자 궁극적인 속죄일 제물이지만, 대제사장 역할을 하고 제물을 바치

에 대해 말할 수 있다. 이 논리에 따르면, 특정 죽음을 제사적인 것 또는 제사의 일부로 간주하는 열쇠는 도살 자체가 아니라 다음 단계, 즉 시신과 피가 그다음 어디로 가는지(제단), 누가 실제로 시신과 피를 그곳에 가져가는지(제사장)에 있다고 말할 수도 있다. 만약 이 제사 요소를 제사장이 제단으로 가져온다면 도살은 제사의 일부다. 그렇지 않다면 동물의 도살은 그저 농장에서 주기적으로 일어나는 종류의 도살일 뿐이다.

는 일이 십자가 죽음으로 축소되지는 않는다. 성육신하신 아들은 그의 인성 안에서 하늘 성막으로 승천하실 때 제사의 제물과 속죄일의 대제사장 역할을 모두 수행하신다. 예수의 승천은 그분이 바치는 제물의 요소(부활한 몸과 피)가 아버지께 드려지는 시간과 장소를 나타낸다.[19]

예수의 육체적 부활에 대한 저자의 믿음이 암시하는 바는, 예수가 하늘 지성소에서 하나님 앞에 자신을 제물로 바쳤다는 그의 주장은 레위기의 대제사장이 지성소에 들어가는 것과의 유비를 통해 가장 잘 이해할 수 있다는 것이다(히 9:7, 11-12, 24-26을 보라; 참조. 13:11-12). 예수가 제사를 드리기 위해 하늘 지성소에서 하나님 앞에 나타나셨다고 할 때(특히 9:24-26), 이 말은 문자 그대로의 의미다. 이 사건의 과정과 의미를 이해하기 위한 적절한 유비는 지상 성막의 배치와 지상 성막에서 수행되는 사역에서 발견된다.

이 모든 것이 정확하다면, 이것은 히브리서가 앞서 레위기를 다루며 논한 위계적으로 구조화된 절차를 따라 예수의 속죄 제사를 이해한다는 가정을 더욱 뒷받침한다. 이 관점에서 볼 때 예수의 죽음을 제사적이라고 부르는 것이 옳겠지만, 그것은 제사가 갖는 효력의 중심도 아니고 전부도 아니다(레위기에서 희생물의 도살이 제사 효력의 중심이나 전부가 아닌 것처럼). 레위기의 속죄일 제사를 유비로 삼을 때, 예수의 제사 중심을 구성하는 것은 속죄 제사의 재료(즉 자신)를 하나님께 전달하고 바치는 대제사장으로서 하늘 성소에 육신으로 들어가신 것이다.

내가 이 점들을 강조하는 것은, 레위기와 히브리서의 제사에 대한 내 입장을 다시 한번 서술하고 명확히 하기 위해서만이 아니라, 예수가 하늘에서 드린 제사의 중요성을 강조하기 위해서다. 그러나 여기서 나는 방금 언

---

19 이 주장에 대한 나의 논증은 Moffitt, *Atonement and the Logic of Resurrection*, 특히 pp. 220-285에 설명되어 있다.

급한 요점에 의존하면서도 그 이상으로 확장되는 몇 가지 추가 결론을 도출하고자 한다. 예수가 하늘에서 자신을 하나님께 제물로 드린다는 생각은 히브리서 저자가 레위기 제사의 논리와 일치하는 방식으로 예수에 대해 성찰하고 있음을 나타낸다. 그러나 이러한 점들과 함께 주목해야 하는 것이 있다. 바로 히브리서 7:25에서 예수가 대제사장으로서 항상 자기 백성을 위해 중보하신다는 언급은, 지성소에서 예수의 대제사장적 중보에 의해 언약이 유지된다는 개념 또한 작용하고 있음을 암시한다는 점이다. 하나님의 백성은, 저자가 2:11에서 말하듯 "거룩하게 함을 입고 있는"(are being sanctified, οἱ ἁγιαζόμενοι[20]) 자들이며, 따라서 새 언약 공동체의 일원임에도 지속적인 중보가 여전히 필요하다.

언약 유지는 레위기 제사 제도의 주요 역할 중 하나다.[21] 언약 관계를 위협할 수 있는 일상적 죄와 부정함을 해결하는 데 용서와 정화가 필요할 때 (즉, 속죄가 필요할 때) 레위기 제사는 그 속죄를 이루기 위한 중심 요소였다. 이는 부분적으로는 제물을 바침으로써 이루어졌다. 속죄일은 성막과 모든 백성을 위한 용서와 정화가 이루어지는 주요한 날이었으며, 이 용서와 정화라는 목표는 제물의 피를 지성소에 바침으로써, 그리고 적어도 후기 제2성전기에는 대제사장이 백성을 위해 그곳에서 중보함으로써 부분적으로 달

---

20 영어의 번역 전통은 현재분사를 완료된 상태로 번역하는 이상한 경향을 보인다(예를 들어, ESV, KJV, NIV, NRSV, RSV를 보라). 우리는 보통 현재 시제가 행동을 현재 진행 중인 것처럼 묘사하리라고 기대한다.

21 E. P. 샌더스(Sanders)는 "율법은 속죄의 수단을 제공하며, 속죄는…언약 관계의 유지 또는 재구축을 가져온다"고 말하면서 이 점을 지적한다[*Paul and Palestinian Judaism: A Comparison of Patterns of Religion* (Minneapolis: Fortress, 1977), p. 422]. 『바울과 팔레스타인 유대교』(알맹e). 제사는 언약의 조건이 되는 요소 중 하나로, 부분적으로는 하나님과 백성이 맺는 지속적 관계의 안녕을 위협하는 죄와 부정함을 처리하는 수단으로 하나님이 주신 것이다. 유지는 유대 제사의 '이유'를 묻는 핵심 질문 중 하나에 대한 답이다. 앞의 각주 8에서 간략하게 논한 내용도 보라.

성되었다.²² 그러므로 예수의 경우, 그분이 지금 하늘 지성소에서 위대한 대제사장이자 제물로서 섬기며 계속 중보하신다는 사실은, 예수가 항상 백성을 위해 중보하는 그곳에서 아버지와 함께함으로써 새 언약을 중재하고 유지하고 계신다는 함의를 강하게 가진다.²³

접근 각도를 하나 더 추가하면 언약과 제사의 더 큰 관계를 명확히 하는 데 도움이 될 것이다. 오경의 맥락에서 볼 때 레위기 제사는 언약 관계 안에 존재하기에 이를 떠나서는 의미가 없거나 심지어 불가능할 수도 있다. 출애굽기와 레위기가 설명하는 상황에서 보듯, 속죄일 제사나 다른 레위기 제사를 드리기 전에 언약이 출범되어야 하고 성막이 세워지고 제사장들이 봉헌되어야 했다. 속죄일을 통해 하나님과 언약 관계에 들어갈 수는 없다. 언약 관계 출범이 먼저다.

더욱이 레위기 26장은 지속적 불순종으로 언약이 깨지면 단순히 레위

---

22 필론(Philo, 참조. Josephus, *Ant.* 3.189, 191)에 따르면, 제사를 드리고 백성을 위해 기도하는 일은 특히 제사장과 대제사장의 주요 역할 중 하나이다[특히 J. Leonhardt, *Jewish Worship in Philo of Alexandria*, TSAJ 84 (Tübingen: Mohr Siebeck, 2001), pp. 228-233에서 제시하는 증거와 논의를 보라]. 주목해야 할 사실은 이러한 역할이 언약 유지 개념과 일관성이 있다는 점이다. 요세푸스는 하나님의 임재가 성막에 거하기 전에 백성을 위해 제사와 기도를 드릴 대제사장이 반드시 필요했음을 특별히 분명하게 말한다(특히 *Ant.* 3.189). 그러므로 대제사장이 일 년에 한 번 속죄일에 지성소로 들어갈 때 분향과 기도를 드려야 한다고 필론이 말한 것은 놀라운 일이 아니다(*Legat.* 306; Leonhardt, *Jewish Worship*, pp. 128-129의 논의를 보라). 지성소에서 대제사장이 중보하는 것은 당연한 일이다. 이 주장에 대한 자세한 논의와 설명은 D. M. Moffitt, "Jesus as Interceding High Priest and Sacrifice in Hebrews: A Response to Nicholas Moore," *JSNT* 42 (2020): pp. 542-552를 보라.
23 예수의 대제사장적 제사와 대제사장적 중보를 구별해야 한다는 반론이 있을 수 있다. 그러나 유대 대제사장이 지성소에서 하나님의 백성을 위해 중보할 수 있는 유일한 시간은 속죄일에 분향하고 황소와 염소의 제사 피를 바칠 때뿐이다. 간단히 말해, 지성소에서는 속죄일 제사를 드리는 것 외에는 대제사장의 중보가 없다. 앞의 각주 22에서 논한 내용도 보라.

기 제사를 드린다고 해서 언약이 회복되지는 않음을 분명히 한다.[24] 이런 식으로 언약이 깨지면 백성들은 유배를 떠나게 되고 하나님이 직접 그들을 징계하기 위해 그들을 대적하신다. 언약이 건강할 때 제사는 언약 관계를 지속적으로 유지하는 데 기여한다. 즉, 하나님이 성소에 임재하시고 백성들은 지속적 용서와 정화가 가능하기 때문에 예배를 통해 하나님께 나아갈 수 있고, 하나님과 그의 백성은 평화롭게 살 수 있다. 속죄일과 다른 절기와 제사들은 언약의 맥락 안에 존재한다. 그것들의 목적은 언약 관계를 시작하거나 회복하는 것이 아니라 그 관계를 유지하는 것이다. 이 논리가 지니는 함의는 분명하다. 레위기 26장에 묘사된 것처럼, 언약 관계가 깨졌을 때 단순히 제사만으로는 언약 관계의 출범이나 재출범이 불가능하다. 출애굽기 24장은 모세 언약을 출범시킨 독특한 의식을 묘사한다. 비슷한 방식으로 히브리서도 새 언약을 출범시킨 독특한 사건, 즉 예수의 죽음을 염두에 둔다.

히브리서에서 본 예수의 죽음: 새 유월절과 새 언약의 출범

그렇다면 히브리서에서 예수의 죽음은 어떤 의미인가? 나는 다른 데서, 히브리서 9:15-21에서 예수의 죽음은 모세 언약과 성막의 사용을 비준하거나 출범시킨 의식과 연관되어 있다고 광범위하게 주장했다.[25] 그럼에도 오경에서와 마찬가지로 히브리서에서도 출범과 초기 정결은 성막을 사용하고 언약 유지 제사를 드리는 데 전제 조건이 된다. 앞서 헤이버가 언급했듯, 히브

---

24 그래서 레위기 26:31에서 하나님은 언약이 깨지면 제물의 향을 맡지 않겠다고 선언하신다.
25 이 점에 대한 나의 논증은 Moffitt, *Atonement and the Logic of Resurrection*, pp. 289-296를 보라.

리서는 출범을 초기 정결의 관점에서 해석하지만, 관련된 것들을 먼저 봉헌하고 정돈한 후에 제사를 드려야 한다는 기본 논리는 히브리서에서 확증된다. 9:6-7에서 저자가 말하듯, 모든 것이 먼저 정돈되고 준비되어야 제사장들이 들어가 사역할 수 있다.[26] 그러나 히브리서에서 예수의 죽음이 담당하는 역할이 오경의 더 큰 내러티브와 일치하는 또 다른 방식이 있다. 히브리서 2:14-15에서 예수의 죽음은 하나님의 백성을 죽음에 대한 두려움의 속박으로부터, 그리고 죽음의 권세를 휘두르는 자 즉 마귀로부터 해방하는 것으로 묘사된다. 나는 이 구절에 유월절에 대한 암시가 담겨 있다고 주장한다.[27]

히브리서가 유월절에 대해 상대적으로 침묵한다는 것은 잘 알려져 있다. 저자는 11:28에서 유월절을 명시적으로 한 번만 언급한다. 여기서 저자는 "장자를 멸하는 자"가 이스라엘 백성을 건드리지 못하도록 모세가 믿음으로 유월절과 피 뿌림을 수행했다고 말한다. 이 "멸하는 자"(ὁ ὀλεθρεύων)는 출애굽기 12:23의 이상한 진술을 명확히 암시한다. 칠십인역 출애굽기 12:23은 주님이 문설주에 묻은 유월절 피로 인해, 이스라엘 백성의 집에 들어가 그들을 치는 행위를 "멸하는 자에게 허락하지 않을"(οὐκ ἀφήσει τὸν ὀλεθεύοντα) 것이라고 말한다. 유월절 이야기 전체에서는 주님 자신이 이집트 장자를 치는 분이지만(예를 들어, 출 12:13), 12:23에서는 다른 대리자 즉 멸하는 자가 치는 자로 등장한다.

---

26 히브리서 9:1-5에서는 성막의 성소를 구성하는 여러 가지 준비물과 장식품을 묘사한다. 9:6-7에서 저자는 모든 것이 준비된 후에야 제사장들과 대제사장들이 들어가서 제사를 드릴 수 있었다고 말한다. 흥미롭게도 요세푸스는 하나님이 성막에 거하러 오시는 것과 관련하여 아론이 성막에서 한 대제사장 사역에 관해 비슷한 주장을 한다(*Ant.* 3.188-192, 197-198, 201-203를 보라).

27 다음 몇 단락에서 주장하는 내용이 정당함을 보여 주는 더 길고 상세한 논증은 이 책 2장을 보라.

히브리서 12:23에서 청중을 하늘에 등록된 "장자들의 모임"의 일부라고 밝힌 것을 예수가 사망의 권세를 쥔 마귀를 물리쳤다는 2:14의 언급과 함께 고려하면, 모세가 뿌린 유월절 어린양의 피에 의해 쫓겨난 11:28의 "장자를 멸하는 자"가 2:14의 악한 천사와 같은 인물이라는 추론이 가능해진다. 즉, 멸하는 자가 '장자'를 목표로 삼았고 청중이 '장자들의 모임'에 속했다는 점을 감안할 때, 첫 유월절에 모세가 어떤 의미에서 물리쳤다고 할 수 있는 바로 그 멸하는 자를 청중의 적인 마귀라고 가정한다는 결론은 결코 무리가 아니다. 이 연결이 타당하다면, 저자는 2:14-16에서 마귀를 물리치고 죽음에 대한 두려움으로부터 해방을 이루신 예수의 죽음에 대해 말할 때 유월절 자체는 아니더라도 출애굽을 암시할 가능성이 높다.

적어도 두 가지 추가 논거가 이 결론을 뒷받침한다. 첫째, 일부 제2성전 유대교 전통에서는 출애굽기 12:23에 나오는 멸하는 자가 죽음의 권세를 휘두르며 하늘 법정에 서서 하나님의 백성을 고발하는 악한 천사임을 분명히 밝힌다. 예를 들어, 희년서 49:2에서는 이렇게 기록한다. "마스테마의 모든 군대는 바로의 장자부터 맷돌질하는 여종의 장자와 가축의 만배까지, 이집트 땅의 모든 장자를 죽이도록 보냄을 받았다."[28] 희년서 전체에서 왕자 마스테마는 하나님의 백성을 대적하는 최고의 천사 대적자임이 분명히 드러난다. 사실 희년서 48장에서 그는 바로와 이집트인들이 모세와 그 백성을 대적하도록 동기를 부여하는 악한 영적 세력으로 묘사된다. 오직 몇몇 선한 천사가 마스테마를 잠시 결박하고 나서야 바로는 마침내 마음을 돌리고 백성들이 떠나도록 허락한다. 그러나 마스테마가 다시 풀려나자 바로는 마음을 바꾸어 백성들을 쫓는다. 따라서 희년서는 적어도 일부 제2성

---

[28] J. C. VanderKam, *The Book of Jubilees*, CSCO 511, Scriptores Aethiopici 88 (Leuven: Peeters, 1989), p. 315를 번역한 것이다.

전 유대인들의 생각 속에서 첫 번째 유월절은 바로로부터의 해방일 뿐 아니라 제한적이지만 바로 안에서 역사하고 있었던 마스테마로부터의 해방이기도 했다는 추론을 가능하게 한다. 나아가 궁극적으로 땅이 정화되고 사람들의 죄와 부정함이 마침내 사라지는 종말론적 미래를 상상하는 희년서 구절들에서, 본문은 사탄이나 파멸시키는 악한 자도 더 이상 없으리라 단언한다(희년서 23:29을 보라; 참조. 50:5). 본문에서 마스테마는 언젠가 더 이상 존재하지 않을 사탄과 멸하는 자로 여겨지는 주요 인물로 보인다.

이와 같은 증거는 히브리서 2:14-16에서 예수가 마귀를 물리친 일이 멸하는 자가 이스라엘을 해치지 못하도록 모세가 피를 뿌렸던 유월절과 개념적으로 연결된다는 생각의 타당성을 강화한다. 실제로 아브라함의 자손이 속박(δουλεία)에서 해방된다는 개념은 출애굽 사건을 연상시키는 것으로 보인다(칠십인역 출애굽기와 신명기에서 δουλεία라는 용어가 사용되는 경우는 모두 이집트에서의 종살이를 의미한다).[29]

반면 두 번째 증거는, 오경이 보여 주는 첫 번째 유월절과 출애굽의 내러티브 논리와, 실제로 전개되는 히브리서의 논증 사이에 현저한 유사성이 존재한다는 점이다. 이 요점은 다음과 같이 설명될 수 있다. 첫 번째 유월절은 이집트에서 바로의 노예로 살던 하나님의 백성이 해방된 것을 기념했다. 해방된 후 모세는 백성을 이끌고 이집트를 떠나 광야로 향했고, 시내산으로 가서 언약을 비준하고 성막과 제사를 출범하고 약속의 기업을 향해 나아갔지만 결국 가데스에서 약속된 기업을 얻지 못했다.

흥미롭게도 히브리서 2장에서 예수가 형제자매들을 마귀로부터 해방하신 이야기를 한 직후 저자는 히브리서 3-4장에서 청중과 광야의 이스라엘을 명시적으로 비유하는데, 이것은 결코 우연일 수 없다. 앞에서 오경 형식

---

29   칠십인역: 출 6:6; 13:3, 14; 20:2; 신 5:6; 6:12; 7:8; 8:14; 13:6, 11.

으로 기술한 내러티브의 관점에서 볼 때 저자의 논리는 완벽하게 이해된다. 예수의 죽음을 새로운 유월절로 생각한다면 히브리서가 청중의 광야 정체성을 강조하는 것은 당연한 결과다. 청중은 현재 시공간에서 자신이 처한 상황을 노예 상태에서 해방된 장자의 상황으로 인식할 수 있고 또 그렇게 해야 한다. 그리고 이들은 모세의 지도 아래 있었던 이스라엘처럼 종말론적 광야를 여행하고 있다.

이 모든 것이 어느 정도 정확하다면, 히브리서는 더 큰 오경의 이야기에서 몇 가지를 혼합한다. 히브리서에서 유월절/출애굽과 언약의 출범은 모두 예수의 죽음과 직접적으로 연결되어 있고, 이 결합의 어떤 부분도 본질적으로 반유대적이지 않다. 이 연결에 대한 성경의 선례가 있는데, 예를 들어 예레미야 31:32은 하나님이 이스라엘을 이집트에서 인도하신 행위와 그들과 언약을 맺은 사건을 직접적으로 연결한다. 그들을 노예 삼은 권력으로부터의 해방을 강조하는 예레미야 31장의 새 출애굽 모티프는, 모세 언약과의 비교를 통해 이스라엘 및 유다와의 새 언약 체결과 긴밀하게 묶여 있으며 심지어 혼합되어 있다.[30]

그러나 더 중요한 것은, 일단 설교의 논리 안에서 예수의 부활과 육체적 승천이 차지하는 역할을 인식할 때, 히브리서의 속죄일 유비(예수가 아버지께 속죄 제사를 드리고 하늘 지성소에서 대제사장 사역을 계속하신다는 저자의 논의)가 예수의 죽음 사건과는 어느 정도 거리를 두는 것으로 보일 수 있다는 점이다. 앞서 다룬 헤이버의 논의로 돌아가면, 예수의 죽음, 부활, 승천이라는 일련의 순서는 히브리서가 사실상 언약의 출범과 유지를 혼합하지 **않**

---

30 흥미롭게도, 타르굼 스가랴 9:11에서는 "언약의 피"(참조. 히 13:20)라는 표현을 이스라엘이 이집트에서 구출된 사건과 연결한다. J. 마커스(Marcus)가 *The Way of the Lord: Christological Exegesis of the Old Testament in the Gospel of Mark* (Louisville: Westminster John Knox, 1992), p. 157에서 논한 내용을 보라.

앉음을 시사한다. 히브리서에서 예수의 죽음은 그가 드리는 제사의 전부가 아니다. 저자는 예수가 드리는 제사나 백성을 위한 중보를 그 백성을 해방하고 새 언약을 출범시킨 행위와 혼동하지 않는다. 반대로 예수의 제사가 부활 이후에 드려진다면, 히브리서가 예수의 속죄일 제사와 대제사장적 중보를 그 사건의 반대편에 위치시킨 것은 저자가 예수의 제사의 의미와 필요성을 이미 출범된 언약 관계의 범위 **내에서** 이해하고 있음을 시사한다. 그러므로 예수가 드리는 제사와 하나님 우편에서 대제사장으로 중보하는 것은, 그가 죽으심으로 시작된 새 언약 관계를 유지하는 수단으로 이해될 수 있다.

요약하면, 히브리서 저자가 예수의 죽음을 생각하는 두 가지 중요한 방식은, 하나님의 백성을 영적 대적인 마귀의 속박에서 해방하신 사건(2:14-15)과 하나님과 백성 사이에 새 언약을 맺은 행위(9:15-18)로 이해하는 것이다. 그러나 이렇게 해방하고 출범시키는 사역 이후 예수는 죽은 자 가운데서 부활하셔서 새 언약의 위대한 대제사장으로서 가장 높은 하늘로 승천하셨다. 그곳에서 예수는 자신이 대제사장이자 제물이 되셔서 하나님 앞에서 대제사장의 직무를 수행하신다. 그러므로 이 사역은 두 가지로 구성된다. 하나는 아버지께 속죄 제물을 드리는 일로서 이것은 그가 아버지의 임재 안에 머무심으로써 사실상 지속적인 현실이 된다. 그리고 두 번째는 그곳에서 백성을 위해 지속적으로 중보하는 일이다.

이 요점을 인정한다면, 저자가 새 언약과 그 안에서의 예배와 제사를 오경의 언약과 의식의 논리 및 오경의 더 큰 내러티브 흐름과 놀랍도록 유사한 방식으로 생각하고 있다는 추론이 가능하다. 히브리서에서 하나님은 오경에서와 마찬가지로 자신의 백성을 해방하고 그들과의 언약을 출범시키신다. 그리고 그 언약은 제사와 대제사장의 중보를 통해 부분적으로 유지된다. 하지만 이 모든 것이 히브리서에서 정체성 문제와 어떤 관련이 있는가?

이제 이 질문을 다루겠다.

히브리서의 광야 정체성: 예수의 승천과 재림 사이의 삶

앞의 논증은 히브리서 저자가 자신의 독자들을 광야로 인도된 출애굽 세대와 비교하는 이유에 대한 설득력 있는 근거를 제시한다. 예수가 노예 상태에서 해방하시고 그분이 출범시킨 새 언약 안으로 인도하신 이들은, 이제 예수가 돌아오셔서 온전히 기업으로 인도하실 때를 기다린다(참조. 히 9:28). 저자는 이 종말론적 상황을 광야의 이스라엘에 비유한다.

이렇게 만들어진 광야 비유는 이스라엘의 이야기를 그저 도덕적 모범으로 삼지 않는다. 오히려 저자는 오경 이야기의 이 요소를 독자들에게 적용하는데, 그것은 앞서 설명한 더 큰 이야기의 다른 요소들과 더불어 그들이 아직 하나님이 약속하신 기업을 온전히 소유하지 못했기 때문이다. 그들은 약속된 기업의 가장자리에 있는 이스라엘처럼, 기업 안으로 들어가기를 기다리고 있다.[31]

에른스트 케제만(Ernst Käsemann)이 지적했듯, 광야에 있는 하나님 백성의 모티프는 히브리서 3-4장에만 국한되지 않으며 서신의 중심 주제 중 하나를 형성한다.[32] 히브리서 저자의 새 언약 모티프 사용, 새 언약과 성막

---

31 흥미롭게도 이 관점을 통해 이 유비의 또 다른 측면이 드러나는데, 바로 정탐꾼의 보고를 기다리는 이스라엘이다. 칠십인역 민수기 13:2에 따르면, 약속의 땅을 정탐하기 위해 파견된 사람들은 각각 자기 지파의 '지도자'(그리스어: ἀρχηγός)였다(관련 구절은 "각각이 그들 중의 지도자"라고 기록한다. 그리스어: πάντα ἀρχηγὸν ἐξ αὐτῶν). 게다가 그 정탐꾼 중 하나가 여호수아('Ἰησοῦς, '예수')였다. 히브리서 저자는 독자들을 광야에 위치시킴으로써, 그들이 약속의 기업 가장자리에 자리 잡고 있으며 그들의 ἀρχηγός(히 2:10; 12:2를 보라), 즉 그들의 Ἰησοῦς가 돌아와(9:28; 10:35-37) 기업 안으로 인도하기를 기다리고 있다고 여기도록 독려한다.

32 E. Käsemann, *The Wandering People of God: An Investigation of the Letter to*

출범에 대한 언급, 시내산과 시온의 대조는 모두 다음의 제안을 받아들일 때 잘 이해된다. 바로 히브리서 저자는 의도적으로 예수와 그의 백성에 관한 내러티브를 염두에 두고 논증하며, 오경의 중요한 부분들을 가지고 구조화된 이 내러티브는 새 언약 백성이 지금 광야에 있음을 암시한다는 점 말이다.

앞에서 유월절 및 언약 출범과 관련하여 논증했듯, 히브리서는 광야 경험에 대한 오경의 묘사에 등장하는 요소들을 혼합한다. 저자는 독자들을 그 땅으로 들어가려는 이스라엘에 비유할 뿐만 아니라, 모세가 돌아오기를 기다리며 시내 광야에 진을 친 이스라엘 회중과도 비교한다. 따라서 히브리서 12장의 청중은 스스로를 시온 주변에 진을 친 장자들 모임의 일원으로 상상해야 한다. 이들 역시 하나님의 해방의 표적과 기사를 목격했다(참조. 2:4). 이들 가운데 하나님의 영이 임재하신다. 이들은 새 언약으로 인해, 대제사장의 사역을 통해 아버지께 올바르게 예배할 수 있다. 이제 모든 것이 정돈되고 예배를 위해 적절히 준비되었기 때문이다.

그러나 지금은 대제사장이 하늘 지성소에서의 회기를 마치고 돌아와 구원을 베푸실 때까지 인내하며 기다려야 한다. 그때 그들은 먼저 간 모든 사람과 함께 마침내 오랫동안 기다려 온 기업을 온전히 누리게 될 것이다. 이 모든 것은 히브리서에서 하나님 백성의 광야 정체성이 언약을 출범시킨 예수의 죽음, 그리고 예수의 승천으로 가능해진 언약을 유지하는 대제사장

---

the Hebrews, trans. R. A. Harrisville and I. L. Sandberg (Minneapolis: Augsburg, 1984). 특히 여기서 전개되는 논증은 광야에서 방황하는 것이 아니라 광야에서 기다리는 하나님의 백성을 강조한다. 히브리서는 새 언약의 백성과 이스라엘의 광야 방황 시기를 정확하게 연결하기보다, 이야기의 더 앞부분에 있는 이스라엘이 불순종하기 전 시점으로 그들을 배치한다. 히브리서 자체의 논리에 따르면 공동체를 버리면 기업을 잃게 되는데, 이는 청중을 가데스에 있던 이들과 같은 처지에 놓는 것이다. 이들은 그 땅에 들어가라는 하나님의 명령에 불순종했다.

사역과 밀접하게 연관되어 있음을 암시한다. 구체적으로, 히브리서의 광야 정체성은 한편으로는 예수의 죽음으로 가능해진 해방 및 새 언약 출범과, 다른 한편으로는 예수가 하늘 지성소에서 대제사장 사역을 수행하는 동안의 기다림의 시간(승천과 재림 사이의 시간)과 연관되어 있다.

결론

지금까지의 논증은 히브리서 저자가 예수의 구원 사역 개념과 결합된 광범위한 광야 정체성을 발전시켰음을 암시한다. 이것은 예수의 유월절 같은 죽음 및 언약을 출범시킨 죽음과, 언약 유지를 위한 하늘 성막에서의 계속적 대제사장 사역을 구별한다. 사실 이 대제사장의 지속적인 언약 유지 사역이 히브리서에서 광야 정체성을 생성시킨 원동력 중 하나일 가능성이 높다. 이러한 추론은 예수가 하나님 앞에서 그의 백성을 위해 중보하며 하늘 지성소에 머무시는 한 그들은 예수가 돌아오실 때까지 기다려야 한다는 저자의 논리로부터 도출된다. 대제사장이 돌아와야 그들은 오랫동안 기다려 온 기업에 들어갈 수 있다.

그렇다면 주목할 점은 오경과 히브리서가 가리키는 궁극적 목표가 같다는 점이다. 그 목표는 바로 하나님의 백성이 약속된 기업에 들어가는 것이다. 오경에서와 마찬가지로 하나님의 새 언약 백성은 이전의 노예 상태에서 결정적으로 해방된 위치에 있지만, 그럼에도 그들은 어떤 의미에서 여전히 기업 바깥에 있다. 오경의 관점에서 볼 때, 광야에서 기다리고 있는 것이다. 그러나 기다리는 동안에도 대제사장이 끊임없이 언약 관계를 유지하고 있음을 확신할 수 있다.[33]

---

33 히브리서의 이 특징에 대한 나의 논의는 8장과 9장에 더 자세히 나온다.

이 마지막 요점은 히브리서 저자가 광야 백성으로 살아가는 방법을 이해하는 데 매우 중요하다. 현재 예수는 자신이 중재하는 그 언약을 유지하고 계시므로, 이 언약 백성은 필요할 때 언제든 예수께 나아갈 수 있다. 광야에서 기다리는 동안 그들은 자신을 위해 속죄를 이루시고 필요할 때 도움을 줄 수 있는 대제사장이 있다는 사실을 상기한다(2:17-18). 이 기간 동안 그들은 시험을 받을 때 하나님 보좌 앞으로 담대히 나아가라는 권고를 받는다(4:16). 예수는 언제나 자기 백성의 속죄를 이룰 수 있다. 그러나 그들이 예수로부터 등을 돌리면 약속된 기업을 잃을 위험이 있다. 요컨대, 히브리서 저자가 오경의 더 큰 내러티브에 호소하는 부분적 이유는 독자들이 현재 상황에서 신실하게 인내하는 데 필요한 범주와 정체성을 제공하기 위해서다. 그들은 노예 상태에서 해방되어 새 언약의 일원이 되었다. 그들은 이제 종말론적 광야에 있을 것이다. 그러나 이 상태와 상관관계에 있는 사실은, 그들의 대제사장이 현재 아버지와 함께 계시며 그들을 위해 중보하고 있다는 것이다. 주님의 재림을 기다리는 동안 인내하며 견딘다면, 그들은 궁극적으로 하나님이 약속하신 기업에 온전히 들어갈 것이다.

4. 이사야 53장, 히브리서, 언약 갱신

소수의 학자는 히브리서와 소위 제2이사야서의 고난받는 종이라는 인물 사이에 광범위한 주제상의 연관성이 있음을 주장해 왔다.[1] 그러나 일반적으로 현대의 히브리서 주석가들은 그들이 제시하는 연관성(예를 들어, 두 인물의 자기를 드리는 제사,[2] 예언자적 역할,[3] 이사야 52:13-53:12과 히브리서의 서두에 등장하는 높아짐 이후 낮아짐이 뒤따르는 패턴[4])을 수용하지 않았다. 이사

---

[1] 히브리서의 대제사장 기독론에 대한 쿨만의 논의는 이 개념과 고난받는 종 개념 사이의 가능한 개념적 연관성을 탐구한다[*The Christology of the New Testament*, trans. S. C. Guthrie and C. A. M. Hall, rev. ed. (Philadelphia: Westminster, 1963), pp. 83, 91-107]. J. 쉐퍼(Schaefer)는 쿨만의 일부 요점을 더 발전시켜 히브리서에는 고난받는 종의 모습에 대해 더 많은 주제적 연관성이 있다고 주장한다["The Relationship between Priestly and Servant Messianism in the Epistle to the Hebrews," *CBQ* 30 (1968): pp. 359-385].

[2] 쿨만은 특히 이 점을 강조한다(*Christology of the New Testament*, p. 91). 그는 또한 예수가 새 언약을 중재하신다는 생각과 접점이 있음을 발견한다(p. 100). 내가 보기에는 후자의 요지에 훨씬 확고한 근거가 있는 것 같다(뒤의 각주 8도 보라).

[3] Schaefer, "Relationship between Priestly and Servant Messianism," 특히 pp. 384-385. 쉐퍼가 더 크게 주장하는 바는, 히브리서에서 언급하는 종의 개념이 저자의 더 결정적인 대제사장 기독론 안에 포함된다는 것이다.

[4] J. C. 매컬로(McCollough)는 이 유사성에 주목한다["Isaiah in Hebrews," in *Isaiah in the New Testament*, ed. S. Moyise and M. J. J. Menken, The New Testament

야서는 히브리서에서 적어도 한 번 이상 인용되며,[5] 이사야서를 암시하는 몇몇 표현이 설교 전체에 흩어져 있다.[6] 그러나 히브리서에서는 이사야서의 종 주제를 단 한 번(히 9:28) 언급하며,[7] 이 주제가 광범위한 영향력을 미친다는 주장은 신학적인 또한/혹은 빈약한 역사적 재구성에 의존하는 경향이 있다. 이 두 사실을 고려하면 왜 히브리서와 이사야서의 종 사이에 더 큰 주제상 연관이 있다는 주장을 설득력 있게 여기는 이들이 그토록 적은지 알 수 있다.

그러나 히브리서와 이사야서의 종 사이의 더 큰 주제적 접점을 발견한 사람들의 통찰에는 중요한 점이 있다. 오스카 쿨만(Oscar Cullman)은 종의 죽음과 언약 관계 갱신의 연관성을 인식하고 이러한 개념적 연결이 히브리서의 주장에 영향을 주었다고 제안했다.[8] 이사야서의 종은 언약을 회복하

---

and the Scriptures of Israel (London: T&T Clark, 2005), pp. 159-173, 여기서는 p. 170].

5 이사야 8:18이 히브리서 2:13b("볼지어다. 나와 및 하나님께서 내게 주신 자녀라")에 인용되어 있다. 선행절인 히브리서 2:13a("내가 그를 의지하리라")은 아마도 이사야 8:17에서 왔을 것이다. 하지만 "또다시"라는 어구를 통해 2:13a와 2:13b로 나뉘어 있다는 사실은 저자가 인용하는 출처가 다르다는 암시일 수 있다. 특히 2:13a과 유사한 표현이 이사야 12:2과 사무엘하 2:23에 나온다. 두 구절의 문맥은 바로 앞의 히브리서 2:12에 인용된 칠십인역 시편 21:23의 문맥(하나님의 구원을 축하함)과 잘 맞는다.

6 예를 들어, 히브리서 10:37-38에서 이사야 26:20에 대한 암시는 하박국 2:3-4의 인용과 결합된 것으로 보인다. 히브리서 13:20에서 저자는 이사야 63:11에서 가져온 언어를 사용한다. 다른 가능한 암시들에 대한 논의는 McCollough, "Isaiah in Hebrews"를 보라.

7 히브리서 9:28에서는 그리스도가 "많은 사람의 죄를 담당하시려고" 단번에 제물로 드려졌다고 말한다. O. 호피우스(Hofius)는 "칠십인역 이사야 53:12cα…이 여기 암시되었음은 의심의 여지가 없다"고 주장하는데 이는 정확한 말이다["The Fourth Servant Song in the New Testament Letters," in *The Suffering Servant: Isaiah 53 in Jewish and Christian Sources*, ed. B. Janowski and P. Stuhlmacher, trans. D. P. Bailey (Grand Rapids: Eerdmans, 2004), pp. 163-188, 여기서는 p. 184].

8 Cullman, *Christology of the New Testament*, pp. 55, 100. 쿨만은 또한 자기 백성을 위한 예수의 현재적 중보에 대한 히브리서의 강조가 "기독론적으로 중요하며 조직신학

기 위해 속죄의 죽음으로 죽었지만, 쿨만은 히브리서가 종 개념을 대제사장적 제사로서의 예수의 죽음과 연결해 더욱 발전시킨다고 주장한다. 이 제사는 새 언약을 이루는 수단이었다.

히브리서에서 예수의 죽음이 종의 죽음을 반영하는 방식으로 언약 관계의 회복과 관련된다는 쿨만의 통찰은 본질적으로 옳다. 그러나 십자가 죽음을 예수의 대제사장적 제사와 동일시하는 것은 틀렸다. 대신 나의 주장은 다음과 같다. 히브리서는 마카베오2서 같은 몇몇 제2성전 유대 문헌의 증거와 마찬가지로, 종이 하나님의 백성 대신 단번의 고난을 겪어 이루어낸 화해를, 모세 언약에서 하나님과 백성의 관계를 회복하는 정상적 속죄 수단인 레위기 제사와 혼동하지 않는다. 오히려 저자는 예수의 대리적 고난과 죽음이, 종의 고난과 죽음처럼 하나님과 백성의 언약 관계 역학 내에서 특별한 **제사 외적인** 역할을 한다고 인식한다. 종의 대리적 죽음은 언약 관계가 깨져 제사를 드릴 수 없을 때 언약 관계에 다시 시동을 건다. 다시 말해, 종의 역할은 언약 관계를 회복해 관계가 치유되고 제사 사역이 재개될 수 있도록 하는 것이다. 종의 대리적 죽음으로 인해 언약을 어긴 백성에 대한 하나님의 일시적 분노가 자비로 변하고, 이렇게 돌이키면 다시 하나님께 제사를 드릴 수 있게 된다. 히브리서는 언약 갱신과 정기적인 제사장 사역 및 제사를 이렇게 구분하여 이해한다(후자는 언약 유지의 중요한 측면이다). 저자는 이 구분을 사용하여 예수의 고난, 죽음, 부활, 승천 모두가 형제자매들의 구원에 기여하는 방식을 나타낸다.[9]

에서도 보통의 경우보다 더 중심적인 위치를 차지해야 한다"(pp. 102-103)고 말했다. 이 주장은 절대적으로 옳으며, 많은 기독교 신학적 성찰에서 여전히 더 진지하게 받아들여질 필요가 있다.

9   쉐퍼가 히브리서의 기독론과 이사야서의 종 본문 사이에 있을 수 있는 다른 주제상의 접촉점을 찾아낸 것은 더 철저히 조사할 가치가 있다. 정확한 언어적 연결이 강하게 이루어져 있지는 않지만 예수의 죄 없음, 예언자적 역할, 죽음 후 높아짐 같은 주제상의 연결

네 가지 핵심 가정

다음 논증을 뒷받침하는 네 가지 중요한 가정에 대해 간략한 설명이 필요할 것이다. 첫째, 나는 이사야서의 고난받는 종이라는 인물은 언약의 저주가 백성에게 내릴 정도로 언약 관계가 파괴되었을 때 이를 회복하고자 하나님이 정하신 수단이라는 가설에 의존한다.[10] 이사야 53장 같은 본문들은, 고백과 회개 외에도 일종의 대리적 고난과 심지어 죽음까지도 언약 관계의 회복에 이르게 할 수 있음을 암시한다.[11] 하나님은 자신의 언약 백성이 완전히 멸망하지 않도록 종을 임명하여 대리적으로 고통을 겪게 하셨다.[12]

은 흥미롭다.

10   M. 젠더(Zehnder)는 종이라는 인물이 "주님과 그분의 백성 사이의 언약 관계를 (재)확립하는 데 결정적인 역할을 한다"는 점에 주목한다["The Enigmatic Figure of the 'Servant of the Lord': Observations on the Relationship between the 'Servant of the Lord' in Isaiah 40-55 and Other Salvific Figures in the Hebrew Bible," in *New Studies in the Book of Isaiah: Essays in Honor of Hallvard Hagelia*, ed. M. Zehnder, Perspectives on Hebrew Scriptures and Its Contexts 21 (Piscataway, NJ: Gorgias, 2014), pp. 231-282, 여기서는 p. 246].

11   이사야 54장에서 하나님은 분노로 자기 백성을 잠시 외면했던 때가 지났고 이제 자비와 긍휼로 다시 그들에게로 향한다고 선언하신다(특히 54:7-8). 그분은 10절에서 자기 백성과의 "평화의 언약"(칠십인역: ἡ διαθήκη τῆς εἰρήνης)이 결코 끊어지지 않을 것이라고 약속하신다(55:3에 등장하는 비슷한 생각을 보라. 이 구절은 다윗에 대한 하나님의 사랑과 관련하여 "영원한 언약"에 대해 말한다).

12   W. J. 덤브렐[Dumbrell, "The Role of the Servant in Isaiah 40-55," *Reformed Theological Review* 48 (1989): pp. 105-113]은 이사야 54:10과 55:3의 명시적인 언약 언어 외에도 이사야 54-55장의 여러 모티프(예를 들어, 자녀를 많이 낳은 불임 여인, 거룩하신 분이자 이스라엘의 남편이신 하나님, 구속주 하나님, 하나님의 자비/헤세드, 노아에 대한 언급, 다윗에 대한 언급)가 노아/아브라함/시내산/다윗 언약과 관련된 언어와 주제를 상기시킨다고 말한다(pp. 111-112). 이사야 52:13-53:12 바로 다음에 이러한 언약 모티프가 밀집되고 다양하게 등장한다는 사실은 "이전의 모든 언약을 새 언약으로 완성하는 데 종이 도구적 역할"을 수행함을 나타낸다(p. 111). 그는 다음과 같은 올바른 결론을 내린다. "54장과 55장을 배치한 논리가 암시하는 바는 이 모든 것이 야웨의 종

'많은' 이의 죄와 죄책을 짊어지고 이 문제들을 제거함으로써 죄와 부정함을 처리하는 정상적인 언약적 수단인 성전 제사가 다시 회복될 수 있는 것이다.[13]

이 마지막 결론을 더 강력하게 지지하는 것은 다음 세 가지 사실이다. (1) 이사야서의 종은 언약으로 주어진 존재로 여러 번 묘사되며, 이사야 42:7과 49:5-6, 9-12에서는 하나님의 백성을 명시적으로 회복시킨다. (2) 이러한 언약 회복의 개념들은 제2이사야서의 새 출애굽 주제에 담겨 있는데, 이 주제는 바빌론으로부터의 해방을 출애굽 사건에서 가져온 언어와 이미지로 묘사한다.[14] 즉, 이사야서의 종은 하나님과 그의 언약 백성이 화해하

(사 53장)의 고난과 죽음에 의해 성취되었다는 것이다"(p. 113).

13 이러한 주장은 종이라는 주제와 제2이사야서의 원래 의미를 둘러싼 수많은 까다로운 질문에 자연스럽게 얽히게 만들지만, 그것들은 이 글의 주된 관심사가 아니다. 이사야서의 종 본문의 원래 의도와 형태가 무엇이든, 최종 형태의 이사야 40-55장을 읽으면 54-55장에 나오는 놀라운 축복을 포로로 잡혀간 하나님의 백성에 대한 약속된 회복 및 새 출애굽으로 이해하는 것이 자연스러워 보인다. 이사야 53장의 종의 고난과 죽음 뒤에 풍부한 언약적 의미를 나타내는 이 축복들(각주 11을 보라)이 뒤따른다는 사실이 암시하는 바는 이것이다. 즉, 종이 어떤 목적을 위해 부름받고 선택받았는데 이 목적에는 다른 사람의 죄책과 죄로 인해 끔찍한 고난과 죽음을 겪는 것이 포함된다. 그리고 이 축복들은 종이 그 목적을 완수한 직접적 결과로 주어진 것이라는 점이다. 의인이 다른 이들의 죄를 짊어지고 그들 대신 고난받고 죽는 그림을 이사야 53장에서 고유한 방식으로 그리고 있다는 해석에 대한 강한 변호는 B. Janowski, "He Bore Our Sins: Isaiah 53 and the Drama of Taking Another's Place," in *The Suffering Servant: Isaiah 53 in Jewish and Christian Sources*, ed. B. Janowski and P. Stuhlmacher, trans. D. P. Bailey (Grand Rapids: Eerdmans, 2004), pp. 48-74를 보라.

14 많은 이가 이를 인정한다. 예를 들어, B. W. Anderson, "Exodus Typology in Second Isaiah," in *Israel's Prophetic Heritage: Essays in Honor of James Muilenburg*, ed. B. W. Anderson and W. Harrelson (London: SCM, 1962), pp. 177-195; G. P. Hugenberger, "The Servant of the Lord in the 'Servant Songs' of Isaiah: A Second Moses Figure," in *The Lord's Anointed: Interpretation of Old Testament Messianic Texts*, ed. P. E. Satterthwaite, R. S. Hess, and G. J. Wenham (Grand Rapids: Baker, 1995), pp. 105-139를 보라.

는 데 중심 역할을 하는데, 그들이 여전히 포로로 잡혀 있어서 하나님의 진노와 언약적 저주를 경험하고 있기 때문이다. (3) 이사야 52:13-53:12에 나오는 종의 고난과 죽음은 언약의 저주를 파기하고 관계를 건강하게 회복하는 수단의 일부다. 종의 대리적 죽음은 하나님의 진노가 자비로 바뀌는 데 기여한다(54:7-8).

둘째, 나는 이사야서의 종이 52:13-53:12에서 일종의 제사 제물이나 제사장적 인물로 기능하지 않는다고 생각한다.[15] 이는 분명 논쟁의 여지가 있는 주장이다. 어떤 사람들은 이 본문이 제사에 대한 수많은 암시를 담고 있다고 주장한다.[16] 이사야 52:15에서 종이 많은 나라에 '뿌린다'(נזה)는 말은 때때로 제사장적 혹은 제사적 행위를 나타내는 것으로 이해된다.[17] 하지

---

15 특히 H. G. Reventlow, "Basic Issues in the Interpretation of Isaiah 53," in *Jesus and the Suffering Servant: Isaiah 53 and Christian Origins*, ed. W. H. Bellinger (Harrisburg, PA: Trinity, 1998), pp. 23-38을 보라.

16 예를 들어, F. S. Thielman, "The Atonement," in *Central Themes in Biblical Theology: Mapping Unity in Diversity*, ed. S. J. Hafemann and P. R. House (Downers Grove, IL: InterVarsity, 2007), pp. 102-127, 여기서는 pp. 107-108를 보라. J. D. G. 던(Dunn)은 이 구절이 "제사 용어와 이미지로 가득 차 있으며, 종의 역할은 그의 죽음에 제사의 배경이 있다는 사실을 떠나서는 완전히 이해될 수 없다"고 생각한다["Paul's Understanding of the Death of Jesus as a Sacrifice," in *Sacrifice and Redemption: Durham Essays in Theology*, ed. S. W. Sykes (Cambridge: Cambridge University Press, 1991), pp. 35-56, 여기서는 p. 43].

17 S. G. 뎀스터(Dempster)는 이 동사가 성소에 피를 뿌리는 속죄일 의식을 암시할 수 있다고 제안한다("The Servant of the Lord," in Hafemann and House, *Central Themes in Biblical Theology*, p. 158). J. J. 윌리엄스(Williams)는 뿌리는 행위가 '종의 제사적 죽음'을 의미한다고 주장한다[*Maccabean Martyr Traditions in Paul's Theology of Atonement: Did Martyr Theology Shape Paul's Conception of Jesus's Death?* (Eugene, OR: Wipf & Stock, 2010), p. 78]. 그러나 주목할 점은, 이 동사가 마소라 본문에서 희생 제물의 도살을 묘사하거나 나타내는 용도로 사용된 적이 없다는 것이다. 이 동사는 누군가의 죽음과 밀접하게 연관되어 사용될 때(왕하 9:33; 사 63:3) 제사 사상을 불러일으키지 않는 것이 분명해 보인다.

만 그럴듯한 말은 아닌 것 같다. 이 동사가 일반적으로 오경에서 정화를 위해 피, 물, 기름 같은 물질을 물체나 사람에게 뿌리는 행위에 사용되지만, 비제사적 맥락에서 피가 튀는 것을 가리키는 경우도 두 번 있다. 열왕기하 9:33에서는 이세벨의 피가 성벽과 말에 튀고, 이사야 63:3에서는 에돔에서 온 자의 옷에 그가 짓밟은 자의 피가 튄다. 이 구절들에서는 제사장적 혹은 제사적 개념들을 찾아볼 수 없다. 게다가 이사야 52:15은 보통 제사의 맥락에서 이 동사가 사용될 때와 달리, 어떤 물질이 뿌려졌는지를 알려 주지 않는다. 칠십인역에서는 이러한 어려움을 인식한 듯 이 동사를 '경탄/놀람'(θαυμάζω)이라는 뜻으로 번역한다.[18] 종은 열방에 무언가를 뿌리는 것이 아니라, 열방을 '흠칫하게' 하거나 '놀라게' 한다. 이사야의 후기 타르굼은 이 절의 의미를 종이 열방을 '흩어지게 하는'(בדר) 것으로 이해한다(타르굼 사 52:15).[19]

그럼에도 이사야 52:15에서 말하는 '뿌리다'의 제사적 의미를 지지하는 증거가 종종 가까운 맥락에서 제시되는데, 이것은 종이나 그의 역할을 제사의 견지에서 해석하게 하는 결정적 근거가 되지 못한다. 어떤 이들은 이사야 53:7에 나오는 고난받아 도살장에 어린양처럼 끌려가는 종의 묘사가 제사를 암시한다고 주장하지만, 여기에는 명백하게 의식이나 제사를 의미하는 요소가 없다. 53:5, 7에서 종이 겪는 다양한 상처와 타격을 묘사하는

---

18 번역자의 히브리어 선본(Vorlage)이 여기서 마소라 본문과 동일하다고 가정할 때, θαυμάζω를 선택한 것은 번역자가 큰 맥락에서 이 동사를 제사장적 혹은 제사적 행위와 연결할 이유가 없다고 생각했음을 시사한다.

19 타르굼에서는 뿌리는 행위를 은유적으로 이해하여, 나라들이 마치 액체가 뿌려지듯이 흩어지는 것으로 묘사한다[W. A. Tooman, "The Servant-Messiah and the Messiah's Servants in Targum Jonathan Isaiah," in *Isaiah's Servants in Early Judaism and Christianity: The Isaian Servant and the Exegetical Formation of Community Identity*, ed. M. A. Lyons and J. Stromberg, WUNT 2/554 (Tübingen: Mohr Siebeck, 2021), pp. 318-336, 여기서는 p. 322n21를 보라].

데 사용된 히브리어 동사는 의식적이지 않다.[20] 53:7에서 '도살'을 나타내는 히브리어나 그리스어 명사(טבח, 마소라; σφαγή, 칠십인역) 중 어떤 것도 마소라 본문이나 칠십인역에서 레위기 제사와 관련되어 사용되지 않는다.[21] 7절의 바로 다음 표현은 종을 털 깎는 자 앞에 있는 양에 비유하는데, 양은 털을 깎기 위해 성전으로 끌려간 것이 아니다. 53:7의 언어는 이것이 제사가 아닌 목양 이미지라는 암시를 준다(이는 목자가 양에게 해 주는 일이다). 여기서 다른 두 가지 증거를 간략히 다룰 필요가 있겠다. 하나는 53:10에서 אשם이라는 단어가 사용된다는 점, 다른 하나는 레위기 제사에 대리적 대속이 있었다는 일반적 가정이다.

두 번째 요점을 먼저 살펴볼 텐데, 지면 관계상 관련 증거를 자세히 논할 수는 없다. 어떤 이들은 종의 대리적 고난과 죽음이 제사적이라고 주장하는데 그것은 대리적 죽음이 레위기 제사의 핵심이기 때문이다.[22] 여기에는 여러 관련 사안이 밀접하게 연관되어 있다(예를 들어, 안수의 기능, 죄의 전가가 레위기 제사의 일부인지의 문제, 속죄일에서 이른바 속죄 염소의 역할).[23] 분명한 사실 하나는, 성전에서 하나님께 예물로 드려진 동물들은 '흠이 없다'(תמים, 예를 들어, 레 1:3; 3:1; 4:3)는 것이다. 이 동물들은 신체적 손상이나

---

20 Janowski, "He Bore Our Sins," pp. 67-68의 논의를 보라.

21 같은 어원의 히브리어 동사(טבח)도 레위기 문맥에서 제사용 도살의 뜻으로 사용되지 않는다. 비록 다른 맥락에서는 동물 도살의 뜻으로 사용되지만 말이다(예를 들어, 창 43:16; 출 21:37; 신 28:31). 같은 어원의 그리스어 동사(σφάζω)는 칠십인역에서 제사적 도살과 비제사적 도살에 사용된다.

22 F. S. 틸먼(Thielman)은 이러한 생각이 속건 제물의 일부라고 여기고 이사야 53장에 이러한 생각이 작용하고 있으리라 추측한다("Atonement," pp. 107-108).

23 내가 유대 제사를 자세히 연구한 내용이 아직 출판되지는 않았지만 그 연구로 인해 나는 속죄 염소 의식과는 별개로, 손을 얹는 것이 죄를 대신하거나 죄를 전가하는 것을 뜻하지 않는다고 주장하는 사람들에게 동의하게 되었다. 특히 D. P. Wright, "The Gesture of Hand Placement in the Hebrew Bible and in Hittite Literature," *Journal of the American Oriental Society* 106, no. 3 (1986): pp. 433-446를 보라.

고통이 수반되는 방식으로 학대당하거나 죽임을 당하지 않았는데, 그 경우 하나님께 제물로 드리기에 부적합하기 때문이다. 또한 레위기에서 드리는 제물은 결코 하나님의 진노의 대상으로 묘사되지 않는다. 한편, 죄가 옮겨지게 하여 그 죄를 짊어진 동물(속죄 염소, 레 16:21-22)은 하나님의 임재에서 멀어지는데, 이 동물은 하나님의 임재 앞으로 가져가 제물로 바쳐지는 다른 동물들과 중요한 차이가 있다.[24] 이 모든 점은 하나님께 제물로 드려진 동물에 대리적·형벌적 개념을 부여하는 것이 오류임을 암시한다.

이사야 53:10에 나오는 אשם이라는 단어는 종종 제사를 의미한다. 이 단어는 레위기에서 이른바 속건제(예를 들어, 레 5:15-19)를 가리키는 단어로 사용되었다. 이사야 52:15의 '뿌리다'라는 용어와 마찬가지로 이 단어 또한 의식의 맥락 바깥에서 사용되어 속건 제물이 아니라 죄책이 생기거나 죄책을 없애는 일을 가리킨다(예를 들어, 창 26:10; 42:21; 대하 19:10; 사 24:6). 죄를 짓거나 범법을 저지른다는 개념은 죄책을 가진다는 생각과 밀접하게 연관되어 있다. 이것이 중요한 것은 종이라는 인물에게 다른 사람의 죄/죄책이 지워진다고 말하기 때문이다(사 53:6, 11). 핵심은 하나님이 종을 제물(속건제)로 바치는 것을 상상하기보다, 백성들의 죄책을 종이 짊어지게 하여 그가 그 죄책을 가지고 대신 죽게 함으로써 죄책을 없애려는 것이 하나님의 계획이었다고 이해하는 것이다.[25] 이것은 죄책을 없애는 화해 행위이지

---

[24] 속죄 염소는 하나님과 사람들로부터 죄를 옮겨 죄를 없애는 역할을 한다. C. A. 에버하르트(Eberhart)는 "제사 의식은 성소를 향한 점진적 움직임이 특징이지만⋯제거 의식의 역학은 각각의 경우 인간의 서식지에서 멀어져 야생의 땅으로 향하는 것"이라고 지적한다[The Sacrifice of Jesus: Understanding Atonement Biblically, Facets (Minneapolis: Fortress, 2011), p. 91].

[25] 특히 여기서 내가 따르는 야노프스키(Janowski)의 논의를 보라("He Bore Our Sins," pp. 65-70). 여기서 속건 제물 개념이 작용하고 있다고 생각하는 사람들은 이것을 이사야 52:15의 뿌림과 연결하는 경향이 있다. 그러나 이는 거의 말이 되지 않는다. 속건제에는 피의 의식이 있다. 레위기 7:2에 따르면, 피는 바깥 제단의 측면에 (뿌려지지 않고) 던

만 레위기 의식의 관점에서 볼 때 제사적인 것은 아니다.[26]

세 번째 주요 가정은 모세 언약 관계에서 제사의 역할에 관한 것이다. 나는 정기적인 레위기 제사와 성전 예배가 언약 관계를 **유지하는** 중심 수단으로 기능한다고 전제한다. 이것들은 언약 밖이 아니라 언약의 맥락 **안에서** 이해되고 작동하는 실재다.

두 가지 증거가 이 세 번째 가정을 뒷받침한다. 첫째, 오경에 묘사된 성막과 이후의 성전에서 행해진 레위기 제사는 언약의 맥락을 떠나서는 의미가 없다. 오경에 따르면, 언약은 이러한 실재가 존재하고 기능하기에 적절한 맥락으로서 먼저 세워진다. 언약은 성막이 지어지기 전에, 그리고 모든 제사장이 위임받기 전에 출범한다. 오경에서 성막과 제사장과 제사는 모세 언약이 성립된 후에 뒤따르는 실재로 제시된다. 오직 이 모든 것이 세워진

져진다. 피부병 정화의 마지막 부분을 이루는 속건제에서는 제사장이 제물의 피 일부를 정화되는 사람의 오른쪽 귀, 오른쪽 엄지손가락, 오른쪽 엄지발가락에 바른다(14:14). 그러나 다시 말하지만, 피는 그 사람에게 뿌려지지 않는다(이 과정의 더 앞선 부분에 뿌리는 의식이 있지만 이것은 속건 제물의 일부가 아니다). 단순히 말해 제사적인 개념은 이사야 52:13-53:12의 맥락에서 작동하지 않는다.

26 C. 브레이텐바흐(Breytenbach)는 이사야 52:13-53:12에는 제사 개념이 존재하지 않고 화해를 가져오는 대리적 죽음에 대한 개념이 담겨 있다고 올바르게 주장한다[*Versöhnung: Eine Studie zur paulinischen Soteriologie*, WMANT 60 (Neurkirchen-Vluyn: Neukirchener Verlag, 1989), pp. 212-215]. 마찬가지로, J. A. 그로브스(Groves)는 속죄 개념이 제사 맥락에만 국한되지 않으며, 좋은 레위기 의식 내 속죄 제사의 기능과 관련하여 새로운 일(대리적 고난)을 하도록 세워졌다는 점에 주목한다["Atonement in Isaiah 53," in *The Glory of the Atonement: Biblical, Historical, and Practical Perspectives*, ed. C. E. Hill and F. A. James III (Downers Grove, IL: InterVarsity, 2004), pp. 61-89]. 흥미롭게도 그로브스는 계속해서 종을 제물로 언급한다(p. 87). 또한 이사야서에서 레위기 의식을 거부한다고 주장한다. 이사야서에 관한 그의 설명이 옳든 그르든, 성경적-정경적 관점과 역사적 관점에서 볼 때 포로로 잡혀간 자들의 예루살렘 귀환은 의식의 거부가 아닌 성전 및 제사 회복과 상관관계가 있다.

후에야 정기적인 레위기 제사가 시작된다.

둘째, 몇몇 제사가 하나님과 그분의 언약 백성 사이의 관계를 위태롭게 하는 문제(죄와 특정 종류의 육체적 부정)를 해결하기 위한 목적으로 명시적으로 드려진다. 이러한 죄와 부정함은 관계가 위협받지 않도록 해결되어야 한다. 그렇지 않으면 하나님의 진노가 백성에게 임하고, 그들이 하나님의 임재에 가까이 가거나 근처에 거하지도 못하게 되며, 심지어 하나님의 임재가 그분 지상의 집(성막/성전)에서 떠날 수도 있다. 제사는 이런 결과를 낳을 수 있는 문제들을 해결하는 방법 중 하나다. 하지만 중요한 것은 언약 관계가 너무 손상되어 언약의 저주가 백성에게 임하면, 그들은 제사를 드릴 능력을 상실하게 되는데, 특히 **하나님이 제물을 더 이상 받지 않으시기** 때문이다. 이 점은 하나님이 백성이 드리는 제물의 냄새를 맡지 않겠다고 말씀하시는 레위기 26:31에서 분명하게 드러난다. 제사를 드린다 해도 하나님이 받지 않으실 것이다. 더 나아가 성전 자체가 더럽혀지거나 심지어 파괴되면 하나님께 제사를 드리는 것이 불가능해진다.[27]

바로 이 마지막 상황을 해결하기 위해 종을 일으켜 세우신 것이다. 다시 말해, 종의 고난과 종을 통한 쇄신에 대한 묘사는 제사를 통한 언약 회복의 모델을 제공하지 **않는다**. 오히려 이사야서의 종은 언약 위반으로 **제사가 불가능해진 바로 이때** 필요한 회복의 수단이 된다. 언약의 저주가 국가에 임할 때는 아무리 많은 제사 의식으로도 상황을 고칠 수 없는데, 하나님이 그것을 받지 않으실 것이기 때문이다. 실제로 백성이 포로로 잡혀가고 예루살렘이 폐허가 된 상황에서는 제사를 드리는 일 자체가 불가능하다.

---

27 신명기와 신명기 역사에 관한 M. 노트(Noth)의 더 큰 이론에 대해 어떻게 생각하든, 그가 특히 포로기 이후 시대의 이러한 언약적 역학의 중요성에 주목한 것은 옳았다. 이 주제에 대한 노트의 초기 독일어 저서(1943년판)의 영어판은 M. Noth, *The Deuteronomistic History*, 2nd ed., JSOTSup 15 (Sheffield: JSOT, 1991)을 보라.

네 번째 가정은 앞의 요점들에서 비롯된 것이며, 뒤이어 나올 마카베오2서에 대한 논의에서 특히 중요하다. 나는 '제사적'(sacrificial), '속죄적'(atoning), '화해를 이루는'(reconciling), '구원적'(salvific) 등의 형용사들이 반드시 동의어는 아니라고 생각한다. 특히 제2성전 유대교 사상의 소위 순교자 신학을 둘러싼 특정 논의와 관련하여 일부 사람이 이 용어들을 호환하면서 혹은 거의 동의어로 쉽게 사용하는데, 이로 인해 종의 대리적 죽음 및/또는 마카베오2서 속 순교자들의 죽음과 관련된 질문을 철저히 생각하는 데 혼란이 가중된다.[28] 이러한 죽음은 특히 화해의 의미에서 구원적으로 생각될 수 있으며, 반드시 제사적 의미로 이해할 필요는 없다.[29] 또한 '속죄'라는 용어와 관련된 의미의 범위를 고려할 때,[30] 이 용어가 제사 맥락에서 벗어나 관계 안에서의 화해를 가리키는 뜻으로 마땅히 사용될 수 있음이 분명하다. 이사야 53장에 나오는 종의 죽음은 이런 의미에서 속죄이지만, 제사적 의미의 속죄는 아니다.

히브리서를 살펴보기 전에 마카베오2서에 대한 간략한 논의가 필요하다. 이후 설명하겠지만, 이 본문의 언약 논리가 방금 자세히 설명한 바대로 작동하고, 이 본문이 앞의 요점을 잘 보여 주는 이사야 53장의 상호본문적 해석의 유익한 예를 제공하기 때문이다. 따라서 이 본문은 제2성전 시대의

---

28 예를 들어, J. J. Williams, *Maccabean Martyr Traditions*, 특히 pp. 72-84를 보라.
29 많은 학자, 특히 마카베오2서의 순교자들에 대한 기록에서 그리스-로마 사상의 영향을 감지하는 학자들은 마카베오2서에 피의 정화와 같은 유대 의식의 범주가 작용하고 있지 않음을 올바르게 인식했다[특히 S. K. Williams, *Jesus' Death as Saving Event: The Background and Origin of a Concept*, Harvard Dissertations in Religion 2 (Missoula: Scholars Press, 1975), 특히 pp. 76-90; and D. Seeley, *The Noble Death: Graeco-Roman Martyrology and Paul's Concept of Salvation*, JSNTS 28 (Sheffield: JSOT Press, 1990), pp. 87-91]. 마카베오4서로 알려진 후기 본문에서는 상황이 다르다.
30 이 용어의 역사와 의미에 대한 간략한 논의는 이 책 1장을 보라.

언약과 제사의 문제와 관련하여 이사야서의 종을 어떻게 이해할 수 있는지에 대한 유의미한 증거를 제시한다.

마카베오2서에서 순교자들과 신명기적 논리

마카베오2서로 알려진 문헌은 구레네의 야손이 쓴 더 큰 작품을 축약한 것이다(마카베오2서 2:19-32). 야손의 기록을 압축하는 과정에서 축약자는 현대 학계에서 흔히 신명기 역사라고 지칭하는 축복과 저주의 언약적 역학을 추적하는 내러티브를 만들어 낸다.[31] 마카베오2서에 헬레니즘이 끼친 영향은 의심할 여지가 없지만, 그 내러티브의 중심에는 레위기 26장과 신명기 28-30장 같은 본문에 제시된 유대 특유의 언약적 패턴, 즉 순종에 대한 축복과 불순종에 대한 저주가 있다.[32] 하나님은 그의 율법에 순종할 때 예루살렘과 그의 성전과 백성을 보호하고 축복하신다. 백성이 그의 율법에 불순종할 때, 그분은 정당한 분노를 일으키신다. 하나님은 도시와 성전과 나라에 대한 보호를 거두심으로써 이 분노를 표현하신다.[33] 오경의 관점에

---

31 D. A. 드실바(deSilva)는 마카베오2서가 "최근 사건들에서 발견되는…신명기 역사 철학의 지속적인 정당성을 입증하고자 한다"고 말한다[*Introducing the Apocrypha: Message, Context, and Significance* (Grand Rapids: Baker Academic, 2002), p. 266].

32 특히 J. W. van Henten, "Jewish Martyrdom and Jesus' Death," in *Deutungen des Todes Jesu im Neuen Testament*, 2nd ed., ed. J. Frey and J. Schröter, UTB 2953 (Tübingen: Mohr Siebeck, 2012), pp. 139-168를 보라.

33 R. 도런(Doran)은 마카베오2서에 대한 문학적 분석을 마무리하면서, 그의 가장 중요한 발견은 "적수가 없는 유대인의 하나님이 그의 성전과 백성을 보호하시되 그들이 하나님께 충성하고 선하게 행동하는 경우에만 그렇게 하신다는 신명기적 주제"라고 말한다[*Temple Propaganda: The Purpose and Character of 2 Maccabees*, Catholic Biblical Quarterly Monograph Series 12 (Washington, DC: Catholic Biblical Association of America, 1981), p. 101].

서 볼 때, 후자의 상태는 제사를 드려도 하나님이 받지 않으시는 상황에 해당한다(레 26:31). 언약이 깨어지고 언약의 저주가 백성에게 내렸기 때문에, 제사를 드릴 수 없고 따라서 관계를 건강한 상태로 회복시켜 백성이 다시 하나님과 교제하고 언약의 축복을 누리게 할 수 없다. 이사야는 언약을 회복하는 수단으로 종의 고난과 죽음을 말하고 있다. 나의 주장은 이것이 마카베오2서에서 순교자들이 어떻게 제사의 회복에 기여하는지를 이해하는 데 중요하다는 것이다.

마카베오2서는 최근 성전을 다시 정화한 날을 기념하라고 촉구하는 두 개의 편지로 시작한다. 이 편지에는 언약의 모티프, 하나님의 구원, 유다 마카베오가 주도한 반란으로 예루살렘 성전에서 제사 의식이 회복된 일에 대한 언급 등이 풍부하게 담겨 있다. 축약된 이야기는 3:1에서 예루살렘이 평화로웠고 율법이 지켜지고 있었다는 내레이터의 진술로 시작된다. 그런 다음 이방인 헬리오도루스가 성전에 들어가려다 천사들에게 쫓겨나는 이야기가 이어진다. 4장에서는 야손이 뇌물을 받고 대제사장이 되면서 상황이 바뀐다. 4:13-17에서 축약자는 제사를 소홀히 하고 백성이 하나님의 율법에서 떠난 것이 재앙으로 이어졌다고 지적한다. 그래서 5:15-20에서는 안티오쿠스 에피파네스가 성전에 들어가서 약탈할 수 있게 된다. 안티오쿠스는 헬리오도루스처럼 격퇴당하지 않는데, 백성의 불순종으로 주님이 진노하셨기 때문이다. 이 분노로 인해 성전이 더럽혀지는 것이 허용될 뿐 아니라, 이후 유대인들에게 더 일반적인 박해가 가해진다(6:1-11).

내레이터는 이 모든 것을 백성들의 죄로 인한 하나님의 처벌이라는 관점에서 설명한다(마카베오2서 6:12-17). 그런 다음 신실한 순교자들, 곧 엘르아살과 일곱 형제와 어머니의 이야기가 이어진다(6:18-7:42). 8장에서 축약자는 유다 마카베오가 주도한 반란의 시작을 묘사한다. 내레이터는 8:5에서 "주의 진노가 자비로 바뀌었기"(τῆς ὀργῆς τοῦ κυρίου εἰς ἔλεον τραπείσης) 때문에 급성장한 반란이 성공하는 것이라고 조심스럽게 설명한다. 하나님의 진노가 자비로 바뀌었기 때문에 이방인들은 유다의 군대에 대항할 수 없었던 것이다. 8-9장은 유다의 군대가 더 큰 이방인 군대를 상대로 거둔 다양한 승리를 묘사한다. 10장에서는 마침내 예루살렘이 탈환되고 성전이 정화되며, 제사가 회복된다(10:1-4).

앞서 보았듯 이 내러티브는, 백성이 하나님의 율법을 지킬 때 하나님이 성전과 그 백성을 축복하고 보호하시며 그렇지 않을 때는 진노 가운데 돌아서셔서 성전과 백성에게 고난을 허락하신다는 신명기 사상을 중심으로 구성되어 있다. 로버트 도런(Robert Doran)은 세 주요 부분(마카베오2서 3장; 4:1-10:9; 10:10-15:36)에 대해 다음과 같이 언급하며 마카베오2서의 구조 분석을 마무리한다. 이 세 주요 부분은 "예루살렘 성전에 대한 공격과 성전의 방어에 관한 것이다. 첫 번째 부분에서는 하나님의 율법을 지켰기 때문에 성전에 대한 공격이 실패했다(3:1). 두 번째 부분에서는 백성의 죄가 안티오쿠스 4세 아래서 재앙을 가져왔다.…주의 진노가 순교자들의 고난을 통해 자비로 변할 때 안티오쿠스의 군대가 격퇴되고 그도 처벌을 받아 죽임을 당하며 성전이 회복된다. 마지막 부분에서는 성전 영토에 대한 추가 공격이 하나님의 도움으로 실패한다"(15:37).[34] 주목할 점은 하나님의 분노가 쏟아진 것과 하나님의 자비가 회복된 것 사이에 순교자들의 고난과 죽음이 있다는 것이다. 도런의 제안에 따르면, 축약자는 하나님의 율법에 대한 불순종으로 하나님의 진노가 백성에게 부어질 때 6장과 7장에 나오는 순교자들의 죽음이 하나님과 백성의 관계를 회복하는 수단으로 기능한다는 함의를 전달한다. 순교자들의 고난과 죽음은 그들의 간절한 기도와 더불어 하나님의 진노를 자비로 돌리는 데 도구적 역할을 하는 것으로 보인다.

---

34 Doran, *Temple Propaganda*, p. 75.

이 마지막 요점은 당연히 논쟁의 여지가 있다. 순교자들의 죽음이 하나님의 진노가 자비로 바뀐 이유라고 축약자가 명시적으로 밝히지 않았기 때문이다.[35] 그러나 순교자들의 죽음과 하나님의 자비를 회복하는 일의 연관성은 마카베오2서 6-7장에서 8:5의 진술에 이르는 단순한 내러티브 진행 그 이상의 것에 의존한다. 백성이 언약의 저주 아래 있을 때의 고통과 죽음의 패턴은 이사야 52:13-53:12의 고난받는 종의 패턴에서, 그리고 자기 백성에 대한 하나님의 진노가 자비로 바뀌리라는 54:7-8의 후속 진술에서 끌어온 것이다.[36] 다음의 다섯 가지 관찰 내용은, 축약자가 순교자들을 이사야서의 종과 연관시켜 그들의 고통과 죽음을 하나님의 자비를 회복시키는 중심 요소로 여긴다는 추측을 지지한다.

첫째, 이미 마카베오2서 시작 부분에서 포로기 이후 느헤미야 아래에서 제사가 회복되었을 때 드려진 기도를 보면, 이사야 49장의 종에 대한 내용

---

35 어떤 이들은 순교자들의 죽음과 하나님의 분노가 자비로 바뀌는 것 사이에는 아무런 연관성이 없다고 주장한다. 예를 들어, S. K. 윌리엄스(Williams)는 이렇게 말한다. "마카베오2서는 순교자들의 죽음과 성전의 구조 및 정화 사이의 직접적 인과관계를 암시하지 않는다. 그 일은 하나님이 의로운 전사들인 마카베오들을 통해 이루신 일이다"(*Jesus' Death as Saving Event*, p. 89). H. 버스넬(Versnel)도 이에 동의하면서 "**순교자들이 죽은 결과로** 하나님의 자비가 정말로 돌아왔다는 **실질적인** 인과관계에 대한 명시적 표시가 없다"고 말한다("Making Sense of Jesus' Death: The Pagan Contribution," in Frey and Schröter, *Deutungen des Todes Jesu im Neuen Testament*, p. 260). 윌리엄스와 버스넬이 하나님의 진노가 자비로 바뀌는 기저에 깔린 대리적 제사 개념에 회의적인 입장을 취하는 것은 옳다. 그러나 그들이 제대로 이해하지 못한 것은 하나님의 진노가 자비로 변하는 패턴이 이사야 53-55장의 패턴에서 비롯되었다는 사실이다. 여기서 종은 제사를 드릴 수 없는 바로 그때 하나님과 백성의 관계를 회복하는 수단이다.
36 많은 주석가는 마카베오2서 8:5이 이사야 54:7-8을 암시한다고 지적한다. 하지만 모두가 이사야 53장 또한 중요하다고 생각하지는 않는다[예를 들어, D. R. Schwarz, *2 Maccabees*, Commentaries on Early Jewish Literature (Berlin: de Gruyter, 2008), p. 261를 보라].

을 연상시키는 언어가 포함되어 있다(마카베오2서 1:24-29). 조너선 골드스타인(Jonathan Goldstein)은 무엇보다 백성들이 종살이하고 멸시와 증오를 받는다는 기도문의 언급이, 멸시와 혐오를 받으며 종살이하는 백성을 묘사하는 이사야 49:7의 언어를 연상시킨다고 지적한다.[37] 마카베오2서의 시작부터, 하나님이 자기 백성과 성전을 회복하신다는 생각이 신명기-이사야서 자료에 대한 암시와 연결되어 있다.

둘째, 조지 니켈스버그(George Nickelsburg)는 제2성전 시대에 부활이 하나님의 백성에 대한 최종적이고 궁극적인 변호가 된다는 사상의 발전에 이사야가 영향을 미쳤다는 강력한 논증을 제시했다.[38] 이 논증의 일부로, 그는 이사야서의 종과 특히 이사야 53장이 마카베오2서 6-7장의 요소들을 이해하는 데 도움을 준다고 주장한다. "마카베오2서 6장과 7장에서 종에 관한 내용이 영웅들의 고난에 대한 묘사에 색을 입힌다."[39] 예를 들어, 형제들은 명시적으로 세 번 '종'으로 불리는데, 두 번은 δοῦλοι(7:6, 33)로, 한 번은 παῖδες(7:34)로 불린다. 마카베오2서 7장의 δοῦλος 언어는 칠십인역 신명기 32:36에서 왔을 가능성이 높지만, 칠십인역 이사야 49:3-6에서 δοῦλος와 παῖς가 종이라는 인물을 가리키는 데 호환적으로 사용된다는 점에 주목할 필요가 있다.[40] 형제들의 고통도 때로 이사야서의 종의 고통과 닮아 있다. 종과 마찬가지로 형제들도 '채찍'으로 매를 맞고 머리카락이 뽑

---

[37] J. A. Goldstein, *II Maccabees: A New Translation with Introduction and Commentary*, AB 41A (Garden City, NY: Doubleday, 1983), p. 179.

[38] G. W. E. Nickelsburg, *Resurrection, Immortality, and Eternal Life in Intertestamental Judaism and Early Christianity*, Harvard Theological Studies 56 (Cambridge, MA: Harvard University Press, 2006).

[39] Nickelsburg, *Resurrection*, p. 132.

[40] 골드스타인(*II Maccabees*, pp. 294-296)은 마카베오2서 7장이, 신명기 32장과 (여러 본문 중에도) 이사야 52-53장을 연결하는 당시 발전하던 해석 전통 안에 있다는 설득력 있는 제안을 한다.

한다. 이사야 50:4에서는 혀가 종에게 주어졌다고 말하는데, 셋째 형제도 자신의 혀가 하늘에서 주어졌다고 주장하며 혀를 자르려고 내민다. 이사야서에서 종의 모습을 본 통치자들과 마찬가지로 마카베오2서의 왕도 순교자들이 고난 가운데 보이는 충성을 목격하고 놀라움을 금치 못한다. 게다가 형제들은 이사야 53장에 분명하게 등장하는 모티프인 심하게 훼손된 모습을 보여 준다.

셋째, 니켈스버그가 제공한 증거 외에도 종과 마카베오2서의 순교자들 사이에 또 하나의 관련 지점을 확인할 수 있다. 이사야서의 종은 히브리 성경에서 다른 사람의 죄를 대신하여 고난을 받는 단 하나의 인물이다.[41] 마르틴 헹엘(Martin Hengel)은 이사야 53장이 그 특이성을 고려할 때 마카베오2서 7장(특히 7:32-33, 37-38)에 영향을 미쳤을 가능성이 있다고 조심스럽게 제안한다.[42]

어떤 사람들은 이사야서의 종이나 순교자들이 다른 사람들의 죄와 죄책 때문에 대신 고난받는다고 생각할 수 없다고 주장하는데, 그들 자신이 죄가 없다고 볼 수 없기 때문이다.[43] 그러나 두 본문의 명백한 의미는 그들이 국가의 죄로 인해 고난받는다고 암시하는 듯하다. 왜 종이나 순교자가

---

41 K. Koch, "Sühne und Sündenvergebung um die Wende von der exilischen zur nachex ilischen Zeit," *EvT* 26 (1966): pp. 217-239, 여기서는 p. 237; and M. Hengel, *The Atonement: The Origins of the Doctrine in the New Testament*, trans. John Bowden (London: SCM, 1971), pp. 7, 57를 보라. 『신약성서의 속죄론』(대한기독교서회).

42 M. Hengel, "The Effective History of Isaiah 53 in the Pre-Christion Period," in Janowski and Stuhlmacher, *Suffering Servant*, p. 96(Hengel, *Atonement*, p. 60도 보라).

43 특히 S. K. Williams, *Jesus' Death as Saving Event*, pp. 76-90와 107-111를 보라. 완벽하게 죄가 없는 사람만이 다른 사람의 죄를 위해 정당하게 고난받을 수 있다는 생각은 예수의 대리적 죽음에 대한 후기 기독교적 성찰로부터 개념적으로 너무 많은 것을 가정하는 것 같다.

다른 사람을 대신해 고난받기 위해서는 죄가 없는 것으로 여겨져야 하는지 그 이유를 찾을 수 없다. 그들도 죄를 지은 백성의 일부이기 때문에 틀림없이 고난을 받는다(이사야서의 경우처럼, 부정하다고 해서 그리고 부정한 백성 가운데 산다고 해서 신적 사명을 수행할 자격을 잃지는 않는다). 그럼에도 자신들의 불법으로 인해 백성에게 언약의 저주가 내려지게 한 사람들과 비교할 때 그들은 충실하고 의로운 사람들이다. 순교자들은 불법을 거부한다는 바로 그 이유로 핍박을 받고 있다(예를 들어, 마카베오2서 7:1). 그들 중 한 사람이 "우리가 우리의 죄 때문에 고난을 받고 있다"(7:32)고 말할 때, 바로 다음 구절은 "우리의 죄"가 순교자 개개인의 죄가 아니라 하나님의 진노를 그들 모두에게 내리게 한 국가의 죄를 가리킴을 분명히 한다(7:33). 신명기 논리의 특징은, 특히 제사장과 백성의 지도자 대부분이 잘못을 저지를 때 하나님의 진노가 성전, 도시, 국가에 임한다(특히 4:10-17을 보라)는 것이다. 순교자들은 마카베오2서 앞부분에 설명된 백성들의 죄로 인해 고난을 받는다(어떤 면에서는 성전도 마찬가지다). 그러므로 순교자들은 이사야서의 종의 고난을 떠올리게 하는 용어로 묘사될 뿐 아니라, 그 종이 하는 것과 같은 일을 한다. 즉, 국가의 죄를 대신하여 고난을 당하고 죽는다. 히브리 성경에서 이 개념을 발견할 수 있는 곳이 이사야 53장이라는 사실은, 마카베오2서 축약자의 의도가 독자들이 이 순교자들을 이사야서의 종과 연결하게 하려는 것임을 시사한다.[44]

넷째, 이사야 53:12의 히브리어 본문 전통이 암시하는 바에 따르면 종은 하나님의 백성을 대신하는 고난과 죽음뿐만 아니라, 그들을 위한 중보를

---

[44] 마지막 형제가 죽었을 때 내레이터가 그는 "주님을 전적으로 신뢰했다"(마카베오2서 7:40)고 말한다는 사실도 중요할 수 있다. (1) 이 구절에서 이사야서를 가리키는 다른 암시들과 (2) 백성들이 하나님으로부터 돌아서서 그의 진노를 경험하고 있다는 생각을 고려할 때, 이는 이사야 8:17 및/또는 12:2의 반향일 수 있다.

통해서도 그들을 회복시킨다.[45] 주장하건대, 마카베오2서 7:37-38에서 일곱째 아들이 하는 일이 바로 이러한 중보다. 그는 이렇게 외친다. "나도 내 형제들처럼 조상들의 율법을 위해 몸과 생명을 바치며 하나님께 호소한다. 그분이 우리 민족에게 속히 자비를 베풀어 주시고, 당신에게 시련과 재앙을 주셔서 그분만이 하나님임을 당신이 고백하게 하시고, 나와 내 형제들을 통해 우리 온 민족에게 정당하게 내린 전능자의 진노를 끝내 주시기를 바란다"(NRSV). 또한 몇 구절 뒤에서 유다 마카베오도 하나님이 예루살렘에 자비를 베풀어 주시고 "하나님께 부르짖는 피에 귀 기울이시기를"(8:3, NRSV) 기도한다. 이 기도에 바로 이어서 축약자는 하나님의 진노가 자비로 바뀌었고 유다와 그의 군대를 누구도 막을 수 없게 되었다고 말한다. 마카베오2서에서 하나님의 진노를 자비로 바뀌게 하는 중보기도의 중요성에 주목하는 어떤 사람들은 이 또한 이사야 53장에 나오는 종의 사역의 한 측면이라는 사실을 충분히 심각하게 받아들이지 않는다.[46]

다섯째, 마카베오2서 6-7장에는 순교자들의 고난과 죽음이 유대 제사와 연관성이 있음을 알려 주는 것이 아무것도 없다.[47] 마카베오2서에서 적

---

45 흥미롭게도, B. 칠턴(Chilton)은 타르굼 이사야 53장이 탄나임 시대에 뿌리를 두고 있다고 주장하며, 이 생각을 확장하여 메시아와 동일시되는 이 종이 이사야 53:4, 7, 11, 12에서 하나님의 백성을 위해 중보한다고 말한다. 그리고 이사야 53:4, 11, 12에서 이 중보기도는 명시적으로 백성들의 죄를 위한 것이라고 말한다[B. Chilton, *The Isaiah Targum: Introduction, Translation, Apparatus and Notes*, The Aramaic Bible 11 (Collegeville, MN: Michael Glazier, 1987), pp. 103-105를 보라].

46 특히 U. Kellermann, "Zum traditionsgeschichtlichen Problem des stellvertretenden Sühnetodes in 2 Makk 7,37f," *Biblische Notizen* 13 (1980): pp. 63-83를 보라.

47 순교자가 제물이며 심지어 속죄일을 대신할 수 있다는 견해를 지지하는 최근의 사례에 대해서는 J. J. Williams, *Maccabean Martyr Traditions*, 특히 pp. 43-63를 보라. 윌리엄스는 화해(καταλλαγ- 어근) 죄를 짊어짐, 대리적 고난 및 죽음 같은 개념을 레위기 제사와 잘못 연관시킨다. 이 언어와 개념들은 레위기 제사가 가진 측면이 아니다(이 책 1장에서 속죄에 대해 간략히 설명한 내용을 보라). 더욱이 윌리엄스는 마카

절한 제사는 예루살렘 성전에서 행하는 제사장들의 사역과 연관된다. 축약자는 바벨론 포로기 때와 같이 제사가 일정 기간 중단되었음을 인정한다(1:7-8, 18-22, 2:16-18). 그가 말하듯 율법에 불순종한 백성에 대한 하나님의 분노가 표현되는 일은 성전이 침범당하는 것이었는데, 하나님이 더 이상 성전이나 백성을 보호하지 않으셨기 때문이다(4:14-17, 5:17-20). 순교자들은 이 시기에 죽는다. 그들은 신명기의 저주가 국가와 성전에 내릴 때 죽는다. 즉, 그들의 죽음은 국가가 하나님의 진노와 언약의 저주 아래 있다는 바로 그 이유 때문에 아무 제사도 드릴 수 없을 때 일어난다. 앞서 제안했듯, 바로 이런 상황을 해결하는 데 이사야서의 종이 도움을 준다. 백성이 제사를 드릴 수 없을 때 종은 사명을 완수하도록 부름을 받는데, 그 사명의 목표는 관계 회복이다. 종은 하나님의 진노를 다시 자비로 바꾸는 데 중심 역할을 한다.

이 요점들은 마카베오2서에 나오는 순교자들의 고난, 죽음, 중보기도가 의도적으로 이사야서의 종을 모델로 삼은 것임을 나타낸다. 한 순교자가 하나님께 그의 백성과 화해해 달라고 분명히 간구하고(7:32-33) 그 후 하나님의 진노가 자비로 바뀐다(8:5)는 언급은, 그들의 고난과 간구가 하나님이 자비롭게 그의 백성에게 돌이키시는 데 기여했음을 나타낸다. 마카베오2서의 내러티브 흐름은 이사야 53-54장의 패턴(특히 54:7-8)과 밀접하게 연관

베오2서와 마카베오4서를 반복해서 혼동한다. 후자의 본문에는 순교자와 제사의 분명한 연결이 있지만, 마카베오2서에는 그러한 연관성을 보여 주는 단서가 없다. 브레이텐바흐는 대리적 죽음에 대한 헬레니즘 전통과 유대 제사가 연결되는 최초의 명확한 증거가 1세기 후반의 마카베오4서에 있다고 결론 내리는데 이것은 과장된 주장일 수 있다 [C. Breytenbach, "Gnädigstimmen und opferkultische Sühne im Urchristentum und seiner Umwelt," in *Opfer: Theologische und kulturelle Kontexte*, ed. B. Janowski and M. Welker, Suhrkamp Taschenbuch Wissenschaft 1454 (Frankfurt: Suhrkamp, 2000), pp. 217-243, 여기서는 p. 242]. 그러나 이들이 서로 다르고 보통 구별되는 개념적 영역이며 마카베오2서에서 혼합되지 않는다는 그의 말은 옳다.

되어 있다. 이것은 순교자들의 고난이 종의 고난처럼 언약적 저주의 시기를 끝내는 데 기여했음을 시사한다. 순교자들이 죽고 회복과 갱신의 시대가 도래한다. 이사야서의 종의 경우, 이 갱신은 부분적으로 하나님의 백성이 다시 모이고 땅이 회복되는 사건을 수반한다. 유대 역사에서 유배자들의 귀환은 느헤미야의 지도력 아래 예루살렘과 성전의 회복으로 이어졌다(마카베오2서 1:19-29에서 확인되듯이). 마카베오2서 4-5장에 묘사된 상황은 유배 수준까지 악화되지는 않았다(축약본의 서두에 첨부된 두 번째 편지가 성전 정화의 결과로 하나님의 백성이 다시 모일 것을 명확히 바라고 있다는 사실이 궁금증을 유발하긴 하지만). 성전 침탈과 백성들의 고통은 마카베오2서에서 신명기적 용어로 분명하게 드러난다. 하나님의 분노는 순교자들의 죽음 이후에야 진정된다. 이것은 유다의 놀랍도록 성공적인 반란의 시작을 나타내며, 8-10장은 그의 승리를 자세히 설명한다. 이 모든 것이 예루살렘 탈환과 성전 정화로 절정에 이르고 이 시점에 다시 제사를 드릴 수 있게 되는데, 하나님의 진노가 자비로 바뀌면서 예배와 언약 유지를 위한 정상적 수단이 회복된 것이다. 이사야 53-54장의 논리에 비추어 볼 때, 이러한 전환이 순교자들의 죽음에 뒤이어 일어난다는 사실은 우연일 가능성이 거의 없다. 축약자는 이사야서의 종의 내용을 가지고 마카베오 순교자들이 하나님과 그의 백성 사이의 좋은 관계 회복에 어떻게 기여했는지를 설명한다. 그리고 이 회복은 결국 성전과 그곳에서의 제사 예배의 회복으로 이어졌다.

요컨대, 마카베오2서에서 마카베오 순교자들은 제물로 제시되지 않는다. 그 대신 그들은 다른 범주에 속하는 것으로 볼 수 있는데, 그것은 제사가 불가능할 때 필요한 범주 즉 이사야서의 종이라는 범주다. 종과 같이, 국가를 위한 그들의 대리적 고난과 중보는 언약 관계 회복에 기여한다. 이런 식으로 그들의 고난과 죽음은 하나님을 그의 백성과 화해시켜(특히 마카베오2서 7:33; 8:29) 언약을 갱신하는 데 도움을 주는 구원적이고 심지어 속죄적인 사건으로 볼 수 있다. 그러나 이 화해를 제사적 속죄와 혼동하는 것은 잘못이다. 오히려 이사야 53-54장에서와 같이, 이 화해는 좋은 관계를 회복하여 다시 제사를 드릴 수 있도록 하기 위해 필요하다. 이러한 생각이 히브리서에서 예수의 구원적 죽음을 이해하는 데 도움을 준다는 것이 나의 제안이다.

히브리서에서 예수의 죽음과 새 언약

히브리서 어디에도 예수를 이사야서의 종과 명시적으로 동일시하는 구절은 없다. 그러나 논증에서 몇 가지 흥미로운 움직임을 보이고 종에 대한 내용이 설교에 영향을 미쳤음을 보여 주는 한 가지 분명한 암시가 있다. 저자의 유대 성경 이해를 감안할 때, 그는 이사야 53장이 자신의 주장에 미친 영향을 인식했을 것이다. 하지만 이러한 요소들이 그의 논증에 깔려 있는 것은, 이것이 그와 회중이 들었던 예수에 관한 설교에 이미 고정되어 있었기 때문일 수도 있음을 인정해야 할 것이다(히 2:3). 그렇다 하더라도 나는 마카베오2서와 비슷하게 이사야 53-54장의 논리가 히브리서에서 예수의 대리적 죽음과 승귀의 연관성, 그리고 예수의 죽음과 새 언약 출범의 연관성에 영향을 미쳤다고 주장할 것이다.

먼저 히브리서에 나타난 이사야 53장의 암시부터 살펴보자. 앞서 언급했듯, 주석가 대부분은 히브리서 9:28에서 그리스도가 "많은 사람의 죄를 담당하시려고" 단번에 드려졌다고 말할 때 이것이 이사야 53:12에 대한 암시임을 인정한다.[48] 히브리서에서 사용된 '많은 사람의 죄를 지다'라는 표현

---

[48] 예를 들어, H. W. Attridge, *The Epistle to the Hebrews: A Commentary on the Epistle to the Hebrews*, Hermeneia (Philadelphia: Fortress, 1989), p. 266.

(ἀναφερεῖν + ἁμαρτίας + πολύς의 속격)은 칠십인역에서 이사야 53:12에만 등장하는데 이 본문에서는 종이 "많은 사람의 죄를 담당[했다]"(αὐτὸς ἁμαρτίας πολλῶν ἀνήνεγκεν; 또한 53:4의 비슷한 표현도 보라: οὗτος τὰς ἁμαρτίας ἡμῶν φέρει, "이 사람이 우리 죄를 지고")고 말한다. 히브리서 9:28의 언어는 이사야 53:12을 떠올리게 한다.

여기서 히브리서 9:28의 '드리다'(offer, προσφέρω)라는 동사에 대해 간단히 설명하면 더 큰 논의를 이해하는 데 도움이 될 것이다. 제사에 대한 어떤 암시 없이도 사람에게, 심지어 하나님께 얼마든지 많은 것을 드릴 수 있다는 사실에 주목할 필요가 있다. 히브리서에서도 예수가 하나님께 "심한 통곡과 눈물···을 올렸[다]"고 기록한다(5:7). 이것은 제사 개념이 아니라 단순히 하나님께 기도하는 것에 대한 설명일 수 있다. 그럼에도 9:28의 '드리다'는 제사적 의미를 지닐 가능성이 높다(즉, 여기서 이 동사는 인접한 9:25과 10:1-2, 8에서 사용된 것처럼 제물을 드린다는 의미로서 '드리는 것'을 지칭할 가능성이 높다). 이것은 이 동사가 칠십인역에서 하나님께 제물을 드리는 의식이라는 맥락에서 일반적으로 갖는 의미다.

그러나 히브리서 9:28에서 제시하는, 예수가 '많은 사람의 죄를 지기 위해 제물로 드려졌다'는 생각이, 자신을 하나님께 제물로 드리는 대제사장적 행위와 구별되어야 하는 네 가지 이유가 있다. 첫째, 레위기 제사에서 '죄를 짊어지는' 동물이라는 개념을 찾는다면, 가장 가깝게 일치하는 것은 소위 말하는 속죄일의 속죄 염소다. 앞서 언급했듯, 이 염소는 궁극적으로 하나님께 바쳐지지 **않았다**. 오히려 죄를 짊어진 이 염소는 대제사장이 아닌 다른 사람에 의해 광야로 끌려갔다(레 16:10, 21-22). 요점은, 죄를 떠안았다는 바로 그 이유 때문에 이 염소는 하나님의 집과 임재에서 멀어져야 한다는 것이다. 이 염소는 죄를 짊어지고 하나님으로부터 **멀어진다**. 반면에 죄를 짊어지지 않은 염소는 분명히 하나님께 드려진다(16:9). 이 염소의 피를 대제사장이 들고 지성소에 들어가는 것이다(16:15-16). 예수가 자신을 아버지께 드리는 것에 대한 히브리서의 성찰은 이 후자의 방향과 일관되게 일치한다.[49] 속죄일에 염소의 피를 들고 나아가는 대제사장처럼 예수도 자신을 아버지께 드리기 위해 하늘의 지성소로 들어가신다. 그렇다면 개념적으로 레위기 제사 제도에는, 하나님께 드려지는 제물과 '죄를 짊어지는' 염소 사이에 차이가 있는 것 같다. 이 염소는 하나님께 드려지는 것이 아니라 하나님의 임재에서 멀어진다.

둘째, 히브리서 9:28에서 예수가 죄를 짊어지기 위해 드려졌다는 언급은 그가 지상에서 겪는 죽음을 가리키는 것이 틀림없다. 다음 두 가지 요점이 이 결론을 암시한다. (1) 죽음 이후 심판이 따른다는 9:27의 생각은 예수가 죄를 짊어진 후 두 번째로 나타나서 그를 기다리는 사람들을 구원하신다는 9:28의 생각과 상응한다.[50] 27절의 죽음은 28절에서 예수가 죄를 짊어지기 위해 제물로 드려진 것과 평행을 이루며, 27절의 심판은 28절에서 구원을 위해 예수가 두 번째로 나타나신 것과 평행을 이룬다. (2) 그를 기다리는 백성에게 예수가 "두 번째 나타나[신다]"는 언급은 그 전의 첫 번째 나타나심을 암시한다. 이 첫 번째 나타나심은 틀림없이 지상에 있는 사람들에게 나타나심이기도 했다. 더 나아가 28절에서 예수의 두 번째 나타나심의 특징을 '죄가 없는'(χωρὶς ἁμαρτίας) 것으로 묘사한 것은, 예수가 지상에 있는 사람들에게 처음 나타나신 이유 안에 그가 "많은 사람의 죄를 담당하시려고" 드려지는 것이 포함되어 있음을 또한 암시한다. 다시 말해, 예수가 지상에 (죄를 담당하기 위해) 처음 나타나신 것과 (죄 없이 구원을 위해) 두 번째

---

49 아들의 제물 됨이 나타내는 이 특징에 대해서는 이 책 10장에서 더 자세히 설명한다.
50 예를 들어, C. R. Koester, *Hebrews: A New Translation with Introduction and Commentary*, AB 36 (New York: Doubleday, 2001), p. 429에도 그런 생각이 등장한다.

나타나시는 것이 대비된다. 예수가 죽으신 것, 죄를 담당하기 위해 드려진 것, 지상에 처음 나타나신 것은 모두 개념적으로 긴밀하게 연결되어 있다.

셋째, 앞의 두 가지 요점이 정확하다면, 히브리서 9:28의 예수가 나타나신 일들은 24절과 26절에서 예수가 하나님 앞에 한 번 나타나신 것과 다를 수밖에 없다. 예수가 아버지 앞에 나타나시는 사건은 분명 하늘에서 일어나며 자신을 아버지께 제물로 바치는 것과 분명히 연관되어 있다(26절). 이것을 저자가 28절에서 가정하는 예수의 첫 번째 나타나심으로 이해했을 가능성은 적은데, 앞서 언급했듯 예수가 두 번째로 나타나실 때 그 대상은 **그를 지상에서** 기다리고 있는 사람들이기 때문이다. 즉 예수는 하나님 앞에 두 번째 나타나시는 것이 아니라, 지상에 있는 사람들에게 두 번째 나타나신다. 이것은 9:28에서 예수가 '제물로 드려진' 시간과 장소가 9:24-26에서 하나님께 한 번 자신을 드린 시간과 장소와 다르다는 결론을 내리는 중요한 증거다. 28절의 지상에 나타나신 사건들과는 대조적으로, 24-26절의 나타나심은 하나님과 관련이 있고 "바로 그 하늘"에서 발생한다. 이 나타나심은 아들이 대제사장으로서 하늘 성막에 들어가실 때 일어난 것이다. 히브리서가 아들에 대해 전제하는 더 큰 성육신 내러티브의 관점에서 볼 때,[51] 그가 하나님 앞에 나타나신 일은 28절의 두 번 지상에 나타나신 일 사이에 있어야 한다. 여기서 9:28의 두 번째 나타나심과 그것이 전제하는 첫 번째 나타나심은 아들의 첫 번째와 두 번째 강림(advent)이라는 용어로도 표현할 수 있다. 그의 첫 번째 강림은 죄를 짊어지고 죽으신 죽음을, 두 번째 강림은 '죄 없이' 구원을 위해 오시는 사건일 것이다. 이렇게 두 번 지상에 나타나신 일 사이에, 하늘에 계신 아버지 앞에서 행하는 예수의 대제사장적 제사와 사역이 있다(9:24-26; 참조. 7:25, 8:1-2).

---

51   히브리서의 성육신 사상에 대한 더 자세한 논의는 10장을 보라.

넷째, 히브리서 9:25에서 예수는 하늘 지성소에서 하나님께 적극적으로 "자신을 드[릴]"(προσφέρῃ ἑαυτόν, 능동태에 주목하라) 때 단번에 제물로 드렸다(9:24-26). 하지만 9:28에서는 드리는 행위를 나타내는 동사가, 마치 하나님이 예수를 제물로 바치는 것처럼 수동태(προσενεχθείς)로 되어 있다. 그리고 흥미롭게도 제물을 받는 대상은 명시되어 있지 않다.[52] 그럼에도 우리는 예수가 적극적으로 자기를 드린 일과 단번에 죄를 짊어지기 위해 '드려진' 때를 구별할 수 있다. 전자는 하나님 앞에 나타나기 위해 하늘 성막에 들어가셨던 때(9:24-26)와, 후자는 지상에서 죽으신 때와 연관되어 있다. 즉, 예수가 하나님께 자신을 적극적으로 드린 것은 하나님 앞에 나타나기 위해 "바로 그 하늘"로 들어가신 일과 연결되며, 그가 죄를 짊어지기 위해 드려진 것은 지상에서 발생한 일로서 그가 하늘을 통과하여 하나님께 자신을 드리기 **전에** 일어난 사건이다. 다시 말해, 예수가 수동적으로 드려진 것은 자신을 제물로서 하나님께 드리는 능동적 대제사장 행위와 구별된다.

이러한 세부 사항들을 어떻게 서로 연관시켜 하나로 결합할 수 있는가? 나는 다음과 같은 해결책을 제안한다. 바로, 히브리서 9:24-28에서 저자는 하나님께 제물을 바치는 절차의 여러 요소 사이를 오가고 있다는 것이다. 유대 제사는 하나님께 예물을 드리는 절차를 구성하는 일련의 행위로 이루어진다. (이 절차에 대한 자세한 설명은 특히 이 책 9장과 10장에서 관련 부분을 보라.) 도살은 많은 제사에서 필수인 부분이었다. 그러나 이 행위는 제단과 멀리 떨어진 곳에서 이루어졌으며, 제물이 궁극적으로 하나님께 드려지는 때나 장소와는 거리가 멀었다. 하나님께 제물을 드리는 것은 그 절차의 후반부였다. 제물이 드려지는 것은 제사장이 예물을 제단으로 가져와서 하

---

52 개념적으로 이 생각은 로마서 4:25a에서 예수가 "우리가 범죄한 것 때문에 내줌이 되[었다]"는 바울의 확신과 매우 유사하다. 두 본문 모두 예수의 죽음을 말하는 방식에 이사야 53장이 암시되어 있기에, 이는 순전한 우연이 아닐 수 있다.

나님의 집과 임재 안으로 전달할 때였다. 이 후자의 개념은 예수가 대제사장으로서 하늘에 들어가 하나님 앞에 나타나셔서 제물로 '자신을 드린다'는 취지로 기록된 9:24-26과 잘 부합한다. 그러나 내 제안대로 히브리서 저자가 하나님께 제물을 드리는 일과 관련된 여러 요소 사이를 오갈 수 있다면, 9:28이 예수의 죽음을 죄를 짊어지기 위해 단번에 드려진 사건으로 표현한다고 해서 예수의 대제사장 사역과 제사 전체를 십자가 죽음으로 축소하는 것은 아니다.

달리 말하면, 히브리서 저자는 예수가 제물로 죽으시고, 제물로 부활하시고, 하늘 성막으로 승천하여 자신을 하나님께 제물로 드린 분임을 알고 있다. 저자가 제사 절차에 대해 이런 종류의 순차적 이해를 가지고 있다면, 우리는 이런 생각을 해 볼 수 있다. 즉, 저자는 예수의 죽음을 하나님께 자신을 적극적으로 제물로 드리는 행위의 전부라고 가정하거나 암시하지 않은 채 그것을 자신을 드리는 제사 절차의 한 요소로 보았을 것이다. 사실 히브리서 9:24-26에서 나타나신 일과 28절에서 나타나신 일들이 앞서 주장한 방식대로 구분될 수 있다면, 설교자가 예수의 죽음을 그가 드리는 제사의 한 측면으로 언급한다고 보는 것이 타당할 것이다. 즉, 예수의 죽음은 그가 자신을 하나님께 드리고자 하늘 성막에 들어가기 전에 발생한 제사의 일부이며, 이후에 적극적으로 자신을 드리는 일이 하늘 성막에서 하나님 앞에서 일어났음을 강조한다는 것이다. 나아가 예수의 제사에 대한 이러한 순차적 설명은, 저자로 하여금 예수의 죽음을 하늘에서 자신을 드린 것과 구분된 사역과 연관시킬 여지를 만들어 준다. 이 사역은 이사야서의 종의 사역이다(그리고 아마도 하나님으로부터 멀리 보내진 희생 염소의 사역과도 연관될 수 있다). 히브리서는 예수의 죽음을 그가 드린 제사의 일부로 분리하면서도, 예수의 죽음과 그로 인해 성취된 일을 대제사장으로서 하나님께 자신을 궁극적 속죄 제물로 드린 사건으로 축소하지는 않는다. 설교자는 예수의 인격(성육신하신 아들로서 죽고 부활하고 승천하셨으며, 이제 자기 백성을 위해 중보하시는 분)을 축소하지 않으면서도 아들에 관한 더 큰 내러티브의 여러 지점에서 성취되는 다양한 일을 분별할 수 있다. 예수가 지상에 처음 나타나신 것은 죄를 짊어지기 위한 목적이었는데, 이는 예수가 아버지와 떨어져 계신 것과 흥미롭게 연관된 그분 사역의 특징이다. 그가 하늘의 성막에 계신 아버지 앞에 나타나신 것은 대제사장으로서 속죄를 이루는 제물로 자신을 하나님께 드리고 백성을 대신하여 중보할 수 있게 해준다.[53] 그가 지상의 사람들에게 두 번째 나타나시는 것은 '죄 없이' 이루어질 것이고 목적은 그가 하늘로부터 나타나실 것을 기다리는 사람들의 구원이다. 아들은 죄를 짊어지고 이 땅에서 죽으셨다. 그는 자기 자신을 제물로 바치기 위해 아버지께로 돌아가셨다. 이 제물은 그의 백성이 기업에 들어가기를 기다리는 동안 그들을 정화하고 완전하게 하며 거룩하게 한다.

히브리서 9:28에 대한 앞선 논의가 암시하는 바는 이것이다. 예수가 '많은 사람의 죄를 지기 위해 제물로 드려졌다'는 묘사는 그가 십자가에 못 박히신 것을 가리키고, 또한 이사야 53:12에 대한 암시를 통해 이사야서의 종을 떠올리게 하는 용어로 그 죽음의 특징을 묘사한다. 다시 말해, 9:28에서 설교자는 예수의 죽음을 이사야서의 종의 죽음과 연결한다. 그러나 이 구절이 히브리서에서 이사야 53장의 영향이 감지되는 유일한 곳은 아니다. 비록 9:28의 경우보다 더 암묵적인 방식이긴 하지만, 이사야 53장이 히브리서 2장의 논증도 뒷받침하고 있음을 암시하는 두 지점이 있다.

첫째, 히브리서 저자는 히브리서 2:9에서, 예수가 시편 8편에서 인류에게

---

53 다시금 이것은 로마서에서 발견되는 개념과 유사해 보인다. 로마서 8:34에서 바울은 예수의 죽음, 부활, 하나님 우편으로의 승천을 순차적으로 생각하며 히브리서에서와 같이 예수가 이제 하나님의 우편에 앉으셔서 "우리를 위하여" 중보하신다고 이해하는 것 같다.

약속된 영광과 존귀로 관을 쓰신 것이 그의 대리적 죽음 때문이라고 말한다. 예수가 모든 사람을 위해 "죽음을 맛보[시고]" 이어서 "영광과 존귀로 관을 쓰[셨다]"는 생각은 이사야 52:13-53:12에 나오는 종의 대리적 죽음 및 승귀에 대한 생각과 개념적으로 잘 상응한다.

둘째, 히브리서 2장에서 설교자는 아들이 특별한 인간 예수로서 천사들보다 높임을 받으셨음을 보여 주고자 한다. 이는 시편 8편에 대한 설교자의 예언적 해석과 일치하는데, 설교자는 이 시편을 언젠가 인류가 천사들보다 높임받으리라는 약속으로 읽는다. 하지만 이 주장에는 흥미로운 점이 있다. 시편 8편에는 죽음으로 인해 인류가 영광과 존귀로 면류관을 쓰게 된다는 내용이 전혀 없다. 그렇다면 시편 8편에 약속된 영광과 존귀를 얻기 위해 예수가 죽음을 겪어야 했던 이유는 무엇인가? 히브리서 2장의 나머지 부분에서도, 죽음만으로 영광과 존귀의 관을 쓸 수 없다는 점은 분명하다. 사실 저자는 죽음을 마귀가 사람들을 노예로 삼기 위해 사용하는 도구로 간주한다(2:14-15). 인간은 죽고(9:27도 보라), 마귀는 죽음에 대한 두려움을 이용해 인간을 노예로 만든다. 따라서 히브리서에서는 죽는 것 자체만으로 시편 8편에서 약속한 승귀로 이어지지 않는다. 더 넓은 헬레니즘 세계의 많은 이와 달리 히브리서에서는 죽음을 현세의 노예 상태에서 해방될 수 있는 수단으로 생각하지 않는다.[54]

고난받는 의로운 자에 대한 변호라는 개념은 여기서 저자의 주장에 영향을 미친다. 이 결론은 히브리서 2:12에서 시편 22:22을 인용함으로써 부

---

54 이것은 E. 케제만의 위대한 통찰 중 하나였다. 그는 저자의 대제사장적 기독론이, 죽음을 영혼이 해방되어 하늘로 올라가는 수단으로 여기는 문화적 관념에 반하는 것이라고 분명히 인식했다[*Das wandernde Gottesvolk: Eine Untersuchung zum Hebräerbrief*, 4th ed., FRLANT 55 (Göttingen: Vandenhoeck & Ruprecht, 1961), 특히 pp. 144-154].

분적으로 뒷받침된다.[55] 그러나 시편 22편조차도, 히브리서 2:9에서 예수가 다른 사람들을 대신하여 죽음을 맛보셨다는 저자의 말에 작용하는 논리를 완전히 설명하지는 못한다. 여기서 예수의 죽음이 지닌 분명한 대리적 성격은 시편 22편에서 도출되지도, 하나님이 고난받는 의로운 자를 변호하시리라는 생각에서 쉽게 추론되지도 않는다. 그렇다면 설교자는 이 생각을 어디서 얻었는가?

네 번째 종의 노래가 지닌 논리가 설득력 있는 설명을 제공한다.[56] 히브리서 2장 배후에 이사야 53장이 작용하고 있다면, 저자가 시편 8편 해석에 예수가 다른 사람들을 위해 죽음을 겪으셨기 **때문에** 영광과 존귀를 받으셨다는 생각을 주입하는 것이 이해된다.[57] 다른 사람을 대신하여 죽음을

---

[55] 흥미롭게도 많은 사람이 이사야서의 종 전통이 시편 22편에 영향을 미쳤음을 인정한다[특히 M. A. Lyons, "Psalm 22 and the 'Servants' of Isaiah 53," 55-56," *CBQ* 77 (2015): pp. 640-656를 보라].

[56] 쉐퍼("Relationship between Priestly and Servant Messianism," pp. 377-378)는 히브리서 2:9과 이사야서의 종의 연결 가능성에 대해 언급하지만 그 생각을 크게 발전시키지는 않는다.

[57] 히브리서 2:16에 이사야 41:8-9에 대한 암시도 있을 수 있다. 히브리서 구절은 성육신하신 아들이 "천사들을 붙들어 주려 하심이 아니요 오직 아브라함의 자손을 붙들어 주려 하심이라"(οὐ...ἀγγέλων ἐπιλαμβάνεται ἀλλὰ σπέρματος Ἀβραὰμ ἐπιλαμβάνεται)고 말한다. 비슷한 언어가 칠십인역 이사야 41:8-10에서도 나타난다. 여기서 하나님은 자신이 선택한 종 이스라엘에게 이렇게 말씀하신다. "나의 벗 아브라함의 자손아, 내가 땅끝에서부터 너를 붙들며[σπέρμα Αβρααμ ὃν ἠγάπησα οὗ ἀντελαβόμην ἀπ' ἄκρων τῆς γῆς], 땅 모퉁이에서부터 너를 부르고 네게 이르기를, 너는 나의 종이라 내가 너를 택하고 싫어하여 버리지 아니하였다 하였노라. 두려워하지 말라. 내가 너와 함께함이라. 놀라지 말라. 나는 네 하나님이 됨이라. 내가 너를 굳세게 하리라. 참으로 너를 도와주리라. 참으로 나의 의로운 오른손으로 너를 붙들리라." 나는 히브리서 1-4장에 출애굽 사건에 대한 중요한 암시가 있다고 다른 곳에서 주장한 바 있다[D. M. Moffitt, "Exodus in Hebrews," in *Exodus in the New Testament*, ed. S. M. Ehorn, LNTS 663 (London: T&T Clark, 2022), pp. 174-195]. 히브리서 1-2장에 출애굽 사상이 두드러진다면, 히브리서 2:16과 이사야 41:8-9 사이의 가능한 접점은

당한 후 "크게 영광을 받은"(사 52:13, 칠십인역) 종처럼, 예수도 다른 사람을 대신하여 죽음을 맛보셨고 부분적으로는 이 죽음 **때문에** 시편 8편에 약속된 영광을 받을 자격이 있다고 볼 수 있다. 나아가 종의 죽음과 마찬가지로 그의 유일한 대리적 죽음은 그를 인간 형제자매들과 구별되게 하는데, 이 점은 예수가 고난을 통해 완전하게 되셨고 따라서 그가 단순히 형제자매 중 한 사람이 아니라 그들을 거룩하게 할 수 있는 바로 **그 인물**이라는 히브리서 2:10-11의 주장에 잘 부합한다.[58]

둘째, 이사야서의 종 본문에 나오는 '보는 것'과 '많은 것을 상속받는 것'이라는 모티프는 히브리서 2장에 나오는 개념들과 유사하다. 종을 '보고' 구원을 '본다'는 말은 이사야 52:10, 52:15, 53:2에 등장한다(칠십인역에서는 다양한 형태의 ὁράω가 사용된다). 53:2과 52:15을 비교해 보면 바로 앞에서 살펴본 종의 상황이 극적으로 반전되었음을 알 수 있다. 53:2에서 그는 '영광'(δόξα)이 없는 것으로 보이지만, 52:15에서는 많은 나라에서 그를 보고 놀라워하고 왕들의 말문이 막힌다. 개념적으로 비슷한 반전이 히브리서의 시편 8편 독해에서 분명하게 드러나는데, 흥미롭게도 저자는 예수를 '보는'(βλέπω) 모티프를 소개한다. 낮아지셨지만 이제는 "영광[δόξῃ]과 존귀로 관을 쓰신" 그분을 보는 것이다. 나아가 칠십인역 이사야 53:12에서는 이사야서의 종이 견뎌 낸 고난으로 인해 그가 "많은 것을 상속받는다"

히브리서 2:16의 σπέρματος Ἀβραὰμ ἐπιλαμβάνεται와 이사야 41:8-9의 σπέρμα Αβρααμ...οὗ ἀντελαβόμην 사이의 언어적 유사성을 넘어 하나님이 자기 백성을 열방으로부터 부르신다는 개념적 유사성으로 확장된다. 심지어 이사야 41:7의 열방의 신들과 41:8에서 아브라함의 씨를 종으로 택하신 하나님을 대조하는 것도 놀라운데, 히브리서에서도 악한 천사 마귀를 포함한 천사들을 2:16의 아브라함의 씨와 대조하기 때문이다. 이사야 41:10에서 백성을 향해 "방황하지 말라"고 하신 하나님의 말씀 또한 "떠돌아다니지 말라"(2:1)는 히브리서의 경고와 개념적으로 잘 공명한다.

58 이러한 생각은 칠십인역 시편 44:7에서 끌어온 히브리서 1:9의 주장, 즉 아들에게 동료들이 있지만 그들보다 높은 자로 기름 부음을 받았다는 주장과 다시 연관된다.

고 말한다. 문맥상 남성 복수형 '많은'(πολλῶν)은 '많은 사람'으로 이해하는 것이 가장 적절하다. 이것은 53:11에서도 분명한데, 이 구절은 종이 "많은 사람을 섬기고" 그들의 죄를 짊어진다고 말한다. 이 개념은 종이 '많은 사람'의 죄를 짊어진다고 말하는 53:12에서 반복되고, 불임한 자가 '많은 자녀'(54:1)를 낳는 54장에서 계속 발전된다. 이 씨가 "열방을 상속할" 것이다(54:3). 그러므로 종이 다른 사람들을 위해 죽음으로써 얻는 결과 중 하나는 '많은 사람'으로 구성된 유산을 얻는 것으로 보인다. 이러한 관점에서 볼 때, 히브리서 2:12-13에서 영화롭게 되신 예수가 칠십인역 시편 21:12과 이사야 8:18의 표현을 빌려 하나님이 그에게 형제자매와 자녀를 주셨다고 선언하시는 모습은 중요한 의미를 지닐 수 있다.

한 가지 더 고려해야 할 점이 있다. 히브리서에서 예수의 죽음과 새 언약 출범을 연결하는 것은 이사야 53장을 배경 삼아 쉽게 설명할 수 있다. 히브리서 9:15-18에서 예수의 죽음은 새 언약을 출범시키는 사건으로 이해된다. 9:15는 예수가 "첫 언약 때에 범한 죄에서 속량하려고"(εἰς ἀπολύτρωσιν τῶν ἐπὶ τῇ πρώτῃ διαθήκῃ παραβάσεων) 죽으셨다고 말한다. 이사야서의 종의 죽음이 백성의 구속을 가져온다는 명시적 언급은 없지만, 하나님이 그의 백성을 죄와 불법에서 구속하시리라는 생각은 제2이사야서에 두드러지게 나타난다(예를 들어, 43:1, 14; 44:21-24; 52:3). 이 구속은 약속된 새 출애굽을 구성하는 요소이며, 포로로 잡혀간 백성들이 고국으로 돌아가기 위해 해방되는 일의 중심에 놓여 있다. 그러므로 종의 고난과 죽음이 하나님과 그의 백성 사이의 관계 회복에 기여하는 방식을 보면, 종의 죽음이 백성을 구속하는 도구 역할을 한다는 것을 알 수 있다. 또한 스콧 한(Scott Hahn)이 지적했듯이 히브리서 9:15-18과 이사야서의 종 사이에는 상당한 개념적 유사점이 존재한다. 종과 예수 모두 죽고, 둘 다 일종의 갱신된 언약 관계를 이루는 데 중요한 역할을 하며, 둘 다 기업을 받는다. 히브리서가 가까운 문맥에서 이사야 53:12을 암시하는 것(히 9:28)은 저자가 이사야 53장에서 가져온 개념을 사용하고 있다는 추측을 강화한다.[59]

많은 주석가가 보지 못한 놀라운 사실은 히브리서가 예수의 죽음을 통한 새 언약의 출범을 논한 후에 이어서 하늘 성막의 정화, 예수가 그 하늘 공간으로 들어가신 일, 예수가 자신을 제물로 드리기 위해 아버지 앞에 나타나신 일(다시 9:24-26을 보라)에 대해 이야기한다는 점이다. 다시 말해, 예수는 먼저 자기 백성을 구속하고 난 후에 약속된 새 언약을 시작하신다. 이것은 예수의 죽음과 관련한 활동, 혹은 9:28에 암시된 개념을 사용하자면 많은 사람의 죄를 짊어지기 위해 지상에 처음 나타나신 사건과 관련한 활동이다. 그 후 예수는 하늘 지성소에서 제물을 바치고 대제사장 직무를 수행하기 위해 하늘 성막으로 승천하셨다. 새 언약을 출범시킨 후, 예수는 하나님 앞에 나타나 이 언약의 대제사장으로서 섬기기 위해 하늘 성막에 들어가셨다.

놀랍게도 이 순서(먼저 언약 갱신이 있고, 관계 유지 수단인 제사 회복이 이어지는)는, 마카베오2서에서 이사야서의 종을 사용하여 민족의 죄를 위한 순교자들의 죽음이 언약 관계 갱신에 도구적 역할을 했음을 보여 주는 방식과 일치한다. 첫째, 그들은 국가의 죄를 위해 고난당하고 죽는다. 그다음 언약 관계가 회복되고, 성전이 정결해지며, 정기적인 제사가 회복된다. 히브리서는 여러 면에서 마카베오2서와 분명히 다르며, 나는 종 전통을 사용하는 히브리서가 마카베오2서에 의존한다고 주장하려는 게 아니다.[60] 오히려 지

---

59 S. W. Hahn, "A Broken Covenant and the Curse of Death: A Study of Hebrews 9:15-22," *CBQ* 66, no. 3 (2004): pp. 416-436, 여기서는 p. 433. 나는 이 구절에서의 διαθήκη의 의미와 제물로서의 시체에 관한 한의 더 큰 논증이 설득력 없다고 생각하지만, 이 구절에 이사야서의 종이 암시되어 있다고 여기는 것은 옳다고 생각한다. 앞의 각주 8에서 쿨만의 논의도 보라.

60 저자는 아마도 마카베오2서를 알고 있었을 것이며, 적어도 히브리서 11:35b-36에서는

적하고 싶은 것은, 마카베오2서의 패턴이 부분적으로 이사야서의 종 자료에 의존한다는 점과 히브리서에 비슷한 패턴이 있다는 점이 다음 사실을 암시한다는 것이다. 즉, 제2성전 시대 사람 일부는 이사야서의 종의 고통과 죽음을, 깨진 언약을 회복하여 제사가 하나님께 다시 드려지고 또 하나님께 받아들여질 수 있게 해 주는, 예언적으로 승인된 메커니즘으로 이해했다.

분명히 히브리서 저자는 옛 언약에 문제가 있다고 생각한다(히 8:7-13). 예레미야에게 약속된 새 언약의 필요성은 설교자에게도 마찬가지로 시급한 문제다. 그러나 이 새 언약은 어떻게 출범될 수 있는가? 히브리서는 다른 초기 기독교 문헌(예를 들어, 눅 22:20; 고전 11:25)과 마찬가지로 새 언약이 이루어지는 수단으로 예수의 죽음에 초점을 맞춘다. 의심할 여지 없이, 예수의 초기 추종자들이 이런 결론을 주장하기 시작했을 때 수많은 요인이 작용했을 것이다. 히브리서에서 예수의 죽음과 새 언약 출범을 연결한 내용을 이사야 53장이 **충분히** 설명한다고 말함으로써 상황을 축소하거나 단순화하려는 게 아니다. 그럼에도, 앞서 논한 증거가 시사하는 바는 이사야 53장이 히브리서에서 새 언약 출범을 이해하는 데에 중요한 역할을 한다는 것이다. 상황이 심각하게 잘못되었을 때 이사야 53장이 언약 관계를 새롭게 할 수 있는 수단을 제공했다는 개념은, 어떻게 히브리서가 죄를 짊어진 예수의 죽음이 새 언약 출범의 수단으로 기능했다고 주장할 수 있었는지를 설명하는 데 도움을 준다.

요컨대, 시편 8편만으로는 왜 예수가 천사들보다 높임을 받기 위해 죽어야 했는지를 설명할 수 없듯, 한 사람이 많은 사람을 위해 대리적으로 죽는다는 생각도 그 자체로는 언약 갱신이라는 생각을 암시하지 않는다.[61] 그

마카베오 순교자들의 이야기를 암시하고 있는 것 같다(Attridge, *Hebrews*, pp. 349-350).

61   이것은 '다른 사람을 위해 죽는 것'이라는 개념에 그리스-로마 배경이 끼친 영향을 강조

러나 히브리 성경에 이와 비슷한 생각을 보여 주는 단 하나의 예가 있는데, 그것이 이사야 53장의 고난받는 종이다. 마카베오2서의 증거는 종의 전통이 하나님과 언약 백성의 관계 회복이라는 측면에서 해석될 수 있음을 보여 준다. 이것은 히브리서에서 예수의 구속적 죽음을 묵상하는 데 유용한 비유를 제공한다. 많은 사람의 죄를 짊어진 이사야서의 종의 고난과 죽음이 언약을 어긴 하나님의 백성을 다시 그와의 언약 관계로 돌아오게 하는 데 필요하다면, 그리고 그렇게 고난받은 사람이 하나님에 의해 그가 상속받는 형제자매들보다 더 영화롭게 되고 높임을 받는다면, 종의 전통이 어떻게 설교자의 주장 전개에 도움이 되는 중요하고 암묵적인 가정을 제공하는지 알 수 있다. 히브리서 9:28에 분명하게 나타난 이사야 53장의 이 한 가지 암시는 그저 빙산의 일각에 불과하다.

결론

지금까지의 주장은, 적어도 일부 제2성전 유대인들은 이사야 53장이 하나님과 그의 백성 사이의 언약 관계를 회복하고 정상적인 성전 예배를 회복하는 특별한 수단을 묘사하는 본문으로 이해했다는 것이다. 이 특별한 역할은 그들이 언약의 저주 아래 놓일 정도로 언약의 의무를 다하지 못했을 때 필요했다. 언약의 저주 아래 놓이면 백성들은 하나님께 제사를 드리거나 하나님이 제사를 받으실 것이라 기대할 수 있는 수단을 상실했다. 이러한 상황을 바로잡기 위해 이사야서의 종이 하나님의 부르심을 받은 것이다. 많은 사람의 죄를 위한 종의 대리적 고난과 죽음은, 예언자 이사야가 말한 것

하는 경우 특별히 그렇다. 특히 Versnel, "Making Sense of Jesus' Death"를 보라. 유대 언약적 범주와 유사한 개념은 그리스-로마 세계에 없다.

처럼 관계를 회복할 수 있는 하나님이 정하신 수단이었다.

히브리서에서 예수를 이사야서의 종이라고 명시적으로 밝히지는 않지만, 저자는 9:28에서 이사야 53:12의 언어를 예수께 적용한다. 예수의 죽음은 많은 사람의 죄를 짊어진 종의 죽음과 같은 기능을 한다. 더욱이 히브리서 2장과 9장의 논리가 가진 여러 측면은 종의 전통을 그 배경으로 인정할 때 밝히 드러난다. 예수는 모든 사람을 위해 죽음을 맛보셨기 **때문에** 영광으로 관을 쓰시고 천사들보다 높임을 받으셨다. 이 인과적 논리는 시편 8편에서 비롯되지는 않았지만 종의 높아짐과 잘 부합한다. 히브리서 저자는 시편 8편을 종의 죽음과 그 후의 승귀에 비추어 이해하는 것으로 보인다. 아마도 더 중요한 것은, 예수의 죽음과 새 언약 출범의 연결 고리가 이사야 53장에서 54장으로 넘어가는 원리에 비추어 볼 때 잘 이해된다는 점일 것이다. 예수의 고난과 죽음은 마카베오2서 7장에 나오는 순교자들의 고난과 죽음과 마찬가지로 갱신된 언약 관계를 가져오는 수단으로 기능한다.

이러한 관찰이 정확하다면 중요한 함의를 곧바로 끌어낼 수 있다. 히브리서는 마카베오2서와 마찬가지로 죄를 다루는 제사 외적 수단과 정상적인 의식적/제사적 수단을 구분한다. 다른 장에서도 주장하듯이 히브리서에서 예수의 대제사장 사역이 주로 하늘 지성소에서 새 언약의 중보자로서 수행하는 사역으로 이해된다면, 이러한 제사장적이고 의식적인 활동은 예수의 죽음이라는 특별하고 제사 외적인 사역과 구분될 수 있고 그렇게 되어야 한다. 예수의 죽음은 구원적이다. 그것은 구속적이고 속죄적인데, 예수가 언약의 중보자로 섬길 수 있게 하는 새 언약의 맥락을 확립하고 가능케 한다는 의미에서 그렇다. 그러나 예수의 죽음은 그 이후 하늘에 계시는 하나님 앞에서 수행하는 대제사장적이고 제사적인 사역과 완전히 동일하지는 않다. 요점을 다르게 말하면, 히브리서가 예수의 죽음을 이사야 53장의 종과 연관시키는 방식을 인식하는 것이, 예수가 죽음을 통해 새 언약을 출범시키기 위해 하시는 일과 이후 하늘 성막으로 승천함으로써 형제자매들과 하나님 사이의 새 언약을 유지하기 위해 수행하는 정기적인 대제사장적·제사적 사역의 유의미한 차이점을 밝히는 데 도움을 준다.

5. "다른 제사장이 일어나면"
예수의 부활과 히브리서의 대제사장 기독론

히브리서 학계에서 거의 보편적으로 합의한 주장에 따르면 히브리서는 예수의 부활을 독특한 순간이나 범주로 거의 언급하지 않으며, 초기 기독교 신앙고백의 이 측면이 지니는 신학적 함의에 대해서는 더더욱 언급하지 않는다.[1] 만약 히브리서 저자가 부활에 대해 성찰한다 해도, 그는 부활과 승귀를 구별하지 않는다고 가정하는 것이 일반적 경향이다.[2]

나는 이러한 평가에 반대하여, 영속하고 불멸하는(즉, 온전해진) 생명을

이 작업에 대해 비판적 의견을 제시해 준 리처드 헤이스(Richard B. Hays), 데이비드 드실바, 가브리엘라 게라르디니(Gabriella Gelardini), 베른트 야노프스키에게 특히 감사를 표한다. 히브리서와 기독교 신학 학회 외에도, 이 글의 한 버전이 에버하르트 카를스 튀빙겐 대학교의 독일-영국 신약성서 세미나에서 발표되었다. 또한 이 주제와 관련한 연구를 진행할 수 있도록 연구비를 지원해 준 독일-미국 풀브라이트 위원회와 국제교육연구소, 그리고 튀빙겐에서 나를 초대해 준 헤르만 리히텐베르거(Hermann Lichtenberger)와 고대 유대교 및 헬레니즘 종교사 연구소에도 감사를 표하고 싶다.

1 몇 가지 예로, H. W. Attridge, *The Epistle to the Hebrews*, Hermeneia (Philadelphia: Fortress, 1989), p. 406; F. F. Bruce, *The Epistle to the Hebrews*, NICNT (Grand Rapids: Eerdmans, 1990), pp. 32-33를 보라. 『히브리서』(생명의말씀사).
2 참조. Bruce, *Hebrews*, pp. 32-33, 86-87, 388; P. Ellingworth, *The Epistle to the Hebrews*, NIGTC (Grand Rapids: Eerdmans, 1993), p. 603.

소유한 순간으로서 예수의 부활이라는 범주가 본문에 존재하며, 또한 설교자의 신학적 논증에서 중요한 역할을 한다는 주장을 펼치고자 한다. 실제로 히브리서의 가장 독특한 기독론적 기여(예수가 멜기세덱의 계통에 속한 대제사장이라는 결론)는 하나님이 예수를 죽은 자 가운데서 살리셨다는 확증에 의존한다. 히브리서 저자에게 예수가 온전해진 혹은 부활한 피조물의 생명을 소유하신 것은, 논리적으로 그리고 시간적으로 예수가 하늘 제사장으로 높아지시고 왕의 아들로 보좌에 오르시기 이전에 일어난다.

히브리서에서 하나의 범주로서 예수의 부활

히브리서에서 예수의 부활에 대한 비교적 명확한 언급은 13:20에 나오는데, 여기서 하나님은 "양들의 큰 목자이신 우리 주 예수를⋯죽은 자 가운데서[ἐκ νεκρῶν] 이끌어 내[셨다]."[3] 그러나 5:7에서 더 미묘한 언급을 찾을 수 있다. 여기서 저자는 예수가 "육체에 계실 때에 자기를 죽음에서[ἐκ θανάτου] 능히 구원하실[τὸν δυνάμενον] 이에게 심한 통곡과 눈물로 간구와 소원을 올렸고 그의 경건하심으로 말미암아 들으심을 얻었[다]"고 말한다.[4] 이 말씀의 함의를 완전히 이해하려면 예수가 히브리서를 관통하는 더 큰 패턴, 즉 하나님이 시험의 때에 신실하게 인내하는 자에게 상을 주신

---

[3] 주목할 만한 점은 모든 사람이 히브리서 13:20의 이 진술을 예수의 부활에 대한 언급으로 보지는 않는다는 것이다. 예를 들어, 애트리지는 저자가 동사 ἀνάγω를 사용함으로써 부활에 대한 표준 용어(동사 ἐγείρω의 사용)를 의도적으로 피했다고 주장한다. 그는 히브리서에서 "예수의 제사가 완성되고 그분 자신이 '완전해지는' 행위에 대해 부활이 아닌 승귀의 언어를 일관되게 사용한다"고 주장한다(Attridge, *Hebrews*, p. 406).

[4] 히브리서 13:20에서 보여 주듯, 저자는 예수가 죽으셨고 하나님에 의해 그 상태에서 나오셨다는 것을 분명히 알고 있기 때문에, ἐκ의 사용은 죽음을 면제받는 구원이 아니라 죽음에서 나오는(out of) 구원을 의미하는 것 같다. 참조. Attridge, *Hebrews*, p. 150; Ellingworth, *Hebrews*, pp. 288-291.

다는 패턴을 보여 주는 최고의 본보기가 되신다는 인식에 비추어 읽어야 한다. 나의 주장은, 이 패턴에 비추어 볼 때 예수가 '들으심'을 얻었다는 언급은 그의 부활을 가리킬 가능성이 가장 높다는 것이다.

시험 속 믿음의 전형적 본이 되신 예수, 1부

이미 히브리서 4:15에서 저자는 예수를 모든 면에서 시험을 받으셨지만 (πεπειρασμένον) 죄가 없으신 분의 모범으로 제시했다. 이 편지에서 '죄'라는 개념은 단순히 시험에 직면할 때 믿음이 부족한 것 이상의 의미를 수반하지만, 4:15의 근접 문맥에서 그러한 믿음 없음은 죄와 밀접하게 연관되어 있다(3:12, 19과 4:2을 보라. 4:2에서 시험 가운데 ἀπιστία는 하나님의 약속을 얻지 못하게 하는 죄와 관련 있다).[5] 그러므로 예수가 시험을 받을 때 죄가 없었다는 말은 시험 때의 그분 행동의 특징이 믿음이었음을 암시한다. 이스라엘이 광야에서 보여 준 불신과는 대조적으로(참조. 3:7-4:2), 예수는 시험의 시간 동안 믿음으로 행동하셨다.[6]

히브리서 5:7은 예수의 믿음이 표현된 방식 중 적어도 한 가지를 명확히 보여 준다. 시련 한가운데서 그는 자신을 죽음의 영역에서 구원하실 수 있는 분께 부르짖었다. 저자는 예수가 하나님께 부르짖었다는 사실을 강조함으로써, 시험의 시기에 있는 청중들에게 그가 촉구하는 하나님에 대한 담대한 의존을 보여 준 이가 예수이심을 암묵적으로 제시한다(참조. 4:14-16).[7] 또한, 하나님을 "자기를 죽음에서 능히 구원하실" 분으로 제시한 것

---

5   칠십인역 시편 94:8(히 3:8을 보라)에 따르면 이스라엘이 광야에서 실패한 것은 "시험의 날"(τὴν ἡμέραν τοῦ πειρασμοῦ)에 일어났다.

6   참조. Ellingworth, *Hebrews*, p. 292.

7   D. A. deSilva, *Perseverance in Gratitude: A Socio-Rhetorical Commentary on the Epistle "to the Hebrews"* (Grand Rapids: Eerdmans, 2000), p. 191를 보라.

은 예수의 믿음의 핵심 요소가 하나님이 그를 죽음의 영역에서 부활시킬 수 있다는 믿음이었음을 암시한다. 이 해석을 뒷받침하는 두 가지 요소가 더 있다.

첫째, 믿음에 대한 이 같은 이해는, 저자가 계속해서 설명하는 가장 기초적인 기독교적 가르침과 놀라울 정도로 일치한다. 히브리서 6:1-2에서 하나님을 믿는 믿음과 부활에 대한 믿음은 "초보적 교리"의 가장 기본적 원칙에 속한다(11:6 및 11:35에서도 이와 동일한 요소가 믿음을 구성하는 것으로 제시되어 있다). 둘째, 이후 더 자세히 설명하겠지만, 하나님이 죽음'에서' 구원하는 '능력'을 가진 것으로 묘사된 히브리서의 유일한 또 다른 구절에서 이 언급은 부활에 대한 믿음과 명시적으로 연관되어 있다(참조. 11:17-19). 이 모든 것이 암시하는 결론은, 시험 가운데 예수가 보이신 응답에 대한 5:7의 묘사는 저자가 독자들에게 일깨워 주고자 하는 믿음의 종류가 무엇인지를 예시한다는 것이다.[8] 그러나 특히 주목할 만한 점은 예수가 보이신 경건의 결과로 그가 **들으심**을 얻었다는 것이다.[9]

히브리서에서 예수의 '기도'(δεήσεις)와 '부르짖음'(κραυγῆς)이 '들으심'을 얻었다(εἰσακουσθείς)는 것은, 하나님의 백성 및/또는 고난당하는 의인이 절박한 도움이 필요할 때 하나님께 부르짖어 들으심을 얻었다는 풍부한 성경적 전통을 떠오르게 한다.[10] 이러한 맥락에서 하나님의 '들으심'은 일반적

---

8   믿음의 패러다임으로서 예수의 역할은 히브리서 12:1-4에 더 명확하게 나와 있다(이에 대한 더 자세한 설명은 이후 내용을 보라). 참조. deSilva, *Perseverance in Gratitude*, p. 191.

9   하나님을 향한 예수의 부르짖음이 신실한 순종 행위로 묘사된다는 점을 감안하면, 저자가 히브리서 5:7에서 예수의 εὐλάβεια에 대해 말할 때 염두에 둔 내용의 핵심은 죽기까지 발휘하신 신실한 순종이다.

10 몇 가지 예로, 출애굽기 2:23-24; 시편 4:1-3(칠십인역 4:2-4); 6:8-9(칠십인역 6:9-10); 18편(칠십인역 17편); 22:22-24(칠십인역 21:23-25); 31:19-24(칠십인역 30:20-25); 91:14-16(칠십인역 90:14-16); 요나서 2:2-9(칠십인역 2:3-10); 미가서 7:7-8을 보라.

으로 부르짖는 자의 구원을 의미한다.[11] 이러한 배경을 고려할 때 예수의 외침이 '들으심'을 얻었다는 저자의 언급은 하나님이 실제로 그를 구원하셨다는 표시로 이해되어야 한다. 그러나 방금 언급한 많은 전통과 달리 예수의 고난은 궁극적으로 그의 죽음으로 끝난다(2:9). 예수의 죽음이 면제된 것은 아니기 때문에, '들으심'을 얻었다는 히브리서의 주장은 예수를 위한 하나님의 구원 행위가 죽음 **이후**에 일어난 사건, 즉 죽음의 영역에서 벗어나는 구원(죽음의 고통을 견디지 않아도 되는 구원이 아니라)임을 알려 준다.[12]

그러므로 시험 앞에서 예수가 보이신 믿음은 보상을 받았는데, 하나님이 그의 말을 들으시고 따라서 그를 죽음의 영역에서 구해 주셨다는 점에서 그렇다. 이것이 기본적으로 옳다면, 히브리서 5:7에서 예수가 부르짖어 들으심을 얻었다는 언급은 히브리서 전체에서 저자가 강조하는 신실한 인내와 하나님의 약속을 받는 것과 일치한다(예를 들어, 6:12-15을 보라. 이 구절은 11:1-12:2을 예견한다). 죽음에서 벗어나는 예수의 구원이 부활을 가리킨다는 것은, 믿음과 보상의 패턴이 부활과 분명히 연결된 히브리서의 다른 구절들을 고려할 때 더욱 분명해진다.[13]

---

11 성경 내러티브에서 구원을 수반하는 하나님의 들으심이라는 패턴은 이스라엘의 땅 상속과도 연결된다(참조. 출 3:7-8; 6:4-8; 신 26:5-9; 느 9:7-15).

12 특히 W. R. G. Loader, *Sohn und Hoherpriester: Eine traditionsgeschichtliche Untersuchung zur Christologie des Hebräerbriefes*, WMANT 53 (Neukirchen-Vluyn: Neukirchener Verlag, 1991), pp. 99-104의 논의를 참조하라. 의인이 죽기 **전에** 들으심을 얻어서 구원받는다는 시편 본문 대다수와 비교할 때 이 결론은 상당한 발전을 보여 준다는 점은 지적할 필요가 있다. 그러나 이 전통이 부활 개념으로 발전하고 있다는 단서가 있다[예를 들어, B. Janowski, *Konfliktgespräche mit Gott: Eine Anthropologie der Psalmen* (Neukirchen-Vluyn: Neukirchener Verlag, 2003), pp. 336-338를 참조하라].

13 엘링워스(Ellingworth, *Hebrews*, p. 288) 또한 예수의 부활이 여기 암시되어 있다고 생각한다('히브리서의 다른 곳에서는 예수의 부활이 두드러지지 않는다'는 학자들의 합의에 동의함에도). 다른 해석이 다양하게 제시되었지만, 학자들의 확고한 합의는 예수가

시험 속 아브라함의 믿음과 부활

히브리서에서 부활을 확실하게 언급하는 몇 안 되는 구절 중 하나는 11:17-19이다. 여기서 아브라함은 하나님으로부터 약속된 상을 받는 믿음의 빛나는 본보기다. 이 구절에서 저자는 아브라함이 시험을 받는(πειραζόμενος) 가운데서도 신실하게 행동하는 것으로 묘사한다. 아브라함이 이삭을 바친 것은 그가 이삭을 죽이면 하나님이 "능히 [그를] 죽은 자 가운데서 다시 살리실"(ἐκ νεκρῶν ἐγείρειν δυνατὸς ὁ θεός) 것이라는 판단에 근거했다고 저자는 말한다. 이는 하나님이 이삭을 통해 후사를 약속하셨기 때문에 이삭을 죽은 자 가운데서 살리셔서 약속대로 그를 자손의 근원이 되게 하실 것임을 아브라함이 믿었다는 의미인 것 같다.[14]

이 구절과 히브리서 5:7에는 놀라운 유사점이 있다. 첫째, 히브리서에는 예수와 아브라함이 모두 '시험'을 받은 것으로(참조. 2:18; 4:15; 11:19) 확연하게 묘사되어 있다.[15] 둘째, 5:7과 11:19에서 저자는 하나님이 누군가를 '죽음'으로부터'(ἐκ) 구출할 수 있는 '능력' 또는 '힘'(5:7의 분사 δυνάμενον과 11:19의 형용사 δυνατός 참조)이 있는 분이라고 이야기한다. 셋째, 하나님에 대한 이러한 특별한 믿음(하나님이 사람을 죽음에서 구원하실 수 있다는 믿음)이 두 구절에서 강조되는 믿음의 주된 요소로 보인다. 즉, 사람을 죽음에서 구원하시는 하나님의 능력에 대한 믿음이 시험 앞에서 이들이 보여 준 모범적 행동의 동기가 된 것이다. 넷째, 두 경우 모두 신실한 인내가 보상받는다. 예수는 들으심을 얻었다. 아브라함은 이삭을 다시 받았다.

'들으심'을 얻은 것은 그의 승귀를 암시한다는 것이다(예를 들어, Attridge, *Hebrews*, p. 150).

14 특히 Bruce, *Hebrews*, pp. 303-304의 논의를 보라.
15 과거(히 3:8)와 암묵적으로는 현재(4:15-16)의 하나님의 백성이 시험을 겪는다고 말하지만, 하나님이 시험을 받으셨다는 언급(3:9)을 제외하면, 예수와 아브라함만이 히브리서에서 시험을 받았다고 명백히 밝혀진 이들이다.

따라서 두 구절 모두에서 신실한 인내는 죽음에서의 구원으로 이어진다. 아브라함과 이삭의 경우, 죽은 자 가운데서 부활하는 것은 ἐν παραβολῇ (히 11:19)으로서 장차 올 좋은 일의 암시 또는 모형에 불과하다.[16] 그럼에도 동일한 기본 패턴이 이 본문들 안에 놓여 있다. (1) 하나님이 죽은 자를 살리실 수 있는 분이라는 믿음은 시험의 때에 발휘하는 인내의 필수 요소이며, (2) 하나님은 그러한 믿음에 구원으로 보상하신다. 11:17-19은 이 보상 혹은 구원이 궁극적으로 부활임을 비유를 통해서나마 보여 준다.

히브리서 5:7과 11:17-19의 언어적·개념적 유사성은 다음의 결론을 내릴 수 있는 근거를 제공한다. 바로, 죽음에서 구원하실 수 있는 분께 드리는 예수의 기도가 들으심을 얻었다는 5:7의 말이 암시하는 바는 예수의 부활이라는 것이다. 하나님은 믿음으로 고난을 겪고 계시는 예수의 부르짖음을 들으시고, 정확히 13:20에서 주장하는 대로 그를 죽은 자 가운데서 살리셨다.[17] 그러나 히브리서가 예수의 부활을 말하고 있다는 또 다른 중요한 증거가 있다. 하나님의 상을 받는 믿음의 패턴을 따라, 예수는 삶으로 이 패턴을 보여 주는 사람들의 목록 절정부인 12:2에 위치한다.

시험 속 믿음의 전형적 본이 되신 예수, 2부

저자는 사람들의 목록으로 구성된 히브리서 11장을 믿음으로 인해 궁극적으로 하나님의 약속을 상속받을 사람들의 예로 제시한다. 이 목록에는 약속이 성취된 사례(이미 보상을 받은 믿음)도 있지만, 아직 성취되지 않은 몇 가지 중요한 종말론적 약속을 여전히 믿음으로 바라보고 있는 자들도 있다. 이 약속들은 하나님이 지으신 도시(10절), 하늘의 고향(14-16절), "더 좋

---

16   예를 들어, Attridge, *Hebrews*, p. 335; Bruce, *Hebrews*, p. 304.
17   J. Kurianal, *Jesus Our High Priest: Ps 110,4 as the Substructure of Hebrews 5,1-7,28* (Frankfurt: Peter Lang, 2000), p. 70.

은 부활"(35절)이다.

논의를 이어 가기 전에 이 "더 좋은 부활"(κρείττονος ἀναστάσεως)에 대한 간단한 설명이 필요하다. 이 부활이 '더 좋은' 것은 종말론적이고 지속적인 특성과 관련 있음을 암시하는 세 요소가 있다.

첫째, 히브리서 11:35a에 언급된 부활과 11:35c의 κρείττονος ἀναστάσεως를 직접 대조함으로써 추론되는 결론은, 전자의 부활은 죽을 생명으로 돌아가는 것(소생)일 뿐이며 후자의 더 좋은 부활이 더 탁월한 종류의 생명을 가져온다는 것이다.[18] 둘째, 이 "더 좋은 부활"은 이번 장에 나열된 여러 종말론적 약속 중 하나다(참조. 9-10절, 13-16절). 이러한 종말론적 소유는 하늘에 속했기 때문에 흔들리지 않고 지속된다(참조. 12:25-29). 이는 더 나은 부활이 영원한 종말론적 도시와 본향처럼 영속하는 삶으로의 부활이어야 함을 시사한다. 셋째, 저자가 κρείττων/κρείσσων 형태를 사용할 때 그것은 종종 하늘에 있고 오래 지속된다는 의미를 지닌다.[19]

그러므로 "더 좋은 부활"은 더 이상 죽음의 지배를 받지 않는 삶에 대한 약속이다. 이 부활은 다른 종말론적 약속인 영원한 도시와 본향의 충만함을 상속받을 수 있는 흔들리지 않는 삶으로 안내한다.

앞서 언급했듯, 예수는 히브리서 11장에 나오는 신실한 자들 목록의 정점에 서 있다. 예수는 약속된 더 큰 기쁨을 얻기 위해 신실하게 고난을 겪은 사람의 대표적인 본보기다. 저자는 예수를 목록의 정점에 놓음으로써, 본받아야 할 주요 모범으로 삼고 있다. 따라서 예수는 믿음의 ἀρχηγός와

---

18 이는 폭넓게 인정된다. 예를 들어, Attridge, *Hebrews*, p. 350; C. R. Koester, *Hebrews: A New Translation with Introduction and Commentary*, AB 36 (New York: Doubleday, 2001), p. 514.

19 이는 히브리서 9:23; 10:34; 11:16에서 특히 분명하게 드러나지만, 7:19, 22; 8:6; 12:24에서는 암시되어 있는 듯한데, 이들 구절에서 예수의 사역이 지닌 천상적 본질은 더 나은 소망, 언약, 약속의 중심이 된다.

τελειωτής(12:2)로서 11장에 언급된 종말론적 약속을 가장 먼저 얻은 분으로 제시된다(2:10도 보라). 물론 예수가 기대했던 기쁨은 11장에 언급된 약속으로 축소될 수 없다.[20] 그러나 이 목록에서 예수가 차지하는 위치와 저자가 예수를 그에게 소망을 둔 사람들과 동일시하기 위해 쓴 글의 분량을 볼 때, 성화되는 사람들에게 약속된 도시, 본향, **그리고** 부활을 예수 자신은 얻지 못했다고 저자가 생각했다면 그것은 매우 이상할 것이다(참조. 2:11).

앞의 논의는 히브리서 저자가 예수의 부활을 무시하지 않았음을 시사한다. 그런데 이 범주는 하늘 보좌로의 승귀와 구별되는가? 그리고 부활은 이 본문의 기독론적 성찰에서 중요한 역할을 하는가? 이번 장의 균형을 맞추기 위해, 예수의 부활은 그의 승귀와 구별되는 순간일 뿐 아니라 예수가 하늘의 대제사장 역할을 한다는 히브리서의 기독론적 주장의 근본이 되는 순간이라고 주장하고자 한다.

완전함과 예수 제사장직의 전제 조건

히브리서 5:1-10은 일반적으로 예수의 제사장 직분을 위한 전제 조건을 제시하려는 히브리서 저자의 시도로 간주된다. 흔히 인정되는 두 가지 핵심 자격은 (1) 자신이 섬기는 사람들과 공감할 수 있는 능력, (2) 하나님의 부르심이다.[21]

그러나 히브리서 기자는 예수의 제사장적 지위에 대한 논증에서(4:14-8:2) '완전'이라는 표현을 사용함으로써 예수가 맡으신 특정 대제사장직에

---

20 예를 들어, 하나님 우편 메시아 보좌로의 승귀와 형제자매들의 구속도 고려해야 한다.
21 예를 들어, Bruce, *Hebrews*, pp. 122-126; E. Grässer, *An Die Hebräer* (*Hebr 1-6*), EKKNT 17/1 (Neukirchen-Vluyn: Neukirchener Verlag, 1993), p. 268를 보라.

특별히 관련된 또 다른 자격, 즉 지속되는 삶을 강조한다.[22] 5:8-10에서 저자는 예수가 완전을 이루기 위한 전제 조건으로 고난을 겪어야 했다고 주장한다. 완전은 예수가 영원한 구원의 근원이 되시기 위해(즉, 영원한 대제사장이 되시기 위해) 필요한 자격이다.[23] 따라서 저자는 예수가 멜기세덱의 계통을 따르는 대제사장 직분에 오름으로써 절정에 도달하는 사건의 논리적·시간적 순서를 제시한다. 예수가 완전케 된 생명을 소유한 것은 그에게 제사장 직분을 수행할 수 있는 자격을 부여하는 구별된 특징 중 하나다. 그렇다면 완전은 예수의 제사장 사역과 하나님 우편 보좌로의 승귀를 포함하지 않는다. 그것은 죄를 씻은 후 하나님 우편 보좌로 높임받은 하늘의 대제사장이 되기 위해 먼저 소유해야 했던 것이다(참조. 히 1:3). 두 가지 주요한 관찰이 이러한 주장을 뒷받침해 준다.

첫째, 고난을 통해 순종을 배우는 과정(히 5:8)과 예수가 도달했다는 완전의 상태(5:9)는 분명한 논리적 관계가 있다. 예수의 완전은 고난 뒤에 **따라온** 것이다. 예수는 고난이 끝난 **후**에야 완전해지셨다. 그러므로 예수는

---

22 히브리서에서 '완전'이라는 언어의 의미에 대해 합의된 바는 거의 없다(Kurianal, *Jesus Our High Priest*, pp. 219-227에서 최근의 요약과 논의를 보라). 가장 영향력 있는 견해 중 하나는 D. 피터슨(Peterson)의 견해로, 그는 예수에 대해 사용된 '완전'이라는 말이 그분의 백성과 공감하는 능력과 밀접하게 연관된 소명적 범주라고 주장한다. 따라서 완전은 예수의 지상 생애부터 하나님 우편으로의 승귀까지 일련의 사건 전체를 포괄하는 과정을 포함한다[*Hebrews and Perfection: An Examination of the Concept of Perfection in the "Epistle to the Hebrews,"* SNTSMS 47 (Cambridge: Cambridge University Press, 1982), pp. 66-73; 또한 Attridge, *Hebrews*, pp. 86-87]. 완전함이 예수의 제사장적 소명과 관련이 있다는 주장에서는 피터슨이 옳지만, 그는 그 시기와 위치에서 틀렸다. 예수의 완전함은 그의 승귀를 포함하지 않는다. 오히려 그것은 대제사장으로서 하늘에 들어가기 위한 전제 조건이다(Kurianal, *Jesus Our High Priest*, pp. 230-233도 보라).

23 저자는 히브리서 7:24-25에서 이 점을 명확히 설명한다. 여기서 그는 예수가 얻으신 영원한 구원은 예수가 영원한 대제사장이 되신 것에 달려 있다고 말한다.

죽으시기 전까지는 완전하지 않았다.

둘째, 히브리서 5:9-10에 나오는 두 개의 부정과거 수동분사는 모두 ἐγένετο와 관련하여 부사적으로 기능하며, 고난에서 완전함으로, 그리고 대제사장으로 임명되는 데로 나아가는 시간적·순차적 발전을 암시한다. 예수는 완전하게 되신 **후에야** 그에게 순종하는 모든 사람을 위한 영원한 구원의 근원이 되셨고 또한 **그때** 멜기세덱의 계통을 따른 대제사장으로 하나님께 임명되셨다. 히브리서의 더 광범위한 논증은 이 해석을 뒷받침하는 중요한 근거를 제공한다.

히브리서 7:23-25에서 저자는 아론의 계통을 따른 제사장들의 섬김과 예수의 제사장적 섬김을 대조한다. 대조되는 주요 요점은 예수와 레위기 제사장들이 각자 죽음의 권세와 맺은 관계에 관한 것이다. 예수와 레위기 제사장들 모두 죽음을 경험했다. 둘을 구별하는 핵심은, 죽음으로 인해 아론 제사장들은 '남아 있지'(παραμένειν) 못한다는 것이다. 그러나 예수는 '영원히 남아 계시며'(μένειν αὐτὸν εἰς τὸν αἰῶνα) 이 사실 때문에(διὰ τὸ μένειν αὐτόν) 영원한 제사장직을 소유하신다. 즉, 7:25에서 분명히 말하듯 예수는 자신의 백성을 위해 중보하고자 "항상 살아 계[신다]"(πάντοτε ζῶν).

이 두 제사장 직분 사이의 대조는 히브리서 7:28에서 절정에 도달한다. 한편으로 아론의 반차를 따른 제사장들은 약한 존재로 묘사된다(23-25절에서 보았듯이 그들은 죽어야 하기에 죽음의 권세를 이길 수 없다). 반면에 멜기세덱의 계통을 따르도록 하나님이 임명하신 대제사장은 영원히 '완전'한 상태에 있는 아들이다. 이 맥락에 따라 '완전'이라는 용어는 예수가 가진 영원한 생명의 속성을 요약하며, 이것이 다른 약한 대제사장들과 구별되는 점이다. 저자에 따르면 모든 제사장은 하나님의 부르심을 받았으며 자신이 섬기는 사람들과 공감할 수 있다. 예수를 다른 종류의 제사장직에 적합하게 만드는 점은, 다른 제사장들과 달리 죽음의 지배를 받지 않고 멜기세덱처럼 '남아 있고' 또 '살아 계신다'는 사실이다(참조. 7:3, 8).

이것이 옳다면, 논증의 논리는 예수의 완전함이 영원한 대제사장으로 섬길 수 있게 하는 전제 조건임을 나타낸다.[24] 그분의 완전함이 죽음 때문에 자신의 사역을 잃지 않도록 보장한다는 바로 그 이유 때문에, 멜기세덱 계통의 영속적 제사장으로 섬기도록 임명될 수 있었던 것이다.[25] 그러나 예수가 실제로는 죽으셨기 때문에, 저자가 예수의 완전함과 사역에 관해 방금 언급한 모든 것은 예수가 돌아가신 **이후**에만 적용될 수 있다. 성육신하신 아들 예수도 죽기 전에는 사망의 권세 아래 있었다. 그는 모든 면에서 형제 자매들과 같이 되셨다(참조. 히 2:17-18). 그는 죽은 후 어느 시점에 이르러서야 완전한 상태에 도달했고(즉, 사망의 권세에 굴복하지 않는 종류의 생명을 소유하게 되었으며), 그제야 영원한 구원의 근원이 되실 수 있었다.

따라서 히브리서 5:8-10에 대한 앞선 논의에서 언급한 논리적·시간적 관계는 7:23-28의 논증에서 추가로 지지를 얻는다. 저자는 5:8-10에서 간결하게 제시한 논증의 세부 내용을 설명하면서 예수의 완전케 되신 상태의 중요성을 강조한다. 이 완전함(예수의 영원히 지속되는/영원히 남아 있는 삶을 포함하는)은 멜기세덱의 계통을 따르는 더 좋은 대제사장이 될 자격을 부여한다.

그러나 예수가 이렇게 지속되는 생명을 소유하고 하늘의 대제사장이 될 자격을 갖추게 된 순간을 특정할 수 있는가? 몇몇 주석가는 그러한 분별이 불가능하다고 주장한다.[26] 그러나 본문에는 그렇지 않음을 암시하는 단서

---

24 또한 예수의 완전함과 부활을 동일시하는 쿠리아날(Kurianal)의 논의도 보라(*Jesus Our High Priest*, pp. 230-233).

25 쿠리아날은 다음과 같이 적절하게 지적한다. "예수의 영생은 멜기세덱의 계통을 따라 대제사장으로 선포되는 데 필요한 이상적 상태 중 가장 적합한 측면이다. 이 완전함은 그가 영원히 제사장이 되는 것을 가능하게 한다"(*Jesus Our High Priest*, p. 232).

26 예를 들어, Attridge, *Hebrews*, p. 147; Ellingworth, *Hebrews*, p. 294; 특히 Peterson,

가 있다.

히브리서 8:4에서 저자는 예수가 이 땅에 계셨다면 율법에 따라 예물을 드리는 사람들이 있기 때문에 제사장조차 되지 않으셨을(οὐδ' ἄν) 것이라고 말한다.[27] 예수의 완전하심과 제사장 신분 사이의 관계에 대한 앞의 논의를 따라, 8:4은 예수가 이 땅에서는 제사장이 아니었음을 인정한다. 사실, 8:4은 예수의 제사장 사역이 지상에서의 삶과 죽음 이후 하늘에서 이루어짐을 분명히 밝히고 있다. 저자의 논리는 분명하다. 율법의 권위는 지상에서 여전히 유효하며, 지상에는 이미 합법적으로 임명된 제사장 직분이 존재한다. 그러므로 유다 지파 출신인 예수(7:14)는 그 제사장 직분을 수행할 수 없다. 그렇다면 예수가 제사장으로 섬길 수 있는 자격은 무엇인가? 앞서 보았듯, 예수는 다른 계통, 즉 멜기세덱의 계통을 따르는 제사장 직분에 필요한 자격을 갖추었기 때문에 제사장이 될 수 있다. 이것은 혈통이 아니라 영속되는 생명으로 얻는 제사장 직분이다.

그러므로 성육신하신 성자 예수가 대제사장은커녕 제사장조차 될 수 없는 때가 있었다. 예수는 이 땅에서 살고 죽기 전에 완전하지 못했고, 인간의 혈통으로는 합법적 제사장 직분을 수행하실 수 없었다. 그러나 이제 예수는 하늘을 통과하셔서(히 4:14) 속죄를 이루고 하나님 우편에 앉으신(1:3; 8:1) 대제사장이시다. 그러므로 하늘의 대제사장이 되기 위한 필수 자격인 완전함은 예수의 죽음과 하늘 제사장직에 오르신 사건 사이에 놓여 있다. 시험을 받고 더 좋은 부활의 상을 받은 예수의 믿음에 관한 앞의 논의에 비추어 볼 때, 이 완전함이 이루어진 순간으로 지목할 수 있는 가장 가능성 높은 순간은 바로 부활이다. 예수가 돌아가신 후 하나님은 예수를 죽음

Hebrews and Perfection, p. 97.

27 특히 Ellingworth, *Hebrews*, p. 405를 보라.

의 영역에서 영원히 지속될 생명으로 이끄셨다. 이 시점 이후에야 예수는 하늘의 대제사장이 될 자격을 얻었다. 이것이 옳다면 예수의 부활은 히브리서의 제사장 기독론에서 중심 요소를 이룬다.

대제사장이 되신 아들: 시편 110:4과 부활 생명

저자가 시편 110:4을 사용하고 히브리서 7장을 논증하는 방식에 주의를 기울이면 앞에서 언급한 결론을 입증할 수 있다. 특히 예수가 멜기세덱의 모습으로 '일어났다'는 저자의 언급은 중간 용어 역할을 하는데, 저자는 이를 가지고 다음과 같은 유례없는 기독론적 주장을 정당화한다. 즉, 하나님이 예수를 아들로 부르신 것처럼(시 2:7; 히 5:5) 그를 '영원한' 제사장으로 부르셨다는 것이다(시 110:4; 히 5:6).

이와 관련해, 히브리서 저자가 어떻게 시편 110:4을 예수께 적용하게 되었는지, 어떻게 시편 2:7과 시편 110:4을 연결하게 되었는지 등과 같은 질문들은 오랫동안 학계의 관심을 끌었다. 어떤 이들은 이러한 연결에 예전적(liturgical) 배경이 있다고 추측했다.[28] 다른 사람들은 저자가 예수의 제사장 사역을 아들로서 가진 지위의 한 측면으로 이해했다고 주장했다.[29] 우리는 아마도 저자가 이런 연결을 하게 된 이유를 정확히 알 수 없을 것이다. 그럼

---

28 두 가지만 예로 들면, Attridge, *Hebrews*, pp. 99-103와 Käsemann, *Das wandernde Gottesvolk: Eine Untersuchung zum Hebräerbrief*, 4th ed. (Göttingen: Vandenhoeck & Ruprecht, 1961), pp. 124-125를 보라. 애트리지는 히브리서 저자가 알고 있는 예전 또는 주해 전통에 영향을 주었을 법한, 제사장 역할을 하는 천사 개념을 주장한다.

29 몇 가지 예로, G. W. Buchanan, *To the Hebrews: Translation, Comment and Conclusions*, AB 36 (Garden City, NY: Doubleday, 1972), pp. 94-97; Grässer, *An Die Hebräer (Hebr 1-6)*, p. 292를 보라.

에도 아들의 제사장적 지위에 대한 그의 주장은, 그가 사람들로 하여금 이 결론을 인정하도록 설득한 방식에 관해 몇 가지 추론을 가능하게 한다. 즉, 저자는 예수의 영원한 생명에 대한 고백을 중간 용어로 사용하여 예수가 아들이자 제사장이라고 주장한다. 중요한 점은, 저자의 논증이 통치하는 아들의 직분과 대제사장 직분이 예수의 인격 안에서 결합되는 것에 대해 긴장을 나타내는 정도를 볼 때, 그가 예수가 영속하는 생명을 소유하게 된 것과 예수의 승귀를 혼합하지 않았음을 알려 준다는 것이다.

유다 지파의 대제사장

예수의 제사장 승격에 대한 저자의 논증 전략이 강하게 암시하는 바는, 그가 예수의 제사장 사역이 통치하는 아들로서의 지위에 내포된 것으로 생각하지 않는다는 점이다. 앞서 언급했듯, 그의 주장은 예수의 제사장적 지위와 관련한 진정한 문제, 즉 인간적인 족보상의 문제를 강조한다. 저자는 예수의 지파 혈통이 왕의 아들로서 지위에는 틀림없이 중요하지만, 그것이 제사장 직분을 수행하는 데는 방해가 될 수 있음을 인정한다(참조. 히 7:13-14; 8:4).

예수가 유다 자손이라는 사실은, 그런 족보에도 불구하고 그분이 어떻게 제사장이 될 수 있는지를 설명해야 할 이유가 된다. 그런데 만약 히브리서가 예수의 제사장 사역을 통치하는 아들의 지위의 연장선으로 이해한다면, 이것은 그러한 위치를 옹호하는 매우 이상한 방법일 것이다. 즉, 제사장직이 아들의 지위에 기초하거나 그로부터 연장된 것이라면, 예수의 지파 혈통은 저자의 논증에 유리하게 작용하는 요인이어야 한다. 하지만 저자는 그보다 왕의 아들이 그의 족보에도 **불구하고** 제사장이 될 수 있다는 가능성을 보여 주고자 한다. 그러므로 여기서 제사장으로서 예수의 역할은 아들의 지위와는 구별되는, 즉 그 지위에서 파생되지 않는 것으로 보인다.

이러한 판단에 따라, 히브리서 7:1-8:2의 주장은 율법의 규정과 관계없이 다른 제사장 직분이 존재하기 때문에 레위 지파 밖의 사람도 실제로 제사장으로 섬길 수 있음을 보여 주려고 고안된 것 같다. 멜기세덱과 그의 제사장 직분을 언급하는 시편 110:4의 신탁은, 저자에게 지파 혈통이 아니라 소유한 생명의 질에 따라 규정되는 또 다른 제사장직의 예를 제공한다. 멜기세덱은 아버지도 없고 어머니도 없으며 시작도 끝도 없는 존재로서, 그가 제사장인 이유는 그가 '남아'(μένει, 히 7:3) 있거나 '살아'(ζῇ, 히 7:8) 있기 때문이다. 저자는 시편 110:4에서 멜기세덱과 같은 또 다른 제사장이 있을 것이라는 약속을 발견한다. 그러한 제사장은 이 계통을 따라 섬길 권리를 가질 것인데, 그것은 지파의 족보 때문이 아니라 그가 멜기세덱의 모습으로 (τὴν ὁμοιότητα) 일어날(ἀνίστημι) 것이기 때문이라고 저자는 추론한다(참조. 히 7:15).

영원한 하늘 제사장으로 일어나기

'일어나다'라는 용어는 단순히 어떤 상황이 발생하거나 개인이 직분을 맡는 것을 의미할 수 있다.[30] 여기서 히브리서 7:11이 의미하는 바는 거의 확실히 후자일 것이다. 저자가 더 많은 의미를 나타내고자 7:15에서 이 단어를 사용하고 있다는 것은, "다른 제사장"(즉 레위 지파가 아닌 다른 제사장[31])이 멜기세덱의 '모습'으로 일어나리라는 말의 의미를 설명하는 데서 알 수 있다. 7:16의 주장에 따르면, 멜기세덱처럼 이 다른 제사장도 이 제사장직에 속하는데 그것은 불멸하는 생명의 권능(κατὰ δύναμιν ζωῆς ἀκαταλύτου)을

---

30   많은 논평가는 이것이 여기서 이 용어가 의미하는 전부라고 주장한다. 예를 들어, Ellingworth, *Hebrews*, p. 373.

31   이 맥락에서 ἕτερος가 '다른'이라는 고전적 의미를 갖는다는 것은 명백하다. 예를 들어, Attridge, *Hebrews*, p. 200; Bruce, *Hebrews*, p. 165.

소유하기 때문이다.³² 율법에 규정된 지파 족보에 의한 자격 조건과 달리 예수와 멜기세덱은 영원히 지속되는 생명을 소유하기에 제사장 직분을 받을 자격이 있다.³³

그러나 앞서 언급했듯, 죽기 전 예수의 삶은 죽음의 권세에 종속되어 있었다. 그는 하나님이 죽음의 영역에서 구해 주신 **이후**에야, 지속되는 생명 즉 불멸의 생명을 가졌다고 말할 수 있다. 그러므로 그의 부활에 대한 확언이 저자가 주장하는 논리의 기초가 된다는 결론이 도출된다. 따라서 히브리서 7:15의 또 다른 제사장이 '일어나셨다'는 표현은, 예수의 부활에 대한 언급이다.³⁴ 저자는 훌륭한 이중적 표현을 창조해 냈다.³⁵ 다른 제사장이 일어나셨다. 그는 예수로, 지파 혈통에 관한 율법의 규정에도 불구하고 하나님이 그의 외침을 들으시고 그의 충실한 고난에 대해 더 좋은 부활 생명의 약속으로 보상하셨기 때문에 제사장이 될 자격을 갖추신다.

한마디로 저자의 주장이 시사하는 바는, 시편 2:7과 시편 110:4의 연결은 '아들'과 '제사장'의 본질적 관련성이 아니라, 성경에 나타난 영원한 제사

---

32   참조. D. M. Hay, *Glory at the Right Hand: Psalm 110 in Early Christianity*, SBLMS 18 (Nashville: Abingdon, 1973), pp. 146-147. 헤이는 이 주장의 배후에 '부활-승귀' 확신이 놓여 있다고 제안한다. 그러나 히브리서에서 예수의 제사장적 지위, 그리고 승귀와 왕의 아들 됨 사이의 연결성 간에 긴장이 있음을 감안하면, 이러한 평가가 부활과 승귀를 너무 빨리 혼합한다고 볼 수 있다.

33   이는 널리 인정되는 사실이다. 예를 들어, Attridge, *Hebrews*, p. 199.

34   대체로 학자들은 예수의 생애에 대한 저자의 언급을 예수의 승천 및/또는 승귀에 대한 언급으로 이해한다(예를 들어, Attridge, *Hebrews*, p. 203). 그러나 몇몇 주석가는 여기서 부활의 논리가 작용하고 있다고 바르게 감지한다(예를 들어, Bruce, *Hebrews*, p. 169). 특히 쾨스터는 ἀνίστημι가 예수의 부활을 가리킬 가능성을 고려하긴 하지만, 이 용어가 아마도 예수가 제사장의 직분으로 승격된 일을 가리킬 것이라고 결론 내린다(Koester, *Hebrews*, p. 355; 참조. Kurianal, *Jesus Our High Priest*, p. 111).

35   이와 유사한 언어유희의 예로 사도행전 3:22과 3:26을 보라. 이 본문에 주목하게 해 준 D. A. 드실바에게 감사를 표한다.

장에 대한 하나님의 신탁과 하나님이 예수를 죽음에서 살리셨다는 확언의 일관성을 감지할 때 성립된다는 것이다. 예수는 완전케 된 부활 생명을 가지셨기 때문에 영원한 제사장이 될 자격이 있다. 그러므로 하나님이 아들로 부르신 분은 멜기세덱의 계통을 따라 영원히 제사장으로 부름받은 분이기도 하다.

결론

"그리스도의 부활 자체는 [이] 저자의 생각에서 그렇게 중심적인 역할을 하지 않는다"[36]는 말은, 히브리서가 다루는 예수의 부활에 관한 학자들의 일치된 입장을 잘 나타낸다. 그러나 이 글의 논증은 이러한 결론에 의문을 제기한다. 나는 히브리서 저자가 예수의 부활을 인정한다는 사실뿐 아니라, 부활이라는 범주 혹은 순간이 그가 대제사장 기독론을 두고 벌이는 주장에 독특하게 기여하고 있음을 보여 주고자 했다. 어떻게 유다 지파 출신의 통치하시는 아들 예수가 위대한 대제사장이 될 수 있었는지를 보여 주는 저자의 논증은, 부활 사건이 발생했다는 가정에 기반한다.

---

36   Peterson, *Hebrews and Perfection*, p. 70.

6. 피, 생명, 속죄
속죄일에 대한 히브리서의 기독론적 전유에 대한 재평가

피의 제사가 기능했던 방식에 대한 여러 히브리 성서학자의 최근 연구는, 모세 율법이 규정하는 속죄의 주요 수단으로서 희생물을 도살하는 행위보다 피를 다루는 의식의 중요성을 강조했다.[1] 일부 학자는 정결에 대한 이러한 이해를 히브리서에 적용하려 했다.[2] 실제로 다른 어떤 신약 본문도 의식과 제사의 언어를 이처럼 상세하고 일관되게 예수께 적용하지 않는다.

이 글은 여러 형태로 다양한 학회와 세미나에서 발표되었다. 비판적으로 피드백해 주신 모든 분께 감사를 표한다.

1 예를 들어, C. A. Eberhart, *Studien zur Bedeutung der Opfer im Alten Testament: Die Signifikanz von Blut- und Verbrennungsriten im kultischen Rahmen*, WMANT 94 (Neukirchen-Vluyn: Neukirchener Verlag, 2002); B. Janowski, *Sühne als Heilsgeschehen: Traditions-und religionsgeschichtliche Studien zur priesterschriftlichen Sühnetheologie* (Neukirchen-Vluyn: Neukirchener Verlag, 2000); J. Milgrom, *Leviticus 1-16: A New Translation with Introduction and Commentary*, AB 3 (New York: Doubleday, 1991), 특히 pp. 1031-1035; I. Willi-Plein, "Some Remarks on Hebrews from the Viewpoint of Old Testament Exegesis," in *Hebrews: Contemporary Methods—New Insights*, ed. Gabriella Gelardini (Leiden: Brill, 2005), pp. 25-35.
2 C. A. Eberhart in *Studien zur Bedeutung der Opfer*가 가장 주목할 만하다.

이번 장에서 내가 주장하는 바는, 히브리서의 속죄일에 대한 호소는 예수의 십자가 이후 삶을 강조하는 저자의 관점에서 이해해야 한다는 것이다. 더 직설적으로 말하자면, 히브리서 저자에게는 예수의 십자가 죽음이 속죄의 장소나 주요 수단이 아니다.[3] 오히려 저자가 히브리서 8:4에서 예수가 하늘에서만 대제사장으로 섬길 수 있다고 주장할 때 그가 뜻하는 바는, 성육신의 위대한 속죄의 순간이 십자가에 못 박힐 때가 아니라 부활하고 승천하신 후에 있었다는 것이다. 그곳에서 예수는 썩지 않고 살아 있는 자신을 하나님 앞에 드렸다. 속죄일에 희생물을 도살할 때가 아닌 그 피(즉 생명)를 하나님 앞에 바칠 때를 속죄의 순간으로 여기는 것처럼, 히브리서 저

---

3 히브리서에서 예수의 십자가 죽음은 거의 보편적으로 그분이 드리는 제사이자 속죄가 일어나는 장소로 간주된다. 예를 들어, H. W. 애트리지는 히브리서 8-10장에서 저자가 예수의 죽음을 "효과적으로 속죄하는 제사"로 해석한다고 말하며 "[히브리서 8-10장의] 복잡한 설명이 그리스도의 죽음이 어떻게 [속죄]를 성취하는지를 보여 줄 것"이라고 첨언한다[*The Epistle to the Hebrews*, Hermeneia (Philadelphia: Fortress, 1989), p. 146]. P. 엘링워스는 "십자가의 의미는 본질적으로 그리스도가 하나님 뜻에 순종하며 단번에 자기를 드린 제사지만, 그 의미는 분명 십자가 죽음 자체와 분리될 수 없다"고 말한다[*The Epistle to the Hebrews*, NIGTC (Grand Rapids: Eerdmans, 1993), p. 70]. W. L. 레인(Lane)은 또한 "예수는 십자가에서 몸을 제물로 드림으로써 하나님의 뜻을 자유롭고 온전히 자신의 것으로 만들었다. 결과적으로 그의 제사는 전적인 순종을 구현했다…히브리서 저자의 추론에 의하면, 예수가 인간 가족과 연대하여 하나님의 뜻을 받아들였기 때문에 하나님의 새 백성이 하나님을 섬기도록 봉헌되었다"[*Hebrews 1-8*, WBC 47a (Dallas: Word Books, 1991), p. cxxxiv]. 『히브리서 1-8』(솔로몬). 그는 이후에 이렇게 덧붙인다. "새 제사장의 완전함은 백성의 범죄에 대한 충분한 제사로 단번에 자신을 바칠 때 드러나고 또 온전히 성취된다. 그분 자신은 죄가 없으셨기 때문에…자기 죄로 인한 속죄제를 드릴 필요가 없었고, 그의 속죄적 죽음의 무조건적 효력이 보장되었다"(p. 194). B. 린다스(Lindars)는 이렇게 말한다. "그리스도의 제사적 죽음이 가지는 영원한 효력에 대한 주장은 신약신학에 대한 [히브리서의] 주요한 공헌이다…히브리서만이 [제사로서 예수의 죽음]이라는 주제를 포괄적이고 체계적으로 다룸으로써, 그리스도의 죽음이 어떻게 일반적으로 죄에 대한 제사라고 주장될 수 있는지를 보여 줄 뿐 아니라 그 효과가 어떻게 지속적으로 작용하는지도 보여 준다"[*The Theology of the Letter to the Hebrews* (Cambridge: Cambridge University Press, 1991), p. 125]. 『히브리서 신학』(한들출판사).

자도 예수의 파괴되지 않는 생명을 하나님 앞에 바치는 것을 속죄의 중심 행위로 여긴다.

방금 제시한 논지는 여러 중요한 의문을 불러일으킬 수 있다. 제기될 수 있는 모든 반론을 이 짧은 장에서 다룰 수는 없으며, 다만 현대의 히브리서 주석에서 이 같은 논지가 직면하는 세 가지 주요 문제에 초점을 맞추고자 한다. (1) 히브리서에서 예수의 십자가/죽음이 속죄의 중심이라는 가정, (2) 히브리서 저자는 예수의 부활을 서신에서 발전시키는 기독론과 구원론에 기여하는 개별 사건으로 간주하지 않는다는 일반적 견해, (3) 속죄일이 두 가지 중요한 순간(성소 뜰에서 희생물을 도살하는 순간과 내부 성소에 피를 바치는 순간)으로 구성되어 있으며 히브리서 저자가 이 두 순간을 서신의 기독론적·구원론적 의제와 연관 짓는다는 견해. 이제 이 요점들에 대해 간략히 살펴보겠다.

속죄일의 위대한 두 순간과, 히브리서에서 예수의 피

히브리서 저자의 구원론적·기독론적 성찰의 근원으로서 속죄일이 얼마나 중요한지는 두말할 나위가 없다. 예수의 제사장적 섬김과 피의 제물은 모두 일 년에 한 번 속죄일에 지성소에 들어가는 대제사장의 섬김이라는 측면에서, 그리고 그것과 대조되는 방식으로 묘사된다.[4] 히브리서 학계에서는 저자가 속죄일의 두 중요한 순간, 즉 희생물을 도살하고 그 피를 지성소에 바치는 순간을 아들의 낮아지심(죽음으로 대표되는)과 높아지심(하늘 입성으로 대표되는)이라는 두 기독론적 초점과 연관시킨다는 것이 일반화된 가정이

---

[4] 예를 들어, 히브리서 9:7, 11-12을 보라. 히브리서에는 속죄일 외에도 다른 제사 이미지가 등장하지만(예를 들어, 13:15), 속죄일의 피 제사가 지배적인 모티프다.

다. 대제사장으로서 예수는 십자가에서 희생물이 된 동시에 제사장의 직무를 수행하셨다.

몇 가지 인용문이 이 요지를 잘 보여 준다. F. F. 브루스(Bruce)는 히브리서를 다룬 주석에서 다음과 같이 설득력 있는 말을 남겼다.

> 히브리서 저자는 그리스도 사역의 제사장적 측면에 집중했고, 따라서 그는 [예수의] 죽음과 승귀에 대해 할 말이 많지만 부활에 대해서는 할 말이 거의 없다. 구약 시대의 이 위대한 속죄제에서 중요한 두 순간은, 성소 뜰에서 희생물의 피를 흘리는 것과 성소 안에서 그 피를 바치는 것이었다. 모형으로서 이 두 순간은 그리스도의 십자가 죽음과 그가 하나님 우편에 나타나신 것에 일치한다고 여겨졌다.[5]

마찬가지로 케네스 솅크(Kenneth Schenck)는 속죄일이 예수의 죽음과 승귀를 하나의 속죄 제사로 묶는 역할을 한다고 주장한다. "히브리서 저자는 이 분리된 사건들을 통합하는데, 그 방법은 이것들을 사용하여 그리스도의 죽음이 결정적인 '속죄일'에 하늘 성막에서 드려지는 제사라는 은유를 구성하는 것이다. 그리스도의 죽음에서 시작해 하나님 우편에 '좌정하기' 혹은 앉으시기에 이르는 전체적 움직임은 이렇듯 이야기의 플롯에서 하나의 사건으로 기능한다."[6]

이 기본 입장에 대한 다른 많은 변형을 인용할 수 있지만 논하기에는 시간이 부족하다.[7] 많은 학자는 속죄일에 대한 저자의 호소가 십자가 죽음의

---

5 F. F. Bruce, *The Epistle to the Hebrews*, NICNT (Grand Rapids: Eerdmans, 1990), pp. 32-33.
6 K. Schenck, *Understanding the Book of Hebrews: The Story behind the Sermon* (Louisville: Westminster John Knox, 2003), pp. 14-15.

신학적 의미를 땅의 관점과 하늘의 관점 모두에서 설명할 수 있게 해 준다고 생각한다. 한편으로 속죄일은 십자가라는 지상적 사건을 희생 제물의 도살이라는 개념으로 그려 낼 수 있게 해 준다. 다른 한편으로는 대제사장이 지성소에 들어가는 이미지를 통해 십자가의 천상적 혹은 영적 의미를 끌어 낼 수 있는데, 예수의 죽음은 그의 피를 하나님께 속죄 제물로 바치는 것에 비유될 수 있다. 따라서 속죄일은 십자가 사건이라는 단일 사건의 다양한 현실을 구분해서 볼 수 있는 신학적 프리즘 역할을 한다.

십자가의 중심성에 대한 이러한 일반적 이해와 속죄일에 대한 저자의 호소가 발휘하는 기능을 고려할 때, 히브리서에서 예수의 피에 대한 언급이 예수의 죽음에 대한 자명한 언급으로 간주되는 것은 그리 놀랍지 않다. 예를 들어, 스캇 맥나이트(Scot McKnight)는 히브리서가 십자가 처형을 설명할 때 "예수의 죽음을 자기희생적 사건으로 해석하는 방향으로 기울고 종종 피라는 용어로 표현된다"고 주장한다.[8] 마찬가지로, 루크 티머시 존슨(Luke Timothy Johnson)은 저자가 예수의 죽음의 의미를 발전시키는 데 피의 언어가 어떻게 도움을 주는지 설명하면서 이렇게 말한다. "히브리서에

---

[7] 예를 들어, Attridge, *Hebrews*, p. 147; G. Bertram, "Die Himmelfahrt Jesu vom Kreuz aus und der Glaube an seine Auferstehung," in *Festgabe für A. Deissmann zum 60. Geburtstag 7 November 1926*, ed. K. L. Schmidt (Tübingen: Mohr, 1927), pp. 187-215, 여기서는 p. 214; Ellingworth, *Hebrews*, p. 445; E. Grässer, *An die Hebräer 10,19-13,25* (Zürich: Benziger Verlag, 1999), p. 402; L. T. Johnson, *Hebrews: A Commentary*, NTL (Louisville: Westminster John Knox, 2006), p. 237; R. D. Nelson, "He Offered Himself: Sacrifice in Hebrews," *Interpretation* 57 (2003): pp. 251-265, 여기서는 p. 255; J. W. Thompson, *The Beginnings of Christian Philosophy: The Epistle to the Hebrews* (Washington, DC: Catholic Biblical Association of America, 1982), pp. 107-108; H. Windisch, *Der Hebräerbrief* (Tübingen: Mohr, 1931), p. 79.

[8] S. McKnight, *Jesus and His Death: Historiography, the Historical Jesus, and Atonement Theory* (Waco: Baylor University Press, 2005), p. 365.

서 그리스도가 자신의 피로 성소에 들어가셨다고 말할 때, 그것은 그리스도가 하나님의 임재에 들어가신 것이 십자가에서의 폭력적이고 피로 점철된 죽음을 통해서 된 것이라는 뜻이다."[9] 다시 한번 다른 많은 학자를 인용할 수 있지만,[10] 요점은 명확하다. 일반적 가정에 따르면, 히브리서에서 '피'라는 말은 예수의 순종적이고 자기희생적인 십자가 죽음에 대한 은유로 기능한다.

히브리서에 대한 이러한 더 큰 해석에서 한 가지 더 다루어야 할 부분이 있다. 주석가 대부분은 속죄일(도살-제사)의 두 단계 움직임과 히브리서에서 발전된 대제사장 기독론의 본질적 하위 구조로 여겨지는 것들(죽음-승귀) 사이에 감지된 상관관계가 부활에 대한 언급이 현저히 부족한 이유라고 생각한다.[11]

브루스는 앞서 인용한 내용 뒤에 다음과 같은 논평을 덧붙인다. "[속죄일에 의해 확립된] 이 패턴에서는 사도적 설교에서 일반적으로 선포되는 부활이 별도의 자리를 찾지 못한다."[12] 한스 빈디쉬(Hans Windisch)는 이 문제를 정면으로 지적하면서, 히브리서에서 예수의 죽음과 승귀가 "구속 사역…전체를 아우르며 부활은 [예수의] 대제사장 사역의 통일성을 파괴할 수 있기 때문에 모든 이미지에서 무시되었다"고 말한다.[13] 저자는 십자가를

---

9   Johnson, *Hebrews*, p. 237; 참조. p. 256.
10 예를 들어, Bruce, *Hebrews*, p. 213; Ellingworth, *Hebrews*, p. 456; C. R. Koester, *Hebrews: A New Translation with Introduction and Commentary*, AB 36 (New York: Doubleday 2001), p. 427; W. L. Lane, *Hebrews 9-13*, WBC 47b (Dallas: Word Books, 1991), p. 240; H.-F. Weiss, *Der Brief an die Hebräer: Übersetzt und Erklärt* (Göttingen: Vandenhoeck & Ruprecht, 1991), p. 467.
11 그 의미를 두고 논쟁이 벌어지는 히브리서 13:20[예를 들어, 애트리지는 이 구절이 전혀 부활을 언급하지 않는다고 본다(Attridge, *Hebrews*, p. 406)]을 제외하면, 히브리서에는 부활에 대한 명시적 언급이 없다.
12 Bruce, *Hebrews*, p. 33.

제사의 장소로 여기고 속죄일에 피를 드리는 것을 죽음에 대한 은유로 여기기 때문에, 이 십자가 사건과 예수가 천상의 제사를 드린다는 언어와는 가능한 가장 가까운 연결성이 유지되어야 한다. 이 말은 예수가 죽은 자 가운데서 육체적으로 부활하셨다는 것과 같은 어떤 주장도, 예수의 십자가에서의 자기희생과 자신의 피를 하나님께 바치는 속죄 행위를 구분함으로써 히브리서의 대제사장적 기독론과 속죄 신학의 필수적 통일성에 균열을 낸다는 뜻이다. 속죄일에 대한 이러한 신학적 성찰을 고려할 때, 저자가 예수의 부활에 관한 다른 초기 추종자들의 주장을 무시하는 것이 이해된다.[14]

히브리서에 나타난 예수의 부활

앞서 언급한 주장들의 일관성과 히브리서에 예수의 부활에 대한 언급이 명

---

13 영어 번역은 내가 한 것이며, 다음은 빈디쉬의 독일어 원문이다. "umschließen...das Erlösungswerk, die *Auferstehung* ist bei der ganzen Symbolik ignoriert, weil sie die Einheitlichkeit der hohenpriesterlichen Aktion aufheben würde" (*Der Hebräerbrief*, p. 79).

14 이러한 해석적 입장을 보여 주는 많은 표현이 현대의 2차 저작들에서 분명하게 드러난다. 예를 들어, Attridge, *Hebrews*, pp. 86-87, 406; Grässer, *An die Hebräer 10,19-13,25*, p. 402; O. Hofius, *Katapausis: Die Vorstellung vom endzeitlichen Ruheort im Hebräerbrief*, WUNT 1/11 (Tübingen: Mohr Siebeck, 1970), p. 181n359; J. Jeremias, "Zwischen Karfreitag und Ostern: Descensus und Ascensus in der Karfreitagstheologie des Neuen Testamentes," *ZNW* 42 (1949): pp. 194-201; E. Käsemann, *Das wandernde Gottesvolk: Eine Untersuchung zum Hebräerbrief*, 4th ed. (Göttingen: Vandenhoeck & Ruprecht, 1961), p. 148n1; J. Moffatt, *A Critical and Exegetical Commentary on the Epistle to the Hebrews*, ICC (Edinburgh: T&T Clark, 1924), pp. xxxviii-xxxix; A. S. Peake, *Hebrews: Introduction, Authorized Version, Revised Version with Notes and Index* (New York: H. Forwed, 1902), pp. 32, 242; Schenck, *Understanding the Book of Hebrews*, pp. 37-39.

백히 결여되어 있다는 점, 그리고 십자가 죽음이 속죄의 중심적 역할을 한다는 선험적 가정이 추가되어 이러한 합의가 우세해지는 데 기여해 왔다. 하지만 예수의 부활이 히브리서에 등장한다는 사실을 증명하면 어떻게 되는가? 만약 그러한 주장이 성립된다면, 히브리서가 속죄일을 사용하는 방식과 그에 상응하는 기독론적 하부 구조에 대한 일반적 이해는 재고되어야 할 것이다.

지면 관계상 히브리서에 예수의 부활이 등장한다는 주장에 대한 모든 논거를 제시할 수는 없다. 대신 히브리서 저자가 예수의 부활을 간과한다는 결론에 심각한 도전을 제기하는 주요 주장 다섯 개를 제시하겠다.

첫째, 히브리서 13:20에 예수의 부활에 대한 비교적 명확한 언급이 나온다. 여기서 저자는 평강의 하나님을 "예수를…죽은 자 가운데서 이끌어 내신"(ὁ ἀναγαγὼν ἐκ νεκρῶν…Ἰησοῦν) 분이라고 말한다. 물론 주석가들은 이 점을 잘 알기에, 예수의 부활에 대한 이 언급이 설교 전체에서 설명하는 더 큰 구원론적·기독론적 관심사를 위협하지 않는 우연한 언급에 불과함을 보여 주기 위한 몇 가지 설명을 제시했다.[15] 그러나 설교에 나타난 다른 증거에 비추어 볼 때, 이 언급을 히브리서의 주변부로 밀어내려는 시도는 불안정하다.

둘째, 히브리서에서 부활에 대한 몇 가지 명시적 언급이 있다는 점을 고

---

15 이 문제가 다루어져 온 한 가지 방법은 여기서의 부활이 영적인 것이라거나 승귀와 혼합된 것이라고 주장하는 것이다(예를 들어, Attridge, *Hebrews*, p. 406; Nelson, "He Offered Himself," p. 255; Grässer, *An die Hebräer 10,19-13,25*, p. 402; Schenck, *Understanding the Book of Hebrews*, p. 38를 보라). 다른 사람들은 이것이 미리 형성된 축복이라고 주장한다. 따라서 예수의 부활에 대한 언급은 서신의 논증에 부수적이다. 저자가 단순히 전통적 축복의 언어를 인용하는 것뿐이기 때문이다(예를 들어, Bertram, "Die Himmelfahrt Jesu," pp. 213-214; Windisch, *Der Hebräerbrief*, p. 121).

려해야 하는데, 특히 이러한 언급이 저자의 부활에 대한 믿음을 나타내기 때문이다. 6:2에서 저자는 일반적 부활에 대한 믿음과 종말론적 심판에 대한 믿음을 결합하여 이를 그리스도에 대한 근본적 가르침(ὁ τῆς ἀρχῆς τοῦ Χριστοῦ λόγος, 6:1)에 속하는 요소로 여긴다. 저자가 미래의 부활을 확언한다는 것은 11장에서 더 상세히 확인할 수 있다. 여기서 이삭을 죽이려던 아브라함의 믿음의 내용은 "하나님이 능히 이삭을 죽은 자 가운데서 다시 살리실"(ἐκ νεκρῶν ἐγείρειν δυνατὸς ὁ θεός, 11:19) 것이라는 믿음이다. 아브라함이 이 믿음에 따라 행동했기 때문에 이삭을 다시 받았다는 사실을, 저자는 다가올 종말론적 부활의 실재를 가리키는 '비유'(παραβολή)로 여긴다.

이 마지막 제안은, 어떤 죽은 자들은 부활의 형태로 살아난 반면 다른 사람들은 더 좋은 부활을 얻고자(ἵνα κρείτονος ἀναστάσεως τύχωσιν) 큰 시련을 견뎠다는 히브리서 11:35의 언급에서 추가로 지지를 얻는다. 여기서 여자들이 죽은 자를 다시 받아들이는 '부활'과 '더 좋은 부활'의 대조는 아마도 일시적인 생명 회복과 종말론적 부활의 영속적 생명에 대한 희망 사이의 구별을 가리키는 것 같다. 따라서 히브리서 6:2; 11:19; 11:35 같은 본문은 저자가 죽은 자의 종말론적 부활을 믿는다는 확실한 증거를 제공한다.

셋째, 앞 단락의 관찰에 비추어 볼 때, 히브리서 12:2에서 예수를 히브리서 11장이 기록하는 장황한 믿음의 사례들의 정점에 계신 분으로 가리킨다는 사실이 두드러진다. 아브라함이 하나님의 부활 능력에 대한 믿음 때문에 시련을 견뎌 냈고, 11:35에서 죽기까지 고난받은 사람들이 더 나은 부활을 얻기 위해 그렇게 한 것이라면, 믿음의 저자이자 완성자이신 예수는 얼마나 더 그렇게 하셨겠는가? 다르게 말하면, 히브리서 11장의 고난 가운데 지킨 믿음의 작은 예들을 열거한 목록에 하나님이 약속하신 부활을 믿는 믿음이 명시적으로 포함되어 있다면, 히브리서 저자가 자기 앞에 놓인 기쁨 때문에 십자가의 수치를 멸시한 예수를 가리키며 그분이 더 좋은 부활의 수혜자가 아니라고 생각할 리가 있겠는가? 만약 여기서 예수가 죽음에서 하나님이 살리실 것이라는 소망으로 고난받은 자들의 대표적인 예로 여겨지지 않는다면, 히브리서 11장에서 부활에 대한 믿음 때문에 잔인한 죽음을 견뎌 낸 사람들에 대한 저자의 호소는 값싼 수사학적 기교에 지나지 않는다. 그러나 이 목록의 정점에 있는 예수에 대한 언급이 예수의 부활에 대한 고백을 포함한다고 가정한다면, 예수의 모범적 신앙은 11장에 나오는 사람들의 신앙과 완벽하게 일치한다.

넷째, 앞서 언급한 조건문들은 단순한 가정이 아니다. 히브리서에는 하나님이 그를 죽은 자 가운데서 살리시리라는 믿음으로 예수가 자신의 고난을 견뎌 냈으며, 그 믿음이 소망하던 바를 받았음을 암시하는 좋은 증거가 있다. 히브리서 5:7에서 저자는 예수가 "자기를 죽음에서 능히 구원하실 이"(τὸν δυνάμενον σῴζειν αὐτὸν ἐκ θανάτου)에게 큰 통곡과 눈물을 올려 드렸을 때 들으심을 얻었다고 묘사한다. 하나님이 "죽음에서 능히 구원하실 이"라는 이 묘사는, 저자가 생각하기에 아브라함이 시험 가운데서 마음에 떠올렸을 내용과 놀랍도록 유사하다. 아브라함은 하나님이 이삭을 죽음에서 살리실 수 있다고 믿었기 때문에 시험을 성공적으로 견뎌 낼 수 있었던 사람으로 기억될 것이다. 나아가 아브라함의 믿음이 부활에 대한 비유로서 이삭을 다시 받게 한 것처럼, 예수가 들으심을 얻었다는 언급은 예수가 부르짖은 대상인 하나님이 그를 죽음의 영역에 남겨 두지 않고 오히려 죽음에 대한 권능을 행사하여 그를 부활시켰음을 자연스럽게 함의한다.

다섯째, 예수가 레위 지파가 아닌 유다 지파 출신임에도 불구하고 제사장이 될 수 있다고 저자가 주장할 때(참조. 히 7:13-16), 그는 예수가 영원하고 멸망하지 않는 생명을 소유하셨다는 점에 호소한다. 히브리서 7장의 부분적 목적은 성경이 레위 족보에 근거하지 않은 제사장직, 즉 멜기세덱의 제사장직에 대해 증언한다는 사실을 입증하는 것이다. 저자는 시편 110:4에서 비레위 계통 제사장직에 대한 언급을 발견한다. 여기서 하나님은 "너는 멜기세덱의 서열을 따라 영원한 제사장이라"고 맹세하신다. 이러한 하나님의 말씀에서 저자가 추론한 내용은 분명하다. 성경은 아론이 아닌 다른 계통, 즉 멜기세덱의 계통을 따른 제사장직의 존재를 입증한다. 예수는 유다 족보에 속했음에도 제사장이 될 수 있는데, 이는 다른 제사장 직분에 속하는 데 필요한 자격을 갖춘 경우에만 가능하다. 저자는 멜기세덱이 '남아 있고'(히 7:3) '살아'(7:8) 있다고 주장한다. 그의 제사장 지위는 이러한 영속적인 혹은 영원한 생명과 분명히 연결되어 있다. 따라서 저자는 예수가 멜기세덱을 닮은 제사장이 되셨다고 말하면서 이것은 그가 율법의 명령(즉, 레위 혈통)이 아니라 불멸하는 생명의 능력으로 인한 것이라고 말한다(7:16). 다시 말해, 예수는 멜기세덱처럼 영원히 '남아'(7:24) 있고 '항상 살아'(7:25) 계시기 때문에 제사장이 되신 것이다. 예수는 유다 혈통 때문에 아론 계통의 제사장직에는 속할 수 없겠지만, 불멸의 생명으로 인해 성경에서 증명된 또 다른 계통, 즉 멜기세덱 계통의 제사장으로 섬길 자격을 얻는다(참조. 7:11). 물론 저자는 예수가 죽었다는 사실을 너무도 잘 알고 있다(예를 들어, 2:9; 9:15). 그렇다면 그는 어떻게 예수의 생명이 불멸하고 영원하다고 말할 수 있는가? 가장 가능성이 높은 대답은, 저자가 예수가 죽음에서 영원한 생명으로 부활했다고 가정하고 있다는 것이다.

이 점은 히브리서 7:15에서 저자가 실제로 사용하는 언어에서 어느 정도 확실한 증거를 찾을 수 있다. 모세가 제사장이 반드시 속해야 한다고 말한 지파와는 대조적으로, 예수는 여기서 멜기세덱과 같은 모습으로 "일어난"(ἀνιστάται) 다른 종류[16]의 제사장이라고 선언된다. 동사 ἀνίστημι는 단

---

16   여기서 ἕτερος의 의미는 같은 종류 중에서 또 다른 하나가 아닌, '다른'이라는 의미임이

순히 사람이 어떤 직분으로 승격되는 것을 의미할 수도 있다(참조. 7:11). 그러나 여기서 이 '일어남'이 (1) 7:15에서 그가 영원히 살아 있는 멜기세덱을 닮았고, (2) 7:16에서 그가 불멸하는 생명의 능력을 가졌다는 사실과 관련이 있다는 설명은 이 용어가 부활을 의미함을 강력하게 시사한다.[17]

방금 살펴본 다섯 가지 논거를 종합해 보면, 히브리서 13:20의 언급이 전체 설교의 주요 강조점에서 결코 벗어나지 않음을 알 수 있다. 에티오피아 내시의 언어를 빌리자면, '보라, 여기 예수의 부활에 대한 증거가 있다. 우리가 그것을 인정하는 데 무엇이 방해가 되는가?' 그 답은 히브리서가 예수의 속죄 제사의 발생 장소와 시기를 십자가 죽음으로 여긴다는 선험적 가정에 있다. 예수의 죽음을 해석학적 닻으로 삼으면 히브리서에서 피와 속죄의 언어가 십자가와 어떻게 구별되는지 알기가 어려워진다. 더욱이 앞서 언급했듯, 속죄일의 패턴은 저자가 어떻게 예수를 대제사장으로 생각하는 동시에 십자가에서의 속죄의 의미를 풀어내는지를 설명하는 듯하다. 이 모델 내에서는 부활에 주어진 구별된 공간이 없다. 그러나 성경에 나오는 속죄일과 피의 의식에 대한 최근의 학문적 연구에 의하면, 흔히 속죄일 제사의 가장 중요한 부분 중 하나로 여겨지는 죽음에 대한 강조가 잘못된 것임을 알 수 있다.

죽음, 피, 정결, 속죄일

지난 수십 년간 제이컵 밀그롬(Jacob Milgrom), 이나 윌리플레인(Ina Willi-Plein), 베른트 야노프스키(Bernd Janowski), 크리스티안 에버하르트(Christian

---

분명하다(Attridge, *Hebrews*, p. 200; Bruce, *Hebrews*, p. 165를 보라).
17 이 점에 대해서는 5장에서 더 자세히 논증한다.

Eberhart)와 같은 수많은 유대 히브리어 성경 학자가 유대 성경에 명시된 피 제물의 역할과 효과에 대해 지속적으로 연구해 왔다. 이 학자들은 많은 점에서 의견이 다르지만, 중요한 공통점은 분명하다. 첫째, 속죄의 효력이 있는 것은 제물의 생명이라는 데 대체로 동의한다.[18] 따라서 레위기 17:11에서 하나님은 "육체의 생명은 피에 있음이라. 내가 이 피를 너희에게 주어 제단에 뿌려 너희의 생명을 위하여(for your lives) 속죄하게 하였나니 생명이 피에 있으므로 피가 죄를 속하느니라"라고 선언하신다.[19] 이 구절에서 속죄일을 직접 언급하지는 않지만, 피가 희생물의 생명을 전달하는 수단 또는 매개물이며 제단 위의 **생명**이 속죄 효과를 낳는다는 피 제사의 기본 신학을 요약하는 듯하다. 이와 반대되는 측면은, 제물의 죽음이나 도살은 피를 얻기 위해서는 필요하지만 그 자체로는 특별한 속죄의 의미가 없다는 점이다.[20]

둘째, 생명을 지닌 피를 의식적으로 다룰 때 정결케 되는 결과가 생긴다.[21] 속죄일의 중심인 피를 다루는 행위는, 대제사장이 지성소에 들어가

---

[18] 예를 들어, Janowski, *Sühne als Heilsgeschehen*, p. 247; B. J. Schwartz, "The Prohibitions concerning the 'Eating' of Blood in Leviticus 17," in *Priesthood and Cult in Ancient Israel*, ed. G. A. Anderson and S. M. Olyan (Sheffield: JSOT Press, 1991), pp. 34-66, 여기서는 p. 47.

[19] RSV 번역을 따르되 약간 수정했다(특히 'for your souls'를 'for your lives'로 수정함—편집자). J. 스클라(Sklar)는 בנפש를 '생명으로'로 번역해야 한다고 강력하게 주장한다[*Sin, Impurity, Sacrifice, Atonement: The Priestly Conceptions*, HBM 2 (Sheffield: Sheffield Phoenix, 2005), pp. 168-173].

[20] Willi-Plein, "Some Remarks on Hebrews," p. 33; Eberhart, *Studien zur Bedeutung der Opfer*, pp. 203-204; C. A. Eberhart, "Characteristics of Sacrificial Metaphors in Hebrews," in *Hebrews: Contemporary Methods—New Insights*, ed. Gabriella Gelardini (Leiden: Brill, 2005), pp. 37-64, 여기서는 pp. 39-44, 49.

[21] 특히 제이컵 밀그롬은 성막의 도구와 성소가 정결의 대상이라고 주장했다(*Leviticus 1-16*, pp. 254-258, 1079-1084; 또한, Eberhart, "Characteristics of Sacrificial Metaphors in Hebrews," p. 44; Willi-Plein, "Some Remarks on Hebrews," pp.

속죄소에 피를 뿌릴 때 일어난다. 이렇게 정결한 상태를 이루는 것이 가장 중요한데, 이 정결함을 통해 인간이 하나님께 다가갈 수 있고 하나님이 인간과 계속 접촉할 수 있기 때문이다.[22] 따라서 속죄일의 초점이 있다면 그것은 지성소에 피를 뿌리는 행위, 즉 동물의 생명이 하나님의 임재 앞에 드려지는 순간이라고 할 수 있을 것이다.

크리스티안 에버하르트가 지적하듯, 이것이 시사하는 바는 속죄일과 같이 피 제사를 드리는 경우 "제물의 피는 물리적 접촉이 이루어질 때, 즉 사람이나 성소 및 그 성물에 실제로 피를 바를 때 정화 효과가 발생하는 것이다. 그러나 동물을 도살하고도 연이어 피를 바르는 의식을 진행하지 않는다면 이러한 정화는 일어나지 않을 것이다."[23] 따라서 속죄일에 대한 성경의 기록은 두 가지 중요한 순간을 가정하지 않는다. 에버하르트의 말을 다시 인용하자면, "도살의 순간은 그 자체로…특별한 의미가 없다."[24] 오히려 더 중요하거나 중심적인 행위는 희생물의 생명 즉 피를 지성소에 바치는 것이었다.

32-33). 밀그롬에게 피를 다루는 것은 피가 성막의 특정 부분과 접촉하기 때문에 정화의 효과를 낸다. 그러나 R. E. 게인은 그에 반대하여, 특정한 부정이 물리적 접촉 없이도 하나님 집의 물건들을 더럽힐 수 있듯이(예를 들어, 레위기 20:3에서 자녀를 몰렉에게 바침으로써 하나님의 성소를 더럽히는 것), 제물의 피를 다루며 성막의 특정 물건들을 정화함으로써 피가 예배자들에게 접촉되지 않아도 그들을 정결케 할 수 있다고 설득력 있게 주장했다[*Cult and Character: Purification Offerings, Day of Atonement, and Theodicy* (Winona Lake, IN: Eisenbrauns, 2005)].

22 특히 Willi-Plein, "Some Remarks on Hebrews," p. 33.
23 Eberhart, "Characteristics of Sacrificial Metaphors in Hebrews," p. 58.
24 Eberhart, "Characteristics of Sacrificial Metaphors in Hebrews," p. 58.

히브리서에서 하늘의 대제사장이신 예수

방금 논의한 기본 개념, 즉 피는 희생물의 생명이며 대제사장이 그 생명을 지성소에 바치는 것이 속죄일에 속죄가 이루어지는 시간과 방법을 나타낸다는 사실을 히브리서 저자가 이해했다고 가정한다면 우리는 놀라운 결론에 도달한다. 즉, 히브리서 저자는 예수의 속죄 사역과 십자가 사건을 혼합할 가능성이 낮다는 것이다. 이 가정에 따르면, 그는 예수의 십자가 죽음에 초점을 맞추기보다는 예수가 하늘 지성소에 들어가 하나님의 임재 앞에 제물을 드린 것을 강조했을 가능성이 높다. 나아가 이 더 큰 개념에서 '피'라는 말은 예수의 죽음(마치 죽음을 하나님의 임재 안으로 가져온다는 식으로)이 아니라 그의 생명에 대한 은유로 기능했을 것이다.

이 가설은 설교의 몇 가지 요소를 잘 설명해 준다. 첫째, 히브리서 8:3-4에 나오는 저자의 의아한 언급을 이해할 수 있게 해 주는데, 여기서 저자는 예수도 바칠 제물이 있어야 했지만, 지상에 계셨다면 율법에 따라 제물을 드리는 사람들이 이미 존재하기 때문에 어떤 제물도 드릴 수 없고 어떤 종류의 제사장 직분으로도 섬길 수 없었을 것이라고 말한다. 이 구절은 예수가 8:1-2에서 고백하는 대제사장이 되는 것은 말할 것도 없고, 지상에서 어떤 제사장도 될 법적 자격이 없다고 말하는 것 같다. 한편으로, 이러한 결론은 예수의 십자가 처형 때가 예수가 대제사장으로서 자신을 드리는 제사를 집례했던 순간이라는 일반적 가정과 일치되기 어렵다. 만약 십자가에서 그런 일이 일어났다면 예수는 이 땅에서 제사장 역할을 하셨던 셈이고, 저자의 복잡한 논증은 혼란에 빠진 것이다.[25] 다른 한편으로, 8:3-4의 주

---

25 학자들은 실제로 저자가 혼란에 빠졌다고 추정한다[특히 A. J. M. Wedderburn, "Sawing Off the Branches: Theologizing Dangerously ad Hebraeos," *JTS* 56 (2005): pp. 393-414를 보라].

장은 앞서 간략히 설명한 히브리서 7장의 주장과 잘 부합한다. 예수는 부활하기 전까지 제사장이 아니었다. 그분은 불멸의 생명으로 부활한 후에야 멜기세덱 계통의 대제사장이 될 자격이 주어졌는데, 더 이상 레위 족보에 관한 법적 규정이 그분의 제사장 직무 수행을 금지하지 않았기 때문이다. 저자가 속죄일에 대한 성경의 그림에 따라 예수의 죽음을 예수의 속죄 제물과 혼합하지 않았다면, 8:3-4의 주장은 완벽하게 이해된다.

둘째, 만약 저자가 정말로 예수가 이 땅의 십자가에서가 아니라 하늘에 계신 하나님 앞에서 제사를 드렸다고 생각했다면, 예수가 하늘에서 제사를 드렸다는 저자의 일관된 강조는 쉽게 이해된다. 즉, 히브리서 6:19-20, 7:26, 8:2, 9:11, 9:23-25, 10:12에서 저자가 **하늘의** 하나님의 임재 앞에서 예수가 제사장으로 섬기고 제물을 드렸다고 말할 때, 이 표현이 십자가의 영적 의미를 가리킨다고 둘러댈 필요가 없다. 오히려 이것은 예수가 자격을 확보한 바로 그 장소인 하늘에서 제물을 드렸다는 의미였을 것이다.

셋째, 예수의 부활에 대한 앞서 제시된 증거를 인정할 수 있다. 나아가 예수가 하늘에서 제물을 바친다는 표현은 유대 성경에 묘사된 피 제물의 속죄 역할에 의존하는 방식으로 기능한다고 볼 수 있다. 히브리서에서 피의 언어는 예수의 죽음이 아니라 예수의 생명에 대한 환유로 기능했을 가능성이 높다. 속죄일 피의 역할에 일치하는 방식으로 예수가 부활의 생명을 가지고 하늘에 입성하여 그곳에서 하나님 앞에 자신을 바친 것은 히브리서에서 속죄의 시간, 장소, 매개물을 나타낸다.

결론

모세 의식에서 피를 바치는 것은 하나님의 임재 안으로 죽음을 가지고 들어가 바치는 것을 상징하지 않았다. 이것은 생명을 드리는 일이었다. 마찬가지로 히브리서 저자가 예수가 제물을 드린 곳이라고 일관되게 주장하는 장소인 하늘에서 예수가 살아 임재하고 계심을 강조하는 것은, 속죄를 이루는 것이 예수의 죽음/도살이 아니라 하늘 지성소의 하나님 앞에서 그의 생명을 바친 행위임을 암시한다. 이렇게 바치는 행위는 예수의 부활 때문에 가능하다. 부활은 히브리서의 기독론(예수의 부활은 멜기세덱 계통의 대제사장이 되는 데 필요한 불멸의 생명을 인간으로서 소유하게 해 준다)에 영향을 줄 뿐 아니라, 피 제사에 대한 성경의 설명에 비추어 이해할 수 있는 저자의 제사적 구원론에 대해 설명을 제공한다.

그러나 이러한 주장이 히브리서 저자가 예수의 죽음을 중요하게 생각하지 않는다고 제안하는 것은 아니다. 속죄가 이루어지는 순간으로서 제물의 피를 바치는 행위에 초점을 맞추고 속죄의 매개물인 피 즉 생명의 중요성을 강조했지만, 그렇다고 해서 죽음이 피 제사의 일부가 아니라는 암시를 주려는 것은 아니다. 히브리서 저자에게 예수의 죽음이 중요하지 않다고 말하려는 것도 아니다.

오히려 내가 강조하려는 바는, 피의 제사를 일련의 사건 전부를 관여시키는 **과정**으로 생각해야 한다는 것이다. 제물을 도살하는 것과 피를 바치는 것 모두 그 순서에서 필요한 요소지만, 그중 어느 하나만으로는 전체 과정이 지향하는 목표를 달성하기에 충분하지 않다. 현대에 여러 히브리서 주석가가 범하는 실수는, 전체 과정 안의 이 두 요소를 적어도 성육신하신 아들에게 적용하는 문제에서 본질적으로 호환 가능하고 매우 유사한 것으로 보았다는 점이다. 그래서 그들은 예수가 십자가에 못 박히실 때 이 두 사건이 모두 발생했다고 생각했고, 이것이 히브리서에서 예수 부활의 위치와 중요성을 왜곡되게 이해하는 데 기여했다. 히브리서의 모든 것을 예수의 십자가 죽음으로 환원하면 안 된다고 주장함으로써 모든 것을 예수가 하늘에서 제물을 바치는 행위로 환원하려는 게 아니다. 제사가 하나의 과정임을 인식하는 것은 환원주의적 해석을 피하는 데 도움이 된다. 각 순서에 속한 요소들을 전체 과정의 일부로 서로 관련짓게 함으로써 각 요소 혹은 순차적 관계가 이들 중 하나로 축소되지 않도록 해 주기 때문이다.[26]

이 연구에서 결론 하나를 추가로 도출할 수 있다. 앞서 제시한 주장이 기본적으로 타당하다면 히브리서가 속죄일에 호소한다는 사실이 입증하는 바는, 초기 기독교적 유대교의 관심은 모세 종교의 정결 의식이 어떻게 예수의 부활과 승귀에 대한 고백 및 그 신학적 함의를 설명하는지를 보여 주는 데 있었다는 것이다. 즉, 하나님 아들의 성육신은 분명 유대 성경과 신앙에 관해 상당 부분을 재고하고 발전시켜 나가도록 한다. 하지만 앞서 제안한 방식으로 히브리서를 읽을 때 알게 되는 것은, 초기에 예수를 따르던 일부 사람들은 성경의 증언과 연속성을 유지하며, 심지어는 성경의 증언이 주는 압박 아래서(예를 들어, 예수는 율법의 금지로 인해 지상에서 제사장으로 섬길 수 없고, 피의 제물은 죽음이 아니라 생명을 강조한다는 점) 이런 작업을 해 나가고자 했다는 사실이다. 이러한 해석학은 성경의 독립적인 목소리가 예수의 부활과 승천 같은 신앙고백적 요소만큼이나 예수와 속죄에 대한 히브리서 저자의 이해에 큰 역할을 한다는 것을 함의한다.

---

26 R. 넬슨(Nelson)이 '제사 대본'에 대해 말했을 때 이와 비슷한 것을 이미 제안하긴 했지만, 내 생각에 여전히 그는 예수의 부활이 대본의 각 요소들의 관계를 명확히 하는 데 어떻게 도움이 되는지를 이해하지 못한다("He Offered Himself"를 보라).

7. 약하고 쓸모없는?
히브리서에서의 정결, 모세 율법, 완전함

히브리서 첫 장에서 저자는 하늘에 계신 아들을 언급하며 칠십인역 시편 44:8을 인용한다. 히브리서 1:9에서 하나님은 아들이 "의를 사랑하고 불법을 미워하였다[ἐμίσησας ἀνομίαν]"고 말씀하신다. 바로 이러한 의에 대한 사랑과 불법에 대한 미움이 하나님이 아들에게 기름을 부으시고 그를 동료들보다 더 높이신 근거로 밝혀진다. 불법을 미워하는 것과 관련한 이런 주장에도 불구하고, 히브리서의 한 측면이 때때로 이 서신의 대체주의적 성격을 분명하게 나타내는 지표로 여겨지는데 그것은 아마도 모세 율법의 외적 의식을 무시하는 저자의 태도 때문일 것이다. 히브리서 9:9-10에서 저자는 이러한 의식은 "섬기는 자를 그 양심상 온전하게 할 수 없나니, 이런 것은 먹고 마시는 것과 여러 가지 씻는 것과 함께 육체의 예법일 뿐이며 개혁할 때까지 맡겨 둔 것"이라고 말한다. 율법은 '약하고 쓸모없는'(7:18) 것으로서 결코 아무것도 완전하게 할 수 없었다(7:19). 저자가 히브리서 10장에서 시편 40편에 호소하는 것은 심지어 하나님이 지상의 외적 제사 의식을 원하지 않으신다고 암시하는 것처럼 보인다.[1] 이제 예수가 율법에 규정된 그 어

---
1 예를 들어, W. 아이젤레(Eisele)는 히브리서 10장에서 하나님의 뜻에 대한 그리스도의

떤 것보다 나은 제사를 드렸으므로 율법과 그 외적인 의식이 대체된 것이다. 예수가 영단번의 제사를 드렸다는 것은 율법과 그 제사가 옛 시대에 속한 것이며 폐기해도 됨을 의미한다.

실로 어떤 사람들은 예수의 제사에 대한 히브리서의 주장이 지니는 함의가 율법의 제사 논리를 불안정하게 만들고 전복시키기 때문에 이런 주장을 하는 것은 예수의 죽음이 궁극적 제사라는 자신의 주장의 근거가 되는 그 신학적 가지를 잘라 내는 것과 마찬가지라고 주장한다.[2] 한편으로 저자는 9:22에서 용서를 위해 피를 뿌리는 것이 필요하다고 단언한다. 반면에 히브리서 10장에 나오는 시편 40편에 대한 그의 해석은 하나님이 제사를 원하신다는 생각 자체를 배제하는 듯 보인다.[3] A. J. M. 웨더번(Wedderburn)은 말한다. "히브리서는 의식과 관련한 사고방식에 사실상 최후의 일격을 가한 후에도 의식 관련 용어를 단호하게 고수하는 것 같다."[4] 웨더번은 히브리서의 근본적 모순이, 서신의 다소 혼란스러운 사상적 세계를 구성하는 묵시적 세계관과 플라톤적 세계관의 충돌에서 기인한다고 말한다. 선재하

 온전한 순종이 지상의 의식과 제물을 쓸모없게 만든다고 주장한다: "성화를 위한 우리의 모든 시도는 지상의 활동으로 남아 있기 때문에 무의미할 것이다"[번역은 내가 한 것이며 다음은 독일어 원문이다. "Denn alle Heiligungs versuche unsererseits müßten sinnlose, weil irdische Veranstaltungen bleiben"; *Ein unerschütterliches Reich: Die mittelplatonische Umformung des Parusiegedankens im Hebräerbrief*, BZNW 116 (Berlin: de Gruyter, 2003), p. 105]. H. 몬테피오레(Montefiore)는 히브리서 10장의 제사에 대한 비판이 특정 의식에 국한된 것이 아니라 보다 일반적인 "율법 자체에 대한 하나님의 반대"를 가리킨다고 제안한다[*A Commentary on the Epistle to the Hebrews*, Harper's New Testament Commentaries (San Francisco: Harper & Row, 1964), p. 168].

2 A. J. M. Wedderburn, "Sawing Off the Branches: Theologizing Dangerously *ad Hebraeos*," *JTS* 56 (2005): pp. 393-414.
3 Wedderburn, "Sawing Off the Branches," 특히 pp. 401-404.
4 Wedderburn, "Sawing Off the Branches," p. 409.

는 아들이 인간이 되셨다가 죽음이라는 결정적인 구원의 순간에 몸과 물질세계를 떠나 하늘로 돌아간다는 생각과 그 하늘 영역에서 피를 바칠 수 있다는 생각은, 저자의 제사 신학과 그가 지녔으리라 추정되는 플라톤적 토대를 모두 해체한다.

이러한 주장은 율법의 논리 자체와 율법의 물질적 관심 및 의식들을 역사의 쓰레기통으로 내던지는 명백한 대체주의이자 반율법주의다. 웨더번에 따르면 이러한 주장은 또한 일관성이 없다. 예수가 어떻게 물질적인 영역을 떠나면서도 피를 가지고 계실 수 있단 말인가? 어떻게 십자가가 역사적 사건인 동시에 천상적/영적 사건이 될 수 있는가? 웨더번은 히브리서 저자가 십자가가 예수의 대제사장적 제사가 드려지는 천상의 순간이라는 주장을 더 진지하게 받아들일수록 그의 전체 신학 프로젝트가 더 불안정하고 일관성이 없어진다고 말한다.

나는 이런 종류의 히브리서 읽기가 여러 차원에서 잘못되었다고 다른 데서 주장한 바 있다(8장을 보라). 히브리서는 본질적으로 플라톤적인 이원론이나 우주론을 전제하지 않는다. 내가 보기에 저자는 예수가 드린 속죄 제사가 십자가 죽음이라는 역사적 사건으로 환원될 수 있다고 주장하지도 않는다. 오히려 저자는 예수가 드린 속죄 제사가 절정에 도달할 때는 그가 아버지께로 승천하여 하늘의 지성소에 들어가 부활한 인간으로서 자신을 산 채로 드릴 때라고 생각한다.[5] 이에 대한 논증을 여기서 되풀이하지는 않겠다. 그 대신, 율법이 요구하는 의식이 지상의 외적 문제에만 효과를 발하고 내적 정결은 이루지 못한다는 이유로 저자가 율법과 그 제사 논리를 거부한다는 가정을 살펴보고자 한다.

---

5 특히 D. M. Moffitt, *Atonement and the Logic of Resurrection in the Epistle to the Hebrews*, NovTSup 141 (Leiden: Brill, 2011)을 보라.

율법이 제한적이고 외적인 정결만을 낳았다는 히브리서의 주장은 충격적이다. 나는 이러한 주장이 모세 체제의 의식적 요소들이 지닌 정화 능력을 의식적 정결 영역으로 제한한다는 수전 헤이버의 주장이 옳다고 확신한다.[6]

그러나 나는 헤이버나 웨더번 및 다른 사람들이 이 논쟁에서 추론하는 내용 또한 잘못되었다고 확신한다. 이들의 추론에 따르면, 히브리서 저자는 의식적 정결에 대한 관심과 심지어 레위기 제사의 전체 논리를 거부하고 이를 궁극적 구원 사건으로서 예수의 죽음이 중심이 되는 미리 형성된 기독론으로 대체해야 한다. 여기서 내가 주장하려는 바는, 저자가 특히 예수의 경우에 완전함 및 정결과 하나님의 임재에 다가갈 수 있는 능력을 밀접하게 연관시킨다는 사실은, 도덕적 정결과 죄에 대한 관심, 그리고 죄와 무관한 의식적 정결에 대한 관심 모두가 그의 구원론적 성찰의 중심에 놓여 있음을 알려 준다는 것이다. 저자는 예수가 하늘에 계신 아들이고 죄가 없는 분임에도 그의 인성에서는 완전해져야 했다고 고백하는데, 그래야 그가 위대한 대제사장이 되고 하늘 영역으로 돌아가 형제자매들을 위해 그곳에서 사역할 수 있기 때문이다. 나는 이러한 완전함 개념이 유대교의 의식적 정결에 대한 관심과 상당히 겹친다고 주장한다.

그러나 이것이 정확하다면, 정결을 이루는 율법의 능력에 한계가 있다는 저자의 주장은 저자가 제사 의식과 외적 정화를 전적으로 거부하고 레위기 의식에 반대되는 완전히 다른 어떤 것으로 대체했다는 추론(예수의 죽음이 곧 사람들을 위한 내적·도덕적 정화의 수단이라는 주장)을 뒷받침하지 않는다. 저자는 모세 율법에서 발견되는 제사와 외적 정화의 논리를 거부하는 대신 더 밀어붙여서 그 논리의 궁극적 결론, 즉 하나님의 천상적 임재가 있는 성

---

6 S. Haber, "From Priestly Torah to Christ Cultus: The Re-Vision of Covenant and Cult in Hebrews," *JSNT* 28 (2005): pp. 105-124. 내가 헤이버의 글을 상세히 다룬 내용은 3장을 보라.

스러운 공간에 완전하고 영구적으로 들어갈 수 있도록 하는 정결을 이룬다는 결론에 도달했다. 나의 제안은 히브리서 저자가 이런 종류의 정결을 완전함이라는 면에서 이야기하고 있다는 것이다. 그러나 히브리서를 직접 살펴보기 전에 유대 의식과 도덕적 정결의 개념들에 대해 지난 수십 년간 이루어진 몇 가지 중요한 연구를 살펴보면 도움이 될 것이다.

의식적이고 도덕적인 정결 이해하기

조너선 클라완스(Jonathan Klawans)는 그의 저서 『고대 유대교에서 부정과 죄』(Impurity and Sin in Ancient Judaism)에서 제2성전 유대교 및 후대 랍비 유대교의 일부 표현에서 발견되는 정결 개념뿐 아니라 성경의 정결 개념도 두 가지 평행한 정결 제도로 구성된 것으로 볼 때 가장 잘 이해된다는 논지를 펼친다.[7] 클라완스가 전개하는 논의의 범위는 이 연구의 테두리를 벗어난다. 그럼에도 여기서 그가 이 두 제도를 어떻게 이해하는지 간략히 요약하는 일은 도움이 될 것이다.

의식적 정결 제도는 사람이나 무생물을 부정하게 만드는 것으로 성경에 묘사된(특히 레 12-15장을 보라) 사건과 행동들, 그리고 이러한 부정을 바로잡을 수 있는 특정한 의식적 수단과 관련이 있다. 중요한 것은 의식적 부정함은 오로지 표면적인 현상이라는 것이다. 즉, 이런 종류의 정결은 사람의 내면적 정결과는 본질적으로 아무 관련이 없으며 오직 몸의 정결에만 해당한다.

후기 제2성전기에는 여러 상황과 행동이 사람이나 사물을 의식적으로

---

[7] J. Klawans, *Impurity and Sin in Ancient Judaism* (Oxford: Oxford University Press, 2000), 특히 pp. 21-32.

부정하게 만드는 것으로 간주되었는데, 예를 들어 무덤을 밟거나 시체를 만지는 것, 심지어는 시체가 놓인 '장막' 안에 있는 것 등이다.[8] 성관계, 생리, 정액 배출 또한 접촉하는 사람과 사물을 부정하게 만들었다. 아이를 낳으면 여성은 의식적으로 부정해졌다. 다양한 피부 질환도 사람을 부정하게 만들었다. 나아가, 많은 경우에 부정한 상태의 사람이나 물체는 특정 종류의 접촉을 한 사람들에게 그 부정함을 전염시킬 수 있었다.

주목할 점은 이러한 행위가 반드시 어떤 종류의 죄나 도덕적 결함을 수반하지는 않았다는 것이다. 출산, 시체 매장 준비, 피부병 앓이, 생리, 정액 배출 중 어느 것도 죄로 간주되지 않았다. 그러나 이 모든 것은 보통 직접적인 물리적 접촉을 통해 사람과 사물을 감염시키고 부정하게 만드는 일종의 오염시키는 힘을 생성했다. 마찬가지로 시체나 피부병에 걸린 사람이나 생리 중인 여성이나 최근에 사정한 남성을 만지는 행위도 사람을 부정하게 만들었지만, 만져서 부정해지는 것은 죄 짓는 일이 아니었다.

이러한 의식적 부정함에 대한 일반적 해결책은 시간 보내기와 씻기였다.[9] 예를 들어, 정액 배출은 유대인 남성을 부정하게 만들었다. 이 남성과 그와 특정 종류의 접촉을 한 사람들은 씻고 해가 질 때까지 기다리면 정결해질 수 있었다(레 15:1-11). 출산이나 피부병으로 인한 부정, 혹은 시체에서 감염된 부정을 제거하려면 더 복잡하고 흥미로운 과정이 필요했다. 예를 들어, 남자아이를 낳은 여자는 생리 때와 마찬가지로 7일 동안 부정했고, 이후 추가로 33일 동안 부정하여 총 40일 동안 부정했다(12:1-4). 이 기간이 끝나면 그 여성은 번제와 속죄제를 가져와야 했고(12:6-8) 그래야 출산 행위로

---

8 제2성전 시대에 사람을 의식적으로 부정하게 만든다고 간주되었을 행동과 상황을 잘 설명하는 논의는 E. P. Sanders, *Judaism: Practice and Belief, 63 BCE-66 CE* (London: SCM, 1992), pp. 217-222를 보라.

9 특히 Sanders, *Judaism*, p. 72를 보라.

부터 완전히 정결해질 수 있었다(12:8). 출산 같은 특정한 경우에 피의 제사가 정화 과정의 구성 요소가 되었다는 사실은 이후 다시 언급할 문제이며, 여기서 핵심은 이 예들이 의식적으로 부정해지는 것이 반드시 도덕적 범법/죄의 문제는 아님을 입증한다는 사실이다.

그렇다고 해서 의식적 부정의 문제가 죄의 영역으로 넘어갈 수 없다는 뜻은 아니다. 특히 의식적으로 부정한 사람이 특정 행동으로 금지 사항을 위반하는 경우에 그렇게 될 수 있었다. 그러한 범법이 일어날 수 있는 주요 장소 중 하나는 성전의 신성한 공간이었다. 예를 들어, 레위기 12:4은 출산으로 인해 부정해진 여인은 그런 상태에서 성물을 만지거나 성소에 들어와서는 안 된다는 점을 아주 분명히 밝힌다.

시체로 인해 부정해진 사람도 성소에 들어가지 못했다. 여기에는 의식적으로 부정한 사람은 하나님의 임재 앞에 가까이 갈 수 없다는 원칙이 있는 것으로 보인다.[10] 이는 레위기에서 시체에 오염되지 말아야 한다고 명시적으로 말하는 대상이 대제사장이라는 흥미로운 사실 이면에 작용하는 논리를 설명해 준다(레 21:10-11). 실제로 제사장에 대한 규정은 일반인에 비해 훨씬 엄격했다. 제사장도 대제사장에게 적용되는 엄격한 금지 규정에는 구속되지 않았지만 말이다(21:1-3). 이렇게 규정이 더 엄격한 것은 제사장, 특히 대제사장은 하나님의 임재에 가장 가까이 다가갔기 때문에 의식적 정결 상태에 훨씬 더 주의를 기울여야 했기 때문으로 보인다.[11] 제사장이 부정해진 상태에서 하나님의 임재에 가까이 다가간다면 죄책을 얻게 된다.

앞의 논의는 의식적 부정함이 큰 문제가 되거나 죄의 영역으로 넘어가는 주요 지점은 성소의 신성한 공간에 들어와 그곳에 거하시는 하나님의

---

10   여러 학자 중 샌더스는, 성전에서 하나님의 임재와의 근접성이 정결에 관심을 가지는 주요한 이유였다고 설득력 있게 주장한다(*Judaism*, pp. 70-72).

11   Sanders, *Judaism*, pp. 71-72.

임재에 가까이 다가가는 것과 관련이 있음을 암시한다. 하나님은 의식적으로 부정한 사람이 자신의 임재에 너무 가까이 오는 것을 허락하지 않으셨다. 이유는 무엇인가? 제이컵 밀그롬은 의식적 부정의 문제에서 핵심 관심사는 죽음이 나타나는 것과 죽음의 문제였다고 설득력 있게 주장한다. 의식적 정결의 문제는 종종 부패가 나타나는 혹은 드러나는 것과 관련이 있었다. 피와 정액의 손실, 인간의 시체, 피부병에 걸렸을 때 신체가 쇠약해지는 것 등은 모두 신체의 생명력이 감소하고 따라서 죽음이 나타나고 있음을 암시한다. 하나님은 죽음이 그분의 임재 안으로 들어오는 것을 용납하지 않으신다.[12]

그러나 죽음만이 유일한 요인이 될 수는 없다. 하이엄 매코비(Hyam Maccoby)는 죽음만이 의식적 부정함의 중심이라면 질에서 나오는 피의 손실이 여성을 부정하게 만드는 반면(아마도 생명력이 손실됨으로써) 실제로 죽음에 이르게 할 수 있는 상처로 인한 출혈은 그렇지 않다는 점이 이상하다고 지적한다.[13] 게다가 출산은 왜 여성을 부정하게 만드는가? 분명히 출산 과정에는 질에서 나오는 피의 문제가 있지만, 만약 그것이 전부라면 생리로 인한 정상적 부정의 기간인 7일을 넘어 몇 주 더 연장되는 것은 이상하다. 아이의 출생 자체가 어떻게든 여성의 부정함의 정도를 증가시키는 것 같다. 따라서 매코비의 제안은 문제가 죽음뿐만 아니라 필멸성(mortality)의 전체적 순환에 있다는 것이며, 나는 그의 주장이 옳다고 생각한다. 성관계, 출생, 부패, 죽음(필멸성과 관련이 있고 심지어 그것을 결정짓는 기능들)이 의식적

12　예를 들어, *Leviticus 1-16: A New Translation with Introduction and Commentary*, AB 3 (New York: Doubleday, 1991), pp. 46, 767, 1002-1003에서 이에 대한 J. 밀그롬의 논증을 보라.

13　H. Maccoby, *Ritual and Morality: The Ritual Purity System and Its Place in Judaism* (Cambridge: Cambridge University Press, 1999), p. 31.

정결의 중심에 놓여 있다.[14]

    클라완스의 용어를 계속 사용하자면, 도덕적 부정의 영역은 의식적 부정의 영역과는 상당한 차이가 있다. 나는 클라완스가 여기서 충분히 논의할 수 있는 내용보다 훨씬 큰 논쟁을 다루고 있다고 언급한 바 있다. 본질적으로 이 논쟁은, 죄가 의식적 부정처럼 실제적으로 오염시키는 힘을 생성하는지, 아니면 죄가 어떤 종류의 부정을 생성한다고 말하는 언어가 그저 의식적 부정의 언어를 도덕적 위반이라는 추상적 영역에 은유적으로 적용한 것에 불과한지를 두고 이루어진다. 클라완스는 앞에서 언급한 의식의 문제와 마찬가지로 죄도 실제적인 오염을 낳기 때문에 '부정'이라는 범주를 죄에 적절하게 적용해야 한다고 주장하며, 내가 볼 때 이 주장은 설득력이 있다. 따라서 의식적 정결 제도에 대해 말하는 것이 합당한 만큼 도덕적 정결의 제도에 대해 말하는 것도 합당하다. 그러나 둘이 동일하지는 않다. 의식적 부정은 궁극적으로 피할 필요가 없고 실제로 피할 수도 없지만, 도덕적 부정은 하나님이 정하신 금지 사항을 위반하거나 하나님의 명령을 이행하지 않아서 생기기 때문에 피하려고 애써야 한다.

    앞의 논의는 의식적 부정이 외적인 것일 뿐이며 상당 부분 물리적 접촉에 의해 전염된다는 사실을 알려 준다. 그러나 도덕적 부정은 그렇지 않다. 죄악된 행위는 죄인을 내적으로 더럽히는 도덕적 부정을 초래하지만, 이 부정이 다른 사람을 더럽히지는 않는다. 따라서 접촉을 통해 다른 사람이나 사물에 도덕적 부정을 전염시킬 수 없다. 그러나 이것이 더러움을 전달하지 않는다는 말은 아니다. 도덕적 부정은 이스라엘 땅을 더럽히는데(특히 레 18:24-25을 보라), 의식적 부정은 결코 그렇지 않다. 또한 어떤 죄로 인한 더러움은 심지어 멀리 떨어져 있어도 성소의 신성한 공간에 직접적으로 부정

---

14   Maccoby, *Ritual and Morality*, pp. 49-50, 207; 참조. Sanders, *Judaism*, p. 217.

을 전달하는 것처럼 보인다(예를 들어, 20:3에서 이스라엘 사람이 아이를 몰렉에게 제물로 바친 가증한 죄는 아마도 어느 몰렉의 신전에서 저질러졌겠지만 그럼에도 하나님의 성소를 더럽힌다). 그러므로 도덕적 더러움은 금지된 행위를 저지르기만 해도 내적 의미에서 죄인에게, 그리고 땅과 성소에 부착된다. 이 더러움은 외적인 것이 아니며 인간의 눈에 보이지 않지만 그럼에도 실제적이며, 실제적 결과를 가져온다.

이런 종류의 더러움은 또 다른 점에서 의식적 정결과 다른데, 시간이나 씻는 행위로 죄의 얼룩을 지울 수 없다는 것이다. 도덕적 정화에는 회개, 보상, 제물이 필요하다. 그러나 궁극적으로, 도덕적 부정으로 인한 땅과 성전의 오염은 땅이 이에 반응하여 그 땅의 거주자들을 '토해 내는'(예를 들어, 레 18:26-30) 정도까지 축적되고 하나님의 임재도 성소를 떠날 수 있다.[15]

이처럼 두 제도 사이에는 중요한 차이점이 있지만, 중요한 유사점도 있다. 클라완스는 다음과 같이 상황을 잘 요약한다. "두 종류의 부정 모두에서 우리는, 실제 물리적 과정에서 발생하는 지각된 효과를 다루고 있다는 점을 이해해야 한다. 의식적 부정의 경우, 실제 물리적 과정이나 사건(예를 들어, 죽음이나 생리)이 지각된 효과를 낳는다. 즉, 비영구적 전염이 발생하여 그 영향력 안에 있는 사람과 대상에게 영향을 준다. 도덕적 부정의 경우, 실제 물리적 과정이나 사건(예를 들어, 어린이 제사나 간음)이 의식적 부정과는 다른 지각된 효과를 낳는다. 즉, 전염되지 않는 오염이 발생하여 사람, 땅, 성소에 영향을 미친다."[16] 요컨대, 이 두 가지 정결 제도는 부정함이 전달되는 방식과 그것이 전달되는 대상이 현저히 다르다 하더라도 모두 실제 대상에 전달되는 실제적 부정을 다룬다.

15　이 마지막 요점은 J. Milgrom, "Israel's Sanctuary: The Priestly 'Picture of Dorian Gray,'" *Revue biblique* 83 (1976): pp. 390-399에서 특히 강력하게 주장한다.

16　Klawans, *Impurity and Sin*, p. 34.

그러나 클라완스가 거의 언급하지 않은 이 두 정결 제도에 대한 흥미로운 사실이 있다. 의식적 부정의 경우 정화를 위해 제사가 필요하지 않은 경우가 많지만, 어떤 경우에는 제사가 필요하다. 또한 의식적 제도와 도덕적 제도 모두에서 정화를 위한 제사(소위 속죄제라고 불리는)가 동일하다는 사실도 흥미롭다. 도덕적 위반을 바로잡아야 할 때 죄를 지은 당사자는 '속죄' 제물을 드려야 했다. 이 제사는 속죄를 위해 필수였다(예를 들어, 레 4:27-35을 보라). 그러나 의식적으로 부정한 특정 경우에 정결이 필요한 사람도 속죄 효과가 있는 '속죄' 제물을 드려야 했다(특히 12:6-8을 보라. 출산한 여자는 제사장이 그를 위해 속죄를 이룰 수 있도록 '속죄' 제물을 드려야 한다).

이 이상한 상황은 앞서 언급한 제이컵 밀그롬의 의식적 부정에 관한 이론으로 설명이 되는데, 도덕적 부정처럼 일부 의식적 부정도 성소를 더럽힌다고 가정하는 것이다. 이 이론은 보편적으로 받아들여지지는 않지만[17] 이 지점에서는 상당한 타당성을 가진다. 밀그롬은 (출산이나 시체의 부정함과 같은) 심각한 의식적 부정과 죄나 도덕적 부정 모두 멀리서도 성소와 제단을 더럽힌다고 주장한다. 심각한 부정은 더 경미한 부정보다 성소 안으로 더 깊숙이 침투한다. 이는 죄를 저지른 경우와, 출산 같은 특정한 의식적 부정의 경우에 피 제사가 필요한 이유를 설명한다. 밀그롬은 도덕적·의식적 부정으로 인해 제단과 성소에 달라붙은 부정함으로부터 제단과 성소를 깨끗하게 하거나 정화하는 힘이 피에 있다고 주장한다.[18]

그 증거로 밀그롬은 제물의 피가 제단이나 성소의 다른 부분에 발린다는 점, 그리고 속죄를 뜻하는 동사 '키페르'(*kipper*)의 목적어가 피가 발린 성소나 제단이라는 점을 지적한다. 예를 들어, 레위기 16:15-20에서 성소,

---

17 예를 들어, Maccoby, *Ritual and Morality*에서 밀그롬의 이론에 대한 다양한 비판을 보라.
18 특히 Milgrom, *Leviticus 1-16*, pp. 254-258, 711-712를 보라.

회막, 제단은 피를 바름으로써 '속죄된다.' 다시 말해, 속죄 행위는 정화 행위다. 그렇게 정화를 이루는 정화제 혹은 매개체는 바로 피다.

중요한 것은 레위기 16:16에서 매년 정화가 필요한 더러움의 근원으로 불결함(즉, 의식적 부정)과 백성의 죄, 두 가지를 지목한다는 점이다. 이것의 분명한 의미는 사람들의 의식적 부정과 도덕적 부정이 모두 신성한 구역을 더럽혔기 때문에, 결과적으로 깨끗하게 하기/정화가 필요하다는 것이다. 정기적으로 깨끗하게 하는 이 일은 언약 관계에 필수다. 지속적으로 유지하지 않는다면 하나님의 임재가 떠날 정도로 부정함이 쌓일 것이다(예를 들어, 겔 5:11을 보라). 이 신성한 공간에 피를 바르는 것은 성소를 정결하게 하는 데 필요한 수단이다.

그러나 밀그롬의 이론이 가장 약해 보이는 부분은 제단 및 신성한 공간의 정화와 제사드리는 사람들의 정화의 관계를 설명하는 대목이다. 밀그롬은 피가 직접 물리적으로 발림으로써 사물을 정화한다고 주장한다. 그의 논리는 제물을 바치는 사람에게 피를 바르지 않기 때문에 제사가 그 사람을 정화하는 역할을 하지는 않는다는 것이다. 제사는 사람들의 죄와 의식적 부정으로 오염된 제단을 정화하는 데만 필요하다. 죄로 인해 제물을 드리는 사람은 죄책과 회개를 경험함으로써 죄의 더러움에서 정화된다.[19] 의식적 문제에서 제사드리는 자는 시간과 씻는 행위로 정화된다.

로이 게인(Roy Gane)은 바로 이 지점에서 밀그롬을 신랄하게 비판했다.[20] 게인은 제물을 바치는 것과 제물을 바치는 사람의 정화를 사실상 연결하는 본문을 지적한다. 예를 들어, 레위기 12:7에서 출산한 여인은 자신이 바치는 제물을 통해 의식적 부정으로부터(from, *min*) 마침내 정결하게 된다.

---

19 Milgrom, *Leviticus 1-16*, pp. 254-256, 1056-1058.
20 R. E. Gane, *Cult and Character: Purification Offerings, Day of Atonement, and Theodicy* (Winona Lake, IN: Eisenbrauns, 2005), 특히 pp. 106-143.

마찬가지로 민수기 8:12, 21에서 레위인은 자신이 드리는 제사를 통해 정화된다. 다시 말해, 제사는 제물을 바치는 사람의 부정을 제거하는 것처럼 보인다. 이 증거는 밀그롬의 이론이 절반만 옳음을 시사한다. 부정함이 멀리서 성소로 전달된다는 밀그롬의 이론은 맞지만, 이는 단방향적이라는 문제가 있다. 신성한 공간에 부정함을 전달하기 위해 공간과 접촉할 필요가 없는 것처럼, 제단에 피를 바르면 제물을 바치는 사람도 정화되는 효과가 있을 수 있다고 게인은 주장한다. 즉, 피가 신성한 부속물에 미치는 정화 효과가 사람들에게도 전달되도록 하기 위해 피를 사람에게 직접 바를 필요는 없다.

여기서 언급할 만한 대화 상대가 한 명 더 있다. 제이 스클라(Jay Sklar)는 그의 저서 『죄, 부정, 제사, 속죄: 제사장적 개념』(*Sin, Impurity, Sacrifice, Atonement: The Priestly Conceptions*)에서, 클라완스가 의식적 부정과 도덕적 부정의 제도 구분을 강조한 것은 옳지만, 일부 의식적 부정의 경우 도덕적 부정에 필요한 것과 동일한 제사(특히 '속죄' 제사)가 필요하다는 사실은 이 지점에서 두 제도가 수렴함을 암시한다고 지적한다.[21] 두 종류의 부정이 초래하는 최종 결과를 고려하면 이 점이 더욱 분명해진다. 즉, 의식적 부정과 도덕적 부정 모두 하나님과의 관계에서 백성을 위험에 빠뜨리는 더러움을 만들어 내며, 성소에 임재해 계시려는 하나님의 의지를 위협한다.

스클라는 두 종류의 부정을 모두 해결하는 데 사용되는 '키페르'라는 용어를 의식적 정결의 문제에서는 정화만을, 도덕적 정결의 문제에서는 대속만을 의미하도록 너무 강하게 밀어붙여서는 안 된다고 주장한다. 제사 맥락에서 대속과 의식적 정화를 모두 달성하는 수단은 제물의 피, 특히 '속

21　J. Sklar, *Sin, Impurity, Sacrifice, Atonement: The Priestly Conceptions*, HBM 2 (Sheffield: Sheffield Phoenix, 2005), pp. 144-150, 특히 p. 149.

죄' 제물의 피를 바르는 것이다. 따라서 제사적 속죄는 대속이나 정결 중 하나로 축소될 수 없으며 대속과 정결의 효과를 모두 포함하는 것으로 이해해야 한다고 스클라는 제안한다.[22]

이제 히브리어 성경에 묘사된 의식적·도덕적 정결 제도에 대한 대략적 논의를 요약할 수 있게 되었다. 의식적 정결은 주로 외적 상태와 관련한 문제다. 이런 종류의 더러움은 전염성이 있으며 대개 접촉을 통해 퍼진다. 의식적 부정의 핵심은 필멸성의 문제로 보인다. 또한 그것은 하나님의 임재에 가까이 가려고 할 때 큰 장애물이 된다. 하나님은 의식적으로 부정한 사람이 자신의 임재에 가까이 오는 것을 허용하지 않으신다. 부정한 필멸성을 하나님의 신성한 공간에 가져오는 것은 죄를 짓는 것이다. 그러므로 사람이 의식적으로 정결한 상태에 있어야 할 일차적 필요성은, 죽을 수밖에 없는 인간이 하나님의 임재에 가까이 다가가기에 합당하게 만드는 데 있는 것으로 보인다.

도덕적 정결은 하나님의 명령에 순종하는 것과 관련이 있다. 하나님의 명령을 위반하면 도덕적으로 더럽혀진다. 사람의 도덕적 부정은 외적인 것이 아니며 전염되지 않는다. 의식적 부정과 도덕적 부정은 구별되지만, 그럼에도 둘 다 하나님과 백성 사이의 관계에 문제를 일으킨다. 의식적 부정은 백성이 하나님께 다가가는 것을 방해한다. 도덕적 부정은 죄로 더럽혀진 땅에 거할 능력을 위협하고 하나님의 징벌적 진노로 그들을 위협한다. 두 종류의 부정은 하나님이 백성과 함께 거하는 것을 심각하게 방해하는데, 둘 모두 성소를 더럽히기 때문이다. 하나님의 임재가 그곳에 머물기 위해서는 성소가 정기적으로 정화되어야 한다.

---

22 그의 주장을 요약한 글은 J. Sklar, "Sin and Impurity: Atoned or Purified? Yes!," in *Perspectives on Purity and Purification in the Bible*, ed. N. S. Meshel et al., LHB/OTS 474 (London: T&T Clark, 2008), pp. 18-31를 보라.

또한 온전한 의미의 제사적 속죄(즉 하나님과 인간이 함께 거할 수 있도록 도덕적·의식적 부정의 문제를 해결함으로써 이루어지는 상태)에 도달하려면 구속이나 대속, **그리고** 백성과 땅과 성소의 정화를 통해 하나님의 진노라는 위협을 없애야 한다. 바꾸어 말하면, 온전한 속죄는 도덕적이고 의식적인 더러움이 모두 제거될 때 이루어진다.

하지만 이 모든 것이 히브리서와 어떤 관련이 있는가? 내가 다음으로 논증하려는 것은 히브리서에 나오는 완전함 언어(perfection language)의 의미가 이 두 정결 개념과 어느 지점들에서 겹친다는 것이다. 더 구체적으로 말하자면, 저자는 때때로 하나님과 인간을 분리하는 부정함이 완전하고 지속적으로 교정된다는 의미로 완전함 언어를 사용한다. 이것이 옳다면, 예수가 완전해야 했다는 사실은 저자가 정결에 관심이 있음을 시사한다. 예수가 죄/도덕적 부정이 없음에도 완전해져야 했다는 사실은, 하늘의 아들이지만 죽을 수밖에 없는 인성을 지닌 그분이 신성한 하늘 공간에서 아버지께 다가가 그곳에서 백성을 위한 대제사장으로 섬기기 전에 정화가 필요했음을 암시한다. 그러나 이것은 저자가 율법에 자세히 설명된 의식적 정결 제도의 중심이 되는 외적 문제들을 무시하지 않았음을 암시한다.

히브리서에서 정결의 의미로서의 완전함

히브리서 저자가 도덕적 정결의 관점에서 생각한다는 것은 히브리서 1:3에 충분히 분명하게 드러난다. 여기서 그는 아들이 "죄를 정결하게 하는 일을 하시고"(καθαρισμὸν τῶν ἁμαρτιῶν ποιησάμενος) 하나님 우편에 앉았다고 말한다. 히브리서에서 예수를 하늘 지성소에 들어가는 대제사장으로 묘사한다는 사실을 고려할 때, '정결'과 '죄'라는 용어의 조합은 아마도 칠십인역 레위기 16:30을 암시하는 것 같다. 여기서 대제사장이 속죄일에 행하는 속죄 사역은 백성을 모든 죄에서 정결하게 하는(καθαρίσαι ὑμᾶς ἀπὸ πασῶν τῶν ἁμαρτιῶν ὑμῶν) 역할을 한다.

마찬가지로 분명한 것은 앞에서 의식적 정결로 묘사된 것과 비슷한 개념을 저자가 사용한다는 것이다. 앞서 주목했듯, 히브리서에서 이상한 점 중 하나는 율법에 규정된 제사가 도덕적 정결에 영향을 미치지 않고 단지 육체의 제한적 정결만을 가져왔다는 저자의 주장이다. 헤이버가 말했듯, 히브리서 저자는 율법에서의 정결을 의식적 정결로 축소한 것으로 보인다. 그러나 이는 저자가 의식적 정결의 논리와 외적이고 육체적인 것에 대한 관심을 거부한다는 뜻인가? 저자가 완전함 언어를 사용하는 것을 보면 그렇지 않음을 알 수 있다.

히브리서 7장에서 저자가 말하는 완전함과 불멸의 생명 사이의 밀접한 연관성은, 내가 다른 곳에서 주장했듯, 저자가 자신의 논증에서 예수의 육체적 부활을 가정하고 있음을 보여 주는 많은 단서 중 하나다.[23] 이번 장의 논증은 제사장의 정당성과 권위를 레위 지파의 혈통과 연결하는 율법과 예수의 영원한 부활 생명의 능력을 대조함으로써 펼쳐진다. 율법의 지파 혈통/족보와 합법적인 제사장 계승의 연결은 죽음이라는 현실과 결부되어 있다. 저자는 히브리서 7:8과 7:23에서 이 점을 명시적으로 강조하며, 멜기세덱과 예수가 가졌던 종류의 생명이 족보의 문제가 있음에도 제사장 지위를 정당화함을 저자가 주장할 때 그는 이 요지를 암묵적으로 나타낸다(참조. 7:3, 16, 24-25). 요점은 예수가 인간으로서 위대한 대제사장이 되신 시점이 다시는 죽지 않도록 죽은 자 가운데서 살아나셨을 때라는 점인 것 같다.

저자는 히브리서 7장의 논증을 마무리하고 다른 요점으로 넘어가면서 율법과 예수의 지속되는 생명 사이의 중요한 대조를 이렇게 다른 방식

---

[23] 특히 Moffitt, *Atonement and the Logic of Resurrection*, pp. 194-208.

으로 재진술한다. "율법은 약점을 가진 사람들을 제사장으로 세웠거니와, 율법 후에 하신 맹세의 말씀은 영원히 온전하게 되신 아들을 세우셨느니라"(7:28). 앞선 7장의 논증에 나온 대조를 고려할 때, 7:28을 다음과 같이 설명할 수 있을 것이다. 즉, 율법은 죽음에 종속되는 사람을 대제사장으로 임명하는 반면, 시편 110:4의 맹세는 죽음에 종속되지 않고 영원히 사시는 아들 예수를 대제사장으로 임명한다. 율법이 족보를 강조하는 것은 레위 제사장들이 죽음을 피할 수 없음을 증명하는 셈인데, 족보의 논리 자체가 죽음의 현실을 전제로 하기 때문이다. 이것이 바로 그들과 율법의 '약점'을 구성하는 주된 요소다. 이와 대조적으로, 아들의 완전함은 그가 이 약점을 공유하지 않음을 의미한다. 그는 지금 살아 계시며 다시는 죽음의 지배를 받지 않을 것이다.

율법을 죽음과 연결하고 예수를 생명과 연결함으로써 저자는 바울이 율법에 대해 생각할 때와 비슷한 움직임을 보인다. 바울과 히브리서 모두 율법이 하나님의 백성에게 생명을 가져다주지 못한다는 데 동의하는 것으로 보인다. 바울이 율법은 선하지만 죽음의 도구가 되었다고 주장할 때는 히브리서를 넘어선다. 하지만 바울과 마찬가지로 히브리서도 죄와 죽음, 부패로 오염된 창조 영역이 하나님의 임재와 분리되었다고 보는 종말론적 이원론을 따르고 있는 것 같다. 율법은 이 이원론의 한쪽 극과 불가분의 관계에 있으며, 사망의 권세를 잡은 자 마귀와 죽음에 종속된다(참조. 히 2:14).

이것이 기본적으로 옳다면, 율법이 어떤 것도 결코 완전하게 만들지 못했다는 히브리서 저자의 주장은, 율법이 하나님의 백성을 현재 상태에서 하나님 임재의 충만함으로 영구적으로 나아가게 할 수 없었다는 뜻이다. 요점을 다르게 말하자면, 율법은 결코 죽음의 문제를 완전히 해결하거나 다루지 못했다. 사실 죽음의 문제는 어떤 의미에서 율법의 논리 그 자체에, 특히 의식적 정결 규범과 제사장의 섬김에 관한 족보 규정에 구조적으로 내장되어 있다. 이것은 또한 율법이, 죽음에 대한 종속이 더 이상 하나님의 충만한 임재에 들어가지 못하게 하는 문제가 되지 않을 정도로 사람들을 정결하게 만드는 일에 실패했음을 의미한다. 나의 제안은, 이것이 바로 저자가 족보와 제사장직에 관한 율법 규정이 '약하고 쓸모없다'고 말할 때 그가 뜻하는 바라는 것이다. 그러나 히브리서 저자는 율법이 약하여 할 수 없었던 일을, 아들이 다시 살아나 대제사장으로서 하늘로 승천하심으로 성취하셨다고 주장한다.

여기서 내게, 히브리서에서 완전함의 의미가 지속되는 생명이라는 개념으로 전적으로 설명된다거나 그것으로 환원된다는 암시를 주려는 의도는 없다. 내가 제안하는 바는, 저자의 논증이 지닌 이러한 뉘앙스를 통해 완전함 언어를 사용하는 몇몇 경우가 의식적 정결에 대한 관심과 밀접하게 연결되어 있음을 알게 된다는 점이다. 실제로, 정결 개념의 존재는 아무것도 완전하게 할 수 없는 율법을 말하는 7:19과, 예수의 추종자들이 **하나님께 다가갈 수 있게** 해 주는 예수 안의 더 나은 소망을 대조하는 데서 이미 암시된다. 앞서 보았듯, 레위기의 의식적 정결 규범은 필멸의 상태를 하나님의 임재에 가까이 가는 데 적합한 상태로 만들어 하나님께 다가갈 수 있도록 고안된 것이다.

저자에게 히브리서 9:9과 9:14은 완전함과 정결이 중첩된다는 사실을 실질적으로 확인해 주는 구절이다. 여기서 '완전'과 '정결'이라는 용어는 같은 의미로 사용된다. 9:9에서 저자는 율법에 따라 드려진 예물과 제물이 예배자의 양심을 온전하게 할 수 없다고 주장한다. 이와 대조적으로 9:14에서는 그리스도의 피가 양심을 깨끗하게 한다고 지적한다. 이것은 히브리서에서 완전과 정결이 동의어로 사용될 수 있다는 강력한 증거다. 하지만 이와 마찬가지로 명확한 것은 이 구절들이 의식적 정결이 아닌 도덕적 정결(1:3에서와 같이) 개념을 암시한다는 것이다.

그러나 예수 자신의 경우는 상황이 다르다. 저자는 예수의 삶을 "죄가 없는"(히 4:15) 삶으로 묘사한다. 예수는 시험 가운데서도 죄가 없으셨다. 다시 말해, 예수는 도덕적으로 정결하셨다. 그는 자신의 죄를 처리하기 위해 어떤 제사도 드릴 필요가 없었다(7:27). 그럼에도 저자는 서신 전체에서 예수가 완전해져야 한다는 필요성을 암시하며, 그가 완전해지셨다고 분명하게 말한다(2:10; 5:9; 7:28). 선재하는 하나님 아들이신 예수가 완전해져야 했다는 것이 무슨 말인가?

이 말을 설명하기 위해 과거에 많은 주장이 제시되었다.[24] 앞서 언급한 히브리서에서의 완전과 정결의 연관성을 고려할 때, 나는 예수께 적용된 완전함 언어도 정결의 영역에 속한다고 제안한다.[25] 그러나 하나님의 아들 예

---

24 예를 들어, J. 뒤 플레시스(Du Plessis)는 히브리서의 완전함 언어가 주로 예수가 제사장으로서 성별된 것과 관련이 있지만, 인간으로서의 주관적이고 실존적인 발전을 배제하지는 않는다고 주장한다[*ΤΕΛΕΙΟΣ: The Idea of Perfection in the New Testament* (Kampen: J. H. Kok, 1959), 특히 pp. 212-127, 243]. D. 피터슨은 이를 포함한 여러 생각을 반박하며 예수의 성육신적 고난, 구원적 죽음, 승귀는 백성을 온전히 구원할 수 있는 자비로운 대제사장의 소명에 적합하도록 예수를 만들어 가는 과정으로 보아야 한다고 제안한다[*Hebrews and Perfection: An Examination of the Concept of Perfection in the "Epistle to the Hebrews,"* SNTSMS 47 (Cambridge: Cambridge University Press, 1982), 특히 pp. 49, 67, 73, 103]. D. A. 드실바는 예수의 완전함을 그의 "천상적 운명에 도달한 것"과 연결한다[*Perseverance in Gratitude: A Socio-Rhetorical Commentary on the Epistle "to the Hebrews"* (Grand Rapids: Eerdmans, 2000), p. 199; pp. 197-199도 보라]. K. B. 매크루든(McCruden)은 파피루스 문서에 근거하여 '완전함' 언어가 거래에 대한 공개적인 확정적/공식적 입증이라는 개념을 담을 수 있다고 최근에 주장했다[*Solidarity Perfected: Beneficent Christology in the Epistle to the Hebrews*, BZNW 159 (Berlin: de Gruyter, 2008), pp. 26-37]. 히브리서 맥락에서 볼 때 이것이 암시하는 바는, 완전함이란 주로 예수의 대제사장적 제사가 지니는 유익하고 개인적인 성격에 대한 언급을 공개적이고 결정적인 방식으로 하고자 의도된 언어라는 것이다(pp. 69, 117-121, 139).

25 이 점은 여러 번 언급되었다. 예를 들어, W. G. 존슨(Johnsson)은 의식적 관점에서 히브리서의 완전함 언어가 천상적 의식에 접근을 허용하는 것과 부분적으로 관련이 있다고

수께 해당되는 정결은 도덕 영역이 아니라 의식 영역에 속하는 것이다. 내가 주장해 왔듯, 예수의 완전함이 그가 불멸의 인간으로 부활하신 것과 관련이 있다면,[26] 예수께 적용되는 정결 개념은 몸의 정결과 관련이 있을 것이다. 예수는 아들이셨지만 인성을 지녔기 때문에 전적인 필멸의 상태였으며, 따라서 의식적 부정함에 종속되셨다. 하나님의 아들이신 예수는 부활 전에는 죽음에 종속되셨고 실제로 인간으로서 죽으셨다.

다르게 말하면, 죽음이라는 궁극적 문제와 그것이 인류가 하나님의 임재로 완전히 들어가지 못하도록 방해하는 방식이 예수의 불완전한/필멸의 인성에도 적용되었다. 이 논리는 의식적 정화의 논리와 놀랍도록 유사해 보인다. 따라서 예수가 죽은 후 완전해졌다는 것은 그가 전적이고 **의식적으로** 정결해졌다는 의미인 것 같다. 다시 말해, 히브리서 11:35에 약속된 더 나은 부활이 예수의 인성에 주어졌다. 이 완전함의 순간에 예수의 인성은 더 이상 필멸의 상태가 아니었고 더 이상 죽음의 지배를 받지 않았다. 그러므로 예수는 의식적 부정함의 문제에 다시는 종속되지 않으셨다. 이러한 완전함으로 인해, 즉 인성이 완전하고 돌이킬 수 없이 정화되었기에 예수는 다른 대제사장들이 하지 못한 일을 하실 수 있었다. 즉, 하늘 성소의 신성한 공간으로 올라가 하나님의 임재가 충만한 곳에 가까이 다가가셨고, 중요하게는 그곳에 머무르실 수 있었다.

주장한다[*Defilement and Purgation in the Book of Hebrews*, Studies in Jewish and Christian Literature (Dallas: Fontes, 2020), pp. 120-121, 260-263].

26 Moffitt, *Atonement and the Logic of Resurrection*, pp. 198-214.

히브리서, 율법, 대체주의

앞의 결론들이 저자의 논리를 적절히 활용하고 있다면, 그것들은 히브리서의 대체주의라는 큰 문제와 명백한 율법 폄하 표현에 관한 중요한 함의를 담고 있다. 나는 히브리서 저자에게 율법의 한계는 율법 자체가 어떤 의미에서 죽음과 부패에 종속되어 있다는 사실에서 비롯된다고 이미 제안한 바 있다. 히브리서는, 율법이란 다가올 세상/시대가 도래하면 사라질 시대에 묶여 있고 그 사실로 인해 권위와 정당성의 영역이 제한된다는 이해에 따라 작동하는 것 같다.

이 요지가 중요한 것은, 완전함과 관련한 율법의 한계를 지적하는 저자의 언급이 율법의 **고유한 영역 내**에서 율법이 가지는 정당성과 권위를 부정하지 않는다는 뜻이기 때문이다. 사실상 현대 히브리서 주석에서 간과하는 구절 중 하나인 히브리서 8:4에서 저자는 율법의 권위가 예수가 이 땅에서 제사장이 되는 것을 막는다고 지적한다. "예수께서 만일 땅에 계셨더라면 제사장이 되지 아니하셨을 것이니 이는 율법을 따라 예물을 드리는 제사장이 있음이라." 저자는 예수가 이제 하늘을 통과하여 하나님의 임재에 들어가셨다는 사실을 진지하게 받아들인다. 이것이 히브리서 저자가 예수의 제사장 사역을 일관되게 하늘에 위치시키는 이유 중 하나다. 이 땅에서는 그분이 합법적으로 제사장 직분을 맡아 제사장 사역을 수행하는 것이 율법에 의해 금지된다.

이러한 주장은 저자가 단순히 율법의 권위를 무시하지 않았음을 나타낸다. 하늘의 영역에서 또한 다가오는 시대에는 율법의 한계가, 특히 의식적 정결의 영역에서는 적용되지 않는다. 갈라디아서 3장에서의 바울의 주장과 다르지 않은 방식으로, 이 주장은 유대교의 묵시적 시간 구분에 의존하여 율법을 특정 기간/시대 즉 영원한 시대 이전의 한정된 장소와 시간 내에 위치시킴으로써 율법을 임시적 범주로 묶는다. 따라서 율법의 규정 중 적어도 일부는 부패하는 영역과 같은 운명을 맞을 텐데, 율법이 이 영역과 밀접하게 엮여 있기 때문이다(참조. 히 1:13-14; 8:13; 12:27). 지상의 영역이 마침내 최종적으로 흔들려서 흔들리지 않는 실재만 남게 되면, 율법은 '치환'되거나 변화될 것이다(참조. 7:11-12, 18-19; 8:13).

그러나 '대체주의'의 언어는 이런 종류의 논리를 정확하게 설명하지 못한다. 완전함이 부활과 다가올 영원한 시대의 정결하고 영속적인 삶을 수반한다는 생각은 율법의 의식적 정결 규범의 필요를 몇 가지 주목할 만한 방식으로 무효화할 수 있다. 그러한 불멸의 상태로 사는 사람에게 죽음과 부패로 인한 어떤 오염이 존재하거나 심지어 가능하겠는가? 필멸성이 주는 부정의 가능성이 사라지면 신체 정화 의식의 필요성이 사라진다.

결론

모세 체제에서는 도덕적이고 의식적인 부정이 하나님과 백성 사이의 완전한 교감과 유대를 방해했고, 이러한 문제는 제사와 기타 의식을 통해 완화되었다. 하지만 히브리서 저자가 설명하길, 도덕적 더러움이나 죄가 완전히 지워져 다시는 발생하지 않고 심지어 의식적 부정이 결코 발생하지도 않는 상황은 얼마나 더 좋을 것인가? 히브리서의 여러 지점에서 이런 상황은 '완전함'이라고 불린다. 제사는 그것이 속한 때와 장소에서는 좋은 것이다. 하나님은 아벨이 뿌린 피를 기뻐하셨다(히 12:24). 마찬가지로 하나님은 아들이 드린 제사도 기뻐하신다. 그러나 제사로 해결할 문제가 더 이상 문제가 되지 않기 때문에 용서와 정화를 위한 제사가 더 이상 필요하지 않은 상황이라면 얼마나 더 좋겠는가? 나의 제안은 이것이 히브리서의 논증에 담긴 논리라는 것이다. 율법의 의식적 요소는 분명히 상대화되지만, 그렇다고 해서 그것이 어떻게든 나쁘거나 본질적으로 부정적이라는 뜻은 아니며, 히브리서가 그러한 제사의 논리를 예수께 적용하지 않는다는 의미도 아니다. 모세의 의식은 제한적이지만 그럼에도 좋은 것이다. 히브리서 저자의 요점은, 사람이 완전해지고 하나님 임재의 충만함 속으로 완전히 들어갈 수 있게 되면 율법의 정결과 용서 의식의 필요성이 사라진다는 점인 듯하다.

요컨대, 예수는 죄 없는 하나님의 아들이었지만 그럼에도 지상에 계실 때는 율법의 한계에 묶여 있었으며 하늘 영역으로 돌아가기 전에 인성에서 완전해져야 했다. 따라서 히브리서의 완전함, 정결, 부활의 연결 고리가 암시하는 것은 율법에 자세히 설명된 의식적 정결의 중심에 놓인 관심사가 히브리서의 기독론과 구원론에 반대되는 것이 아니라 그 기초가 된다는 것이다. 여기에는 율법을 절대적이거나 영원한 것으로 보는 태도에 반대하는 논쟁이 있지만 이는 율법을 무시하거나 폄하하는 논쟁은 아니다. 천사, 모세, 아론, 제사장직과 마찬가지로 율법은 히브리서 저자에게 선하고 계시적인 것이지만, 율법도 이 인물들도 하나님의 백성에게 궁극적으로 약속된 유업의 충만함에 들어갈 길을 열어 주지는 못했다. 이것이 저자가 예수의 완전함을 강조하고 예수가 제공하는 것이 어떻게 이전의 것보다 더 나은지를 설명하면서 전달하려는 의미의 핵심 측면이다.

8. 하늘 성막에서의 섬김
신성한 공간, 예수의 대제사장적 제사, 히브리서의 유비적 신학

마리 아이작스(Marie Isaacs)는 자신의 저서 『신성한 공간: 히브리서 신학에 대한 접근』(*Sacred Space: An Approach to the Theology of the Epistle to the Hebrews*)에서, 히브리서가 예루살렘이 파괴되는 상황 앞에서 약속의 땅 이스라엘, 도시 예루살렘, 성전과 관련된 신성한 공간이라는 물리적·외적 개념으로부터 청중의 초점을 전환하기를 시도한다고 주장한다. 히브리서 저자는 이러한 것들이 "가질 가치가 있는 유일한 신성한 공간, 즉 하늘"로 대체되어야 한다고 주장한다.[1] 그리고 예수는 죽음을 통해 그 영역에 접근하실 수 있게 되었다. 저자는 십자가와, 구체적으로는 그로 인해 그분이 하나님께 접근할 수 있게 되었다는 사실을 가지고 "지상에 지리적으로 위치한 신성한 영역"이라는 전통적인 유대교 개념을 재해석하여 이 공간을 "하늘에서의 복된 상태"로 재정의한다.[2] 따라서 저자의 작업은 근본적으로 해석학적이다. 예수의 죽음을 사람의 내면을 정화하는 제사라는 은유(metaphor)로 이해할 수 있다는 믿음에서 시작하는 저자는, 더 나아가 지

---

1   M. E. Isaacs, *Sacred Space: An Approach to the Theology of the Epistle to the Hebrews*, JSNTSup 73 (Sheffield: JSOT Press, 1992), p. 67.
2   Isaacs, *Sacred Space*, p. 82.

상의 모세 체제에서 신성한 공간을 구성했던 구체적인 물리적 장소와 외부적 의식들이 어떻게 하나님의 임재 안의 추상적·비물질적 실재를 가리키는 은유로 작용할 수 있는지 보여 주고자 한다. 다시 말해, 히브리서는 신성한 물리적 공간을 신성한 영적 상태로 변화시킨다.

아이작스는 이러한 생각들을 본문의 공간적 언어와 관련하여 풀어내려 한다. 하지만 예수가 하늘에 들어가 사역하신 것과 관련한 저자의 언어를 가장 잘 이해하는 방법은 그것을 예수의 죽음이 지닌 영적 의미를 유대 대제사장의 속죄 사역(전적인 것은 아니지만 특히 속죄일에 지성소에 들어가는 것과 관련된)[3]으로 묘사하는 확장된 은유의 일부로 보는 것이라는 전제를 가지고 히브리서를 해석하는 사람은 아이작스만이 아니다. 이와 관련해 현대의 2차 문헌에서도 저자의 "대제사장 은유"에 대한 언급을 확인할 수 있다.[4]

여기서 나의 주장은, 히브리서에 대한 이러한 접근 방식이 두 가지 상호 연관된 방식으로 본문을 잘못 해석한다는 것이다. 첫째, 히브리서가 지상의 의식과 그 신성한 공간에 대한 성경의 묘사에서 은유를 발전시켜 하늘이라는 추상적·영적 영역에 대해 생각한다는 견해는 하늘에 대한, 그리고

---

3 예를 들어, H. W. Attridge, *The Epistle to the Hebrews*, Hermeneia (Philadelphia: Fortress, 1980), 특히 pp. 260-266; K. Backhaus, "Per Christum in Deum: Zur theozentrischen Funktion der Christologie im Hebräerbrief," in *Der Sprechende Gott: Gesammelte Studien zum Hebräerbrief*, WUNT 240 (Tübingen: Mohr Siebeck, 2009), pp. 68-71; C. A. Eberhart, "Characteristics of Sacrificial Metaphors in Hebrews," in *Hebrews: Contemporary Methods—New Insights*, ed. Gabriella Gelardini (Leiden: Brill, 2005), pp. 37-64; J. Smith, *A Priest Forever: A Study of Typology and Eschatology in Hebrews* (London: Sheed & Ward, 1969), 특히 pp. 112-114.

4 예를 들어, K. L. Schenck, *Cosmology and Eschatology in Hebrews: The Settings of the Sacrifice*, SNTSMS 143 (Cambridge: Cambridge University Press, 2007), pp. 45-46, 144-181, 특히 pp. 145, 168.

저자가 지상의 신성한 공간과 대제사장 사역을 이에 대응하는 하늘의 실체들과 연관시키는 방법에 대한 잘못된 모델을 가정한다. 둘째, 예수의 구원 사역에 대한 이러한 해석은 은유와 관련한 히브리서의 유비적 추론을 잘못 이해한 것이다. 이와 다르게 히브리서에서 예수의 대제사장적 지위와 하늘 사역에 대한 단언과 묘사는, '하늘'을 하늘 성막/성전을 포함하는 신성한 공간으로 보는 저자의 이해를 전달하는 동시에 다음과 같은 암시를 준다. 즉, 히브리서 저자가 가정하는 우주론에 의하면 땅의 지성소에서 드리는 피의 속죄 제사와 궁극적인 신성한 공간인 하늘의 지성소에서 예수가 자신을 속죄 제물로 드린 것 사이에 유비(analogy)가 성립된다.

방금 사용한 '은유'와 '유비'라는 언어와 관련해, 우선 언급해야 할 몇 가지 주의 사항이 있다. 첫째, 나는 히브리서의 대제사장 기독론과 신성한 공간 개념이 은유라고 논증하는 사람들에 대해, 그들이 그러한 은유가 현실을 가리키지 않는다거나 저자나 청중이 이것을 현실을 가리키는 은유로 이해하지 않았다는 주장을 했다고 말하려는 게 아니다. 둘째, 나는 히브리서에는 은유가 없다고 제안하려는 게 아니다. 히브리서는 은유로 가득 차 있다(예를 들어, 2:1; 3:4; 4:12; 5:12-14; 6:7-9; 12:29; 13:20을 보라). 내가 다루는 중심 질문은 본문에 내포된 하늘의 기본 모델 또는 개념이 저자가 발전시킨 신성한 공간 및 예수의 대제사장적 제사 개념과 어떻게 연관되느냐다. 나의 주장은 이들이 은유로 생각되거나 묘사되지 않는다는 것이다. 셋째, 나는 인간의 언어, 이해, 현실과의 관계를 구조화하는 데서 은유의 중심성을 둘러싼 더 큰 철학적 논쟁에 관여하지 않는다.[5] '은유'와 '유비'라는 용어

---

5 G. Lakoff and M. Johnson, *Metaphors We Live By* (Chicago: University of Chicago Press, 1980). 『삶으로서의 은유』(박이정); S. McFague, *Metaphorical Theology: Models of God in Religious Language* (Philadelphia: Fortress, 1982), 특히 pp. 15-16. 『은유신학』(다산글방).

는 뒤에서 엄격하게 정의할 것이다. 이 용어들은 주어진 언어 체계 내에서 인식될 수 있는 언어적 비유를 가리킬 뿐 언어와 사고의 가능성 자체를 생각하기 위한 더 큰 범주를 가리키지 않는다. 따라서 히브리서의 대제사장 구원론과 이와 상호 연관된 하늘의 신성한 공간에 대한 개념이 은유적이지 않고 일차적으로 유비적이라는 말은 일반적인 신학적 추론의 본질이나 언어와 이성의 근간을 이루는 본질적 구조에 관한 주장이 아니다. 오히려 공시적으로 볼 때, 하늘과 지상의 의식적 실재의 관계에 대해 히브리서가 말하는 방식은 저자가 가정한 하늘의 실재와 성경에서 묘사하는 지상적 실재의 유비를 이끌어 냄으로써 작동할 뿐, 영적 추상성을 설명하거나 자신의 구원 경험의 중요성을 명명하기 위해 지상의 구조와 관습에 대한 성경의 묘사에서 은유를 만들어 냄으로써 작동하는 게 아니다.

모형, 은유, 유비

내 생각에 현대의 히브리서 해석자 대부분은 하늘과 예수의 대제사장적 사역에 대한 히브리서의 성찰이 두 요소에 대한 호소에 달려 있다는 데 동의할 것이다. 바로 성막의 신성한 공간에 대한 성경적 묘사(그리고 아마도 저자가 예루살렘 성전의 신성한 공간에 대해 가지고 있던 지식도 포함하여), 그리고 속죄일에 그 공간에서 대제사장이 일종의 모델로서 사역한 것에 대한 묘사다. 중요한 질문은 저자의 프로젝트가 어떤 종류의 모형화(modeling)와 그에 상응하는 해석학에 근거를 두고 있느냐는 것이다.

재닛 마틴 소스키스(Janet Martin Soskice)는 예리하고 유익한 단행본 『은유와 종교적 언어』(*Mataphor and Religious Language*)에서 동형(homeomorphic) 모형과 이형(paramorphic) 모형을 신중하게 구분하고 두 모형 중 특히 후자가 은유와 연관되는 방식을 조사한다.[6] 소스키스에 따르면 동형 모형은 그것의 대상(subject)이 동시에 출처(source)가 되기도 하는 모형이다. 이러한 종류의 모형은 그 출처를 모방함으로써 대상을 나타낸다. 모형 비행기나 종이 지구본이 동형 모형의 예가 될 수 있다. 동형 모형을 구성하는 다양한 요소는 그 모형이 나타내는 대상에 "구조의 유비"로 연관되도록 배열된다.[7] 즉, 동형 모형의 요소들은 어느 정도 구조화되어 있어서 묘사되는 출처에 속한 요소 간의 구조적 관계에 따라 서로 연관되도록 위치가 정해진다. 이러한 모형은 명백히 은유가 아니다. 무엇보다 이것이 언어 행위가 아니기 때문이다.

나아가 이런 종류의 모형에 대한 언어적 설명은, 모형의 출처가 만들어내는 연상망(associative network)에 속하는 용어들(본래의 사물이나 상황에 적합하거나 자연스러운 것으로 간주되는 용어, 생각, 관계의 집합)을 모형에 적용할 수 있다. 하지만 이러한 언어적 행위조차도 은유가 아니다. 예를 들어 아이에게 훌륭한 '조종사'가 되어 모형 비행기를 진열장으로 '비행'시켜서 거기에 '착륙'시키라고 말하는 경우 '조종사', '비행', '착륙'이라는 용어는 은유적으로 사용된 게 아니다. 이것은 실제 비행기(모형의 대상이자 출처)의 연상망과 그 모형 사이의 평행적 요소들을 가지고 유비적으로 말하는 것이다. 따라서 모형에 대해 '조종사', '비행', '착륙'이라는 용어를 사용하는 언어 사용자는 이것이 모형의 출처에 적합한 방식으로 상응한다고 이해한다. 비록 아이가 비행기를 움직이는 것을 문자 그대로의 비행으로 착각하지 않겠지만, 이러한 용어들을 모형과 나란히 사용하는 것은 적절하다고 간주된다.

앞서 언급한 요지들의 의도가 유비를 동형 모형의 사용 혹은 그로부터 파생된 것으로 축소하려는 것은 아니다. 유비는 모형에 기반할 필요가 전

---

6   J. M. Soskice, *Metaphor and Religious Language* (Oxford: Clarendon, 1985), 특히 pp. 101-103.
7   Soskice, *Metaphor and Religious Language*, p. 64.

혀 없기 때문이다.[8] 이 비유에서 더 중요한 것은 "유비 관계는 모두 같은 것을 가리키며, 모두 같은 의미의 대상(res significata)을 가지고 있지만 다른 방식으로 가리킨다"는 것이다.[9] 따라서 유비적으로 말한다는 것은, 차이를 인정하면서도 어떤 용어의 적용이 그 사물이나 상황에 적합하거나 적절함을 인식하며 말하는 것이다. 유비는 새로운 방식으로 용어를 사용함으로써 용어의 의미를 확장할 수 있지만, 그렇다고 해서 대상과 관련해 근본적으로 새로운 관점이나 그림을 생성하지는 않는다. 이 용어의 새로운 적용이, 묘사되는 사물이나 상황과 관련해 근본적으로 다른 연상망 집합으로 이해되는 것을 불러내지는 않기 때문이다.[10] 유비는 특정한 언어적·문화적 맥락에서 비교되는 것들 사이의 적절한 상응 관계를 밝힌다고 이해되는 비교 사항들에 주목함으로써 작동한다.

여기서도 모형에 대해 유비적으로 말하는 것과 정확한 사본 또는 복제본에 대해 문자 그대로 말하는 것의 차이를 알 수 있다. 정확한 복제본의 정의 자체가 공간과 시간에서의 상대적 위치를 제외하면 원본과 동일하다는 뜻이기 때문에, 이것에 대해 원본에 적합한 용어로 말한다는 것은 곧 문자 그대로의 언어를 사용한다는 뜻이다. 그러나 정확한 복제본이 아닌 동형 모형에 대해 그와 같은 용어로 말한다는 것은 문자 그대로 말하는 것이 아니다. 앞에서 언급한 작은 플라스틱 비행기는 모든(또는 거의 모든) 면에서 원본을 복제한 복제본이 할 수 있는 방식으로(원본과 동일한 품질 표준에 따라 제작되었다고 가정할 때) 문자 그대로 비행하고 착륙할 수 없다. 그렇다

---

8   소스키스는 '유비'라는 용어의 사용이 모형과 관련 없다고 말한다(*Metaphor*, pp. 66, 74). 나는 여기서 그의 말을 유비가 이형 모형과 관련 없다는 뜻으로 받아들인다. 이와 무관하게 나는 모형의 출처에 속한 연상망의 용어들을 모형 자체에 적용하는 동형 모형의 경우, 유비가 이것과 관련된 언어 표현에 반드시 부적합할 이유는 없다고 생각한다.

9   Soskice, *Metaphor*, p. 65.

10 Soskice, *Metaphor*, pp. 64-66.

면 여기서 정의된 바와 같이 모형에 적용된 유비적 표현은, 출처 혹은 원형에 대한 정확한 사본 혹은 복제본에 적용되는 문자 그대로의 말과 혼동해서는 안 된다.

반면 은유는, 한 사물을 그 연상망이 근본적으로 다른 것으로 인식되는 다른 사물에 빗대어 말하는 것이다. 다시 말해, 은유는 "복수의 연상망"을 통해 단일화된 주제를 해석한다.[11] 이런 방식의 말은 반드시 그 주제에 대한 새로운 그림이나 관점을 생성한다.[12] 예를 들어, 뇌가 컴퓨터라고 말하는 것은 뇌를 전혀 다른 용어로 이해하는 것인데, '컴퓨터'는 '뇌'와 근본적으로 다른 연상망을 가진 용어이기 때문이다. 은유는 결국 죽은 은유가 될 수 있으며, 이 시점에서 화자는 그 언어를 적합하거나 자연스러운 것으로 받아들인다. 그러나 본래 은유가 은유로 인식될 수 있는 것은 바로 비교에 내재된 서로 다른 연상망이 명백하게 병치되기 때문이다.

소스키스는 이런 종류의 은유가 묘사되는 대상에 대한 이해를 돕는 이형 모형을 제시한다고 주장한다. 사물이나 상황**의** 모형으로 생각할 수 있는 동형 모형과 달리, 이형 모형은 사물이나 상황을 **위한** 모형이다. 따라서 이러한 모형은 종종 추상적 성찰과 관련 있다.[13] 또한 동형 모형의 대상은 출처와 동일하지만, 이형 모형의 대상은 반드시 그 출처와 다르고 그렇게 해서 다른 연상망의 요소를 도입해 모형을 구성하게 한다. 이러한 역학 때문에 본래의 '이론-구성적 은유'(theory-constitutive metaphor) 즉 이형 모형을 제시하는 중심 은유(예를 들어, '뇌는 컴퓨터다')는, 모형 내에 잠재된 복수의 연상망에 속한 요소들을 비교함으로써 더 많은 은유들을 풍부하게 생성할 수 있다(예를 들어, '뇌는 컴퓨터'라는 모형은 뇌가 정보를 '입력'받아 그

11　Soskice, *Metaphor*, p. 53.
12　Soskice, *Metaphor*, pp. 49-53; 참조. pp. 64-66.
13　Soskice, *Metaphor*, p. 103.

것을 '처리'하는 것과 같은 은유를 제안할 수도 있다).[14] 그러한 해석은 직접 접근할 수 없거나 이해할 수 없는 사물과 상황의 이론화에 매우 유용할 수 있다.

하지만 이 논의가 당면한 주제와 어떤 관련이 있는가? 내 생각에 현대의 많은 히브리서 해석자가 보여 온 경향은 히브리서에서 예수가 하늘 성막에서 섬기는 모습을 대제사장 용어로 묘사한 것을, 소스키스의 범주를 사용하자면 추상적 상황 이해를 위한 이형 모형을 제시하는 이론-구성적 은유의 일부로 생각하는 것이다. 여기서 추상적 상황이란 예수의 십자가의 결과로 자신이 얻었다고 느끼거나 믿는 구원을 가리킨다. 중심 은유(예수의 죽음은 궁극적 속죄 제사다)는 모형을 제시하는 것으로 이해되며, 이 모형을 통해 추상적 대상(예수의 십자가 처형 결과로 받는 구원의 혜택)이 로마인들에 의한 예수의 십자가 처형이라는 역사적 현실과는 근본적으로 다른 연상망을 통해 이해된다. 이 은유의 핵심에 있는 다른 연상망이란 유대의 피 제사 의식, 특히 속죄일에 행해지는 그 일에 관한 연상망을 말한다.

G. B. 케어드(Caird)는 이 요점을 잘 설명하며 이렇게 말한다. "제사의 언어는 그리스도의 죽음에 대해 사용될 때 은유적이다. 문자 그대로 그리스도의 죽음은 제사가 아니라 범죄에 대한 처형으로서, 한쪽에서는 정치적 필요성으로, 다른 쪽에서는 잘못된 정의 실현으로 간주되었다."[15] 예수의

---

14   Soskice, *Metaphor*, p. 102.
15   G. B. Caird, *The Language and Imagery of the Bible* (London: Duckworth, 1980), p. 157. E. W. 스테게만(Stegemann)과 W. 스테게만이 강조하는 것은, 현실에 대한 근본적으로 현대적인 평가가 기반이 되어 엄연한 사실과 그 사실의 의미에 대한 우리의 해석이 구분된다는 것이다("Does the Cultic Language in Hebrews Represent Sacrificial Metaphors? Reflections on Some Basic Problems," in Gelardini, *Hebrews*, pp. 13-23). 그들은 히브리서 자체는 예수의 죽음의 진정한 의미를 대체하거나 은유하기 위해 의식적 언어를 사용하지 않는다고 주장한다. 분명히 밝히겠지만, 나는 히브리서가 의식적 언어를 은유적으로 사용하지 않는다는 점에서 그들에게 동의한다.

십자가 처형이라는 역사적 사건을 유대의 피 제사로 묘사하는 것은 은유적으로 말하는 것이다. 그러한 기술은 두 개의 서로 다른 연상망(십자가 처형과 유대 제사)을 결합하여 역사적 대상(범죄자로서 예수의 죽음)을 완전히 다른 방식(유대 성전에서 행해진 속죄 제사)으로 이해할 수 있게 하기 때문이다. 이 중심 은유가 제시하는 모형은 예수의 죽음이 어떻게 인류를 위한 구원으로 이어질 수 있었는지 생각하는 데 도움을 준다.[16]

이 모형은 히브리서 저자에게 특히 강력한 것으로 여겨지는데, 그는 이 모형이 하나로 연결해 주는 연상망(한편으로는 예수의 고난과 죽음, 다른 한편으로는 유대의 제사 관습과 신학)을 가지고, 새로운 것을 밝혀 주는 많은 은유를 생성하기 때문이다. 이러한 추가적 은유들은 역사적 대상의 추상적인 실존적 혹은 영적 측면에 대한 성찰에 깊이 기여한다. 따라서 제사의 관점으로 이해할 때 예수의 십자가 처형은 속죄일에 지성소에 피를 뿌리는 것과 같이 정화와 구속을 이루는 피의 세정 행위로 해석될 수 있다. 또한 예수 자신은 제물로 죽어 자신을 하나님께 바치는 대제사장으로 해석될 수 있다. 예수의 죽음은, 특히 그 순간을 그분 영이 몸에서 해방되는 때로 이해할 때, 대제사장으로서 하나님께 나아간 순간이라는 관점에서 생각할 수

하지만 매우 다른 이유로, 히브리서가 예수의 죽음을 하늘에서 하나님께 제사를 드리는 속죄 사건과 동일시한다고 생각하지 않는다.

16 지난 40여 년 동안 은유라는 범주가 다소 유행처럼 번졌지만, 방금 설명한 히브리서에 대한 이해가, 현대의 많은 히브리서 해석에서 '은유'라는 용어를 사용하지 않더라도 예수의 죽음을 승귀 및 대제사장 사역과 연관시키는 방법으로 작용하는 것 같다. 예를 들어, J. F. McFadyen, *Through Eternal Spirit: A Study of Hebrews, James, and 1 Peter* (New York: Doran, 1925), pp. 129, 136, 147-148; S. Nomoto, "Herkunft und Struktur der Hohenpriestervorstellung im Hebräerbrief," *NovT* 10 (1968): pp. 1-25, 특히 pp. 17-18, 23-25; J. W. Thompson, *The Beginnings of Christian Philosophy: The Epistle to the Hebrews* (Washington, DC: Catholic Biblical Association of America, 1982), 특히 pp. 107-108.

있다. 영이 몸과 분리되고 죽음과 함께 하늘로 들어가신 것은 대제사장이 매년 성전 속 휘장을 통과하여 지성소로 들어가는 행위로 해석될 수도 있다. 저자는 틀림없이 이 중심 은유의 관점에서 볼 때 성막에 대한 성경적 묘사가 다른 많은 이차적 은유를 생성할 수 있는 비옥한 토대를 제공했다고 생각했을 것이다(참조. 히 9:5). 히브리서 저자의 진짜 논의 주제가 '예수의 죽음은 궁극적 속죄 사건이다'라면, 히브리서의 신학적 기획에 대한 이런 종류의 은유적 이해는 거의 정확하다고 볼 수 있다.

그러나 저자의 구원론적 무게 중심이 '궁극적 속죄 사건으로서 십자가' 은유를 중심으로 회전하지 않는다면 그림은 극적으로 바뀐다. 나는 다른 데서, 히브리서는 초기 기독교에서 선포한 기본적인 초기 신조의 내러티브(하늘에 계신 하나님의 아들이 성육신한 예수가 되셔서 고난을 받고 죽으시고 다시 살아나 하늘에 오르시고 하나님 우편에 앉으셨으며 그를 기다리는 자들에게 구원을 가져오기 위해 다시 오실 것이다)를 유대인의 피 제사라는 환원 불가능한 과정과 연관시키고자 한다고 주장한 바 있다.[17] 이 설명은 속죄, 즉 인류의 궁극적 정화와 구속을 일으키는 중심 사건은 예수의 죽음으로 축소되거나 붕괴될 수 없음을 암시한다. 이는 레위기 제사의 속죄 효과가 제물을 도살하는 행위로 축소될 수 없는 것과 마찬가지다. 오히려 저자에게 초점은 부활하신, 따라서 여전히 성육신해 계시는 아들이 하늘에 계신 아버지와 천사들의 임재 속으로 다시 돌아오시는 것에 있다.

이러한 관찰만으로는 히브리서가 이론-구성적 은유를 핵심에 두는 이형 모형에 의해 주도되지 않는다는 나의 주장을 입증하기에 충분하지 않다. 모형의 중심을 예수의 승천이나 승귀 같은 것으로 단순하게 옮길 수 있

---

17 D. M. Moffitt, *Atonement and the Logic of Resurrection in the Epistle to the Hebrews*, NovTSup 141 (Leiden: Brill, 2011), 특히 pp. 43, 292-296, 300-303. 또한 이 책 5장도 보라.

기 때문이다.[18] 저자의 기본적 해석학에 대한 평가를 크게 바꿀 수 있는 결정적 부분은 그의 논증 기저를 이루는 우주론에 관한 것이다. 이 문제가 제기되면, 히브리서의 핵심이 플라톤이나 필론의 우주론과 같은 것에 의해 주도되는지 아니면 우주의 구조와 사물에 대한 유대 종말론적 이해의 어떤 변형에 의해 주도되는지에 관해 오랫동안 논쟁이 이루어졌던 질문에 직면하게 된다. 이 오랜 학문적 이견에 관한 다양한 견해를 다시 언급하지는 않겠다.[19] 그 대신, 내가 다른 데서도 주장했듯,[20] 여기서 내가 제시하는 가정은 히브리서에서 발견되는 이원성이 일종의 플라톤적 관념론보다는 일종의 유대적 묵시주의에 더 크게 의존하고 있고 또 거기서 영향을 받았다는 것이다.

여기서 내가 기여하려는 바는, 저자가 하늘 성막과 그곳에서의 예수의 대제사장적 섬김을 숙고할 때 그 기저에 놓여 있다고 가정하는 모형에 대한 평가와 관련된다. 만약 히브리서에서 실재가 땅과 여러 하늘(그중 가장 높은 하늘에는 하나님이 보좌에 앉아 계시는 하늘 성막과 지성소가 있다)로 구

---

18 D. Farrow, *Ascension and Ecclesia: On the Significance of the Doctrine of the Ascension for Ecclesiology and Christian Cosmology* (Grand Rapids: Eerdmans, 1999), 특히 pp. 33-40를 보라.

19 오래된 내용이지만, L. D. Hurst, The *Epistle to the Hebrews: Its Background of Thought*, SNTSMS 65 (Cambridge: Cambridge University Press, 1990)를 보라. 더 최근의 내용으로는 E. F. Mason, "'Sit at My Right Hand': Enthronement and the Heavenly Sanctuary in Hebrews," in *A Teacher for All Generations: Essays in Honor of James C. VanderKam*, ed. E. F. Mason et al., 2 vols., JSJSup 153 (Leiden: Brill, 2012), 2: pp. 901-916를 보라.

20 Moffitt, *Atonement and the Logic of Resurrection*, 특히 pp. 145-181, 300-303. 또한 내 글 "Perseverance, Purity, and Identity: Exploring Hebrews' Eschatological Worldview, Ethics, and In-Group Bias," in *Sensitivity to Outsiders: Exploring the Dynamic Relationship between Mission and Ethics in the New Testament and Early Christianity*, ed. J. Kok et al., WUNT 2/364 (Tübingen: Mohr Siebeck, 2014), pp. 357-381도 보라.

성되고 그곳에서 사역하는 천사 제사장들로 채워져 있다고 상상한다면, 그리고 그러한 하늘의 실재가 지상의 의식을 정당화하고 구조화한다면, 히브리서가 의식의 언어를 예수께 적용하는 원리에 대한 완전히 다른 모형이 부상한다. 하늘 공간에 대한 이러한 이해는 다른 묵시적 유대인들과 마찬가지로 히브리서 저자 역시 천상의 의식과 지상의 의식의 관계를, 은유적 성찰을 가능하게 하는 이형 모형이 아니라 수많은 유비를 도출하게 하는 동형 모형으로 이해하고 있음을 암시한다. 이제 히브리서의 하늘과 하늘 성막 개념에 대해 간략히 살펴보자.

히브리서의 우주론, 하늘, 하늘 성막

최근에 에드워드 애덤스(Edward Adams)는 히브리서의 세계관이 제임스 톰슨(James Thompson)[21] 같은 학자들이 본문과 연결하려 했던 플라톤적 우주론과 쉽게 일치되지 않는 우주론을 가정한다고 주장했다.[22] 애덤스는 히브리서가 반유물론적 이원론을 수용하지 않으며 저자가 창조를 본질적으로 부정적이라고 판단한 적이 없다고 지적하는데, 내 생각에 이것은 옳

---

21 J. W. Thompson, *Beginnings of Christian Philosophy*, 특히 pp. 152-162; 더 최근작으로는, J. W. Thompson, "What Has Middle Platonism to Do with Hebrews?," in *Reading the Epistle to the Hebrews: A Resource for Students*, ed. E. F. Mason and K. B. McCruden, SBLRBS 66 (Atlanta: Society of Biblical Literature, 2011), pp. 31-52. 이와 유사한 저작으로는 예를 들어, W. Eisele, *Ein unerschütterliches Reich: Die mittelplatonische Umformung des Parusiegedankens im Hebräerbrief*, BZNW 116 (Berlin: de Gruyter, 2003); L. T. Johnson, *Hebrews: A Commentary*, NTL (Louisville: Westminster John Knox, 2006)를 보라.

22 E. Adams, "The Cosmology of Hebrews," in *The Epistle to the Hebrews and Christian Theology*, ed. R. Bauckham et al. (Grand Rapids: Eerdmans, 2009), pp. 122-139.

다.²³ 플라톤적이거나 필론적인 우주론적 전제들에 지나치게 의존하는 히브리서 해석에 대해 최근 에릭 메이슨(Eric F. Mason)²⁴과 스캇 매키(Scott D. Mackie)²⁵ 역시 추가로 비판을 가했다. 메이슨과 매키는 히브리서와 유대 묵시록 본문의 유사성을 강조하며 특히 예수가 하늘 성소에 즉위하신다는 중요한 모티프에 주목한다. 히브리서가 예수의 하늘 즉위를 강조하는 것은, 예수가 들어가 지금 사역하고 있다고 저자가 말하는 하늘 성막을 그가 어떻게 생각하는지에 대한 의문을 일으킨다(참조. 히 7:25-26; 8:1-2; 9:11-12, 23-24).

1978년 「세메이아」(*Semeia*)에 실린 한 논문에서 조지 맥레이(George MacRae)는 히브리서에 나타나는 하늘과 하늘 성전의 관계에 대한 두 가지 다른 개념을 인식하는 것이 중요하다고 주장한다.²⁶ 맥레이는 하늘이 성전이라는 개념과 하늘에 성전이 있다는 개념이 다르다는 중요한 요지에 주목한다. 그의 주장은 전자는 플라톤적 혹은 필론적 우주론과 더 관련이 있고 후자는 묵시적 우주론과 더 관련이 있다는 것이다. 곧 그 이유를 설명하겠지만 나는 히브리서가 이 두 개념을 결합한다는 그의 주장은 설득력이 없다고 생각한다. 그러나 하늘 성전에 대한 이 두 개념의 차이를 강조하는 것

---

23 나는 또한 히브리서에서 하늘과 땅 사이의 이원성이 물질적 영역과 영적 혹은 지적 영역의 대결이라는 관점에서 이해할 수 있는 것이 아니라고 주장해 왔다(Moffitt, *Atonement and the Logic of Resurrection*, 특히 pp. 301-302를 보라).

24 그는 여러 저작에서 이 점을 지적하지만 특히 E. F. Mason, *"You Are a Priest Forever": Second Temple Jewish Messianism and the Priestly Christology of the Epistle to the Hebrews*, STDJ 74 (Leiden: Brill, 2008)를 보라. 더 최근의 연구에서 메이슨은 히브리서가 묵시 문헌에서 흔히 볼 수 있듯이 하늘 성소와 신적 보좌를 연결한다는 사실을 강조한다("'Sit at My Right Hand,'" 특히 pp. 907-916).

25 특히 S. D. Mackie, "Ancient Jewish Mystical Motifs in Hebrews' Theology of Access and Entry Exhortations," *NTS* 58 (2011): pp. 88-104를 보라.

26 G. W. MacRae, "Heavenly Temple and Eschatology in the Letter to the Hebrews," *Semeia* 12 (1978): pp. 179-199.

은 매우 중요하다.

더욱 최근에 조너선 클라완스도 이 같은 차이에 주목했다.[27] 클라완스는 학자들이 때때로 하늘에 있는 성전(예루살렘 성전의 모델)이라는 개념과 성전으로서의 하늘(예루살렘 성전 단지, 즉 앞뜰과 성소가 함께 우주의 축소판 역할을 한다)이라는 개념을 혼합한다고 지적하면서, 하늘 성소를 말하는 제2성전과 기원후의 초기 문헌들에는 보통 이 두 개념 중 하나가 나타난다고 말한다.

클라완스는 또한 예루살렘 성전을 우주의 축소판으로 간주하는 경우, 우주 전체가 하나님의 성전으로 언급된다고 지적한다. 지구는 성전 단지의 앞뜰에 비유되고 하늘은 성전 그 자체, 즉 하나님의 성소에 비유된다. 또 다른 모델에서는 지상의 성전 단지가 어떤 식으로든 하늘에 있는 실제 구조물을 표현한 것으로 생각된다. 이 후자의 경우 지구는 우주적 성전 단지의 앞뜰로 간주되지 않으며 하늘은 성전이나 내부 성소와 동일시되지 않는다. 지상에 특별히 거룩한 공간이 있고 이 공간은 다양한 공간과 성소로 나뉘어, 하나님이 지상에 가장 온전히 거하시는 내부 성소에 도달할 때까지 점진적으로 더 거룩해진다. 이와 마찬가지로, 하늘에도 특별히 거룩한 공간이 있고 이 공간이 다양한 공간과 성소로 나뉘어져 하나님이 천상에서 가장 온전히 거하시는 가장 거룩한 곳에 도달할 때까지 점진적으로 더 거룩해진다(예를 들어, 에녹1서 14장; 에녹2서 20:1-21:6을 보라). 당연히 이 후자의 사상은 천사를 하나님의 하늘 제사장으로, 인간 제사장을 이에 상응하는 지상의 사역자로 이해하는 고도로 발달된 이해와 관련된다. 또한 여기에는 천상 영역이 여러 계층 또는 '하늘들'로 구성되었다고 보는 일반적 개념도

---

27 J. Klawans, *Purity, Sacrifice, and the Temple: Symbolism and Supersessionism in the Study of Ancient Judaism* (Oxford: Oxford University Press, 2006), pp. 111-144.

있다(예를 들어, 에녹2서 3-22장; T. Levi 3:1-10). 실재를 이렇게 이해하는 주요한 성경적 근거 중 하나는, 출애굽기 25:9, 40(26:30과 27:8도 보라)에서 하나님이 모세에게 산에서 본 대로 지상의 성막과 그 부속물을 만들라고 반복해서 권고하신 일에 대한 특정 해석이다.

실제로 출애굽기의 이 구절들과 산에서 모세에게 주어진 계시를 어떻게 해석하느냐가 중요해지는 것은 바로 이 지점이다. 필론은 출애굽기 25:9에 대한 플라톤적 해석의 명확한 예를 그의 저서 『출애굽기에 대한 질문과 답 II』(Quaestiones et solutiones in Exodum II)에서 제시한다. 필론은 모세가 산에서 성막의 모형을 '보았다'고 할 때 그가 문자 그대로 '본' 것은 아무것도 없다고 말하는데, 인간의 눈은 지적으로 이해할 수 있는 비물질적 형태를 볼 수 없기 때문이다. '본다'는 말은 그의 마음이나 영혼이 지각 가능한 실재에 대한 분명한 인식을 갖고 있었음을 나타내는 상징일 뿐이다(QE 2.52, 82; 참조. Mos. 2.74-76).

모세는 이러한 형태에 대한 '비전'이 마음속에 각인되어 있었기 때문에 우주의 축소판인 성막 단지를 지을 수 있었다. 따라서 필론은 지상 성막의 요소들이 우주의 측면들을 어떻게 나타내는지 보여 준다(Mos. 2.80-107). 예를 들어, 그는 특정한 수의 기둥은 각각 지구의 물질을 형성한 근원과 인간이 물질세계와 상호 작용하는 데 사용하는 감각을 나타낸다고 강조한다(2.80-81). 성소 덮개에 사용된 네 재료의 종류와 색은 세상을 구성하는 네 원소와 관련이 있다(Mos. 2.88, Congr. 116-117). 분향단은 첫 번째 성소의 중앙에 있으므로 땅과 물 사이에 있으며(Mos. 2.101) 그 자체가 땅의 상징이고(2.104), 일곱 가지로 갈라진 촛대는 일곱 행성이 있는 하늘의 상징이다(2.102-103).

히브리서도 출애굽기의 이 부분에 호소한다. 저자는 히브리서 8:5에서 출애굽기 25:40을 인용하는데, 이 시점은 예수가 하나님이 보좌에 앉아 계신 참된 하늘 성막에 들어가셨다고 말한(8:1-2) 직후이고 지상 성막의 세부 사항을 나열하고 그것들과 예수의 사역을 비교하기(9:1-10:22) 직전이다. 그러나 주목할 만한 점은 히브리서에는 성막의 구조와 성막의 물건에 대한 필론의 우주론적 설명과 같은 내용이 없다는 것이다. 히브리서는 지상의 구조물 바깥 부분의 요소들이 예컨대 어떻게 지구를 구성하는 요소들을 나타내는지 보여 주기보다는, 지상 성막에 제사장과 대제사장이 사역을 수행할 특정 도구, 필수 의식, 성소가 있었던 것처럼(9:1-10, 19-22) 예수도 대제사장 사역을 수행하는 하늘 성소에서 특정한 의식을 수행해야 함을 보이기 시작한다(9:11-14, 23-26; 참조. 5:1; 7:27; 8:1-5).

히브리서 8:4-5은 이 점을 명확하게 설명한다. 저자는 8:1-2에서 예수가 하늘에 계신 대제사장이라고 말한다. 8:4에서는 예수가 지상에 계셨다면 율법에 따라 제사장 직분을 수행할 자격이 박탈되었으리라고 언급한다. 그는 예수가 대제사장은 차치하고 이 땅의 일반 제사장 중 한 사람으로도 사역할 수 없다고 말하는 듯하다. 저자가 8:4에서 앞뜰과 첫 번째 성소에서만 사역한 일반 제사장들을 언급한 것을 감안할 때, 성막의 제사장들이 하늘에 속한 것들의 복사본과 그림자 안에서 섬긴다는 8:5a은 앞뜰과 첫 번째 성소가 어떤 식으로든 하늘의 실재에 상응함을 암시한다. 다시 말해, 앞뜰과 첫 성소는 우주의 하층이나 지상 혹은 지상의 요소를 대표하는 것이 아니라 하늘에 있는 것의 복사본으로 여겨진다. 지상의 제사장들은 성막에서 주로 우주의 아래쪽을 대표하는 부분에서 봉사하는 반면 대제사장만이 눈에 보이지 않는 실재를 대표하는 공간에 들어간다고 말할 수 없는 것이다(참조. Philo, *Spec.* 1.72). 그보다 히브리서 저자는 전체 성막 단지를 모세가 하늘 영역에서 본 구조와 관련이 있는 것으로 말한다. 따라서 지상의 성전 단지가 진정한 성전인 우주 전체를 상징한다는 필론의 견해(예를 들어, *Spec.* 1.66; *Somn.* 1.215; *Mos.* 2.194)는 지상 성막의 전체 구조가 하늘에 있는 실재를 반영한다고 보는 히브리서 저자의 견해와 현저하게 다르다. 이는 이 두 저자가 대조되는 중요한 측면이다.

이 마지막 관찰은 출애굽기 25:9에 대한 필론의 해석에 비해 히브리서 8:5의 출애굽기 25:40 해석이 더 직설적이고 비은유적이라는 점을 시사한다(QE 2.82의 출애굽기 25:40에 대한 그의 해석도 보라). 히브리서 저자가 적어도 일부 묵시적 유대인들처럼 모세가 하늘을 들여다보고(또는 심지어 하늘로 승천하여[28]) 그곳에서 하늘 성막/성전 구조를 보았다고 가정했다면, 하늘 실재의 패턴이 모세에게 '보였다'(τὸν δεδειγμένον, 출 25:40, 칠십인역; τὸν δειχθέντα, 히 8:5)는 출애굽기 25:40의 언어는, 필론의 경우처럼 지적으로 이해할 수 있는 비물질적 형태에 대한 정신적 이해를 나타내는 은유가 아니다.

나아가 출애굽기 25:40에 대한 보다 문자적인 이 해석은, 지상 성막의 공간과 거기서의 관행이 앞서 설명한 '구조의 유비'에 따라 적절하게 조직되고 구성된다는 점을 추가로 암시한다. 이런 종류의 우주론은 우주의 총체를 진정한 성전 단지로 생각하기보다, 합법적인 두 제사장 직분과 더불어[29] 합법적인 두 성전이 우주에 존재한다고 가정할 것이다. 이 중에서 출처는 하늘에 있는 성전이며, 지상에 있는 것은 하늘의 출처를 반영하는 (동형) 모형이다.

---

28 이 견해에 대한 증거는 Moffitt, *Atonement and the Logic of Resurrection*, pp. 150-162를 보라.

29 예수의 대제사장적 지위의 정당성에 대한 히브리서 7장의 논증은 지상의 레위 제사장직과 하늘의 제사장직 모두의 정당성을 전제로 한다는 것이 나의 주장이었다. D. M. Moffitt, "Jesus the High Priest and the Mosaic Law: Reassessing the Appeal to the Heavenly Realm in the Letter 'To the Hebrews,'" in *Problems in Translating Texts about Jesus: Proceedings from the International Society of Biblical Literature Annual Meeting 2008*, ed. M. Caspi and J. T. Greene (Lewiston, NY: Mellen, 2011), pp. 195-232를 보라.

히브리서와 필론의 대조가 이미 암시하듯, 히브리서는 하늘에 있는 성전/성막 개념을 입증하며 다른 증거들도 이 결론을 지지한다. 나는 다른 곳에서 하늘의 성전 단지 개념과 관련한 히브리서의 천사론 및 이와 대조되는 인간론의 중요성과, 예수가 들어가신 성막 구조가 지상의 성막과 유사한 방식으로 배치되어 있다는 사실에 대해 논증을 펼쳤지만,[30] 여기서 그것을 반복하지는 않겠다. 대신 여기서는 필론의 언어 및 우주론과 대비되고 하늘 성막 개념과는 잘 상응하는(즉, 저자는 여러 하늘의 존재를 믿는다) 히브리서 언어의 또 다른 측면에 초점을 맞추고자 한다.

히브리서 4:14에서 저자는 예수가 '하늘들'(τοὺς οὐρανούς)을 통과하는 모습을 묘사한다. 7:26은 예수를 '하늘들보다'(τῶν οὐρανῶν) 높은 분이라고 말한다. 8:1에서 저자는 예수가 '하늘들에 계신'(ἐν τοῖς οὐρανοῖς) 지극히 높은 분의 우편 보좌에 앉으셨다고 주장한다. 예수의 제사로 정화되는 하늘의 신성한 것들은 9:23에서 '하늘들에 있는'(ἐν τοῖς οὐρανοῖς) 것으로 이해된다. 12:23에 언급된 장자들의 회중은 '하늘들에'(ἐν οὐρανοῖς) 등록되어 있다. 12:25에 등장하는 유대 묵시록 본문을 연상시키는 언어에 따르면, 예수는 아마도(참조. 1:2) 독자들에게 '하늘들로부터'(ἀπ' οὐρανῶν) 경고하는 분일 것으로 추정된다.[31]

히브리서에서 하늘에 대한 언급이 이것뿐이었다면 여기서 다루는 요점에 대한 논쟁은 더 적을 것이다. 그러나 해석상의 난제는 히브리서 9:24에 있다. 이 구절에서 저자는 예수가 단수형의 "바로 그 하늘"(αὐτὸν τὸν οὐρανόν)에 들어가신 것을 언급할 뿐 아니라 이 언어를 예수가 하늘 성소

---

30 Moffitt, *Atonement and the Logic of the Resurrection*, 특히 pp. 118-144와 220-225를 각각 보라.

31 히브리서 1:10에도 복수형 οὐρανός가 나오지만, 이는 분명히 저자가 가졌던 선본에서 유래한 것이다.

에 들어갔다는 생각과 대립하는 뜻으로 사용한다. 저자의 일반적 패턴에서 벗어난 이러한 예외는, 그가 필론의 모델에서와 같이 우주를 진정한 성전 단지로 여겨 지구를 우주의 앞뜰로, 하늘 자체를 우주 성전과 동일한 것으로 이해한다는 증거로 받아들여지기도 한다. 실제로 맥레이는 저자가 필론처럼 하늘을 우주적 성소로 생각했다는 증거로 이 구절을 제시한다.[32] 그러나 "바로 그 하늘"에 대한 이 한 번의 언급이 플라톤적 또는 필론적 해석을 요구하는가?

히브리서 9:24 외에도 히브리서에는 단수형으로 οὐρανός가 두 번 더 등장한다(11:12 및 12:26). 그러나 두 용례는 모두 성경적 암시의 맥락에서 나타난다. 이 지점들에서 단수형의 사용은 저자가 알고 있는 성경 사본들에서 직접 받은 영향을 반영했을 가능성이 높다. 그럼에도 이러한 인식이 중요한 것은, 이 저자와 같이 그리스어판 유대 성경에 의존하는 경우 '하늘'이라는 단어를 복수형과 단수형으로 모두 사용하면서도 수의 변화가 반드시 그 용어가 지칭하는 실재의 변화를 수반한다는 암시가 없음을 강조하기 때문이다.[33]

---

[32] 맥레이는 히브리서에서 두 개념이 모두 발견된다고 주장하는데, 이는 성전으로서의 우주 모델을 믿었던 저자가 하늘에 있는 성전이라는 보다 묵시적인 개념을 받아들인 청중을 위해 몇몇 지점에서 자신의 언어를 그들에게 맞추었기 때문이다("Heavenly Temple and Eschatology," pp. 186-188).

[33] 나는 저자가 창조된 하늘과 창조되지 않은 하늘을 구별한다고 다른 곳에서 주장했지만 (*Atonement and the Logic of Resurrection*, p. 231n36) 더 이상 이 견해가 옳다고 확신하지 않는다. 여기 제시된 증거들, 특히 저자가 '하늘들'이 변화되고(히 1:10-11) '하늘'이 흔들린다고 말하고 있다는 사실(12:26)은 그가 단지 성경적 언어를 채택하고 있으며 복수형과 단수형의 사용이 동일한 실재를 지칭하는 호환적 방식임을 가정하고 있음을 시사하는 것 같다. '흔들리지 않는 것'과 마지막 흔들림 이후에도 '남아 있는 것'이 있지만(12:27), 히브리서에서 그러한 구분은 '하늘'과 '땅'의 이원론과 깔끔하게 연관되지 않는다. 하늘의 것 중 일부가 땅의 것처럼 정화가 필요하듯(9:23), 적어도 하늘의 것 중 일부는 땅의 것과 같이 최종적인 종말론적 변화의 대상이 될 것이다(1:10-11; 12:26).

실제로 그리스어로 쓰인 묵시 중심의 초기 유대교 및 기독교 문헌에서 단어의 복수형과 단수형 사이의 전환을 흔히 발견할 수 있다. 적어도 세 개의 하늘을 분명히 믿는 바울(고후 12:2)은 종종 단수로 하늘을 언급한다(예를 들어, 롬 1:18; 10:6; 고전 15:47; 갈 1:8). 심지어 바울은 고린도후서 5:1-2에서 분명히 동일한 실재를 가리켜 οὐρανός를 단수형과 복수형으로 연속해서 사용하기도 한다(참조. 살전 1:10; 4:16).[34] 이러한 형태 변화는 필론과 요세푸스 같은 비묵시적 유대인 저자와는 현저하게 대조되는 것이다. 이들은 우주가 하나님의 성전 단지이며 하늘 자체가 우주의 성소/성전이라는 견해를 가지고, 이 우주론에 맞게 자신들의 저작 전반에 걸쳐 단수형 οὐρανός를 일관되게 사용한다. 이러한 사용법은 우주의 본성에 대한 그리스 철학적 사변과 일치하는데, 여기서는 단수형이 압도적 표준이다.[35]

히브리서가 복수형과 단수형의 οὐρανός를 사용한 것은, 여러 하늘을

---

34 여기서는 총망라한 목록이 아닌 더 명확한 일부 참고 문헌만 제공하겠다. 신약성경에서는 막 1:10-11; 11:25; 12:25; 13:25, 32; 골 1:5, 16, 20; 4:11; 벧전 1:4, 12; 3:22; 벧후 1:18; 3:5을 보라. 이 현상은 1 En. 18:3-10의 그리스어 번역뿐 아니라 Jub. 2:2, 16; 11:8의 그리스어 번역에서도 발생한다. 또한 T. 12 Patr.(예를 들어, T. Levi 2:6, 9; 5:1); Apocr. Ezek. 2:1; 5:1; Apoc. Ezra 1:7, 14; Apoc. Sedr. 특히 2:3-5; 3 Bar. 2:5; 11:2(전반적으로 첫째 하늘, 둘째 하늘 등에 대한 명확한 언급과 함께); T. Ab. 4:5; 7:4을 보라.

35 잘 알려진 바와 같이, οὐρανός의 복수형은 칠십인역 이전의 그리스 문학에서 극히 드물다[예를 들어, F. Torm, "Der Pluralis Οὐρανοί," *ZNW* 33 (1934): pp. 48-50; P. Katz, *Philo's Bible: The Aberrant Text of Bible Quotations in Some Philonic Writings and Its Place in the Textual History of the Greek Bible* (Cambridge: Cambridge University Press, 1950), pp. 141-146]. Thesaurus Linguae Graecae라는 데이터베이스를 검색하면 다음과 같은 증거를 찾을 수 있다. 소크라테스 이전 철학자 아낙시만드로스(Anaximander)는 우주에 여러 개의 하늘이 있다고 생각했다. 이데오스(Idaeus)도 비슷한 생각을 했던 것 같다. 공작과 학에 관한 이솝(Aesop)의 우화에서도 복수형을 한 번 사용한다. 아리스토텔레스(Aristotle)는 몇 구절에서 복수의 οὐρανός가 존재할 가능성을 언급하지만 결국 그 생각을 버린다[테오프라스토스(Theophrastus) 또한 그렇다]. 복수형은 에라토스테네스(Eratosthenes)의 저작 *Catasterisimi*에 한 번 등장한다.

믿었고 하늘에 성전이 있다는 생각을 종종 증언했던 동시대인들의 패턴과 일치한다. 이를 감안할 때, 히브리서 저자가 9:24에서 단수를 사용한다는 사실을 맥레이의 방식으로 해석하기에는 무리가 있다. 더 그럴듯한 해석은 9:24의 "바로 그 하늘"이 하늘의 가장 높은 곳, 즉 성막/성전의 하늘 지성소가 있다고 생각되었던 곳을 가리킨다는 오트프리트 호피우스(Otfried Hofius)의 해석이다(참조. T. Levi 5:1).[36] 예수가 가장 높은 하늘에 들어가셨다는 것은, 예수가 '하늘들을 통과'(4:14)하시고 이제 '하늘들보다'(7:26) 높으신 동시에 '하늘들에'(8:1) 계신다는 언어와 잘 부합한다. 즉, 예수는 하늘을 떠나지 않으셨다. 만약 그가 필론이나 플라톤의 우주에 있었다고 상상한다면 우주의 바깥에 존재하는 궁극적인 신성한 영역으로 흡수되기 위해 하늘을 떠나야 했을 것이다. 그 대신 예수는 하늘에서 가장 높은 곳, 다른 모든 하늘 위의 장소, 하늘 지성소와 하나님 보좌가 있는 곳으로 올라가도록 초대받으셨다.

앞의 요점들은 히브리서 저자가 여러 하늘이 존재하고 가장 높은 하늘에 성막이나 성전 구조가 있다고 상상하는 유대 묵시 문헌들과 비슷한 우주론을 고수했음을 시사한다. 히브리서 8:5의 출애굽기 25:40 해석에서 알 수 있듯, 하늘의 성막은 지상 구조의 출처 역할을 한다. 이러한 점들은 히브리서 저자가 지상과 하늘의 신성한 공간의 관계를 고찰할 때, 앞에서 동형 모형이라고 밝힌 것과 같은 것을 사용했다는 결론을 뒷받침한다. 저자가 보기에 지상의 신성한 공간의 진정한 대상은 또한 그 출처가 되는 하늘

---

36 O. Hofius, *Der Vorhang vor dem Thron Gottes: Eine exegetisch-religionsgeschichtliche Untersuchung zu Hebräer 6,19f. und 10,19f.*, WUNT 1/14 (Tübingen: Mohr, 1972), pp. 70-71. 여러 주석가가 어느 정도 그의 해석을 따르고 있다[예를 들어, Attridge, *Hebrews*, 263; W. L. Lane, *Hebrews 9-13*, WBC 47b (Dallas: Word Books, 1991), p. 248].

의 성막이다. 따라서 지상의 공간은 하늘 성막의 정확한 복제품도 아니고 우주 전체를 대표하지도 않는다. 오히려 모세는 하늘 건물의 패턴을 보았기 때문에 지상의 구조가 그림자 같은 스케치에 불과하더라도 유비적 구조를 갖도록 지상의 건물을 지었다. 그러나 이러한 구조의 유비가 추가적으로 암시하는 바는, 지상의 성막과 거기서 일어나는 활동 및 하늘의 성막과 거기서 일어나는 활동 사이의 적합한 상응점들이 존재한다는 것이다.

히브리서와 유비

앞의 논의는 히브리서 저자가 하늘 공간에 대해 흔히 생각하는 것보다 더 구체적인 개념을 가지고 있음을 시사한다. 어떤 사람들은 히브리서가 하늘 성소와 여러 하늘을 말하고 있지만 그럼에도 이 언어에는 필론에게서 발견되는 것과 유사한 헬레니즘 성향이 강하다고 주장한다. 저자가 궁극적으로 이러한 공간을 인간의 내적 영역으로 개념화하기 때문이라는 것이다.[37] 그러나 저자가 부활하신 예수가 육신으로 승천하여 여러 하늘을 통과해 가장 높은 하늘의 지성소에 계신 하나님 앞에 나타나신 것을 생각한다면, 하늘 공간을 이런 식으로 인간의 내면으로 축소하는 것은 더 이상 옹호할 수 없다.

더 나은 해결책은 로런 스투켄브룩(Loren Stuckenbruck)과 같은 최근 연구자들의 주장에서 발견할 수 있다. 그는 쿰란의 몇몇 묵시적 자료에서 하늘과 지상 영역 사이의 우주론적 이원론이 (선한 천사와 악한 천사 사이에 벌어지는 영적 전투와 더불어) 인간 존재의 내적 영역과 직접적으로 관련된 것으로 보인다는 사실을 진지하게 받아들인다.[38] 히브리서에서는 아마도

---

37 특히 Attridge, *Hebrews*, pp. 222-224를 보라.

예수가 하늘 지성소의 거룩한 공간으로 육체적으로 승천하실 때 속죄가 일어났다는 사실을 더 구체적인 측면에서 생각하며, **또한** 이것이 인간의 내적 정화에 직접적 함의를 가진다는 인식을 가지고 있을 것이다(예를 들어, 히 9:14). 우주론적 요소를 인간 내면의 문제로 축소할 필요 없이 말이다.

어쨌든 히브리서의 우주론과 이와 연관된 하늘의 성막이라는 개념은, 한 인간이 하늘 공간으로 올라간다고 할 때 지상의 제사장적 섬김의 영역에 해당하는 언어를 그에게 적용하는 것이 은유적 성찰의 문제가 아님을 암시한다. 오히려 지상 성막/성전의 연상망에 호소하여 가장 높은 하늘의 실재로 상승하는 일을 설명한다고 보아야 하는데, 그가 들어가는 곳은 하늘 성막의 내부 성소이고 그것은 지상 모형의 구조를 결정하는 출처이기 때문이다. 다시 말해, 이것은 은유가 아닌 유비로 말하는 것이다.

히브리서 저자는 심지어 한 걸음 더 나아가, 7장에서 예수가 레위 지파가 아닌 유다 지파 출신임에도 그의 대제사장 지위가 정당함을 입증하기 위해 확장된 논증을 펼친다. 이러한 주장은 저자가 자신이 은유를 사용하지 않을 뿐 아니라(은유의 정당성을 입증하기 위해 이렇게까지 할 필요가 있겠는가?) 유비조차도 넘어선다는 사실을 인식하고 있음을 알려 준다. 히브리서 저자에게 예수는 말 그대로 대제사장이다.

그러나 저자의 유비적 추론이 분명해지는 것은 예수가 하늘 성막에서 자신을 하나님께 드리는 행위를 제사 용어로 표현할 때다. 앞서 보았듯, 현대의 일반적 경향은 히브리서를 '예수의 죽음은 궁극적인 속죄 제사'라는

---

38   L. T. Stuckenbruck, "The Interiorization of Dualism within the Human Being in Second Temple Judaism: The Treatise of the Two Spirits (1QS III:13-IV:26) in Its Tradition-Historical Context," in *Light against Darkness: Dualism in Ancient Mediterranean Religion and the Contemporary World*, ed. A. Lange et al., JAJS 2 (Göttingen: Vandenhoeck & Ruprecht, 2011), pp. 145-168; 특히 pp. 166-168를 보라.

구성적 은유에 의해 주도되는 이형 모형의 관점에서 읽는 것이었다. 만약 저자가 부활하신 예수가 승천하여 가장 높은 하늘, 즉 하늘 성막의 지성소에 계신 하나님의 임재 앞에 대제사장으로 나타나셨다는 관점에서 생각한다면, 저자는 은유적이 아니라 유비적으로 작업하고 있는 것이다. (1) 지상 성막의 대제사장은 일 년에 한 번 희생 제물의 피를 지상의 지성소로 가져와 하나님께 드렸고, (2) 그 핏속에 담긴 제물의 생명의 능력이 속죄를 이루게 했다(레 17:11을 보라. 참조. 16:15-16). 그리고 유비적으로 (1) 하늘의 대제사장이신 예수도 하늘 지성소에 단 한 번 들어가 자신을 산 채로 하나님께 드렸고, (2) 바로 그의 부활 생명, 즉 이제 불멸이 된 그의 인간적 생명이 동물의 생명으로는 이룰 수 없었던 궁극적 속죄를 이루었다.

이러한 용어와 범주를 부활하고 승천하신 예수께 적용하는 것은 은유가 아니다. 유대 피 제사라는 연상망은, 지상 모형의 출처이자 대상인 하늘 성막에서 행해지는 예수의 대제사장 사역이라는 맥락에 적합하기 때문이다. 그러나 이 언어 역시 문자적인 것은 아니다. 즉, 예수는 하늘에 있는 하나님 보좌에서 문자 그대로 피를 뿌리거나 바르거나 붓지 않으신다. 히브리서가 예수가 자신(히 7:27; 9:25-26), 몸(10:10), 피(9:12, 14; 12:24)를 드리는 것으로 묘사한다는 사실은, 저자가 이 지점들에서 예수가 하늘에서 자신의 피를 다루신다는 식으로 문자 그대로 생각하지 않는다는 점을 보여 준다. 그가 생각하는 방식은 피의 의식에 대한 유비다. 생명을 담고 있는 물질인 피를 속죄일에 지상의 대제사장이 지성소에 계신 하나님의 임재 안으로 가져와 그곳에 뿌려서 제한적 속죄를 이루었던 것처럼, 하늘의 대제사장 예수도 하늘에 계신 하나님의 임재 안으로 자신을 가져가서 하나님께 드려 궁극적 속죄를 이루신 것이다. 예수가 몸과 피와 자신을 하나님께 바친다는 히브리서의 제사 언어는 종종 은유의 일부로 여겨지며, 이 은유 속에서 이 용어들은 모두 예수의 죽음을 묘사하는 방식이다. 하지만 나의 주장은 이 언어가 유비라는 것이다. 이 유비에서 예수의 부활 생명은 예수가 바치고 하나님이 받으시는 제물로서 핵심적 중요성을 가진다. 예수의 생명은 지상 성막에서 이루어진 동물의 피 제사에 대한 유비로서 죄를 속죄하기 위해 하늘 지성소에 계신 아버지께 바쳐졌다.

결론

이 연구의 더 큰 요점은 히브리서의 성스러운 공간과 제사 언어가 예수의 십자가가 지닌 영적·천상적 혹은 실존적 의미를 풀어내려는 은유적 신학에 의해 주도되지 않았을 가능성을 탐구하는 것이었다. 하늘에 성막/성전이 있고 이 성막이 지상 구조의 출처이며 예수가 부활하여 육체로 승천하여 하늘의 성막에 들어갔다는 생각은, 은유가 아닌 유비를 핵심으로 하는 신학 모델을 가능하게 한다. 여기서 동형 모형으로 설명하고 있는, 저자가 가정하는 지상 성막과 하늘 성막의 관계는 실로 유비적 해석학의 근거가 되는 것으로 보인다. 저자는 이 해석학을 통해, 예수가 하늘 공간에서 하시는 일과 그의 하늘 사역이 속죄를 이루는 방식을 더 잘 이해하기 위해 지상의 신성한 공간과 그곳에서 행해지는 제사장적 섬김에 대한 성경적 묘사를 탐구한다.

히브리서에서 예수의 죽음은 하늘 성막에 들어가면서 정점에 도달하는 더 큰 의식적 절차의 한 요소다. 그곳에서 예수는 하나님의 백성을 위한 완전한 속죄를 이루는 제물로서 자신을 하나님 앞에 바친다. 따라서 히브리서는 예수의 죽음에만 배타적으로 초점을 맞추어 레위기에 묘사된 실제 제사 의식 절차와 일치되기 어려운 확장된 은유를 중심으로 구성되지 않는다. 오히려 저자는 성막/성전이라는 지상의 신성한 공간에서 행해지는 제사 행위를 가지고 하늘의 성막에서 행해져야 하는 것들에 대한 유비를 제공하는데, 그것은 바로 지상의 공간이 하늘 공간의 모형이기 때문이다. 이러한 방식으로 저자는 예수에 대한 더 큰 초기 기독교의 이야기를 제사에 대한 성경적 패턴과 연관시키고, 예수의 죽음, 부활, 그리고 하늘 지성소 속 하나님의 임재 안으로 승천하신 일이 궁극적 속죄를 이루는 방식을 유비로 보여 준다.

9. 다 이루지 않았다

히브리서에서 하늘 대제사장으로서의 예수의 지속적인 속죄 사역

> 지금 이 순간에도 [예수는] 인간으로서 나의 구원을 위해 중보하고 계신다.
> 그분은 자신이 맡으신 몸을 계속 입고 계시기 때문이다.
> — 나지안조스의 그레고리오스(Gregory of Nazianzus), 〈연설〉(*Oration*) 30, 14

하늘 성막에서 계속되는 예수의 대제사장 사역은 신약의 기독론과 구원론에 대해 현대에 이루어지는 많은 성경적·신학적 성찰에서 비교적 소홀히 다루어지는 측면이다. 요한복음에서 "다 이루었다"(19:30)는 예수의 외침은 그 자체로 생명을 얻어서, 일부 학계에서는 예수가 십자가에서 숨을 거두실 때 제사적·구원적 사역의 완전하고 최종적인 완성이 이루어졌다는 견해를 입증하는 본문이 되었다. 앨런 스팁스(Alan Stibbs)는 자신의 저서 『그리스도의 완료된 사역』(*The Finished Work of Christ*)의 도입 문단에서 이 입장을 특히 명확하게 논증한다. "그리스도의 속죄 사역이 '끝났다'는 생각은 성경에서 기원한 것이며, 실제로 십자가에서 죽기 전에 우리 주님이 직접 하신 말씀에 근거한다."[1] 물론 이 말씀이란 19:30에 나오는 예수의 외침을 말한다(Τετέλεσται, '다 이루었다!'). 스팁스는 계속해서 이렇게 말한다. "그러므로 예수가 마침내 이 지상의 삶을 떠나는 시점에 이르렀을 때, 이

---

[1] A. M. Stibbs, *The Finished Work of Christ* (London: Tyndale, 1954), p. 5.

단어 τετέλεσται가 가리키는 사역은 이미 완전히 성취되었다."² 이것이 요한복음 19:30에 대한 올바른 해석인지 여부와 관계없이,³ 히브리서의 증언은 예수의 제사장적이고 제사적인 사역에 대한 그러한 기록과는 종류가 다르다. 히브리서는 예수가 현재 하늘 지성소에서 자기 백성을 위해 사역하고 계시는 대제사장임을 신약의 다른 어떤 본문보다 더 강하고 명시적으로 강조하고 있기 때문이다(히 8:1-4; 7:25도 보라).

그렇다면 예수의 하늘 사역은 무엇으로 이루어져 있는가? 히브리서에 따르면, 예수는 멜기세덱의 계통을 따라 대제사장 직책에 임명된 자로 하늘을 통과하시고 아버지의 임재 앞에 나타나기 위해 아버지께 가까이 다가갔다(특히 4:14-16; 5:8-10; 9:24-26을 보라). 그곳에서 대제사장으로서 그는 형제자매들을 대신하여 자신을 궁극적인 속죄 제물로 하나님께 바쳤다. 이로써 죄를 정화하고 아버지 우편에 앉아, 모든 원수가 자신의 발아래 굴복하기를 기다리신다(특히 히 1:3; 10:12-14). 그의 영단번의 제사는 이미 드려

---

2 Stibbs, *Finished Work*, p. 5. 스팁스는 자신의 책에서 다음과 같이 논지를 펼친다. "인간의 구원을 위해 자신을 바친 그리스도의 사역은 **전적으로** 지상적이고 역사적인 성육신의 목적으로 성경에 틀림없이 제시되며, 이 목적은 본디오 빌라도 치하의 시간과 공간에서 혈과 육으로 완수된다. 이 영단번에 끝난 사건을 통해, 필요했고 의도되었던 속죄 사역이 완전히 성취되었다"(p. 8, 강조 추가). 여기서 지적해야 할 것은, 예수의 죽음을 그의 속죄 제사의 전부로 설명하는 것은 레위기에 자세히 묘사된 속죄 제사에 대한 실제의 성경적 묘사와 일치될 수 없다는 점이며 아마 스팁스도 이 문제를 알고 있을 것이다. 그가 예수가 하늘에서 아버지께 속죄 제사를 드린 것을 강조하는 접근법을 "온전히 기독교적이기보다는 더 유대적인 것"으로 분류하는 것은 의미심장하다(p. 22). 그러나 스팁스가 다루지 않는 문제 중 하나는, 유대인이었던 최초의 그리스도인들이 어떻게 제사를 하나님이 성경에서 주셨다고 믿었던 '유대적' 범주로 생각하지 않고 그토록 새롭고 색다른 '온전히 기독교적인' 범주로 생각할 수 있었는지에 대한 아주 실제적이고 역사적인 문제다.
3 이 주장의 예시로는, R. V. G. Tasker, *The Gospel according to St. John*, Tyndale New Testament Commentaries (Grand Rapids: Eerdmans, 1960), p. 211. 『누가복음서·요한복음서』(예수교문서선교회); L. Morris, *The Gospel according to John*, rev. ed., NICNT (Grand Rapids: Eerdmans, 1995), p. 720n77; 참조. pp. 130-131를 보라.

졌고 받아들여졌다. 그는 아버지께 자신을 다시 드리거나 다시 바칠 필요가 없다.[4]

그러나 이것이 예수의 천상적 사역의 전부인가? 그의 제사가 영단번에 이루어졌다는 것은 지금도 그의 속죄 사역이 완전히 마침내 끝났다는 것을 의미하는가? 만약 그렇다면 히브리서에서 왜 현재 하늘 지성소에서 사역하고 계시는 대제사장(8:1), 특히 자기 백성을 위해 끊임없이 중보하는 대제사장(7:25)의 필요성을 강조하는지 의문이 들 수 있다. 만약 예수가 아버지의 임재에 단번에 들어가심으로 모든 죄와 부정이 완전히 최종적으로 처리되었다면, 왜 대제사장 사역의 구성 요소로 추정되는 지속되는 중보가 여전히 필요한가?[5]

이 연구는 이러한 질문을 재검토하고 다음 세 가지 결론을 제시한다. (1) 예수의 대제사장적 중보 사역은 그를 따르는 사람들에게 지속적인 용서와 정화(일종의 지속적인 제사적 속죄[6] 사역)가 필요함을 암시한다. (2) 이것이 옳다면, 히브리서에서는 예수의 속죄를 이루는 대제사장 사역이 십자가에서

---

4 히브리서에서 이해한 예수의 제사에 대한 이 해석은 D. M. Moffitt, *Atonement and the Logic of Resurrection in the Epistle to the Hebrews*, NovTSup 141 (Leiden: Brill, 2011)에서 자세히 논증했다.

5 나지안조스의 그레고리오스가 한 말을 이번 장 도입부에서 인용한 데서 짐작할 수 있듯, 이 질문에 대한 풍부한 성찰의 역사는 초기 기독교 교부들의 문헌에서 찾을 수 있다 (11장에서 이 문헌 중 일부를 살펴볼 것이다). 또한 19세기 후반에 발표된 탁월한 연구인 W. Milligan, *The Ascension and Heavenly Priesthood of Our Lord: The Baird Lecture 1891* (London: Macmillan, 1892), 특히 pp. 113-165를 보라. 히브리서에 대한 나의 설명은 밀리건의 설명과 많은 점에서 다르지만, 히브리서에 대한 우리의 질문과 해석은 많은 점에서 유사하다. [밀리건의 책을 소개해 준 마이클 키비(Michael Kibbe)에게 감사를 표한다.]

6 이번 장 뒷부분에서 이 용어를 정의할 것이다. 또한 D. M. Moffitt, "Hebrews," in *T&T Clark Companion to Atonement*, ed. A. J. Johnson (London: Bloomsbury T&T Clark, 2017), pp. 533-536를 보라.

나 심지어 승천 때도 완료되었다고 생각하지 않는 것이다. 아버지께 자신을 드리는 예수의 영단번의 행위는 분명 반복될 수 없음에도 말이다.[7] (3) 예수가 지금 계속 수행하고 있는 속죄 사역은 하나님과 백성 사이의 새 언약 관계를 유지하는 사역으로서, 아직 완전함에 이르지 못한 언약 백성이 여전히 성화되는 과정에 있는 동안 필요한 사역이다.

요컨대, 저자는 옛 언약의 제사장 직무(특히 대제사장의 직무) 및 레위기 제사 제도와 놀라운 유비를 이루는 방식으로 예수의 지속적인 제사적 속죄 사역을 성찰한다. 새 언약의 대제사장으로서 예수는 이제 하늘 성막에서 사역을 수행하신다. 그 사역은 하나님과 백성의 새 언약 관계를 유지시키고 그 관계와 관련된 축복과 약속을 매개하는 지속적인 예배를 아버지께 드리는 것이다. 이렇게 지속적으로 드리는 행위의 중요한 부분은, 바로 중보하시는 아들 예수가 아버지와 함께하는 것이다. 다시 말해, 히브리서 저자는 하나님이 제정하신 레위기 제도의 제사 논리에 반하는 제사 논리를 수용하지도 않고, 모세 언약과는 근본적으로 다른 새 언약 논리를 사용하지도 않는다. 대신, 초기 그리스도인들이 유대인이었다는 점을 감안할 때 예상할 수 있듯, 그는 예수가 누구시며 어떻게 추종자들을 구원하는지에 대한 통찰을, 하나님의 영감과 계시(참조. 히 1:1-2)를 받은 것으로 여기는 성경과 관행으로부터 이끌어 낸다. 저자에게 새 언약의 논리와 그 안에서 예수가 수행하신 제사적·대제사장적 사역은 옛 언약의 사역과 유기적으로 연관되어 있다.

---

[7] 그렇다고 해서 예수의 십자가 죽음/사역이 구원적이지 않다는 뜻은 아니다. 오히려 요점은 예수가 구원을 이루기 위해 단순히 죽으시는 것 이상의 일을 하셨다는 것이다. 속죄를 기독교 구원론의 체계적 설명과 동등한 것으로 말하는 경향은 혼란을 야기하는데, 초기 그리스도인들이 예수가 인류를 구원하기 위해 해결했다고 믿었던 다양한 문제가 하나의 개념과 사건으로 합해지기 때문이다. 이 문제는 이번 장 뒷부분에서 더 논할 것이다.

몇 가지 주요 가정

여기서 제시하는 주장은 부분적으로 히브리서에 나타난 예수의 대제사장 직, 제사, 속죄에 관한 여섯 개의 가정과 하나의 경고에 따른 것이다. 나는 이 결론들을 다른 저술에서 탐구하고 옹호한 바 있지만, 이 글에서 전개하는 주장을 위해 그 내용을 소개하고 자세히 설명할 필요가 있겠다.

첫째, 나는 히브리서 저자가 예수가 대제사장이라는 주장의 정당성과 관련해 예수의 지파 혈통 문제를 신중하게 생각했으리라고 여긴다. 히브리서 저자와 청중은 예수를 대제사장으로 인정하는 고백을 공유했을 가능성이 높다(히 3:1을 보라). 그리고 이러한 동일시가 중심 요소를 이루었던 그 고백에 대해 일부 사람이 의문을 제기하기 시작했다.[8] 저자는 5:1-7:28에서, 특히 7장에서 예수가 맡은 대제사장직의 타당성에 대한 변증적 성찰을 제시한다. 7장의 주된 목표는 유다 지파에서 태어난 예수가 어떻게 합법적으로, 신앙고백의 내용대로 대제사장이 될 수 있는지를 보여 주는 것이다. 저

---

[8] G. H. 거스리(Guthrie)는 히브리서 4:14-16과 10:19-23의 구조적 연관성을 결정적으로 보여 주면서 이 구절들이 수미상관 구조를 형성한다고 주장한다[*The Structure of Hebrews: A Text-Linguistic Analysis*, NovTSup 73 (Leiden: Brill, 1994), pp. 79-80]. 이것은 저자가 회중에게 계속 붙들라고 촉구하는 그 신앙고백에 대한 성찰과 관련이 있다. 그는 독자들이 이 공동 고백을 계속 인정하기를 원하면서도 그 내용에 대해서는 말하지 않지만, 이 고백을 굳게 붙잡으라는 두 번의 명시적 요청(4:14; 10:23) 사이에 있는 자료 대부분이 예수의 대제사장직 주제를 중심으로 전개된다는 사실(저자는 먼저 5:1-7:28에서 예수의 대제사장직의 정당성을 옹호하고 둘째로 8:1-10:20에서 예수의 대제사장 사역의 언약적 맥락, 위치, 본질을 논의한다)은, 예수의 대제사장 지위에 대한 인정이 공동 고백의 중심 요소 중 하나이고 저자는 독자들이 이것을 포기할 위험에 처해 있다고 생각한다는 점을 암시한다(또한 3:1에서 저자가 공동 고백을 처음 언급할 때 예수의 대제사장직에 대해 명시적으로 말하는 것을 보라). E. 케제만은 비슷한 결론을 제시하지만 그 경로는 다르다. 그는 히브리서 이전의 초기 기독교 예전에서 예수의 대제사장직에 대한 고백을 찾는다[*Das wandernde Gottesvolk: Eine Untersuchung zum Hebräerbrief*, 4th ed. (Göttingen: Vandenhoeck & Ruprecht, 1961), pp. 108-110].

자가 직면한 문제는 예수의 인성에 관한 것이다.⁹ 이 점은 여러 주석 문헌에서 제대로 다루어지지 못했는데, 히브리서가 예수의 대제사장 지위를 그가 하나님의 아들이라는 사실에서 도출한다는 잘못된 가정 때문이다.¹⁰ 따라서 히브리서에서 예수의 제사장 지위 문제는 주로 그의 인성에 관한 문제이며 신적 아들이라는 지위 자체의 문제가 아님을 반복해서 강조할 필요가 있다.

몇 가지를 관찰하면 요점을 명확히 하는 데 도움이 될 것이다. 만약 저자가 예수의 대제사장직이 그분의 인성이 아닌 신적 본성에 좌우된다고 생각했다면, 그가 자신의 주장을 전개하는 방식은 너무나 형편없다. 제대로 논증을 펼치려면, 히브리서 7장의 복잡한 주장을 예수가 아들이기 **때문에** 대제사장이시라는 단순한 진술로 축소하면 될 것이다. 그러나 저자의 논리는 예수가 아들이심에도 **불구하고** 고난받고 죽으셨으며, 완전하게 (τελειωθείς) 되신 후에 영원한 구원의 근원이 되셨다(ἐγένετο)는 것을 보여 주는 데 목적을 두고 펼쳐진다(5:8-10). 즉, 예수는 왕적이고 신적인 아들이심에도 사람들이 고백하는 대제사장이 되신 것이다. 이 논리는 예수가 단순히 아들이라고 해서 대제사장이 될 자격을 갖추는 것은 아님을 암

---

9   이 주제에 관해 내가 자세히 논증한 내용은 Moffitt, *Atonement and the Logic of Resurrection*, 특히 pp. 200-214를 보라.
10 예를 들어, B. F. Westcott, T*he Epistle to the Hebrews: The Greek Text with Notes and Essays*, 3rd ed. (London: MacMillan, 1903), p. 124; J. Moffatt, *A Critical and Exegetical Commentary on the Epistle to the Hebrews*, ICC (Edinburgh: T&T Clark, 1924), p. 64. 예수의 신성에 의존하지는 않지만 그럼에도 예수의 제사장직이 그의 아들 됨에서 기인한다고 생각하는 다른 설명들은 2차 문헌에서 확인할 수 있다(예를 들어, Käsemann, *Das wandernde Gottesvolk*, p. 141). D. W. 루크(Rooke)는 히브리서가 고대 이스라엘의 신성한 왕권 개념을 끌어와 사용하는 것이라고 제안한다["Jesus as Royal Priest: Reflections on the Interpretation of the Melchizedek Tradition in Hebrews 7," *Biblica* 81 (2000): pp. 81-94]. 여러 요소 중 히브리서가 멜기세덱의 왕 직분에 대한 논증을 거의 발전시키지 않는다는 사실은 루크의 논지와 반대된다.

시한다.

이런 양보적 논리를 풀어 나가기 위해서는 지속적이고 신중한 논증이 필요한데, 이는 저자가 아들 예수가 적어도 모세의 율법이 권위를 갖는 지상에서는 제사장이 될 자격이 없다는 사실을 알기 때문이다(히 7:14과 8:4을 비교해 보라). 다르게 말하면, 신적 아들은 아브라함 자손의 피와 살을 취하여 인간으로 오실 때 유다 혈통의 피와 살을 취한 것이다. 아들은 유다 지파와 혈통으로 세상에 오셨다. 이것은 통치하는 메시아이신 그리스도로서 아들의 왕적 역할과 잘 들어맞지만, 성육신은 예수가 제사장으로 승격되는 데 문제가 된다. 모세의 율법에 따르면 유다 지파 출신은 누구도 합법적으로 제사장으로 섬길 수 없다. 지상의 성소에서 섬기는 하나님의 제사장이 되려면 레위 지파에 속해야 한다(특히 신 18:1-5). 따라서 예수가 아들이시고 아론처럼 하나님에 의해 대제사장 직분으로 부르심을 받았지만, 성육신 자체는 그가 이 직분에 오르는 데 문제를 야기한다. 아들이 성육신의 결과로 제사장 직분을 수행하기에 적절하지 않은 지파에 속하게 되었다는 바로 그 이유 때문이다. 그러므로 예수가 대제사장이라는 고백과 모세를 통해 주신 하나님의 계시를 두고 저자가 해결해야 할 문제는, 유다 지파로 성육신한 아들의 지위에 관한 것이다.[11]

저자는 이 문제를 해결할 수 있는 여러 방안을 생각해 보았을 것이다. 그는 이미 아들의 신적 선재하심으로부터 끌어내는 단순한 추론을 배제했고, 대제사장이 인간이어야 할 필요성을 진지하게 받아들였다(히 5:1). 그럼에도 그는 히브리서 7장에서 하나님이 예수를 그 역할로 부르셨다는 사실(5:5-6)을 단순하게 다시 강조할 수도 있었다. 저자에게 이 사실은 예수가

---

[11] 기독교 공동체와 신앙고백을 포기하려는 유혹을 받았던 사람들 사이에서 논쟁이 된 요점 중 하나가 바로 예수를 유다 지파 소속의 왕적인 아들이자 대제사장이라고 고백하는 일의 어려움이 아닐까 싶다.

대제사장 지위로 승격되는 데 명백히 근본적인 요소였기 때문이다. 하나님의 명령이라면 모세의 율법에 대한 예외를 허용하기에 충분한 근거로 보일 것이다. 그러나 저자는 7장에서 하나님이 예수를 임명하셨다는 사실에 집중하지 않는다. 그는 단순히 제사장-왕 멜기세덱에게 호소하여 그가 시편 110편에서 제시하는 모델이 예수께 왕직과 제사장직 모두를 적용하는 것을 정당화한다고 주장할 수도 있었다. 여기서도 히브리서 저자는 멜기세덱의 이중 직분(히 7:2-3)을 분명히 인식하고 있으며, 멜기세덱의 왕권에 대한 지나가는 언급은 이 인물이 왕과 제사장 직분을 모두 가지고 있다는 사실을 강조하려는 목적으로 보인다. 하지만 이 점을 지적한 후에는 놀랍게도 히브리서 7장에서 멜기세덱의 왕적 역할에 대한 논증을 전개하지 않는다.

그 대신 저자는 다른 해결책, 즉 예수의 죽음과 육체적 부활과 승천을 고려하는 해결책을 채택한다. 그 과정에서 그는 모세 율법의 권위에 대한 존중을 강조한다. 그는 아들의 신성을 단순히 예수 인성의 특수성을 능가하는 어떤 것으로 여기고 그에 호소하지 않는다. 하나님이 아들을 대제사장으로 부르셨다는 언급을 단순히 율법을 대체하는 신적 결정으로 제시하지 않는다. 멜기세덱의 왕적 지위를 발전시키고 이것이 예수에 대한 모델이 되는 방식을 설명하지 않는다. 대신 그가 취하는 방향은 (1) 율법이 예수가 지상에서 제사장으로 섬기는 것을 금하고 있음을 인정하고(히 7:14; 8:4), (2) 예수의 대제사장 직분이 하늘에 속한 것이며, 그가 수행하는 대제사장적 섬김은 하늘 성막에서 이루어진다는 주장을 전개하는 것이다(8:1-4).

둘째, 나는 예수가 죽은 자 가운데서 육체적으로 부활하신 사건이, 예수의 지파 혈통 때문에 제사장 사역을 금지하는 모세 율법의 문제를 해결하는 방법을 제공한다고 생각한다. 히브리서는 이 사건을 아들의 완전함과 연결하며, 이는 또한 성육신하신 아들의 인성과도 연관이 있다. 예수의 육체적 부활은 유다 혈통을 이어받은 그분의 인성을 완성한다. 예수는 유다 지파 출신으로 완전해진 유대인이기 때문에 그의 인성은 이제 불멸의 상태가 되어, 십자가에서 죽으실 때 분명히 그랬던 것처럼 더 이상 부패할 수 없고 더 이상 죽음에 종속되지 않는다. 그가 이제 인간으로서 가진 불멸의 생명은 또 다른 합법적 제사장직, 섬김의 영들이 속한 하늘의 제사장직에서 섬길 자격을 부여한다.[12] 앞서 언급했듯, 저자는 모세 율법의 지파 혈통에 관한 규정의 문제를, 율법을 간단히 묵살하는 방식으로 해결하지 않는다. 사실상 제사장의 합법성에 관한 율법의 권위는 예수가 가진 대제사장직의 합법성을 옹호해야 할 필요성을 만들어 내는 전제로 보인다. 히브리서 7장에서 전개되는 논증의 논리는, 유대인으로 태어난 예수의 특수한 인성이 부활을 통해 변화되어 이제 인간으로서 멜기세덱과 같은 생명을 가지게 되었다는 점에 집중한다. 예수가 부활하여 얻으신 이 불멸의 생명은 시편 110편에서 말하는 멜기세덱 계통의 제사장으로 섬길 자격을 부여한다(특히 히 7:15-16을 보라).[13] 또한 이것은 예수의 인간 혈통이 그의 제사장 직무를 더

---

[12] 추가 논증은 5장을 보라.

[13] G. 게벨(Gäbel)은 최근에 쓴 훌륭한 글에서 이 결론에 반대하는 논증을 펼쳤다["'(...) inmitten der Gemeinde werde ich dir lobsingnen' Hebr 2,12: Engel und Menschen, himmlischer und irdischer Gottesdienst nach dem Hebräerbrief," in *Gottesdienst und Engel im antiken Judentum und frühen Christentum*, ed. J. Frey and M. R. Jost, WUNT 2/446 (Tübingen: Mohr Siebeck, 2017), pp. 185-239, 특히 pp. 212-215]. 그러나 나는 히브리서 저자가 멜기세덱을 천사 제사장, 즉 제사장 역할로 섬기는 영들(히 1:7, 14을 보라) 중 하나로 보며 부활한 인성을 입은 예수가 이 천사보다 높아지신 것으로 본다는 관점에 여전히 설득된다. 이것은 게벨과 반대로 히브리서 저자가 멜기세덱 자신에게 관심이 있고(특히 이 신비한 인물이 소유한 생명 때문에) 또한 어떻게 예수가 그와 관련되는지(그리고 어떻게 멜기세덱이 영원한 아들과 관련되는지)에 대해서도 관심이 있음을 의미한다. 멜기세덱이 천사라는 결론은 저자가 그를 불멸의 존재로 표현할 수 있는 이유를 설명해 주며, 확실히 이것은 히브리서 7:3과 7:8의 멜기세덱에 관한 언어를 해석하는 가장 단순한 방법이다. 그뿐만 아니라 이 결론은 예수를 위대한 **대**제사장으로 보는 것과도 잘 일치한다. 물론 제사장에 대해서만 이야기하는 시편 110:4에서 예수의 **대**제사장직을 추론할 수는 없지만 말이다. 게벨은 예수가 속한 제사장 직분에는 오직 한

이상 막지 못하게 된 부활의 때에 지금과 같은 대제사장이 되셨음을 의미한다.[14] 이렇게 저자는 천상적 아들의 성육신이 지닌 특수성과 하나님이 주

분의 대제사장, 즉 예수만 있다는 점에 주목하는데 이는 옳은 지적이다. 그런데 왜 아들은 멜기세덱의 이름을 딴 계통의 대제사장이 되셨는가? 내 생각에 아들이 멜기세덱 계통의 유일한 대제사장이 되신 것은, 현재 하늘 제사장으로 섬기는 다른 어떤 제사장과 달리 아들은 이 제사장 계통에서 섬기도록 승격된 최초로 완전하게 된 인간이기 때문이다. 따라서 히브리서 1-2장의 논증이 보여 주듯, 그는 **모든** 천사/섬기는 영들보다 높임을 받으셨고 하나님 우편에 앉으셨다. 멜기세덱은 지극히 높으신 하나님의 **제사장**이지만(저자는 멜기세덱을 제사장으로만 칭하는 창세기의 언어를 따른다), 모든 천사(이 가설에서는 멜기세덱을 포함한다) 위로 높임을 받으신 완전케 되신 예수는 지극히 높으신 하나님의 **대**제사장이다. 더 자세한 논증은 Moffitt, *Atonement and the Logic of Resurrection*, pp. 204-207를 보라.

14   히브리서에서 예수가 대제사장이 되신 순간을 밝히지 않는다는 해석은 2차 문헌에서 흔히 볼 수 있다[예를 들어, H. W. Attridge, *The Epistle to the Hebrews*, Hermeneia (Philadelphia: Fortress, 1989), pp. 146-147]. D. 피터슨 박사는 이 견해를 주장하면서, 문제가 되는 몇 가지 주요 쟁점에 대한 훌륭한 논의를 제공한다. 흥미롭게도 피터슨 역시 "[예수의] 십자가 죽음은 그의 제사장 사역에 대한 우리의 견해에 포함되어야 **하지만, 저자는 이것을 어디서도 명시적으로 언급하지 않는다**"고 말한다[*Hebrews and Perfection: An Examination of the Concept of Perfection in the "Epistle to the Hebrews*," SNTSMS 47 (Cambridge: Cambridge University Press, 1982), p. 193, 강조 추가]. 이것이 보여 주는 바는, 다음과 같은 한 쌍의 가정이 이러한 결론으로 이끄는 주요 동인이 된다는 점이다. (1) 예수의 죽음이 대제사장적 제사가 발생한 장소임에 틀림없다. (2) 히브리서 저자는 육체적이든 다른 방식이든 예수의 부활에 거의 관심이 없다. 그래서 많은 사람은 다음과 같은 사실이 있음에도 히브리서 저자가 예수가 언제 대제사장이 되셨는지에 대해 정확하게 생각하지 않았다는 가정을 계속 고수한다. 히브리서에서는, (1) 예수가 대제사장이 되신 것(ἵνα…γένηται…ἀρχιερεύς)의 근거를 인간의 상태에 온전히 참여하신 것에 두며 여기에는 그의 고난과 죽음이 포함된다(2:17). (2) 예수가 완전하게 되신 후(τελειωθεὶς ἐγένετο…αἴτιος σωτηρίας αἰωνίου, 5:9) 영원한 구원의 근원이 되셨다고 말한다. (3) 예수가 대제사장이 되신 후(ἀρχιερεὺς γενόμενος, 6:20) 하늘 지성소에 들어가셨다고 암시한다. (4) 예수가 멜기세덱의 형상으로 부활하셔서 불멸하는 생명의 능력으로 제사장이 되셨다(ὃς…[ἱερεὺς] γέγονεν)고 말한다(7:15-16). (5) 예수가 지상에서 대제사장은 고사하고 제사장조차 될 수 없었다(εἰ…ἦν ἐπὶ γῆς, οὐδ᾽ ἂν ἦν ἱερεύς)고 분명히 말한다(8:4).

그러나 저자가 이에 대해 신중하게 생각했음고, 수많은 해석자처럼 예수가 십자가에서

신 모세 율법의 권위를 모두 진지하게 받아들이는 세심하고 정확한 논증을 고안한 것이다.

셋째, 나의 주장은 저자가 부활하신 예수가 하늘을 통과해 가장 높은 하늘로 승천하여 하늘 성막의 내부 성소에 들어갔다고 믿는다는 가정을 토대로 한다. 이곳이 바로 그가 대제사장으로 섬기는 장소다. 모세는 시내 산에서 이 천상의 구조를 보았고 그리하여 자신이 본 하늘의 모범에 따라 지상의 성막을 본뜬 것이다. 히브리서 저자가 하늘 성막을 우선시했다는 것은, 지상 성막의 구조와 그 안에서의 예배가 하늘 성막에 대한 유비로 가득 차 있음을 의미한다. 모세가 하나님께 순종하여 산에서 보여 주신 본을 따라 모든 것을 만들었기 때문에 지상의 실재와 하늘의 실재 사이에 구조, 활동, 기능의 유비가 자연스럽게 존재한다(출 25:40; 히 8:5을 보라). 이러한 유비들은 다음과 같은 해석학적 결과를 도출한다. 지상의 모형을 살펴보면 하늘의 구조와 의식에 대해 알 수 있고, 또한 예수가 어디에 계시고 현재 무엇을 하고 계신지에 대해서도 배울 수 있다.[15]

넷째, 세 번째 가정은 히브리서가 그리스도에 비추어 유대 성경 즉 구약 성경을 읽을 뿐 아니라 성경에 비추어 그리스도를 읽음으로써 그리스도에 대해 배운다는 점을 추가로 암시한다. 히브리서에서 기독론과 성경의 관계는 역동적이고 대화적이다. 심지어 저자는 공간과 시간이 주어진다면 그리

대제사장이 되셔야 한다고 생각하지 않았다면, 대신 예수가 하늘을 통과하여 하늘 지성소에서 이 직분을 수행하기 위해 부활 시에 대제사장이 되신 것이라고 결론 내렸다면, 히브리서 2:17; 5:9; 6:20, 7:15-16; 8:4의 내용들은 깔끔하고 일관되게 제자리를 찾는다. 이 해석이 옳다면, 예수가 대제사장이 되신 시점에 대해 혼란과 부정확성에 빠진 것은 히브리서 저자가 아니다. 오히려 혼란을 야기하는 것은 해석자들의 다음과 같은 태도다. (1) 히브리서 저자가 십자가를 예수의 속죄적·대제사장적 제사가 이루어진 유일하지는 않지만 일차적인 장소와 시간으로 여겼다고 추정한다. (2) 히브리서의 논증에서 예수의 몸의 부활이 지니는 중요성을 경시하거나 부정한다.

15   이 점에 대해서는 8장에서 자세히 논한다.

스도가 들어가신 실재와 그곳에서의 섬김을 이해하는 데 지상 성막이 갖는 중요성에 대해 더 많은 내용을 전할 수 있었으리라고 암시한다(히 9:5).

다섯째, 유대 제사에 대한 나의 잠정적 가정을 언급할 필요가 있겠다. 나는 제사가 환원 불가능한 의식 절차로 구성된다고 생각한다. 로이 게인은 레위기에 제시된 제사 절차를 구성하는 의식들이 서로 위계적으로 연관되어 있다고 설득력 있게 주장했다.[16] 이는 해당 제사의 목표를 달성하는 데서 절차의 일부 요소가 다른 요소보다 더 중요하거나 비중이 높음을 의미한다. 또한 이것은 일련의 의식적 요소들이 필요하지만 그중 어느 하나만으로는 제사에 충분하지 않음을 의미한다. 즉, 제사는 여러 의식적 사건을 포함하므로 단순히 순서 안에 있는 하나의 요소로 환원될 수 없다. 그러므로 오늘날 많은 사람의 생각과는 달리, '제사/제사드리다'(sacrifice)라는 명사 및 동사는 성경적 측면에서 희생물을 도살하는 의식 행위와 동의어가 아니다.[17] '제사'라는 단어는 '어떤 것을 도살하거나 죽이다'라는 뜻이 아니다. 심지어 성전에서도 희생물을 도살하기만 하고 그것의 몸과 피를 제단으로 가져와 하나님께 드리지 않는다면 제사가 이루어지지 않은 것이다.

이 마지막 요점은, 희생물을 죽이는 것이 일부 제사에서는 필수 요소가 되지만 모든 제사에서 그렇지는 않은 이유를 부분적으로 설명해 준다.[18] 또

---

16 R. E. Gane, *Cult and Character: Purification Offerings, Day of Atonement, and Theodicy* (Winona Lake, IN: Eisenbrauns, 2005), 특히 pp. 3-24.
17 이 요지는 다른 각도에서 볼 수 있다. 예를 들어, 칠십인역 레위기 2:1-15에서 밀가루, 빵, 곡식의 첫 이삭은 모두 명사 θυσία로 표현된다. 당연하게도 여기서 '제물'이라는 명사는 도살된 것을 의미할 수 없다. 이 용어가 사용되는 것은, 제사장이 간구하는 사람을 대신해 제단에 무엇인가를 가져온다는 기본 요소가 작용하기 때문이다. 다시 말해, '제사'의 논리는 특정한 θυσία의 구성 요소가 될 수 있고 되지 않을 수도 있는 도살 행위가 아닌, 하나님께 예물을 드리는 행위를 중심으로 전개된다.
18 이 문제에 대해서는, 특히 C. A. Eberhart, *The Sacrifice of Jesus: Understanding Atonement Biblically*, Facets (Minneapolis: Fortress, 2011), pp. 60-101를 보라.

한 도살은 제사적 속죄의 목적으로 드려지지 않는 유월절 제사와 화목제 같은 일부 제사에서 제사를 구성하는 요소가 된다. 그리고 속죄를 목표로 하면서 도살 행위를 수반하지 않는 의식 행위의 사례도 있다(예를 들어, 민 16:46-50). 이러한 사실들은 레위기 제도에서 죽음이 속죄 논리의 중심이 아님을 시사한다. 또한 속죄에 국한되지는 않지만 속죄의 의미를 포함하는 제사에서 동물을 도살하는 경우, 동물이 고통을 겪는다거나 학대나 분노의 대상이라는 암시는 없다. 희생 제물에 고통을 가하는 것은 성경의 제사 제도가 아니며, 백성이 지은 죄에 대한 하나님의 진노가 표출될 위험으로부터 제사가 부분적으로 그들을 보호하는 역할을 할 수는 있지만(예를 들어, 민 18:5), 하나님께 드려지는 제물 자체가 그 진노의 대상으로 묘사된 적은 없다. 현대 영어에서 'sacrifice'(희생)라는 단어가 가지는 명시적 의미 때문에, 다른 사람을 위해 고통받고 죽는 것이 제사(sacrifice)라는 일반적 가정이 통용된다. 하지만 이것을 가지고 레위기 제사에 대한 성경의 기록을 읽으면 범주 오류로 이어진다. 학대로 신체적 손상을 입은 희생 제물은 더 이상 ἄμωμος(흠이 없는)하지 않기 때문에, 제사 동물을 학대하는 것은 하나님께 바칠 만하지 못하게 만드는 것이다.[19]

제사 동물을 학대하거나 고통을 주지 않고 흠 없는 상태로 드려야 한다

---

[19] 히브리서 저자가 예수의 완전함이 고난과 죽음이 끝난 후에 이루어지는 것으로 본다는 점은 흥미롭다. 내가 주장했듯, 저자가 예수의 완전함을 부활과 연관시킨다면 (*Atonement and the Logic of Resurrection*, 특히 pp. 198-200), 예수를 흠 없이 자신을 드린 분(ἄμωμος, 히 9:14)으로 말하는 것은 이치에 맞는다. 이러한 언어를 단순히 도덕적 범주로 축소해서는 안 된다. 대제사장이자 제물이신 예수가 하나님께 나아가 자신을 드리기 위해 필요한 것은 도덕적으로 순결할 뿐 아니라 의식적으로도 순결한 몸, 즉 정결한 몸을 갖는 것이었다. 히브리서 9:14을 이렇게 해석하면 부활은 영원한 영의 역사가 되고(참조. 롬 8:11) 예수의 인성을 온전하게 하여 아버지께 올라가 '흠 없는' 자신을 드릴 수 있게 한다. 죄가 없고 도덕적으로 순결하신 예수(히 4:15)는 부활 덕분에 이제 의식적으로도 순결한 인성을 가지게 된다.

는 요구 사항은, 그것이 하나님께 넘겨지기 전에 조심스럽게 다루어졌음을 의미한다. 또한 간구하는 사람은 실제로 제물을 제공함으로써 제사 비용을 '지불'하는 사람이다. 예물이 감사로 드려질 때는 기쁨으로, 부정을 속죄하기 위해 드려질 때는 엄숙하고 감사하는 마음으로, 회개를 위해 드려질 때는 슬픈 마음으로, 도덕적 위반의 속죄를 위해 드려질 때는 벌금의 의미로 비용을 감당했다고 상상하는 것은 큰 무리가 아닐 것이다.

그럼에도 속죄 제사를 구성하는 일련의 요소 중에서 피를 여러 제단에 바르고 제물의 일부를 바깥 제단에서 태우는 제사장의 작업(제물을 궁극적으로 하나님께 바치거나 넘기는 행위)은 속죄의 효력을 위해 다른 요소들보다 더 중요하며, 위계적으로 구조화된 과정에서도 더 위쪽에 있다. 이 결론은, 제사 절차의 이 같은 요소들이 제물을 도살하는 것과는 달리 (1) 다양한 제단에서, 그리고 제단 위에서 이루어지며 (2) 오직 제사장만 수행할 수 있다는 사실에서 도출된다.[20] 레위기 제사를 제단에서 행해지지 않는 제물의 도살 행위로 축소하는 것은 잘못이다.[21]

이러한 점들은 제사적 죽음/도살이 레위기 제사를 구성하는 필수 부분임을 암시한다. 그러나 그렇다고 해서 죽음이나 도살 자체가 제사의 전부는 아니다.[22] 또한 레위기의 자료들은, 제사 절차의 중심적 측면 즉 위계 구조에서 더 중요한 요소들은 제사장이 성막/성전 구역에서 점점 더 신성한

---

20 예를 들어, Eberhart, *Sacrifice of Jesus*, p. 85; Gane, *Cult and Character*, p. 67.
21 혼동을 피하기 위해, 나는 제물을 죽이는 행위를 언급할 때 '도살' 또는 '제사적 죽음/도살'이라는 용어를 일관되게 사용하려고 노력하며, 'sacrifice'(제사/제물)라는 용어는 전체적인 더 큰 절차를 뜻하거나, 바치는 행위나 바쳐지는 재료를 가리키는 의미로 사용한다.
22 제사 절차의 다양한 요소 중 하나가 전체를 대신하게 하는 방식으로 제사에 대해 환유적으로 말할 수 있다는 가정은 합리적으로 보인다. 하지만 그런 식으로 말한다고 해서 명명된 요소가 궁극적으로 절차 전체로부터 분리되어 추상화되거나 절차 전체에 반대되는 의미로 사용되지는 않을 것이다.

공간을 통과하여 다양한 제단에 접근하고 그리하여 제물을 하나님의 임재 앞으로 가져가는 것과 관련됨을 시사한다. 제사의 종류에 따라 희생물의 피와 신체의 일부 또는 전부를 하나님의 임재 안으로 가져와 제단에서 여러 일을 수행하는 것이 제사 절차의 중심이다. 다시 말해, 제사는 제사의 재료 즉 특정 제사에 요구되는 요소들을 하나님께 드리는 것이다. 제물을 기꺼이 받으시는 하나님의 의지가 제사 절차의 효과와 개념에서 핵심이 된다.[23] 제사에 대한 성경 자료를 이렇게 이해하면, 예수가 하늘 성막에 들어가 하늘 지성소에 계신 아버지 앞에 나타나 자신을 제물로 드리는 것 즉 아버지께 자기 자신을, 자신의 살아 있는 피와 살을 바치는 것에 대한 히브리서의 강조는 레위기에 묘사된 제사에 대한 설명과 논리에 놀랍도록 잘 부합한다. 현대인으로서 우리는 그러한 생각을 주저할 수 있지만, 히브리서 저자에게는 문제가 되지 않는다.

여섯째, 나는 저자가 설교 전반에 걸쳐 오경의 형식을 띤 일관된 내러티브를 사용한다고 가정한다. 이 내러티브는 아브라함의 자손을 노예 상태에서 해방하는 사건으로 예수의 죽음을 지목한다. 첫 유월절에 모세가 피를 사용한 것처럼, 예수의 죽음은 하나님의 백성을 노예 삼은 자로부터 그들을 해방한다.[24] 이것은 분명히 구원 행위이며, 백성의 구원을 구성하는 필수

---

[23] 제사 제도의 진정한 문제는 하나님이 자신에게 바쳐진 제물을 받길 거부하실 때 발생한다(예를 들어, 레 26:31; 렘 14:10-12; 호 8:13-14; 암 5:20-27). 만약 제사의 중심 또는 효력을 발생시키는 원리가 대리적 희생물이 죽음을 통해 형벌을 짊어지는 것과 관련이 있다면 이는 이상한 자료가 된다. 물론 이 점을 지적한다고 해서 예수의 고난과 죽음에 대한 기독교적 해석에서 형벌 대속의 개념을 제거해야 한다고 제안하는 것은 아니다. 그보다는, 역사적으로 볼 때 그러한 개념이 유대 피 제사 영역에서 발전했거나 그 안에서 기능했을 가능성이 없다는 점을 강조하기 위함이다. 유대 제사에서도 고통과 죽음이 중심이 되는 것처럼 해석하려는 시도는 레위기에서 묘사하는 제사에 대한 많은 오해를 불러일으킨다.

[24] 나는 2장에서 이 논증을 발전시켰다.

적 사건 중 하나다. 그러나 오경의 관점에서 볼 때, 해방/출애굽 행위 자체가 하나님의 백성을 위한 구원의 총체라거나 유월절이 제사적 속죄를 위한 레위기적 제사라는 말은 사실이 아니다. 구원의 이야기는, 말하자면 출애굽에서 기업의 상속으로 나아간다. 따라서 히브리서 오경 이야기의 기본 개요는 예수가 마귀를 물리치고 백성을 해방하여 그들을 위한 새 언약을 출범시키는 새로운 유월절 같은 사건을 포함한다.[25] 이것이 히브리서에서 예수의 죽음이 가지는 주요한 구원 기능이다.[26] 이러한 과거의 사건에 일치하는 방식으로, 원래의 독자들은 새로운 광야 같은 시대를 살면서 동시에 시온산 주변에 모여 약속된 기업의 경계에서 새로운 여호수아가 돌아오기를 기다리는 새 언약의 일원이 되었다. 예수가 다시 나타나시면 그의 백성에게 구원을 가져다주실 것이며(히 9:28), 그들은 하나님이 약속하신 기업과 안식의 충만함을 받게 될 것이다(참조. 1:14).

바로 이 여섯 가지 가정이 현 연구의 출발점을 제공한다. 하지만 더 진행하기 전에 '속죄'라는 단어에 대해 한 가지 주의할 점이 있다. 속죄는 신학 용어이지 성경 용어가 아니다. 따라서 이 단어는 예수가 하나님과 인류의 완전한 교제를 회복하시는 방법과 관련한 여러 성경적인 용어와 개념(예를 들어 대속, 구속, 화해, 용서, 정화, 화목)을 요약한다. 나는 제사적 속죄 또

25　이 주장에 대한 더 세부적인 논증은 3장을 보라.
26　J. 콤프턴(Compton)은 히브리서에서 예수의 제사장 직분으로의 승격과 예수의 죽음의 기능에 대한 나의 설명을, "환원적"이고 "지나치게 조리된" 것이라고 특징지었다["Review of Atonement and the Logic of Resurrection in the Epistle to the Hebrews," *TJ* 36 (2015): pp. 133-135]. 콤프턴은 내가 예수의 죽음을 예수의 속죄 사역을 위한 준비 행위로 "단순하게 축소한다"고 반복해서 암시한다. 사실 나는 예수가 부활하고 하늘에 들어가신 일에 초점을 맞추고 있지만, 책에서는 다음과 같이 명확하게 말한다. "예수의 죽음은 [히브리서의] 논증에서 한 가지 이상의 것을 성취하는 사건으로 보일 수 있다"(Moffitt, *Atonement and the Logic of Resurrection*, p. 285; pp. 285-295에서 이어지는 논의도 보라).

는 레위기적 속죄라는 좁은 개념을 가지고 작업을 진행하는데, 이는 히브리서 저자가 예수의 대제사장적·제사적 인격과 사역을 자주 강조하기 때문에 그에 맞게 히브리서의 의식적 언어로 개념을 좁힌 것이다.[27] 제사적 속죄는 정화를 이루거나 죄 용서를 가져오기 위해 하나님께 예물을 드리는 것과 관련이 있다.[28]

---

[27] *Atonement and the Logic of Resurrection*에서 "레위기적 속죄"를 명시적으로 다룬다(특히 pp. 256-257를 보라). 그 책에서 나는 의도적으로 사람들에게 익숙한 '그 속죄'에 대해 말하지 않으려고 노력했는데, 이는 히브리서가 예수가 언제 어디서 대제사장 제사를 드렸고 레위기적 제사 용어로 볼 때 왜 이 제사가 하늘 지성소에 들어가 하나님의 임재 앞에 나타나신 것과 관련이 있는지 등을 설명하면서 레위기 제사 논리, 속죄 제사의 패턴, 제사장 사역을 사용하는 방식에 초점을 두기 위한 것이다. 이는 예수의 대제사장적 제사가 저자가 제시하는 구원론의 총체라고 말하려는 게 아니라(마치 저자가 구원에 관해 말하는 모든 것이 예수의 대제사장적 사역만을 중심으로 하는 것처럼), 저자가 예수의 대제사장적·제사적 사역을 설명할 때 그 속죄에 대한 광범위한 종합적/조직신학적 설명을 동원하여 작업하고 있는 게 아니라는 점을 지적하기 위함이다. 여기서 이 점을 다시 강조하는 것은 내 책을 비평하는 사람 중 일부가, 예수가 제사의 요소 즉 자신을 하나님의 임재로 가져오는 행위에 히브리서가 주목한다는 사실을 강조하는 것은 '속죄'에 대한 환원적 설명이며 이는 '속죄'의 언어가 비제사적으로 사용되는 용례들을 보이기만 하면 쉽게 반박된다고 생각하기 때문이다(예를 들어, Compton, "Review," p. 134).

[28] 속죄를 예수가 고난당하고 죽으셨을 때 성취된 것으로 제한하는 것은 성육신을 십자가 사건으로 환원하는 결과를 초래한다[예를 들어, 예수의 죽음을 성육신의 바로 그 목적으로 파악하는 스팁스의 글(*Finished Work*, 특히 p. 28)을 보라]. 이러한 태도는 또한 성경의 범주를 혼동하게 만든다. 그런 설명에서는 성경에서 하나님과 인간의 교제를 방해하는 다양한 문제가 모두 예수의 고난과 죽음을 통해서만 해결되는 것으로 생각한다. 주요한 성경적 범주 몇 개만 언급하자면, 화해, 구속, 화목, 정결, 용서 등은 기본적으로 (이것들이 다루는 문제가 아니라면, 그 문제들에 대해 성경에서 주어진 해결책들은) 서로 구별할 수 없게 된다. 만약 모든 것을 십자가에 지우는 대신 예수 자신이 속죄의 중심이라고 한다면(예수의 죽음이 아니라 바로 예수가 하나님과 인류를 분리하는 모든 문제의 해결책이라), 성육신 전체 즉 예수의 탄생, 고난, 죽음, 부활, 승천, 좌정, 재림은 그 속죄에 특정한 방식으로 기여하는 것으로 보일 수 있다. 중요한 것은, 그러한 설명이 더 큰 범위의 성육신이 가지는 별개의 측면들을 통해 성경이 제시하는 별개의 문제들을 해결하게 해 준다는 것이다. 속죄 제사의 경우, 레위기가 지지하지 않음에도 이것을 억지스

하나님의 백성이 하나님과 언약을 맺기 위해서는, 그리고 중요하게는 그들이 하나님과 언약 관계를 유지하기 위해서는 정화와 용서가 발생해야 했다.[29] 모세 언약의 의식 제도의 중심에는 하나님과 백성 사이의 경계를 넘는 사람들 즉 제사장이 있었고, 그들은 간구하는 사람들을 대신해 그들이 가져온 예물과 제물을 드리고자 하나님의 임재에 가까이 나아갔다. 하나님께 가장 가까이 다가간 사람은 대제사장이었으며, 대제사장은 속죄일에 가장 거룩한 곳에 들어가 다른 어떤 인간보다 하나님의 지상 임재에 더 완전히 나아갔다. 이러한 요소는 제사적 속죄의 핵심으로, 언약 관계를 유지하기 위해 용서와 정화를 이루는 것이 주된 목적이다. 용서와 정화는 특히 부정하고 죄 많은 인간이 하나님의 임재에 다가갈 수 있게 하고, 하나님이 내려오셔서 자기 백성과 언약 관계에 들어가 그 안에 거하시는 데 필요한 조건들을 성취할 때 이루어진다.

예수가 대제사장으로서 유지하는 새 언약

방금 언급했듯이 레위 제사장과 제사는 하나님과 백성의 언약 관계를 유지하는 데 필수였다. 이들은 하나님과 백성의 관계를 지속적으로 건강하게 유지하도록 도움으로써 백성이 하나님 가까이 거하고 하나님은 자신을 낮추어 백성 가운데 머무를 수 있게 하는 메커니즘의 핵심 요소다. 하나님이 이러한 제사를 받으시는 한, 언약 관계는 건강하게 유지된다.

럽게 근본적으로 고통과 죽음에 관한 것으로 만들어서는 안 된다(본질적으로 영지주의 및/또는 마르키온주의 신학을 피하고자 한다면 문제가 되는 사안이다). 대신 우리는 유대 제사와 대제사장 사역의 논리가 모든 문제를 해결한다고 가정하지 않고, 하나님과 인간의 관계를 방해하는 특정 문제를 해결하는 방식을 찾을 수 있다.

29 레위기에 비추어 볼 때, 이러한 문제는 특히 하나님과 백성의 언약 관계의 지속적 유지와 관련이 있으며 이것이 속죄일의 존재 이유인 것 같다.

나의 제안은 히브리서에서는 옛 언약과 그 제사장 및 제사와 일치하는 (그리고 그 영향을 받는) 방식으로, 새 언약과 대제사장 및 제사에 대한 레위기적인 개념과 생각을 이해한다는 것이다. 예수가 하늘 지성소에 올라가셔서 그곳에 계시므로, 그가 새 언약 관계가 영원히 유지되도록 보장할 수 있는 그 대제사장이라고 저자는 추론한다. 이 일은 지상의 대제사장은 할 수 없는 일이다. 그는 죽을 수밖에 없고, 율법은 결코 완전함을 가져다주지 못했기 때문이다. 다시 말해, 율법은 대제사장이 하늘을 통과하여 하늘 지성소에 머무는 것은 말할 것도 없고, 사람이 지상의 지성소에 들어가 하나님의 임재에 머무는 일을 결코 가능케 하지 못했다. 나아가 히브리서 7:25에서 말하듯, 예수는 항상 살아 계시고 항상 하나님 우편에 게신 대제사장이기 때문에 항상 자기 백성을 위해 중보하실 수 있고, 따라서 그들을 완전히 구원하실(εἰς τὸ παντελές) 수 있다.[30]

히브리서 7:25의 논리는 예수가 백성을 위해 적극적으로 중보하시지 않는다면 그들의 완전한 구원은 불가능할 것임을 암시한다. 그리고 이 암시가 함의하는 또 다른 의미가 있는데, 바로 예수를 따르는 사람들에게 지속적인 속죄가 필요하다는 것이다. 지상의 대제사장들이 일 년에 한 번만 할 수 있었던 일을 예수는 영속적으로 하신다. 죽음으로 인해 직분을 계속 수행할 수 없었던 구약의 대제사장들과는 달리, 예수는 부활로 인해 하늘의 대제사장으로서 섬길 수 있을 뿐 아니라 **중단 없이** 그렇게 하실 수 있다. 따라서 예수의 대제사장 사역은 옛 언약보다 더 높은 수준의 정결과 용서

---

[30] 히브리서에서는 구원을 현재 소유하는 것이 아니라 미래에 받는 것으로 간주한다는 점을 고려할 때(예를 들어, 1:14; 9:28), 예수의 지속적 중보는 백성이 온전히 구원받아 약속의 기업에 성공적으로 들어가도록 보장하는 그분 사역의 필수적인 부분으로 보인다. 아마도 이 완전한 구원은 하나님의 모든 백성이 함께 완전하게 되어 부활하는 것과 관련이 있을 것이다(11:39-40).

를 가져다준다. 예수의 사역은 새 언약 관계가 온전히 유지되도록 보장한다. 그분 자신이 대제사장이자 제물이시기에, 아버지의 임재 안에 있는 그분의 임재 자체가 언약 관계를 보호하고 언약 백성의 구원을 보장한다.

적어도 제2성전 시대 후기에는, 속죄일에 지성소에서 대제사장이 이런 종류의 활동을 하리라는 기대가 있었다.[31] 대제사장이 제물을 바치며 백성들을 위해 매년 간구하는 시간과 장소가 바로 속죄일의 지성소다. 실제로 속죄일에는 백성을 대신하여 간구하는 것과, 피를 바치는 것을 포함한 지성소에서의 여타 의식 행위들이 불가분의 관계에 있다. 히브리서 저자는 예수의 현재 진행 중인 대제사장 사역을 놀라울 만큼 유비적인 맥락에서 생각한다. 예수의 지속적인 대제사장적 중보 사역은 지상 지성소에서 대제사장이 매년 행하는 일의 패턴과 논리를 따르는 방식으로 작동한다.[32] 유대의

---

31 필론은 백성을 대신하여 제사와 기도를 드리는 것을 제사장, 특히 대제사장의 주요 책임으로 본다. [J. Leonhardt, *Jewish Worship in Philo of Alexandria*, TSAJ 84 (Tübingen: Mohr Siebeck, 2001)의 증거와 논의를 보라]. 따라서 필론은 대제사장이 속죄일에 지성소에 들어갈 때 기도를 드린다고 추정한다(*Legat.* 306; Leonhardt, *Jewish Worship*, pp. 128-129도 보라). 나는 이 점을 더 자세히 옹호하는 내용을 D. M. Moffitt, "Jesus as Interceding High Priest and Sacrifice: A Response to Nicholas Moore," *JSNT* 42 (2020): pp. 542-552, 특히 pp. 548-551에서 제시한다. 대제사장의 사역에 언약 백성을 대신하여 제사와 기도를 드리는 일이 포함되었다는 추가 증거는 Josephus, *Ant.* 3.189-191를 보라.

32 밀리건도 이 점을 인식하고 예수가 천상에 좌정하신 것에 관해 글을 썼다. "[예수는] 무엇을 하고 계시는가? 그분은 단순히 과거의 예물이나 제물의 힘으로 중보하시지 않는다. 그분은 중보의 근거가 되는, 그리고 중보와 관련된 제물을 바치고 계신다. 제물을 드린다는 생각은…승천 이후 우리 주님의 행동과 분리될 수 없다. 이것은 제물을 드리는 행위를 이스라엘의 대제사장이 그 백성의 가장 안쪽 성소에서 행하는 일과 분리하는 것과 마찬가지다. 율법의 예식은 그러한 분리를 허용하지 않는다. 유대 대제사장은 이미 드린 제물에 대한 기억이나 공로 이상의 것을 가지고 그 성소에서 사역했다. 그는 속죄소와 휘장 앞에 자신이 가져온 피를 뿌려야 했으며, 이스라엘과 하나님의 화해를 완성해야 했다.…그리고 이 모든 것은 제사가 끝난 후에 행해진 것이 아니라 제사의 일부였다.…그러므로 유대인 제사장이 휘장 안으로 들어간 후에도 제물을 바치는 일을 계속해

이 거룩한 날에 비추어 예수를 성찰하는 만큼, 저자는 예수가 아마도 제단이 있을 것으로 추정되는(참조. 히 13:10) 하늘에 계신 아버지께 자신을 바친 것과 아버지 앞에서 예수가 지속하는 중보 사역을 모두 강조한다(7:25과 8:1-4을 비교하라). 이것은 또한 히브리서 12:24의 예수가 피를 뿌리는 비유를 잘 이해하게 해 준다. 여기서 언약의 중보자로서 예수의 역할은 피를 뿌림으로써 피를 바치는 행위와 연관되어 있다. 저자는 이 행위가 아벨보다 더 나은 것을 '말하고 있다'($\lambda\alpha\lambda o\hat{u}\nu\tau\iota$)고 언급한다.[33]

예수의 하늘 지성소 입성에 대한 히브리서의 제사적·대제사장적 성찰에 대한 앞의 설명은, 초기 기독교 성찰의 발전에 대해 역사적으로 그럴듯한 설명을 제공한다는 이점이 있다. 이 성찰은 유대인들이 소중히 여겼던 성경과 관습으로부터 기독론적이고 구원론적인 측면을 추론한 것이다.[34]

야 했던 것처럼, 비슷한 상황에서 우리도 유대교 체제에서의 제물 개념의 성취가 되시는 [예수와] 연결되어야 한다"(*Ascension and Heavenly Priesthood of Our Lord*, pp. 122-123).

[33] 아벨과의 비교와 대조는 아벨의 죽음이 마치 하나님 앞에서 피를 뿌리는 제사 행위와 비교되는 것처럼 아벨의 죽음을 강조하려는 의도가 아닐 것이다. 오히려 이 평행 관계는 아벨이 실제로 하나님께 제사를 드린 행위를 떠올리게 하려는 의도를 나타낸다. 가인과 달리 아벨은 하나님께 피의 제사를 드린 최초의 사람이었다. 유대 관점에서 아벨은 하나님께 제물의 피를 뿌린 최초의 사람이었다. 하나님은 아벨과 그가 드린 제사를 호의적으로 보셨다(창 4:4; 참조. 히 11:4). 다시 말해, 히브리서 12:24의 요점은 하나님이 아벨이 드린 피의 제사(그리고 암시적으로 레위기의 제사)보다 나은 예수의 제사를 더 기뻐하셨다는 것이다. 아벨이 양 떼의 맏배로 드린 제물은 선했고 믿음에서 비롯된 것이었으며 하나님이 호의적으로 바라보셨지만, 예수가 하나님께 자신을 드린 행위는 그보다도 더 좋은 것이다.

[34] 스팁스는 예수의 제사와 대제사장 사역에 대한 해석에서, 그분의 대제사장적 중보 사역을 제사를 바치는 행위와 분리하는 해석이 지니는 역사적 문제를 보지 못하는 것 같다. 둘을 함께 붙잡아야 할 필요성을 강조하는 사람들에 반대하여, 그는 예수의 제사가 "성경에서 절대적으로 지상적이고 역사적인 것으로 틀림없이 표현되어 있으며, 이것이 성육신의 목적이다.…[따라서] 이 영단번에 마무리된 사건을 통해, 필요불가결하고 의도된 속죄 사역은 완전히 성취되었다"(*Finished Work*, p. 8)고 주장한다. 그리고 제사와 대제

이런 식의 해석에서는, 다시 말해, 예수의 승천에 대한 고백과 예수를 대제사장으로 동일시하는 것은 초기 그리스도인들이 그들의 유대 배경에 비추어 이해할 수 있는 실제적 내용을 담고 있다. 물론 예수에 대한 초기 성찰의 뿌리에 대제사장과 제사의 기능에 대한 새롭고 다른 개념이 놓여 있다는 가정이 불가능하지는 않지만, 역사적으로 설명하기가 훨씬 더 어렵다.[35]

또한 하늘의 대제사장이신 예수의 언약 유지 사역은, 적어도 히브리서 저자의 관점에서 볼 때 예수가 시간과 공간을 벗어나지 않으셨다고 가정한다. 비록 하늘에서의 시간과 공간이 땅에서의 시간과 공간과 정확히 같지는 않더라도 말이다. 여기서 주목해야 할 핵심은 (1) 부활이 보장하는 성육신의 실재와 지속적인 본질, (2) 예수가 자신을 기다리는 사람들에게 구원을 가져다주기 위해 다시 오시리라는 히브리서의 고백이다(히 9:28). 내가

사장의 지성소 사역이라는 유대 개념들이 제사와 중보가 한데 묶여 있음을 암시한다는 생각은 "구약 인물의 신약적 성취에서 생겨나는 어떤 새로운 사실들을 충분히 고려하지 못한다. 이 사실들이 상황을 완전히 바꾸어 놓았음에도 말이다. 그러한 견해는 실제로는 온전히 기독교적이라기보다 유대교적이라 할 수 있는데, 레위기의 제사장직과 비교하여 그리스도의 제사장직이 지니는 참된…완전함과 그에 따른 탁월한 영광을 제대로 인식하지 못하기 때문이다"(p. 22)라고 덧붙인다. 그는 이후에 히브리서에서는 예수의 경우 제사와 중보를 분리하기를 요구한다(p. 32)고 언급한다. 역사적 관점에서(그러한 견해가 제기할 수 있는 신학적 문제는 말할 것도 없고) 스팁스의 설명은 타당성이 없어 보인다. 그는 마땅히 뒤에 위치시켜야 할 특정 종류의 후기 구원론적 성찰을, 예수의 구원 사역을 하나님의 사전적 계시의 관점에서 이해하고자 구약과 제2성전 제사에 호소했던 초기 그리스도인들의 설명 앞에 위치시킨다.

35 또한 예수의 모든 제사 및 속죄 사역을 십자가로 축소하는 것을 자명하게 여기는 것은 시대착오적이고, 예수에 대한 초기 기독교의 이해에서 유대 성경과 관습이 차지한 중요성을 축소할 위험 역시 심각하게 고려할 필요가 있다. 이것은 물론 마르키온과는 거리가 멀지만, 그럼에도 다음과 같이 말하는 것과 마찬가지다. 모세에게 성막, 제사장직, 제사 제도를 계시하신 하나님은 멜기세덱의 계통을 따라 예수를 제물과 대제사장 지위에 임명하신 하나님과 같은 분이지만, 이 하나님이 모세 율법에서 자기 백성에게 계시하신 것과는 완전히 다른 의미로 '제사'와 '대제사장'이라는 용어를 사용했다는 것이다. 이런 생각은 진정한 신학적 문제를 일으킬 수 있음을 유념할 필요가 있다.

주장했듯, 히브리서 저자는 예수의 육체적 부활과 승천을 진지하게 받아들이는데, 이것은 예수가 특정 장소에 위치한 몸을 가진 인간이라는 추론을 가능하게 한다. 히브리서 저자에게 이곳은 하나님 우편에 있는 하늘 지성소다. 더 나아가 히브리서에서는 예수가 더 이상 형제자매에게서 부재하지 않고 그들에게 구원을 주고자 다시 오실 미래의 시간과 장소를 내다본다.

이 마지막 요점은 더 성찰할 가치가 있다. 히브리서 학계에서는 특히 에른스트 케제만의 영향력 있는 저서 『방황하는 하나님 백성: 히브리서 연구』(Das wandernde Gottesvolk: Eine Untersuchung zum Hebräerbrief)가 나온 이후, 히브리서가 순례 여정에 관한 책이라고 가정하는 경향이 있었다. 사람들을 세상에서 벗어나게 하여 예수가 계신 하나님의 임재 앞으로 이끌고 나아가는 전진 운동이라는 것이다. 하나님의 백성은 이 세상에서 방황하지만 궁극적으로 기업을 향해 나아간다. 목표는 하나님의 백성이 지상의 고통을 견디고 하늘의 기업이라는 구원으로 해방되는 것이며, 그들은 언젠가 올 천상적 세상에서 예수가 앉으신 곳에 합류할 것이다.

그러나 이러한 개념은 히브리서 9:28을 통합하기 어렵다. 이 구절에서 저자는 예수가 백성을 광야에서 인도하여 하늘을 통과해 자신이 계신 곳으로 이끄심으로써 그들을 자신에게 데려가시리라고 말하지 않는다. 오히려 그분을 기다리며(ἀπεκδέχομαι) 다시 맞이할 준비가 된 백성과 함께하시고자 다시 나타나시리라고 말한다. 히브리서는 방황하는 하나님 백성이 아니라 기다리는 백성을 상상한다.[36] 이는 '다가오는'(ἐγγίζουσαν, 10:25) 날

---

[36] 오트프리트 호피우스는 그의 저서 *Katapausis: Die Vorstellung vom endzeitlichen Ruheort im Hebräerbrief*, WUNT 1/11 (Tübingen: Mohr Siebeck, 1970)에서 이 점을 강하게 지적했다. 바로 이 점과 관련하여 그는 다음과 같이 쓴다. "회중은 천국을 향해 여행하면서 방황하는 것이 아니라 구원의 완성을 **기다리는** 하나님 백성으로 묘사된다. 그리고 저자는 이 백성에게 참을성 있는 인내로 기대를 버리지 말라고 최대한 긴급하게 권면하고자 한다. 이 참을성 있는 인내야말로 약속의 성취를 보장하는 것이다"(번

을 보면서 서로 권면하라는 당부에 담긴 방향 지시적 은유와, 조금 있으면 기다리는 자가 '오실 것'(ὁ ἐρχόμενος ἥξει, 10:37)이라고 상기시키는 말과 일치한다. 히브리서 11:10에서 저자는 아브라함을 터가 있는 도시를 '기다리는'(ἐξεδέχετο) 사람으로 묘사하기도 한다. 영어 번역 전통에서는 동사 ἐκδέχομαι를 '기대하다/고대하다'로 번역함으로써 요점을 흐리는 경향이 있다(KJV, RSV, NIV, ESV). 기대라는 개념이 분명히 존재하지만, 여러 주석가의 지적대로 여기서 가장 중요한 역할을 하는 것은 하늘 예루살렘을 기다리는 유대 종말론적 사상이다(히 11:16; 12:22을 보라).[37] 이것을 가지고 히브리서가, 예를 들어 요한계시록 21:2, 10에서처럼 천상적 예루살렘의 강림을 상상했다는 것을 증명할 수는 없다. 그러나 히브리서 9:28에 비추어 볼 때, 특히 히브리서가 구원과 약속된 기업을 얻는 것을 긴밀하게 연관 짓는다는 점(예를 들어, 1:14)을 고려하면, 이 생각은 상당히 타당해 보인다. 만약 약속된 기업에 하늘의 도시가 포함되고, 저자의 생각에 이 기업을 받는 것이 구원을 구성하는 요소의 적어도 일부라면, 예수가 자신을 기다리는 사람들의

역은 내가 한 것이며 독일어 원문은 다음과 같다. "Die Gemeinde [ist] nicht als das zum Himmel wandernde, wohl aber als das auf die Heilsvollendung *wartende* Gottesvolk gesehen, und der Verfasser will dieses Volk...mit aller Dringlichkeit dazu aufrufen, die Erwartung nicht preiszugeben, der allein die Erfüllung verheißen ist"; *Katapausis*, p. 150).

[37] 예를 들어, Attridge, *Hebrews*, p. 323-324; C. R. Koester, *Hebrews: A New Translation with Introduction and Commentary*, AB 36 (New York: Doubleday, 2001), p. 486. 에리히 그레서(Erich Grässer)는 아브라함이 하늘의 도시를 기다리는 것으로 묘사되었다는 데 동의하지만, 히브리서에서 도시는 궁극적으로 초월적인 것이기 때문에 여기에서도 기다림보다는 방황의 개념이 주된 것이라고 주장한다[*An die Hebräer*, EKKNT 17 (Zurich: Benziger, 1997), 3: p. 127; 또한 E. Grässer, "Das wandernde Gottesvolk Zum Basismotiv des Hebräerbriefes," in *Aufbruch und Verheißung: Gesammelte Aufsätze zum Hebräerbrief*, ed. M. Evang and O. Merk (Berlin: de Gruyter, 1992), pp. 231-250를 보라].

구원을 위해 두 번째로 나타나신다는 개념을 이렇게 해석하는 것은 무리가 없어 보인다. 즉 그를 기다리는 사람들에게 하늘 도시를 가져다주는 것으로 이해하는 것이다. 이 모든 것은, 여기에는 영원한 도시가 없지만 대신 다가올 도시(τὴν μέλλουσαν, 13:14)를 찾고 있다는 히브리서 저자의 주장과 잘 맞아떨어진다.

나아가, 천지가 최종적으로 흔들리고 피조물이 제거된다는 생각(히 12:27)이 예수가 자신의 백성에게 돌아와 기업을 주신다는 생각과 일치할 수 없는 이유는 불분명하다. 저자가 12:27에서 흔들리는 것들을 제거하는 것이 흔들리지 않는 것들(ἵνα μείνῃ)이 남도록 하기 위함이라고 말한다는 사실이 암시하는 바는, 이 흔들리지 않는 것들이 플라톤적인 영원한 실재가 아니라는 것이다. 저자가 플라톤적 생각과 같은 것을 의미했다면 그의 진술은 터무니없는 것이다. 어떻게 현재의 피조물을 제거하는 것이 흔들리지 않는 것들이 남아 있는 능력에 어떤 식으로든 영향을 미칠 수 있는가?[38] 이 구절에 대한 더 만족스러운 설명은 히브리서 1:12에 예시되어 있는 듯하다. 이 구절에서 인용된 시편 102:26은 현재의 피조물이 옷처럼 바뀔 것임을 암시한다. 이 이미지는 단순한 제거가 아니라 대체에 대한 이미지다(참조. 계 21:1).

그럼에도 히브리서 9:28의 기다림이라는 모티프는 저자가 서신에서 전개하는 오경 내러티브와 잘 연결된다. 광야에 있다는 것이 40년 동안의 방

---

38 주석가 대부분은 히브리서가 플라톤적 이원론의 한 버전을 사용하고 있다면 그 사용 방식이 철저하지는 않음을 인정한다[예를 들어, Attridge, *Hebrews*, p. 383; J. W. Thompson, *Hebrews*, Paideia (Grand Rapids: Baker Academic, 2008), pp. 268-269]. 그러나 나는 예수의 육체적 부활과 승천에 대한 히브리서의 고백은 저자가 지상의 물질이나 육체와 천상적이거나 영적인 것 사이의 이원론을 갖지 않는다는 암시라고 계속해서 주장한다(Moffitt, *Atonement and the Logic of Resurrection*, 특히 pp. 300-303를 보라).

황을 의미한다고 가정하기 쉽지만, 저자는 출애굽 세대가 가데스 바네아에서 실패하기 이전 광야 내러티브의 시간과 장소에 청중을 위치시킨다.³⁹ 저자가 그 세대를 3:15-4:7에서 부정적 예로 논할 때조차도 그는 그들의 방황이 아닌 약속된 기업을 얻지 못한 사실에 초점을 맞춘다.⁴⁰ 이 실패로 인해 그 세대는 40년 동안 방황하고 기업을 잃게 되었다. 이에 상응하는 불신앙이 현대의 청중에게 있다면, 신실한 자들의 공동체와 예수에 대한 그들의 고백과 멀어지는 일일 것이다. 저자에게 광야에서의 방황이란 시편 95편의 '오늘'이라는 기회를 이미 잃어버린 것과 같다.⁴¹

---

39 알베르 반와(Albert Vanhoye)는 구원을 기다린다는 모티프보다 약속된 안식에 들어가라는 히브리서의 부르심에 더 중점을 둔다["Longue marche ou accès tout proche? Le contexte biblique de Hébreux 3,7-4,11," *Biblica* 49 (1968): pp. 9-26]. 그럼에도 그는 방황이 히브리서에 적합한 개념적 범주가 아님을 인정한다. "그리스도인의 종교적 상황은 약속의 땅 경계에 도착한 이스라엘 백성의 상황과 비교된다. 그것은 끝이 보이지 않는 길이 아닌, 마지막 발걸음을 딛는 문제다. 즉 광야를 떠나 하나님 나라에 들어갈 순간이 왔다는 것이다(번역은 내가 한 것이며 프랑스어 원문은 다음과 같다. "La situation religieuse des chrétiens est comparée à celle des Israélites arrivés aux portes du pays. Il n'est plus question d'un chemin interminable, mais des derniers pas à franchir: le moment est venu de passer du désert au royaume de Dieu"; "Longue marche," p. 17).

40 호피우스는 저자가 칠십인역 시편 94편을 사용하면서 이집트에서 약속의 땅 끝까지 가는 여정을 강조하지 않고 오히려 사람들이 가데스 바네아에서 했던 행동과 판단을 강조한다고 지적한다. "광야 세대와 관련하여 저자는 가데스 바네아 사건에만 관심이 있다. 따라서 그 이전의 광야 여정은 전적으로 저자의 관심 밖에 있다. 심지어 출애굽 당시를 회상하는 3:9와 3:16 두 곳에서도 그는 방황 자체에 대해 언급하지 않는다"(번역은 내가 한 것이며 독일어 원문은 다음과 같다. "Ihn beschäftigt im Hinblick auf die Wüstengeneration einzig und allein das Geschehen bei Kades-Barnea, während die voraufgegangene Wüstenwanderung als solche für ihn gänzlich außerhalb des Interesses liegt. Auch an den beiden Stellen 3,9 und 3,16, wo an die Zeit des Exodus erinnert wird, ist auf die Wanderung selbst kein Bezug genommen"; *Katapausis*, p. 144).

41 여기서도 호피우스는 요점을 명확하게 파악했다. "광야 세대는 히브리서 저자에게 **두**

그렇다고 해서 오경의 광범위한 내러티브와 히브리서 저자가 전개하는 광야의 은유가 일대일 대응 관계에 있음을 암시하는 것은 아니다. 히브리서는 오경의 내러티브를 그보다 더 자유롭게 다루고 있으며, 이 오경 본문의 요소와 다른 성경 구절의 요소를 결합하는 데 어려움이 없다. 그러나 여기에는 거시적 차원의 구조가 있다. 앞서 언급했듯, 노예 상태로부터 해방, 언약과 성막의 출범, 지속적 예배의 수단과 관행의 수립과 출범, 약속된 기업을 받기 위한 광야에서의 기다림 등이 담긴 광범위한 오경 내러티브는, 저자가 예수를 따르는 사람들을 그들의 과거, 현재, 종말론적 희망과 관련하여 위치시키는 데 사용하는 구조를 형성한다.

그러나 바로 여기, 광야에서의 기다림 속에서 언약 유지와 지속적인 대제사장적 중보의 개념이 상당한 타당성을 갖는다. 40년 동안의 방황이 시작되기 전에 하나님의 백성은 광야에서 시험과 시련을 경험했다.[42] 히브리서 독자들은 죄와 죽음, 박해의 문제에 계속 직면해 있다. 이 광야의 시간에 기업을 기다리며 온전해지고 성화되기 위해 그들에게 무엇보다 필요한

번째 회개의 불가능성을 생생하게 보여 주는 예다. 하나님으로부터 떨어져 나간 사람들에게는 더 이상 돌아올 가능성이 없다"(번역은 내가 한 것이며, 독일어 원문은 다음과 같다. "ist...dem auctor ad Hebraeos ein eindringlichen Beispiel für die *Unmöglichkeit der zweiten Buße*. Für den, der von Gott abgefallen ist, gibt es keine Möglichkeit der Umkehr mehr"; *Katapausis*, p. 137). 마찬가지로 반와도 이렇게 말한다. "방황하는 이스라엘 백성은 신자들에게 모범으로 제시되기보다는 불신자, 즉 하나님의 초대를 거부한 자들의 형벌을 설명하기 위해 제시된 것이다. 이들은 광야로 다시 보내져 죽을 때까지 무기한 방황하는 사람들이다.…그들은 그리스도인의 삶이 아닌 저주받은 자의 삶을 나타낸다(번역은 내가 한 것이며 프랑스어 원문은 다음과 같다. "loin d'être proposées en exemple aux fidèles, elles constituent le châtiment des incrédules, de ceux qui refusent l'invitation divine à entrer. Ceux-là sont renvoyés dans le désert pour y errer indéfiniment jusqu'à y mourir…Leur sort ne représente pas la vie chrétienne, mais la damnation"; "Longue marche," pp. 17-18).

42 출애굽기 15:25; 16:4; 20:20; 민수기 14:22을 보라.

것은 지속적인 중보이며[43] 이것은 히브리서에서 해석학적 역학의 일부로 작용한다. 히브리서는 신약의 다른 어떤 본문보다도 예수의 대제사장 사역이 어떻게 하나님의 백성을 광야에서 안전하게 지키고 필요할 때 담대하게 고귀한 대제사장에게 나아갈 수 있게 하는지를, 그리고 예수가 지금 어떻게 그들을 위해 중보하셔서 그들이 온전히 구원받고 하나님이 약속하신 기업을 누릴 수 있게 하는지를 잘 보여 준다.

지금까지의 내용을 요약하면, 히브리서 9:28에서 예수가 자신을 기다리는 사람들에게 구원을 가져다주기 위해 다시 나타나시리라는 확언은, 7:25에서도 추론할 수 있듯이 예수의 구원 사역 일부가 현재 진행 중임을 암시한다. 예수는 형제자매들을 위해 하나님께 호소하고 계시며 이 중보기도는 그들의 완전한 구원을 보장한다. 이는 7:25에서 유추할 수 있을 뿐 아니라, 2:11에서 예수를 성화되고 있는 자들(οἱ ἁγιαζόμενοι)을 성화시키는 분으로 말하는 언어도 이러한 역학을 암시하는 것처럼 보인다. 나는 더 나아가 이것이 13:20-21에 대한 최선의 해석이라고 생각하는데, 이 구절에서 언약의 피가 예수를 죽음에서 다시 살렸다는 취지의 이해할 수 없는 NIV 번역과는 달리, 언약의 피는 하나님의 백성이 하나님의 뜻을 행함으로써 그분을 기쁘시게 하도록 준비되는 수단이라는 것이 요점일 가능성이 더 높다고 생각한다. 예수가 대제사장으로서 지속적으로 드리는 중보기도는 하나님

---

43 이것이 옳다면 예수의 지속적 부재는 일차적으로, 해결해야 할 문제가 아니라 창조적인 기독론적 성찰을 위한 기회였음을 암시한다. 예수가 가장 높은 하늘의 하나님 우편으로 혹은 하늘 지성소로 가셨음을 안다면, 예수가 누구시며 무엇을 하고 계신지에 대해 추론할 수 있다. 즉, 예수는 대제사장임이 틀림없고 백성을 위해 제사장직을 수행하고 계실 것이다. 이 모든 추론은 성경과 대화함으로써 이루어지고, 시편 110편과 같은 본문이 자연스럽게 전면에 등장했을 것이다. 하지만 적어도 히브리서 저자에게는, 예수의 대제사장 지위에 대한 고백을 모세 율법에 담긴 하나님의 과거 계시와 비교하는 가운데 제사장의 섬김과 제사장직의 정당성에 대한 성경적 개념도 중요한 요소로 떠올랐을 것이다.

의 백성을 완전케 한다. 이것은 옛 언약에서 제사장들의 제사와 사역이 목표로 했지만 궁극적으로 완전함을 가져오는 방식으로는 할 수 없었던 일이다(7:11, 19; 9:9; 10:1을 보라).

예수의 제사는 단회적이며 언약으로 되돌아갈 수 없다

앞의 논의에서 여러 질문이 제기될 수 있지만, 특히 두 가지 질문은 명백하다. 첫째, 어떻게 이 논의가 히브리서의 '영단번'이라는 언어와 예수가 정화와 죄 사함을 이루시고 하나님 우편에 앉아 계신다는 언어와 일치를 이룰 수 있는가? 히브리서 1:3 및 10:10-18과 같은 본문은 분명히 앞서 제기한 주장을 허용하지 않는 것처럼 보일 수 있다. 둘째, 예수가 자신의 백성을 위해 중보하셔서 언약을 유지하신다면, 저자는 어떻게 일부가 회복의 수단 없이 이 관계에서 떨어져 나갈 가능성을 상상할 수 있는가?

첫 번째 질문을 살펴보기 위해서는 두 가지를 지적할 수 있다. 옛 언약이 죄를 완전히 제거하지 못했다는 것은 이스라엘 집안과 유다 집안이 새 언약을 맺기 위해서는 처리해야 할 과거의 수많은 죄가 남아 있음을 의미한다. 히브리서에 인용된 예레미야 31장 본문은 바로 이 점을 지적한다. 새 언약에서는 과거의 죄와 불법적 행위가 더 이상 기억되지 않는다는 것이다. 적어도 예수가 제물을 드린 행위는 과거의 특정 죄들을 온전히 처리하는 데 그 목적이 있었다.[44]

그러나 그보다 더 많은 것이 히브리서 1:3과 10:10-18의 완전함을 가리키는 언어에 암시되어 있는 것 같다. 나는 이 본문들과 7:25 사이의 명백한

---

44 이것이 천상적인 것들 자체가 정화가 필요하다는 히브리서 9:23의 언급에 암시된 예수의 제사 사역의 한 측면이 아닐까 하는 의문이 든다.

긴장을 해결하는 방법은, 예수가 부활한 자신 안에서 대제사장이자 새 언약의 제물이 되신다는 인식에서 찾을 수 있다고 제안한다. 언약 백성이 계속 성화되고(2:11; 10:14), 계속해서 완전함을 기다리며(11:39-40), 궁극적으로 온전히 구원받으리라는 점을 고려할 때, 히브리서는 언약 안으로 들어와 처음으로 정화된 후에도 지속적인 용서와 정화가 필요하다고 가정한다.[45] 이것은 광야에서 예수가 돌아오시기를 기다리는 그들의 현재 상태가 가지는 역학의 일부다.

예수는 아버지 우편에 앉으신 대제사장이자 제물이 되심으로써 이 지속적인 사역을 수행하신다. 예수는 아버지의 임재 안에서 백성을 위해 중보하시기 때문에 그분의 제사적 속죄 사역은 영원하다. 이것이 바로 예수의 제사가 반복될 수 없는 이유 중 하나다. 예수는 아버지의 임재를 떠났다가 다시 돌아와서 자신을 다시 드릴 필요가 없다. 예수가 자신을 드린 사건의 단회성은 그의 죽음, 부활, 승천의 단회성과 상관관계가 있다. 부활하신 예수는 아버지를 떠나 다시 피와 살을 취하고, 죽고, 다시 살아나 하늘 지성소로 다시 돌아갈 수 없기 때문에, 이런 성육신의 단회성 안에서는 그분의 제사 과정이 반복될 수 없다.

또한 예수가 성화되고 있는 자들을 완전케 하신다는 히브리서 10:14의 생각은 2:11의 주장을 다시금 강조하는 것으로 보인다. 예수는 자신의 한 번의 제사를 통해 성화되는 과정에 있는 사람들을 완전케 하시는 분이다. 이것이 옳다면, 10:14의 요점은 많은 영어 번역에서와 같이 이 완전케 하시는 사역이 영원히 완성되었다는 것이 아니라, 예수가 지금 그의 백성을 완전하게 만들고 계시는 상태라는 것이다. 이것은 예수가 지금 자기 백성을

---

[45] 이 처음의 정화는 10:29에서 저자가 염두에 두는 내용일 수 있는데, 여기서 그는 배교자들이 그들을 거룩하게 한 언약의 피를 불경한 것으로 간주하는 자들이라고 말한다.

위해 중보하는 대제사장이라는 생각과 완벽하게 연관될 수 있다. 마찬가지로 10:10은 그의 백성이 그의 한 번의 제물로 성화되고 있는 상태에 있다고 말한다. 그의 형제자매들이 성화되고 있다는 생각은 앞에서 제시된 2:11; 7:25; 12:24; 13:20-21의 해석과 잘 일치한다. 내가 다른 글에서 주장했듯,[46] 히브리서 저자가 인류의 완전함이 예수 자신의 경우처럼 궁극적으로 종말론적인 육체의 부활과 영원한 유업을 받는 것에 있다고 생각한다면, 이 역시 본문들 사이의 명백한 긴장을 해소하는 것과 잘 상응한다. 예수는 자신의 백성을 완전하고 거룩하게 하시는 분이다. 그의 백성은 그가 그들을 완전케 하시고 구원의 기업을 가져다주실 때까지 기다리는 동안 성화되고 있다. 그의 백성을 거룩하고 완전하게 하는 이 지속적인 사역은 대제사장으로서 그들을 위해 중보하시는 예수의 지속적 사역에서 직접 도출된다.[47] 이 대제사장 사역은 그들이 온전히 구원받아 약속된 기업을 충만하게 받을 수 있는 수단이다. 다시 말해, 예수의 대제사장 사역은 오경의 위대한 구원 내러티브가 의도된 대단원에 이르고 하나님과 그분의 백성이 흔들리지 않

---

46 완전함과 정결에 대한 나의 논의는 이 책 7장과 *Atonement and the Logic of Resurrection*, 특히 pp. 195-214에서 펼치는 주장을 보라.

47 히브리서는 신약성경에서 예수가 아버지의 임재 앞에서 백성을 위해 지속적으로 용서하고 정화하는 일을 하신다는 것을 보여 주는 유일한 증거가 아니다. 요한1서 1:7-2:2에도 이 개념이 등장하는데, 1:7-9에서 예수의 피, 죄 고백, 죄 용서, 정화의 배열은 저자가 유대 제사 범주의 관점에서 예수의 지속적 용서와 정화 사역을 생각하고 있음을 암시한다. 신자에게 지속적인 죄 용서와 정화가 필요하다는 생각은 2:1에서 특히 분명해진다. 그는 신자들("나의 자녀들")에게 편지를 쓰는 것은 죄를 짓지 않도록 격려하기 위함이며 이것이 분명한 목표이자 이상이라고 말한다. 그러나 그들이 죄를 짓는다면, 그들의 죄는 아버지 앞에서 지속적으로 이루어지는 예수의 옹호를 통해 다뤄질 수 있다. 저자는 2:2에서 예수가 그들의 죄를 위한 속죄 제물(ἱλασμός)이시기 때문에 이러한 지속적 옹호가 가능하다고 제안한다. 요점은 예수가 지금 살아 계시고 아버지와 함께 있는 속죄 제물이시기 때문에 백성이 죄를 지을 때 그들을 위해 중보할 수 있는 옹호자라는 것이다. 이는 히브리서에서 발견할 수 있는 예수의 대제사장 사역과 지속적인 언약 유지 사역의 개념과 매우 유사해 보인다.

는 기업 안에 함께 거할 수 있도록 보장한다.

타락한 사람들을 회복시킬 수 없다는 것에 관해, 예를 들어 그들이 언약 관계에서 제거될 수 있느냐는 질문에 대해 히브리서는 바울과 다른 접근 방식을 취하는 듯하다. 바울 역시 예수가 하나님 우편에서 대제사장 일을 수행하신다는 개념을 가진 것 같다. 그는 로마서 8:34에서, 죽으시고 나아가 부활하신 그리스도 예수께서 지금 하나님 우편에서 그의 백성을 위해 중보하고 계신다고 말한다. 이 중보에 근거하여 예수를 따르는 사람들 즉 예수를 주님이라 고백하고 하나님이 그를 죽은 자 가운데서 살리셨음을 믿는(10:9) 사람들은 정죄될 수 없다. 바울은 8:35-39에서 그리스도가 사랑하시는 사람들을 하나님으로부터 끊을 수 있는 것은 아무것도 없다고 계속해서 단언한다. 예수의 지속적 중보는 하나님과 백성의 구원 관계가 끊어질 수 없음을 의미한다. 이것은 언약 유지의 개념처럼 보이는데, 그 메커니즘은 다름 아닌 예수의 지속적 중보다. 하지만 히브리서는 새 언약 백성이 언약 관계에서 실질적으로 떨어져 나올 수 있다고 주장하는 것 같다. 그들은 자신의 고백을 부인할 수 있다(4:14; 10:23). 공동체와 함께 모이는 것을 포기할 수 있다(10:25). 고의로 계속 죄를 지을 수 있다(10:26). 이런 일이 발생하면 그들은 가데스 바네아에서 실패한 이스라엘 세대처럼 약속의 기업을 받을 희망 없이 광야에서 방황하는 처지에 놓이게 된다. 예수가 자기 백성을 해방하고 새 언약을 출범시키고 아버지의 임재 안으로 들어가신 일이 반복될 수 없는 것같이, 이 언약과 공동체 안으로 들어가는 일 또한 반복될 수 없다는 것이 히브리서의 논지인 것 같다.

결론

앞서 논증한 내용이 옳다면, 히브리서는 예수가 열어 주신, 하나님께로 나아가는 새롭고 생명력 있는 길은 새 언약의 맥락에서 지속적인 의식을 통해 관계 맺는 삶에 있다고 가정한다. 이러한 관계는 예배를 중심으로 이루어지는데, 이 예배는 하늘 성막에서 하나님의 아들이신 위대한 대제사장 예수가 행하시는 영원한 사역으로 가능해지고 또한 그 사역을 수반한다. 항상 십자가에 못 박히고 부활한 몸으로 하나님께 드려지는 제물이신 이 대제사장은 형제자매들을 대신하여 중보한다. 항상 십자가에 못 박히신 분인 예수는, 부활하여 하늘을 통과하셨기 때문에 형제자매들을 위해 중보하고 계신다. 나지안조스의 그레고리오스가 말했듯, 그분은 죽고 부활하신 그 몸을 지금도 계속 입고 계신다.[48] 이것이 바로 그분이 지금도 자기 백성의 구원을 위해 중보하실 수 있는 이유다. 그런 의미에서 예수의 제사 사역은 끝나지 않았다. 그분이 아버지와 계속 함께하시면서 백성에게는 육체적으로 부재하신다는 사실은, 그분이 새 언약 관계를 중재하고 유지하는 대제사장으로서 그들을 위해 일하고 계심을 의미한다. 예수가 하늘 지성소에 머무르시는 한, 그리고 백성이 새로운 광야 상태에서 완전함을 기다리며 성화되는 과정에 있는 한, 예수의 대제사장적 중보는 계속된다. 히브리서 저자에게는, 대제사장이 자신을 기다리는 백성에게 돌아올 때가 예수의 모든 성육신 사역이 보장하는 구원을 마침내 얻는 시점이 될 것이다.

---

48   이번 장 서두에 인용한 *Oration 30*, 14을 보라.

10. 히브리서에서 성육신과 예수가 드리는 제사의 방향성에 대한 관찰

히브리서와 신적 아들의 성육신

히브리서 핵심에는 영원한 하나님 아들의 성육신에 대한 확신이 자리해 있다. 히브리서는 요한복음처럼 영원한 말씀이 육신이 되어 우리 가운데 거하신다고 명시적으로 말하지 않는다. 그럼에도 아들이 천사들보다 높다는 히브리서 1-2장 주장의 논리는 성육신을 전제하는 설교의 여러 측면 중 하나다.[1]

히브리서 1-2장의 핵심 논지는 다음과 같이 요약될 수 있다. 즉 아들을 통해 아버지께서 천지를 창조하시고(1:2), 아들의 강력한 말씀이 만물을 지탱하며(1:3), 그 아들이 천사들보다 잠시 동안 낮아지셨다(2:6-8). 그는 고난

---

[1] 예를 들어, 히브리서 10:5은 그리스도가 "세상에"(εἰς τὸν κόσμον) 오시면서 하신 시편 40편의 말씀을 기술한다. 이것은 분명 그의 선재와 이후의 성육신을 전제로 하는 것 같다. 히브리서 5:7에서 아들이 "육체에 계실 때에"(ἐν ταῖς ἡμέραις τῆς σαρκὸς αὐτοῦ) 고난을 받았다는 말씀도 아들의 선재와 성육신을 가정하는 것 같다. 아들이 육신이 없으므로 고통을 겪을 수 없는 때가 있었고 이런 상황은 인간이 되었을 때 변했다. 죽을 운명의 인간으로서 그분은 고통과 심지어 죽음도 감당해야 했다. 5:7에 대한 이러한 해석에 대한 자세한 논증은, D. M. Moffitt, *Atonement and the Logic of Resurrection in the Epistle to the Hebrews*, NovTSup 141 (Leiden: Brill, 2011), pp. 208-210를 보라.

받고 죽으시고 부활하셨기 때문에, 전적으로 완전케 되고 높아진 최초의 인간으로 아버지께 돌아갔다. 다시 말하면, 히브리서 1장의 아들은 이제 히브리서 2장에서 높임받으신 인간 예수(2:9), 고난을 받으시고 영광과 존귀로 관을 쓰시고 하나님 우편에 오르신 바로 그분으로 드러난다. 예수는 높임을 받으셨고 이제 천사들에게 경배를 받으시는 그 아들이다.[2]

이 주장은 두 가지 암묵적이고 일차적으로 역설적인 전제에 기반한다. 첫째, 아들은 창조 이전에 존재했어야 한다. 그렇지 않으면 어떻게 그가 시대를 창조하고 만물을 지탱하는 분이 될 수 있겠는가? 둘째, 이 아들은 어느 시점에서는 천사들보다 낮았다가 나중에야 천사들보다 높임을 받았다. 이 의미를 전달하는 것이 아니라면 왜 저자가 아들이 천사들보다 크신 분이 '되었고'(γενόμενος, 1:4), 천사들보다 더 큰 이름을 물려받으셨으며, 천사

---

[2] 히브리서 1-2장의 주된 내용에 대한 이 요약은 논쟁의 여지가 있다. 많은 사람이 히브리서가 아들의 신적 존재론이나 정체성의 관점에서 아들을 묘사한다고 주장하고[예를 들어, R. Bauckham, "The Divinity of Jesus Christ in the Epistle to the Hebrews," in *The Epistle to the Hebrews and Christian Theology*, ed. R. Bauckham, et. al (Grand Rapids: Eerdmans), pp. 15-36], 어떤 이들은 아들이 신적 존재가 아니라 하늘에서 가장 높은 곳으로 승격된 인간으로 제시된다고 주장한다[예를 들어, G. B. Caird, "Son by Appointment," in *The New Testament Age: Essays in Honor of Bo Reicke*, ed. W. C. Weinrich, 2 vols. (Macon, GA: Mercer, 1984), 1: pp. 73-81]. 히브리서를 주로 아들의 신적 존재론이나 정체성 관점에서 읽는 사람들은 천사들에 대한 아들의 지위가 실제로 어떻게 변했는지에 대한 설득력 있는 설명을 제시하지 못하는 경향이 있는 것 같다. 아들이 인간으로서 천사들보다 실제로 높았다는 관점에서 본문을 읽는 사람들은 천사들에 대한 아들의 지위가 실제로 바뀌었다는 히브리서의 주장을 올바르게 이해하지만, 신성한 측면(특히 창조와 관련하여)을 어떻게 설명할 수 있는지를 보여 주는 데 어려움을 겪는다. 히브리서의 기독론에 대한 성육신적 이해에 동의하고 내가 제시한 히브리서 1-2장 해석을 지지하는 자세한 논증은 특히 Moffitt, *Atonement and the Logic of Resurrection*, pp. 43-144를 보라. 내가 또한 주목하는 사실은 히브리서의 몇몇 초기 해석자는 영원하고 신적인 아들의 성육신과 예수의 육체적 부활 및 승천을 설교의 중심 전제로 보는 데 별다른 어려움이 없었다는 것이다(더 자세한 논의는 이 책 11장을 보라).

들 중 누구도 초대받지 못한 곳에 앉도록 하나님의 초대를 받으셨다고 말하겠는가?(1:13) 히브리서 1-2장을 해석할 때 해결해야 할 주요 문제 중 하나는 바로 이것이다. 어떻게 이러한 전제와 아들에 대한 명시적 주장이 모두 참일 수 있는가? 만물을 창조하고 지탱하시는 바로 그 아들이 어떻게 피조물보다 낮아진 후 높아질 수 있는가? 바로 성육신이 가장 타당한 대답을 제공하며, 이는 저자가 가정하는 주요 신념 중 하나다. 즉, 설교자는 만물을 창조하신 아들이 인간이 **되심으로써** 천사들보다 낮아졌다고 가정한다. 그런 다음 그분은 모든 천사보다 높아지셨는데 무엇보다 그가 계속해서 인간이시라는 것 때문이다.

이 요점은 히브리서 2장에서 설교자가 시편 8편과 관련하여 창조 세계에서 인류의 위치를 설명할 때 명확하게 드러난다. 인간은 "천사보다 잠시 낮게"(ἠλάττωσας αὐτὸν βραχύ τι παρ᾽ ἀγγέλους; 칠십인역 시 8:6; 히 2:7) 만들어졌다. 히브리서에서 이 시편은 현재의 인류에 대해 말할 뿐만 아니라 언젠가 천사들에 대한 인류의 지위가 바뀔 것을 예측하는 것으로도 읽힌다. 어느 시점에서 인류는 영광과 영예로 면류관을 쓰고 천사들보다 높아질 것이다. 창조자 아들이 천사들보다 낮아**졌다가** 나중에 천사들보다 높아지는 방식은 다음과 같다. 창조자 아들이 인간이 **되셔서** 잠시 천사들보다 낮아졌다가 나중에 가서야 천사들보다 높아진 것이다(히 2:9).

아들이 "아브라함의 자손"(2:16, 특히 7:14에서 분명히 알 수 있듯이 유다 지파의 일원으로서)의 피와 살을 '공유'(μετέσχεν, 히 2:14)하셨을 때, 그는 모든 인간과 마찬가지로 천사들보다 낮아지셨다. 시편 8편은 현재 인류가 천사들에게 복종하는 것이 '잠시'(βραχύ τι)에 불과하다고 약속하는 것으로 해석되는데, 저자는 언젠가 이 지위가 역전될 것이라고 상상한다. 따라서 영원한 아들은 인간이 됨으로써 모든 인간과 마찬가지로 잠시 동안 천사들보다 낮게 만들어졌다. 그렇게 그는 고난을 받으시고 죽으셨다. 그러나 그는 이후 영광과 존귀로 관을 쓰셨고, 시편 8편의 예견대로 천사들보다 높임을 받으셨다(히 2:6-9). 영원한 아들은 시편 8편의 약속을 받고 천사들 위에 높임을 받으신 최초의 인간이다. 아들이 인간으로서 영광과 존귀로 관을 쓰신 것은 히브리서 1장에서 아들이 천사들보다 높임을 받았다는 주장을 설명한다. 히브리서 2장의 시편 8편 해석은 아들이 천사들에게 경배를 받고 아버지 우편에 앉도록 초대받은 것에 관한 히브리서 1장의 주장을 설명한다.

앞의 요점이 히브리서 1-2장의 논증 흐름을 올바르게 파악한다면, 히브리서의 논증에 대한 또 다른 중요한 전제, 즉 아들이 천사들보다 높임을 받으신 것은 성육신의 특징이라는 사실이 곧장 드러난다. 아들은 바로 인간으로서 천사들보다 높임을 받고 천사들에게 경배를 받으셨다. 즉, 시편 8편의 약속에 따라 아들은 영광과 존귀로 면류관을 쓰고 하나님 우편에 앉도록 초대받고 천사들의 경배를 받으시는데, 이는 그분이 선재하는 아들로서뿐 아니라 인간으로서 하늘 영역으로 돌아오셨기 **때문이다**. 히브리서는 영원하신 아들의 성육신뿐만 아니라 성육신하신 아들의 죽음, 부활, 승천도 가정한다. 히브리서 2장은 다음과 같은 점을 분명히 한다. 히브리서 1장의 창조자 아들은 잠시 천사들보다 낮아지셨다가 이제 영광과 존귀로 관을 쓰시고 천사들보다 높임을 받으신 분이다. 즉 창조자 아들은 이제 **그** 높아지신 인간인 예수이시다.

따라서 성육신은 히브리서 1-2장의 논증에 초점을 제공하는 암묵적 가정이다. 성육신은 (시편 8편에 대한 저자의 해석을 통해) 앞서 언급한 전제들 사이에 내재된 다음과 같은 긴장을 해결해 준다. 즉 (1) 선재하신 창조자 아들이 (2) 또한 그분의 천사 피조물보다 낮은 위치에 있었기에 그들보다 더 위대하게 **될** 수 있었다. 이 주장은 예수의 육체적 부활을 전제해야 하는데, 아들이 천사들의 경배를 받는 영역으로 돌아오고 난 뒤에도 여전히 인간으로 남아 있어야 하기 때문이다. 시편 8편에 따르면 성자 예수가 천사들보다 높임을 받을 수 있는 것은 오직 인간으로서만 가능하다. 다시 말해, 성육신은 예수의 죽음 이후에도 계속되어야 하며 그렇기 때문에 시편 8편에 따라 그가 천사들보다 높이 하나님 우편에 계신 자리로 오르신 것이다.

이렇게 시간을 내어 이런 내용을 설명하는 것은, 히브리서에서 말하는 예수의 제사가 지니는 몇 가지 중요한 특징을 이해하는 데 중요하기 때문이다. 나는 이번 장에서 신적인 하나님 아들의 성육신에 내재한 움직임에 담긴 예수의 제사의 본질과 시기에 대해 종종 간과되는 몇 가지 함의에 초점을 맞추고자 한다. 특히 나는 아들이 천사들보다 잠시 낮아졌다가 부활한 인간 예수로서 아버지의 하늘 임재로 돌아가는 역학이, 하나님께 제사 예물을 드리는 일에 내재한 방향상의 움직임과 개념적으로 연관되어 있다고 주장한다. 성육신의 움직임 방향 안에서 아들이 인간 예수로서 아버지께로 돌아가는 순간, 즉 대제사장으로서 '하늘들을 통과하고'(히 4:14) 하늘 지성소에 들어가 '하나님 얼굴 앞에 나타나는'(9:24) 순간은, 제사장이 제물을 하나님의 임재로 가져가는 레위기의 패턴을 따라간다. 다시 말해 설교자는 제사장들이 제단에서 동물을 바치고 특히 대제사장이 속죄일에 지성소에서 피를 바칠 때 피와 살이 통과하는 공간과 방향을 따라 아들의 성육신적 승천과 아버지께로의 회귀를 그리고 있다(특히 9:7; 13:11을 보라).

먼저 (제사에 대한 현대의 신학적 성찰을 말할 것도 없이) 히브리서를 현대적으로 해석할 때 종종 놓치거나 오해하는 유대 제사에 관한 세 가지 기본 사항부터 언급하며 논의를 시작하고자 한다. 세 개의 요지는 다음과 같다. (1) 제사는 특정한 방향으로 나아간다. 구체적으로, 제사는 예물을 하나님의 집으로, 그렇게 하여 그분의 임재로 가져가는 행위를 수반한다. (2) 예물은 일상의 영역에 있는 제사드리는 이에게서 이동하여 위계적으로 관련된 일련의 단계를 거쳐 하나님의 거룩한 공간과 임재 속으로 나아간다. 즉, 제사는 절차가 있다. (3) 오경의 성막 본문이나 제2성전 시대 예루살렘 성전에서 실제 이루어진 제사 행위가 보여 주듯, 그 과정에서 레위기 제단에서는 어떤 동물도 도살되지 않는다. 여기서 나는 이러한 주장에 대한 실질적인 증거나 논증을 제시하지 않을 것이고, 아직 출판하지 않은 제2성전 시대 제사에 관한 나의 상세한 연구 결과를 간략하게 설명하고자 한다. 이러한 더 큰 요점들을 제시한 후 다시 잠시 돌아와, 히브리서 9-10장 중심 구절의 논리와 세부 사항에 특히 주의를 기울이면서, 히브리서에서 성육신하신 아들이 아버지께로 돌아오신 일을 성찰하는 데서 이 요점들이 지니는 의미를 간략히 탐구하겠다.

제사의 방향: 하나님의 집으로 예물 가져가기

레위기와 제2성전 및 랍비 저작을 주의 깊게 읽어 보면, 유대 성전에 제물을 바치는 행위에는 하나님께 바치는 물건이 특정한 방향으로 이동하는 과정이 수반되었음을 알 수 있다. 사람들은 제물을 하나님의 집으로 가져가 하나님께 드렸다. 오경에 묘사된 바에 따르면 레위기 제사는 광야의 성막으로 예물을 가져갔다. 나중에는 신명기에서 예상한 대로, 예루살렘 성전으로 제물을 가져가 제사를 드렸다. 하나님의 집에 도착한 제물은 하나님의 특별히 선택된 종인 제사장들이 제단으로 가져갔다. 제사장들은 제물을 적절한 제단으로 가져감으로써 하나님의 임재 **안으로** 예물을 전달했다. 제물은 궁극적으로 제물을 바치는 사람에게서 하나님의 집으로, 그리고 제사장들을 통해 하나님의 임재 **안으로** 옮겨졌다. 로이 게인은 전자의 요점을 잘 설명한다.

> 히브리어에서 일반적으로 '제사'라는 개념은 명사 '코르반'(*qorban*)으로 나타낸다.…코르반의 의미는 같은 어근 *qrb*의 히필 동사(문자적으로, '가까이 오게

하다')의 의미와 연관되어 있는데, 이는 제물을 제사 장소로 미리 운반하는 것 (예를 들어, [레] 1:3)뿐 아니라 여호와께 공식적 의식으로 제물을 바치는 것(예를 들어, 1:5, 13)도 지칭할 수 있다. 이렇게 공식적으로 바치는 것은 **거룩하신 하나님께 어떤 것을 드려서 그분이 사용하시도록 하는 것**이다. 따라서 코르반(제사, 제물)은 하나님의 거룩한 영역에 무엇인가를 드림으로써 그것을 **거룩하게 만든다**.[3]

따라서 물건(제물)을 하나님의 임재 안으로 가져가 그분께 전달하는 데는 특정한 이동 방향이 있고, 이 전달이 레위기 제사의 핵심이다. 이러한 방향상의 이동과 예물을 하나님의 임재 안으로 전달하는 것이 유대 제사를 구성하는 부분이다. 실제로 게인의 말에서 알 수 있듯, 예물을 거룩하고 신성하게 만드는 본질적 요소는 바치는 사람의 일상 세계에서 하나님의 임재 안으로 옮기는 이 움직임에 있다. 어떤 물건이 하나님의 집과 임재 앞에 봉헌되고 또 옮겨짐으로써 '제물'('sacrifice'라는 영어 단어는 '거룩하게 하다'라는 뜻의 라틴어 동사 *sacer*에서 파생했다)이 되는 것이다.

이러한 역학에 비추어 볼 때, 이 이동이 예물을 드린다는 생각과 밀접하게 연관되어 있다는 것은 놀라운 일이 아니다. 이 아이디어가 제2성전 시대 제사 개념의 중심이라는 것은 칠십인역 성경이 히브리어 단어 קרבן를 일반적으로 그리스어 단어 δῶρον[예물, 특히 레위기 7:37-38을 보라. 레위기 1-6장에 자세히 설명된 이스라엘 백성이 바치는 모든 다양한 제사를 38절에서는

---

3 R. E. Gane, *Leviticus, Numbers*, NIV Application Commentary (Grand Rapids: Zondervan, 2004), p. 78. 또한 C. A. Eberhart, *The Sacrifice of Jesus: Understanding Atonement Biblically*, Facets (Minneapolis: Fortress, 2011), p. 71; J. Klawans, *Purity, Sacrifice, and the Temple: Symbolism and Supersessionism in the Study of Ancient Judaism* (Oxford: Oxford University Press, 2006), p. 69도 보라.

"그들의 예물"(קרבניהם, 마소라; τὰ δῶρα αὐτῶν, 칠십인역)로 표현한다]으로 번역한다는 사실에 의해 확증된다. (1) 제사드리는 자들이 하나님의 집으로 가고, (2) 그들의 예물이 하나님의 집에 들어가고, (3) 그 예물이 그분의 임재 안으로 전달되는 움직임 속에 깊은 관계적 역학이 있다. 이러한 예물을 드리는 것은 감사와 기쁨이라는 동기 및 그 표현과 관련 있을 뿐만 아니라(예를 들어, 시편 54편과 66편을 보라. 번제와 화목제는 축하, 감사, 자유롭게 드리는 제물, 서원의 성취에 특히 적합했다), 슬픔, 회개, 고백(예를 들어, 레 16:29-31; 23:27-32. 속죄일의 제물은 백성이 자신을 괴롭게 하는 것과 상관이 있다)과도 관련이 있다.

이후의 성경과 후기 제2성전 본문은 제물이 하나님의 집과 임재 가운데로 옮겨져 하나님께 드려진다는 이 중요한 개념적 요점을 단순하게 가정한다. 몇 가지 예를 들자면, 역대하 7:12에서 성전은 하나님의 '제사의 집'으로 묘사된다. 예레미야 17:26에서 하나님은 백성이 안식일을 지키면 예루살렘에 계속 거주할 수 있고 제물을 '그의 집으로'(εἰς οἶκον κυρίου, 칠십인역) 가져올 수 있다고 예언자를 통해 약속하신다. 희년서는 레위와 그의 후손들이 제사장으로 임명되어 하나님께 나아가 사역하고 그분의 식탁에서 섬기며 먹을 수 있는 특권을 누렸다는 점을 강조한다(31:14-16). 하나님의 임재 안에서 제사장들이 섬기는 제단을 묘사하는 데 사용된 식탁 은유는 제물을 하나님의 집으로 가져온다는 개념을 전제하는데, 하나님의 식탁이 있는 곳이 성전이므로 이 은유는 하나님의 집이라는 더 큰 개념에 포함된다. 따라서 에녹1서 89:50에서도 성전은 '양들의 주'를 위해 지어진 집으로서 양들이 끊임없이 그 앞에 풍성한 식탁을 차리는 곳으로 묘사된다. 이 후자의 본문은 하나님과 관련된 예물의 또 다른 중요한 특징을 강조하는데, 제사장만이 실제로 그분의 집에 들어가서 예물을 그분의 임재 안으로 전달하거나 그분의 식탁으로 가져올 수 있다는 것이다.

제사의 위계적 과정: 하나님께 예물 전달하기

방금 언급했듯, 제사를 드리려면 예물을 제사드리는 자에게서 하나님께로 전달해야 하며 제사장은 그 예물을 하나님의 집 안으로 가져오는 역할을 한다. 그러나 이러한 이동은 동물을 죽이는 것과 같은 단일한 행위로 이루어지지 않는다(동물을 죽인다고 해서 동물이 거룩해지지는 않으며, 그 행위는 하나님의 임재 안으로 예물을 가져오는 것과 동일시될 수 없다. 곧 논의하겠지만, 특히 어떤 동물도 성전의 제단에서 죽임을 당하지 않기 때문이다). 대신 일련의 활동을 통해 제사드리는 자는 제사장에게 예물을 주고 제사장은 이를 제단으로 가져간다. 이 절차는 절차를 구성하는 다양한 요소가 구조적·잠재적·위계적 방식으로 서로 관련될 수 있는 가능성을 허용한다.[4] 제사장만이 예물을 제단으로 가져갈 수 있다는 사실과 이것이 종종 하나님의 집에 들어가(심지어 그의 식탁에서) 섬김으로써 하나님의 임재에 가까이 간다는 개념과 연관된다는 것은, 제단에서 행하는 그 제사장의 활동들이 전체 절차에서 가장 중요하고 효과적인 행위임을 암시한다. 바로 이 사람들과 장소와 방법이, 예물이 하나님의 임재로 전달되는 절차의 기본이다.

이것들이 이 절차의 가장 효과적인 측면이라는 사실은 정화의 유익을 얻거나 용서의 조건(즉, 제사적 속죄)을 만드는 경우에 특히 분명하게 드러난다. 유대 성경에 속죄 제사가 묘사된 여러 사례에서 이러한 제사의 유익은 바깥 제단에서 제사장 활동이 완료되는 것과 가장 밀접하게 연관되어 있다(예를 들어, 레 4:20, 25-26, 30-31, 34-35을 보라). 피를 바깥 제단, 때로는 안쪽 제단(제물과 제물을 바치는 사람에 따라 다르다)에 바르는 것과 바깥 제

---

[4] R. E. 게인은 그의 책 *Cult and Character: Purification Offerings, Day of Atonement, and Theodicy* (Winona Lake, IN: Eisenbrauns, 2005), 특히 pp. 1-24에서 제사의 이러한 특징을 명확하고 유익하게 설명한다.

단에서 선택된 부위를 태우는 것은 이 절차에서 가장 중요하고 효과적인 부분이다.[5] 또한 신명기 12:27은 제물로 **제단에 바쳐지는** 요소로 '피와 살'을 명시적으로 언급한다. 피와 살은 제물을 구성하며(적어도 동물 제사의 경우), 제단은 이러한 요소가 하나님께 전달되는 장소다.

앞의 요점은 제사장이 예물의 여러 요소를 제단으로 가져갈 때 예물이 주님께 온전히 전달된다는 것을 암시한다. 제사장은 피(동물 제물의 경우)를 다루고 제물의 일부(번제의 경우에는 거의 전부)를 태움으로써, 특히 하나님께로 올라가는 연기와 기분 좋은 향기를 통해 예물을 하나님의 임재 안으로 전달한다. 제사 절차의 목표를 예물을 드리는 것으로 이해하는 경우와 제사드리는 자에게 끼치는 유익으로 이해하는 경우 모두, 하나님이 낮아지셔서 예물을 받아들이실 때 그 목표가 달성된다. 제사장들은 의식을 적절히 수행함으로써 목표(예를 들어, 제사적 속죄)가 달성되었는지 판단할 수 있는 권한을 부여받은 것으로 보인다.

제사에는 여러 행위가 수반되고 그중 일부가 다른 행위보다 제사의 목적과 관련해 더 효과적이고 중심적인 행위가 된다는 점은, 한 행위를 다른 행위와 분리하거나 일련의 행위를 하나의 행위로 압축해 수행하는 것은 제사가 될 수 없고 예물을 바침으로써 기대하는 유익을 발생시키지도 못한다

---

5 특히 제2성전 시대에 해석된 레위기 17:11은 속죄 제사를 드리는 절차에서 가장 효과적인 요소로 제단에 피를 바르는 것을 꼽는다. 그러나 제단에서 태우는 행위는 여전히 중요한데 특히 곡물, 향, 동물 제사가 공유하는 절차의 한 요소이기 때문이다. 번제의 중요성에 대한 자세한 논증은 특히 C. A. Eberhart, *Studien zur Bedeutung der Opfer im Alten Testament: Die Signifikanz von Blut- und Verbrennungsriten im kultischen Rahmen*, WMANT 94 (Neukirchen-Vluyn: Neukirchener Verlag, 2002)를 보라. 그는 자신의 주장의 주요 요점 중 일부를 다음 책에서 유익하게 요약한다. "Sacrifice? Holy Smokes! Reflections on Cult Terminology for Understanding the Hebrew Bible," in *Ritual and Metaphor: Sacrifice in the Bible*, ed. C. A. Eberhart, SBLRBS 68 (Leiden: Brill, 2011), pp. 17-32.

는 결론을 도출한다. 예를 들어, 성전에서 단순히 동물을 죽이고 그 부위나 피를 적절한 제단으로 가져가지 않는다면 제사가 이루어지지 않은 것이고 제물을 바친 사람에게 유익이 돌아가지 않을 것이다. 그 예물이 하나님의 임재 안으로 전달되지 않았기 때문이다. 동물을 도살하는 것은 제사가 아니다. 동물을 도살한다고 해서 그 몸과 피가 하나님의 임재 안으로 전달되는 게 아니다. 이러한 전달은 도살 **후에** 제사장이 적절한 요소를 적절한 제단으로 가져갈 때 이루어진다.

마찬가지로, 제단에서 제사장이 실제로 예물의 일부만 태우거나 사용하는 경우에도 예물은 하나님께 전부 드려진다. 동물을 하나님께 제물로 바칠 때, 동물의 피를 일부만 하나님께 드리거나 동물의 일부분(예를 들어, 지방이 많은 꼬리)만 잘라서 태운 후 나머지는 제물 제공자나 제사장에게 돌려주어 계속 소유하거나 사용하도록 할 수 없다. 동물 전체, 특히 동물의 피는 **모두** 하나님의 것이기 때문에 제물을 바치는 것은 제물 제공자에게는 값비싼 일이다. 동물의 피는 그 동물의 생명과 동일시되는 제물의 요소다(특히 레 17:11을 보라).[6] 피는 살에서 완전히 빼낸 다음 제단에서 특정한 방식으로 완전히 사용해야 한다. 따라서 피는 하나님 외에는 누구에게도 주어질 수 없다. 이런 식으로 동물 제물의 모든 생명은 항상 전적으로 하나님께 드려진다. 심지어 제사장들이 동물의 일부를 먹는 경우나, 화목제나 유월절 제물에 한하여 그 제물을 드리는 일반 백성이 일부를 먹는 경우에도

---

6   피는 동물을 상징하지 않으며, 제단에서 피를 다루는 것이 하나님께 생명을 바치는 것을 상징하지도 않는다. 피와 피를 다루는 일은 성경적 제사의 맥락에서 상징이나 은유가 아니다[W. K. Gilders, *Blood Ritual in the Hebrew Bible: Meaning and Power* (Baltimore: Johns Hopkins University Press, 2004), 특히 p. 186을 보라]. 피는 오히려 생명(נפש, 마소라; ψυχή, 칠십인역)과 동일시된다. 생명은 '생명력' 혹은 '생기를 주는 원리'를 뜻할 가능성이 가장 높다. 피를 바치는 것은 동물의 표상이나 동물이 지닌 생명의 상징을 바치는 일이 아니라, 생명 자체를 드리는 일이다.

그러하다.

따라서 제사에 동물이 포함될 때 동물을 도살하고 모든 피를 빼내는 것은(그리하여 모든 피와 예물의 모든 적절한 부분을 하나님께 드릴 수 있도록) 제사 절차에 필수다. 하나님께 바칠 동물의 피와 부위를 제단으로 가져가는 것이 제사의 중심이다. 이러한 큰 절차의 요소들, 특히 적절한 제단과 관련된 요소들이 제외된다면, 하나님께 예물이 드려지지 않았고 제사가 발생하지 않은 것이다. 특히 레위기 17:11에 따르면 하나님이 속죄를 이루기 위해 제단에 피/생명을 바르는 것을 허락하셨기 때문에, 제사로 속죄를 이루기 위해 드리는 제사의 경우는 제단에 피를 바치는 것이 가장 중요하다.

도살과 레위기 제단

하나님께 특정한 예물을 바치는 행위의 위계 내에서 제단에 피를 바르는 것이 가지는 중요성은, 동물 제사와 성전 제단에 대한 현대의 오해에 비추어 조금 더 명확히 설명할 필요가 있다. 레위기를 주의 깊게 읽으면 다음과 같은 점이 분명해진다. 성막(그리고 거의 비슷하게는 성전) 제단에서는 어떤 동물도 도살되지 않았다. 그러나 많은 학자는 제사 제단이라고도 불리는 바깥 제단을 동물이 희생('도살'로 흔히 추정되는)된 장소, 즉 피를 흘린(죽임을 당한) 장소로 잘못 알고 있다.

이 가정이 히브리서에서 예수의 죽음에 대한 해석에 어떤 영향을 미치는지 몇 가지 예를 들어 보겠다. 마리 아이작스는 히브리서 13:10에 언급된 제단이 예수의 십자가 처형을 가리키는 것이 틀림없다고 주장한다.[7] 그는 레위기의 제사 제단이 성막 성소 바깥의 뜰에 있었다고 올바르게 지적한

---

7   M. E. Isaacs, "Hebrews 13.9-16 Revisited," *NTS* 43 (1997): pp. 268-284.

다. 히브리서 저자는 하늘에 계신 예수의 현재 위치를 성막의 지성소 안 대제사장의 관점에서 은유적으로 설명한다. 이 은유는 땅을 성막의 뜰에, 성막 자체를 하늘에 비유한다. 따라서 13:10의 제단은 비유에 따라 '제사 제단'이 있던 곳이기 때문에 성막 밖에서의 예수의 지상적 죽음을 가리키는 것이 틀림없다.[8] 그래서 그는 이렇게 말한다. "13:10의 '제단'은 예수의 제사적 죽음을 환유적으로 표현한 것이다. 그러므로 그것은 하늘에 있는 것도 아니고 성찬이 이루어지는 지상에 있는 것도 아니며, 고대 이스라엘의 제사 의식의 관점에서 이해되는 예수의 죽음을 나타낸다."[9] 여기서 아이작스는 제사 제단이 뜰에서 동물을 도살하는 장소였다고 가정한다. 이 제단은 성막 성소 밖에 있었기 때문에 13:10의 제단을 예수가 죽임을 당하신 장소(즉, 예루살렘 바깥의 땅)와 동일시하는 것이 합리적이다. 예수는 마치 바깥 제단에서 동물이 희생되듯 십자가 제단에서 돌아가신 후 제사장들처럼 성소에 들어가셨다.

노먼 영(Norman Young) 역시 히브리서 13:10에 대해 이렇게 말한다. "'우리[그리스도인]가 가진 제단'은 분명 갈보리인데, 제단은 제사의 장소이고 저자에게는 그 제단이 문/진영 밖에 있기 때문이다. 그곳에서 예수는 자신의 피로 백성을 거룩하게 하고자 고난을 받으셨다."[10] 아이작스와 마찬가지로 여기서도 '제사'라는 언어는 희생물을 도살하는 행위와 동일한 것으로 간주된다. 따라서 제사의 장소인 바깥 제단은 십자가와 쉽게 연관되며, 13:10의 제단이 예수가 지상에서 십자가에 못 박히신 일에 대해 말하는 방식임을 시사한다.

---

8   Isaacs, "Hebrews 13.9-16," p. 275.
9   Isaacs, "Hebrews 13.9-16," p. 280.
10 N. H. Young, "'Bearing His Reproach' (Heb. 13.9-14)," *NTS* 48 (2002): pp. 243-261, 여기서는 p. 248.

개러스 코커릴(Gareth Cockerill)도 이렇게 말한다. "'염소와 송아지'가 흘린 피는 그들을 바친 사람들의 삶이 죽음을 통해 부어지는 것을 상징했다. 따라서 [히브리서는] 그리스도의 죽음을 구약의 제사와 비유하여 설명할 때 그리스도 '자신의 피'라고 묘사한다. 그분이 흘리신 '피'는 십자가 죽음을 통해 자신의 생명을 기꺼이 바친 것이다."[11] 레위기 대제사장들이 따랐던 절차에 대해 코커릴은 다음과 같이 상세히 설명한다. "제단에서 피를 흘린 후 대제사장들은 그 피를 지성소로 가져가서 궤 위의 속죄소에 뿌렸다."[12] 레위기 대제사장들이 먼저 바깥 제단에서 동물의 "피를 흘린" 다음 지성소에 들어간 것처럼, 그리스도의 "제사는 십자가에서 이루어졌으며 대제사장으로서 하늘에 들어가기 위한 수단이었다."[13] 코커릴은 분명히 '피 흘림'을 동물 도살이라는 측면에서 이해한다. 따라서 동물을 먼저 바깥 제단에서 도살한 다음 그 피를 성막으로 가져갔듯, 그리스도도 십자가 제단에서 희생되면서 먼저 피를 흘리신 다음 하늘에 들어가셨다.

마지막으로 한 가지 예만 들면 충분할 것이다. 윌리엄 로더(William Loader)는 긴 논문에서 히브리서에서의 예수의 대제사장직에 관한 최근 논의를 다루었다.[14] 글 전체에서 로더가 예수의 죽음을 제사와 연관시키고 있

---

11   G. L. Cockerill, *The Epistle to the Hebrews*, NICNT (Grand Rapids: Eerdmans, 2012), pp. 393-394. 『NICNT 히브리서』(부흥과개혁사).

12   Cockerill, *Hebrews*, p. 394.

13   Cockerill, *Hebrews*, p. 394. 코커릴이 여기서 '피 흘림'을 도살과 동의어로 사용했다는 결론은 다음의 사실에 의해 확인된다. 도살과 피의 수집은 대제사장이 성소에 들어가기 전에 자연스럽게 행해졌지만, 피를 '쏟는'('흘리다'로 표현할 수 있는 언어) 행위는 대제사장이 성소에서 나와 지성소로 가져갔던 그릇에 남은 피를 처리한 **후에야** 바깥 제단 밑에서 행해졌다는 것이다. 이 후자의 행위는 레위기 16장에 명시적으로 언급되지는 않지만, 그 패턴은 4:7 등에서 명확하게 확인된다. 따라서 코커릴에게 '피 흘림'은 동물을 죽인 이전의 행위를 가리키는 것이 틀림없다. 이는 그가 '예수의 피 흘림'이라는 표현을 십자가 처형을 가리키는 것으로 이해하는 것과 마찬가지다.

14   W. Loader, "Revisiting High Priesthood Christology in Hebrews," *ZNW* 109

음은 분명하다. 그 글에서 로더는 예수의 대제사장 직분을 하늘 영역에 들어가 백성을 위해 중보하는 것과 연관시키는 히브리서의 표현을 근거로 예수의 죽음과 대제사장적 제사를 분리하려는 사람들을 문제 삼는다. 로더는 이런 견해를 가진 사람들은 히브리서가 예수의 죽음 사건과 관련하여 대제사장직 모티프를 사용한 것을 '설명'해야 한다고 말한다. 그가 볼 때 이것이 문제가 되는 것은, 예수의 죽음이라는 모티프에는 그 구원 사건과 "대제사장이 지성소와 지성소 앞 제단에서 동물을 희생하는 것"의 상응 관계가 포함되어 있기 때문이다.[15] 로더는 둘을 모두 인정하는 결론이 훨씬 더 낫다고 주장한다. "예수는 지상에서 자신을 제물로 바친 대제사장이셨고, 저자가 물려받은 전통에서처럼 중보의 사역을 수행하기 위해 계속해서 중보자의 역할을 하도록 대제사장으로 임명되셨다."[16] 앞서 언급한 다른 예와 마찬가지로, 로더는 동물들이 성소와 지성소 앞뜰의 제단에서 희생되고 이후 대제사장이 그 피를 성소로 가져간 것처럼 예수도 지상에서 희생된 후 하늘 성막에 들어가 형제자매들을 위해 중보하셨다고 가정한다.

히브리서에서의 예수의 죽음에 대한 더 큰 주장에 대해 어떻게 생각하든, 이 예들은 모두 바깥 제단이 동물이 도살되는 장소였다는 명백히 잘못된 가정에서 작동한다. 이러한 가정은 히브리서에서 제단 위에서 유대 제사를 드린 후 제사장이 성소에 들어가는 것과 예수가 죽으신 후 하늘로 승천하여 사역하시는 것을 비교적 간단하고 거의 자명하게 비교하기를 가능케 한다. 성전에서 동물의 피를 먼저 제단에서 흘린 것처럼, 즉 동물이 바깥 제단에서 희생된 다음 대제사장이 성막/성전으로 들어가 백성을 대신하여 사역하는 것처럼, 예수도 먼저 지상 십자가에서 피를 흘리신 다음 대제사

(2018): pp. 235-283.
15 Loader, "Revisiting High Priesthood Christology," p. 266.
16 Loader, "Revisiting High Priesthood Christology," p. 266.

장으로서 하늘 성막에 들어가 백성을 대신해 그곳에서 사역하신 것이다.

그러나 이 예들의 문제점은 바깥 제단에서 도살된 동물은 **지금까지 한 마리도 없다**는 것이다. 제사 제단은 도살 장소가 아니었다. 동물은 제사의 종류에 따라 바깥 제단과 성소 앞의 뜰에서 혹은 바깥 제단 북쪽의 특별한 장소에서 도살되었다(예를 들어, 레 1:11; 3:2을 보라). 그러므로 레위기 제단 **위에서** 동물을 희생하고, 불사르고, 바치고, 피를 흘린다는 언어가 제물을 도살하거나 죽이는 행위를 가리킨다고 가정하는 것은 잘못이다. 이러한 종류의 언어는 도살을 의미하기보다, 제단에서 피와 살로 무엇인가를 함으로써 예물을 하나님의 임재로 전달하는 일과 관련된다고 이해해야 한다. 제단에서 동물의 피와 살로 무엇인가를 하는 것은 그 예물이 궁극적으로 하나님께 전달되거나 드려지는 방식이었다(곡물, 향 등을 드리는 방식과 유사하다). 바깥 제단에서 **제사를 드린다**는 것은 동물의 피와 살을 하나님께 드리는 것이지, 그곳에서 동물을 도살하는 것을 의미하지 않는다.

이 사실은 앞서 살펴본 바와 같이 제물을 죽이는 행위가 앞에서 논의한 과정의 위계에서 하위에 있었음을 이미 시사한다. 유대 제사와 관련하여 도살 행위는 제사의 초점이나 중심이 아니었다. 오히려 도살은 제사의 전 단계이자 덜 중요한 요소 중 하나였다.[17] 이러한 결론은 도살이 제단 위에서 일어나는 행위가 아니었다는 사실에서 비롯된다. 도살은 동물과 관련된 제사 절차에서 필수적이고 본질적인 요소에 속하지만(올바른 품목 선택, 품목 준비, 도축과 같은 여러 요소 안에 속한다), 동물을 죽이는 행위는 제단에서 그리고 제단 위에서 실제로 발생한 제사 절차의 측면에 비해서는 **절차의 목표 달성과 관련해** 비중이나 중요성이 덜하다. 제사 절차에서 동물의 도살

---

17 예를 들어, Eberhart, *Studien zur Bedeutung der Opfer*, p. 399; Gilders, *Blood Ritual in the Hebrew Bible*, pp. 122-123, 184-145 및 여러 부분을 참조하라.

은 제단에서 피를 다루고 살을 태우는 제사장의 행위보다 덜 중요했다.

성경의 증거에 따르면 제사에서 도살 행위는 예물의 요소를 제단에 바치는 행위보다 덜 중요했다. 에스겔 44:10-16에서는 레위인의 일반적인 섬김과 사독 제사장의 섬김을 구분한다. 본문에서는 하나님께 불충실했던 레위인들에 대한 심판을 자세히 설명한다. 하나님은 그들이 우상을 섬기고 이스라엘을 타락으로 이끌었기 때문에 성전에서 그들의 사역이 크게 축소될 것이라고 선언하신다. 은혜롭게도 특정한 방식으로 성전에서 계속 봉사할 수 있도록 허락하셨지만, 그들은 그분의 임재 앞에 접근하지 못하도록 배제되는 벌을 받았다. 즉, **그들에게는 제단에서 섬기는 일이 허용되지 않는다**(44:13). 그들의 섬김은 하나님께 가까이 나아가 그분의 임재에 들어가지 **않고**, 즉 제단에 다가가지 **않고도** 할 수 있는 덜 중요한 행위로 제한된다. 레위인이 수행할 수 있는 이 작은 행위들 가운데 명시적으로 언급된 것은 희생 제물 중 일부를 도살하는 일이다(44:11). 레위 사람들은 이러한 희생물을 도살하고 다른 필요한 제사 업무 중 많은 일을 할 수 있었다. 그러나 사독의 아들인 제사장들만이 하나님의 제단에서 기름진 부분을 바치고 제물의 피를 다룰 수 있도록 허락받았다. 오직 사독 제사장들만이 하나님께 가까이 나아갈 수 있고 그분의 임재에 들어갈 수 있다. 하나님의 식탁에서 섬기고 그분의 성소에 들어가는 영광(44:15-16)은 제사장에게만 속하며 일반 레위인에게는 속하지 않는다.

레위인에 대한 하나님의 심판 논리는 제사 절차를 구성하는 요소들 가운데 존재하는, 앞서 살펴본 바로 그런 종류의 위계를 가정한다. 이는 레위인의 벌에서 분명하게 드러난다. 그들이 받은 벌은 그들의 역할이, 비록 필요한 역할이긴 하지만 제사에서 하나님의 임재 안으로 들어가 그분의 식탁에서 섬기고 그분 앞에서 섬기는 행위만큼 중요하지는 않은 역할로 강등되었다는 데 있다. 따라서 에스겔서에서 제물로 바치는 동물 중 일부를 **도**

살하는 것은 레위인에게 허용되지만, 벌의 일환으로 **하나님께 제물을 바치기 위해 하나님께 가까이 다가가는 것은 허용되지 않는다**고 명시적으로 언급한다는 점은 주목할 만하다. 레위인들은 예물을 도살할 수는 있지만, 하나님의 임재 앞에 나아가 제단에서 그분을 섬길 수는 없다. 에스겔서가 이러한 생각에 대한 유일한 증거는 아니지만[18] 제사 절차의 요소들 사이에 중요한 개념적 차이에 대한 명확한 성경적 증거를 제시한다. 레위인들이 제단 가까이에서 섬김으로써 하나님께 가까이 다가가지 못하도록 금지하면서 그들의 일을 동물 도살로 제한한 벌은 더 큰 요점을 잘 설명해 준다.

제단과 관련한 제물 도살의 위치와 중요성에 대한 마지막 관찰은, 동물이 실제로 성전 제단에서 죽었다는 지속적인 현대인의 상상에 비추어 주목할 필요가 있다.

바깥 제단에 있는 불 때문에 이곳은 동물을 도살하는 데 적합하지 않았을 것이다. 이 불은 항상 타오르도록 되어 있다. 그것은 영원한 불이다(레 6:12-13). 제단 위에 끊임없이 타는 불이 있기 때문에, 적어도 정돈되고 질서 정연한 방식으로 도살하는 행위는 불가능하다. 약간의 상상력만 있다면 이 사실을 알 수 있을 것이다. 살아 있는 동물을 불 위에 올려놓고 어떻게 도살을 하는가? 어떻게 불길 한가운데서 피를 채취하여 제단에서 사용

---

[18] 또한 역대하 30:16-17도 보라. 이 본문에서는 벌의 측면은 아니지만 구별이 분명하게 드러난다. 11QT^a 22.4-5에서도 특정 제물을 도살하는 레위인과 제단에서 피를 다루는 제사장을 구분한다. 후대 랍비 저작에서도 도살은 피를 다루는 것보다 덜 중요함을 암시한다. M. Zebaḥ. 3.1에서는 기술적으로 자격이 없는 사람이 제물을 도살하더라도 그 제사가 무효화되지는 않는다고 명시한다. 이러한 판단의 근거는 도살 행위가 제단에서 피를 다루는 일처럼 제사장에게만 제한되는 제사 행위 중 하나는 **아니라는** 사실에 있다. 즉, 부적격자가 도살을 한다고 해서 제사가 반드시 무효화되는 것은 아니며, 이는 이 행위가 제사장만이 수행할 수 있는 행위에 비해 제사 절차에서 덜 중요하기 때문이다. 그러나 제사장이 아닌 다른 사람이 제사장의 특권인 피를 받는다면 그 제사는 유효하지 않은 것으로 간주된다(m. Zebaḥ. 2.1을 보라).

할 수 있었는가? 제단 위에서, 불길 한가운데서 죽인 동물의 피를 그릇에 모아 옆에 뿌리거나 제단 뿔에 바르는 것은 무엇을 의미하는가? 살아 있는 동물을 제단 위의 불에 넣은 후 죽이려 하는 이미지의 부적절성을 고려하면, 성전 바깥 제단을 유대 제사를 위한 도살 장소라고 가정하는 것이 얼마나 말이 안 되는지 알 수 있다.

제사는 하나님께 드리기 위해 예물을 하나님의 집으로 가져가는 일을 수반했다. 제사는 제물의 피와 살을 하나님의 집 제단으로 가져갈 수 있는 유일한 사람인 제사장이 제물을 하나님께 전달하는 과정으로 구성되었다. 제사 절차에는 동물의 경우 도살 행위가 포함되지만, 제단에서의 활동과 하나님의 집으로 들어가는 것이 가장 중요한 요소였다. 한 가지 더 주목해야 할 점은 제사의 효력의 중심이 예물을 받아들이거나 거부하시는 하나님의 선택에 달려 있다는 것이다. 아무리 많은 제물을 드리고 적절한 절차를 거친다 해도 하나님이 예물을 받으시도록 유도할 수는 없으며, 예언자들은 이 점을 분명하게 밝혔다. 다시 말해, 제사는 하나님이 특정한 방식으로 행동하도록 구속하거나 의무를 부과하는 일종의 마법 같은 의식이 아니었다.[19]

이 요점은 히브리서에서 예수의 죽음과 관련하여 많은 사람이 자연스러운 진행으로 받아들이는 것에 의문을 제기한다. 많은 사람은 성막/성전 성소 앞뜰의 제사 제단에서 동물을 도살한 다음 제사장이(그리고 속죄일에 대제사장이) 그 피를 성소로 가져간 것처럼, 예수도 땅의 십자가 제단에서 희생되신 후 하늘 성막에 들어가 하늘 지성소의 대제사장으로 사역하셨다고 가정한다. 그러나 만약 동물이 실제로 제사 제단에서 도살되지 않고 제사

---

19 R. E. 게인은 제단에 피를 바르면 정화가 이루어지고 용서의 가능성이 생겨난다고 말하면서(레 17:11을 보라) 이렇게 지적한다. "정화를 위한 제사는 마술이 아니다"(*Cult and Character*, p. 195).

장들이 피와 살을 제단으로 가져와 그곳에 드린 것이라면(그리고 속죄일에는 히 9:7에 실제로 언급된 대로 대제사장이 피를 지성소로 가져가 하나님께 드렸다면), 예수의 죽음과 바깥 제단에서의 동물 제사를 자연스럽게 연관시키는 것은 일관성이 없어진다. 이 이상한 점을 설명할 수 있는 방식은 다음 세 가지다. (1) 히브리서 저자는 성전에서 제사가 실제로 어떻게 이루어졌는지 전혀 모른다. (2) 저자는 성경의 증거와 모순되는 방식으로 제사를 근본적으로 재정의했다(아마도 제사와 예수 사이의 유비를 신중하게 끌어내기보다는, 그저 예수의 죽음이 낳은 구원 효과를 설명하는 은유를 발전시키기 위해서). (3) 유대 제사가 실제로 어떻게 수행되었는지에 대한 현대의 오해가 진정한 문제다. 마지막 선택지가 옳다면, 예수가 자신을 언제, 어디서, 어떻게 아버지께 제물로 드렸는지에 대해 히브리서에서 주장하는 내용의 핵심 요소를 재평가하는 것이 중요할 수 있다. 이제 앞서 논의한 아들의 성육신을 더 주의 깊게 생각해 보자.

히브리서 9-10장에 나오는 성육신과 예수의 제사

예물이 하나님의 집과 임재 안으로 향하는 방향(유대 제사 절차의 핵심)과, 동물의 도살과 제사장이 제단에서 그 피와 살을 바치는 것의 구별은 예수의 제사에 대한 초기 기독교의 주장과 관련하여 잠재적인 중요성과 함의를 지닌다. 현대의 신학적 성찰에서 이러한 함의가 주목받지 못하는 경향이 있는 것은, 적어도 부분적으로는 십자가 처형이 단순히 예수가 드린 제사의 전부로 간주되기 때문이다. 또한 예수의 제사는 일반적으로 바깥 제단에서 동물을 도살하는 행위와 연관된 것으로 간주된다.

그러나 이러한 가정을 상당히 복잡하게 만드는 사실들이 있다. 즉, 제사는 예물이 하나님의 임재 안으로 전달되는 전체적인 절차였다는 사실과, 그

중 피와 살을 제단에 바치는 것이 동물 도살과 같이 제단에서 수행되지 않는 활동보다 더 중요했다는 사실이다. 초기 그리스도인들, 특히 성전 예배에 참여했던 예수의 초기 유대인 추종자들이 제사의 이러한 측면을 이해했다면, 그들이 성전 제사와 관련하여 예수를 이해했던 범주는 십자가에 대한 현대의 가정이 허용하는 것보다 훨씬 광범위했으리라는 가능성이 제기된다.

이 요점은 특히 예수의 승천이 그분의 제사에 대한 초기 그리스도인의 성찰에 중요한 의미를 가질 수 있음을 시사한다. 초기 그리스도인들이 제사를 하나님의 집과 임재 안으로 예물을 전달하는 것으로 이해했다면, 예수가 승천해 하나님의 집과 임재 안으로 들어가신다는 전통과 예수가 자신을 하나님께 제물로 바친 행위를 일치시킬 수 있었으리라는 점은 일견 타당해 보인다. 예수는 하늘에 계신 하나님의 임재 안으로 이동함으로써, 하나님께 예물을 바칠 때 제사장과 제물이 이동한 것과 같은 방향으로 즉 하나님의 집 안으로 이동하셨을 것이다.

히브리서 저자는, 특히 성육신에 대한 그의 가정을 고려할 때 이런 식으로 생각하고 있었는가? 특히 히브리서 9-10장에 나오는 주요 증거들을 보면, 바로 이것이 예수가 아버지께 자신을 제물로 바친 것에 대해 설교자가 생각한 방식임을 알 수 있다.

첫째, 히브리서에서는 예수의 승천('하늘들을 통과하심', 4:14)을 하늘 성막(특히 8:1-2; 9:24을 보라)과 하늘 지성소 안으로 들어가시는 것으로 상상한다. 저자는 예수가 성막에서 성소와 지성소를 구분하는 것을 언급하는(예를 들어, 출 26:31-35; 레 16:15) '휘장'(6:19-20; 10:20을 보라)을 통과하신 것에 대해 말할 뿐 아니라, 8장에서 주장했듯 모세가 시내산에서 본 실체인 하늘 성막(히 8:5-6)을 광야 성막에 대한 선재하는 진정한 유사체로 생각하기도 한다.

둘째, 히브리서에서 예수를 대제사장으로 지칭하는 것이 신약성경에서 가장 독특한 기독론적 주장임은 말할 필요가 없다. 신약의 다른 어떤 본문에서도 명시적으로 예수를 대제사장이라고 밝히지 않는다. 따라서 히브리서가 지상의 대제사장이 피를 드리기 위해 지성소에 들어가는 것(9:7; 13:11)과 예수가 하나님 앞에 나타나 대제사장으로서 사역하기 위해 하늘 성막에 들어가는 것(4:14-16; 6:19-20; 9:24-26; 10:19-22)을 평행 관계로 놓을 때 발생하는 유비는 분명하다. 예수는 하나님 앞에 자신만의 제사를 드리기 위해 하늘 지성소에 들어가신 것이다.[20]

셋째, 이 요점들은 모두 예수가 승천하실 때, 성전에서 하나님께 드린 예물이 하나님의 임재를 향해 움직이는 것과 동일한 방향으로 이동하신다는 것을 나타낸다. 히브리서 7장의 논증에서 알 수 있듯 예수는 멜기세덱 계통의 대제사장이기 때문에 하나님의 집에 들어가실 수 있다. 제물이 이동하는 방향(하나님의 집과 임재를 향하는 방향)과 제물을 가져갈 수 있는 사람(제사장, 속죄일에는 대제사장)은 히브리서에 묘사된 예수의 이동 방향 및 정

---

[20] 주석 문헌들은 일반적으로 대제사장의 속죄일 연례 사역의 방향적 요소가 히브리서에서 강조하는 특징임을 인정한다. 그러나 대제사장이 피를 바치는 것과 예수가 자신을 제물로 바친 것과 관련하여 히브리서가 설정한 유비를 따르지 않는 경향이 있다. 종종 '은유' 또는 '성취'와 같은 범주를 거론하여, 히브리서가 성경의 언어(예를 들어, 대제사장이 백성을 거룩하게 하고자 지성소에서 피를 바치는 것)에 새로운 논리와 새로운 내용(즉 그리스도의 십자가 처형)을 채워 넣음으로써 어떻게 실질적으로 이 언어를 사용하는지를 설명한다(이와 관련한 특히 명확하고 일관된 주장은 Young, "Bearing His Reproach"를 보라). 그러나 히브리서 저자가 성육신하신 하나님 아들의 승천을 대제사장이 지성소에 들어가 제물을 드리는 것에 대한 유비로 생각한다면 수많은 새로운 내용을 발견할 수 있다. 예를 들어, 예수는 영원한 하나님의 아들이자 유다 지파의 대제사장이라는 점은 모세 율법에서 찾아볼 수 없는 히브리서 기독론의 요소이며, 저자는 히브리서 4:14-8:6에서 이를 옹호하고 설명할 필요성을 느낀다. 그러나 이 유비의 기본 논리는 제사의 핵심 측면, 특히 제사가 진행되는 방향과 관련하여 유대 성경에 묘사된 제사의 절차와 일치한다. 제사장은 동물의 피와 살을 제단으로 가져간 후 하나님의 집과 임재 안으로 가져감으로써 하나님께 동물 제사를 드린다.

체성과 일치한다. 즉, 저자는 이것이 유대 제사, 특히 속죄일 제사가 드려지는 방식임을 알고 있다. 앞서 언급했듯, 그는 9:7에서 대제사장이 피를 드리기 위해 일 년에 한 번 휘장을 통과하여 지성소로 들어간다는 점을 강조하면서 이 점에 대해 말하고 있다(또한 13:11을 보라). 대제사장은 지성소에서 피를 드리기 위해 특정한 방향으로, 하나님의 임재 안으로 이동한다.

현대 해석자들에게는 이렇게 피를 바치는 일이 곧 제사라는 것이 자명하지 않을 수 있지만, 히브리서 9:7에서 피와 함께 προσφέρω를 사용한 것은 하나님께 피를 바치는 행위를 의미한다. 앞서 언급했듯, '제사', '도살', '피 흘림'이라는 용어를 혼용하는 현대의 개념은 레위기 제사에 대한 오해에서 발생한다. 예수는 속죄일에 피를 바칠 때 지상의 대제사장이 따라가는 길(성전으로, 휘장을 통과하여, 지상 지성소의 하나님의 임재 안으로)과 유사한 길(하늘 성막으로, 휘장을 통과하여, 하늘 지성소의 하나님의 임재 안으로)을 지나가신다. 히브리서 6:19-20; 9:24-26; 10:19-20에서 예수가 하늘에 계신 하나님의 임재와 관련하여 움직인다고 전제하는 방향은, 지상의 대제사장이 속죄일에 제사를 드리는 과정에서 하나님의 임재와 관련하여 움직이는 방향과 같다.

만약 히브리서가 예수의 성육신과 육체적 부활을 전제하고, 저자가 제사장, 특히 속죄일에 대제사장이 제물을 하나님의 집과 그분의 임재 안으로 가져갈 때 제물이 특정한 방향으로 이동한다(속죄일에 속죄의 피가 이동하는 방향에 대해 설교에서 확언하는 대로)는 점을 알고 있다면, 자연스럽게 따르는 결론은 예수가 하늘에 계신 하나님의 임재 안으로 승천하실 때 자신을 속죄 제물로 드렸다는 것이다. 나아가 설교자가 예수가 '하늘들을 통과하신 것'을 그가 위대한 대제사장으로서 백성을 위해 사역하기 위해 하늘 성막에 들어가신 것으로 생각한다면, 예수가 "우리를 위하여 하나님 앞에 나타나시[려고]"(νῦν ἐμφανισθῆναι τῷ προσώπῳ τοῦ θεοῦ ὑπὲρ ἡμῶν)

바로 그 하늘에 들어가셨다는 9:24은 예수의 목표와 이동 방향을 속죄일의 지상 대제사장의 목표와 이동 방향과 비교하는 유비다. 지상의 대제사장이 피를 바쳐 백성을 거룩하게 하기 위해 지상의 지성소로 들어간 것처럼(9:7; 13:11), 부활하신 예수도 더 나은 거룩함을 제공하는 더 나은 제물로 자신을 하나님께 드리기 위해 하늘의 지성소로 올라가셨다.[21] 예수가 "이제 자기를 단번에 제물로 드려 죄를 없이 하시려고 세상 끝에 나타나셨[다]"(νυνὶ δὲ ἅπαξ ἐπὶ συντελείᾳ τῶν αἰώνων εἰς ἀθέτησιν ἁμαρτίας διὰ τῆς θυσίας αὐτοῦ πεφανέρωται)고 말하는 9:26의 가장 타당한 의미는, 예수가 아버지께 드리는 제물(ἡ θυσία αὐτοῦ)은 성육신한 그분 자신이라는 것이다. 즉 부활하고 승천하신 아들이신 **그분**이 아버지께 드리는 제물**이다**.[22] 이 제물은 모세 언약 아래서 피를 지성소에 가져가는 행위가 백성들을 거룩하게 했던 방식보다 죄를 더 잘(그러나 여전히 유사하게) 다룬다. 마찬가지로 하나님의 백성을 거룩하게 하기 위해 예수가 몸을 영단번에 바쳤다고 말하는 히브리서 10:10은, 십자가나 예수의 죽음이 아니라 승천 즉 대제사장으로서 하나님의 집과 임재에 들어가 그분 앞에 자신과 피와 살을

---

21 히브리서 13:11-12이 지상 대제사장이 피를 지성소로 가져가는 행위를 예수의 성문 밖 죽음과 비교하고 있다고 반대 의견을 제시할 수도 있다. 그러나 설교자는 지성소에 피를 가져가는 것과 예루살렘 밖에서 예수가 죽으신 것을 직접 비교하지 않는다. 예수의 십자가 처형과 비교되는 것은 (죽은 후 그 피가 지성소로 옮겨진) 동물의 시체가 진영 밖으로 끌려가 불태워지는 일이었다. 그는 여기서 십자가 처형을 속죄일 의식의 일부와 연결하며, 백성을 거룩하게 하는 행위와 직접적으로 동일시하지는 않는다. 13:12에서 저자가 예수의 죽음을 속죄일의 한 측면(성전과 멀리 떨어진 곳에서 일어난 일)과 연결하는 가운데 피를 하나님 앞에 바치는 일이 백성을 거룩하게 한다는 원칙을 고수한다고 이해하는 쪽이 더 의미가 통한다. 하늘 지성소에서 예수가 제물을 바치는 것은 속죄를 이루는 대제사장적 행위에 해당한다(13:11에서 재확인한 바와 같다). 그리고 예수의 죽음은 그 피가 하나님의 임재 안에 들어가 속죄를 이룬 동물의 시체를 불태운 것에 해당한다.
22 그가 칠십인역 이사야 8:18을 언급하고 있다는 상상도 가능하다. "볼지어다. 나와 및 하나님께서 내게 주신 자녀라"(히 2:13).

궁극적 제물로 드린 사건을 가리킬 가능성이 가장 높다. 이것이 바로 그가 자신의 몸을 아버지께 드린 방식과 때에 대한 설명이다.

동일한 이동 방향이, 히브리서 10:19-22에서 예수의 형제자매들이 그분이 이미 하늘 지성소로 들어가신 길을 따라가도록 부름받는 장면에 나타난다. 10:19-23과 4:14-16이 공유하는 수미상관 구조는, 4:14에서 대제사장으로서 '하늘들을 통과'하신 예수의 행위가 10:19-23에서 하나님의 임재로 나아가기 위해 휘장을 통과하여 하늘 지성소에 들어가는 길임을 강력하게 암시한다. 13:10은 저자가 예수가 이렇게 하늘에서 자신을 드리는 행위를 제단에 가까이 나아가는 것과 연관 지어 상상하고 있음을 암시한다. 여기서 저자는 회중에게 있는 이 제단에서는 장막에서 섬기는 사람들이 먹을 권리가 없다고 말한다. 예수가 자신을 바치는 이 제단은, 그분이 이동하는 방향과 히브리인들이 가정한 하늘의 성막 개념에 비추어 볼 때 하늘의 제단이 될 것이다. 이 제단은 예수가 대제사장으로 섬기고 자신을 아버지께 제물로 드리기 위해 가신 곳이다. 영원하고 신적인 아들이 이제 성육신하신 예수로, 즉 천사들보다 높임을 받으시고 하나님 우편에 앉도록 초대받은 인간으로서 아버지께 돌아오는 때와 장소가, 아들이 아버지께 궁극적으로 자신을 영단번의 속죄 제물로 드리는 때와 장소다.[23]

이번 장 앞부분에서 살펴본 성육신의 역학에 비추어 한 가지 더 짚고 넘어가야 할 점이 있다. 만약 신적이고 선재하신 아들이 지상에 계실 때 어떤 의미에서 아버지의 임재와 떨어져 있다고 생각한다면, 즉 성육신에 내재

---

23 아들은 메시아로서 왕적 지위를 누리며 아버지의 오른편 하늘 보좌에 계시는데, 이 보좌가 회중에게 담대하게 다가가기를 권면하는 "은혜의 보좌"일 것이다(4:16). 이 개념은 언약궤가 하나님의 성전 안쪽 공간 즉 지성소에 있는 하나님의 보좌라는 연관성에서 비롯된다. 법궤 뚜껑 위에 있는 그룹을 하나님이 좌정하신 장소로 묘사하는 구절, 예를 들어 사무엘상 4:4; 사무엘하 6:2; 역대상 13:6을 보라.

한 방향성이 아들이 어떤 식으로든 아버지로부터 보냄을 받고, 천사들보다 낮아지고, 그 후에 하늘을 통과하여 아버지의 하늘 임재로 돌아가는 것(대제사장이 하늘 성막에 들어가는 여정과 목적지로 명시적으로 묘사되는)이라면, 아들이 십자가에서 죽으면서(즉, 하늘 성막에 들어가 아버지 앞에 나타나고자 하늘을 통과하기 **전에**) 아버지께 자신의 제물을 드린다는 생각은 앞뒤가 맞지 않는다.

이것은 동물을 바치는 행위와 제단과 멀리 떨어져 일어난 도살 행위가 동의어가 아니었던 레위기 제사의 관점에서뿐 아니라, 곧이어 아들이 아버지의 임재 안으로 승천하신 이후의 관점에서 봐도 옳은 주장이다. 제물은 먼저 도살된 후 제사장들이 제단과 하나님의 임재로 가져간다. 그러므로 아들이 아버지께 제물을 바친 **이후에** 아버지의 임재로 돌아간다는 것은 극도로 이상한 생각이다. 즉, 히브리서에 대한 현대의 일반적 독법이 예수가 십자가 제단에서 자신을 제물로 바친 것으로 이해하는 것이라면(pp. 262-265에 제시된 예에서 언급했듯), 성육신하신 아들이 하나님의 하늘 임재와 떨어져 있을 때 자신을 하나님께 제물로 바치고 그다음에 비로소 하늘을 통과하여 하나님의 임재로 돌아간다는 뜻인데, 이것은 매우 이상한 해석이다.

히브리서 저자가 사실상 성육신이 십자가 이후에도 계속되리라고 여긴다면, 은유나 시적 언어 같은 개념에 호소해서는 하나님을 향한 아들의 움직임과 관련해 생기는 이러한 근본 문제들을 해결하기 힘들다. 그러나 저자가 성육신하신 아들이 하늘을 통과하여 아버지 앞에 나타나신다는 관점에서 예수의 성육신을 생각한다면 예수와 관련해 대제사장적·제사적 언어를 사용하는 것이 타당성을 갖는다. 만약 시편 8편이 창조자 아들이 천사들보다 높임받으신 것을 가리키기도 한다면, 히브리서 전체를 관통하는, 예수가 왕이고 대제사장이라는 주장은 서로 잘 어울릴 뿐 아니라 본질적으로 연결되어 있다. 하나님의 아들은 하늘 지성소에 들어가 하늘 보좌에 앉으시며 통치하시는 메시아이자 대제사장이다.

이것은 히브리서 저자가 예수의 죽음 사건을 은유적으로 설명하고 있다고 보는 해석보다 더 일관성이 있다. 이 해석에 따르면, 히브리서 저자는 아들의 죽음을 **마치** 십자가에서 자신을 하나님께 제물로 바치는(심지어 '피를 흘리는') 대제사장의 행위로 여겨질 수 있는 **것처럼** 은유적으로 설명한다. 만약 예수의 죽음이 대제사장적 제사라면, 이 은유는 예수가 제사로 바쳐지는 장소나 아들이 성육신하여 이동하는 방향에서 성경적 제사와 관련한 개념적 영역을 인식 불가능한 수준으로 확장해 버린다. 만약 아들이 십자가 제단에서 아버지께 자신을 바친다면, 그는 아버지의 임재와 먼 곳에서 자신을 바치는 것이다. 성육신의 관점에서 보면, 그분은 먼저 하나님의 천상의 집과 임재에서 멀어져 하늘 성막 바깥의 땅에서 자신을 제물로 바치는 것이다. 그 후 예수는 대제사장으로 하늘 성막에 들어가실 때 아버지의 임재 안으로 돌아가는데 이때는 지상에서 자신의 제사를 드린 **이후**다. 만약 이것이 히브리서에서 성육신하신 아들이 자신을 제물로 드린 과정의 방향이라면, 설교에서 '제사', '대제사장', '사역', '제단' 등의 용어가 실제로 무엇을 의미하는지 이해하기 어렵다. 만약 설교자가 예수의 죽음이 그가 드린 제사의 전부라고 생각한다면, 이 용어들은 구약성경이나 예루살렘에서 실제로 드려진 제사의 관행과는 거의 관련이 없는 것 같다.

결론

히브리서에서 성육신과 아들의 이동 방향에 대해 앞에서 언급한 점들(아들이 인간으로서 천사들보다 낮아지셨다가, 하늘 성막으로 들어가 하나님 앞에 나타나 대제사장으로서 사역하고, 모든 천사보다 높임을 받고 하나님 우편에 앉으셨다)은 나의 히브리서 해석에만 있는 독특한 내용이 아니다. 많은 해석자가 이러한 역학을 어떤 식으로든 인식하고 있다. 히브리서에서는 아들이 하늘을 통과하여 하늘 성막에 들어가 하늘 보좌에 앉도록 하나님의 초대를 받은 것에 대해 분명하게 말하고 있다.

지금까지의 주장은 많은 현대 히브리서 주석의 내용과 다른데, 이 순서에 내재한 움직임을 특히 부활하신 예수와, 또한 성경 및 제2성전 문헌에 기록된 유대 제사의 내재적 움직임과 연관시킨다는 점에서 그렇다. 많은 사람이 단순히 성전 뜰의 바깥 제단에서 일어났다고 생각하는 도살/죽음의 행위를 중심으로 하는 제사에 대한 현대의 일반적 가정들은 이러한 상관관계를 모호하게 만들었다. 바깥 제단은 성전에서 동물을 도살하는 장소였기 때문에, 십자가는 예수가 제사를 드린 제단이라는 가정은 성경과 제2성전의 증거와 모순된다. '도살'과 '제사'는 유대 제사 관행과 관련하여 동의어가 아니다. 오히려 전자는 후자를 구성하는 절차의 일부다. 제단에서 제물을 바치기 전에 도살이 먼저 이루어진다. 희생물을 도살한 후에야 제사장은 예물의 요소를 적절한 제단으로 가져가 하나님의 집과 임재 안으로 전달한다. 구약성경의 증거와 히브리서의 성육신하신 아들의 움직임에 대한 이러한 재평가를 통해, 예수의 제사에 대한 일반적 이해와 관련하여 신학적으로나 역사적으로 중요한 두 가지 문제를 명확하게 파악하고 건설적 대안을 제시할 수 있다.

첫째, 성전의 바깥 제단이 제물이 도살되는 장소가 아니었다는 사실은 십자가와 바깥 제단의 자명해 보이는 동일시를 복잡하게 만든다. 십자가 사건을 제사의 전부로 간주하는 예수의 죽음에 대한 해석은 종종 바깥 제단에 대한 이러한 잘못된 개념에 의존한다. 앞에서 제기한 주장은 예수의 제사에 대한 보다 신중한 평가와 설명이 필요함을 시사한다.

둘째, 히브리서가 십자가를 예수의 제사가 일어난 장소와 시간으로 여긴다면, 성육신의 측면에서 저자의 설명은 좀 이상하다. 그는 아버지께 자신을 제물로 드리기 위해 하나님의 임재와 관련해 **정확히 잘못된 방향으로** 움직이는 아들을 묘사하는 것이다. 예수의 제사에 대한 현대의 신학적 성찰에서 이 흥미로운 사실은 종종 간과된다. 이러한 해석을 따른다면, 하나님의 아들을 하나님의 집과 임재 안으로 제물을 가져가는 대제사장으로 상상하는 대신, 하나님의 아들이 하나님의 집 **밖에서** 하늘에 계신 아버지의 임재와 떨어진 시점에 제물을 바치는 것으로 상상해야 한다. 이러한 설명은 성전에서 실제로 행해진 제사의 논리, 장소, 방향에 위배되는 만큼 역사적으로 의심스럽다. 예수의 초기 추종자들이 예수의 제사가 성경의 묘사 및 성전 관행과 어떻게 일치하는지 보여 주려고 하면서 이런 식의 묘사를 했다는 것은 이상한 일이다. 예수의 제사에 대한 이러한 견해는 성경 본문이 일관되게 증명하는 제사 논리, 장소, 방향을 제거한다는 점에서 신학적으로 문제가 있다.

셋째, 이와 대조적으로 히브리서가 성육신하신 아들이 아버지께로 돌아가신 것을 제사의 시간과 장소로 상상한다면, 유대 제사 관행과 예수의 죽음, 부활, 승천, 지속적 중보 사이에 자연스러운 일치가 이루어진다. 성육신하신 아들은 먼저 하나님의 집 밖에서 죽으셨다. 그런 다음 부활하여 다시 하나님의 집과 임재 가운데로 올라가 자신을 하나님께 제물로 드리고 형제자매들의 대제사장으로 섬긴다. 이 순서는 구약성경에 묘사된 제사장과 제물이 하나님의 집과 임재와 관련해 이동하는 방향과 놀랍도록 일치한다. 히브리서는 예수의 제사를 상상할 때 옛 언약의 제사와 상충하는 용어를 쓰지 않는다. 오히려 이 설교는 유대 제사의 논리와 방향의 중요한 측면에서 영향을 받고 심지어 그것에 의존하는, 광범위하게 일관된 유비를 사용한다. 우리는 히브리서에서 잠시 천사들보다 낮아졌다가 이제 천사들보다 높아지신 신적 아들, 구약의 레위 제사장과 제물에 대한 묘사처럼 하나님의 집과 임재 안에 들어가 속죄 제물로 자신을 아버지께 드리고 백성을 대신하여 사역하시는 위대한 대제사장 예수를 볼 수 있다.

11. 초기 기독교의 히브리서 수용에 나타나는 예수의 천상적 제사

개관

고대 텍스트를 읽다가 자신의 독법이 널리 통용되는 가정과 상충할 때, 그 텍스트를 해석해 온 오랜 역사에서 같은 방식으로 텍스트의 내적 논리를 풀어낸 사람들이 있는지 궁금해지기 마련이다. 게다가 아무도 이런 방식으로 텍스트를 읽지 않았다면 그 이유는 무엇인가? 자신의 독법은 단순히 새로운 것을 찾는 과잉된 학문적 상상력의 산물일 뿐인가?

2011년에 쓴 『히브리서에 나타난 부활의 논리와 속죄』에서, 나는 지난 세기의 가장 영향력 있는 2차 문헌들과 방식을 달리하는 히브리서 읽기를 주장한다. 먼저 나는 이 설교가 예수의 육체적 부활을 확증하고 있음을 보여 준다. 다음으로, 이러한 확신이 예수의 대제사장 정체성에 대한 저자의 변론과 그가 예수의 속죄 제사의 본질과 시기를 이해하는 방식에 중요한 함의를 가진다는 사실을 설명한다. 내가 구체적으로 주장하는 바는, 저자가 예수의 속죄 제사의 중심을 부활 **이후** 아버지께 자신을 바친 행위로 이해한다는 것이다. 대제사장으로서 예수는 하늘을 통과해 승천하여 하늘 성소의 지성소에 들어가실 때 자신을 아버지께 제물로 바쳤다. 히브리서 저자에 따르면, 예수가 완전하고 부활하신 인간의 몸으로 자신을(불멸의 피와 살을 포함하여) 바친 일은 아버지께 드리는 대제사장적 제사의 완성이며 이것은 제사적 속죄의 효과(즉, 예수가 지속적으로 중보하시는 사람들을 위한 죄 사함과 정화의 효과)를 갖는다.[1]

이번 장에서 오리게네스(Origen)에 관한 자료 상당 부분은, 2013년 복음주의신학회(Evangelical Theological Society) 회의에서 I. 하워드 마셜(Howard Marshall)이 내 책을 비평한 것에 대한 답변의 일부로 읽었다. 하워드의 관대한 정신과 비판적 참여에 감사드린다. 나 역시 많은 이처럼 그의 갑작스러운 사망 소식에 슬펐다. 또한 여러 친구와 동료들, 특히 애덤 존슨(Adam Johnson), 톰 맥글로틀린(Tom McGlothlin), 브라이언 스튜어트(Brian Stewart), 매튜 티센, 톰 라이트(Tom Wright), 그리고 익명의 평론가들의 통찰력 있는 비평에 감사를 전한다.

1   여기서 제사에 대한 언급이 필요할 것 같다. 레위기 제사에 관한 여러 최근 연구는 이러한 제사가 환원 불가능한 의식적 절차이며 그 안에서 어떤 요소가 다른 요소보다 제사 절차의 목표를 실현하는 데 더 중요하다고 보아야 한다는 점을 새로운 방식으로 지적했다. 예를 들어, R. E. 게인은 이 절차를 구성하는 의식이 위계적으로 구조화되어 있다고 지적한다[*Cult and Character: Purification Offerings, Day of Atonement, and Theodicy* (Winona Lake, IN: Eisenbrauns, 2005), 특히 pp. 3-24]. 따라서 다양한 의식 요소가 필요하고 그중 어느 하나만으로는 제사에 충분하지 않으며, 전체 절차가 주어진 제사를 구성한다. 또한 일부 요소는 제사의 목표를 달성하는 데 다른 요소보다 더 중심적이고 비중이 높다. 이 모든 것은 제사에 단순히 동물을 죽이는 것 이상의 의미가 있음을 의미한다. 희생물의 도살은 일부 제사의 분명한 구성 요소 중 하나지만, 모든 제사에서 그렇지는 않다[특히 C. A. Eberhart, *The Sacrifice of Jesus: Understanding Atonement Biblically*, Facets (Minneapolis: Fortress, 2011), pp. 60-101를 보라].

그러나 속죄 제사의 가장 중심적인 요소, 즉 속죄 제사에서 속죄의 유익을 얻는 것과 가장 직접적으로 관련된 요소는 피를 다루고 태우는 행위다. 이러한 행위는 도살 행위와는 대조적으로 제사장의 특권이며 다양한 제단에서 그리고 제단 위에서 이루어진다(예를 들어, Eberhart, *Sacrifice of Jesus*, p. 85; Gane, *Cult and Character*, p. 67를 보라). 그러므로 레위기 제사의 관점에서 볼 때, '제사'라는 용어의 의미를 제물을 도살하는 행위로 축소하거나 혼합하는 것은 범주상의 실수다. 이 행위는 어떤 제단에서도 일어나지 않으며 따라서 제사의 목적을 달성하는 데 직접적으로 연결된 요소 중 하나가 아니기 때문이다. 레위기 제사 제도의 맥락에서 제물의 죽음/도살을 일부 제사에서는 필수적인 부분으로 여길 수 있지만, 다음과 같은 중요한 조건을 붙일 필요가 있다. 즉, **제물의 죽음을 말할 때 죽음 또는 도살 자체가 제사의 전부라고 말해서는 안 된다**. 제단 주변과 제단 위에서 이루어지는 제사장의 행위가 이 절차의 주된 요소다. 이것은 제사의 요소들을 하나님이 임재하시는 신성한 공간으로 전달하고 사용하는 것(즉, 이러한 것들을 하나님께 **바**

하지만 히브리서를 이렇게 읽다 보면 앞서 언급한 의문이 자연스럽게 떠오른다. 다른 사람들도 이 초기 기독교 텍스트를 이런 식으로 읽은 적이 있는가? 내 책에 대한 소수의 평론가들은 이 의문점을 올바르게 강조했고,[2] 이번 장에서는 이러한 히브리서 해석과 비슷한 해석이 더 큰 주해 전통 안에 존재함을 보이고자 한다. 내가 히브리서에 존재한다고 주장하는 방식과 유사하게 예수의 속죄 제사의 성격, 시기, 장소의 개념을 이해하는 히브리서 해석이 기독교의 최초 몇 세기의 기간에 존재했음을 우리는 발견할 수 있다.

중요한 것은, 이러한 설명에 미친 히브리서의 영향이 특히 오리게네스에게서 시작해 분명하고 널리 퍼져 있을 뿐만 아니라 다른 권위 있는 성경 텍스트 및 고백적 사상이 내는 목소리와도 명확하게 종합되어 있다는 점이다. 다시 말해, 이 히브리서 해석자들은 히브리서를 통해 예수의 정체성(기독론)과 구원 사역(구원론)에 대한 이해를 형성한다. 이들은 이러한 문제에 대한 히브리서의 독특한 증언을 다른 본문들의 증언과 갈등 관계로 보기보다(마치 예수의 구원에 관한 모든 것이 오로지 하나의 권위 있는 텍스트나 전통의 설명으로만 환원될 수 있는 것처럼), 예수의 정체성과 속죄 사역에 대한 총체적이고 비환원적인 설명을 제시한다.

치는 것)이 유대 제사의 개념 핵심임을 추가로 암시한다.

2 특히 N. J. 무어(Moore)의 신중한 검토와 비평을 보라[review of *Atonement and the Logic of Resurrection in the Epistle to the Hebrews*, by D. M. Moffitt, *JTS* 64 (2013): pp. 673-675, 여기서는 p. 675]. S. J. 윌하이트(Wilhite)는 히브리서의 주장을 조사하는 방법으로 고대의 히브리서 읽기를 검토해야 한다는 유용한 제안을 한다[review of *Atonement and the Logic of Resurrection in the Epistle to the Hebrews*, by D. M. Moffitt, *Fides et Humilitas* 1 (2014): pp. 72-83, 여기서는 p. 82]. 마이클 키비는 그 책이 수용의 역사를 추적하지 않아 논증이 약해졌다고 생각한다[review of *Atonement and the Logic of Resurrection in the Epistle to the Hebrews*, by D. M. Moffitt, *Themelios* 37 (2012): pp. 69-70]. 하지만 그 책은 히브리서 수용사 연구가 아니다.

이러한 발견은 내가 주장하는 히브리서 읽기가 오랜 역사를 가지고 있음을 시사한다(하지만 이 사실은 이 서신에 대한 현대의 신학적·주해적 성찰 대부분에서 적절히 고려되지 못했다). 그뿐만 아니라, 이러한 히브리서 읽기가 오늘날 우리에게 아무리 이상하게 보일지라도, 과거에는 이 설명이 예수의 정체성과 구원 사역에 대한 더 넓은 성경적 증언과 신학적 성찰에서 다른 설명들과 동등하게, 심지어는 그 설명들에 영향을 주는 것으로 여겨졌다.

물론 이러한 종류의 히브리서 읽기가 존재한다고 해서 내가 주장하는 히브리서 읽기가 반드시 옳다는 뜻은 아니다(내 의도는 그게 아니다).[3] 나의 목적은 내가 제시하는 히브리서 읽기가 (1) 더 넓은 해석 전통에서 유일한 것이 아니라는 점과 (2) 예수의 육체적 부활과 승천이 예수의 구원 사역에 대한 과거의 신학적 성찰에 영향을 미쳤을 몇 가지 방식을 강조해 줄 수 있다는 점을 보여 주는 것이다. 내가 내리려는 결론은, 이러한 과거의 성찰에 관심을 가짐으로써 예수의 제사와 속죄에 대한 현대적 성찰이 예수가 육신으로 승천하셨다는 고백의 대제사장적·제사적 의미를 회복할 수 있다는 것이다.

예수의 천상적 제사: 과거의 히브리서 해석 개관하기

마이클 키비(Michael Kibbe)는 2014년에 쓴 논문에서, 히브리서에서 예수의 대제사장 사역과 속죄 사역에 대한 내 해석의 전례가 종교개혁 시대 인물 파우스투스 소치누스(Faustus Socinus)라고 주장했다. 키비에 따르면, 내

---

3   이에 대한 판단은 내가 이전 연구에서 제시한 주해적 주장의 상대적 장점(및 단점)에 맡기겠다.

견해는 '소치누스주의'로 분류될 수 있는데 특히 내가 히브리서에서 예수의 속죄 사역을 구성하는 일련의 사건들을 강조한다는 점이 그 이유다.[4]

소치누스의 히브리서 해석은 몇 가지 흥미로운 점에서 내 해석과 유사하다.[5] 그러나 성육신하여 인간 예수가 되신 영원하고 선재하신 아들 그리스도를 히브리서에서 강조한다는 사실을 고려하면(내 프로젝트는 '소치누스적'이라는 용어가 암시하는 속죄론이나 기독론에 대한 어떤 이론 혹은 종합적이고 체계적인 신학을 가정하지 않는다는 점은 말할 것도 없이), 키비가 시도하는 방식으로 내 책의 주장을 소치누스의 주장과 연결하거나 조직신학적 주장을 내포하는 것으로 읽으면 그 책의 주장을 잘못 이해하는 것이다.[6]

---

4 M. Kibbe, "Is It Finished? When Did It Start? Hebrews, Priesthood, and Atonement in Biblical, Systematic, and Historical Perspective," *JTS* 65 (2014): pp. 25-61, 여기서는 p. 25; 참조. pp. 60-61. 키비는 히브리서가 묘사하는 예수의 속죄 사역에 대한 나의 해석이 "소치누스주의적 견해에 밀접하게 부합한다"(p. 25)고 주장한다. 그는 "[모핏의 해석을] 전통적 속죄 개념과 구별하는 것은 [예수의] 제사 **위치**와 **시간**이다"(p. 46n93; 참조. p. 47)라고 기록한다. J. R. 트릿(Treat)은 히브리서에 대한 내 해석과 소치누스의 속죄에 대한 종합 신학을 키비와 비슷하게 잘못 연관 짓는다[*The Crucified King: Atonement and Kingdom in Biblical and Systematic Theology* (Grand Rapids: Zondervan, 2014), pp. 216-217].

5 내 책의 각주 두 곳에서 이 점을 지적한다. Moffitt, *Atonement and the Logic of Resurrection*, pp. 199n130, 257n76를 보라.

6 키비는 나의 해석을 '소치누스적'이라고 묘사함으로써 내 연구에서 반복해서 강조하는 히브리서의 성육신적 기독론이 지니는 핵심 중요성을 놓친 것 같다. 더 분명한 몇 가지 예를 보려면 내 책 서론에 기술한 더 큰 논지를 보라. "[히브리서에서] 전개되는 단일한 기독론과 구원론의 강력한 내러티브 하부 구조는 초기 신조의 순서를 따라 아들의 성육신의 의미 전체를 포괄하는 것으로 파악되어야 한다. 이 설교의 저자에게, 하늘에 계신 아들은 세상에 오셔서 고난받고 죽으시며 다시 살아나셔서 하늘로 올라가 영원한 속죄를 위해 제물을 드리시고 전능하신 아버지 하나님 우편에 앉으셨다…이것이 저자가 제시하는 기독론의 개요이며 예수가 어떻게 속죄를 이루셨는지에 대한 이해를 풀어 나가는 맥락이다"(*Atonement and the Logic of Resurrection*, p. 43). 또한 히브리서 7장에서 예수의 대제사장 지위에 대한 저자의 변호를 이해하려면, 히브리서 기독론의 이 측면이 지니는 중심성에 관한 나의 주장을 보라(*Atonement and the Logic of Resurrection*,

소치누스의 해석은 적어도 한 명의 다른 독자는 예수의 제사와 관련한 히브리서 언어의 측면을 다소 비슷한 맥락에서 해석했음을 입증한다. 하지만 이 점에서 소치누스가 독특했는가? 나아가 만약 다른 사람들이 히브리서를 이런 식으로 읽었다면, 그들은 아들의 천상적 선재성에 대한 히브리서의 확언과 긴장 관계를 유지했을까 아니면 그것을 부인했을까?[7]

두 질문에 대해 간단히 대답하자면, '아니오'다. 히브리서에서 예수의 제사 사역을 순차적으로 해석하여 십자가에 못 박힌 후 부활한 몸을 아버지께 제물로 드렸다고 이해하는 것은 소치누스의 혁신이 아니라 초기 기독교의 오랜 주해 전통에 뿌리를 둔 것이다. 히브리서 자체의 증거는 차치하고라도, 예수가 승천 시에 부활한 살과 피를 하늘에서 아버지께 드린 것이 속죄를 위한 제사였다는 생각(즉, 예수의 속죄 제사를 부활 이후의 실재로 이해한 것)은 기원후 3세기 초부터 분명히 드러난다. 다음에 살펴볼 텍스트들 또한, 그러한 확신이 히브리서와 선재하신 신성한 아들이 성육신하셨다는 이전의 확신 모두에 의존할 수 있음을 보여 준다.

이어지는 논의에서는 히브리서에 대한 암시와 인용을 통해 예수의 천상적 제사라는 주제를 언급하는 몇 가지 고대 텍스트를 살펴본다. 그러나 주의할 것은, 나는 여기서 예수의 정체성, 예수의 제사, 속죄에 대한 초기 기독교의 생각에 대해 그리고 심지어 히브리서 수용사에 관해서도 포괄적 조

---

pp. 207-210; 반대되는 주장으로는 Kibbe, "Is It Finished?," pp. 47-49).

[7] 키비는 "소치누스 이전에는 그리스도의 제사장직과 제사장으로서 그리스도가 드린 속죄 제사가 구체적으로 부활 이후의 실재라고 제안한 사람을 알지 못한다"고 말한다("Is It Finished?," p. 26n1). 그는 또한 그런 식으로 히브리서를 읽으며 예수의 신성을 긍정할 수 있는지 의문을 제기한다(pp. 47-48). 이후 설명하겠지만, 초기 기독교 텍스트들은 다음의 두 요지를 뒷받침하는 분명한 증거를 제시한다. (1) 그리스도의 대제사장적 제사는 부활 이후의 실재로 생각될 수 있으며 (2) 이것은 아들의 신성과 선재에 대한 고백과 긴장 관계에 있다고 이해되지 않았다.

사를 하거나 체계적 설명을 제시하지 않는다는 점이다. 나는 기원후 2세기 후반에서 3세기 초반에 이미 히브리서 구절들이 예수의 제사 사역을 십자가와 부활 이후의 것으로 설명한다고 여겨지고 있었음을 보이고자 한다. 이 텍스트들은 영원한 말씀이 부활 후 불멸의 인간의 몸을 입고 아버지께로 다시 승천했다고 가정하거나 고백한다. 또한 어떤 사람들은, 예수가 육체로 승천하셨다는 사실이 그가 부활한 인성을 지속적으로 아버지께 제물로 드리는 방식으로 대제사장의 사역을 하늘 제단에서 지속하고 있음을 암시한다고 여긴다. 어떤 사람들은 히브리서가 예수의 속죄 제사의 단회성을 강조하는 것을, 예수의 승천 즉 하늘 제단과 아버지의 임재 안에서 지속적으로 대제사장으로 섬기기 위해 하늘 영역으로 단 한 번 돌아가신 것으로 이해하기도 한다.

히폴리투스의 노에투스에 대한 반박

이미 니케아 이전의 몇몇 텍스트는 예수가 십자가에 못 박히고 부활하신 후 하늘에 계신 하나님 앞에 살아 계신 자신을 바친 일을 제사의 과정을 따라 해석한다.[8] 3세기 초 로마의 히폴리투스(Hippolytus)는 히브리서를 암시하며 예수가 아버지께 드린 천상의 제물을 묘사하는 데 제사의 범주들을 적용한다.

『노에투스에 대한 반박』(*Against Noetus*)에서 히폴리투스는 노에투스의

---

[8] 이레나이우스(Irenaeus)는 예수가 부활하신 인성을 하늘에 계신 하나님께 일종의 제물로 바쳤다고 말한다. *Against Heresies*에서 그는 다음과 같이 확언한다. 예수가 "(실제로는 자신의 작품인) 잃어버린 양을 찾아 땅의 낮은 곳으로 내려가셨다가, 높은 곳으로 올라가[셨다]. 거기서 몸소 인류 부활의 첫 열매[*primitias*]가 되어, 발견한 인간 본성을 훌륭하게 만들고 아버지께 드리셨다[*offerentem*]"[*Haer*. 3.19.3.67-72; 영어 번역은 *St. Irenaeus of Lyons: Against the Heresies, Book 3*, trans. D. J. Unger, Ancient Christian Writers 64 (New York: Newman, 2012), p. 94의 내용을 수정함].

성부수난설을 반박한다. 노에투스의 견해가 하늘에서 아버지와 영원히 함께 계셨던 "육체가 없는 말씀"(λόγος ἄσαρκος)이 육체가 되셨고 부활 후 육체를 입고 하늘로 돌아갔다는 사실을 설명할 수 없다는 것이 그 이유다.[9] 히폴리투스의 논리는 이렇다. 영원한 말씀이신 예수가 자신의 육체를 아버지께 제물로 드리기 위해 하늘로 돌아갔다면, 어떻게 아버지의 영원한 말씀이 아버지 자신과 동일시될 수 있겠냐는 것이다. 아버지는 육체가 없으므로, 예수가 아버지라면 말씀이 하늘로 돌아왔을 때 하늘에는 육체가 없어야 한다.

그러나 히폴리투스는 이제 하늘에 육체가 **있다**고 주장한다. 그의 말에 따르면, "아버지의 말씀에 의해 제물[δῶρον]로 드려진[προσενεχθεῖσα] 육체가 있는데, 그 육체는 성령과 동정녀로 잉태되어 완전한[τέλειος] 하나님의 아들임이 입증된 육체다. 그러므로 그가 아버지께 자신을 드린 것[ἑαυτὸν προσέφερε]이 분명하다. 그러나 그 전에는[πρὸ δὲ τούτου] 하늘에 육체가 없었다."[10] 즉, 아버지의 말씀은 육체가 없었고, 인간의 육체를 취하여 동정녀에게서 태어나셨으며, 완전한 하나님의 아들이심을 보였고, 다시 하늘로 올라가 자신이 취한 그 육체를 아버지께 드렸기 때문에, 지금도 계속 육체를 입고 하늘에 계신 영원한 말씀은 영원히 육체가 없는 아버지와 구별되어야 한다.[11] 히폴리투스에게 이것은 아버지가 성육신하신 아들이 아니기 때문에 아버지가 고난을 당하지 않으셨음을 의미한다.

이번 장에서 특히 주목할 만한 것은, 예수가 자신의 육체를 아버지께 드

---

9   PG 10:809b-c.
10 PG 10:809b. *ANF* 5: p. 225에서 약간 수정한 영어 번역.
11 여기서 히폴리투스의 추론 논리를 구성하는 신조 내러티브는 주목할 만한 가치가 있다. 또한 말씀이 완전한 하나님의 아들임이 증명되었다는 언급은 예수의 부활을 암시한다는 추측도 해 볼 수 있다.

리기 전에는("그 전에는", πρὸ δὲ τούτου) 하늘에 육체가 없었다는 히폴리투스의 주장이다. 히폴리투스는 여기서 예수가 자신을 아버지께 예물(δῶρον)로 바친 것을, 승천하실 때 부활한 몸/육체를 바친 것으로 이해한다.[12] 히브리서를 명시적으로 가리키지 않지만, 아들이 하늘에 계신 아버지께 "자신을 바쳤다"(ἑαυτὸν προσέφερε)는 그의 언급은 히브리서를 암시하는 것으로 보인다. 실제로 신약성경이 된 문헌 중 히브리서만이 동사 προσφέρειν + 직접목적어 ἑαυτόν의 조합으로 예수의 제사를 묘사한다(9:14, 25). 또한 히브리서만 προσφέρειν + δῶρον의 용법으로 예수의 제사를 언급한다(8:3-4; 참조. 9:9-14). 예수가 완전한(τέλειος) 하나님의 아들이심을 보이셨다는 히폴리투스의 언급은 하나님의 아들이 완전케 되신 것을 반복해서 말하는 히브리서를 강하게 암시한다(예를 들어, 2:10; 5:8-10; 7:28).

그러나 히폴리투스가 예수가 하늘에서 자신의 육체를 δῶρον으로 바쳤다고 말하면서 제사의 의미를 의도했는지 의문이 들 수 있다. προσφέρειν + δῶρον의 조합은 중요하고 강력한 인물에게 공물을 바치는 맥락에서 사용될 수 있다.[13] 그러나 칠십인역 본문에서 이 구절은 하나님을 δῶρον의 수령자로 가정하거나 명시적으로 규정하는 제사의 맥락에서 가장 자주 나타난다.[14] 이러한 맥락에서 이 구절은 포도주, 곡식, 피와 같이 하나님께 무

---

12 히폴리투스는 *Discourse on Elkanah and Hannah*라는 글의 일부 대목에서, 예수의 인성을 하나님께 바친 일을 승천과 다시 연결한다. 그는 오순절과 관련하여, 예수가 처음 하늘로 올라가실 때(αὐτὸς πρῶτος εἰς οὐρανοὺς ἀναβάς) 인성을(τὸν ἄνθρωπον) 하나님께 제물로(δῶρον τῷ θεῷ) 바쳤다(προσενέγκας)고 주장한다 (PG 10:864c).

13 칠십인역 본문의 비제사적 문맥에서 이 단어 조합은 통치자/고관대작에게 '공물/선물을 가져가다'라는 의미로 사용되는 경향이 있다(예를 들어, 창 43:26; 삿 3:17; 왕상 2:46b; 참조. 마 2:11).

14 칠십인역에서 προσφέρειν과 δῶρον의 조합은 레위기와 민수기의 제사 맥락을 벗어난 본문에서는 드물게 나타난다. 이 구절의 가장 일반적인 의미는 하나님께 제사를 드리

언가를 제물로 바치는 것을 뜻하는 전문용어로 기능한다.[15] 칠십인역 본문의 제사 맥락에 등장하는 이 구절의 빈도는, 히폴리투스가 προσφέρειν + δῶρον을 전문적 의미로 사용하여 예수가 드린 예물을 제물로 지칭했다는 점을 결정적으로 증명하지 못한다. 그러나 히폴리투스가 그리스어로 성경을 읽었다는 점을 감안할 때, 제사 맥락에서 이 언어가 자주 사용되었다는 점은 이 결론에 타당성을 부여한다.

더욱 결정적인 것은 히폴리투스의 언어가 히브리서의 언어를 반영한다는 앞서 제시한 증거다. 히브리서가 예수를 아버지께 자신을 바치는 대제사장으로 묘사하는 것은 분명 제사의 의미를 가진다. 히폴리투스가 히브리서를 언급한다는 점을 감안할 때, 예수가 하늘에서 자신의 육체를 하나님께 제물로 바치는 장면을 그가 상상하고 있음은 의심의 여지가 없다. 물론 히폴리투스가 이 하늘의 제사가 속죄를 이룬다고 명시적으로 말하지 않고, 본문이 말하지 않는 바를 너무 과도하게 해석하지 않도록 주의해야 하지만, 그가 히브리서의 언어를 사용한다는 점은 그러한 결론에 신빙성을 부여한다.

그러므로 이 본문에서 히폴리투스의 진술은, 영원하고 신적인 말씀/아버지의 아들이 하늘에서 내려와 육신이 되시고 동정녀에게서 태어나셨으며 십자가와 부활 후에 그 육신을 아버지께 드리고자 육신으로 다시 하늘로 승천하셨다는 성육신적 기독론을 분명하게 표현한다. 또한 히브리서를 암시하는 제사적 언어를 사용하여 히폴리투스는 하나님의 아들이 그 육체를 제사의 제물로 아버지께 드렸다고 말한다.[16] 로버트 데일리(Robert J. Daly)

는 것이다(예를 들어, 레 1:2, 3, 14; 2:1, 4, 12, 13; 3:6; 4:23, 32; 6:13; 7:13, 29, 38; 9:15; 21:6, 8, 17, 21; 22:18, 25; 23:14; 27:9, 11; 참조. 마 5:23; 8:4).

15 내가 보기에 이것은 각주 1에서 논의한 제사 개념과 잘 부합하는 것 같다.
16 히브리서와의 분명한 연관성과 승천하신 그리스도에 대한 이런 종류의 생각은 콘스탄

는 다음과 같이 히폴리투스의 견해를 잘 요약한다. "하늘에서 예수는 자신(육체)을 아버지께 드렸다. 성육신하신 말씀이 자신을 제물로 드리는 것에 대한 물리적으로 현실적인 개념으로서 이보다 더 바랄 것이 없다."[17] 데일리는 히폴리투스가 가지고 있는 예수의 제사 개념에 대해 더 폭넓게 고찰하면서 히폴리투스가 "그의 성육신 기독론과 구원론을 제사의 예물 사상과 결합함으로써 기독교 제사 사상의 발전에서 새로운 순간을 만들어 냈다"고 주장한다.[18] 이 새로운 순간에는 "하나님의 영원한 말씀이 인간이 되셨다가 하늘로 다시 올라가심으로써, 그분의 육체와 인간성뿐만 아니라 그 인간 자체도 영원하신 아버지께 바칠 수 있게 되었다"는 개념이 포함된다고 데일리

티노폴리스의 포티오스(Photius of Constantinople)의 글에서도 찾아볼 수 있다. 그는 히브리서 1:13에 대해 말하면서, 아들이 하나님 우편으로 승천하신 것을 예수가 인류의 첫 열매(τὴν ἀπαρχήν)를 아버지께 드리는 것으로 묘사한다. 그는 무리 중에서 제사를 위한 제물(δῶρον)로 드려지는 것은 흠이 없어야(ἄμωμον; 예를 들어, 칠십인역 레위기 1:3, 10; 3:1, 6; 4:23, 32을 보라) 한다는 모세의 규정을 연상시키는 언어를 가지고, 예수가 자신의 육체를 아버지께 드린 것을 흠 없는(ἄμωμον) 제물(δῶρον과 προσφέρω의 명사화된 분사를 모두 사용한다)을 드린 것으로 표현한다. 그는 아버지께서 그 제물을 보고 놀라워하시고, 제물 즉 승천하신 예수를 자신의 오른편에 앉게 하심으로 그 제물을 자신 가까이 두셨다고 말한다[Karl Staab, ed., *Pauluskommentare aus der griechischen Kirche*, 2nd ed., Neutestamentliche Abhandlungen 15 (Münster: Aschendorff, 1984), p. 639를 보라]. 예수의 하늘 제사와 대제사장 사역에 대한 이런 생각은, 나지안조스의 그레고리오스가 말한 "부활의 제사"(*Letter* 171)라는 수수께끼 같은 표현과 그가 *Oration* 30, 14에서 했던 다음의 말을 설명하는 데 도움이 되리라는 추측을 불러일으킨다. "지금 이 순간에도 [예수는] 인간으로서 나의 구원을 위해 중보하고 계신다. 그분은 자신이 맡으신 몸을 계속 입고 계시기 때문이다." [이 본문에 주목하게 해 준 피터 마튼스(Peter Martens)에게 감사드린다.] 이런 종류의 사상은 다른 초기 기독교 문헌에서도 분명하게 드러난다(뒤의 내용을 보라).

17　R. J. Daly, *Christian Sacrifice: The Judaeo-Christian Background before Origen*, Studies in Christian Antiquity 18 (Washington, DC: Catholic University of America Press, 1978), p. 362.

18　Daly, *Christian Sacrifice*, p. 372.

는 설명한다.[19] 히폴리투스에 대한 데일리의 유익한 해석에 대해 내가 제기하는 유일한 비판은, 그가 이 제사 신학을 발전시키는 과정에서 히폴리투스가 히브리서를 암시한 것을 알아차리지 못하는 것 같다는 점이다. 승천 시에 아버지께 드린 δῶρον의 관점으로 예수의 제사를 이해한 히폴리투스의 개념이 실제로 히브리서를 참고한 것이라면, 데일리가 히폴리투스를 두고 언급한 "기독교 제사 사상의 발전에서 새로운 순간"은 히폴리투스가 이미 히브리서에서 발견한 것일 가능성이 높다.

어쨌든 히폴리투스는 초기에 히브리서를 전용했던 관행을 보여 주는 실질적 증거를 제공한다. 이 관행의 특징은 예수의 삶, 죽음, 부활, 승천을 관통하는 내러티브와 성육신 개념을 확증하고, 이 내러티브 중 특히 마지막 요소를 예수가 자기를 바친 일과 연관시킨다는 점이다. 이것은 곧 부활한 육체를 하늘에 계신 아버지께 제물로 바치는 것을 뜻한다.

그러나 중요한 질문이 여전히 남아 있다. 예수가 하늘로 올라가신 것이 속죄와 관련하여 어떤 성취를 이루었는가? 히폴리투스는 십자가에 못 박힌 후 부활하신 예수가 하늘에 계신 아버지께 자신을 제물로 바친 것을 분명하게 밝히지만, 여기서 예수의 하늘 제사가 **속죄를 이루는** 제사라고 명확하게 말하지는 않는다.[20] 그러나 오리게네스의 경우는 다르다.

---

19 Daly, *Christian Sacrifice*, p. 372.
20 데일리는 히폴리투스가 예수의 하늘 제사를 강조한 것은 하나님께 드리는 예물로서의 구약 제사 개념에서 비롯된 것이라고 올바르게 주장한다(*Christiaw Sacrifice*, 특히 p. 372). 이것은 레위기에 묘사된 제사의 가장 핵심적인 측면과 잘 일치한다(각주 1을 보라). 그러나 비교적 분명하지 않은 것은 히폴리투스에게 이 예물이 어떻게 기능하느냐다. 레위기의 제사는 일반적으로 무언가를 하나님께 바치는 것을 포함하지만, 모든 제사가 정결이나 용서를 목적으로 하지는 않는다.

오리게네스의 『레위기 강론』

오리게네스는 『레위기 강론』(Homilies on Leviticus)에서 예수의 제사 사역에 대한 광범위하고 순차적인 설명을 제시한다. 몇 편의 강론에서 그는 예수가 하늘에서 자신을 하나님께 바친 것을 속죄를 이루는 제사의 제물로 규정한다. 또한 그가 예수의 하늘 제사에 대해 성찰한 내용을 보면, 분명하고 폭넓게 히브리서에 의존한다는 점을 알 수 있다. 앞에서 주의 사항을 언급했듯, 이 개관의 의도는 오리게네스의 기독론, 우주론, 예수의 제사에 대한 견해, 속죄 이해, 심지어 히브리서 해석에 대한 체계적이거나 포괄적인 설명을 제공하는 게 아니다. 그 대신 나는 오리게네스가 반복해서 히브리서에 호소하는 『레위기 강론』에서 예수의 속죄 사역과 관련해 이러한 문제를 다루는 방식으로 초점을 좁힌 논의를 제시한다.[21]

이 강론 전체에서 오리게네스는 예수가 피를 흘리신 두 제단과 두 제사(하나는 땅에, 하나는 하늘에 있는)를 밝힌다.[22] 그는 강론 1에서 예수의 "피는 제단과 그 기초와 회막이 있는 **예루살렘에 부어졌을 뿐 아니라** 동일한 피가 '장자들의 교회'[참조. 히 12:23]가 있는 **하늘에 위치한 천상 제단 위에도 뿌려졌다**"고 쓴다.[23]

---

21 H. 크루젤(Crouzel)은 J. A. 알카인(Alcain)의 연구 *Cautiverio y rendención del bombre en Orígenes* (Bilboa: Mensajero, 1973)를 요약하면서 오리게네스가 예수의 구원 사역의 다양한 측면을 설명하기 위해 사용한 다섯 가지의 구별되지만 중복되는 '방법'을 밝힌다[*Origen*, trans. A. S. Worrall (Edinburgh: T&T Clark, 1989), pp. 194-197]. 이 중에서 크루젤은 오리게네스의 의식적 혹은 제사적 방법이 히브리서에 크게 의존하고 있으며 (배타적이지는 않지만) 주로 그리스도의 인성을 중심으로 하는 경향이 있다고 지적한다. 이러한 평가는 오리게네스가 *Homilies on Leviticus*에서 강조한 내용과 잘 일치한다.

22 물론 루피누스(Rufinus)의 번역본이 있긴 하지만 나는 논의 내내 오리게네스에 대해 이야기하고 있다. 하지만 어떤 생각이 오리게네스에게서 왔고 루피누스가 추가했는지는 이 연구의 큰 결론에서 거의 중요하지 않다.

23 *Hom. Lev.* 1.3.19-23. 영어 번역은 G. W. Barkley, trans., *Origen: Homilies on*

이 흥미로운 언급은 예수의 이중 제사 사역을 어떻게 생각해야 하는지에 대한 의문을 제기한다. 오리게네스는 이 두 가지 제사를 하나의 동일한 사건, 즉 동시적 사건으로 간주했는가? 지상의 제사는 동시에 영적인 천상의 제사이기도 한가? 아니면 두 제사가 서로 순차적으로 관련되어 있어서 한 제사가 다른 제사에 선행하는가? 다시 말해 십자가는 이 땅에서 먼저 드리는 제사인 반면, 예수의 피를 뿌리는 것은 십자가에 못 박힌 후 하늘에서 드리는 또 다른 제사인가? 또한 이러한 제사의 본질과 효과는 무엇인가? 오리게네스는 레위기를 강해하는 과정에서 이 제사들에 대해 계속 묵상하면서 이러한 질문들에 답을 제공한다.

오리게네스의 일부 표현을 언뜻 보면 이 두 가지 제사가 실제로 하나의 동일한 사건이라고 결론 내릴 수 있다. 즉, 오리게네스가 여기서 예수의 십자가 죽음을 동시에 자신을 아버지께 드리는 영원한 영적/천상적 제사로 상상하고 있다고 추론하는 것이다.[24] 예를 들어 그는 강론 1에서 예수가 하

Leviticus 1-16, FC 83 (Washington, DC: Catholic University of America Press, 1990), p. 34에서 약간 수정했다(강조 추가).

24 예를 들어, P. J. Gorday, "Becoming Truly Human: Origen's Theology of the Cross," in *The Cross in Christian Tradition from Paul to Bonaventure*, ed. E. A. Dreyer (New York: Paulist Press, 2000), pp. 93-125, 특히 pp. 103-104, 110-111. 참조. Crouzel, *Origen*, p. 197. 오리게네스가 예수가 두 번의 제사를 드렸다고 생각했다고 히에로니무스(Jerome)가 말한 것을 두고, 크루젤은 히에로니무스가 오리게네스를 오해한 것이라고 주장한다. 하지만 내가 보기에는 크루젤이 혼란에 빠진 것 같다. 크루젤은 '제사'라는 언어가 '죽음/살인'과 동의어라고 가정하는 것 같다. 따라서 크루젤은 오리게네스가 보기에 이 제사가 지상과 하늘의 차원을 모두 가지고 있음에도 예수는 십자가에서 죽으실 때 하나의 제사를 드린 것이라고 결론지었다. 히에로니무스가 오리게네스를 어떻게 이해했든, 이 강론에서 오리게네스는 예수가 인류를 마귀로부터 해방하는 지상 제사와 하나님을 기쁘시게 하고 인류를 정화하는 하늘 제사라는 두 가지 다른 제사를 드렸다고 진정으로 주장하는 것으로 보인다(뒤의 내용을 보라). 예수의 제사 사역에 대한 이러한 개념은 도살 행위 자체보다 제사 요소를 받는 이의 임재 안으로 옮기는 것에 더 중점을 두는 제사 모델을 기반으로 하는 것으로 보인다(앞의 각주 1을 다시 보라).

늘에서 피를 바친 일을 설명할 때, 지상에서 "인류를 위해 자신의 피라는 육체적 물질을 부어 주셨지만, 만약 하늘에서 제사장으로 사역하는 사람들이 있다면, 그곳에서 자기 몸의 생명력을 일종의 영적 제물로 드렸다"고 기록한다.[25] 예수가 영적 제물을 드렸다는 생각은, 십자가에서 지상적 차원과 영적/천상적 차원을 모두 가진 하나의 제사를 드렸음을 암시할 수 있다.

오리게네스의 하늘과 땅 사이의 이원론은 그러한 해석을 뒷받침하는 것처럼 보일 수 있다. 실제로 그는 강론 1 후반부에서 예수의 육신이 이 땅에서 그의 신적 본성을 숨기고 있다고 말한다. 그러나 이제 예수는 하늘로 돌아가셨고, "그곳에서 그의 불같은 본성이 다시 분명하게 드러난다."[26] 그렇다면 아마도 오리게네스는 예수가 하늘로 돌아가실 때 육신을 버리고 성육신하신 말씀으로서 영원히 가지고 계셨던 순수하게 영적인 불같은 본성을 다시 취하신 것으로 생각했을 것이다. 이것이 사실이라면, 오리게네스는 예수의 죽음이 지닌 영적·천상적 의미를 설명하기 위한 일종의 은유로서 제사의 범주를 십자가의 역사적·지상적 사건에 적용한 것으로 볼 수 있다.

그러나 이 강론을 더 폭넓게 살펴보면 다른 결론에 도달하게 된다. 오리게네스가 승천하신 예수의 부활한 몸의 정확한 본질을 어떻게 생각했든,[27] 이 강론에서 그는 예수의 부활은, 주님의 불같은 본성이 이제 하늘에서 다시 분명하게 나타나듯이 부활한 몸도 계속해서 인간의 살과 피로 구성되어 있음을 뜻한다고 강조한다. 예수의 부활한 몸은 변화되고 정화된 몸이지만, 오리게네스가 볼 때 그렇다고 해서 그 몸이 인간의 몸이 아닌 것이 아니다.

---

25 *Hom. Lev.* 1.3.29-33; Barkley, *Origen: Homilies*, p. 34.
26 *Hom. Lev.* 1.4.49-53; Barkley, *Origen: Homilies*, p. 36.
27 몸의 부활에 대한 오리게네스의 개념을 다룬 상세하고 체계적인 논의는, M. J. Edwards, *Origen against Plato*, Ashgate Studies in Philosophy & Theology in Late Antiquity (Aldershot: Ashgate, 2002), pp. 107-114를 보라.

또한 오리게네스는 예수가 제사를 드리는 두 제단 사이에는 시간적·공간적 구별이 있다고 분명하게 말한다.

시간적으로는 부활로 인해 그 제단들이 분리된다. 첫 번째 제사는 예수의 부활 전에 드려지고 두 번째 제사는 부활 후에 드려진다. 공간적으로는 두 다른 장소에서 이루어진다. 첫 번째 제사는 예루살렘 외곽, 즉 십자가에서 일어났다. 두 번째는 이제 하늘에 계신 하나님의 임재 가운데 있는 제단에서 영원히 일어난다. 하늘의 제단에서 예수는 하나님의 임재 안에 계심으로써 계속해서 하나님 앞에 제물로 임재하신다. 즉, 부활하신 인성의 제물을 지속적으로 아버지께 드리는 것이다. 다시 말해, 오리게네스는 예수가 이 두 제단에서 제사를 드린 시간과 장소를 십자가라는 단일 사건의 다른 측면으로 여겼으리라는 기대와 달리, 둘을 혼동하거나 축소하지 않는다. 오히려 그는 이 두 제단을 시간적·공간적 순서대로 배열한다. 먼저 지상의 십자가가 있고, 부활 후 예수가 영광스러운 인간이 되어 아버지께로 돌아가 제사를 드리는 하늘의 제단이 있다.

이 요점은 강론 3에서 분명하게 볼 수 있다. 여기서 오리게네스는 예수가 지상에 계실 때 신성의 비밀을 숨기고 있던 부활 이전의 육체에 대해 다시 한번 말한다. 그럼에도 오리게네스는 예수가 자신의 육체를 "거룩한 제단[*sanctificandam...altaribus*]에 제물로 바쳐지게 하고, 신성한 불꽃으로 밝혀지게 하고, **자신과 함께 하늘에서 간직되게 하셨다**"고 주장한다.[28] 여기서 그는 예수가 하늘에서 자신의 육체의 물질을 계속 가지고 있다고 분명히 단언한다. 그런데 예수의 육체의 물질이 여러 거룩한 '제단들'(*altaribus*가 복수형임을 주목하라)에서 제물로 드려졌다고 말한 것은 무슨 의미인가?

---

28   *Hom. Lev.* 3.5.15-19; Barkley, *Origen: Homilies*, p. 62(강조 추가).

이 생각에 대한 설명은 앞에서 언급한 오리게네스의 확신, 즉 예수가 하늘로 돌아갈 때 부활한 인간의 육체를 가져가셨다는 확신에서 찾을 수 있다. 강론 7에서 그는 십자가를 하나의 제단, 즉 예수가 지상에서 자신의 육체를 바친 제단(레위기 강론 7.1.110-121)이라고 밝히고 이어서 다른 제단, 즉 하늘에 있는 제단에서 예수가 계속 제사의 사역을 하고 있다고 말함으로써 (레위기 강론 7.2.37-57; 참조. 7.2.14-16) 이 점을 재확인한다. 오리게네스는 히브리서 7:25과 9:24을 암시하는 언어로, 예수가 "지금 우리를 위해 중보하며 하나님 앞에 서 계신다. 그는 우리를 위해 하나님께 화목 제물을 드리고자 제단 앞에 서 계신다"라고 주장한다.[29] 예수의 현재적이고 지속적인 중보 사역은 **지금** 진행되고 있으며, 이 사역은 속죄/화목의 사역이다.[30]

오리게네스는 강론 9에서 이 마지막 개념을 더 자세히 설명하는데, 여기서 그는 예수가 현재 하나님께 드리는 제사는 다름 아닌 부활한 몸, 즉 예수가 승천하실 때 가져가셨던 바로 그 몸이라고 주장한다. 오리게네스는 레위기 16장에서 묘사하는 속죄일에 대제사장이 행한 활동을 생각하면서, 지상의 대제사장이 매년 지성소에 들어가기 전에 성별된 세마포 옷을 입어야 했다는 사실을 깊이 성찰한다. 그는 그 옷이 동물 가죽이 아닌 세마포로 만들어졌다는 점에 주목하며, 세마포는 가죽과 달리 땅에서 자라는 아

29　Barkley, *Origen: Homilies*, p. 134. 루피누스는 마지막 절을 다음과 같이 번역했다. "*adsistit altari, ut repropitiationem pro nobis offerat Deo*"(*Hom. Lev.* 7.2.38-39). *repropitiationem*은 ἱλασ- 어근의 단어, 아마도 ἱλασμός를 가리키는 것으로 추정된다(참조. *Hom. Lev.* 9.5.103에 인용된 요일 2:2).

30　오리게네스가 하늘 제단에 서 계신 예수를 묘사한 것은 그가 히브리서를 암시한다는 점을 고려할 때 흥미로운 지점이다. 히브리서는 레위 대제사장들의 선 자세와 대조적으로, 예수가 현재 하나님 우편에 앉아 계신다고 분명히 말한다(특히 히 8:1; 10:12을 보라). 예수의 대제사장 사역에 대한 오리게네스의 개념은 히브리서의 영향을 받았을 뿐 아니라, 하늘에 서 계신 부활 승천하신 그리스도를 묘사하는 레위기와 히브리서 외의 신약 본문의 증거로 보완된 것 같다(예를 들어, 계 5:6-7; 참조. 1:12-18; 행 7:55-56).

마로 만들어지기 때문에 이 세부 사항이 중요하다고 지적한다. 오리게네스는 레위기 16장에 나오는 지상 대제사장의 모델에 따라 예수도 하늘로 올라가 하늘 지성소에 들어가기 전에 성별된 '세마포' 옷을 입어야 했다고 결론짓는데, 이 거룩한 옷은 부활한 지상의 몸이다. 오리게네스는 말한다. "참 대제사장이신 그리스도가 지상의 몸의 본성을 취하실 때 입으시는 것은 '거룩한 세마포 옷'이다. 몸은 '땅이며 땅으로 들어갈 것'이라고 말씀하셨기 때문이다. 그러므로 나의 주님과 구세주께서는 '**땅으로 들어간 것**'을 부활시키고자, 그것을 땅에서 들어 올려 하늘로 가져가시기 위해 지상의 몸을 취하신 것이다."[31]

그러므로 오리게네스에게 하나님의 아들이 인간이 되신 본질적 이유 중 하나는 지상의 인간의 몸을 죽음에서 일으키고 그 몸과 함께 다시 하늘로 올라간다는 것이다. 또한 오리게네스는 적어도 부분적으로는 레위기 16:4에 근거하여 예수의 부활이 하늘 제단에서 대제사장 직무를 수행하기 위한 필수 전제 조건이었다고 추론한 것으로 보인다. 따라서 지상의 대제사장이 지상의 지성소(sancta sanctorum)에 들어가기 전에 먼저 거룩한 세마포 옷을 입어야 했던 것처럼 예수도 참된 대제사장으로 섬기고 하늘의 지성소에 들어가기 전에 먼저 거룩한 인간의 육체(세마포처럼 땅의 것에서 나온 육체)를 입어야 했다. 여기서 오리게네스는 승천이 성육신의 중심 목적 중 하나였음을 암시한다. 오리게네스는 예수의 '거룩한 세마포 옷'을 부활한 인간의 몸이라고 분명히 밝힌다. 그렇다면 예수는 왜 부활한 육체를 하늘로 가져가야 했는가?

오리게네스의 대답은 앞에서 언급한 히폴리투스의 표현(예수가 자신의 인성을 하늘로 가져가 아버지께 **속죄** 제물로 바쳤다)과 일치하지만, 그 이상의 의

---

[31] *Hom. Lev.* 9,2,26-32; Barkley, *Origen: Homilies*, pp. 178-179(강조 추가).

미를 담고 있다. 오리게네스는 속죄일의 속죄 염소 의식을 수행하는 사람 즉 "미리 정한 사람"(레 16:21)과, 피를 하나님의 임재로 가져가기 위해 염소를 다루는 대제사장에 대해 설명하면서 이렇게 말한다.

> 나의 주님이시자 구세주께서는 사람들 가운데 사람으로 태어나야 했을 뿐 아니라 지옥으로 내려가셔야 했는데, "미리 정한 사람"으로서 그가 지옥이라는 "광야로 들어가는 속죄 염소의 운명"을 이끌어야 했기 때문이다. 그리고 그곳에서 돌아와 그분의 일은 완료되었고, 아버지께 올라갈 수 있었다. 그리고 하늘 제단에서 더 완전히 정화되어, **그와 함께 가져간 우리 육체의 지속적 정결을 서약할 수 있었다.** 그러므로 이날이 바로 하나님이 인간과 화목하게 된 진정한 속죄일이다. 다음과 같은 사도의 말처럼 말이다. "하나님이 그리스도 안에 계시사 세상을 자기와 화목하게 하시며."[32]

이 구절은 오리게네스가 이 강론에서 지상의 십자가 제단과 하늘의 제단을 혼합하지 않았으며, 예수의 지상 제물을 하늘의 제물과 동일시하지 않았다는 강력한 증거를 제공한다. 오히려 예수의 죽음은 지옥으로 내려가셨다가 다시 돌아오심으로써 권세자들을 물리치는 특별한 구원적 역할("속죄 염소의 운명"을 이끄는 역할. 레위기 강론 9.2.20-33을 보라)을 한다. 그 후의 부활과 승천은 하늘 제단의 대제사장으로서 속죄 사역을 수행할 수 있는 전제조건이다. 그곳에서 그분은 이제 그의 정결한 인간 육체를 하나님께 제물로 바친다.

오리게네스는 진정한 속죄일에 하늘 제단에서 지속적으로 섬기는 참된 대제사장이신 승천하신 예수를 계속 묵상하면서, 어떻게 예수가 레위기에

---

32 *Hom. Lev.* 9.5.47-57; Barkley, *Origen: Homilies*, p. 185(강조 추가).

묘사된 대제사장의 연례 행위처럼 백성들을 뒤로하고 홀로 지성소에 들어가 속죄를 이루셨는지도 숙고한다. 오리게네스는 예수의 지상 사역 기간을 예수가 백성들 사이에서 섬기신 '해'에 비유한다. 그 '해'가 끝날 무렵 예수가 하늘 지성소에 **한 번** 입성하신 것은 "진정한 속죄일"의 시작을 의미한다. 그러나 오리게네스는 이 단 한 번의 입성을 예수의 십자가 처형이 아니라 부활 후 승천과 동일시한다. 오리게네스는 예수가 하늘 지성소에 영단번에 들어가신 것으로 이해하며, 여기서 다시 히브리서를 인용하여 "그의 경륜[백성 가운데 계셨던 해]이 성취된 때에 '하늘을 뚫고'[참조. 히 4:14] 아버지께 나아가 인류를 위해 속죄하고 그를 믿는 모든 사람을 위해 기도하신다[참조. 7:25]"고 설명한다.[33]

흥미롭게도 오리게네스는 예수가 부활과 승천 후 하늘에 계신 아버지께 속죄 제사를 지속적으로 드린다는 생각을 확증하는 증거를 다른 신약 본문에서도 발견한다. 따라서 그는 자신의 히브리서 해석에 다음과 같이 덧붙인다. "[예수가] 아버지와 인간을 화목하게 하는 이 속죄를 알기에 사도 요한은 이렇게 말한다. '나의 자녀들아, 내가 이것을 너희에게 씀은 너희로 죄를 범하지 않게 하려 함이라. 만일 누가 죄를 범하여도 아버지 앞에서 우리에게 대언자가 있으니 곧 의로우신 예수 그리스도시라. 그는 우리 죄를 위한 화목 제물이니 우리만 위할 뿐 아니요 온 세상의 죄를 위하심이라'[요일 2:1-2]."[34] 같은 맥락에서 오리게네스는 로마서 3:25에서 하나님이 예수를 "그의 피로써 믿음으로 말미암는 화목 제물"로 세우셨다는 바울의 언급을 하늘에서 계속되는 예수의 속죄적 제사 사역과 연결하기도 한다.[35]

예수의 하늘 제사가 진정한 속죄일의 대제사장 사역을 구성한다는 개

---

33 *Hom. Lev.* 9.5.96-98; Barkley, *Origen: Homilies*, p. 187.
34 *Hom. Lev.* 9.5.99-103; Barkley, *Origen: Homilies*, p. 187.
35 *Hom. Lev.* 9.5.103-106; Barkley, *Origen: Homilies*, p. 187.

념을 따라서, 오리게네스는 히브리서를 암시하는 언어를 가지고 현시대를 그리스도가 하늘에서 행하시는 지속적 중보의 속죄 사역의 시대로 표현한다.[36] 여기서 현시대란 예수의 승천과 재림 사이의 시간을 말한다. "그러므로 속죄일은 해가 질 때까지, 즉 세상이 끝날 때까지 우리에게 남아 있다. '지성소' 안에, 즉 '아버지 앞에' 남아 계시며 모든 사람의 죄가 아니라 '자기를 기다리는 자의 죄를 위하여' 중보하시는 우리의 대제사장을 기다리며 '성문 앞에' 서 있도록 하자[참조. 히 7:25; 9:24, 26, 28]."[37]

앞서 언급했듯, 여기서 제사와 속죄에 대한 오리게네스의 모든 생각을 『레위기 강론』의 이 구절들로 축소하려는 게 아니다. 그럼에도 놀라운 것은, 오리게네스가 히브리서 일부를 읽으며 그것을 예수가 십자가에 못 박히고 부활하신 후 승천하실 때 자신을 속죄 제물로 아버지께 드렸다는 가르침으로 해석한다는 점이다. 또한 레위 대제사장이 속죄일에 지성소에 들어가 제사를 드리고 중보하는 것에 근거하여, 백성을 위한 예수의 지속적 중보에는 부활한 자신/몸을 하나님께 속죄 제물로 드리는 것이 부분적으로 포함된다.

오리게네스는 적어도 부분적으로는 히브리서와 함께 레위기를 읽음으로써 예수가 부활하여 육체적으로 하늘로 승천하셨다는 확신 아래 이러한 해석을 도출했다. 따라서 레위기 16장의 속죄일 지침은 예수 승천의 의미를 이해하고 예수가 현재 하늘 영역에서 무엇을 하고 계시는지 상상할 수 있는 모형이나 유비를 제공한다. 강론 1에서 예수가 하늘에서 "몸의 생명력"을 바친다는 그의 언급은, 예수의 부활한 몸과 피가 하늘에 계신 아버지

---

36 여기서 '지속적인'(perpetual)을 '영원한'(eternal)과 혼동해서는 안 된다. 오리게네스는 하늘에서 예수의 속죄 사역이 승천과 함께 시작되었으며, 예수가 다시 오실 때까지 계속해서 진행되는 필수 사역이라고 말하는 것 같다.

37 *Hom. Lev.* 9.5.107-112; Barkley, *Origen: Homilies*, p. 187.

께 드리는 속죄 제물로서의 부활한 **생명**을 구성한다는 사실을 말하는 방식일 수도 있다.[38]

오리게네스는 또한 명백하게 예수의 부활을 하늘의 대제사장적 섬김을 준비시키는 순간으로 본다. 오리게네스의 생각에 예수의 부활은, 레위기 16장의 대제사장과의 유비에 따라 예수가 이제 정결해진 지상의 인간 몸의 성별된 옷, 지성소에 계시는 하나님의 임재에 들어가 대제사장으로 섬기기 전에 입어야 할 바로 그 '세마포' 옷을 입는 순간이다.

따라서 이 증거는 오리게네스가 적어도 『레위기 강론』에서만큼은 예수의 속죄 사역을 성육신의 순서와 연관 지어 생각했음을 나타낸다. 이 순서에 의하면 부활 후 승천하신 예수는 형제자매들을 위해 중보하며 자신을 아버지께 속죄 제물로 지속적으로 바치신다. 오리게네스에게 예수의 속죄 사역에 대한 이 내러티브 혹은 순서는 다음과 같은 요소로 구성된다. 영원한 하나님의 말씀이 육신이 되어 백성 가운데 거하시고, 죽으시고, 지옥에 내려가셨다가 다시 육신으로 부활하시고, 변화된 인성을 가지고 하늘로 승천하셨다는 것이다. 부활 후 승천하신 예수는 하늘 지성소에 들어가 이제 백성을 대신해 대제사장으로 사역하고 계신다. 따라서, 예수의 승천은 "진정한 속죄일"의 시작을 구성한다. 하늘 제단에서 예수는 지금/지속적으로 자신의 정결한 인성을 아버지께 바치신다. 나아가 오리게네스는 하늘에서 예수의 인성을 드리는 것(예수가 아버지의 임재 안에 머무시는 한 계속 일어나는 일)은 지속적 중보와 함께 화목과 속죄가 이루어지는 수단이 된다고 말한다. 그가 히브리서를 암시하고 인용하는 빈도를 보면, 이 서신이 이러한 문제들에 대한 그의 생각에 얼마나 중요한 영향을 미쳤는지를 알 수 있다.

---

38 이 말은 레위기에서 제사적 속죄를 이루는 매개체로서 핏속에 있는 생명의 힘을 강조하는 것과 매우 잘 어울린다(17:11을 보라).

그러나 더 큰 전통 안에서 볼 때, 오리게네스가 이 점에서 유일하게 목소리를 낸 사람은 아니다. 몹수에스티아의 테오도로(Theodore of Mopsuestia)도 예수가 자신을 아버지께 바치는 것을 부활 후 하늘 제단에서 하늘 제사를 드리는 것과 연관시켜 생각했다. 이 시점에 이르러서는, 그 또한 이 요점을 설명하기 위해 히브리서에 크게 의존했다는 사실이 그리 놀랍지 않을 것이다.

몹수에스티아의 테오도로의 『성찬과 예전에 관한 강론』

몹수에스티아의 테오도로는 『성찬과 예전에 관한 강론』(Homily on Eucharist and Liturgy)에서 성찬을 정식으로 임명된 새 언약의 제사장이 드리는 제사라는 관점에서 논한다. 그는 지상의 새 언약 제사장의 성례 행위와, 이 제사장과 그 행위가 나타내는 천상적 섬김의 실재를 직접 연결한다. 그는 성찬이 예수가 드리는 진정한 제사를 상징한다고 말한다. 성찬을 통해 "새 언약이 유지되는(qwym') 것으로 드러난다."[39]

히브리서 8:4에 근거하여, 테오도로는 "지금"(hš', '현재') 그리스도는 "우리 모두를 일으켜서 하늘로 올라가게 하기 위해 죽으시고 부활하시고 승천하셨기 때문에, 땅이 아닌 하늘에서 제사장 직무를 수행하신다"고 주장한다.[40] 그는 예수가 "모든 사람을 위해 자신을 죽음에 내어 주셨기 때문에 진정한 대제사장직을 수행하시고, 그가 하나님께 드리는 제물은 다른 무엇

---

[39] A. Mingana, ed., *Commentary of Theodore of Mopsuestia on the Lord's Prayer and on the Sacraments of Baptism and Eucharist*, WS 6 (Cambridge: Heffer & Sons, 1933), p. 79. 시리아어 본문은 p. 214를 보라. 새 언약이 제사의 유지를 요구한다는 생각은 놀랍다. 여기서 테오도로는 성찬이 아버지께 영원히 드려지는 예수의 지속적인 천상적 제사에 참여하는 것이며, 이 제사가 새 언약 관계를 온전하게 유지하는 수단이라고 생각하는 것 같다.

[40] Mingana, *Commentary of Theodore*, p. 80. 시리아어 본문은 pp. 215-216를 보라.

도 아닌 자기 자신이다"라고 덧붙인다. "그는 죽은 자 가운데서 가장 먼저 부활하셨고, 우리의 대적들을 멸하기 위해 하늘로 올라가 하나님 우편에 앉으셨다."[41] 테오도로는 히브리서 10:12을 인용하여 이렇게 주장한다. "[예수는] 우리의 죄를 위하여 하나의 영원한 제사를 드리고 하나님 우편에 앉으사 그 이후로 원수들이 그의 발아래 굴복할 때를 기다리신다."[42] 그는 계속해서 이렇게 말한다. "대제사장의 일은 먼저 하나님께 가까이 나아가고, 그다음에는 자신을 통해 다른 사람들도 하나님께로 이끄는 것이다." 그러고 나서 테오도로는 히브리서 8:1-5을 다시 길게 설명한다. "사도[테오도로가 히브리서의 저자로 추정하는 바울]는 그리스도가, 하늘로 올라간 후 우리 모두를 반드시 그분께로 이끌기 위해서 그곳에서 섬기고 있는 사역자라고 말한다."[43]

첫 논의로 돌아와 성찬을 거행하는 실제 과정을 설명하면서, 테오도로는 제사장이 지상에서 의식을 수행할 때 우리가 무엇을 해야 하는지 설명한다. "우리는 흐릿하게나마 우리가 하늘에 있는 모습을 머릿속에 그려야 하며, 믿음으로 하늘에 있는 것들의 이미지를 그려야 한다. 그러면서 하늘에 계시며 우리를 위해 죽고 부활하고 승천하신 그리스도가 지금[*bš'*] 제물로 드려지고[*mtnks*] 있다고 생각해야 한다. 지금 재현되고 있는 일들, 즉 그분이 다시 죽고 부활하고 승천하고 계시는 모습을 믿음의 눈으로 바라볼 때, 우리는 우리를 대신하여 이전에 일어났던 일들의 비전으로 인도될 것이다."[44] 그러므로 제단에 가까이 다가가는 제사장은 하늘에서 지속적으로 섬기는 그리스도를 시각적으로 묘사하는데, 그 섬김은 아들의 성육신의 전

---

41 Mingana, *Commentary of Theodore*, p. 80.
42 Mingana, *Commentary of Theodore*, p. 80.
43 Mingana, *Commentary of Theodore*, p. 81.
44 Mingana, *Commentary of Theodore*, p. 83. 시리아어 본문은 p. 219를 보라.

범위, 특히 죽음, 부활, 승천이라는 과거 사건에서 비롯되고 그에 직접 의존한다. 제사장이 지상의 제단에 다가가는 것은 "하늘에 있는 말로 표현할 수 없는 것들과 초자연적이고 무형적인 무리들의 이미지를 희미하게 나타내는 모형"이다.[45] 이것은 테오도로가 예수가 어떻게 성찬 안에서 '지금' 제물로 드려지고 있다고 말할 수 있는지를 설명하는 방식인 것 같다. 즉, 성찬은 예수의 천상적 제사라는 지속적 실재에 참여하는 것이며, 이 제사는 예수가 하늘에서 아버지 우편에 '지금' 계신 덕분에 항상 '지금' 드려지는 제사다.

분명 테오도로는 예수의 제사에서 예수의 죽음을 제거하지 않는다. 예수의 죽음은 제사적이며 성찬은 그 제사적 죽음을 기념하는 일이다.[46] 그러나 마찬가지로 그는 예수의 대제사장적 섬김과 속죄 제사를 십자가의 죽음으로 환원하지 않는다. 부활과 승천 또한 예수의 제사를 구성하는 요소다. 따라서 테오도로는 예수의 제사가 절차로 이루어져 있다는 개념을 진지하게 받아들이는 것처럼 보인다. 이 절차에서 절정의 순간은 예수의 죽음으로 환원될 수 없으며 그분이 '지금'(hš) 대제사장으로 사역하고 계시는 하늘로의 승천을 포함한다. 이 사역에는 예수가 자신을 궁극적이고 충분한 속죄 제물로 아버지께 드리는 것이 포함된다. 그렇다면 테오도로에게 성찬의 부분적 기능은, 하늘에서 속죄 제물을 바치는 데서 절정에 달하는 전체 절차를 시각화하는 것이다. 따라서 이 의식은 예수의 죽음뿐만 아니라 부활, 승천, 하늘 제단으로 나아가는 과정을 기억하고 시각화할 수 있도록 도와주며, 테오도로는 이 제단에서 예수가 지금도 계속해서 아버지께 자신을 제물로 바친다고 주장하는 것 같다.

---

45   Mingana, *Commentary of Theodore*, p. 83.
46   Mingana, *Commentary of Theodore*, 특히 pp. 74, 78, 79.

그렇다면 테오도로는 예수의 죽음, 부활, 승천, 하나님 우편에 좌정함 전체가 예수의 제사를 구성한다고 생각하는 셈이다. 따라서 그는 성찬 제사의 '지금'에 대해 말하면서 지상의 제사장이 수행하는 행동이 과거의 독특한 사건들을 시간 속에서 나타내고 또한 그에 참여하는 것으로 이해한다. 이 사건들은 현재 계속해서 영원한 대제사장으로 자신을 하늘에 계신 아버지께 드리는 예수의 행위에서 절정에 달한다. 이 제사(예수의 실제적이고 일차적인 제사와, 그 하나의 진정한 제사를 나타내고 그에 참여하는 성찬 제사)는 새 언약 관계가 유지되는 수단이다.

레위기를 강해한 오리게네스와 비슷한 방식으로, 테오도로도 예수가 하늘에 입성하신 것을 아버지께 영단번에/지속적으로 제물을 바친 사건으로 생각한 것 같다. 예수가 하늘의 아버지 우편에 계속 임재하시기 때문에, 성찬은 새 언약의 중보자이신 예수로 인해 하나님과 백성 사이에 회복된 관계를 유지하도록 돕는다.[47] 다시 말해, 예수가 하늘에서 수행하시는 대제사장 사역은 하나님과 새 언약 백성의 관계를 보장하며 언약을 지속적으로 유지한다. 또한 히브리서는 그가 이러한 문제를 이해하는 데 필수적으로 기여한 책이다.

키루스의 테오도레토스의 『레위기에 관한 질문』

오리게네스나 테오도로보다는 덜 발전되었지만, 키루스의 테오도레토스(Theodoret of Cyrus) 역시 몇몇 지점에서 예수의 제사에 대한 비슷한 개념을 가졌음을 보여 준다. 테오도레토스는 『레위기에 관한 질문』(Questions on Leviticus) 22문에서 레위기 16장을 다루며, 속죄일 의식 전체가 "우리

---

[47] 그리스도가 지금 하늘 제단에서 아버지께 성찬 제물을 바치는 제사장적 중보자라는 유사한 생각에 대해서는 Apos. Con. 8.13.7-10를 참조하라.

구주의 성육신을 예표하며, 대제사장이 일 년에 한 번 지성소에 들어가 이 의식을 행한 것처럼 주 그리스도는 구원의 수난을 견디시고 하늘로 한 번 올라가셔서 거룩한 사도가 말하듯이 '이로써 영원한 구속을 이루셨다'[히 9:12]"[48]고 주장한다.

히브리서 8:1-3을 주해하면서 그는 오리게네스와 마찬가지로 그리스도가 인성을 취하신 것은 성막(즉, 하늘)으로 올라가실 때 인류를 대신하여 그 본성을 하나님께 드리기 위해서였다고 제안한다. 그곳에서, 하늘을 창조하신 바로 그분이 이제 인간으로서 사역하신다.[49] 그는 또한 지상의 대제사장이 매년 지성소에 들어가는 것은 "하늘에 가장 먼저 올라가서 우리도 다 가갈 수 있는 방법을 보여 주신 그리스도의 전형"이라고 설명한다.[50]

히브리서 9:24-26을 묵상하면서 테오도레토스는 예수가 대제사장으로서 하나님 앞에 나타나기 위해 하늘에 들어가셨다고 단언한다. 히브리서 9:24의 '나타나다'라는 동사는 예수가 육체를 가진 인간으로서 아버지 앞에 나타나 "이제 처음으로 인간의 본성이 하늘로 올라갔다"는 것을 의미한다고 테오도레토스는 설명한다.[51] 또한 그는 지상의 대제사장들이 매년 한 번씩 동물의 피를 가지고 지성소에 들어가는 것처럼 그리스도도 자신을 단번에 바치기 위해 자신의 피를 가지고 하늘에 들어가 죄를 결정적으로 처리하고 추종자들에게 불멸을 약속하셨다고 언급하면서, 예수의 영단번의

---

[48] R. C. Hill, trans., *Theodoret of Cyrus: The Questions on the Octateuch*, Library of Early Christianity (Washington, DC: Catholic University of America Press, 2007), 2: p. 57.

[49] R. C. Hill, trans., *Theodoret of Cyrus: Commentary on the Letters of St. Paul* (Brookline, MA: Holy Cross Orthodox Press, 2001), 2: p. 169.

[50] Hill, *Theodoret of Cyrus: Commentary*, 2: pp. 172-173.

[51] Hill, *Theodoret of Cyrus: Commentary*, 2: p. 175.

제사를 승천과 연결한다.⁵²

나르사이와 세루그야의 야쿠브가 예수의 승천에 관해 행한 강론

히브리서와 예수가 하늘에서 드린 제사에 대한 이런 종류의 해석에 대한 더 많은 증거를 시리아의 신학자 나르사이(Narsai)와 세루그야의 야쿠브(Jacob of Sarug)의 저서에서 찾을 수 있다. 나르사이는 『승천 대축일 강론』(Homily on the Feast Day of the Ascension)에서 예수 승천의 의미를 묵상한다. 나르사이는 예수의 승천을, 굳어지고 부패한 "우리 육체 조직의 진흙"과 "아담의 보잘것없는 먼지"가 영광을 입고 하늘로 승천한 순간이라고 반복해서 말한다.⁵³ 또한 히브리서에서 발견되는 주제와 언어에 대한 많은 암시를 통해, 그는 인간의 몸을 입고 우리의 먼지를 하늘로 가져가 "높은 왕국으로 가는 길을 열고 대제사장으로서 지성소에서 섬기기 위해 들어가신" "스스로 존재하시는 분"과 "감추어지신 분"에 관해 이야기한다. "그는 지상에 있는 것들로 더럽혀지지 않은 (그) 찬란한 곳에서 영적으로 섬기기 위해 높은 성소에 도착하셨다."⁵⁴ 그의 "보이는 몸은 바람을 타고 높은 곳에 도착했다."⁵⁵

나르사이는 예수가 승천하실 때 살과 뼈로 이루어진 인간의 몸을 잃지 않으셨다는 점을 강조하려 한다. 그는 심지어 사도행전 1:11에 나오는 제자들에 대한 천사의 훈계를 해석하며, 그것이 예수가 승천하실 때 몸을 두고 가셨을지도 모른다는 의구심을 달래기 위한 의도라고 설명한다. 천사가 예

---

52 Hill, *Theodoret of Cyrus: Commentary*, 2: p. 175.
53 F. G. McLeod, trans., *Narsai's Metrical Homilies on the Nativity, Epiphany, Passion, Resurrection and Ascension: Critical Edition of Syriac Text*, PO 40 (Turnhout: Brepols, 1979), 예를 들어 pp. 163, 167, 179.
54 McLeod, *Narsai's Metrical Homilies*, p. 167. 참조. 히 8:1-2; 9:24; 10:19-21.
55 McLeod, *Narsai's Metrical Homilies*, p. 169.

수는 승천하실 때와 같은 모습으로 다시 오시리라고 말한 것에 대해 나르사이는 이렇게 추론한다. 예수는 "몸과 영혼이 변하지 않은 채로 계셔야 한다. 그는 재림하실 때까지 (바로) 그 모습으로 형언할 수 없는 영광을 누리실 것이다."[56] 사실상 이런 방식으로 예수는 승천하실 때처럼 피와 살을 가진 인간으로 재림하실 수 있을 것이다. 즉, 예수 안에서 "우리 종족의 일원이 [우리의] 생명을 대신해 지성소에서 섬기기 위해 들어간"[57] 것이다.

오리게네스나 테오도레토스와 마찬가지로, 나르사이도 히브리서의 '영단번'이라는 표현을 예수의 승천이 지닌 독특성으로 해석하는 것처럼 보인다. 그는 예수가 "자신을 제물로 드려(bdbḥʾ dwpšb) 모든 사람을 위해 속죄(dwḥsʾ)하고자 하늘에 들어가셨다. 그는 **한 번 들어갔고** 위의 성소에서 영접을 받았다.···그는 들어가서, 모든 것을 보고 모든 것이 그 앞에 드러나는 분 앞에 나타나셨다"[58]고 말한다. 나르사이는 다시 히브리서를 연상시키는 언어로 그리스도가 하늘 지성소에 들어가실 때 하나님이 "그를 환영하시고 신성한 본질의 이름에 속한 면류관을 수여하셨다"고 덧붙인다.[59] 그리고 예수가 "승천을 통해 우주의 평화와 갱신을 보장하셨다"고 진술한다.[60] 승천의 승리를 통해 예수는 "죄책의 속박에서 벗어날 수 있는 값을 치르셨다."[61] 이 제사를 통해 "높이와 깊이"가 하나님과 "화해를 이루었다."[62]

비슷한 맥락에서, 그리고 마찬가지로 히브리서(특히 인성을 가진 아들이 천사들보다 높임을 받았다는 히브리서 1-2장의 주장)를 연상시키는 언어

---

56 McLeod, *Narsai's Metrical Homilies*, p. 171.
57 McLeod, *Narsai's Metrical Homilies*, p. 175.
58 McLeod, *Narsai's Metrical Homilies*, p. 175. 참조. 히 9:24-26.
59 McLeod, *Narsai's Metrical Homilies*, p. 175. 참조. 히 1:3-4; 2:9.
60 McLeod, *Narsai's Metrical Homilies*, p. 181.
61 McLeod, *Narsai's Metrical Homilies*, p. 185.
62 McLeod, *Narsai's Metrical Homilies*, p. 187.

로, 세루그야의 야쿠브는 『우리 주님의 승천에 대한 강론』(*Homily on the Ascension of Our Lord*)에서 예수가 죽음에서 부활하시고 제자들과 40일을 보낸 후 천사들의 모든 지위보다 높은 곳으로 올라가셨다고 말한다. 실제로 예수는 하늘 지성소에 들어가실 때 천사들을 아래에 남겨 두셨다. 야쿠브는 "대제사장은 지성소로 장엄하게 몸소 나아가셨다. 오직 아들만이 아버지가 계신 곳으로 들어갈 수 있기에 그 멋진 내부 성막을 향한 것이다. 문밖에는 레위인처럼 천사가 머물렀고 대제사장 그리스도만이 홀로 들어가셨다"라고 주장한다.[63] 그리고 이렇게 덧붙인다. "거룩한 그룹이나 스랍도 아들이 아버지와 함께 높임을 받으신 곳으로는 들어올려지지 않았다. [많은] 제사장이 있지만 대제사장은 오직 하나뿐이다. 그리고 지성소에는 많은 사람이 아닌 오직 한 사람만 들어갈 수 있다."[64]

또한 히브리서 8:1-2을 끌어와 야쿠브는 이렇게 덧붙인다. 아들이 천사들을 넘어 "창조의 일부가 아닌 숨겨진 곳…만들어지지 않았고 피조물 가운데서는 찾아볼 수 없는 성막"으로 나아갔다. "그분만이 내부의 지성소에 들어가셨다."[65] 야쿠브는 계속해서 이렇게 말한다. "대제사장은 지성소에 들어갔고, 자신의 피(*bdmʾ*)로 아버지와 인류를 화해시킬 것이다. 그는 제물(*dbḥʾ*)이고 대제사장이며, 또 해방(*wwqyʾ*)이기도 하며, 온 피조물이 그를 통해 용서받을 수 있도록 몸소 들어가셨다."[66] 예수는 "내려와서 우리를 찾아오셨고, 우리를 구속하기 위해 승천하셨다."[67]

---

63   Thomas Kollamparampil, trans., *Jacob of Sarug's Homily on the Ascension of Our Lord*, TCLA 24 (Piscataway, NJ: Gorgias Press, 2010), p. 50.
64   Kollamparampil, *Jacob of Sarug's Homily on the Ascension*, p. 52.
65   Kollamparampil, *Jacob of Sarug's Homily on the Ascension*, p. 54.
66   Kollamparampil, *Jacob of Sarug's Homily on the Ascension*, pp. 56, 58(해당하는 시리아어 본문은 pp. 57, 59, lines 481-484를 보라).
67   Kollamparampil, *Jacob of Sarug's Homily on the Ascension*, p. 58.

결론

비록 제한적이기는 하지만, 이 개관은 예수가 부활하고 승천하신 후 하늘에서 속죄 제물로 자신을, 특히 부활한 인간의 몸을 하나님께 드렸다는 생각이 가장 초기에 히브리서를 수용한 문헌들의 일부 기록에 잘 나타나 있음을 결정적으로 보여 주었다. 살펴본 본문 대부분은 하나님의 아들이 영원한 말씀으로서 인간의 살과 피를 취하시고, 죽고, 부활하시고, 육체를 입고 하늘로 승천하셔서 아버지께 인성을 드리고 하나님 우편에서 제사적 속죄 사역을 수행하신다는 견해를 명시적으로 확인해 준다. 주목해야 할 점은, 이것이 레위기에 나오는 제사와 대제사장적 섬김에 대한 묘사의 핵심 요소와 잘 일치하는 예수의 대제사장적 제사의 모형이며, 심지어 그로부터 직접 영향을 받은 모형이라는 것이다.

또한 예수의 천상적 속죄 사역에 대한 이러한 이해는 종종 히브리서 구절과 직접 연결되는 경우가 많지만, 앞에서 개관한 인물들은 광범위한 텍스트와 전통을 종합적으로 성찰한다는 점도 강조할 만하다. 히브리서는 그들의 사고에 독특하게 기여하는데, 다른 어떤 권위 있는 본문보다도 승천하신 그리스도가 하늘 지성소에서 드리는 대제사장적 제사에 명시적으로 초점을 맞추기 때문이다.

이러한 연구 결과는 두 가지 결론을 제시한다. 첫째, 어떤 사람들은 이 같은 히브리서 해석이 예수의 십자가 처형을 단지 속죄를 위한 준비로 치부하며 더 이상 예수의 제사와 속죄 사역의 중심에 두지 않는다는 문제를 제기할 것이다. 그러나 이러한 비판은 제사와 속죄의 의미와 둘의 관계에 대한 잘못된 가정에서 비롯된다. 예수의 제사적 속죄 사역이 그의 고난과 죽음으로 환원될 수 있다고 전제하는 것이다. 그러나 앞서 논의한 인물 중 누구도 구원을 얻는 데 예수의 고난과 죽음이 독특하고 필수 불가결한 중요성을 지닌다는 사실에 이의를 제기하지 않을 것이다. 그들에게 이에 대해 질문한다면, 예수의 죽음이 구원에 기여하는 방식에 대해 참으로 많은 이야기를 들려줄 것이다.[68]

그러나 우리는 성육신 내러티브 전체를 순차적으로 생각함으로써 예수의 속죄 사역에 대해 폭넓은 관점을 가지고 작업할 수 있다. 십자가는 특히 죽음과 마귀를 물리치는 데 필수지만, 그것이 예수의 속죄 제사의 전부는 아니다. 궁극적으로 십자가 자체가 아니라 예수의 완전한 성육신 이야기가 속죄 이해의 진정한 중심이다. 우리가 살펴본 전통의 목소리에 의하면 히브리서는 예수의 부활, 승천, 하늘 좌정에 주목함으로써 예수의 제사와 속죄 사역이라는 더 큰 개념에 특별히 기여하는 책이다. 히브리서는 신약의 다른 어떤 본문보다 부활하신 예수의 승천이 어떻게 그분의 속죄 제사와 대제사장 사역을 구성하는지를 명확하고 분명하게 설명함으로써, 속죄를 설명하는 방식에 도움을 준다.

둘째, 속죄에 대한 '고전 사상'인 승리자 그리스도(Christus Victor) 개념을 제시한 구스타프 아울렌(Gustav Aulén)은, 초기 교회에서 이해한 속죄의 중심은 성육신의 전 범위였다는 점을 분명히 인식하고 있었다. 그는 "성육신 사상과 속죄 사상의 유기적 연결은 초기 교회 구속 교리의 주요 특징"이라고 말했다.[69] 그럼에도 본 연구에 따르면, 아울렌의 이론이 지니는 '양면성'에도 불구하고 속죄가 전적으로 하나님의 사역이라는 그의 견해(예수의 죽음이 인류가 하나님께 드린 제사라는 '라틴 이론'에 대한 그의 설명과 반대되는)는 제사에 대한 환원적 이해로 인해 방해를 받는다. 그는 예수의 죽

---

68   오리게네스의 예는 Crouzel, *Origen*, pp. 194-197를 보라.
69   G. Aulén, *Christus Victor: An Historical Study of the Three Main Types of the Idea of the Atonement*, trans. A. G. Hebert (London: SPCK, 1931), p. 58. 『승리자 그리스도』(정경사).

음이 곧 예수의 제사라는 가정으로 인해, 앞서 논의한 본문이 확증하는 바대로 예수의 인성이 속죄에 온전히 기여한 부분을 경시했다.[70] 앞의 본문들은 신적 아들이 특히 인간으로서 아버지께 자신의 제사를 드린다는 생각을 분명히 허용한다.

아울렌의 중요한 저작이 나온 이후, 많은 연구가 제사의 다양성과 초기 기독교 내에서 통용된 제사 사상과 이미지의 다양성을 강조함으로써 이 논의를 확장하는 데 도움을 주었다.[71] 특히 프랜시스 영(Frances Young)은 이 사실로부터 속죄에 대한 초기 기독교의 성찰을 지나치게 체계화하는 것의 위험성을 올바르게 강조했다.[72] 그러나 그조차도 예수의 제사에 대한 환원적 개념을 고수하는데, 이 개념에서는 예수의 죽음이 초기 기독교의 다양한 제사 은유가 설명하려는 진짜 주제라고 본다. 이로 인해 그는 예수가 악을 물리치신 것과 그의 인성을 하나님께 바치는 것 사이에 인식되는 긴장/이원론 중 일부가 해결될 가능성을 놓치고 말았다. 만약 제사를 과정으로 생각하고 그 과정의 중심이 제물을 하나님의 임재 안으로 가져가는 데 있다고 생각함으로써 파악되는 제사의 작동 방식에 더 주의를 기울인다면 그 긴장/이원론이 해결될 수 있을 것이다. 구체적으로는, 그렇게 주의를 기울일 때 다양한 인물이 예수의 죽음, 부활, 승천이 (넓게 이해된) 속죄에 독특하게 기여하는 방식을 어떻게 이해했는지 파악할 수 있을 것이다.

내가 바라는 것은, 이 연구가 예수의 속죄 사역의 전체 범위에 대한 성찰에서 제사와 제사 범주의 중요성을 새롭게 인식하는 데 기여하는 것이다.

---

70 예를 들어, Aulén, *Christus Victor*, pp. 73-74를 보라.
71 예를 들어, Daly, *Christian Sacrifice*; F. M. Young, *The Use of Sacrificial Ideas in Greek Christian Writers from the New Testament to John Chrysostom*, Patristic Monograph Series 5 (Philadelphia Patristic Foundation, 1979).
72 특히 F. M. Young, *Sacrifice and the Death of Christ* (London: SPCK, 1975), pp. 88-95를 보라.

이는 성경 본문뿐 아니라 기독교 전통의 발전 과정에서 후대에 나온 본문과 공동체에 대한 현대적 해석을 위한 것이기도 하다. 아마도 이러한 연구를 통해 우리는 제사와 속죄에 대한 현대의 신학적 성찰에 도움을 주는 통찰력을 회복할 수 있을 것이다.

12. 의로운 피 흘림, 마태의 수난 내러티브, 성전 파괴

마태복음의 상호본문으로서 예레미야애가

마태복음 27:46에서 예수가 외치신 소위 버림받는 자의 절규는, 마태의 수난 내러티브에서 시편 22편이 분명하게 암시되고 인용되는 연속선상에서 절정 역할을 한다. 마태의 십자가 묘사 전반에 걸쳐 이 시편이 광범위하게 등장하기 때문에, 학자들은 마태가 27:39에서 "머리를 흔들며"라는 구절을 사용한 것도 시편 22편(7절)에서 가져온 것이라고 결론 내리는 경우가 종종 있다. 그러나 이 같은 조롱의 관용구는 유대 성경의 다른 여러 구절에도 등장하며,[1] 특히 마태복음 27:39과 매우 유사한 언어가 포함된 예레미야애가 2:15에서 가장 두드러지게 나타난다. 많은 주석가는 이 지점에서 마태복음

이 프로젝트의 여러 단계에 걸쳐 격려를 아끼지 않고 이번 장에 대한 사려 깊은 비평을 해 준 리처드 헤이스와 바트 어만(Bart D. Ehrman)에게 특별한 감사를 표한다. 이 글의 한 버전이 2004년 11월에 텍사스주 샌안토니오에서 열린 세계성서학회(Society of Biblical Literature) 연례 회의의 마태복음 분과에서 발표되었는데, 격려와 비판적 조언을 해 준 참석자 여러분께 감사드린다. 또한 J. R. 대니얼 커크(Daniel Kirk)와, 나를 지지해 주고 기꺼이 자신의 편집 기술로 원고를 교정해 준 아내 헤더(Heather)에게도 감사를 표한다.

1   칠십인역에서 다음 구절을 보라. 왕하 19:21; 시 21:8; 43:15; 욥 16:4; 집회서 12:18; 13:7; 사 37:22; 렘 18:16; 애 2:15.

과 예레미야애가의 유사성에 주목하지만,[2] 여기서 예레미야애가에 대한 암시를 입증하기는 어려운 일이었다. 이 책의 실제 영향을 주장하는 학자는 상대적으로 적으며, 그러한 암시가 갖는 함의를 탐구하려 한 학자는 더욱 적다.[3]

이번 장에서 내가 주장하는 바는 마태복음 27:39이 실제로 예레미야애가 2:15을 암시한다는 것이다.[4] 또한 나는 마태가 예수의 죽음을 예루살렘과 성전 파괴를 가져온 예루살렘 종교 권위자들에 의한 의로운 피 흘림으로 묘사하고자, 십자가 처형에 이르는 사건을 설명하면서 예레미야애가를

---

2   예를 들어, W. D. 데이비스(Davies)와 D. C. 앨리슨(Allison)은 예레미야애가를 암시할 "가능성이 있다"고 생각한다[*A Critical and Exegetical Commentary on the Gospel according to Saint Matthew*, ICC (Edinburgh: T&T Clark, 1997), 3: p. 618]. D. J. 무(Moo)는 암시에 대해 논하지만 주요 배경은 시편 22편이라고 생각한다. 사실, 무는 시편 22편이 예레미야애가 2:15의 맥락과 너무 잘 맞아떨어져서 마가와 마태가 이 시편을 사용함으로써 예레미야애가 2:15의 "지나가는 자들"을 포함하게 되었으리라고 주장한다[*The Old Testament in the Gospel Passion Narratives* (Sheffield: Almond Press, 1983), p. 258].

3   S. L. 그레이엄(Graham)은 "지나가는 자들"이라는 용어가 "[성전] 파괴를 일으킨 권력자들의 사악함"에 주목하기를 촉구하는 예레미야애가 2:15에 대한 암시일 수 있다고 제안한다["A Strange Salvation: Intertextual Allusion in Mt 27,39-44," in *The Scriptures in the Gospels*, ed. C. M. Tuckett, BETL 131 (Leuven: Leuven University Press, 1997), p. 504]. M. P. 놀스(Knowles)는 마태가 이 암시를 사용한 것은 "예수를 조롱하는 것을 강조하기 위한…예언자를 살해하는 예루살렘의 임박한 운명에 대한 아이러니한 언급"이라고 주장하면서 예레미야애가 암시를 더욱 설득력 있게 주장한다[*Jeremiah in Matthew's Gospel: The Rejected Prophet Motif in Matthean Redaction*, JSNTSup 68 (Sheffield: JSOT Press, 1993), p. 204]. 분명히 드러나겠지만, 나는 그레이엄과 놀스가 여기서 예레미야애가 2:15에 대한 암시를 정확히 보았다고 생각한다. 하지만 둘 중 누구도 이 암시에 대해서나 마태의 수난 내러티브에서 예레미야애가 자체가 수행하는 더 광범위한 역할에 대해 지속적으로 논증을 제시하지는 않는다.

4   그렇다고 예레미야애가 2:15에 대한 암시가 시편 22:7에 대한 암시의 가능성을 배제한다고 제안하는 것은 아니다. 이는 마태의 교묘한 이중 암시일 수 있다. 그러나 이번 장의 목적을 위해 나는 일반적으로 간과되는 예레미야애가에 대한 암시에 집중한다.

명시적으로 인용하고 있음을 보여 줄 것이다. 이를 확인하기 위해서는 마태가 예루살렘, 시련, 수난에 대한 예수의 탄식을 묘사하는 데서(특히 23장과 27장에서) 예레미야애가를 중요한 상호본문[5]으로 비교적 광범위하게 사용하는 방식을 입증할 필요가 있다. 마태가 이 책을 이런 식으로 활용했음을 보일 수 있다면, 이러한 관찰이 첫 번째로 암시하는 바는 마태복음 27:4과 27:24의 사본들의 차이점을 재평가할 필요가 있다는 것이다. 다양한 사본에서 예수께 δίκαιος(의로운)라는 형용사를 적용한다. 두 번째 암시가 더 중요한데, 마태복음이 수난 내러티브와 관련된 구절에서 예레미야애가를 사용했다는 사실의 인식은 마태복음의 이 부분이 초기 기독교의 반유대주의를 대표한다는 일반적 견해에 의문을 제기한다. 그리고 이러한 반유대주의적 해석에 너무 빨리 뛰어드는 것을 경계해 온 사람들의 작업을 더 강하게 확증해 준다.[6] 마태가 성전 파괴와 예수의 십자가 처형의 연관성을 설명

---

[5] 그레이엄은, '상호본문'이라는 용어는 '암시'라는 용어를 넘어서는데 그것은 상호본문 연구가 암시의 재맥락화 효과에 주목하기 때문이라고 주장한다. 방법론적으로 이것이 의미하는 바는 다음과 같다. "상호본문적으로 생각함으로써…우리는 어떻게 마태가 어떤 한 본문을, 특히 유대 성경이 이에 대한 중요한 상호본문을 제공하는 경우 적절하게 전유하여 기독교적 논증의 용도로 전환하는지 볼 수 있다"("Strange Salvation," pp. 501-502). U. 루즈(Luz)가 최근 지적한 바와 같이 '상호본문성'이라는 단어의 이러한 사용은 이 단어가 사용될 수 있는 여러 방법 중 하나에 불과하다[특히 루즈가 "Intertexts in the Gospel of Matthew," HTR 97 (2004): pp. 119-137에서 제공하는 상호본문적 분석의 다양한 모델에 대한 매우 유용한 묘사를 보라]. 그레이엄이 요청하는 종류의 상호본문적 사고는 루즈의 용어를 빌리자면 "저자에 의해 의식적으로 호출되고, 본문의 수사학적 전략의 일부이자 구체적인 역사적·문화적 상황의 일부인 상호본문"을 파악하고 분석하는 것이다(p. 122). 나는 여기서 이런 종류의 서술적이고 본문 지향적인 연구를 진행할 것이다. 따라서 마태가 예레미야애가를 상호본문으로 사용한다는 제안이 의미하는 바는 그의 암시가 논쟁적으로 기능한다는 것이다. 즉, 마태는 이 본문에서 예수의 십자가 처형, 예루살렘의 유대 권위자들, 성전 파괴를 명확하게 연결할 수 있는 성경적 근거를 발견한다.

[6] 예를 들어, A.-J. 러빈(Levine)의 *The Social and Ethnic Dimensions of Matthean Salvation History*, Studies in the Bible and Early Christianity 14 (Lewiston, NY:

하기 위해 예레미야애가와 예레미야서에 호소하는 것은, 반유대주의보다는 유대 성경의 예언자 전통을 의도적으로 모델로 삼은 유대인 내부 논쟁 사례로서 특징을 더 잘 나타낸다.[7]

예레미야애가와 기원후 70년 예루살렘의 멸망

예레미야애가가 마태복음 저술 당시 유대인 공동체의 '문화적 틀' 또는 '백

Mellen, 1988)을 보라. 이후 마태복음과 반유대주의를 주제로 한 글에서 러빈은 "마태복음이…반유대주의로 읽힐 필요는 없다"면서도, 본문에 나타나는 유대 상징들의 기독교 중심적 방향 전환과 유대인과 이방인 모두를 향하는 지향성으로 인해, 그는 이 본문이 "예언적 논쟁 그 이상"을 나타내며 궁극적으로는 "반유대주의"로 간주해야 한다고 결론 내린다["Anti-Judaism and the Gospel of Matthew," in *Anti-Judaism and the Gospels*, ed. W. R. Farmer (Harrisburg, PA: Trinity Press International, 1999), p. 36]. 분명히 밝히겠지만, 나는 이 점에 대해 러빈과 의견이 다르다. 마태의 논쟁은 주로 권위 있는 위치에 있는 인물들을 겨냥한 것이라는 러빈의 설득력 있는 결론에 따라 (*Social and Ethnic Dimensions*와, 이보다는 덜 중요하지만 "Anti-Judaism and the Gospels," pp. 27-35를 보라), 마태가 당대 종교 지도자들을 끊임없이 비판한 것은 예언적 논쟁을 이해하는 데서 직접적으로 나왔음을 보일 것이다. 유대 예언은 마태에게 특히 예루살렘과 성전이 파괴되는 상황에서 유대 종교 지도자들을 비판할 수 있는 성경적 패러다임을 제공한다. 자연스럽게 이러한 비판은 마태를 유대교의 일부 형태와 상충하게 만들지만, 마태가 유대교의 한계를 넘어섰다고 보기보다는 유대적 예언 담론의 틀 안에 이 논쟁의 논리를 위치시키는 것이 더 이치에 맞다고 생각한다.

7 E. P. 샌더스는 솔로몬의 시편이 제2성전 시대 유대인들이 다른 유대인, 특히 유대 종교 권위자들을 비판한 하나의 예를 제공한다고 지적한다("Reflections on Anti-Judaism in the New Testament and in Christianity," in Farmer, *Anti-Judaism and the Gospels*, pp. 268-269). 샌더스는 솔로몬의 시편 8:9-22을 강조하고 거기서 발견되는 비판을 "유대교 내 종파적 논쟁"(p. 269)이라고 명명한다. 나는 또한 솔로몬의 시편 2편에 주의를 집중하고자 하는데, 이 본문은 예루살렘의 종교 지도자들의 죄와 성전 모독(2:3-4)의 연관성을 확립하고 있으며, 흥미롭게도 예레미야애가를 반영하는 것처럼 보인다(시 2:11과 2:19-21, 애 2:15과 2:1-4을 각각 비교해 보라). 어쨌든 나는 종교 지도자들에 대한 마태의 논쟁, 특히 그가 지도자들의 죄로 여기는 것과 예루살렘 및 성전 파괴를 연결하는 것은 이런 종류의 유대교 내부 논쟁의 변형으로 읽을 때 가장 의미 있다고 생각한다.

과사전'[8]의 중요한 부분을 형성했다면, 마태와 마태의 글을 읽은 사람들이 이 본문의 의미를 충분히 알았을 것이고 따라서 예레미야애가에 대한 의미 있는 암시들을 알아보고 이해했을 가능성도 높아진다. 마태는 아마도 기원후 70년의 중대한 사건 이후 유대 그리스도인들을 위해 복음서를 썼을 것이므로,[9] 예레미야애가가 마태 공동체의 '백과사전'에서 중요한 부분을 차지했으리라고 생각할 만한 충분한 이유가 있다. 기원후 70년 성전이 파괴

---

8   이 용어는 U. 에코[Eco, *A Theory of Semiotics* (Bloomington: Indiana University Press, 1979)를 보라]에게서 가져온 것이다.『일반 기호학 이론』(열린책들). 에코는 '백과사전'이라는 단어를 사용해, 문화적으로 구성된 의미 규범이 작용하는 구체적 일상 환경에서 발생하는 능숙한 의미화를 포착한다(pp. 98-100를 보라). 이러한 규범을 능숙하게 사용하는 것에는 주어진 언어와 주어진 맥락에서 적절한 발화를 하는 것과 같은 활동이 포함될 수 있지만 이에 국한되지는 않는다. 규범은 문화적 관습이기 때문에, 이러한 경우 화자는 규범을 잘 아는 다른 사람들이 그 발화를 정확하게 이해하리라고 정당하게 기대할 수 있다. 즉, 발화의 의미는 무엇보다 해당 규범의 능숙한 사용자가 공유하는 문맥적·상황적·의미론적 전제에 따라 달라지는데, 이는 통계적 확률로 볼 때 그들 모두가 참여하는 문화를 구성하는 공통의 경험, 사건, 사실, 신념 등이 규정한다(pp. 105-112).

규범에 대한 이 '백과사전' 모델 또는 이론은 '문화적 틀' 관점에서 의미화 현상을 구상한다(pp. 111-114). 예를 들어, 21세기 첫 10년 중반에 미국에 거주하는 능숙한 영어 사용자는 '9월 11일의 사건'에 대해 말하면서 같은 문화적 맥락에 있는 사람들이 자신을 이해하리라고 당연히 기대할 수 있다. '9월 11일'이라는 문구는 부분적으로 2001년 그날 발생한 사건에 의해 형성된 '문화적 틀' 내에서 발생하여 특정한 사회적 배경 내에서 의미를 지니기 때문에, 이 예는 에코의 요점을 잘 설명해 준다. 2001년 9월 12일에 존재하는 '백과사전' 안에서 이 문구의 위치나 의미는, 2001년 9월 10일에 존재하는 이 문구의 위치나 의미와 근본적으로 다르다. 후자의 경우는 아마도 달력의 다음 날을 의미했을 것이다(보다 지역화된 맥락에서는 화자의 생일, 치과 예약 등을 의미할 수도 있지만). 2001년 9월 11일 이후의 '문화적 틀'에서 '9월 11일'(또는 단순히 9/11)이라는 문구가 차지하는 위치는 비행기, 테러, 뉴욕, 세계무역센터, 공포, 상실감, 외국인 혐오증 등 이전에는 전혀 관련이 없던 것들과 모든 종류의 연관성을 가지는 쪽으로 변화했다. 따라서 '백과사전'이라는 용어는 통계적 확률 측면에서 특정 시기의 특정 문화권에 있는 능숙한 개인이 알리라 예상되는 것과, 따라서 그의 사회적 위치에 따른 규범을 활용할 때 그가 뜻하는 것으로 예상되는 것을 잘 포착한다.

9   Davies and Allison, *Gospel according to Saint Matthew*, 1: pp. 127-133를 보라.

된 후, 애도하는 유대인들이 이 책에 새로운 관심을 갖게 되었으리라 예상할 수 있다. 그들에게 예레미야애가는 종교적이고 문화적인 '공기'였을 가능성이 높다.[10]

두 가지 관찰이 이러한 예상을 뒷받침한다. 첫째, 요세푸스는 로마가 예루살렘을 파괴한 후 사람들이 그 사건을 예레미야의 기록과 연결했다는 증거를 제시한다. 요세푸스는 『유대 고대사』(Jewish Antiquities, 10.79)에서 예레미야에 대해 이렇게 쓴다.

οὗτος ὁ προφήτης καὶ τὰ μέλλοντα τῇ πόλει δεινὰ προεκήρυξεν, ἐν γράμμασι καταλιπὼν καὶ τὴν νῦν ἐφ᾽ ἡμῶν γενομένην ἅλωσιν τήν τε Βαβυλῶνος αἵρεσιν

우리 시대에 일어난 [예루살렘의] 점령과 바빌론에 의한 [예루살렘의] 점령을 모두 기록으로 남김으로 이 예언자는 또한 도시[예루살렘]에 닥칠 고난을 공개적으로 선포했다.

---

10 에코는 이것의 작동 방식을 설명하는 유용한 사고 실험을 제공한다(Theory of Semiotics, pp. 124-126). 그는 자성을 띤 구슬이 든 상자를 설명하는데, 이 상자는 '전 지구적인 의미론적 세계'(또는 '백과사전')를 나타내고, 각 구슬은 의미 있는 단위를 나타내며, 자성은 단위들 간의 질서 있는 관계(또는 '문화적 틀')를 나타낸다고 설명한다. 상자를 흔들면 흔드는 힘에 따라 구슬의 상대적 위치가 어느 정도 극적으로 바뀔 것이다. 나는 예레미야애가와 성전이 마태복음 당시 유대인 대부분(그리고 아마도 그 책이 기록된 후에 살았던 거의 모든 유대인)에게 존재했던 '상자' 안에 있었으리라 당연히 기대할 수 있는 두 가지 '구슬'이라고 제안한다. 두 구슬은 이미 서로 강하게 끌어당겨져 있었을 가능성이 높기 때문에 상상 속의 상자 안에서 비교적 가까이 놓여 있었을 것이다. 나의 제안은 기원후 70년에 일어난 성전 파괴가 바로 이 구슬들이 의미상 가장 근접하게 되도록(그 이전에는 훨씬 '멀리' 떨어져 있었던, 예를 들어 로마나 티투스 같은 다른 많은 단어와 함께) 상자를 흔든 사건이라는 것이다.

요세푸스는 여기서 예레미야애가를 언급한 것으로 보인다.[11] 그러나 요세푸스가 예레미야의 저작들을 더 일반적으로 언급했다고 하더라도, 이 언급은 예레미야와 예루살렘의 1차 멸망, 그리고 기원후 70년 2차 멸망 사이에 연결 고리가 만들어지고 있었음을 분명히 보여 준다.

둘째, 기원후 70년 이후의 유대 문헌(예를 들어 타르굼과 탈무드)에서 발견되는 전통의 연대 측정은 어렵지만, 이 문헌에서 예레미야애가는 종종 예루살렘의 1차 및 2차 멸망과 연관되어 있다. 예를 들어, 예레미야애가의 타르굼은 예레미야애가와 로마의 예루살렘 약탈 사이의 명확한 유사점을 지적한다. 타르굼 예레미야애가 1:19에서 예루살렘의 첫 번째 멸망과 두 번째 멸망의 명백한 연관성을 발견할 수 있다.[12] 해당 구절의 관련 부분은 다음과 같다. "느부갓네살의 손에 넘겨졌을 때 예루살렘은 말했다. '내가 여러 나라 가운데 내 친구들에게, 나와 조약을 맺은 나라들에 나를 도와달라고 요청했다. 그러나 그들은 나를 속였고 나를 멸망시키려고 돌아섰다.' 이들이 악인 티투스와 베스파시아누스를 내세워 예루살렘을 포위 공격한 로마인들이다."[13] 요세푸스와 마찬가지로 타르굼은 예루살렘의 첫 번째와 두 번째 멸망을 병치하는 해석학적 움직임을 보여 준다. 또한 타르굼은 이러한 연결을 용이하게 하기 위해 예레미야애가를 분명히 활용한다.

이와 같은 구절들은 기원후 70년 이후 예레미야애가를 읽는 이들에게

---

11 바로 근접한 맥락에서 요세푸스는 예레미야가 요시야의 죽음에 대해 쓴 애가에 대해 이야기했다. 레브(Loeb) 시리즈의 『유대 고대사』 10권 번역가인 R. 마커스(Marcus)에 따르면, 이 애가는 일반적으로 예레미야애가와 연관되어 있다[Josephus, *Jewish Antiquities: Books IX-XI*, trans. R. Marcus, LCL 326 (Cambridge, MA: Harvard University Press, 1937), p. 200, 각주 b와 c]. 『요세푸스 1: 유대 고대사』(생명의말씀사).
12 예레미야애가/예레미야서, 예루살렘의 첫 번째 멸망, 두 번째 멸망의 비슷한 연관성이 Lam. Rab. 39.i.2-4와 Pesiq. Rab. 29에서 발견된다.
13 E. Levine, *The Aramaic Version of Lamentations* (New York: Hermon Press, 1976), p. 65.

예상되는 독해 방식을 예시한다. 비록 이러한 자료들은 얼마나 일찍 그 연결 고리가 형성되었는지에 대한 결정적 판단을 허용하지 않지만, 로마가 예루살렘을 파괴한 직후에 그러한 상관관계가 생겨났으리라는 가정은 합리적이다. 요세푸스나 타르굼 모두 이 시점에서 독창적인 연결 고리를 만들었다기보다는, 예루살렘이 폐허가 된 지 얼마 지나지 않아 유대인들이 예루살렘의 멸망을 이해하기 위해 분투하면서 만든 연결 고리를 반영했을 가능성이 높다. 두 경우 모두에서, 예레미야애가는 예루살렘의 멸망을 돌아보는 유대인들에게 이 중대한 사건을 신학적으로 해석할 수 있는 성경적 자료를 제공한다.

마태복음 본문의 세계 속 예레미야애가

예레미야애가가 마태복음의 문화적 백과사전의 중요한 부분을 차지했을 개연성에 대해 간략히 살펴보았으니, 이제 이 프로젝트의 핵심에 주의를 돌리고자 한다. 이제 예레미야애가가 마태복음 본문의 '세계'에서 중요한 부분을 차지한다는 점을 살펴보자.[14]

---

14 S. 알키어(Alkier)는 C. S. 피어스(Peirce)의 연구에서 발견한 개념을 발전시켜 "주어진 본문의 통사론, 의미론, 화용론은 그 자체로 하나의 세계, 가능한 세계"라고 설명한다 ["From Text to Intertext: Intertextuality as a Paradigm for Reading Matthew," *HTS Teologiese Studies/Theological Studies* 61 (2005): pp. 1-18, 여기서는 p. 3]. 그는 이 가능한 세계를 본문의 "담론의 세계"라고 명명한다(p. 3). 그러므로 마태복음의 '본문의 세계'에 대해 말하는 것은 주로 본문의 내적 분석을 통해 얻은 마태복음에 대한 지식을 참고하는 것이다. 예를 들어, 마태복음 독자는 28장에 이르기 전에도 예수가 죽은 자 가운데서 부활하시리라는 사실을 알거나 적어도 강하게 예상할 수 있는데, 이는 예수의 부활이 사전에 본문의 여러 지점에서 예언되었기 때문이다(16:21; 17:9, 22-23; 20:18-19; 26:32을 보라). 마태복음의 세계 안에서, 독자는 본문이 서술하는 세계에서 사건이 일어나기 훨씬 전에 예수의 부활에 대해 알게 된다.

첫째, 모든 공관복음서 중에서 마태복음만이 예레미야의 이름을 언급한다.[15] 마이클 놀스(Michael Knowles)가 지적했듯, 이 사실은 일단 마태복음에서 예레미야의 중요성을 시사한다.[16] 특히 예언자에 대한 언급이 예수 전통의 편집에 고유성을 부여한다는 점을 고려할 때 그렇다. 실제로 『마태복음에서의 예레미야: 마태복음 편집에 담긴 거부된 선지자 모티프』(*Jeremiah in Matthew's Gospel: The Rejected Prophet Motif in Matthean Redaction*)에서 놀스는 마태가 내러티브의 패턴으로 삼은 많은 인물 중 하나가 예레미야라고 설득력 있게 주장한다.[17]

마태가 예레미야서를 부분적으로 본떠서 그의 복음서를 썼다는 관찰만으로는 그가 예레미야애가를 암시한다거나 이 책을 상호본문으로 사용했다는 점을 입증하지 못한다. 그러나 제2성전 시대에 예레미야애가가 예레미야가 쓴 여러 작품 중 하나로 여겨졌다는 사실은,[18] 마태가 예레미야 모티프를 명시적으로 사용했다는 사실과 함께, 마태가 예레미야애가를 알고 있었고 이를 복음서에 활용했을 가능성을 더욱 높여 준다.

---

15 사실 마태복음은 신약성경에서 예레미야의 이름을 언급하는 유일한 책이다(마 2:17; 16:14; 27:9을 보라).

16 놀스는 자신의 책 첫 장에서 예레미야에 대한 이 세 언급이 "통합된 편집 목적"을 드러낸다고 설득력 있게 주장한다(*Jeremiah in Matthew's Gospel*, p. 95).

17 흥미롭게도 놀스는 예레미야애가에 대한 몇 가지 암시(특히 마 27:34과 27:39)에 대해 논한다. 그의 주장은 짧고 주로 편집-비평적이지만, 마태복음 27장에 예레미야애가에 대한 암시가 있다는 그의 결론은 내 생각과 일치한다. 그러나 예레미야애가는 그의 더 큰 관심사에서 하위 요점일 뿐이다. 이것이 보여 주는 것은 마태가 예레미야를 본떠 예수의 삶을 묘사한다는 것인데, 그 목적은 예수의 죽음을 예루살렘이 예언자들을 죽이고 그리하여 심판에 빠지는 또 하나의 예로 제시하는 것이다.

18 예를 들어, 칠십인역에서 예레미야서와 예레미야애가의 저자를 명시적으로 동일시한 것을 보라. 이러한 동일시는 현존하는 예레미야애 1:1의 히브리어 사본에서는 찾을 수 없다.

마태복음 23장과 27장에 나오는 상호본문으로서 예레미야애가

이러한 점을 염두에 두고, 이제 몇몇 마태복음 본문을 구체적으로 살펴보면서, 마태복음이 예레미야애가를 구체적으로 암시하고 있으며 예수의 십자가 처형이 성전 파괴로 이어졌다는 확신을 성경적으로 확립하기 위해 이 책을 상호본문으로 활용하고 있음을 입증하고자 한다.

예레미야애가에 대해 마태복음에서 가장 분명하게 암시하는 바 중 하나는, 23장에서 예수가 예루살렘의 종교 권위자들에게 재앙을 선포하시는 대목 끝부분에 등장한다. 마태복음 23:35은 다음과 같다.

ὅπως ἔλθῃ ἐφ' ὑμᾶς πᾶν αἷμα δίκαιον ἐκχυννόμενον ἐπὶ τῆς γῆς ἀπὸ τοῦ αἵματος Ἄβελ τοῦ δικαίου ἕως τοῦ αἵματος Ζαχαρίου υἱοῦ Βαραχίου, ὃν ἐφονεύσατε μεταξὺ τοῦ ναοῦ καὶ τοῦ θυσιαστηρίου

그러므로 의인 아벨의 피로부터 성전과 제단 사이에서 너희가 죽인 바라갸의 아들 사가랴의 피까지 땅 위에서 흘린 [모든] 의로운 피가 다 너희에게 돌아가리라.

πᾶν αἷμα δίκαιον ἐκχυννόμενον(흘린 모든 의로운 피)라는 구절은 이번 장의 목적에 비추어 볼 때 특히 흥미롭다. 칠십인역에는 정확히 αἷμα δίκαιον라는 구절이 세 번 나온다. 바로 요엘 4:19, 요나 1:14, 예레미야애가 4:13이다. 흥미롭게도 NA[27]의 여백에 있는 이 구절에 대한 관주 목록에는 예레미야애가 4:13이 가능한 암시로 언급되지 않는다.[19] 이 점이 놀라

---

19 이전 판들 모두 예레미야애가 4:13과 마태복음 23:35의 유사성에 대해 언급하지 않는다.

운 것은, 마태복음 23:35과 예레미야애가 4:13이 정확한 어휘 및 형식적 대응을 공유할 뿐만 아니라(즉, αἷμα δίκαιον라는 문구) 두 본문 모두 αἷμα δίκαιον을 동사 ἐκχέω/ἐκχύννω의 한 형태와 연결하여 사용하기 때문이다. 언급한 세 개의 칠십인역 본문 중 요엘 4:19과 예레미야애가 4:13만 이 연결된 표현을 담고 있다.[20] 그러나 마태가 23:35에서 유대 성경을 언급하고 있는 것이라면, 출처로 의심되는 성경과 어휘적·형식적 일치 이상의 것을 찾게 되리라 기대할 것이다. 흥미롭게도 이 두 구절 중 예레미야애가 4:13은 마태복음 23-24장의 맥락과 밀접하게 일치하는 주제들 또한 공유한다.

예레미야애가 4:13은 이 책에서 다루고자 하는 주요 문제 중 하나인 바벨론에 의한 예루살렘 멸망의 이유를 다루고 있다. 4:13에 제시된 답은 이렇다.

> ἐξ ἁμαρτιῶν προφητῶν αὐτῆς ἀδικιῶν ἱερέων αὐτῆς τῶν ἐκχεόντων αἷμα δίκαιον ἐν μέσῳ αὐτῆς

> 그녀의 예언자들과 불의한 제사장들의 죄로 인하여 그녀 가운데서 의로운 피를 흘린 자들.

τῶν ἐκχεόντων αἷμα δίκαιον(의로운 피를 흘린 자들)이라는 구를 ἀδικιῶν ἱερέων αὐτῆς(그녀의 불의한 제사장들)와 동격으로 놓음으로써, 예레미야애가의 그리스어 번역본은 기원전 586년 예루살렘에 심판이 내려진 주된 이유 중 하나로 의로운 피를 흘린 행위, 특히 종교 지도자들의 행

더 나아가 내가 주목하는 사실은, 더 최근에 나온 NA[28]에서조차 예레미야애가 4:13에 대한 언급이 마태복음 23:35에 추가되지 않았다는 것이다.

20 잠언 6:17에도 매우 유사한 구절인 ἐκχέουσαι αἷμα δικαίου가 나온다.

위를 꼽는다.

마태복음 23:1-24:2에서 예수는 성전에 계시는 동안 예루살렘의 종교 지도자들에게 일련의 재앙을 선포하시는데, 아벨부터 스가랴까지 흘린 모든 의로운 피가 그 세대에 임하리라는 선언으로 절정에 도달한다. 이 심판 선언 뒤에 예루살렘과 성전 파괴가 있음은 분명해지는데, 예수(마태복음에서 임마누엘/'우리와 함께하시는 하나님', 1:23을 보라)께서 23:37에서 예루살렘을 두고 '애통하시고', 23:38에서 성전이 황폐해지리라고 주장하신 다음, 24:1에서 성전에서 걸어 나가심으로 '그 집'에서 쉐키나(Shekinah)가 떠나는 것을 몸소 표현하시기 때문이다.[21] 이 에피소드의 중요성은 마태복음 24:2에서 바로 설명되는데 그것은 성전과, 암묵적으로는 성전이 위치해 있는 도시까지 파괴되리라는 뜻이다.

따라서 이 맥락에는 예레미야애가 4:13과 놀랍도록 잘 일치하는 세 가지 주제가 있다. 예루살렘의 종교 지도자들에 대한 비난, 종교 권위자들이 의로운 피를 흘렸다는 비난, 그 피 흘림과 예루살렘과 성전이 멸망하는 일의 연관성이다. 이는 마태복음 23:35과 예레미야애가 4:13이 어휘와 형식에서의 일치뿐만 아니라 주제에서의 일치도 공유함을 의미한다.

그러나 눈에 띄는 주제적·어휘적 유사성 외에도 마태복음 23:35에서 예레미야애가 4:13을 암시하는 세 번째 요소가 있다. 구체적으로 말하자면 유대인의 예레미야애가 해석 전통은 스가랴서의 무덤 이야기 또한 성전 및 예루살렘의 멸망과 연결한다.

예를 들어, 예레미야애가 랍바는 애가의 여러 곳에서 이러한 연관성을 언급한다. 흥미롭게도 스가랴가 특별히 언급되는 구절 중 하나가 예레미야

21　D. B. Howell, *Matthew's Inclusive Story: A Study in the Narrative Rhetoric of the First Gospel*, JSNTSup 42 (Sheffield: JSOT Press, 1990), p. 153.

애가 4:13이다. 한 지점에서(예레미야애가 랍바 113.i.1-2을 보라) 4:13에 대한 주석은 스가랴가 성전의 어느 곳에서 살해되었는지에 초점을 맞춘다. 예레미야애가 랍바가 이 스가랴를 역대하 24:21에서 성전에서 돌로 치는 사건과 관련된 여호야다의 아들 스가랴와 일관되게 동일시하고 있음을 지적하는 게 중요하다. 언뜻 보기에 그는 마태복음 23:35에서 언급된 스가랴와 다른 인물로 보일 수 있다. 마태가 그를 υἱὸν Βαραχίου, "바라갸의 아들"(스가랴서에 나오는 포로기 이후 예언자를 명백히 가리키며 칠십인역 스가랴 1:1에서 τὸν τοῦ Βαραχίου υἱόν, '바라갸의 아들'이라고 정체가 확인된다)이라고 말하기 때문이다. 또한 예레미야애가 랍바는 때때로 첫 번째 성전과 두 번째 성전의 파괴를 언급하지만(예를 들어, 예레미야애가 랍바 39.i.2-4), 스가랴의 죽음에 대한 기록은 항상 느부갓네살이 첫 번째 성전을 파괴한 것과 연관되어 있다. 따라서 예레미야애가 랍바는 마태복음에 언급된 스가랴와는 다른 스가랴를 가리키는 것으로 보인다.

그럼에도 성전에서 돌에 맞은 스가랴의 정체를 둘러싼 유대 전통의 혼란은 잘 알려져 있으며,[22] 스가랴의 죽음을 언급하는 예레미야애가의 다른 해석은 스가랴를 마태복음과 마찬가지로 포로기 이후의 예언자로 여기는 것처럼 보인다. 예를 들어, 타르굼 예레미야애가의 한 지점에서 화자는 예루살렘을 포위하고 포획하는 동안 자신의 백성에게 그러한 고통을 주는 게 옳은지 생각해 보라고 야웨에게 도전한다(타르굼 예레미야애가 2:20을 보라). 야웨의 "정의의 속성"은 이렇게 대답한다. "야웨의 성전에서 제사장과 예언자를 죽이는 것이 옳은가? 너는 속죄일에 야웨의 성전에서 대제사장이자 신실한 예언자인 잇도의 아들 스가랴(זכריה בר עדוא)를 죽였다. 그가 너에

---

[22] 데이비스와 앨리슨은 제사장 스가랴(대하 24장)와 예언자 스가랴(슥 1:1)가 유대 전통에서 혼용되는 경향이 있다고 지적한다(*Gospel according to Saint Matthew*, 3: pp. 318-319).

게 야웨 앞에서 악을 삼가라고 꾸짖었기 때문이 아니냐?"²³

זכריה בר עדוא라는 이름은 명확히 זכריה בן־עדו라는 이름의 포로기 이후 예언자를 지칭하는 아람어다(슥 1:1). 그러나 스가랴 1:1에서는 이 예언자를 베레갸의 아들이자 잇도의 아들로 묘사한다. 그렇다면 타르굼 예레미야애가에서는 분명 마태복음과 마찬가지로 스가랴를 포로기 이후의 예언자로 인식하는 것이다.

타르굼이 예루살렘 성전의 첫 번째와 두 번째 파괴를 혼합하는 방식(타르굼 예레미야애가 1:19)에 비추어 볼 때, 여기서는 두 번째 성전의 파괴를 가리키는 것 같다. 잇도의 아들 스가랴가 포로기 이후 예언자였기 때문이다. 이것이 옳다면 마태복음과 타르굼 예레미야애가 모두 기원후 70년의 예루살렘 성전 파괴를 포로기 이후 예언자인 똑같은 스가랴의 죽음과 연결하는 것이다.

그러나 타르굼이 염두에 둔 것이 기원전 586년이든 기원후 70년이든, 흥미로운 주요 요지는 이 해석 전통이 스가랴의 죽음, 예루살렘과 성전의 파괴, 예레미야애가의 동일한 연관성을 예시하고 있다는 점이며, 이것은 예레미야애가 랍바에서도 분명하게 드러나 있다. 이 문헌이 나타내는 전통의 연대를 측정하기는 어렵지만, 스가랴의 죽음과 성전 파괴 모티프의 연관성은 마태복음에서도 확인되므로 이러한 연결 고리는 적어도 기원전 1세기까지 거슬러 올라가는 것으로 보인다. 또한, 타르굼 예레미야애가와 예레미야애가 랍바의 연결 고리가 마태복음에 대한 의존에서 비롯된 것 같지는 않다. 타르굼, 예레미야애가 랍바, 마태복음은 유대 주석 전통을 우연히 증언하고 있을 가능성이 더 높은데, 이 주석 전통은 그 세 문헌이 나오기 전에, 그리고 그들과 독립적으로, 예레미야애가, 스가랴의 죽음 이야기, 예루살렘과

---

23 E. Levine, *Aramaic Version of Lamentations*, p. 68.

성전의 멸망을 연결했을 것이다.

만약 그렇다면 마태복음 23:35-24:2에서 스가랴의 죽음, 예루살렘과 성전의 멸망, 예레미야애가와의 어휘적·형식적·주제적 연관성을 종합해 보면, 마태복음 23:35이 실제로 예레미야애가 4:13을 암시하고 있다는 게 거의 확실해 보인다.

마태복음 23-24장 맥락에서 예레미야애가의 암시가 예수가 말씀하시는 대상인 예루살렘 종교 권위자들에게 닥칠 심판, 즉 예루살렘과 성전의 멸망에 대한 성경적 보증과 일반적 정당성을 제공한다는 점을 고려할 때, 이것은 의미심장하다. 그러나 마태의 이야기가 전개되면서(특히 마태복음 27장에서) 마태는 예레미야애가 4:13을 상호본문으로 사용하여 이 더 넓은 계획을 추진한다. 마태복음 23:35에서 마태는 예수의 십자가 처형을 의로운 피 흘림의 탁월한 예로 제시하고자 예레미야애가 암시를 통해 소개된 주제를 사용한다.

마태복음 27장의 세 주요 지점에서 저자는 23:35을 연상시키는 언어와 예레미야애가 4:13에 대한 암시를 분명히 사용한다. 이러한 방식으로 마태는 예레미야애가의 암시가 불러일으키는 주제와 경고를 사용하여 예수를 의로운 사람으로 묘사함으로써 그의 죽음이 예루살렘과 성전에 심판을 가져올 것을 암시한다.

이 중 첫 번째 요점은 마태복음 27:19에서 빌라도의 아내가 τῷ δικαίῳ ἐκείνῳ(그 의로운 사람)에게 아무 상관하지 말라고 촉구하는 대목에서 나타난다. 여기서 예수는 23:35에서 아벨과 그가 흘린 피를 묘사하는 데 사용된 동일한 용어인 δίκαιος(의로운)로 명시적으로 묘사된다. 마태는 빌라도의 아내의 꿈에 대한 이야기를 통해 빌라도의 아내가 예수의 십자가 처형을 요구하는 사람들보다 더 많은 것을 보았다는 사실, 즉 이 의로운 사람의 피를 흘리면 비참한 결과를 초래하리라는 사실을 독자들에게 알려 준다.

23:35을 연상시키는 마태복음 27장의 두 번째 요점은 빌라도가 예수를 십자가에 못 박는 행위와 거리를 두기 위해 손을 씻는 모습에서 찾을 수 있다. 여기서 빌라도는 ἀθῷός εἰμι ἀπὸ τοῦ αἵματος τούτου("이 사람의 피에 대하여 나는 무죄하니"; 마 27:24)라고 주장한다. 다시 말하지만, 특히 예수가 '의롭다'고 묘사된 맥락 속에서 예수의 피와 관련된 생각은 독자의 마음에 23:35을 효과적으로 불러일으킨다.

마태복음 27장에서 23:35을 되돌아보게 하는 세 번째 요점은 27:25의 빌라도에 대한 사람들의 반응에서 찾을 수 있다. 마태는 빌라도가 예수의 죽음에 대해 아무런 책임이 없다고 주장하자 모든 사람이 τὸ αἷμα αὐτοῦ ἐφ' ἡμᾶς καὶ ἐπὶ τὰ τέκνα ἡμῶν(그 피가 우리와 우리 자손 위에 돌아올지어다)라고 대답했다고 말한다. 예루살렘에 있는 사람들 '위에' '피'가 돌아온다는 언어는 23:35의 언어를 분명하게 상기시키는 것 같다. 27장 앞부분에서 23:35-24:2의 공명을 이미 감지한 독자들은, 여기서 예수의 죽음이 예루살렘과 그 성전에 대한 하나님의 심판을 가져오는 행위라는 예레미야애가의 요점을 알아차리지 않을 수 없을 것이다. 따라서 마태복음 27:25의 진술은 이번 장 전체를 관통하는 모티프,[24] 즉 예수의 죽음은 의로운 피를 흘리게 한 행위라는 주제를 절정에 이르게 한다. 예레미야애가의 배경을 염두에 두면 이 행위가 예루살렘과 성전의 황폐화를 초래할 것이 분명하다. 이러한 맥락에서 예수가 죽으실 때 성전 휘장이 둘로 찢어진 것은 다가오는 심판을 예고하는 것이 틀림없다(마 27:51).[25]

---

[24] D. 시니어(Senior)에 이어 D. E. 갈런드(Garland)는 "무죄한 피"가 마태복음 27장의 주제라고 제안한다[D. E. Garland, *The Intention of Matthew 23*, NovTSup 52 (Leiden: Brill, 1979), p. 185]. 내가 이 평가에 이의를 제기하는 유일한 지점은 NA[27]에서 발견되는 텍스트의 형태를 존중하여 δίκαιος(의로운)보다 ἀθῷος(무죄한)를 선호했다는 사실이다. 이번 장의 주제는 '의로운 피'라고 말하는 것이 더 정확할 것이다.
[25] R. E. 브라운(Brown) 또한 휘장이 찢어지는 것을 마태복음 23:37-38에서 선포된 심판

마태복음 27장에서 예수를 의로운 사람으로 묘사함으로써 저자는 23:35-24:2의 주제를 상기시킨다. 이러한 방식으로 그는 23:35에서 예레미야애가에 대한 이전의 암시를 더욱 활용하여 십자가에서 흘리신 예수의 피가 성전 파괴의 주된 이유가 됨을 시사한다. 그리고 바로 이 틀 속에서 마태복음의 십자가 사건에 대한 설명이 등장한다. 이를 염두에 두고, 나는 마태가 그의 수난 기록에서 예레미야애가에 대한 암시를 두 번 더 소개한다고 제안하는데, 한 번은 27:34에서, 다른 한 번은 27:39에서다.

마태복음 27:34에 대한 일반적 이해는, 군인들이 예수께 담즙을 드린다는 언급을 시편 69:21(69:22, 마소라; 68:22, 칠십인역)을 암시하는 것으로 여기는 것이다. 조엘 마커스(Joel Marcus)는 마태가 마가의 기록을 "윤색했다"고 말하며 이 문제를 다루는 방식에 대한 좋은 예를 제시한다.[26] 예를 들어, 여기서 마태는 마가복음 15:36에서 수난 내러티브에 소개된 시편에 대한 암시를 '배가'함으로써 시편 69편의 더 넓은 맥락에 대한 인식을 보여 준다.[27] 즉, 마태는 예수가 마실 포도주를 제공받았다는 마가의 말(막 15:36)이 시편 69:21을 암시하는 것으로 이해한다. 그래서 마태는 몰약을 섞은 포도

과 연결하지만, 마태복음 23:35이 예레미야애가를 암시하는 것에 주의를 기울이지는 않는다[The Death of the Messiah: From Gethsemane to the Grave; A Commentary on the Passion Narratives in the Four Gospels, Anchor Bible Reference Library (New York: Doubleday, 1994), 2: p. 1102]. 『앵커바이블 메시아의 죽음 2』(기독교문서선교회).

26 J. Marcus, "The Old Testament and the Death of Jesus: The Role of Scripture in the Gospel Passion Narratives," in The Death of Jesus in Early Christianity, ed. J. T. Carroll and J. B. Green, with R. E. Van Voorst, J. Marcus, and D. Senior (Peabody, MA: Hendrickson, 1995), p. 226. 유사한 논의로는, Davies and Allison, Gospel according to Saint Matthew, 3: pp. 612-613; R. H. Gundry, Matthew: A Commentary on His Handbook for a Mixed Church under Persecution, 2nd ed. (Grand Rapids: Eerdmans, 1994), p. 569.

27 Marcus, "Death of Jesus," pp. 226-227.

주(막 15:23)를 담즙을 섞은 포도주(마 27:34)로 바꾸어 마가복음의 내용을 구체화한다. 이로써 마태는 자신의 수난 내러티브에 시편 69:21에 대한 또 다른 암시를 추가한다.

특히 마태복음이 마가복음의 시편 22편 인용을 비슷하게 윤색했다는 사실에 비추어 볼 때 이것은 꽤 설득력 있는 주장이다. 예를 들어, 마태복음 27:43에서 "그가 하나님을 신뢰하니 하나님이 원하시면 이제 그를 구원하실지라"고 했던 구경꾼들의 말은 마가복음에는 없으며, 시편 22편을 마태가 추가로 인용한 게 분명하다. 따라서 마태는 마가가 인용한 구절에서 성경 구절을 추가로 인용하여 마가의 기록을 윤색했을 가능성이 높다.

그러나 마태가 일차적으로 마가의 기록을 가져와 시편 69편과 더 밀접하게 일치시키는 것이 아니라 오히려 예레미야애가를 암시한다는 결론을 내릴 만한 좋은 이유가 있다. 첫째, 칠십인역 시편 68:22에서 χολή 즉 '담즙'이라는 단어가 사용되기는 하지만, 이 단어가 예레미야애가에 두 번(3:15, 19) 등장한다는 점이 흥미롭다. 둘째, 예레미야애가 3:15과 3:19에 나오는 χολή의 형태가 마태복음에 나오는 형태(속격 단수형)와 동일하다는 점도 주목할 만하다. 반면에 시편 68:22은 목적격 단수형을 사용한다. 마태는 시각적·청각적 관점에서 27:34에 사용된 단어의 형태가 그리스어 예레미야애가 번역본을 잘 아는 사람들에게 공명을 불러일으킬 수 있도록 본문을 구성했을 것이다. 셋째, 이런 주장은 그 자체로 암시를 입증하는 데 별로 도움이 되지 않지만, 예레미야애가가 마태의 수난 기록 직전에 그 맥락에서 중요한 역할을 했다는 사실은 이러한 어휘적·형식적 대응이 예레미야애가에 대한 또 다른 암시를 나타낼 수 있음을 시사한다.[28] 넷째, 불과 네 구절 뒤

---

28 또한 마태가 복음서 초두에 이미 예레미야애가 3장을 언급했을 수 있다는 사실도 고려해야 한다. 예레미야애가 3:30은 다음과 같다. δώσει τῷ παίοντι αὐτὸν σιαγόνα χορτασθήσεται ὀνειδισμῶν(자기를 치는 자에게 뺨을 돌려대어 치욕으로 가득할 것

인 27:39에서 애가를 암시하는 또 다른 부분이 등장한다는 사실에 비추어 볼 때, 이 주장의 근거는 더욱 확실해진다.

이번 장 서두에서는 마태복음 27:39이 시편 22:7을 암시한다는 학계의 주장에 주목했다. 이 결론을 지지하는 일반적 주장은 (1) 마태의 수난 내러티브에서 시편 22편에 대한 매우 분명한 언급이 세 번 더 있고(마 27:35, 43, 46), (2) 시편 22:7(칠십인역 21:8)에 조롱의 관용구 κινεῖν κεφαλήν(머리를 흔들다)이 포함되어 있다는 점이다. 그러나 몇 가지 요인에 따르면 마태는 39절에서 시편 22:7보다는 주로 예레미야애가 2:15을 암시하는 것으로 보인다.

첫째, 마태복음 27:39은 시편 22:7보다 예레미야애가 2:15과 언어적으로 더 많이 겹친다. 다음 비교에서, 마태복음과 예레미야애가가 정확히 일치하는 구절은 두 본문 모두에 밑줄이 그어져 있다. 마태복음과 예레미야애가가 유사성을 보이는 부분은 기울임꼴로 표시했다. 그리고 마태복음과 칠십인역 시편 21편이 정확히 일치하는 구절은 기울임꼴로 표시하고 밑줄을 그었다.

이다). 마태복음 5:39에서 예수의 권면도 비슷한 생각을 제시한다. ὅστις σε ῥαπίζει εἰς τὴν δεξιὰν σιαγόνα [σου], στρέψον αὐτῷ καὶ τὴν ἄλλην ([만일] 누가 네 오른뺨을 치거든 다른 쪽도 돌려대며). 데이비스와 앨리슨은 이 두 본문의 유사성이 적어도 오리게네스(*Gospel according to Saint Matthew*, 1: p. 543) 때부터 인식되었다고 지적한다. 이것이 예레미야애가 3:30에 대한 암시라면, 마태복음 27:34이 예레미야애가 3:30을 암시한다는 주장을 두 가지 방식으로 강화할 수 있다. 첫째, 이는 마태가 적어도 예레미야애가 3장의 일부를 알고 있음을 보여 주며, 특히 예레미야애가 4:13에 대한 그의 지식에 비추어 볼 때 그가 그 장에 대해 더 많은 부분을 안다고 결론 내리는 쪽이 안전하다. 둘째, 예레미야애가 4:13처럼 3:30 역시 마태복음 후반부에서 예수가 산헤드린 앞에 서실 때 반복되었을 수 있다. 특히 얼굴을 맞으신 예수에 대한 마태의 묘사(26:67-68)는 마태복음 5:39을 연상시키며, 따라서 예레미야애가 3:30을 연상시킨다(흥미롭게도, 애 3:30과 마 26:68 모두 동사 παίω의 형태를 사용한다). 만약 예레미야애가 3:30이 여기서 반복되는 것이라면, 수난 기록 바로 앞 맥락에서 예레미야애가가 등장하는 또 다른 사례가 된다.

마태복음 27:39	예레미야애가 2:15	시편 21:8
Οἱ δὲ παραπορευόμενοι ἐβλασφήμουν αὐτὸν κινοῦντες τὰς κεφαλὰς αὐτῶν	Ἐκρότησαν ἐπὶ σὲ χεῖρας *πάντες οἱ παραπορευόμενοι* ὁδόν, ἐσύρισαν καὶ *ἐκίνησαν τὴν κεφαλὴν* αὐτῶν ἐπὶ τὴν θυγατέρα Ιερουσαλημ Εἰ αὕτη ἡ πόλις, ἥν ἐροῦσιν Στέφανος δόξης, εὐφροσύνη πάσης τῆς γῆς;	*πάντες οἱ* θεωροῦντές με ἐξεμυκτήρισάν με, ἐλάλησαν ἐν χείλεσιν, *ἐκίνησαν κεφαλήν*

이 본문들을 나란히 배열해 보면, 마태복음 27:39이 칠십인역 시편 21:8보다 예레미야애가 2:15과 어휘와 형식 면에서 공통점이 훨씬 많음을 분명히 알 수 있다. 구체적으로, 둘 다 복수 분사 οἱ παραπορευόμενοι(지나가는 자들)와 관용구 κινεῖν κεφαλήν(머리를 흔들다)의 형태를 사용하며, 후자에서 κεφαλή(머리)는 관사와 복수 대명사 αὐτῶν(그들의) 모두에 의해 수식된다.[29]

둘째, 마태복음 27:39과 예레미야애가 2:15의 맥락은 단순한 어휘상의 일치를 넘어 시편 22편에는 없는 성전 파괴라는 주제를 공유한다. 예레미야애가는 전반적으로 예루살렘의 멸망에 대해 이야기하지만 몇몇 부분에서는 성전의 황폐함을 구체적으로 다룬다. 2장의 경우 두 곳에서 그러한 내

---

29 예레미야애가 2:15과 칠십인역 시편 21:8 사이의 어휘적 일치(ἐκίνησαν κεφαλήν에 주목하라)는 예레미야애가가 시편 22편을 암시하는 것일 수 있다(히브리어도 거의 동일하다). 따라서 마태복음 27:35과 시편 22:7 사이에 교차수분(cross-pollination)이 일어난다면, 그것은 예레미야애가 2:15 쪽에서 시편 22편을 암시함으로써 일어나는 것일 수 있다.

용이 등장한다(2:7, 20을 보라). 예를 들어, 2:7은 다음과 같다.

ἀπώσατο κύριος θυσιαστήριον αὐτοῦ, ἀπετίναξεν ἁγίασμα αὐτοῦ, συνέτριψεν ἐν χειρὶ ἐχθροῦ τεῖχος βάρεων αὐτῆς· φωνὴν ἔδωκαν ἐν οἴκῳ κυρίου ὡς ἐν ἡμέρᾳ ἑορτῆς.

주님은 그의 제단을 거부하셨고, 그의 성소를 버리셨으며, 적의 손에 의해 그녀의 궁전 벽을 산산조각 냈고, 그들은 주님의 집에서 축제 날과 같은 소리를 냈다.

요컨대 2:15은 일반적으로 예루살렘의 멸망에 대해 말하고 있지만, 당연히 성전의 종말이 인접한 맥락에서 분명하게 드러난다.

또한 "머리를 흔들며" "지나가는 자들"이 마태복음 27:40에서 한 말은 시편 22편에서 온 것이 아니다. 이것은 다소 이상한 일인데, 시편 22:7-8은 마태복음 27:39-40의 문맥에 완벽하게 들어맞는 준비된 문구처럼 보이기 때문이다. 즉, 시편 22:7에서 조롱하고 모욕을 퍼붓고 '머리를 흔드는' 사람들은 곧바로 22:8에서 "그가 여호와께 의탁하니 구원하실 걸, 그를 기뻐하시니 건지실 걸" 하고 말하는 바로 그 사람들이다. 마태는 분명히 시편 22:8을 인용하고 있지만, 이 인용문은 3절 후인 마태복음 27:43에서 대제사장, 서기관, 장로들의 입을 통해 언급된다. 마태가 마태복음 27:39에서 시편 22편을 암시한다면, 이 암시를 시편 22:8의 명백한 인용문과 떨어뜨려 놓는 것은 이상하다. 시편 22:7의 '머리를 흔드는' 사람들이 22:8에서 말하는 내용을 마태복음 27:39의 "머리를 흔들며" "지나가는 자들"이 40절에서 말하는 것이 더 자연스러워 보일 것이다.

반면에 "지나가는 자들"이 마태복음 27:40에서 하는 말은 예레미야애가 2:15의 맥락에 등장하는 바로 그 주제, 즉 성전 함락을 다룬다. 지나가는 자들과 예수를 보고 머리를 흔드는 사람들은 이렇게 말한다.

ὁ καταλύων τὸν ναὸν καὶ ἐν τρισὶν ἡμέραις οἰκοδομῶν, σῶσον σεαυτόν, εἰ υἱὸς εἶ τοῦ θεοῦ, [καὶ] κατάβηθι ἀπὸ τοῦ σταυροῦ.

성전을 파괴하고 사흘 만에 [성전을] 재건하는 자여, 당신이 하나님의 아들이라면 자신을 구하고 십자가에서 내려오라.

시편 22편과 아무 관련이 없는 이 구절은 예레미야애가 2:15의 문맥과 완벽하게 일치한다.

마지막으로, 성전 파괴라는 주제가 마태복음 23:35-24:2에서 예레미야애가 4:13에 대한 암시가 수행하는 역할, 그리고 십자가 처형 이야기 직전의 마태복음의 맥락 모두와 잘 어울린다는 점을 고려해야 한다. 앞서 나는 마태복음이 의로운 피 흘림, 특히 예수의 피 흘림이라는 주제를 사용하여 예루살렘 및 성전의 파괴와 예수의 십자가 처형을 연결한다고 주장한 바 있다. 그리고 여기서 예레미야애가 2:15에 대한 암시는 이 점을 강화한다. 마태의 관점에서 볼 때, "지나가는 자들"과 예수를 보고 '머리를 흔드는' 자들에게는 알려지지 않은 채 예수의 죽음은 성전의 멸망으로 이어질 것이다.

본문을 종합해 보면, 마태복음 27:39과 예레미야애가 2:15의 언어가 겹친다는 점, 이 구절들의 맥락에서 성전 파괴라는 공통된 주제를 다루고 있다는 점, 마태복음 수난 내러티브 바로 직전에 예레미야애가가 수행한 역할 등은 마태복음 27:39에 예레미야애가 2:15이 암시되어 있음을 입증해 준다.

마태복음 27:4과 27:24 다시 살펴보기

지금까지 나는 마태가 예레미야애가를 암시하는 방식으로 예수의 수난 이야기를 예견하고(23:35-24:2을 보라) 표현한(27:19, 34, 39) 것은, 종교적 지배층에 의한 예수의 죽음을 기원후 70년의 비참한 사건의 원인이 된 의로운 피 흘림의 행위로 정립하기 위함이었다고 주장했다.

이 주장이 일반적으로 타당하다면, 마태가 구성한 전반적 논증에 적합한 언어를 사용하는 사본 전통에 여러 형태가 존재한다는 사실은 기대를 자극한다. 실제로 수난 기록의 맨 처음에 나오는 αἷμα δίκαιον(의로운 피)에 대한 언급은 마태의 논쟁에 완벽하게 기여할 것이다. 이것이 23-24장에서 이루어진 불길한 예언을 독자들의 마음에 효과적으로 상기시킬 것이기 때문이다. 이 불길한 예언은 예레미야애가에서 종교 지도자들에 의한 의로운 피 흘림과 예루살렘과 성전에 대한 하나님의 심판 사이의 연결성을 통해 매개된다.

나는 앞서 마태복음 내러티브의 이 부분에서 δίκαιος 언어가 명백히 등장한다는 사실을 강조했다(27:19을 보라). 특히 마태복음의 수난 이야기 전반에 나타나는 예레미야애가의 다른 암시들과 27:24-25에 나타난 마태복음 23:35의 반향을 함께 고려할 때, 이 관찰은 마태가 독자들에게 애가에 대한 이전의 암시를 효과적으로 상기시키고 그 암시를 예수의 죽음과 연결하도록 독려하고 있음을 시사한다. 그렇다면 마태가 수난 내러티브를 마태복음 23:35-24:2과 연결하고 그리하여 예레미야애가와 연결하는 더 많은 언어를 다시 한번 명시적으로 사용하는 것은 놀라운 일이 아니다. 실제로 사본 전통에는 마태복음 23:35을 강하게 연상시키는 언어가 마태복음 27장에 두 번 더 등장하는데, 4절과 24절이다.

NA^{27}과 UBS^4 본문의 마태복음 27:4에서 유다는 ἥμαρτον παραδοὺς

αἷμα ἀθῷον(나는 무죄한 피를 넘겨주어 죄를 지었다)이라고 말한다. 그러나 유다가 ἥμαρτον παραδοὺς αἷμα δίκαιον(나는 의로운 피를 넘겨주어 죄를 지었다)이라고 말하는 다른 본문이 있다. 브루스 메츠거(Bruce Metzger)는 δίκαιον보다 ἀθῷον을 선호하는 UBS⁴ 위원회의 선택을 설명하면서 "여기서 외부 증거의 무게는 ἀθῷον을 지지하는 쪽으로 강력하게 기울어진다"[30]고 말한다. 그는 이어서, 필사자라면 마태복음 27:4과 23:35을 조화시키는 방향으로 변경하여 δίκαιον을 ἀθῷον으로 바꾸기보다는 ἀθῷον을 δίκαιον으로 바꾸었을 가능성이 높다고 덧붙인다.[31]

메츠거는 외부 증거의 대부분이 UBS⁴을 지지한다고 말하며 이는 옳은 지적이다. 사실, δίκαιον의 존재를 뒷받침하는 유일한 대문자 사본들은 B, L, Θ의 첫 교정자들뿐이다. 여기에 추가되는 것이 오리게네스의 인용문 6개 중 5개,[32] 라틴어 버전들, 몇 명의 라틴 교부,[33] 소수의 기타 버전인데, 이들 번역이 암시하는 바는 기초로 삼은 그리스어 선본이 αἷμα δίκαιον으로 읽는다는 것이다. 반면에 수많은 대문자 사본(예를 들어, ℵ, A, B, C, W, Δ, E, F, G, H, Σ), 소문자 사본, 버전, 그리스 교부의 글[34]에서는 ἀθῷον으로 나온다. 요컨대, δίκαιον은 분명히 라틴어 전통에서 우세한 반면, ἀθῷον은 사본 수와 지리적 분포 측면에서 훨씬 광범위하고 강력한 지지를 받고 있다.

그러나 이러한 외적 증거가 있음에도 마태복음 27:4에서 ἀθῷον 대신 δίκαιον으로 읽어야 할 충분한 이유를 제시할 수 있다. 첫째, 오리게네스의 『켈수스를 논박함』(Contra Celsum, 새물결)은 가장 초기의 외적 증거를

---

30 B. M. Metzger, *A Textual Commentary on the Greek New Testament*, 2nd ed. (New York: United Bible Societies, 1994), p. 55. 『신약 그리스어 본문 주석』(대한성서공회).

31 Metzger, *Textual Commentary*; so also D. A. Hagner, *Matthew 14-28*, WBC 33b (Dallas: Word Books, 1995), p. 811.

제공하며, 적어도 이 본문에서 오리게네스는 분명 마태복음 27:4의 αἷμα δίκαιον을 알고 있다.³⁵ 이것은 3세기 중반까지 팔레스타인에서 이렇게 읽혔다는 뜻이다. 라틴 증인들의 증언과 결합될 때, 이 독법이 시대적·지리적

---

32 나는 오리게네스가 마태복음 27:4을 분명히 인용하거나 암시하는 여섯 가지 사례를 발견했다. 이 구절은 *Contra Celsum*에서 두 번 언급되며, 인용문은 모두 αἷμα δίκαιον을 뒷받침한다[M. Borret, *Origen: Contre Celse*, SC 132 (Paris: Latour-Maubourg, 1967), p. 312를 보라]. 라틴어로 쓴 오리게네스의 마태복음 주석에는 이 구절이 네 번 인용되어 있다. 이 중 세 개는 라틴어로만 인용되며 *iustum*(그럼으로써 δίκαιον을 뒷받침하는)으로 읽히고, 네 번째는 라틴어 번역본과 그리스어 단편에서 모두 발견된다. 이 마지막 인용문이 특히 흥미로운데, 라틴어 번역본에서는 *iustum*으로 읽지만 해당 그리스어 단편에서는 αἷμα ἀθῷον으로 읽히기 때문이다[E. Klostermann, *Origenes Matthäuserklärung, II: Die lateinische Übersetzung Der Commentariorum Series*, Origenes Werke 11, GCS 38 (Leipzig: J. C. Hinrichs, 1933), p. 247를 보라]. 단어가 종종 필사자에 의해 변화된다는 점을 감안할 때, 라틴어와 그리스어의 불일치는 오리게네스 주석의 전승 역사에서 알려지고 선호되는 독법으로 성경 본문이 변화되었음을 나타내는 것이 확실하다. 이러한 변화가 라틴어 주석에서 발생했는지 그리스어 주석에서 발생했는지 확실하게 말하기는 어렵다. 그러나 라틴어 전통에서 δίκαιον(*iustum*의 형태로)이 완전히 지배적이라는 점을 고려할 때(더 많은 내용은 뒤의 각주 33을 보라), 그런 변화가 그리스어 단편보다 라틴어 번역에서 발생했음을 의심하는 것이 합당할 것이다.

33 마태복음 27:4을 분명히 인용하거나 암시하는 라틴 교부[암브로시우스(Ambrose), 암브로시아스터(Ambrosiaster), 노바티아누스(Novatian), 푸아티에의 힐라리우스(Hilary of Poitiers), 히에로니무스]는, 라틴어 버전들과 함께 만장일치로 *sanguinem iustum*으로 읽는다. 이것은 라틴어 전통이 ἀθῷον 대신 δίκαιον으로 읽는 선본에 기반하고 있음을 시사한다.

34 UBS⁴ 장치에서는 오리게네스 1/4, 에우세비오스(Eusebius), 예루살렘의 키릴로스(Cyril of Jerusalem), 에피파니오스(Epiphanius), 크리소스토무스(Chrysostom), 헤시키오스(Hesychius), 막시무스(Maximus)를 나열한다. 나는 헤시키오스에게서 이 구절에 대한 언급을 찾을 수 없었지만, UBS에서 언급하는 다른 교부들에게서 ἀθῷος를 개인적으로 확인했다(오리게네스에게서 네 번 언급된다는 말은 여섯 번으로 수정해야 한다. δίκαιος가 그리스어로 두 번, 라틴어로 네 번 언급되어 있으며 라틴어 인용 중 하나에 상응하는 그리스어 단편은 ἀθῷον으로 읽히기 때문이다. 앞의 각주 32를 보라).

35 앞의 각주 32를 보라.

분포 측면에서 상당한 지지를 받는 것으로 나타난다.

둘째, 마태는 δίκαιος를 상대적으로 자주 사용한다.[36] 27:4을 제외하면 ἀθῷος는 마태복음에서 단 한 번만 등장한다(27:24). 그렇다면 마태는 ἀθῷος보다는 δίκαιος를 사용했을 가능성이 더 높다.

셋째, 필사자의 입장에서 생각할 때, αἷμα 형태와 ἀθῷος 형태를 연결한 표현이 αἷμα와 δίκαιος를 연결한 표현보다 더 일반적인 성경적 언어라는 것은 분명 중요하다. 칠십인역에는 두 구절 모두 등장하지만, 전자의 조합이 후자의 조합보다 5대 1 이상 많다.[37] αἷμα가 δίκαιος와 함께 등장하는 횟수가 상대적으로 적다는 점을 고려하면, 성경 언어에 익숙한 필사자라면 αἷμα와 ἀθῷος를 결합한 더 일반적인 구절에 끌렸을 가능성이 더 커 보인다.

이런 일이 마태복음 27:4에서 일어났을 확률은 극적으로 증가하는데, 마태복음 27:9-10에서 유다가 돈을 돌려준 일에 대한 설명을 예레미야서를 가리키는 성경 인용과 연결하기 때문이다. 데이비스와 앨리슨은 마태복음 27:3-10이 스가랴 11:12-14, 예레미야 18, 19, 32장 같은 본문과 여러 접점이 있다고 지적한다.[38] 흥미롭게도 칠십인역에서 αἷμα와 ἀθῷος가 함께 사용된 21회의 사례 중 6회가 예레미야서에 나타난다(참조. 2:34; 7:6; 19:4; 22:3, 17; 33:15). 마태복음 27:9에서 성경 인용 출처를 예레미야서로 밝힌 점

---

36 문제의 구절 외에도 마태복음에서는 이 형용사를 17회 사용한다. 1:19; 5:45; 9:13; 10:41(3회); 13:17, 43, 49; 20:4; 23:28, 29, 35(2회); 25:37, 46; 27:19.

37 αἷμα와 ἀθῷος를 연결한 표현은 다음 칠십인역 본문에서 총 21회 나타난다. 신 27:25; 삼상 19:5; 25:26, 31; 왕상 2:5; 왕하 21:16; 24:4(2회); 대하 36:5(2회); 에 8:12; 마카베오1서 1:37; 마카베오2서 1:8; 시 93:21; 105:38; 렘 2:34; 7:6; 19:4; 22:3, 17; 33:15. 앞서 언급했듯, αἷμα와 δίκαιος의 조합은 칠십인역에서 단 네 번 등장한다. 잠 6:17; 욜 4:19; 욘 1:14; 애 4:13.

38 Davies and Allison, *Gospel according to Saint Matthew*, 3: pp. 558-559.

을 고려할 때, 필사자가 마태복음 27:4의 비교적 희귀한 αἷμα δίκαιον을 예레미야에서 더 잘 알려져 있고 더 빈번하게 사용되는 언어와 조화시키려 했을 가능성이 상당해 보인다. 마태는 유다가 종교 권위자들에게 돈을 돌려준 이야기 전체가 예레미야서에 기인한 것으로 보기 때문에, 우리는 초기 필사자가 왜 예레미야서의 더 일반적인 문구(αἷμα ἀθῷον)에 끌렸고 효과적으로 이 이야기를 마태가 끌어온 출처의 언어에 더 가깝게 일치시켰는지 이해할 수 있다.

넷째, 이 모든 점을 염두에 두면, 마태의 내러티브에서 정확히 이 위치에 δίκαιος 언어가 있다는 것은 앞서 살펴본 예레미야애가, 유대 종교 지도자의 손에 의한 의로운 피 흘림, 십자가 처형, 성전 파괴 사이의 연결점에 비추어 볼 때 훌륭하게 이해된다.

마태복음 27:1-9에서 유다는 예수를 배신한 대가로 종교 지도자들로부터 받은 돈을 돌려주려고 한다. 27:4의 피에 대한 언급, 종교 지도자들에 대한 강조, 마태복음 27:9의 예레미야서 언급은 모두 23-24장의 경고, 특히 23:35의 예레미야애가 암시를 떠올리는 역할을 한다. 23:35의 이러한 명백한 반향을 고려할 때, 마태복음 27:4의 변형인 αἷμα δίκαιον과 마태복음 23:35의 αἷμα δίκαιον의 명백한 조화는 메츠거와 달리 실제로 마태가 쓴 것이지 필사자의 독창성의 결과가 아닐 가능성이 전반적으로 더 커 보인다.[39]

---

39 이 점은 교부들이 마태복음 23:35과 27:4 또는 마태복음 27장과 예레미야애가를 연결했다는 증거가 부족하기 때문에 다소 강화된다. 나는 *Biblia Patristica*에서 마태복음 27장과 관련해 예레미야애가 4:13을 언급하는 것을 발견하지 못했다. 교부들의 마태복음 인용에 대한 나의 어떤 연구에도 예레미야애가와의 연결에 대한 암시는 없다. 나는 교부들이 마태복음 23장과 27장을 연결한 사례를 한 번밖에 발견하지 못했다. 푸아티에의 힐라리우스의 본문은 L과 마찬가지로 27:4과 27:24에서 δίκαιος/*iustus*의 존재를 명백하게 입증하는 몇 안 되는 본문 중 하나이며(암브로시우스와 히에로니무스도 보

또한 27:4에서 마태가 유다에게 23:35의 언어를 부여하는 것은 타당해 보인다. 27:4에서 αἷμα δίκαιον은 적어도 두 가지 기능을 할 수 있다. 첫째, 수난 내러티브가 시작되는 지점이므로, 23-24장의 경고와 예수를 죽이는 행위의 명확한 접점을 제공한다. 마태는 수난 내러티브 전반에 걸쳐 예레미야애가를 계속 언급하기 때문에, 이러한 움직임은 독자들이 23:35과 예레미야애가를 다시 생각하도록 유도한다. 둘째, 유다의 발언은 종교 지도자들에게 그들이 가고 있는 길이 성전의 파괴를 가져오리라는 명백한 경고로 작용할 것이다. 다시 말해, 이것은 격렬한 비판이다. 이러한 경고는 마태가 앞서 강조했던 예레미야애가의 주제에 대한 암묵적 호소와 함께, 독자가 지도자들을 변명의 여지가 없는 존재로 여기게 한다. 그러나 마태는 이 경고를 진지하게 받아들이는 대신, 그들이 유다에게 σὺ ὄψῃ(네가 책임지라)라고 퉁명스럽게 대답하도록 한다.

요약하면, 마태가 예수의 죽음을 의로운 피 흘림으로 묘사하기 위해 예레미야애가를 상호본문으로 사용한 것을 뒷받침하고자 내가 제시한 논증에 비추어 볼 때, 내재적 개연성의 증거는 외적 증거에도 불구하고 B, L, Θ의 교정자와 라틴 전통에 나와 있는 변형이 마태복음 27:4에 대한 본래의

라), 그는 시편 57편을 주해하면서 27:24과 23:35을 연결한다. "그리고 이들은 피의 백성이다. 아벨로부터 스가랴 때까지 죽임을 당한 모든 사람의 피가 그들에게 요구되고, 또한 빌라도가 손을 씻을 때 그들은 의로운 자의 피가 그들과 그들 자손 위에 있기를 빌라도에게 선포하고 있었기 때문이다"[내가 번역한 것으로, 힐라리우스의 라틴어 원문은 다음과 같다. "Adeo autem hi uiri sanguinum sunt, ut omnium ab Abel usque ad Zachariam interfectorum ab his sanguis sit reposcendu et abluente manus suas Pilato super se suosque esse iusti sanguinem sint professi." A. Zingerle, *S. Hilarii Episcopi Pictauiensis: Tractatus Super Psalmos*, CSEL 22 (Leipzig: G. Freytag, 1891), p. 180를 보라]. 예수의 의로운 피에 대한 증언으로서 빌라도의 손 씻는 행위(마 27:24에서만 발견되는)를 언급하고, 아벨과 스가랴의 의로운 피를 연결하는(마 23:35에서 발견된다) 것을 통해, 힐라리우스가 이 두 본문을 함께 읽고 있음을 알 수 있다.

독법이라고 결론 내리는 데 충분한 근거가 있음을 강력하게 시사한다. 즉, (1) 이 변형의 효과는 예수의 죽음을 마태복음 23:35-24:2의 예언/경고, 따라서 예레미야애가에 대한 암시와 연결하고, 예루살렘의 유대 지도자들이 이 의로운 피 흘림에 연루되었음을 밝히고 성전 파괴의 책임을 그들의 발밑에 놓는 것이며, (2) 이러한 효과가 마태가 그의 수난 내러티브 이전(23:35을 보라)과 내러티브를 서술하는 도중에(27:19, 25, 34, 39을 보라) 구축하는 광범위한 논증과 완벽하게 일치한다는 점을 감안하면, 다음과 같은 결론을 내릴 수 있다. 즉, 이 변형은 필사자가 이러한 연결성을 더욱 강조하기 위해 본문을 수정했을 가능성보다는 마태의 원문에 속해 있을 가능성을 더 지지한다.

마태복음 27:24에 대해 발견되는 변형과 관련해서도 비슷한 지적을 할 수 있다. NA²⁷과 UBS⁴ 본문에서는 빌라도가 예수를 십자가에 못 박으라는 요청에 대해 ἀθῷός εἰμι ἀπὸ τοῦ αἵματος τούτου· ὑμεῖς ὄψεσθε(나는 이 사람의 피에 대해 결백하니 너희가 책임지라)라고 응답하는 장면이 나온다. 그러나 빌라도가 ἀθῷός εἰμι ἀπὸ τοῦ αἵματος τοῦ δικαίου τούτου· ὑμεῖς ὄψεσθε(나는 이 의로운 자의 피에 대해 결백하니 너희가 책임지라)라고 대답하는 강한 사본 증거가 있다.

마태복음 27:4과 마찬가지로, NA²⁷과 UBS⁴의 편집자들은 두 가지 주된 이유로 이 변형을 포함하지 않기로 결정했다. 첫째, 일부 초기의 강력한 외적 증거는 τοῦ δικαίου라는 구문을 제외한다. 예를 들어, 일부 라틴어 사본 및 기타 버전뿐만 아니라 B, D, Θ는 이 변형이 없는 본문을 예시한다. 또한 에우세비오스(Eusebius)와 노바티아누스(Novatian) 같은 초기 증인들과 암브로시아스터(Ambrosiaster), 대 바실리오스(Basil the Great), 크리소스토무스(Chrysostom)와 같은 후대의 교부들은 δίκαιος라는 수식어에 대해 전혀 알지 못한다.⁴⁰ 메츠거도 "알렉산드리아와 서방 본문의 최고 대표자들"도 이 변형을 보여 주지 않는다고 지적한다.[41] 둘째, 메츠거는 필사 단계에서 이 본문에 첨가된 것은 아마도 "예수의 무죄에 대한 빌라도의 항변을 강조하기 위한 첨가일 것"이라고 판단한다.[42] 그럼에도, 특히 함께 고려할 때 27:24에서 τοῦ δικαίου가 원문이라는 쪽으로 균형이 기울어지게 하는 몇 가지 요점을 제시할 수 있다.

첫째, 이 더 긴 변형에는 강력한 외부적 지지가 있다. τοῦ δικαίου τούτου라는 구절은 ℵ, L(4절과 24절 모두에서 δίκαιος의 형태가 나타나는 유일한 대문자 사본), W, E, F, G, H, Σ에 나온다. f^1, f^{13}, 33을 포함한 소문자 사본과 다수 본문의 여러 대표자 또한 이를 지지한다. 또한 암브로시우스(Ambrose), 예루살렘의 키릴로스(Cyril of Jerusalem), 히에로니무스(Jerome), 토리노의 막시무스(Maximus of Turin), 푸아티에의 힐라리우스(Hilary of Poitiers) 같은 몇몇 그리스 및 라틴 교부가 이 변형을 입증한다.[43]

---

40 에우세비오스에 대해서는 J. B. Pitra, *Analecta Sacra Spicilegio Solemensi Parata* (Venice: Mechitartistorum Sancti Lazari, 1883; repr., Farnborough: Gregg Press, 1966), 3: p. 415를 보라. 노바티아누스에 대해서는 G. F. Diercks, *Novatiani Opera*, CCL 4 (Turnhout: Brepols, 1972), p. 269를 보라. 암브로시아스터에 대해서는 H. J. Vogels, *Ambrosiastri Qui Dicitur Commentarius in Epistulas Paulinas: In Epistulas ad Corinthios*, CSEL 81.2 (Vienna: Hölder-Pichler-Tempsky Kg., 1968), p. 25를 보라. 바실리오스에 대해서는 Y. Courtonne, *Saint Basile: Lettres* (Paris: Belles Lettres, 1966), 3: p. 64를 보라. 크리소스토무스에 대해서는 PG 58:765를 보라.

41 Metzger, *Textual Commentary*, pp. 56-57.

42 Metzger, *Textual Commentary*, p. 57.

43 암브로시우스에 대해서는 M. Petschenig, Sancti Ambrosii Opera: Explanatio Psalmorum XII, CSEL 64 (Leipzig: G. Freytag, 1919), p. 393를 보라. 예루살렘의 키릴로스에 관해서는 *Cyrilli Hierosolymorum archiepiscopi Opera quae supersunt omnia*, ed. W. C. Reischl and J. Rupp, CPG 3585/2 (Hildesheim: Olms, 1967), 2: p. 54를 보라. 히에로니무스에 대해서는 D. Hurst and M. Adriaen, *S. Hieronumi Presbuteri Opera*, 1.7, CCL 77 (Turnhout: Brepols, 1969), p. 266를 보라. 토리노의 막시무스에 대해서는 A. Mutzenbecher, *Maxmi Episcepi Taurinensis*, CCL

마지막으로, 단순한 치환만 이루어진 비슷한 변형은 τούτου τοῦ δικαίου 로 읽히며 A, Δ 및 일부 라틴 증인에게서 발견된다.[44]

둘째, 마태복음 27:24에서 τοῦ δικαίου가 생략된 것은 호모이오텔레우톤(*homoioteleuton*)이나 호모이오아르크톤(*homoioarcton*)에 의해 발생한 역언법(parablepsis)의 사례로 여겨질 수 있다. 원문이 ἀπὸ τοῦ αἵματος τοῦ δικαίου τούτου로 되어 있다면, τοῦ δικαίου τούτου의 일련의 속격 어미들로 인해 호모이오텔레우톤으로 τοῦ δικαίου가 우발적으로 상실될 수 있다. 한편, 처음에 나오는 τοῦ와 τούτου의 존재로 인해, 필사자가 호모이오아르크톤을 통해 실수로 구절을 건너뛰었을 수도 있다. 어느 경우든 NA[27]이 채택한 짧은 독법(ἀπὸ τοῦ αἵματος τούτου)은 쉽게 설명할 수 있다. 실제로 이러한 가설은 사본 전통에서 발견되는 자료를 잘 설명할 수 있다. 짧은 독법이 원본이라는 가설에 비해, ℵ와 L에서 발견되는 더 긴 독법은 τοῦ δικαίου와 τούτου를 역순으로 담고 있는 사본의 존재와 τοῦ δικαίου[45] 만 있는 사본의 존재를 쉽게 설명해 낸다.

셋째, 마태복음 27:24에서 τοῦ δικαίου의 존재를 지지하는 몇 가지 내부 증거가 있다.[46] 앞서 언급했듯이 δίκαιος라는 용어는 마태복음에서 흔하게 나타난다.[47] 그러나 이 요점은 여기서 더욱 신랄하게 입증되는데, 이

---

23 (Turnhout: Brepols, 1962), p. 228를 보라. 푸아티에의 힐라리우스에 대해서는 Zingerle, *S. Hilarii Episcopi Pictauiensis*, p. 180를 보라.

44 NA[27]에서 찾을 수 있는 전체 증언 목록에 따르면, 이 독법은 ℵ L W *f*[1,13] 33 𝔐 lat sy[p,h] sa[mss] mae bo의 지지를 받는다. 또한 τούτου τοῦ δικαίου는 A Δ *pc* aur f h에 나오며 τοῦ δικαίου는 1010 *pc* bo[ms]에 나온다.

45 이 독법들에 대한 사본 전통의 요약은 앞의 각주 44를 보라.

46 갈런드는 이 구절이 독창적이라는 결론을 내릴 수 있을 만큼 내부 증거가 충분히 강력하다고 말하지만, 논증을 발전시키지는 못한다(*Intention of Matthew 23*, p. 185).

47 건드리(Gundry) 또한 δίκαιος가 본문에 속한다고 생각하는데, "마태는 δίκαιος를 좋아한다"고 말함으로써 이 모든 것을 잘 요약한다(*Matthew*, p. 565).

용어가 즉각적 맥락에 매우 잘 들어맞기 때문이다. 마태복음 27:19에서 빌라도의 아내는 예수를 '그 의로운 사람'이라고 묘사한다. 그러므로 빌라도가 예수를 같은 용어, 즉 τοῦ δικαίου τούτου, '이 의로운 사람'으로 지칭하는 것은 내부적으로 정당화될 수 있다.

넷째, 내재적 개연성이 다시 한번 시사하는 바는 이 변형이 메츠거의 주장과 달리 예수의 위신을 높이기 위한 필사자의 추가가 아니라 원래 마태복음에 포함된 부분이라는 것이다. 마태복음 27:24에서 빌라도는 예수의 죽음에 대한 자신의 결백을 증명하기 위해 손을 씻는다. 그런 다음 그는 27:4에서 유다가 들었던 바로 그 말을 사용하여 예수를 십자가에 못 박은 책임을 종교 권위자들에게 정면으로 돌린다. ὑμεῖς ὄψεσθε(너희가 책임지라). 27장에서 4절과 24절 사이에 빌라도가 유대 종교 권위자들의 말을 흉내 내도록 함으로써 만들어진 연결 고리와 마태복음에서 의로운 피 흘림과 성전 파괴를 연결하는 더 큰 논점을 고려할 때, 마태가 빌라도로 하여금 예수를 δίκαιος로 묘사하도록 한 것은 완벽한 타당성을 갖는다. 마태가 빌라도로 하여금 예수를 '의로운' 사람이라고 말하게 한 것이 사실이라면, 예레미야애가에 대한 마태의 암시에 비추어 볼 때 빌라도가 한 발언의 의미는 예수의 죽음으로 성전이 파괴되리라는 것임을 분명히 알 수 있다. 다시 말하지만, 이러한 경고는 독자의 눈에 예루살렘의 유대 지도자들의 과실을 더욱 부각하는 역할을 한다.

하나 덧붙이자면, 마태는 27:25에서 이 두 번째 경고에 대한 백성들의 반응을 제시하면서 23:35과 그 구절 안의 예레미야애가 암시를 연상시키는 용어를 사용할 뿐 아니라 예수의 죽음에 대한 전적인 과실의 측면에서 다루는데, 이것은 확실히 우연이 아니다.[48]

---

48 마태가 예루살렘의 종교 지도자들뿐만 아니라 모든 유대인을 염두에 두고 있다고 이의

요약하자면, 만약 마태가 예레미야애가를 사용하여 (1) 종교 지도자들에 의해 벌어진 의로운 피 흘림과 성전 파괴를 연결하고 (2) 예수의 십자가 처형을 의로운 피 흘림의 탁월한 예로 제시하는 주장을 구성한다면, 마태가 이러한 요소 중 하나 혹은 모두가 강조되는 27:4과 27:24 같은 구절에서 δίκαιος 언어를 사용하는 것이 완벽하게 이해될 것이다.

결론

이번 장에서 나는 마태복음 23장과 27장이 예레미야애가를 세 번 암시한다고 주장했다(23:35; 27:34; 27:39). 이러한 암시들이 예레미야애가 2, 3, 4장에서 온다는 사실, 예레미야애가 4:13에 대한 암시가 십자가 처형 직전의 장면들 전체에서 반복된다는 사실(참조. 마 27:19, 24-25), 예레미야애가 2:15에 대한 암시가 마태가 예레미야애가 4:13을 사용하는 방식과 주제상 매우 밀접하게 연관된다는 사실은 모두 마태가 예레미야애가를 중요한 상호본문으로 사용했음을 암시한다. 예레미야애가에 대한 암시는 특정 역사적 사건을 신학적이고 논쟁적으로 해석하는 데, 즉 예수의 십자가 처형을 예루살렘과 성전의 파괴를 직접적으로 초래한 의로운 피 흘림의 행위로 이해하는 데서 성경적 보증으로 작용한다.

를 제기할 수도 있다. 그러나 마태복음 27:24과 27:4의 연결과 마태가 군중을 선동한 종교 지도자들을 명시적으로 비난하고 있다는 사실(27:20)은 마태가 여기서도 여전히 종교 지도자들을 염두에 두고 있음을 암시한다. 이 점에 대해서는 특히 마태복음의 핵심적 대조와 긴장이 민족적 축이 아니라 사회적 축을 따라 흐른다고 설득력 있게 주장하는 A.-J. 러빈을 보라. 예를 들어, 러빈은 평민들이 목자 없는 양과 같은 존재로 묘사된다는 점을 지적한다(9:36). 그러므로 복음서에서 나타나는 일부 긴장은 누가 백성의 정당한 목자가 될 것인가에 달려 있다. 따라서 마태복음의 주요 갈등 지점 중 하나는 백성을 이끌려는 지도자들과 메시아로서 예언(2:6)에 따라 백성을 목양하도록 임명된 예수 사이에 있다(*Social and Ethnic Dimensions*, pp. 94-104, 215-222, 261-271).

이러한 주장이 기본적으로 타당하다면, 나는 마태복음 27:4과 27:24의 본문 전통에서 δίκαιος를 포함하는 변형들이 (주로 내재적 개연성을 근거로) 원본으로 간주되어 절충적 본문으로 복원되어야 한다고 제안한다. L의 독법은, 비록 대문자 사본 중 유일하지만 마태의 수난 내러티브에서의 예레미야애가의 역할과 잘 일치하고 27:4 및 27:24에 대한 변형들의 존재를 가장 잘 설명하는 독법을 나타낸다.

그러나 더 중요한 것은 나의 주장으로부터 다음의 결론이 도출된다는 것이다. 즉, 마태복음에서 예수의 십자가 처형과 성전 파괴를 연결한 것은 단순히 마태복음의 반유대주의를 반영하는 것으로 간주할 수 없다. 마태복음이 시대착오적으로 읽히는 경우가 너무 많아서, 후대의 반유대 논쟁에서 이 복음서를 사용한 관행을 단순히 본문의 원래 의미와 일치하는 것으로 간주하는 경우가 많다. 그러나 마태가 예레미야애가를 암시하는 것은, 특히 이 본문에 대한 호소가 예수의 의로운 피 흘림에 대한 책임을 예루살렘의 유대 지도자들에게 집중시키고 기원후 70년의 사건을 해석하고 설명하는 성경적 패러다임을 제공하기 때문에, 마태의 주장을 단순히 반유대적이라고 단정할 수 없음을 시사한다. 예레미야애가에 호소하는 마태는 예언자적인 말씀을 전하고 있다고 생각했을 가능성이 훨씬 더 높다. 23장과 27장에서 마태는 예루살렘의 유대 종교 지도자들에 대한 비판을 유대 예언자 전통에 빗대어 논쟁적으로 표현함으로써 유대인 내부의 대화에 참여하는데, 이는 타르굼 예레미야애가와 매우 유사한 해석적 움직임이다.

종교 지도자들의 선동으로 예수의 죽음이 성전 파괴로 이어졌다는 마태의 주장은 타르굼의 경우와 마찬가지로, 결코 유대교에 대한 저주가 아니다. 타르굼과 마찬가지로 마태는 유대 예언서에서 제시된 성전 파괴를 해석하는 신학적 패러다임(특히 유대 종교 지도자들의 죄와 실패가 예루살렘과 성전에 치명적인 결과를 가져온다는 것)을 예레미야애가의 상황과 놀랍도록 유사한 현대적 상황에 창의적으로 적용했다. 이런 식으로 마태는 예수가 메시아라는 자신의 확신에 비추어, 그 이전의 많은 예언자가 그랬던 것처럼 동족들에게 진정으로 왕국을 소유하려면 회개하라고 촉구하고 있다.

13. 마태복음에 나오는 요나의 표적과 예언자 모티프

이방인 선교로 나아가기

학자들은 마태복음이 예수의 사역을 묘사하기 위한 모델로서 예언자들의 비판적인 목소리를 사용한다는 사실을 오랫동안 인식해 왔다.[1] 특히 마태가 예언자들에게 호소하는 것은 유대 종교 지도자들에 대한, 그리고 예수와 그 추종자들을 향한 그들의 적대적 반응에 대한 예수의 비판을 뒷받침한다(예를 들어, 마 5:12; 23:29-34). 복음서에서 가장 수수께끼 같은 예언자적 언급 중 하나는 "선지자 요나의 표적"(12:39; 16:4)에 대한 언급이다. 요나가 물고기 배 속에 사흘 밤낮을 머물렀던 것과 인자가 땅속에 사흘 밤낮을 거하는 것 사이의 연관성을 설명하기 위해 여러 제안이 제기되었다. 그리고 해석자들은 종종 예수의 이 응답이 표적을 구하는 서기관과 바리새인들의 요청(12:38)에 어떤 식으로 답이 될 수 있는지 궁금해한다.

마태가 이 표적의 내용으로 받아들인 것이 무엇인지에 대한 설명은 매

---

[1] 마태는 예수와 관련된 사건들이 예언자들의 예언을 성취하는 방식을 반복해서 강조할 뿐만 아니라(예를 들어, 1:22; 2:15; 8:17; 12:17; 13:35; 21:4), 모세[D. C. Allison, *The New Moses: A Matthean Typology* (Minneapolis: Fortress, 1993)를 보라]나 예레미야[M. P. Knowles, *Jeremiah in Matthew's Gospel: The Rejected Prophet Motif in Matthean Redaction*, JSNTSup 68 (Sheffield: JSOT, 1993)을 보라] 같은 과거의 중요한 예언자적 인물을 패턴으로 삼아 예수를 소개한다.

우 다양하며, 가장 유력한 견해는 이 표적이 주로 예수가 돌아가시고 사흘째 되는 날 부활하시는 일을 암시한다는 것이다.[2] 그리고 덜 유력한 결론들은, 예수가 가리키는 것이 세례 요한,[3] 그분의 죽음 및/또는 고난,[4] 예언자로서 자격을 확증해 준 무덤 속에서의 사흘,[5] 재림,[6] 그분의 임재와 회개 설교,[7] 음부로 내려가 그곳의 영혼들에게 설교한 것,[8] 이방인들의 회심[9]이라는 것이다. 이번 장에서 나는 마태복음에 나오는 요나의 표적과 관련한 문제를

---

[2] S. Chow, *The Sign of Jonah Reconsidered: A Study of Its Meaning in the Gospel Traditions*, CBNTS 27 (Stockholm: Almqvist & Wiksell, 1995), pp. 88-91; W. D. Davies and D. C. Allison, *The Gospel according to Saint Matthew*, 3 vols., ICC (Edinburgh: T&T Clark, 1988-1997), 2: p. 352; R. A. Edwards, *The Sign of Jonah in the Theology of the Evangelists and Q*, Studies in Biblical Theology 2/18 (London: SCM, 1971), pp. 98, 107; R. T. France, *The Gospel of Matthew*, NICNT (Grand Rapids: Eerdmans, 2007), p. 491. 『NICNT 마태복음』(부흥과개혁사); D. A. Hagner, *Matthew 1-13*, WBC 33a (Dallas: Word Books, 1993), p. 354. 『마태복음 상』(솔로몬); J. Jeremias, "Ionas," *TWNT* 3: pp. 410-413, 여기서는 p. 412; U. Luz, *Das Evangelium Nach Matthäus (Mt 8-17)*, EKKNT 1/2 (Zurich: Benziger Verlag, 1990), pp. 277-278; E. H. Merrill, "The Sign of Jonah," *JETS* 23 (1980): pp. 23-30; J. Swetnam, "No Sign of Jonah," *Biblica* 66 (1985): pp. 126-130.

[3] J. H. Michael, "The Sign of Jonah," *JTS* 21 (1920): pp. 146-159.

[4] 예를 들어, J. Nolland, *The Gospel of Matthew: A Commentary on the Greek Text*, NIGTC (Grand Rapids: Eerdmans, 2005), pp. 511-512.

[5] A. Sand, *Das Evangelium nach Matthäus*, 6th ed. (Regensburg: Friedrich Pustet, 1986), pp. 266-267.

[6] A. Vögtle, "Der Spruch vom Jonaszeichen," in *Synoptische Studien: Alfred Wikenhauser zum 70. Geburtstag am 22. Februar 1953 dargebracht von Freunden, Kollegen und Schülern*, ed. A. Vögtle and J. Schmid (Munich: Zink, 1953), pp. 230-277, 특히 pp. 276-277. R. 불트만(Bultmann)의 견해를 참조하라. 그는 이 말이 원래 예수가 멀리서 돌아오시는 것, 즉 종말론적 심판자로 다시 돌아오시는 재림을 의미한다고 설명한다[*Die Geschichte der synoptischen Tradition*, 2nd ed. (Göttingen: Vandenhoeck & Ruprecht, 1931), p. 124]. 『공관복음서 전승사』(대한기독교서회).

[7] 예를 들어, T. W. Manson, *The Sayings of Jesus* (London: SCM, 1950), pp. 89-90.

상호본문적 관점에서 접근한다. 그렇게 함으로써 나는 예수의 요나 언급이 마태에게 메타렙시스(metalepsis)로 기능한다고 제안할 것이다.[10] 다시 말해, 요나가 물고기 배 속에 머물렀다는 마태의 암시는 성경을 잘 아는 독자들에게 요나 이야기의 더 큰 맥락을 상기시킨다.[11] 요나 이야기의 주 요소들에는 바다의 혼돈을 다스리는 이스라엘 하나님의 능력, 큰 물고기가 요나를 삼켰다가 내뱉는 이야기, 하나님의 예언자의 역할, 예언자의 심판 메시지에 대한 이방인의 회개 반응과 이방인에게 베푸시는 하나님의 구원적 자비의 확장이라는 연관된 주제가 있다.

나의 주장은 마태가 예수를 하나님의 예언자로 묘사하는 과정에서 이러

---

8   G. M. Landes, "Matthew 12:40 as an Interpretation of 'The Sign of Jonah' against Its Biblical Background," in *The Word of the Lord Shall Go Forth*, ed. C. L. Meyers and M. O'Connor (Winona Lake, IN: Eisenbrauns, 1983), pp. 665-684.

9   V. Mora, *Le Signe de Jonas* (Paris: Cerf, 1983), 특히 pp. 90-97, 130-134.

10 R. B. 헤이스는 메타렙시스를 두 본문을 연결하는 문학적 반향으로 설명하며 "반향의 비유적 효과는 두 본문 사이의 명시되지 않거나 억압된 공명의 지점에 놓일 수 있다"고 말한다. 독자는 주어진 본문(예를 들어, 본문 B)에서 이러한 암시적 반향을 올바르게 해석하기 위해, 본문 B를 "본문 A[즉, 다른 본문]와의 광범위한 상호 작용에 비추어, [B에서] 명시적으로 공명하는 것을 넘어서는 A의 측면을 포괄하며 이해해야 한다"[*Echoes of Scripture in the Letters of Paul* (New Haven: Yale University Press, 1989), p. 20]. 『바울서신에 나타난 구약의 반향』(여수룬).

11 일부 학자는 요나서의 더 큰 맥락의 일부가 작용하고 있다고 주장하기도 한다[예를 들어, P. Seidelin, "Das Jonaszeichen," *Studia Theologica* 5 (1952): pp. 119-131에서는, 욘 2장에서 요나가 드린 기도가 마태복음의 맥락에서 중요성을 가진다고 주장한다]. 나는 다른 글에서, 요나 이야기에 대한 마태의 암시가 예수는 그의 백성과 함께하시는 이스라엘의 하나님**이라는** 그의 더 큰 주장에 기여한다고 제안한다[D. M. Moffitt, "God Attested by Men: Echoes of Jonah and the Identification of Jesus with Israel's God in the Storm-Stilling Stories of Matthew's Gospel," in *A Scribe Trained for the Kingdom of Heaven: Essays on Ethics and Christology in Honor of Richard B. Hays*, ed. D. M. Moffitt and I. A. Morales (Langham, MD: Lexington Books/Fortress Academic, 2021), pp. 25-45를 보라].

한 큰 주제를 재맥락화했다는 것이다. 요나의 표적의 내용은 예수의 삶과 사역에서 하나의 사건이나 주제를 가리키는 단순한 지표 이상이다. 이 '표적'은 예수의 죽음과 부활을 가리킬 뿐만 아니라, 하나님의 자비가 이스라엘 언약 공동체 밖에 있는 사람들에게까지 확장됨을 가리킨다. 현대 학계의 흐름에 반하여, 상호본문성의 관점에서 요나의 표적은 하나의 참고 대상이나[12] 예수의 부활에 대한 쉬운 증거 본문 정도로 축소될 수 없다. 요나의 표적은 중요한 의미를 담고 있으며 특히 마태복음이 강조하는 참된 예언자의 사명이라는 큰 맥락에 부합한다. 그리고 이방인을 향해 나아가야 하는 초기 제자들의 사명과 전해야 할 메시지를 포괄하는 데까지 확장된다.

요나의 표적에 대한 이러한 광범위한 개념 안에서, 요나가 물고기에서 풀려난 후 니느웨로 선교를 떠난 이야기는 예수의 부활이 마태의 내러티브에서 중추적 전환을 표시한다는 점을 명확히 한다. 이는 곧 이스라엘 집의 잃어버린 양들 사이에서 예수가 하신 사역**으로부터** 제자들의 이방인을 향한 선교**로** 전환됨을 뜻한다. 예수의 예언자적 역할을 강조하는 마태에게 요나 이야기는, 부활 후 이방인들에게 천국을 선포하는 것을 이방인들에 대한 신적 자비의 예언적 표징이자 유대 종교 지도자에 대한 비판으로 재구성할 수 있게 해 준다. 마태복음에서 이러한 주제를 살펴보기 전에 먼저 요나 내러티브의 주 요소를 간략하게 요약해 보겠다.

요나 이야기 개요

요나 이야기는 주님이 요나에게 오셔서 니느웨에 가서 설교하라는 말씀으

---

12 예를 들어, 차우(Chow)는 이방인의 회심이 마태복음에 나오는 요나의 표적에서 중요한 요소라는 견해를 일축한다(*Sign of Jonah Reconsidered*, p. 88).

로 시작된다. 하지만 요나는 다시스로 가는 첫 번째 배를 타기로 결정한다. 거대한 폭풍이 일어난다. 요나는 선원들에게 자신을 바다에 던지라고 지시하고, 곧바로 바다는 잔잔해진다. 요나는 곧바로 큰 물고기에게 삼켜진다. 이 기이한 광경을 본 이방인 선원들은 놀라서 이스라엘의 하나님께 제사를 드리고 서원을 한다. 물고기 배 속에서 요나는 무덤에서 구원을 청하는 기도를 드리며 하나님의 구원에 대한 믿음을 갖는다. 사흘 후 하나님은 물고기에게 요나를 육지로 뱉어 내라고 명령하신다. 주님의 말씀이 다시 요나에게 들려오고, 이번에는 니느웨로 가기로 결정한다. 그곳에서 요나는 다가올 하나님의 심판을 선포하고, 충격적이게도 사람들이 회개한다. 요나는 하나님의 심판이 임하리라는 예언이 성취되기를 여전히 기다리지만, 하나님은 니느웨의 회개에 응답하셔서 은혜롭게도 니느웨를 멸망시키지 않으신다. 요나는 하나님의 자비가 니느웨로 확장되는 것에 대한 좌절감을 하나님께 토로한다.

이 요약으로부터 최소한 세 가지 주제가 특히 분명하게 드러난다. 첫째, 이스라엘의 하나님은 창조 세계, 특히 바다와 날씨를 주관하신다. 둘째, 이 하나님은 이방인도 회개할 수 있도록 허락하시며 심지어 다가올 심판에서 그들을 구원하신다. 셋째, 이 하나님의 백성이 이방인들에게 그러한 자비가 확장되는 것을 못마땅해 할 수 있다. 이러한 주제 외에도 이야기의 구조가 요나의 부름에서 도피, 물고기를 통해 겪은 죽음 같은 경험과 부활 같은 경험, 이방인을 향한 선포, 그 이방인들의 회개, 하나님 은혜에 대한 원망으로 이어지는 것은 주목할 만한 점이다. 이 이야기의 주제와 요점 중 몇 가지는 마태복음의 요소와 잘 일치하며, 가장 두드러지는 것은 회개하는 이방인에게 하나님이 자비를 베푸신다는 것이다. 이제 요나 이야기가 흔히 생각하는 것보다 더 광범위한 방식으로 마태복음의 의제에 영향을 끼쳤을 가능성에 대해 생각해 보자.

마태복음에 나오는 요나서의 암시

마태복음에서 두 번 언급되는 '요나의 표적'은 명백히 요나서를 암시한다. 마태복음 12장 본문과 이 표적의 성격에 대해서는 글의 뒷부분에서 더 자세히 설명할 것이며, 지금은 마태가 이 말을 두 번이나 언급한 것이 예수에 대한 묘사에서 이 예언자가 가지는 중요성을 암시한다는 점에 주목하고자 한다.

하지만 성경을 아는 독자들이라면 마태복음 12장에 요나가 명시적으로 언급되기 훨씬 이전부터 예수가 폭풍을 진정시키는 이야기(마 8:23-27)에서 요나와의 연관성을 의심하기 시작했으리라는 추측은 타당해 보인다. 물론 마태가 요나서에 대한 관심 때문에 이 이야기를 포함한 것은 아니다. 그는 자신이 사용한 자료 중 하나인 마가복음에서 이 이야기를 발견했다. 그럼에도 상호본문적 관점에서 볼 때, 마태복음의 원 독자들과 마태 자신도 요나를 떠올릴 만한 충분한 이유가 있었을 것이다. 데이비스와 앨리슨이 지적했듯, 요나 이야기와 폭풍우를 잠잠하게 한 이야기 모두 다음과 같은 요소를 포함한다. (1) 배를 타고 출발한다. (2) 바다에서 격렬한 폭풍을 만난다. (3) 주인공이 잠든다. (4) 선원들이 겁에 질린다. (5) 주인공과 연관된 방식으로 폭풍이 기적적으로 고요해진다. (6) 선원들이 놀라워한다.[13] 이러한 유사점들은 이 공관복음 단락과 요나 이야기 사이에 강한 연관성이 있음을 시사한다. 또한 여기서 요나 이야기의 암시를 인식하면 '이 사람은 어떤 사람인가?'라는 제자들의 질문에 암묵적인 대답을 얻을 수 있다. 요나서의 폭풍우 장면을 반추하는 사람들은, 예수가 이 이야기에서 이스라엘의 하나님, 즉 창조 세계와 특히 폭풍우 치는 바다를 통제하시는 분의 역할을 하

---

13 Davies and Allison, *Gospel according to Saint Matthew*, 2: p. 70.

신다는 것을 쉽게 알아차릴 수 있다.

통찰력 있는 독자들은 요나 이야기의 다른 세부 사항에 대해 의아함 또한 느낄 것이다. 이 이야기에서 **이방인** 선원들은 폭풍이 가라앉자 놀라서 이스라엘 하나님의 권위에 복종한다. 그들은 명백히 바다를 다스리는 능력을 가진 이 하나님께 제사를 드리고 서원한다. 후대의 일부 랍비들은 본문의 이 부분을 고찰하여 선원들이 예루살렘으로 가서 할례를 받고 유대교 개종자가 되었다는 결론을 내리기도 했다.[14] 그러나 마태복음에서 예수의 유대인 제자들은 이 점을 연결하지 못하는 것 같다. 더 큰 요나 내러티브가 공명하는 이 단락을 읽는 독자들은, 이방인 선원들이 그가 이스라엘 하나님의 능력, 즉 바다를 다스리는 능력을 가졌다는 사실을 깨달은 것에 비추어 '그러면 이 사람은 누구인가'라는 질문을 성찰하게 된다.[15] 요나 이야기에서 이방인들은 이 점을 이해한 반면 복음서 내러티브에서 유대인 제자들은 그렇지 못했다는 사실은, 마태복음을 관통하는 다른 주제이자 요나서의 두드러진 특징인 이스라엘의 하나님을 향한 이방인의 회심과 관련이 있다.

마태복음 전반에서 하나님 구속의 은혜가 이방인에게까지 확장되었음을 알려 주는 실마리를 발견할 수 있다. 복음서 서두의 족보에서 이방인 여성 라합과 룻(1:5)은 부계 족보 안에 어머니로 포함되어 눈에 띈다.[16] 밧세바는 언급되지 않지만 헷 사람 우리아(엄밀히 말하면 이 혈통에 속하지 않는)가 언급된다(1:6). 아기 그리스도의 첫 번째 방문객은 동방에서 온 박사들, 즉

---

14 예를 들어, Pirqe R. El. 10.
15 요나의 표적에 대한 두 번째 언급에 날씨를 올바르게 해석하는 것과 관련한 책망이 포함되어 있다는 점은 의미심장하다.
16 이는 널리 인식되는 특징이다(예를 들어, Davies and Allison, *Gospel according to Saint Matthew*, 2: pp. 74-75).

그를 경배하러 온 이방인들이다(2:1-2). 나중에 예수가 갈릴리에서 사역을 시작하실 때 마태는 이사야 9:1-2을 언급하며 그곳을 사람들이 어둠 속에서 사는 땅, "이방의 갈릴리"라고 부른다(4:15-16). 갈릴리의 이방인들이 큰 빛을 보기 시작했다는 증거로 예수는 가버나움에서 병을 앓고 있는 종의 주인인 백부장을 만나신다. 예수는 멀리서 그를 고쳐 주시고 이스라엘에서 이 백부장만큼 믿음이 큰 자를 본 적이 없다고 하시며 그를 칭찬하신다(8:10). 그런 다음 예수는 이방인들이 구속받으리라는 점을 강조하면서 동방과 서방에서 많은 사람이 와서 하늘나라에서 아브라함, 이삭, 야곱과 함께 식탁에 앉을 것이고 왕국의 아들들은 밖으로 쫓겨나리라고 덧붙이신다(8:11-12).

다른 지점에서 본문은 열방에 대한 미래의 축복을 나타낸다. 마태는 12:18-21에서 이사야 42:1-4을 인용하며, 12:21은 이사야가 말하는 인물의 이름(마태에게는 예수의 이름)으로 열방(ἔθνη)이 소망을 가질 것이라고 언급한다. 마태복음 15:21-28에서도 예수는 가나안 여인의 딸인 이방인을 고치신다. 유대 종교 지도자들은 왕국에서 제외되고 왕국은 그에 합당한 백성(ἔθνει)에게 주어지리라는 21:43의 생각은 이방인의 개종을 더욱 강조한다. 24:14에서 예수는 종말이 오기 전에 왕국의 복음이 모든 민족에게 선포되리라고 예언하신다. 마지막으로 28:18-20에서 예수는 제자들에게 나가서 모든 민족에게(πάντα τὰ ἔθνη) 복음을 전파하라고 명시적으로 명령하신다.

따라서 이방인의 회심이라는 모티프가 이 복음서를 관통한다. 그러나 마태복음에 등장하는 이 주제의 흥미로운 측면 중 하나는, 그것이 예수의 사명은 이스라엘의 잃어버린 양들에게 국한된다는 본문의 명시적 주장 및 예수의 특정한 지시와 불협화음을 일으킨다는 점이다. 복음서의 시작 부분으로 돌아가 보면, 요셉에게 나타나 마리아의 임신에 대한 걱정을 잠재우는 천사는 마리아의 아기가 "자기 백성"(τὸν λαὸν αὐτοῦ)을 그들의 죄에서 구원할 것이기 때문에 예수라는 이름으로 불릴 것이라고 알려 준다 (1:21). 마태는 2:6에서 칠십인역 미가서 5:1-3의 내용과, 사무엘하 5:2(칠십인역 삼하 5:2)/칠십인역 역대상 11:2에서 하나님이 다윗에게 하신 말씀을 명백하게 혼합함으로써 베들레헴에서 오실 통치자(미 5:1)가 하나님의 백성을 구원할 뿐 아니라 그들의 목자가 될 메시아 예수임을 분명히 하는 예언적 말씀을 조합한다.[17] 따라서 마태복음 2:6은 미가서 5:3에서 말하는 장차 베들레헴에서 오실 왕이 "여호와의 힘으로 양 떼를 치실"(ποιμανεῖ τὸ ποίμνιον αὐτοῦ ἐν ἰσχύι κυρίου) 자요 "내 백성 이스라엘의 목자가 될 사람"(ποιμανεῖ τὸν λαόν μου τὸν Ἰσραήλ; 참조. 삼하 5:2, 칠십인역; 대상 11:2)임을 효과적으로 규명한다. 이러한 목자의 주제와 일관되게, 예수는 마태복음 10:5-6에서 열두 제자에게 이방인이나 사마리아인에게 가지 **말고** 이스라엘 집의 잃어버린 양을 찾아가라는 명령을 내린다. 또한 가나안 여인의 딸을 고치신 이야기에서도, 예수는 자신이 이스라엘의 잃어버린 양들에게만 보내졌으며 자녀의 떡을 개들에게 주는 것은 적절하지 않다고 말씀하시며(15:24, 26) 처음 몇 번의 요청을 냉정하게 거절하신다.

그러므로 마태복음에는 하나님의 자비를 유대인에게 **그리고** 이방인에게 확장하는 것 사이의 뚜렷한 긴장이 내재해 있다. 예수의 사명은 유대인에게 한정되어 있지만, 이방인에 대해서도 예기되어 있으며 그들은 앞으로 이루어질 더 많은 것을 약속받는다. 이러한 긴장은 의심의 여지 없이 예수의 선교와 마태 당시 이방인의 회심 현상이라는 역사적 현실을 반영한다. 어

---

17 데이비스와 앨리슨(*Gospel according to Saint Matthew*, 1: pp. 242-243)은 이 예언의 말씀이 미가 5:2의 인용이라기보다는 해석에 가깝다는 점에 주목하는데 이는 정확한 지적이다. 그들의 지적대로, 마태는 사무엘 5:2/역대상 11:2의 언어를 사용함으로써 예수와 다윗의 연관성뿐 아니라 핵심 단어인 λαός를 강조한다.

쨌든 이방인의 포용에 대한 마태의 암시와 이방인을 무시하라는 예수의 명령이 만들어 낸 긴장은 복음서가 끝날 때까지 해결책을 찾지 못한다. 복음서가 끝날 무렵 제자들이 다시 갈릴리로 돌아와서야 비로소 예수는 제자들에게 10장에서 금지하신 일, 즉 모든 민족에게 복음을 전하는 일을 하러 나가라고 명시적으로 명령하신다.

이것이 마태복음 독자에게 제기하는 질문은, 무엇이 달라졌느냐는 것이다. 복음서 말미에서 예수는 왜 이방인 선교라는 사명을 주시는가? 내러티브에서 서로 연관된 두 순간이 답을 제시하는데, 곧 예수의 죽음과 부활이다. 마태복음 21:33-46에서 예수는 이사야 5:1-7에서 하나님이 그의 백성을 상한 포도를 생산하는 포도원에 비유하시는 구절을 가져오신다. 마태는 이 비유를 사용하여 소작인의 비유를 말하는데, 이 비유에서 소작인은 주인의 포도원을 맡았지만 주인이 보낸 사자를 죽이고 결국에는 포도원을 되찾으러 온 주인의 아들까지 죽인다. 마태가 하나님의 예언자들을 죽인 예루살렘의 역사뿐 아니라 예수를 십자가에 못 박는 데 예루살렘의 지도자들이 한 역할도 암시하고 있음은 의심할 여지가 없다. 따라서 소작인들에 대한 처벌로서 포도원을 빼앗아 다른 이들에게 주는 것은, 예수의 십자가 처형으로 인해 왕국이 유대 종교 지도자들로부터 다른 사람들에게 주어지리라는 예측을 나타낸다.

그러나 십자가만이 이스라엘의 잃어버린 양을 향한 예수의 선교와 마태복음 28:18-20의 이른바 지상 명령 사이에 놓인 중요한 순간은 아니다. 또 다른 요소는 어둠 속에 사는 사람들이 큰 빛을 보게 되는 갈릴리로 예수가 돌아오신 것과 그에 상응하는 선포, 즉 모든 권위와 권능이 그에게 주어졌다는 선포다. 이 말은 이방인을 향한 선교는 예수의 부활 **이후에야** 시작된다는 뜻이다.

여기서 주목할 점은 예수의 죽음과 부활, 이방인 선교라는 상호 연관된 모티프가 요나서의 더 큰 이야기를 강하게 연상시킨다는 점이다. 이러한 모티프가 요나서의 주요 주제의 일부와 일치할 뿐만 아니라, 예수의 죽음과 부활 이후 하나님 구속의 자비가 이방인들에게까지 확장되는 내러티브 패턴 또한 요나 이야기의 기본적인 내러티브 흐름과 궤를 같이한다. 특히 니느웨 사람들은 (욘 2:2에서 스올/음부에 있는 것으로 묘사된) 큰 물고기 배 속에 머무는 요나의 죽음 같은 사건과 마른 땅으로 쫓겨나는 요나의 부활 같은 사건 **이후**에야 하나님의 자비를 얻는다. 이 유사성은 단순한 우연의 일치인가, 아니면 마태가 복음서에서 이방인 회심과 관련한 긴장을 풀어 나가는 과정에서 요나 이야기를 적극적으로 성찰한 것인가? 요나의 표적 단락을 살펴보면 후자의 가능성이 암시되어 있다.

예언자 요나의 표적과 이방인의 회심

마태복음에서 요나에 대한 첫 언급은 마태복음의 바알세불 논쟁 단락 (12:22-32) 바로 다음에 나온다. 이 충돌은 유대 지도자들에 대한 날카로운 비판과, 사람들을 심판의 날에 그 말과 행동의 열매를 해명하도록 부름 받을 나무에 비유하는 이야기로 끝난다(12:33-37). 요나의 표적 단락은 바리새인과 율법 교사들이 예수께 표적을 요청하는 것으로 시작된다. 예수는 악하고 음란한 세대가 표적을 구하지만 예언자 요나의 표적 외에는 아무것도 주어지지 않으리라고 대답하신다.

마태복음과 누가복음이 이 단락을 기술하는 방식의 차이점 중 하나는 마태복음이 요나를 **예언자**로 명시적으로 언급한다는 점이다. 마태복음에서 예언자의 중요성을 고려할 때, 이 언급은 확실히 중요하다. 이 복음서 전반에서 예언자들의 운명은 특히 중요한 역할을 한다. 예언자들은 일반적으로 박해를 받는 인물이다(예를 들어, 5:11-12; 17:11-13을 보라). 마태는 예수를 예레미야[18] 같은 '버림받은 예언자'로 그릴 뿐 아니라[19] 동료 유대인들에게 예수의 메시지를 선포하는 그분의 제자들도 같은 범주에 넣는다(특히 마 23:29-39을 보라). 마태복음에서 예언자는 일반적으로 하나님의 백성에게 보내진 하나님의 사자이며, 그들에게 박해받거나 심지어 죽임당하기도 한다.

그러나 이 점에서 요나는 분명한 대조를 이룬다. 예언자 요나는 거부당하지도 핍박받지도 않았다. 오히려 그의 메시지는 수용되고 회개를 이끌어 냈다. 요나와 다른 예언자의 가장 큰 차이점은 청중이었다. 요나는 이방 도시 니느웨로 갔다. 마태복음이 요나의 표적을 언급할 때 청중 및 반응의 차이를 염두에 두었다는 점은 다음의 사실로 인해 분명하다. 예수는 요나가 물고기 배 속에 사흘 동안 머물렀다고 말씀하신(12:40) 직후에, 요나의 메시지를 듣고 회개한 니느웨 사람들이 마지막 심판 때 예수를 거부하는 자들을 정죄하리라고 말씀하신다(12:41).

요나의 표적을 이런 식으로 제시하는 것은 누가복음의 방식과는 현저히 다른데, 후자에서는 솔로몬의 말을 들으러 온 남방 여왕에 대한 언급이 요나의 이야기를 양분한다. 누가복음 역시 요나의 표적을 소개하지만, 요나의 설교와 이방인의 회개에 대한 언급은 남방 여왕이 감탄하는 이야기에 의해 표적과 분리되어 있다. 마태의 편집은 요나와 인자의 사흘간의 체류**로부터** 요나의 설교와 니느웨 사람들의 회개에 대한 언급**으로의** 전환을 특별히 강

---

[18] 일부 사람이 예수를 시험하고자 하늘로부터 표적을 달라고 요청하고 예수가 그러한 표적을 거부하시는 이야기는 세 전통에 등장한다[마 16:1, 4(참조. 12:38-39)/막 8:11-12/눅 11:16, 29]. 그러나 요나의 표적 이야기와 그 관련 자료는 마태복음과 누가복음에만 나온다(마 12:39-42; 16:4/눅 11:29-32).

[19] 마태복음과 예레미야에 관한 M. P. 놀스의 훌륭한 연구 *Jeremiah in Matthew's Gospel: The Rejected Prophet Motif in Matthean Redaction*, JSNTSup 68 (Sheffield: JSOT Press, 1993)을 보라. 주목할 만한 점은 예수가 마태복음 21:11에서 명시적으로 예언자라 불린다는 것이다.

조한 것으로 보인다. 따라서 마태복음에서 요나는 예언자이지만, 복음서에 강조된 다른 예언자들의 모범을 깨뜨리는 예언자다. 중요한 것은, 이러한 차이가 발생하는 지점이 바로 청중이라는 점이다. 요나는 이방인에게 설교했고, 마태복음에 언급된 다른 예언자들은 하나님의 백성을 향해 설교했다.

그렇다면 요나의 메시지에 대한 이방인의 반응과 그가 물고기 배 속에서 사흘 밤낮을 보낸 일 사이에 놓인 사건(부활과 같은 배출의 사건)은, 이야기의 윤곽에 익숙한 사람이라면 누구나 중요하게 인식할 수 있다. 다시 말하면, 상호본문적 해석학의 관점에서 볼 때 물고기가 요나를 뱉어 냈다는 언급이 없다는 점이야말로 성경을 잘 아는 독자의 주의를 끌고 이야기의 그 부분을 다시 생각하게 만드는 요소다. 요나가 물고기 안에 머물렀다는 언급은, 성경을 잘 아는 독자로 하여금 요나가 그 안에 계속 머물러 있지 않았다는 사실에 대해 생각하게 한다. 무슨 일이 일어나 상황이 바뀌었고, 그 결과 그는 실제로 니느웨에 가서 설교를 하게 된 것이다.

많은 사람이 요나가 물고기 배 속에 머무른 것과 인자가 땅에 머무른 것에 대한 언급이 단순히 그 자체를 넘어 요나와 예수가 각자 갇힌 곳에서 구속되는 사건을 가리킨다고 인식한다. 즉, 요나가 물고기 배 속에서 사흘 밤낮 머물렀다는 언급과 인자가 땅속에 머물렀다는 언급은, 궁극적으로 이 예언자들이 그러한 영역에서 구원받는 것을 가리킨다. 요나가 사흘 밤낮이 지나고 물고기 배에서 뱉어져 나온 것처럼 예수도 죽음에서 깨어나실 것이다.

그러나 내가 하려는 주장은, 마태가 '요나의 표적'에 대해 말할 때 예수의 죽음과 부활 그 이상을 염두에 두고 있다는 것이다. 요나 이야기의 패턴에 따라, 그는 요나가 '부활' 이후 이방인들에게 하나님의 말씀을 선포한 것과 그 결과로 니느웨 사람들이 회개한 것의 중요성을 인식한다. 이러한 결론을 시사해 주는 것은, 인자가 땅속에서 사흘 동안 머무른다는 언급에서 니느웨 사람들이 회개로 인해 장차 부활하리라는 언급으로 이어지는 마태복음 12:40-41의 움직임이다. 그뿐만 아니라, 바로 이 패턴이 마태복음에서 이방인의 회심과 유대인 선교 사이의 긴장을 해소하는 데 도움이 된다는 사실 역시 그러한 결론을 암시한다. 예수는 부활하신 후에야 제자들에게 자신의 말씀과 가르침을 열방에 선포하여 그들도 제자가 될 수 있게 하라고 명령하시기 때문이다.

유대 종교 지도자들은 예전의 수많은 하나님의 예언자가 했던 방식으로 예언자 예수를 대하는 반면, 복음서에 등장하는 많은 이방인은 니느웨 사람들이 요나의 메시지를 받아들인 것처럼 이 예언자의 말씀을 받아들인다. 이것이 예수가 부활 후 이방인 선교를 위임하시는 절정부로 향하는 마태복음의 움직임과 일치하는 방식은, 요나의 표적에 대한 언급이 더 큰 요나 이야기를 이 복음서에 더 광범위하게 개입시킨다는 것을 암시한다.

그러므로 마태는 요나의 표적을 예수의 부활에 대한 단순한 증거 본문(또는 과도하게 구체적인 다른 설명) 이상의 어떤 것으로 이해했을 수 있다. 요나의 표적은 요나 이야기에 대한 상호본문적 암시, 특히 유대인 선교로부터 예수의 죽음과 부활로 이어지고 이방인 선교의 시작에서 정점에 도달하는 복음서의 움직임에 대한 암시의 일부다.[20] 또한 요나에 대한 호소는, 이방인 선교의 정당화와 동료 유대인을 비판하는 예언자 전통에 대한 호소로서 기능한다고 볼 수 있다.

결론

마지막으로 두 가지 요점을 간략히 언급하겠다. 첫째, 이번 장의 전반적 논지가 타당한지는 적어도 몇몇 고대의 마태복음 해석자가 앞서 내가 설명한

---

20 마태복음 15:1-20; 21:33-46에서도 모티프들이 함께 등장한다.

방식대로 예수와 요나를 연결했다는 사실이 어느 정도 뒷받침한다. 예를 들어, 아우구스티누스(Augustine)는 이렇게 썼다. "요나가 배에서 고래 배 속으로 들어간 것처럼 그리스도도 나무에서 무덤 혹은 죽음의 심연으로 들어가셨고, 요나가 폭풍으로 위험에 처한 사람들을 위해 희생된 것처럼 그리스도도 이 세상의 폭풍에 익사하는 사람들을 위해 제물이 되셨으며, 요나가 니느웨 사람들에게 메시지를 전하라는 명령을 받았지만 고래가 그를 토해 낸 후에야 예언이 그들에게 전달되었듯이 이방인들을 향한 예언도 그리스도의 부활 후에야 그들에게 주어졌다."[21] 시간 관계상 이 인용문을 자세히 설명할 수는 없지만 주된 생각은 분명하다. 아우구스티누스는 요나서 줄거리에 대한 유비를 통해, 이방인 선교가 예수의 부활에서 직접적으로 흘러나온다고 본다.

둘째, 요나 이야기의 재맥락화는 예수를 따르는 초기 제자들이 예수와 그분을 따르는 초기 공동체에 대한 주장을 성립시키기 위해 유대 성경, 특히 예언서에 호소했던 한 가지 방법을 예시한다. 마태는 요나 이야기를 통해, 예수가 십자가에 달리시기 전에 이스라엘 집의 잃어버린 양에게 집중

---

[21] 아우구스티누스의 *Letter 102 in Saint Augustine: Letters*, trans. W. Parsons, vol. 2, FC 18 (New York: Fathers of the Church, 1953), p. 173에서 가져옴. 마찬가지로, 예루살렘의 키릴로스의 *Lenten Lecture* 14, 17-20, in *The Works of Saint Cyril of Jerusalem*, trans. L. P. McCauley and A. A. Stephenson, vol. 2, FC 64 (Washington, DC: Catholic University of America Press, 1970), pp. 43-45를 보라. 키릴로스는 아우구스티누스처럼 부활 후 이방인들에게 복음이 선포된 점을 명확하게 짚어 내지는 않지만, 특히 마태복음에 나오는 예수에 관한 전통과 요나 이야기 사이에 몇 가지 일치하는 점이 있음을 지적한다. 여기에는 폭풍을 잠잠하게 한 것, 죽음의 영역으로 내려가는 것, 그 영역으로부터 부활한 것, 메시지를 선포한 것이 포함된다(키릴로스는 이 메시지가 회개를 촉구하는 메시지였다고 말하지만, 욘 1:2; 3:1, 4 같은 성경 구절은 요나가 회개가 아닌 니느웨에 대한 심판을 선포하도록 보냄받았음을 보여 준다. 참고로 3:9에서 니느웨 왕은 백성들이 회개한다 해도 하나님의 진노가 가라앉을지 확신하지 못한다).

하신 것과 예수의 부활 후 초기 제자들이 이방인들에게 복음 선포를 확장한 것을 설명하는 데 도움이 되는 성경적 **패턴**을 얻는다. 그러나 마태는 요나서를 가지고 동료 유대인들을 비판하기도 한다. 요나서의 더 큰 내러티브를 고려할 때, 마태복음에서 예수가 요나의 표적을 언급하는 것은 이방인들이 예수를 따르는 것을 지켜보는 유대인들이 선택의 기로에 놓여 있음을 나타낸다. 그들은 이것을 니느웨 사람들에게로 하나님의 은혜가 확장된 것과 유사한 신호로 인식할 수도 있고, 요나처럼 분노할 수도 있다. 마태가 보기에 후자의 선택은, 요나보다 훨씬 위대한 예언자이신 예수 안에서 하나님이 현재 행하고 계신 확장된 구속 사역에 역행하는 것이다.

14. 오른편에서의 속죄

사도행전에서 예수 승천의 제사적 의미

누가는 예수가 성취하신 구원의 제사적 차원에 관심이 없었다는 게 다른 어느 곳보다 분명하게 드러나는 지점은, 복음서나 사도행전에 나타나는 십자가에 대한 대체적으로 비제사적인 성찰이다. 누가가 예수의 죽음이 구원을 이룬 방식에 대해 특히 제사적 범주로 설명하기를 꺼린다는 점은, 마가복음 10:45의 대속의 말씀을 병렬 번역에 포함하지 않기로 한 의미심장한 선택에서 특히 분명해 보인다(참조. 눅 22:27). 누가는 예수의 죽음을 죄 사함, 회개, 정결 등 유대 제사 관습과 종종 연관되는 개념들과 거의 연관시키지 않는다.

누가의 구원론에 대한 다양한 설명과 해석이 나타나는 현대의 2차 문헌들은 학자들이 누가의 저술에서 발견되는 이러한 현상에 대해 얼마나 혼란스러워했는지를 보여 준다.[1] 몇몇 해석자는 누가가 십자가를 구원 사건으로

특히 이번 장의 이전 버전들에 비판적 피드백을 제공해 준 토비아스 니클라스(Tobias Nicklas), 카이 아카기(Kai Akagi)와 익명의 평자들에게 감사드린다.

1 F. Bovon, *Luke the Theologian: Fifty-Five Years of Research* (1950-2005), 2nd ed. (Waco: Baylor University Press, 2006), pp. 183-190에서 여러 견해에 대한 훌륭한 개관을 보라.

거의 또는 전혀 인식하지 못했다고 주장한다.[2] 어떤 이들은 누가가 십자가 죽음을 구원적인 것으로 여겼지만, 그 구원이나 십자가를 제사적 용어로 생각하지는 않았다고 제안한다.[3] 또 어떤 이들은 누가-행전에서 예수의 고

---

2   누가에게 "성경의 예언서들이 그렇게 예언했기 때문에 그리스도가 고난을 받아야 한다는 확언을 넘어서는 십자가 신학은 없다"는 J. M. 크리드(Creed)의 주장[*The Gospel according to St. Luke: The Greek Text with Introduction, Notes and Indices* (London: Macmillan, 1930), p. lxxii]이 종종 인용된다. H. Conzelmann, *The Theology of St. Luke*, trans. G. Buswell (London: Faber and Faber, 1961), p. 201; C. H. Dodd, *The Apostolic Preaching and Its Development* (London: Hodder & Stoughton, 1936), p. 25.『사도적 설교와 그 전개』(한국장로교출판사); M. C. Parsons and R. I. Pervo, *Rethinking the Unity of Luke and Acts* (Minneapolis: Fortress, 1993), p. 113; P. Vielhauer, "On the 'Paulinism' of Acts," in *Studies in Luke-Acts*, ed. L. E. Keck and J. L. Martyn (Nashville: Abingdon, 1966), pp. 33-50, 여기서는 pp. 36-37, 42-43, 45[원래는 "Zum 'Paulinismus' der Apostelgeschichte," *EvT* 10 (1950/1951): pp. 1-15로 출판됨]를 보라.

3   예를 들어, R. J. 캐리스(Karris)는 누가가 예수의 죽음을 속죄로 묘사하지 않는다고 주장한다. 누가는 하나님에 대한 예수의 전적인 신실함과 순종이 어떻게 무고한 자의 부당한 살인 같은 경험 속에서도 피조물을 포기하지 않으시는 하나님의 신실한 헌신을 드러내는지를 보여 주고자 하기 때문이다[*Luke: Artist and Theologian; Luke's Passion Account as Literature* (New York: Paulist Press, 1985), pp. 80, 115]. 다시 말해, 누가복음에서 예수는 (제사 논리가 암시하듯) 오염되고 부정한 것들로부터 자신을 분리하지 않고, 용서하고 피조물과 함께하기로 결심하신다는 것을 보여 준다(특히 pp. 121-122). 누가의 더 큰 내러티브의 맥락에서 볼 때, 예수의 부활/승천은 하나님이 죽음을 통해서도 예수와 함께하셨으며, 예수처럼 불의에 신실하게 고통받는 사람들과 버림받은 사람들을 긍정하고 옹호하신다는 것을 의미한다(pp. 98-99, 101, 108-109, 115).

이와 비슷하게 J. 네이레이(Neyrey)는 예수의 죽음은 구원하시는 하나님에 대한 예수의 모범적인 믿음과 순종의 주된 행위로 묘사됨으로써 구원적인 것으로 보인다고 주장한다. 따라서 누가는 예수의 죽음을 묵상할 때 "제사적 은유를 선호하지 않지만"[*The Passion according to Luke: A Redaction Study of Luke's Soteriology* (New York: Paulist Press, 1985), p. 158], 죽은 자를 살리실 수 있는 하나님에 대한 예수의 모범적 신앙을 강조함으로써 예수를 십자가 위의 "구원받은 구세주"요 다른 사람들에게 구원의 본과 근원이 되고 심지어 새로운 아담이 된 자로 묘사한다(pp. 129-192). 참조. R. Zehnle, "The Salvific Character of Jesus' Death in Lucan Soteriology," *TS* 30 (1969): pp. 420-444.

난이 지니는 제사적 함의에 대한 힌트를 발견하지만, 이러한 사건들의 제사적 의미를 나타낼 만큼 누가의 묘사가 충분히 발전되지는 못했음을 여전히 인식한다.[4] 물론 누가가 십자가의 제사적 의미를 체계적으로 경시한다는 이런 견해에 도전한 이들도 있었다.[5] 그러나 일반적으로 이러한 문제들에 대한 누가의 상대적 침묵은 현대의 해석자들을 당황하게 만들었다. 버논 로빈스(Vernon Robbins)는 "인간을 죄에서 구원하기 위한 예수의 제사적 죽음에 대한 직접적 언급이 없다"고 지적하면서, 누가복음 22:20이 예수의 제사적 죽음에 대한 암시일 수 있다고 말한다. 그러나 그는 "누가복음에 이 구절이 있다는 것은 사도행전의 설교에 제사적 언어가 없다는 사실을 더욱

---

[4] 누가복음 22:19-20과 사도행전 20:28에 대한 더 상세한 해석들은 제사의 범주를 가져온다. 이 본문들에서 '피'라는 언어는 일반적으로 예수의 죽음을 환유하는 것으로 간주된다. 그렇다면 누가는 적어도 여기서 예수의 죽음이 제사적 의미를 내포하고 있음을 암시한다. 예를 들어, 누가의 신학에서 "속죄의 죽음에 대한 가장 희미한 힌트(행 20:28)"를 발견하는 C. K. 배러트[Barrett, *Luke the Historian in Recent Study* (London: Epworth, 1961), p. 47; 참조. pp. 23, 59]; R. H. Fuller, "Luke and the Theologia Crucis," in *Sin, Salvation, and the Spirit: Commemorating the Fiftieth Year of the Liturgical Press*, ed. D. Durken (Collegeville, MN: Liturgical Press, 1979), pp. 214-220; J. Jervell, *The Theology of the Acts of the Apostles* (Cambridge: Cambridge University Press, 1996), p. 98. 『사도행전 신학』(한들출판사); C. F. D. Moule, "The Christology of Acts," in *Studies in Luke-Acts*, ed. L. E. Keck and J. L. Martyn (Nashville: Abingdon, 1966), pp. 159-185, 여기서는 pp. 171, 173). 그러나 어떤 이들은 이 두 본문이 너무 성례적이고 심지어 바울적인 풍미를 띠고 있어 누가 자신의 관점을 대변할 가능성이 낮다고 주장한다(예를 들어, J. Kodell, "Luke's Theology of the Death of Jesus," in Durken, *Sin, Salvation, and the Spirit*, pp. 221-230, 여기서는 p. 223; Zehnle, "Salvific Character of Jesus' Death," pp. 439-440).

[5] U. 미트만-리케르트(Mittman-Richert)는 이사야 52-53장의 소위 네 번째 종의 노래에 나오는 '종'의 역할이 누가복음에서 예수의 죽음과 승귀의 구원론적 중요성의 밑바탕이 된다고 주장한다. 그는 특히 누가복음 22:14-38의 성찬식 단락에서 언급된 것처럼 이것이 새로운 언약을 개시한다는 점에서 예수의 죽음의 제사적 차원을 인식할 수 있게 해준다고 생각한다[*Der Sühnetod des Gottesknechts: Jesaja 53 im Lukasevangelium* (Tübingen: Mohr Siebeck, 2008), 특히 pp. 54-85].

놀랍게 만든다"고 덧붙인다.⁶ 야콥 예르벨(Jacob Jervell)은 누가가 예수의 죽음에 대한 제사적인 생각을 "이해할 수 없는 이유로 배경으로" 밀쳐 버렸다고 말하는데 이것은 현대의 일치된 견해를 잘 요약하는 말이다.⁷

이러한 관찰에 비추어 볼 때, 누가가 십자가 사건보다 예수의 승귀가 지니는 구원적 중요성을 더 강조한다는 널리 알려진 경향은 더욱 흥미롭다.⁸ 이러한 경향은 사도행전에서 가장 분명하게 드러나지만, 누가복음에서도 누가는 독자의 시선을 십자가를 넘어 예수의 승천으로 향하게 하는 것처럼 보인다. 변화산에서 모세와 엘리야와 나눈 예수의 대화는 '예루살렘에서'(ἐν Ἰερουσαλήμ) 곧 성취하게 될 예수의 '출애굽'(τὴν ἔξοδον) 혹은 떠

---

6   V. K. Robbins, "Priestly Discourse in Luke and Acts," in *Jesus and Mary Reimagined in Early Christian Literature*, ed. V. K. Robbins and J. M. Potter (Atlanta: SBL Press, 2015), pp. 13-40, 여기서는 p. 33; 참조. pp. 38-39.
7   Jervell, *Theology of the Acts*, p. 98. I. H. 마셜은 이렇게 설명한다. 사도행전에서 "예수의 죽음의 속죄적 의미가 완전히 결여된 것은 아니다.…그러나 그것이 누가가 강조하기로 선택한 측면은 아니다. 결과적으로 예수의 구원 사역에 대한 그의 표현은 일방적이다. 그러나 그에게 구원의 근거가 없다고 말하는 것은 너무 멀리 가는 것이다. 그는 구원이 예수에 의해, 그의 주와 메시아로서의 지위 덕분에 부여된다는 것을 아주 분명하게 강조한다. 부족한 것은 구원의 수단으로서 십자가의 중요성에 대한 완전한 이해다"[*Luke: Historian and Theologian* (Grand Rapids: Zondervan, 1971), p. 175]. J. A. 피츠마이어(Fitzmyer)는 누가복음에 십자가 신학이 있지만 그 논리는 예수가 천국의 영광으로 옮겨지는 일에 비추어서만 온전히 이해할 수 있으며, 이것은 초기 전통에서 십자가 사건과 밀접하게 연관되어 있다고 주장한다. 누가복음 24:43에 대한 피츠마이어의 이해에 따르면, 예수가 죽으신 날에 낙원 혹은 영광에 들어가신 것(승귀)은 인류에게 그리스도 사건의 구원론적 유익을 가져다준다[*Luke the Theologian: Aspects of His Teaching* (New York: Paulist Press, 1989), pp. 210-222].
8   예를 들어, Marshall, *Luke*, pp. 169-175, 특히 p. 174. J. B. Tyson, *The Death of Jesus in Luke-Acts* (Columbia: University of South Carolina Press, 1986), p. 170에서는 "누가는 [예수의] 죽음에 대한 신학적 이유를 이해하거나 그 죽음이 무엇을 성취하기 위한 것이었는지 분석하는 데 관심이 없는 것 같다. 죄 사함과 성령이 주는 유익은 죽음보다는 부활과 더 밀접한 관련이 있다"고 쓴다.

남에 초점을 맞춘다(눅 9:31). 누가복음 9:51에서 예루살렘을 향하기로 한 예수의 핵심적 결정은 십자가나 부활 그 자체를 지향하는 선택이라기보다는 주로 예수가 '들림'(ἀνάλημψις, 참조. 행 1:2)을 받는 날을 지향하는 선택으로 묘사된다. 누가는 예수의 고난을 영광에 들어가기 위한 전제 조건으로 삼고 있다(눅 24:26). 복음서의 마지막 부분(24:51)과 특히 사도행전의 시작 부분(1:9-10)에 나오는 예수의 승천에 대한 누가의 설명도 이러한 초점을 확증하는 것 같다.[9] 사도행전 8:33에서 특이하게 축약시킨 이사야 53:8은 예수의 승천, 즉 "그의 생명이 땅에서 들려[αἴρεται] 올려진 순간"을 암시하는 것이 아닌지 궁금함을 불러일으킨다.[10]

에른스트 케제만은, 이 점을 (그리고 누가의 다른 강조점들도) 고려할 때 누가가 구원의 역사에서 십자가가 차지하는 위치에 대해 전개하는 독특한 설명이 구원의 강조점을 예수의 죽음에서 성령의 부으심과 제도로서의 교회 창설로 옮기려는 시도를 나타낸다고 주장했다. 케제만의 유명한 제안에 의하면, 누가는 더 초기의 묵시론적 십자가 신학(theologia crucis)을 보다 헬라화된 영광의 신학(theologia gloriae)으로 대체했다.[11] 누가는 회개, 죄 사함, 정화의 구원적 유익을, 십자가보다는 예수가 하늘로 승천하시고 하나님 우편에 오르신 일과 더 분명하고 일관되게 연결하고 있다.

이번 장에서는 누가가 예수의 승천을 강조한 새로운 근거와 예수의 죽

---

9   나는 NA²⁸에 인쇄된 더 길고 '비-서구적'인 형태를 가정하고 있다. 예수의 승천에 대한 누가의 강조는 소위 서구적 비-삽입 구문들에 속하는 더 짧은 '서구적' 독법을 채택하는 경우에 명백하게 무너진다. 하지만 이 누가-행전 본문들의 더 짧은 형태를 받아들인다 해도 여기서 펼치는 논증의 더 큰 주장들에 크게 영향을 미치지는 않을 것이다.

10   참조. 사도행전 1:9에서 동족어 ἐπαίρω 사용.

11   E. Käsemann, "Ministry and Community in the New Testament," in *Essays on New Testament Themes*, trans. W. J. Montague (Philadelphia: Fortress, 1982), pp. 63-94, 여기서는 pp. 92-93.

음에 더 명백한 제사의 의미를 부여하지 않은 "이해할 수 없는 이유"를 탐구한다. 나는 누가가 유대의 피 제사가 희생물의 도살과 속죄의 유익을 직접적으로 연결하지 않는다는 점을 아마 알았으리라고 주장한다. 제사는 하나의 절차이며, 그 정점에 있는 요소는 제사장이 하나님께 나아가는 것과 그에 따라 제물의 재료를 하나님의 임재 안으로 운반하는 것이다. 이 절차 속의 이러한 측면들은 용서와 정화의 목표를 이루는 것과 가장 밀접한 관련이 있다.

제사에 대한 이러한 이해는, 누가가 유대 제사의 관점으로 구원에 대해 생각하는 데 관심이 있었다면 예수의 죽음보다 예수의 하늘 승천의 구원적 유익을 강조했으리라는 추론을 가능하게 한다. 즉 누가는 예수의 승귀를 제사의 관점에서, 즉 제물의 재료인 예수 자신이 하나님의 하늘 임재로 전달되는 것으로 이해했을 수 있다.[12] 누가의 이런 생각은, 예수가 이 땅을 떠나 하나님 우편으로 승천하신 것을 용서와 정결의 성취(즉, 제사적 속죄의 핵심 요소) 그리고 그와 연관된 성령의 부으심과 명확하게 연결한다는 점을 통해 암시된다. 그가 예수가 하나님 우편에 오르신 일을 예수의 구원 사역의 정점으로 파악한 것은, 예수와 이스라엘의 구속에 대한 더 큰 이야기의

---

12   누가는 자신이 받았던 예수의 승귀에 대한 전통적 개념에 존재하는 제사적 뉘앙스를 인식하지 못했을 가능성이 있다. 따라서 그는 예수의 천상적 지위와 제사 범주의 연관성을 암시하는 이야기를 무의식적으로 전달했을 수 있고, 이것이 이러한 범주가 더 명확하게 발전되지 않은 이유에 대한 설명이 될 수 있다. 그러나 누가가 선교적 지향 또는 이방인 지향성 때문에 제사 개념을 강조하지 않았다는 M. 볼터(Wolter)의 주장이 더 그럴듯해 보인다["Jesu Tod und Sündervergebung bei Lukas und Paulus," in *Reception of Paulinism in Acts*, ed. D. Marguerat (Leuven: Peeters, 2009), pp. 15-35]. 제사에 대한 볼터의 이해는 여기서 제시하는 것과는 다르지만, 이방인 독자들이 유대 제사 의식의 세부 사항을 이해하지 못할 것임을 누가가 알고 있었을 가능성은 여전히 유효하다. 특히 유대 제사 의식이 이들의 사회-종교적 맥락과 상당한 차이가 있었기 때문에 이해하기 힘들었을 것이다.

밑바탕에 제사 논리가 깔려 있음을 암시한다(누가 자신도 이 논리를 인식하고 있었을 것이다).

이 주장을 성립시키기 위해 나는 먼저 유대 제사와 속죄에 대한 몇 가지 주요 가정을 살펴볼 것이다. 이 지엽적 논의는 사도행전에서 누가가 예수의 승천과 회개, 죄 사함, 정화, 성령의 부으심이라는 개념을 연결한 것을 재평가하는 데 유용한 렌즈를 제공할 것이다.

제사와 제사적 속죄

이 부분에서 논하는 내용은 이후 사도행전 주해에 필요한 배경지식을 제공하는 두 가지 중점 사항을 다룬다. 첫째는 유대의 피 제사가 어떻게 작용하는지에 대한 간략한 탐구이고, 둘째는 정결과 하나님과 가까워지는 일의 관계에 대한 몇 가지 성찰이다.

제사의 과정과 논리

레위기는 특정 제사를 위해 무엇을 해야 하는지 자세히 언급하고 이러한 제사가 효과적이라는 확신을 주지만, 그것이 작동하는 이유나 방법에 대한 명시적 성찰은 거의 제공하지 않는다. 그럼에도 이스라엘과 후기의 유대 피 제사에 대한 최근의 많은 연구는 이러한 문제의 내적 논리를 새롭게 조명한다.[13]

---

13 예를 들어, C. A. Eberhart, *Studien zur Bedeutung der Opfer im Alten Testament: Die Signifikanz von Blut- und Verbrennungsriten im kultischen Rahmen*, WMANT 94 (NeukirchenVluyn: Neukirchener, 2002); Eberhart, *The Sacrifice of Jesus: Understanding Atonement Biblically*, Facets (Minneapolis: Fortress, 2011); R. E. Gane, *Cult and Character: Purification Offerings, Day of Atonement, and Theodicy* (Winona Lake, IN: Eisenbrauns, 2005); J. Milgrom, *Leviticus 1-16:*

이러한 일부 연구에서 강조된 더 중요한 결론 중 하나는, 레위기 제사가 환원될 수 없는 위계적으로 구조화된 절차라는 인식이다.[14] 즉, 특정 제사의 절차를 구성하는 의식의 순서 내에서 죄 용서 및/또는 정화의 속죄적 유익은 제사 절차의 다른 어떤 요소보다 피를 다루고 희생물의 신체 일부 또는 전체를 태우는 행위와 더 밀접하게 연관되어 있다.[15] 이 절차의 절정에 해당하는 사건들, 즉 죄 및/또는 부정의 제거와 가장 밀접하게 연관된 사건들은 일반적으로 제사장들이 성전 단지의 점점 더 신성한 공간들을 통과해 이동하고(이동하거나) 제물을 하나님의 임재로 전달함으로써 그 임재에 더 가까이 다가가는 활동이다.[16] 이는 희생물의 피와 신체 일부의 사용과 운반, 즉 여러 제단에서 제사장들만이 수행하는 행위가 피 제사 과정의 중심에 있음을 암시한다.

이 더 큰 절차를 지향하는 중심 목표 중 하나는 '속죄'(כפר, 마소라; ἐξιλάσκομαι, 칠십인역)를 이루는 것이었다. 이 목표는 주어진 제사의 목적 및/또는 제사의 전체 절차를 요약하는 진술에서 자주 등장한다.[17] 레위기 전반에서 속죄는 제단에서의 제사장들의 활동, 특히 제물의 일부에 피를 바르고 제물의 여러 요소를 바깥 제단에서 태우는 활동과 직접적으로 연결되어 있다.[18] 제물을 도살하는 행위는 제사장들에 의해서만 행해지지 않

A New Translation with Introduction and Commentary, AB 3 (New York: Doubleday, 1991), 특히 pp. 133-489.

14 특히 이 큰 요점에 대한 게인의 자세한 논의와 설명을 보라(*Cult and Character*, pp. 3-24).

15 Eberhart, *Sacrifice of Jesus*, p. 85; Gane, *Cult and Character*, 특히 p. 67.

16 게인은 '제사'를 "하나님이 사용하시도록 하기 위해 가치 있는 것을 신성한 영역으로 의식적으로 옮기는 종교적 의식"으로 정의한다(*Cult and Character*, p. 16).

17 예를 들어, 레위기 1:4; 5:6, 10, 16, 18; 6:7; 7:7; 9:7; 12:7-8; 14:18-20, 30-31; 15:15, 30; 16:6, 11, 24, 30-34; 19:22; 23:28을 보라. '바치다'(עשה)라는 동사가 때때로 제사의 전체 절차를 가리킨다는 사실에 주목하는 밀그롬(*Leviticus* pp. 1-16, 925)을 참조하라.

았고[19] 또 제단에서는 결코 시행하지 않았기 때문에, 이 마지막 사항은 강조할 가치가 있다.[20] 그러므로 속죄와 제단에서의 제사장의 활동 사이의 밀접한 연관성은 (1) 도살 행위가 제사에서 중심이 되는 순간이 아니었음을 나타내며, (2) 도살 행위가 제사의 속죄 목표를 이루는 절차에서 왜 중요한 요소가 아니었는지 설명해 준다.

속죄일 제사의 핵심에 대한 간략한 설명은 이러한 문제들을 잘 예시해 준다. 레위기 16:6과 11a절에서 아론은 자신과 자신의 집을 속죄하고자 황소를 바치는 방법에 대해 요약된 진술의 형태로 지시를 받는다. 이 제물을 드려 속죄를 성취하기 위한 자세한 과정은 16:11b-14, 17에 설명되어 있다. 이와 마찬가지로 16:7-10에는 염소 두 마리를 바치는 속죄 제물이 요약되어 있다. 그런 다음 16:15-22에서 이러한 의식을 수행하는 과정을 설명하는데, 여기서 대제사장과 그의 집과 백성을 위한 속죄를 이루는 속죄 과정의 특정 구성 요소가 구체적으로 등장한다. 이는 (1) 황소와 염소 한 마리의 피를 지성소에 바르는 것(16:15-17; 참조. 16:27), (2) 죄를 짊어진 살아 있는 염소를 보내는 것(16:20-22),[21] (3) 바깥 제단에서 합당한 제물을 태우는 것

---

18 예를 들어, 레위기 4:20, 26, 31, 35; 5:13; 6:30; 8:15; 17:11을 보라.
19 특히 Gane, *Cult and Character*, p. 60; Milgrom, *Leviticus 1-16*, p. 154의 논의를 보라. 요세푸스(*Ant.* 3.226)에 따르면, 남성 예배자들이 제물의 적어도 일부를 도살하는 관습은 제2성전기 후기에도 여전히 존재했다. 이 관습과 필론이 제시하는 반대 증거에 대한 논의는 E. P. Sanders, *Judaism: Practice and Belief, 63 BCE-66 CE* (London: SCM, 1992) pp. 106-107, 109를 보라.
20 제단에서 도살되는 유일한 동물은 새다. 하지만 이마저도 제단에서 죽이지 않는다. 제단에 선 제사장이 새의 목을 비틀며, 양이나 소에서 나온 피를 그릇에 먼저 모은 다음 제사장이 붓는 것과 달리 새의 피는 제단에 직접 바른다(참조. Sanders, *Judaism*, p. 110).
21 여기서 염소가 속죄를 행한다고 말하지는 않지만, 레위기 16:10의 요약된 내용과 16:20-22의 의식에 대한 자세한 설명을 비교해 보면 이런 결론이 암시된다[참조. N. Kiuchi, *The Purification Offering in the Priestly Literature: Its Meaning and Function*, JSOTSup 56 (Sheffield: JSOT Press, 1987), pp. 149-151; B. J. Schwartz, "The

(16:24-25)이다. 성소와 분향단에도 속죄가 필요한데, 속죄소에 피를 바르고 그 안쪽 제단에 피를 바름으로써 속죄가 이루어진다(16:16, 18-20). 살아 있는 염소(소위 속죄 염소)를 제외하고 레위기 16장의 세부 사항은 앞서 언급한 큰 패턴에 대체로 부합하며, 다양한 제단에서 이루어지는 제사장의 활동은 속죄를 이루는 제사 절차의 요소로 인식된다.

요약하면, 속죄 제사의 경우 여러 요소가 제사를 구성하지만, 그것을 구성하는 의식들의 속죄 목표 달성은 제단에서 제사장이 수행하는 요소, 특히 피를 바르고 제물의 여러 부분을 태우는 것과 가장 밀접하게 관련되어 있다. 이러한 절차의 요소들이 다양한 제단과 관련되고 제사장들에 의해서만 수행된다는(그리고 속죄일에는 대제사장에 의해서만 수행된다는) 사실은 피 제사의 중심이 하나님께 가까이 나아가 제물의 재료를 그분의 임재 안으로 운반하는 것임을 의미한다. 이것이 아마도 성경의 제사 기록에서 קרב 어근의 형태가 중심이 되는 이유일 것이다.²²

Bearing of Sin in the Priestly Literature," in *Pomegranates and Golden Bells: Studies in Biblical, Jewish, and Near Eastern Ritual, Law, and Literature in Honor of Jacob Milgrom*, ed. D. P. Wright et al. (Winona Lake, IN: Eisenbrauns, 1995), pp. 3-21; J. Sklar, *Sin, Impurity, Sacrifice, Atonement: The Priestly Conceptions*, HBM 2 (Sheffield: Sheffield Phoenix, 2005), pp. 96-97].

22 R. E. 게인은 다음과 같이 요점을 잘 설명한다. "히브리어에서 일반적으로 '제사'라는 개념은 명사 '코르반'(*qorban*)으로 나타낸다.…코르반의 의미는 같은 어근 *qrb*의 히필 동사(문자적으로, '가까이 오게 하다')의 의미와 연관되어 있는데, 이는 제물을 제사 장소로 미리 운반하는 것(예를 들어, [레] 1:3)뿐 아니라 여호와께 공식적 의식으로 제물을 바치는 것(예를 들어, 1:5, 13)도 지칭할 수 있다. 이렇게 공식적으로 바치는 것은 **거룩하신 하나님께 어떤 것을 드려서 그분이 사용하시도록 하는 것**이다. 따라서 코르반(제사, 제물)은 하나님의 거룩한 영역에 무엇인가를 드림으로써 그것을 **거룩하게 만든다**[*Leviticus, Numbers*, NIV Application Commentary (Grand Rapids: Zondervan, 2004), p. 78]." 참조. Eberhart, *Sacrifice of Jesus*, p. 71; J. Klawans, *Purity, Sacrifice, and the Temple: Symbolism and Supersessionism in the Study of Ancient Judaism* (Oxford: Oxford University Press, 2006), p. 69.

제사, 정결, 하나님과의 근접성

이렇게 하나님께 가까이 가는 것에 대한 강조는 제사, 특히 속죄의 또 다른 중요한 측면과 맞닿아 있다. 현대의 여러 연구에 따르면, 유대의 의식적 정결 영역에서 개인이 하나님의 임재에 가까이 다가갈 수 있는 정도와 하나님이 백성 가운데 거하고자 하시는 의지를 결정하는 주된 요소는 개인의 정결 상태다.[23]

조너선 클라완스의 연구는 유대의 정결에 관한 복잡한 문제를 생각하는 데 유용한 경험적 범주를 제공한다. 클라완스는 레위기 제도에는 의식적 정결과 도덕적 정결이라는 서로 다른 두 병행적 제도가 존재한다고 주장한다.[24] 의식적 정결은 주로 개인의 외적 상태에 관한 문제다. 이러한 종류의 오염은 전염성이 있으며 접촉을 통해 전파될 수 있다. 의식적 부정의 핵심은 필멸성의 문제와 관련된 것으로 보인다.[25] 또한 의식적 부정은 하나님의 임재에 가까이 가려고 할 때 큰 장애물이 된다. 하나님은 의식적으로 부정한 사람이나 물건이 그분의 임재에 가까이 오는 것을 허락하지 않으신다. 부정한 인간을 하나님의 신성한 공간에 데려오는 것은 죄를 짓는 것이다. 그러므로 사람이 의식적으로 정결한 상태에 있을 필요가 있다는 것은 주로 죽을 수밖에 없는 인간을 하나님의 임재에 가까이 가는 데 적합하게 만드는 것과 관련이 있다. 어떤 주요한 의식적 부정(예를 들어, 피부병이나 출산)의 경우, 그것을 제거하기 위해 제사, 특히 속죄제(חטאת)가 필요하다(예

---

23 예를 들어, H. Maccoby, *Ritual and Morality: The Ritual Purity System and Its Place in Judaism* (Cambridge: Cambridge University Press, 1999), pp. 1, 11, 27, 47, 170.

24 J. Klawans, *Impurity and Sin in Ancient Judaism* (Oxford: Oxford University Press, 2000); 참조. Maccoby, *Ritual and Morality*.

25 밀그롬(*Ritual and Morality*, 특히 pp. 32, 49-50, 207-208)에 대한 매코비의 비판을 보라.

를 들어, 레 12:6-8).[26]

도덕적 정결은 하나님의 명령에 순종하는 것과 관련이 있다. 하나님의 명령을 위반하면 도덕적으로 더럽혀진다. 사람의 도덕적 불결함은 외적인 것이 아니며 전염되지도 않는다. 이렇듯 의식적 정결과 도덕적 정결은 구별되지만, 그럼에도 비슷한 방식으로 하나님과 백성의 관계에 문제를 일으킨다. 의식적 부정은 백성이 하나님께 다가가는 것을 방해한다. 도덕적 부정은 어떤 죄로 인해 더러워진 땅에 거할 수 있는 능력을 위협하고, 하나님의 징벌적 응답으로 그들을 위협한다.[27] 두 종류의 부정 모두 성소를 더럽히기 때문에 하나님과 백성이 함께하는 데 방해가 된다.[28] 성소에 하나님의 임재가 머물려면 성소를 정기적으로 정화할 필요가 있다. 그리고 하나님의 임재 가까이에서 상대적으로 안전하게 거하고 그 임재에 다가가기 위해서는 백성도 정기적으로 정화될 필요가 있다.

또한 완전한 의미의 제사적 속죄(도덕적·의식적 부정의 문제를 해결하여 하나님과 인간이 함께할 수 있는 상태)를 위해서는, 구속이나 대속을 통한 하나님의 형벌의 위협을 제거하고, **동시에** 사람과 땅과 성소가 사망과 죄로 인해 생긴 문제로부터 정화되어야 한다.[29] 다시 말해, 제사적 속죄는 도덕적 부정과 의식적 부정이 제사 제물을 통해 정화될 때 효력을 발휘한다. 이 모든 것은 하나님의 임재가 그 백성 가운데 거하는 것을 가능하게 하고 그것을 유지하며 백성이 하나님의 임재에 가까이 갈 수 있도록 하는 데 필수다.[30]

---

26 Gane, *Cult and Character*, pp. 112-123; Kiuchi, *Purification Offering*, pp. 53-59.
27 Klawans, *Impurity and Sin*, pp. 26-27; Sklar, *Sin, Impurity, Sacrifice, Atonement*, 특히 pp. 42-43.
28 특히 Sklar, *Sin, Impurity, Sacrifice, Atonement*, pp. 154-159를 보라.
29 Sklar, *Sin, Impurity, Sacrifice, Atonement*, pp. 181-187.
30 특히 Klawans, *Purity, Sacrifice, and the Temple*, pp. 68-72. 참조. 출 29:37-46.

속죄일은 이러한 이중 속죄 행위를, 또한 하나님이 백성 가운데 계시는 것을 가능하게 하고 그것을 유지하는 데 그 이중 속죄 행위가 가지는 중요성을 잘 예시한다. 앞서 언급했듯, 레위기 16:15-20에는, 대제사장이 이날 바치는 속죄 제물이 자신과 백성을 속죄할 뿐 아니라 성소, 회막, 제단도 피를 바름으로써 속죄를 이룬다고 명시되어 있다. 또한 16:16은 매년 정화가 필요한 오염의 근원으로 더러움(즉, 의식적 부정)과 백성의 죄를 모두 지목한다.[30] 분명한 함의는 백성의 의식적 부정과 도덕적 실패/죄가 백성과 성소를 더럽히며, 결과적으로 속죄가 필요하다는 것이다.[32] 그러므로 제사는 죄와 부정을 속죄하기 때문에 언약 관계를 유지하는 데 필수 부분이다.

요약

이 논의는 사도행전에 대한 논쟁에서 몇 가지 중요한 점을 시사한다. 첫째, 피 제사를 죄를 처리하기 위해 제물을 도살하는 행위로 축소하거나 그것과 혼합하는 것은 개념적 실수다. 레위기는 단순히 희생물의 도살 행위로 제물의 속죄 목표를 달성했다거나 속죄를 단순히 죄 용서로 축소할 수 있다는 추론을 지지하지 않는다. 오히려 제사의 절차는 의식적이고 도덕적인 정결을 모두 달성하기 위해 중요한 요소였다. 둘째, 희생물의 도살은 제사의 필수 절차이지만(그 제사가 동물 제물을 포함할 때),[33] 유대 제단 위에서는 결코 일어나지 않았으며 그 행위 자체로는 전체 절차가 목표로 하는 속죄

---

30 Schwartz, "Bearing of Sin," pp. 6-7, 17.

32 그렇다고 해서 그 절차의 중요한 요소로서 백성들이 일을 쉬고 스스로를 괴롭게 할 필요성(레 16:31)을 축소하려는 것은 아니다. 특히 Schwartz, "Bearing of Sin," pp. 20-21를 보라.

33 경우에 따라 정화와 용서를 위해 곡물 제사를 드릴 수 있다는 것은 도축이 유대의 정결/죄 제사에서 결정적 사건이 아님을 시사한다(참조. Eberhart, *Sacrifice of Jesus*, pp. 99-101).

의 유익을 얻기에 충분하지 않았다.[34] 셋째, 이 절차의 위계적 구조가 시사하는 바는 제사로 인한 속죄의 유익이 주로 제사장이 하나님께 다가가 제물을 그분의 임재로 가져갈 때 제단에서 이루어지는 제사장의 활동과 연결되어 있다는 것이다.[35] 제단에서의 제사장의 행위가 속죄를 이룬 것이다. 넷째, 죄의 문제(도덕적 부정)나 필멸성의 문제(의식적 부정), 또는 속죄일처럼 두 문제를 모두 해결하는 제사적 속죄는 하나님과 백성이 함께하기 위해 필수였다.

이러한 점을 염두에 두고 사도행전의 몇몇 주요 본문을 살펴보고자 한다. 누가는 위계적으로 구조화된 의식으로서의 제사나 정결의 논리에 대해 방금 설명한 가정을 어디에서도 명확하게 표현하지 않는다. 그럼에도 그는 예수가 하나님 우편에 오르신 것을 죄 용서, 정화, 성령의 부으심을 성취하는 주요 메커니즘으로 파악하고 있으며, 이는 제사 논리가 예수 승천의 의미에 대한 그의 이해를 형성하고 있음을 시사한다.

사도행전에서의 정화, 용서, 성령의 부으심

지면 관계상 누가-행전에 나타나는 용서와 정화를 완전히 평가하거나 잠재적으로 관련된 모든 세부 사항을 철저하게 주해적으로 접근하지는 못할

---

34 이 절차의 다른 모든 요소에도 동일한 논리가 적용되며, 그중 어느 것도 독립적으로 존재할 수 없다. 게인의 말을 다시 인용하자면, "일반적인 체계가 그러하듯 의식은 위계적으로 구조화되어 있으며, 작은 체계들은 더 큰 체계 안에 포함되는 전체를 구성한다. 각 수준에서 '전체는 그 수준에서만 생겨나는 독특한 속성, 즉 전체를 구성하는 부분들은 가지지 않는 속성을 가진다.' 이스라엘의 의식 체계에서 전체는 실제로 부분의 합보다 크다. 의식 또는 의식 복합체는 적절한 순서로 활동들이 진행되는 가운데 전체적으로 수행될 때만 목표를 달성한다"(*Cult and Character*, pp. 19-20).
35 이와 관련하여 에스겔 44:15-16에서 제사장들이 하나님께 나아가 피와 기름을 바치는 것을 분명히 강조하는 것을 보라.

것이다. 그 대신 이번 장의 목표는 누가가 예수의 승귀와 그로 인한 속죄의 유익을 강조하는 것이 방금 논의한 제사 및 제사적 속죄(즉, 용서와 정화) 개념과 잘 일치한다는 점을 보여 주는 것이다. 이를 위해 사도행전에서 특히 주목할 만한 세 측면은 다음과 같다. (1) 베드로와 사람들이 고넬료의 정결을 이해하기 위해 사용한 논리. (2) 이 논리가 오순절에 누가가 예수의 승귀와 성령의 부으심을 연결한 것과 유사함을 보여 주는 방식들. (3) 누가가 용서와 정화를 하나님 우편에 계신 예수의 높아진 지위와 연결시킨 점. 먼저 고넬료 이야기로 넘어가 보겠다.

이방인 고넬료가 성령을 받았다는 잘 알려진 이야기와, 부정한 동물을 죽여 먹으라고 지시하는 하나님을 본 베드로의 환상의 연관성은 2차 문헌에서 다양한 각도로 상당히 연구할 대상이 되어 왔다.[36] 하지만 적어도 내가 알기로는, 고넬료의 정결에 관한 설명의 논리가 앞서 설명한 속죄에 대한 제사적 이해와 연관되는 방식은 주목을 얻지 못했다. 사실상 이러한 인식은 하나님의 정화 사역이 단순히 신적 선언의 문제가 아니라 오히려 예수의 승귀가 가져온 직접적 결과임을 시사한다.

사도행전 10장에서 누가는, 하나님이 베드로에게 보여 주신 환상에 대한 베드로 자신의 설명을 통해 그 환상의 의미를 설명한다. 환상에서 하나님

---

36 몇 가지 예를 들면, M. Dibelius, "The Conversion of Cornelius," in *Studies in the Acts of the Apostles*, ed. H. Greeven, trans. M. Ling and P. Schubert (New York: Scribner's Sons, 1956), pp. 109-122; G. D. Nave, *The Role and Function of Repentance in Luke-Acts*, SBL Academia Biblica 4 (Atlanta: Society of Biblical Literature, 2002), pp. 208-217; M. L. Soards, *The Speeches in Acts: Their Content, Context, and Concerns* (Louisville: Westminster John Knox, 1994), pp. 70-79; S. G. Wilson, *The Gentiles and the Gentile Mission in Luke-Acts*, SNTSMS 23 (Cambridge: Cambridge University Press, 1973), pp. 172-178, 191-194; R. D. Witherup, "Cornelius Over and Over and Over Again: 'Functional Redundancy' in the Acts of the Apostles," *JSNT* 49 (1993): pp. 45-66를 보라.

은 베드로에게 모세 정결법에 어긋나는 일, 즉 모세 율법에서 부정하다고 선언한 동물들을 죽여 먹으라고 말씀하신다. 베드로는 자신이 모세의 율법을 준수하고 있음을 강조하며 그 제안을 거절한다. 그는 그 동물들은 속되고(κοινός) 부정한(ἀκάθαρτος) 동물이라고 말한다.[37] 그는 이 점에서 모세의 율법을 위반한 적이 없다. 그러나 하나님은 그분이 정결하게 하신 것(ἐκαθάρισεν, 15-16절)을 속되다(κοινός) 부르지 말라고 말씀하신다. 이런 일이 세 번이나 일어난다.

동물의 실제 지위에 대해 이 환상이 의미하는 바가 무엇이든, 베드로는 나중에 그 의미가 카슈루트(Kashrut) 규정의 영역을 넘어선다고 결론 내린다. 따라서 사도행전 10:28에서 그는 자신과 같은 유대인은 고넬료와 같은 이방인과 너무 가깝게 지내서는 안 된다는 것이 상식이지만, 하나님이 그에게 "누구도 속되거나[κοινόν] 불결한[ἀκάθαρτον] 사람이라고 부르지 말아야" 함을 보여 주셨다고 말한다(참조. 행 11:3). 베드로가 스스로 깨달은 논리에 의하면, 그가 한때 부정하다고 알고 있던 어떤 것들이 이제 깨끗해졌다고 하나님이 이 환상을 통해 그에게 말씀하신 것으로 보인다.

베드로가 고넬료의 집에서 예수의 죽음과 부활, 다가올 심판에 대해 말씀을 전하고 "이방인들에게도"(행 10:45) 성령의 은사가 부어질 때, 바로 이 함의가 베드로와 일단의 유대인들에게 생생하고 강력하게 드러난다.

누가는 사도행전 10장에서 이방인들이 정결해졌다고 분명하게 단언하지 않는다. 그러나 이 결론은 10:28에 나오는 베드로의 언급뿐 아니라, 궁극적으로 그리고 더 명시적으로 이방인이 성령을 받기에 적합한 그릇이 되

---

37 무언가를 '속되다'라고 부르는 것은 부정함을 말하는 또 다른 방법이다. 따라서 여기서는 두 용어 사이에 실질적 구분이 없는 것 같다[예를 들어, C. S. Keener, *Acts: An Exegetical Commentary*, 4 vols. (Grand Rapids: Baker Academic, 2012-2015), 2: p. 1772].

었다는 사실로부터 도출된다. 이방인들도 **성령이 주어질 수 있는 사람들**이다. 어떤 사람들은 이방인이 먼저 유대교로 개종하지 않고도 받아들여질 수 있는 것은 본질적으로 하나님의 결정에 따른 것이라고 주장한다.[38] 성령의 나타나심 및 고넬료와 베드로의 환상은, 초대 교회가 율법과 정결에 대한 그들의 이해와 불일치함에도 하나님의 결정을 받아들이도록 강요한다. 그러나 이것이 이 이야기의 논리를 완전히 설명하지는 못한다.

누가가 이방인 포용 문제에서 하나님의 인도하심을 설명하기 위해 이 이야기를 사용한다는 것은 의심할 여지가 없다. 그러나 특히 고넬료의 회심 이야기가 사도행전 2장의 사건을 반영하는 한(이어지는 내용 참조), 이러한 포용은 예수가 유대인에게 베푸신 용서와 정화가 이방인에게도 가능하다는 결론을 가리킨다. 달리 말하면, 이 내러티브를 이끌어 가는 논리는 다음과 같이 작동한다. 즉, 이방인에게 성령의 은사가 부어졌다는 것은, 이방인이 정결해졌고 그로 인해 은사를 받을 수 있음을 의미한다. 이러한 논리를 고려할 때, 누가가 유대 제사 개념, 특히 정화와 용서를 위한 제사의 중요성을 전제하고 있다고 추정할 수 있다.

이런 추정을 뒷받침하는 두 가지 관련 증거가 있다. 첫째, 누가가 고넬료와 그의 집에 성령이 부어진 사건과 관련하여 사도행전 11:16-18과 15:8-9에서 내린 결론은 사도행전 10장의 기록 자체보다 회개/용서, 정화, 성령을 받은 일의 연관성을 더 명확하게 보여 준다.

사도행전 11장에서 베드로는 자신이 고넬료의 집에서 이방인과 교제하는 것을 불쾌해하는 사람들에게 자신의 행동을 변호한다. 그는 고넬료와

---

[38] 예를 들어, E. Haenchen, *The Acts of the Apostles: A Commentary* (Louisville: Westminster John Knox, 1971), pp. 362-363. 참조. J. B. Tyson, "The Gentile Mission and the Authority of Scripture in Acts," *NTS* 33 (1987): pp. 619-631, 특히 pp. 629-630.

대화할 때 하나님이 고넬료와 그의 집에 성령을 보내셨다고 설명한다. 베드로는 성령의 임재를 근거로 "하나님이 우리가 주 예수 그리스도를 믿을 때 주신 것과 같은 선물을 그들에게도 주셨으니 내가 누구이기에 하나님을 능히 막겠느냐"(11:17)라고 말한다. 이방인이 성령을 받은 사실이 베드로에게 도전한 사람들에게 미친 결과는 즉각적이다. 그들은 하나님이 이방인에게도 생명에 이르는 회개를 틀림없이 주셨다고 결론 내린다(11:18). 중요한 것은 이 "이방인 오순절"[39]이 그들로 하여금 성령의 임재로부터 소급한 추론을 자극하여 이방인에게 생명에 이르는 회개가 주어졌다는 결론에 도달하게 한다는 것이다. 이 결론은 이방인들의 죄가 용서되었음을 분명히 암시한다(참조. 눅 24:47; 행 2:38; 5:31).

이와 유사하게 사도행전 15:8-9에서도, 베드로는 마음을 아시는 하나님이 이방인들도 예수에 관한 말씀을 듣고 믿고 구원받을 수 있도록 "우리에게와 같이 그들에게도 성령을 주어 증언하시고 믿음으로 그들의 마음을 깨끗이 하사[καθαρίσας] 그들이나 우리나 차별하지 아니하셨[다]"고 선언한다. 다시 말하지만, 성령을 주시는 하나님의 행위는 성령을 받은 사람들이 정결해졌음을 소급해서 확인할 수 있는 반박 불가능한 증거다.

종합하여 살펴볼 때, 고넬료 이야기의 중요성에 대한 이러한 요약은 두 가지 요점을 시사한다. (1) '생명에 이르는 회개'와 '마음의 정화'라는 언어는 동일한 실재를 지칭하는 밀접한 관련성을 지닌 표현이며, 특히 두 표현 모두 성령을 받을 수 있는 상태를 묘사한다. (2) 누군가가 성령을 받았다는 것은 그에게 필요한 용서와 그에 상응하는 정결의 상태가 부여되었음을 소급해서 추론할 수 있는 증거가 된다.

용서받고 정결해진 상태와 영을 받을 수 있는 능력의 관계는, "제사와

39　Wilson, *Gentiles and the Gentile Mission*, p. 177.

제사적 속죄"라는 제목의 단락에서 자세히 설명한 속죄의 기본 논리와 놀라울 만큼 잘 연관되어 있다. 이 논리에 따르면 속죄는 피 제사를 드리고 그에 따라 하나님이 자기 백성과 함께하심으로써 효력을 갖는다. 앞서 살펴본 것처럼 제사 제도의 핵심 관심사 중 하나는, 하나님이 지성소에 거하시고 그분의 임재가 백성 가운데 머무르도록 하기 위해 필요한 용서와 정결의 상태를 이루고 유지하는 것이었다. 하나님이 성전에 임재하시고 백성이 그분께 나아갈 수 있는 능력은 율법에 규정된 제사 의식 수행을 전제로 했다. 이러한 관점에서 누가가 사용하는 회개와 정화의 언어, 특히 회개와 정화를 하나님의 성령이 부어지는 일과 연결하는 것은 제사 범주가 실제로 그의 주장에 영향을 미치고 있다는 결론을 가리킨다.

두 번째 증거는 누가 내러티브의 논리에 의식 범주가 깔려 있다는 추정을 더욱 확증한다. 어떤 이들은 오순절 성령이 처음 부어질 때 사도들의 머리에 임한 세찬 바람과 불의 혀가 불러일으킨 이미지 중 하나가 유대 성경에 묘사된 주님의 영광의 모습이라고 지적한다.[40] 특히 주목할 만한 것은 출애굽기 40:34-38과 레위기 9:23-24(참조. 민 9:15-23)에서 주님의 영광이 성막을 채우고 낮에는 구름으로, 밤에는 불로 그 위에 임하신 모습을 묘사하는 부분인데, 이 일은 모세가 제사장들을 성별하고 성막의 모든 공간과 부속물을 설치하고 정결하게 한 후에 발생한다(출 40:1-15, 29-32; 레 8:10-9:21). 여기서 성막을 봉헌하고 출범시킨 후 하나님의 영광은 구름과 불의 형태로 성소에 머무르게 된다. 이 본문에는 제사의 논리에 따라 취임식 제사, 제사장 임명, 성소에 하나님의 임재가 불로 나타나는 것 사이에 밀접한 관계가 존재한다(참조. 대하 5:1-7:7).

---

[40] 예를 들어, Keener, *Acts*, 2: pp. 801-804. 참조. J. B. Chance, *Jerusalem, the Temple, and the New Age in Luke-Acts* (Macon, GA: Mercer University Press, 1988), pp. 42-43.

이러한 맥락을 따라 '불의 혀'라는 언어를 사용하는 누가 이전 텍스트 중 하나가 에녹1서라는 점은 의미심장하다. 에녹1서 14장에서 에녹은 하늘로 올라가 하늘 성전의 일부, 특히 가장 눈에 띄는 하늘 지성소가 '불의 혀'로 되어 있음을 본다. 글렌 멘지스(Glen Menzies)는 에녹1서 14장에서 이러한 '불의 혀'가 갖는 기능이 "하나님의 임재에 점점 더 가까이 다가가는 과정에서 거룩한 영역의 범위를 규정하는 것"으로 보인다고 통찰력 있게 언급한다.[41]

따라서 사도행전 2장은 하나님 임재의 불 같은 영광이 성막을 가득 채우고 지성소에 있는 백성들 사이에 거한다는 암시로 보이며, 이는 그 바탕이 되는 제사적 속죄의 근본 논리를 추가적으로 시사한다. 모세에 의해 모든 것이 정화될 때까지 하나님의 영광이 성막에 거하지 않았기 때문이다. 다르게 표현하면, 이 이야기는 어떤 사람이 하나님과 충분히 가까워져서 성령이 실제로 주어지고 신적 임재의 표징이 나타나기 전에 그를 정결하게 만드는 어떤 일이 일어나야 함을 암시한다. 제2성전 유대교의 관점에서 볼 때, 이러한 종류의 정화를 위한 가장 자연스러운 맥락 중 하나가 제사 제도다.

이러한 증거에 비추어 볼 때, 사도행전의 내러티브가 시사하는 바는 예수의 초기 제자들이 성령의 선물을 경험함으로써 예수가 그들을 새롭고 놀라운 방법으로 정결하게 만들고자 어떤 일을 하셨다고 생각하게 되었고, 그들의 논리가 고넬료와 관련해서도 동일한 방식으로 작동했다는 것이다. 이것이 옳다면, 하나님의 성령을 받을 수 있도록 사람들을 정화하기 위해 예수가 실제로 일종의 제사를 치렀다는 추론이 뒤따르는 것 같다. 나아가 고넬료와 그의 가족에게 성령이 주어졌을 때 베드로와 그의 동료 유대

---

[41] G. Menzies, "Pre-Lucan Occurrences of the Phrase 'Tongues of Fire,'" *Pneuma* 22 (2000): pp. 27-60, 여기서는 p. 41.

인 신자들은 이 제사를 통해 이방인들까지도 정화될 수 있었다고 추론하는 것처럼 보인다. 이것은 사도행전 10장의 논리가 용서와 정화의 제사 논리에 반하는 것이 아니라, 오히려 예수의 제사와 그분의 용서와 정화의 효과가 이방인에게까지 확장되었음을 시사한다. 예수 사역의 속죄 효과는 고넬료와 그의 집까지 용서와 정화가 확장되는 근간이 된다. 그러나 질문은 남아 있다. 이것이 이 내러티브를 이해하는 올바른 논리라면, 예수는 언제 어디서 이 제사를 드렸는가?

이 질문에 대한 답은 예수가 십자가에 달려 죽으실 때 이 제사를 드렸다는 것이라고 생각할 수 있다. 그러나 앞서 언급했듯, 바로 이러한 가정 때문에 학자들은 십자가의 제사적 의미에 대한 관심이 명백히 부족하고 예수의 승천과 승귀를 놀랍게 강조하는 누가의 태도에 혼란을 느꼈다. "제사와 제사적 속죄" 단락에서 제사와 제사적 속죄의 논리가 암시하는 바는, 이 '문제'가 누가의 난해한 의제 때문이라기보다 유대 피 제사 과정이 실제로 어떻게 작동했는지에 대한 오해 때문일 수 있다는 것이다. 다음 부분에서 내가 논증하는 바는, 사도행전 2:33과 5:31 같은 본문이 예수가 언제, 어디서, 어떻게 용서와 정화를 가져오는 제사를 드렸는지에 대한 질문에 암시적이나마 답을 제공한다는 것이다.

사도행전과 하나님 우편에 예수가 취하신 자리의 제사적 의미

조엘 그린(Joel Green)은 "사도행전에서 예수 승귀의 구원론적 의미에 대한 가장 분명한 확언은 아마도 5:30-31에서 찾을 수 있을 것이다"라고 말한다.[42] 여기서 "회개와 용서를 '주시는' 분으로서 예수의 구세주로서의 확증

---

42 J. B. Green, "'Salvation to the End of the Earth' (Acts 13:47): God as Saviour in

은 그의 부활과 승천에 근거하고 있다는 직접적인 확언"을 발견하게 된다.[43] 내가 볼 때 이것은 정확한 말이다. 이 구절의 통사 구조는 사실상 이러한 결론을 요구한다.

사도행전 5:31의 주절은 이러하다. τοῦτον ὁ θεὸς ἀρχηγὸν καὶ σωτῆρα ὕψωσεν τῇ δεξιᾷ αὐτοῦ(하나님이 이 사람[예수]을 왕과 구원자로서 그의 우편에 높이셨다). 이 주절을 수식하는 부정사구는 이 승귀의 목적을 알려 준다. δοῦναι μετάνοιαν τῷ Ἰσραὴλ καὶ ἄφεσιν ἁμαρτιῶν(이스라엘에게 회개와 죄 용서를 **주시기 위하여**). 이 구절을 액면 그대로 받아들이면, 이스라엘의 회개와 죄 용서가 예수를 높이신 분명한 이유다. 회개와 죄 용서의 제사적 의미는 두말할 필요가 없으며 사실 이것이 속죄일의 두 주요 주제다. 그런데 여기서 십자가는 초기 기독교 신앙이 고백했던 예수에 대한 더 큰 이야기 안에서 속죄의 결과를 가져오는 요소로 인식되지 않는다. 오히려 예수가 하나님 오른편으로 높임받으신 것이 이러한 유익을 제공해 준다.

누가가 예수의 승귀를 속죄를 일으키는 사건으로 제시하려는 의도는 사도행전 2:33에서도 유추할 수 있다. 베드로는 이 구절에서 예수가 제자들에게 성령을 부어 주신 것은 예수가 아버지 우편으로 높임받으시고 성령을 선물로 받으신 결과라고 말한다(참조. 요 16:7). 더욱이 사도행전 2장에 나오는 성령의 부으심은 예수의 승천 이후 이제 구원의 날이 도래했다는 신호로 받아들여진다(참조. 2:21, 38).[44] 앞서 주장한 대로 정화와 용서가 성령을

---

the Acts of the Apostles," in *Witness to the Gospel: The Theology of Acts*, ed. I. H. Marshall and D. Peterson (Grand Rapids: Eerdmans, 1998), pp. 83-106, 여기서는 p. 97.

43   Green, "'Salvation to the End of the Earth,'" p. 97.
44   참조. Marshall, *Luke*, p. 178.

받는 일에 선행한다는 의미가 여기에 담겨 있다면, 이 구절의 논리적·시간적 순서는 5:31에서 이스라엘의 죄 사함을 이루기 위해 예수의 승천이 일어났다는 말씀과 잘 어울린다. 간단히 말해, 2:33과 5:31은 예수가 하나님 오른편으로 높임받음으로써 제사 제도가 달성하고 유지하고자 했던 속죄의 유익을 성취했음을 시사한다. 이것이 옳다면, 예수가 하나님 우편에 계신 것이 속죄 제사의 구성 요소라는 결론을 내리는 것이 타당하다. 즉, 누가는 예수의 승천에 따른 용서와 정결의 유익을 전제하고 있으며, 이는 "제사와 제사적 속죄"에서 설명한 유대 제사 절차 및 속죄 개념과 잘 일치한다.

이 결론을 뒷받침하는 또 다른 증거가 하나 더 있다. 수많은 성경 문헌과 제2성전 및 초기 기독교 문헌에서 지성소는 신성한 보좌실과, 신성한 보좌는 언약궤의 속죄소 혹은 덮개와 연관되어 있다.[45] 누가가 이러한 개념을 알고 있었다면, 예수가 하늘에서 하나님 우편에 계신다는 것은 하늘의 속죄소에 계심을 의미하며, 이는 대제사장이 용서와 정결을 얻기 위해 1년에 한 번 속죄일에 피를 드리며 사역했던 지상의 장소에 해당한다.

사도행전 7장 스데반의 하늘 환상에 대한 기록이 보여 주는 힌트에 의하면 누가가 이 개념을 알고 있는 것 같다. 스데반은 그가 바로 전 예루살렘 성전과 나란히 언급한 하늘을 바라보면서(7:47-50) 하나님의 영광과 그분 우편에 서 계신 인자 예수를 본다(7:55-56). 스데반이 하늘 지성소를 들여다본다는 것은 그가 하나님의 영광을 본다는 것에서 유추할 수 있는데, 이 영광은 유대 성경에서 지성소에 임재하시는 하나님의 모습과 자주 연관된다.[46] 또한 스데반은 하늘과 하나님의 참된 성소를 밀접하게 연결한다(참조.

---

45 예를 들어, 레위기 16:2; 열왕기하 19:15; 시편 80:1; 99:1; 이사야 6:1-4; 37:16; 에스겔 10:1-5; 43:6-7; 히브리서 8:1-2(참조. 4:16; 10:19-22); 에녹1서 14:8-20; T. 레위기 3:4-5; 5:1을 보라.

46 예를 들어, 출애굽기 40:34-35; 열왕기상 8:11; 역대하 5:14; 7:1-2; 에스겔 10:4.

7:44, 48-49). 그렇다면 예수는 왜 서 계신 것인가?[47] 스데반이 하늘 성소를 보고 있다면, 예수의 자세는 속죄일에 속죄소 앞에 서서 피를 드리는 지성소의 대제사장의 자세와 놀랍도록 유사하다.[48] 스데반이 예루살렘 성전(6:13-14)을 반대하는 발언으로 유대인 대제사장(7:1) 앞에서 재판을 받는 중 이 환상을 보았다는 사실은 하나님의 하늘 보좌/제단에서 섬기는 하늘 성전 및 대제사장과 지상의 대제사장 사이에 의도적 대비가 있음을 암시한다.[49] 즉, 누가는 여기서 하나님의 하늘 보좌를 예수가 사역하는 하늘 성소와 연관시키고 있다. 이러한 관찰은 누가-행전에서 용서, 정화, 예수 승귀 사이의 연결 고리가 속죄의 제사 제물을 하나님의 임재로 운반하고 제시하는 것으로 개념화되었다는 견해를 뒷받침해 준다.

요컨대, 누가가 오순절 성령의 새로운 현현을 예수가 하나님 우편에 오

---

[47] L. T. 존슨은 예수가 의식과 관련된 자세를 취하셨다는 제안을 포함한 몇 안 되는 사람 중 한 명이지만, 이 견해를 확실하게 지지하거나 발전시키지는 않았다[*The Acts of the Apostles*, Sacra Pagina 5 (Collegeville, MN: Liturgical Press, 1992), p. 139]. C. P. M. 존스(Jones)는 그에 대해 더 확신하고 있다["The Epistle to the Hebrews and the Lucan Writings," in *Studies in the Gospels: Essays in Memory of R. H. Lightfoot*, ed. D. E. Nineham (Oxford: Blackwell, 1955), pp. 113-143, 특히 p. 128]. 이번 장에서는 존스가 규명하려는 누가-행전과 히브리서의 '가족 유사성'을 보여 주는 경우를 하나 더 제안한다. 다른 가능한 설명을 보려면, 예를 들어 D. L. Bock, *Acts*, BECNT (Grand Rapids: Baker Academic, 2007), pp. 311-312. 『BECNT 사도행전』(부흥과개혁사); F. F. Bruce, *The Book of the Acts*, rev. ed., NICNT (Grand Rapids: Eerdmans, 1988), pp. 155-156를 보라. 『NICNT 사도행전』(부흥과개혁사).

[48] 다른 초기 그리스도인들은 예수가 하나님 우편에 계신다는 것을 대제사장적 용어로 개념화했다. 이는 로마서 8:34과 히브리서, 특히 1:3; 7:25; 8:1-2; 9:11-12, 24; 10:12-13의 시편 110:1에 대한 암시를 통해 알 수 있다(참조. 요일 1:8-2:2; 계 1:12-13; 5:6-7).

[49] 키너(Keener) 또한 이 이미지가 하늘의 대제사장으로서 예수의 지위를 암시할 수 있는 가능성을 언급하지만, "누가-행전에는 이 이미지가 없기 때문에 더 두드러진다"(*Acts*, 2: p. 1441n1408)고 간주한다. 그러나 여기서 제시하는 더 큰 주장은 그러한 해석의 타당성을 크게 높여 준다.

르신(행 2:33) 후의 사건으로 서술한 것은, 예수의 현재 위치, 회개, 죄 사함, 정화, 성령을 받는 능력(2:38; 5:31; 10:15, 28, 43; 11:18; 15:7-9) 사이의 연결성과 더불어, 그 내러티브 이면에 속죄의 제사 개념이 영향력을 발휘하고 있음을 암시한다. 유대 제사가 하나님께 가까이 다가가 제물을 그분의 임재 안으로 전달하는 제사장이 제단에서 수행하는 일을 핵심적 속죄 요소로 하는 절차임을 이해하면, 누가가 사도행전 전반에서 예수의 높아진 지위가 낳는 구원의 효과를 전반적으로 강조하는 것 이면에 작용하는 기본 논리가 유대 제사 행위의 이러한 측면들과 일치한다는 것이 분명해진다.[50]

십자가와 초기 그리스도인, 뒤돌아보기

이 분석이 어느 정도 정확하다면, 누가는 예수의 죽음 자체만으로 정화와 용서를 얻을 수 있다고 생각하지 않았을 가능성이 높다. 더욱이 그가 제사의 절정을 제사장(특히 대제사장)이 하나님께 나아가 제물을 그분의 임재 안으로 전달하는 것으로 이해했다면, 예수 승천의 구원적 의미를 강조하는 누가를 해석하는 새로운 방식이 분명해진다. 즉, 예수가 승천하시고 하나님 우편에 오르신 일이 그 제사와 속죄 사역의 절정이라는 것이다. 이런 생각 때문에 누가는 성육신의 이러한 요소들이 용서와 정화를 성취한다고 강조한다.

이러한 결론은 더 깊은 성찰을 불러일으킨다. 누가는 성령의 부으심을 예수가 아버지께로 승천하신 **후에** 일어난 사건으로 분명히 묘사한다. 누가

---

50 누가가 이러한 유익들을 예수의 부활과 연결했다는 점에 이의를 제기할 수도 있다(예를 들어, 눅 24:46-49; 행 13:26-39). 지면의 제약으로 이러한 본문들을 모두 논할 수는 없다. 그럼에도 주목할 필요가 있는 것은, 누가가 예수의 부활과 승천을 구분함에도 둘은 밀접하게 연결되어 있다는 점이다(특히 Chance, *Jerusalem, the Temple*, pp. 64-65).

의 이러한 주장에는 역사적-시간적 현실이 밑바탕에 깔려 있는 것으로 보인다. 즉, 예수의 초기 제자들은 예수의 십자가 처형 후 어느 정도 시간이 지날 때까지 황홀한 성령의 임재를 경험하지 못했다.[51] 역사적 측면에서 누가의 기록은, 예수의 십자가 처형이 직접적으로 성령이 부어지는 체험을 가능하게 하지 못했다는 사실과 일관성을 갖는다. 예수의 십자가 처형이 그것만으로 용서와 정결을 얻기에 충분한 제사라고 초기 그리스도인들이 생각했다면 이러한 시간적 간극은 설명하기 어려울 것이다.

그러나 이 논지가 제안하는 것은, 이런 역사적 순서를 다시 생각해 본 초기 그리스도인들은 성육신에서 십자가와 승천이라는 요소에 대한 심오한 뭔가를 더 온전히 인식했을 수 있다는 것이다. 구체적으로, 나의 제안은 예수가 십자가에 못 박힌 후 어느 시점에 성령이 부어진 경험은 아마도 예수의 죽음이 그가 드린 속죄 제사라는 더 큰 절차의 필수 **부분**이었음을 되돌아보게 했으리라는 것이다. 사도행전에서 성령은 정결해지고 용서받았다는 증거로 제시되는데, 이 성령을 받았다는 확신에 비추어 볼 때 초기 그리스도인들은 예수의 죽음을 제사 절차의 한 요소로 이해했을 수 있다. 따라서 그들이 예수의 제사적 죽음을 두고 그의 죽음이 곧 그 제사의 모든 것이었다는 생각과 혼동했을 가능성은 거의 없다.[52]

성령 체험은, 십자가 처형과 그 체험 사이의 시간적 공간과 더불어, 유대 제사 관습에 호소함으로써 구원 사건으로서 부분적으로 이해할 수 있다.

---

51 요한복음에도 비슷한 패턴이 나타난다(참조. 요 16:7; 20:17-23). 여기서도 예수의 부활과 승천은 제자들이 성령을 받기 전에 일어난다.
52 제사적 죽음을 말하는 것과 죽음이 **곧** 제사라고 말하는 것이 반드시 같은 게 아니다. 동물을 속죄 제물로 도살하는 경우, 그 죽음은 분명히 제사적 죽음이다(말하자면, 농업적 배경에서 동물을 도살하는 것과 달리). 그러나 앞서 다룬 제사에 대한 논의에서 알 수 있듯, 동물의 도살/죽음은 제사의 정의나 총합이 아니다. 사실, 실제 제물로 바쳐지는 것은 동물의 죽음이 아니라 동물의 피/생명과 신체의 부분이다.

앞서 사도행전이 암시한다고 논증한 바대로, 만약 예수를 따르는 자들이 성령의 임재를 경험함으로써 예수가 어떤 식으로든 그들을 정화하고 그들의 죄를 용서하셨다고 추론하게 되었다면, 그들을 위한 제사적 속죄가 이루어지도록 예수가 어떤 일을 틀림없이 행하셨다고 결론 내렸으리라는 상상은 타당하다. 앞에서 설명한 제사의 절차를 고려할 때, 그들이 이 속죄를 예수가 현재 하늘에 계신 하나님의 우편에 계신 것과 특별히 연관 지었으리라는 상상은 무리가 아니다.[53] 다시 말해, 유대 피 제사의 전체 **절차**는 예수의 죽음, 부활, 승천이 어떻게 정화와 성령의 부으심을 가져왔는지를 설명하는 대본 혹은 내러티브를 채우는 데 중요한 요소를 제공했을 수 있다.

요점을 조금 더 강조하자면, 초기 그리스도인들이 제사를 하나의 절차로 생각했다면 예수가 어떻게 정화와 용서의 경험을 가능하게 하셨는지 이해하기 위해 예수의 죽음보다 더 많은 것을 필요로 했다는 상상을 해 볼 수 있다. 1세기 유대인이 예수의 죽음이라는 사실 자체만을 제사 제도가 가져다주는 속죄의 결과와 연관시켰을 가능성은 거의 없어 보인다. 역사적으로 볼 때 무엇인가가 더 필요했고, 나는 그것이 예수의 부재와 성령 임재 경험의 연결이었다고 제안한다.[54]

---

[53] 그들이 시편 110:1을 이해하고 그것을 예수께 적용하는 데 이미 시편 110:4이 영향을 끼쳤을 가능성 또한 매우 높아 보인다.

[54] 이 설명의 의도는 예수의 죽음에 대한 초기 기독교의 생각을 단순히 회고적 성찰로만 축소하려는 게 아니며, 다른 요인들(예수의 대속에 대한 말씀, 순교자 전통 등)도 고려해야 한다. 오히려 내가 제안하려는 것은, 예수의 부재 사실과 이와 연관된 성령 체험이 예수의 사역에 대한 제사 개념을 발전시키고 그것을 명확히 하는 데 결정적이었다는 사실이다. 이 두 가지가 그리스도 사건의 핵심 요소들과 제사의 더 큰 논리 및 관행의 강력한 유비를 허용하기 때문이다.

결론

서두에서 언급했듯, 많은 학자는 누가가 십자가의 제사적 의미를 풀어내는 데 '실패'했다는 점을 옳게 강조했다. 그러나 상기 논증한 바는, 누가가 예수의 속죄 사역에 대한 제사적 모델을 내러티브의 배경으로 밀쳐 버렸다는 가정이 잘못이라는 것이다. 오히려 사도행전 2:33과 5:31 같은 본문은, 특히 용서와 정화를 예수의 하늘 승귀와 연결하는 사도행전의 다른 측면들과 함께 볼 때, 누가가 회개, 정화, 죄 사함, 예수가 하나님 우편으로 오르신 일, 성령의 부으심을 연결하는 것은 속죄에 대한 유대 제사적 모델에 기인한 바가 크다는 점을 시사한다.

이러한 연결 고리에 내재된 제사 논리가 현대 학계에서 종종 인식되지 않는 것은 제사와 제사의 작동 방식에 대한 지나치게 환원적인 개념에서 비롯된 것으로 보인다. 제사에서 도살은 그 의식의 중심이라기보다는 여러 구성 요소 중 하나에 불과하다. 제사 절차의 위계 구조를 고려할 때, 하나님의 임재에 접근하여 제물을 전달하거나 드리는 것이 제사의 초점이며, 그것이 제사적 속죄의 성취와 가장 밀접하게 연결된 요소다. 누가가 예수의 죽음 자체를 용서와 정결이라는 속죄의 결과와 동일시하지 않는 것은 이러한 유대 제사 논리에 호소함으로써 부분적으로 설명될 수 있다. 아마도 제사 논리는 누가가 예수의 구원 사역을 이해하는 데 영향을 주었을 것이다. 이러한 설명은 누가가 부활하신 예수가 하나님 우편에 오르신 것을 예수가 성취하신 속죄의 유익과 직접적으로 연결하는 이유에 대한 그럴듯한 근거를 제공한다.

결론적으로, 이 논지가 누가-행전 연구의 더 큰 접근 방식과 관련해 가질 수 있는 의미를 몇 가지로 정리할 수 있다. 첫째, 이 글의 주장은 왜 누가복음보다 사도행전이 부활하시고 통치하시는 그리스도의 선포를 죄 용서, 정화, 성령의 부으심이라는 새로운 실재를 가능하게 하는 것으로 더 강조하는지를 설명하는 데 어느 정도 기여한다. 누가에게는 예수의 구원 사역의 제사적 속죄 효과(죄 용서와 정화)가 이 효과를 예수의 죽음 사건과 직접적으로 연결하거나 예수의 죽음 사건으로부터 배타적으로 추론해 내는 비제사적 논리로부터는 도출되지 않았을 것이다. 이러한 제사적 유익을 얻는 데 더 중요한 것은 그가 하나님의 오른편으로 높아지신 것이다. 이는 그분이 하나님께 제물을 바치고 제사를 드린 시간과 장소를 말한다. 둘째, 누가-행전을 다양한 그리스-로마 맥락에 위치시킴으로써 누가복음에 대해 많은 것을 배울 수 있고 또 배워 왔다는 것은 의심의 여지가 없지만, 이 글에서 연구한 결과가 새롭게 제안하는 바는 누가의 저작을 해석하는 데서 더 큰 유대 종교적 맥락이 지니는 본질적 중요성, 또한 예수가 누구시며 예수가 하신 일이 무엇인지에 대한 누가의 이해가 유대 종교적 맥락을 존중하고 그 맥락과 일관성을 유지하는 방식이다.

15. '신조'를 긍정하다

고린도전서 15:3b-7에서 바울이 초기 기독교 공식을 인용한 범위

1922년 아돌프 폰 하르나크(Adolf von Harnack)는, 예수가 부활 후 베드로와 야고보에게 나타나셨다는 고린도전서 15:5, 7의 기록이 초대 교회에서 이들이 경쟁하는 파벌의 지도자였음을 시사한다는 논지의 글을 발표했다.[1] 한편으로 그는 3b-5절에 인용된 바울 이전 공식 안에서 예수 출현 모티프가 그리스도 부활의 실재에 대한 증거로 작용했다고 주장했다. 다른 한편

나는 이 글을 듀크 대학교에서 조엘 마커스가 이끄는 세미나에서 처음 제안했다. 비판적 의견을 제시하고 아이디어를 더 발전시키라고 격려해 준 그에게 특히 감사드린다. 이후 나는 이 글의 여러 버전을 노스캐롤라이나 대학교 채플힐 종교학과의 고대 기독교 세미나, 조지아주 애틀랜타에서 열린 2006년 지역별 세계성서학회의 신약학 섹션(SECSOR), 에버하르트 카를스 튀빙겐 대학교 개신교 신학 세미나의 독일-영국 신약성서 세미나에서 발표했다. 이러한 대화에서 많은 도움을 받았지만 특히 바트 어만, 헤르만 리히텐베르거, 데이비드 드실바의 비평과 논평이 큰 도움이 되었다. 또한 이번 장의 초고를 읽고 의견을 제시해 준 한스 아르네손(Hans Arneson), 르로이 후이젠가(Leroy Huizenga), 티머시 세일러스(Timothy Sailors), 로드리고 모랄레스(Rodrigo Morales)에게도 감사드린다. 마지막으로 독일-미국 풀브라이트 위원회와 국제교육연구소, 헤르만 리히텐베르거와 고대 유대교 및 헬레니즘 종교사 연구소에도 감사를 전한다.

1 A. von Harnack, *Die Verklärungsgeschichte Jesu: Der Bericht des Paulus (I. Kor. 15, 3 ff.) und die beiden Christusvisionen des Petrus* (Berlin: Verlag der Akademie der Wissenschaften, 1922), pp. 62-80.

으로 그는 예수가 베드로와 열두 제자(5절)와 야고보와 사도들(7절)에게 나타난 것은 바울 이전 공식에서 분리할 수 있다고 주장했다. 그는 이러한 전통이 원래 독립적으로 유포되었고 각 공동체의 지도자로서 베드로와 야고보의 권위를 정당화하는 데 기여했다고 생각했다.

하르나크의 더 큰 논지는 광범위한 지지를 얻지 못했지만, 고린도전서 15장에 인용된 바울 이전 공식에 3b-5절만 속한다는 그의 결론은 바울 자신이 이 공식의 예수 출현 모티프(6-7절)를 확장했다는 지속적 합의를 형성하는 데 도움이 되었다. 하르나크가 처음으로 이러한 결론을 내린 것은 아니지만,[2] 그가 제시한 주장은 거의 의문이 제기되지 않고 자주 반복되어 왔다. 지난 세기에 합의된 입장에 의하면 오직 3b-5절만 바울 이전의 별개의 공식의 일부이다.

나는 이 견해에 반대하여 소위 신조[3]의 범위가 3b절에서 6a절에 이르며 7절도 포함한다고 주장한다. 이 주장을 성립시키기 위해 먼저 하르나크의 주장을 검토한 다음 비판하고, 그 과정에서 본문에서 간과된 현상들을 지적할 것이다. 그런 다음 바울이 예수 출현의 목록을 확대한(6-7절이 공식의 일부가 아니라면 그것은 추가된 것이기에) 이유로 제시된 몇 가지 설명을 살펴본다. 나는 바울이 증인을 추가한 이유로 일반적으로 제시되는 것들이 고린도전서 15장의 본문 형식과 논증의 진행을 적절히 설명하지 못한다고 주장한다. 바울이 6-7절의 모든 자료를 수정 및/또는 추가했다고 가정하는 것보다, 6b절과 8절만 바울이 미리 공식화된 '신조'에 추가한 것이라고 생

---

2 예를 들어 G. Heinrici, *Erster Brief an die Korinther*, KEK 5 (Göttingen: Vandenhoeck & Ruprecht, 1888), p. 434; A. Seeberg, *Der Katechismus der Urchristenheit* (Leipzig: Georg Böhme, 1903), pp. 50-54.

3 이번 장 전체에서 '신조'라는 용어는 따옴표로 묶어 사용되며 공식화된 자료의 단위만을 나타낸다. 이 용어는 3세기와 4세기에 발견되는 보다 충분히 발달된 공식들을 의미하지 않는다.

각하는 쪽이 더 나은 이유가 있다. 하지만 이 논지를 지지할 수 있다면 추가적으로 암시되는 내용이 있다. 즉, 비록 하르나크가 공식 내에서 증인들의 기능을 예수 부활의 입증이라고 잘못 가정했을 수 있지만, 출현 모티프의 기능이 초기 기독교 지도자들의 정당성을 확보하는 것이었을 가능성이 가장 높다고 본 것은 바른 인식이라는 점이다.

다수 의견의 텍스트: 공식의 인용을 3b-5절로 제한하는 입장

하르나크는 고린도전서 15장에서 바울이 사전에 형성된 전통 자료의 단위를 인용한 것을 3b-5절로 제한해야 하는 이유에 대해 네 가지 논거를 제시한다. 그는 먼저 3b-5절에 있던 네 개의 ὅτι이 6절에서 ἔπειτα로 바뀐 것을 주목한다. 그의 견해에 따르면 이러한 변화는 공식의 인용으로부터 부활하신 예수와의 추가적 만남들에 대한 보고로 전환됨을 표시하는 새로운 구성을 나타낸다. 하르나크는 이렇게 주장한다. "εἶτα τοῖς δώδεκα라는 표현 뒤에 또 다른 구성이 등장한다. 이 지점까지는 ὅτι...καὶ ὅτι...καὶ ὅτι...καὶ ὅτι의 구조였지만, 이제부터 바울은 더 이상 전달하지 않고 다음과 같이 직접 이야기한다. ἔπειτα ὤφθη κτλ."[4] 그리고 추가로 이렇게 언급한다. "이것은 아주 강력한 주장이지만 아직 결정적인 것은 아니다."[5] 그래서 그는 이렇게 두 번째 주장을 제시한다. "ἐξ ὧν οἱ πλείονες μένουσιν ἕως ἄρτι, τινὲς δὲ ἐκοιμήθησαν[6b절]이란 말은 분명히 전통[신조]에 속

---

4 이번 장에서 하르나크 번역은 내가 한 것이며, 각주에 원문을 싣겠다. "Nach den Worten εἶτα τοῖς δώδεκα tritt eine andere Konstruktion ein: bisher hieß es ὅτι... καὶ ὅτι...καὶ ὅτι...καὶ ὅτι, nun aber wird nicht mehr referiert, sondern direkt erzählt: ἔπειτα ὤφθη κτλ." (Harnack, *Die Verklärungsgeschichte Jesu*, p. 63).

5 "Schon dieses Argument ist sehr stark, aber es entscheidet noch nicht" (Harnack, *Die Verklärungsgeschichte Jesu*, p. 63).

하지 않으며, 논쟁의 여지 없이 바울이 직접 추가한 것이다. 그러나 이로 인해 그가 여기서 전달의 형식을 버리고 자신의 설명을 제공하고 있다는 가정이 훨씬 쉬워진다."⁶ 그의 세 번째 주장은 두 번째 주장과 밀접한 관련이 있다. 6절에서 시작된 새로운 구성이 8절에서 바울 자신의 언급으로 끝난다면, 6-7절도 바울이 추가한 것임에 틀림없다. 하르나크는 말한다. "마지막 세 절(ἔπειτα...ἔπειτα...ἔσχατον)은 ὅτι로 시작하는 앞의 네 절과 마찬가지로 형식적으로 비슷한 방식으로 구성된다. 그러나 이 마지막 절들 중 세 번째 절은 분명히 전통의 일부가 아니라 사도 자신의 설명이다. 따라서 마지막 세 절 중 처음 두 절도 전통의 일부로 간주해서는 안 된다."⁷

하르나크의 네 번째 요점은 고린도전서 15:3b-5의 내부 구조에 초점을 맞추고 있다. 중요한 것은 이것이 하르나크가 "가장 중요하다고 생각한 주장"이기도 하다는 것이다.⁸ 그의 말에 따르면 "ὅτι를 가지고 전달된 자료를 특별히 살펴보면, 처음 전달된 자료가 다섯 부분이 아니라 네 부분으로만 구성되어 있음을 알 수 있다."⁹ 그는 계속해서 말한다. "사실상 네 부분이

---

6 "Die Worte ἐξ ὧν οἱ πλείονες μένουσιν ἕως ἄρτι, τινὲς δὲ ἐκοιμήθησαν [v. 6b] gehören sicher nicht zur Überlieferung; Paulus hat sie unstreitig von sich aus dieser hinzugefügt. Aber dann ist doch die Annahme viel einfacher, daß er hier überhaupt nicht mehr referiert, sondern selbst erzählt" (Harnack, *Die Verklärungsgeschichte Jesu*, p. 63).

7 "Die drei Schlußsätze (ἔπειτα...ἔπειτα...ἔσχατον) sind formell ebenso gleichartig gebaut wie die vier mit ὅτι eingeführten voranstehenden Sätze; der dritte von ihnen ist aber sicher nicht mehr ein Teil der Überlieferung, sondern Erzählung des Apostels selbst; also werden auch die beiden ersten nicht zur Überlieferung zu rechnen sein" (Harnack, *Die Verklärungsgeschichte Jesu*, p. 63).

8 "...als das wichtigste" (Harnack, *Die Verklärungsgeschichte Jesu*, p. 63).

9 "Betrachtet man das mit ὅτι gegebene Referat genauer, so ist zunächst festzustellen, daß es nicht fünf Mitteilungen enthält, sondern nur vier" (Harnack, *Die Verklärungsgeschichte Jesu*, p. 63).

아니라 실제로는 두 부분, 즉 두 개의 주요 절과 그것을 입증하는 두 개의 관련 절로 구성되어 있다."[10]

따라서 '신조'는 두 개의 초점과 그에 상응하는 2×2 구조를 포함한다. 근본 주장을 담은 두 주요 절이 있으며, 두 절 모두 각각의 주장을 입증하는 증거를 제공하는 동반 절의 뒷받침을 받는다. 하르나크의 말대로, 두 주요 절은 "모든 기독교 신앙의 기초가 되는 두 결정적 사실, 즉 **구원적 죽음과 부활**을 입증한다."[11] 그리고 두 동반 절은 이러한 기초적 확언의 확실성을 뒷받침하는 역할을 한다. "매장은 죽음의 실재를 확증하고, 출현은 부활의 실재를 보장한다."[12] 더욱이 그는 이러한 논리와 구조가 매우 설득력이 있다고 여겨서 "오백 명의 형제와 야고보와 모든 사도가 추가되면서 이러한 구조를 짓눌렀을 것이라는 생각은 믿을 수 없는 가정인데, 이렇게 추가하는 것이 전통의 공식적 성격에 부합하지 않기 때문이다"라고 설명한다.[13] 따라서 고린도전서 15:6-7과 관련하여 "바울이 자신이 전달하는 자료와 서술하는 자료를 구별하기 위해 직접 그 구절들을 작성했다고 자신 있게 말할 수 있다."[14]

---

10 "Aber auch nicht vier, sondern nur zwei, nämlich zwei Hauptsätze und zwei sie sicherstellende Begleitsätze" (Harnack, *Die Verklärungsgeschichte Jesu*, p. 63).

11 "...bezeugen die beiden entscheidenden Tatsachen, auf die sich aller Christenglaube gründet, den Heilstod und die Auferstehung" (Harnack, *Die Verklärungsgeschichte Jesu*, pp. 63-64).

12 "Das Begräbnis stellt den wirklich erfolgten Tod und die Visio stellt die wirklich erfolgte Auferstehung sicher" (Harnack, *Die Verklärungsgeschichte Jesu*, p. 64).

13 "...noch durch die Anhängsel der Visionen der 500 Brüder, des Jakobus und aller Apostel beschwert gewesen ist, ist eine unglaubliche Annahme, da diese Anhänge dem formelhaften Charakter der Überlieferung nicht mehr entsprechen" (Harnack, *Die Verklärungsgeschichte Jesu*, p. 65).

14 "...darf man zuversichtlich sagen, daß Paulus selbst alles getan hat, um Referat

요약하면, 고린도전서 15:6-7에 언급된 증인 목록이 부사 ἔπειτα와 함께 소개된다(즉, 일련의 καὶ ὅτι가 더 이상 나오지 않는다)는 점과 6b절과 8절에서 바울이 자신의 시대에 일어난 일을 언급한다는 점을 감안할 때, 하르나크는 이 목록이 부활을 검증하는 공식의 요소를 과도하게 확장하여 3b-5절 자료의 자명한 2×2 구조를 짓누르거나 붕괴시킨다고 결론 내린다. 그리고 과도하게 확장된 내용에 바울의 해설도 포함되어 있기에 바울이 모든 것을 추가한 것이라는 추론이 뒤따른다. 또한 3b-5절의 2×2 구조는 초기 기독교에서 선포한 두 가지 본질적 증언(예수의 구원적 죽음과 예수의 부활)과 연관되기 때문에, 그 자료만이 "바울이 서론(1절)에서 지정한 진정한 (요약된) 복음이다."[15] 따라서 바울 이전의 공식은 3b-5절만을 포함한다.

하르나크의 주장, 특히 ὅτι 구조의 단절과 고린도전서 15:3b-5의 균형 잡힌 2×2 구조에 대한 주장은 거의 보편적인 합의를 이루는 데 기여했다. 실제로 더 짧은 최초의 '신조'[16]를 주장한 몇몇 학자와 이것이 바울 이전의

---

und Erzählung...zu unterscheiden" (Harnack, *Die Verklärungsgeschichte Jesu*, p. 65).

15 "...ist wirklich das Evangelium (in nuce), wie sie als solches in der Einleitung (v. 1) von Paulus bezeichnet worden ist" (Harnack, *Die Verklärungsgeschichte Jesu*, pp. 64-65).

16 예를 들어, J. Héring, *La Première Épître de Saint Paul aux Corinthiens* (Paris: Delachaux & Niestlé, 1959), p. 134. 몇몇 학자는 바울이 두 경쟁하는 출현 전통을 편집했다는 하르나크의 이론을 채택하여, 원래 공식이 4절 또는 5a절로 끝난다는 주장을 뒷받침하기 위해 그 이론을 사용했다. 예를 들어, E. Bammel, "Herkunft und Funktion der Traditionselemente in 1. Kor. 15,1-11," *Theologische Zeitschrift* 11 (1955): pp. 401-419; H.-W. Bartsch, "Die Argumentation des Paulus in 1 Cor 15,3-11," *ZNW* 55 (1964): pp. 261-274; 비판적 시각으로 P. Winter, "1 Corinthians XV 3b-7," *NovT* 2 (1957): pp. 142-150를 보라. 그러나 이후 논의하겠지만, 출현 목록이 이전의 공식과 구별된 자료이고 바울이 추가한 것이라는 주장이 설득력을 가지려면, 바울이 애초에 '신조'의 출현 요소를 확장하려던 이유에 대한 주장 역시 설득력이 있어야 한다.

공식이라는 결론 자체를 경계하는 몇몇 학자를 제외하고,[17] 지난 세기 동안 대다수의 입장은 하르나크를 지지하는 쪽이었다.[18] 혹 '신조'의 존재와 범위를 변호하는 주장이 제시된다면, 보통 하르나크가 강조한 2×2 구조에 보충 설명을 추가하는 것 이상의 역할을 하지 않는다.[19]

---

17 예를 들어 A. 로버트슨(Robertson)과 A. 플러머(Plummer)는 *A Critical and Exegetical Commentary on the First Epistle of St. Paul to the Corinthians*, ICC (Edinburgh: T&T Clark, 1929), p. 333에서, 이 본문이 "거의 신조에 가깝지만, 그것이 이미 공식화되었다고 가정할 필요는 없다"고 말한다. 또한 P. Bachmann, *Der erste Brief des Paulus an die Korinther*, Kommentar zum Neuen Testament 7 (Leipzig: Deichertsche, 1936), pp. 428-429; D. E. Garland, *1 Corinthians*, BECNT (Grand Rapids: Baker Academic, 2003), p. 684를 보라. 그러나 곧 논의할 문제의 변화는 바울 이전에 공식화가 이루어졌다는 방향을 지지한다.

18 6-7절의 출현들이 '신조'에 속할 것이라는 견해를 가진 몇 안 되는 사람 중 한 명인 J. 바이스(Weiss)는, 특히 ὅτι에서 ἔπειτα로의 전환을 이유로 바울 자신이 문체 변형을 위해 목록을 재구성했다고 제안했다. *Der erste Korintherbrief* (Göttingen: Vandenhoeck & Ruprecht, 1910), p. 351를 보라.

19 예를 들어, J. 예레미아스(Jeremias)는 고린도전서 15장에 아람어로 된 초기 고백의 그리스어 번역이 포함되어 있다는 잘 알려진 제안을 하면서, 하르나크가 "구성이 5절과 6절 사이에서 끊어진 점에서 알 수 있듯이 [신조]가 고린도전서 15:3b의 Χριστός에서 고린도전서 15:5의 δώδεκα까지로 구성되어 있다"["es umfaßt die Verse 1.Kor. 15,3b von Χριστός bis 1.Kor. 15,5 δώδεκα, wie u.a. der Bruch der Konstruktion zwischen V.5 und 6 beweist"; J. Jeremias, *Die Abendmahlsworte Jesu* (Göttingen: Vandenhoeck & Ruprecht, 1960), p. 95를 보라]는 점을 보여 주었다고 말한다. 또한 초기 기독교 예전 및 고백적 자료의 형식과 발전에 관한 지난 세기의 주요 단행본 중 일부는 '신조'의 범위에 대한 문제를 해결된 문제로 간주하고 그 가정에서 더 나아가 자체 비교 작업을 벌인다[V. H. Neufeld, *The Earliest Christian Confessions* (Leiden: Brill, 1963); R. Deichgräber, *Gotteshymnus und Christushymnus in der frühen Christentheit: Untersuchungen zu Form, Sprache und Stil der frühchristlichen Hymnen*, SUNT 5 (Göttingen: Vandenhoeck & Ruprecht, 1967)]. 다이히그레버(Deichgräber)는 실제로 이렇게 말한다. "고린도전서 15:3-5은 '기독교 신조'에 대한 모범적 사례다"(독일어 원문: "Als ein Musterbeispiel [eines "Christusbekenntisses"] mag 1 K 15,3-5 dienen"; *Gotteshymnus und Christushymnus*, p. 108). 그리고 이렇게 덧붙인다. "여기서 모든 구체적 문제와 끝없는 문헌을 자세히 살펴볼 필요는 없

구조적 한계: 신조를 제한하는 입장 평가하기

하르나크의 주장을 평가하면서, 이렇게 지적하며 시작해 보겠다. 고린도전서 15:3b-5의 직접적 맥락 안에 바울이 쓴 것이 분명한 자료인 6b절과 8절이 있다고 해서, 6a절과 7절 또한 원래 공식에 속하지 않는다는 결론이 쉽게 내려지지는 않는다. 이것이 하르나크의 주장에서 핵심은 아니지만, 그럼에도 3b-5절에 대해 6a절과 7절이 가지는 지위가 6b절과 8절이 바울의 것이라는 사실에 의해 결정될 수 없다는 사실은 중요하다. 6b절과 8절의 존재 때문에 3b-5절보다 6a절과 7절이 더 바울의 것이라고 말할 수 없다. 1-3a절과 8-58절도 분명히 바울이 썼기 때문이다. 6a절과 7절 그리고 3b-5절의 관계는 다른 근거에 따라 결정되어야 한다.

하르나크의 견해에서 더 중요한 요소는 고린도전서 15:5과 6절 사이의 καὶ ὅτι에서 ἔπειτα로의 전환에 관한 것이다. 하르나크 및 다른 학자들[20]

다. 신조 공식의 범위에 대해서는 옛 본문이 5절까지만 포함된다는 폭넓은 합의가 오늘날 존재한다"("Es ist nicht notwendig, hier auf alle Einzelprobleme und auf die nahezu uferlose Literatur einzugehen. Über die Abgrenzung der Formel herrscht heute weitgehen Einigkeit: Der alte Text reicht nur bis V.5"). 그의 의견에 따르면, 3b-5절의 a-b, a′-b′(즉, 2×2) 구조는 "완전히 명확하다"("ist völlig klar"). 또한 K. Wengst, *Christologische Formeln und Lieder des Urchristentums*, Studien zum Neuen Testament 7 (Gütersloh: Gütersloher Verlagshaus, 1972), pp. 92-101도 보라. 세 사람 중 벵스트(Wengst)만이 이 공식을 제한하는 것에 대한 중요한 변호를 제시한다.

20   예를 들어, P. Feine, *Die Gestalt des apostolischen Glaubensbekenntnisses in der Zeit des Neuen Testaments* (Leipzig: Dörffling & Franke, 1925), p. 48; 더 최근 작으로는, Bartsch, *Die Argumentation des Paulus*, p. 263; H. Conzelmann, *1 Corinthians*, Hermeneia (Philadelphia: Fortress, 1975), p. 257; J. Kloppenborg, "An Analysis of the Pre-Pauline Formula in 1 Cor 15:3b-5 in Light of Some Recent Literature," *CBQ* 40 (1978): pp. 351-367, 특히 pp. 351-352; W. Schrage, *Der erste Brief an die Korinther, IV, 1 Kor 15,1-16,24*, EKKNT 7/4 (Düsseldorf:

은 이러한 변화가 공식 내의 명백한 단절을 의미한다고 제안한다. 그러나 이러한 구성상의 변화가 바울이 전통 인용을 중단하고 자신의 해설을 추가하기 시작했다는 결론을 요하는지는 불분명하다. 사실, 6-7절의 두 가지 특징을 보면 ὅτι 패턴의 단절이 전통적 공식으로부터의 전환으로 꼭 해석될 필요는 없음을 알 수 있다.

첫째, 고린도전서 15:3b-5의 자료와 대조적으로 6-7절의 ἔπειτα 절은 이미 제시된 공식의 한 요소(부활하신 그리스도의 출현과 관계된 목록)에 대해 계속 이야기한다. 그러나 이것은 의미심장한데, 이 시점 이전에는 전통 자료의 명확한 패턴(ὅτι가 등장하며 새로운 모티프가 도입되는)이 나타나기 때문이다. 이 패턴은 5b절까지 계속되는데, 여기서 처음으로 신조 모티프의 반복이 일어난다. 흥미롭게도, 이 반복은 (앞 패턴에서 예상했던 것처럼) ὅτι가 아닌 εἶτα를 사용함으로써 이루어진다.[21] 최소한 이것은 ὅτι 구조에서 벗어나는 전환이 6-7절에서 ἔπειτα 배열이 시작되기 전인 5b절에서 실제로 시작되었음을 시사한다. 또한 확고하게 공식화된 자료가 부족하기 때문에 확실한 결론에 도달하기는 어렵지만, ὅτι 배열이 끝나는 바로 그 지점에서 또 다른 패턴, 즉 신조 모티프(ὤφθη)의 반복이 나타난다는 점은 흥미롭다.

Benziger, 2001), pp. 19-21를 보라. 이번 장 각주 16도 보라.

21 고린도전서 15:5의 εἶτα는 비교적 명확한 시간적 표시를 도입하기 때문에 그저 병렬적으로 늘어놓은 ὅτι 절들의 경우보다 더 많은 역할을 하고 있으며 따라서 다른 ὅτι 절과 동등한 조건으로 간주해서는 안 된다는 반대 주장을 제기할 수 있다. 그러나 여기서 εἶτα의 사용이 ὅτι로만 나열된 경우보다 덜 병렬적이지 않다는 점을 지적하고 싶다. 또한 이 공식이 이미 시간적 진행을 보여 주고 있다는 점에 주목해야 한다. 죽고 묻히고 일어나고 나타나는 일들의 열거는 본질적으로 시간순으로 이루어진다. 만약 καὶ ὅτι를 사용하여 열두 제자에게 나타난 경우를 추가했다면 시간순으로 나열된 사건들의 연속성을 전달하지 못했으리라 생각해도 무방하다. 따라서 ὅτι 구조는 실제로 6절 이전에 끊어지는 것으로 보인다. 최소한 이 증거를 바탕으로, ὅτι 구조의 단절은 명백한 전통 자료 내에서 발견되는 놀라운 변화와 관련이 있는데 그것은 새로운 주제의 도입으로부터 이미 도입된 주제의 반복으로의 전환을 가리킨다고 말할 수 있다.

둘째, 고린도전서 15:6-7에서 쉽게 간과되는 구조적 현상을 숙고해 볼 필요가 있다. 6-7절과 5b절을 함께 고려하면, 눈에 띄는 εἶτα…ἔπειτα… ἔπειτα…εἶτα 패턴으로 등위 연결어들이 나타난다. 다음은 이를 예시하기 위한 15:3-8의 본문이다.

3 παρέδωκα γὰρ ὑμῖν ἐν πρώτοις, ὃ καὶ παρέλαβον,
    ὅτι Χριστὸς ἀπέθανεν ὑπὲρ τῶν ἁμαρτιῶν ἡμῶν κατὰ τὰς γραφὰς
4 καὶ ὅτι ἐτάφη
    καὶ ὅτι ἐγήγερται τῇ ἡμέρᾳ τῇ τρίτῃ κατὰ τὰς γραφὰς
5 καὶ ὅτι ὤφθη Κηφᾷ
    εἶτα τοῖς δώδεκα·
6 ἔπειτα ὤφθη ἐπάνω πεντακοσίοις ἀδελφοῖς ἐφάπαξ,
    ἐξ ὧν οἱ πλείονες μένουσιν ἕως ἄρτι,
    τινὲς δὲ ἐκοιμήθησαν·
7 ἔπειτα ὤφθη Ἰακώβῳ
    εἶτα τοῖς ἀποστόλοις πᾶσιν·
8 ἔσχατον δὲ πάντων ὡσπερεὶ τῷ ἐκτρώματι ὤφθη κἀμοί.

고린도전서 15:5b-6a과 7절 사이의 유사점은 놀라울 만큼 분명하다. 사실상 논증을 위해 바울이 추가한 자료(3a, 6b, 8절)[22]를 잠시 제외하면 다음과 같은 본문이 된다.

---

22 이 자료를 제외하는 것과 관련한 나의 논증은, 뒤에 이어지는 논의와 더불어 "정당화 입장" 및 "오백 명 이상"이라는 제목의 단락을 보라.

3b   ὅτι Χριστὸς ἀπέθανεν ὑπὲρ τῶν ἁμαρτιῶν ἡμῶν κατὰ τὰς γραφὰς

4   καὶ ὅτι ἐτάφη

   καὶ ὅτι ἐγήγερται τῇ ἡμέρᾳ τῇ τρίτῃ κατὰ τὰς γραφὰς

5   καὶ ὅτι ὤφθη Κηφᾷ

   εἶτα τοῖς δώδεκα·

6   ἔπειτα ὤφθη ἐπάνω πεντακοσίοις ἀδελφοῖς ἐφάπαξ,…

7   ἔπειτα ὤφθη Ἰακώβῳ

   εἶτα τοῖς ἀποστόλοις πᾶσιν·

6b절이 있더라도 εἶτα…ἔπειτα…ἔπειτα…εἶτα 배열은 확고하며 이 수정된 버전에서는 그 패턴이 매우 명확하게 나타난다. 분명 두 ἔπειτα는 문법적으로 ὅτι 구조에 의존하지 않는다. 그러나 내가 볼 때 학자들은 ἔπειτα가 ὅτι 배열에 문법적으로 의존하지는 않아도 논리적으로 마지막 ὅτι에 의존한다는 사실(5b절처럼 마지막 ὅτι 절에서 이미 도입한 주제를 단순히 반복한다는 사실)의 중요성을 인식하지 못했다.

그러나 더 중요한 것은 εἶτα…ἔπειτα…ἔπειτα…εἶτα 배열이 놀랍도록 리듬감 있는 패턴을 만들어 낸다는 것이다. 이 리듬은 두 εἶτα 구가 동사를 생략하는 특징을 공유하는 반면 두 ἔπειτα 절은 모두 동사를 유지한다는 사실에 의해 강화된다. 따라서 고린도전서 15:6-7의 ἔπειτα…ἔπειτα…εἶτα 배열은 3b-5절의 자료에 문법적으로 종속되지 않지만(앞의 자료와 마찬가지로, 통사 구조는 엄격하게 병렬적으로 유지된다), 분명한 교차대구 패턴으로 되어 있다.[23] 소리 내어 읽으면 청중의 귀를 사로잡을 수 있는 이 배열을 시각

---

23   놀랍게도 이 패턴은 2차 문헌에서 거의 주목받지 못한다. 두 가지 주목할 만한 예외는 다음과 같다. W. Schenk, "Textlinguistische Aspekte der Strukturanalyse: Dargestellt am Beispiel von 1Kor XV,1-11," *NTS* 23 (1977): pp. 469-477, 특히 pp.

적으로 다음과 같이 묘사할 수 있다.

5   καὶ ὅτι ὤφθη Κηφᾷ

       εἶτα τοῖς δώδεκα

6a   ἔπειτα ὤφθη ἐπάνω πεντακοσίοις ἀδελφοῖς ἐφάπαξ,

7   ἔπειτα ὤφθη Ἰακώβῳ

       εἶτα τοῖς ἀποστόλοις πᾶσιν

흥미롭게도 마지막 ὅτι 절과 마지막 ἔπειτα 절은 몇 가지 명백한 구조적 유사성을 보여 준다. 다음은 해당 본문이다.

5   καὶ ὅτι ὤφθη Κηφᾷ

      εἶτα τοῖς δώδεκα

7   ἔπειτα ὤφθη Ἰακώβῳ

      εἶτα τοῖς ἀποστόλοις πᾶσιν.

5절과 7절 모두 한 인물(각각 Κηφᾶς와 Ἰάκωβος)을 소개한 다음, εἶτα로 연결되고 동사가 암시된 구절을 사용해서 더 큰 집단을 추가한다. 즉, 5절과 7절에는 또 다른 수준의 유사성이 있다.[24]

472-474; 더 최근작으로는 A. Eriksson, *Traditions as Rhetorical Proof: Pauline Argumentation in 1 Corinthians*, Coniectanea Biblica: New Testament Series 29 (Stockholm: Almqvist & Wiksell, 1998), pp. 86-89.

24 하르나크는 εἶτα...ἔπειτα...ἔπειτα...εἶτα 배열은 논하지 않지만, 5절과 7절의 유사점은 인식한다. 사실, 이러한 유사점은 야고보와 사도들에 대한 미리 공식화되어 있던 출현 전통을 바울이 추가했다고 주장하며 하르나크가 제시한 증거의 일부다(Harnack, *Die Verklärungsgeschichte Jesu*, pp. 67-68). 하르나크는 이 출현 전통이 베드로와 열

이 유사성이 특히 놀라운 것은, 고린도전서 15:7에 사용된 ἔπειτα이 이미 논의한 5b절 ὤφθη 모티프의 반복과 일치할 뿐만 아니라, 더 흥미롭게도 εἶτα...ἔπειτα...ἔπειτα...εἶτα 배열에 의해 만들어진 명확한 패턴에 동시에 참여하기 때문이다. 이런 식으로 7절에 언급된 부활 후의 만남에 대한 표현은 5절의 구조를 반영할 뿐만 아니라, 3b-5절의 병렬적 통사 구조를 잇고 또한 5절에서 소개된 모티프를 반복한다. 그러면서 동시에 εἶτα...ἔπειτα...ἔπειτα...εἶτα의 스타카토 같은 리듬에도 기여한다. 따라서 여러 주목할 만한 구조적·통사적 관계가 3b-5절, 그리고 6a절 및 7절 사이에 존재한다.

지금까지 고린도전서 15:6b과 8절을 분석에서 제외한 점을 감안할 때, 이 자료에 대해 간략히 언급하는 것이 적절하겠다. 이후 자세히 설명하겠지만, 앞의 논의에 비추어 볼 때 문체에 대한 몇 가지 관찰이 필요하고 두 중요한 현상을 강조하고자 한다. 첫째, 신조 인용 전후 바울의 문체가 6b절과 8절 자료의 문체와 완벽하게 일치한다. 둘째, 3b-5절의 문체가 6a절과 7절의 문체와 잘 일치한다. 즉, 바울의 것으로 알려진 자료와 공식 사이에 정확한 상관관계가 있고, 서로의 문체 사이에 정확한 교차가 이루어진다.

고린도전서 15:1은 서신에서 자연스러운 전환을 표시한다. 새로운 단락이 후위 접속사 δέ로 시작되어 1-2절에서 일련의 관계사절로 이어진다. 3a절에서 후위 접속사 γάρ와 또 다른 관계사절이 발견된다. 따라서 바울의 신조 인용에 대한 도입부에는 후위 접속사들과 관계사절들에 의한 문법적 종속이라는 분명한 패턴이 있다. 그러나 3b-6a절에는 단 하나의 가정법이나 관계사절도 등장하지 않는다. 또한 이 절들은 뚜렷한 패턴을 나타낸다. 통사론적으로 이 자료는 단순 병렬 구조가 특징인데, 이 구조는 동사가 바

두 사도에 관한 전통과 독립적으로 유통되었다고 생각한다.

로 뒤따르는 등위 연결어의 도움을 받는다(접속사와 동사 사이에 주어가 나오는 첫 번째 절은 제외하고).

고린도전서 15:1-3a 및 3b-6a절의 문체적 특성에 대한 이러한 관찰에 비추어 볼 때, 바울에게서 온 것이 확실한 자료(즉, 6b절)에 도달하는 바로 그 지점에서, 1-3a절의 문체와 일치하는 통사적 이동을 발견할 수 있다. 즉, 6b절은 관계사절로 구성되어 있으며 후위 접속사 δέ를 포함한다. 그런 다음 7절에서는 3b-6a절의 특징이 되는 동일한 접속사-동사 병렬 구조가 다시 나타난다. 그러나 8절에서 다시 문체가 바뀌는데, 여기서 δέ가 다시 나오고, 등위 연결어에 동사가 뒤따르는 어순 패턴에 단절이 발견된다. 8절에 나오는 절에서는 동사가 끝으로 이동한다. 또한 9-11절에 후위 접속사 네 개가 더 나오고 여러 개의 관계사절이 포함되어 있다는 점에 유의해야 한다.

달리 말하면, 고린도전서 15:3b-6a 앞의 자료, 6b절의 자료, 8-11절의 자료, 즉 정확히 바울이 쓴 것으로 알려진 자료는 문체상 일관성을 보인다.[25] 여기서 특히 주목할 점은 이 자료에서 나타나는 후위 접속사와 관계사절에 대한 선호도다. 이와 대조적으로, 3b-6a절과 7절의 자료는 일관된 어순과 단순한 병렬적 문체가 특징인데, 여기에는 후위 접속사나 관계사절이 전혀 없다. 이는 특히 3b-5절과 6a절, 7절의 관계에 관한 앞의 논의에 비추어 볼 때 놀라운 우연의 일치다. 따라서 3b-6a절과 7절의 자료에는 몇

---

25 여기서도 2차 문헌에서 거의 무시되는 현상을 발견할 수 있다. 한 가지 예외는 P. Stuhlmacher, *Das paulinische Evangelium, I, Vorgeschichte*, FRLANT 95 (Göttingen: Vandenhoeck & Ruprecht, 1968), pp. 267-276의 논의다. 슈툴마허는 6a절 및 7절의 문체와 6b절 및 8절의 바울의 문체에는 차이가 있음을 인정한다. 그러나 그는 5절에서 6a절로 문체상 전환이 일어난다고 생각한다. 따라서 그는 바울이 자신의 확장된 '신조'를 만들기 위해 미리 공식화되어 있던 자료로 전통을 확대했다고 생각한다(특히 pp. 275-276를 보라).

가지 흥미로운 구조적 유사점과 패턴이 있을 뿐만 아니라, 자료 내에서 발견되는 문체적·문법적 단절과 더 큰 맥락에서 나타나는 바울의 문체와 일치하는 자료의 존재 사이에도 정확한 상관관계가 있다.[26] 나는 여기서 교차하는 문체가 3b-6a절과 7절이 공식의 일부로 함께 속해 있음을 보여 주는 강력한 증거를 제공한다고 생각한다.

요약하면, 신조 인용의 범위를 평가할 때 ὅτι 구조에서 εἶτα...ἔπειτα... ἔπειτα...εἶτα 배열로의 전환에 너무 많은 비중을 두지 않기를 제안하는 여섯 가지 중요한 요점이 있다. (1) ὅτι 구조는 실제로 고린도전서 15:5b의 εἶτα와 단절된 것처럼 보인다. (2) 5b절에서 발생하는 단절은 새로운 모티프의 도입이 아니라 출현 모티프의 반복과 관련이 있다. (3) 5b절의 출현 모티프의 반복으로 시작되는 변화는 뒤따르는 6-7절의 εἶτα...ἔπειτα...ἔπειτα...εἶτα 배열과 잘 일치한다. (4) εἶτα...ἔπειτα... ἔπειτα...εἶτα 패턴은 5절과

---

26 Eriksson, *Traditions as Rhetorical Proof*, pp. 86-89에서는, ὅτι 구성에서의 단절이 시사하는 바는 바울이 독립적인 출현 기록들을 편집한 다음 원래 공식에 추가했다는 점이라고 주장한다. 그러나 하르나크의 견해와 달리 에릭슨은 εἶτα...ἔπειτα... ἔπειτα...εἶτα의 교차대구적 패턴을 바르게 강조한다. 이 순서를 감안하여, 그는 원래 공식이 5a절에서 끝난 것이 틀림없다고 결론짓는다. 그런 다음 바울은 다른 출현을 추가하면서 5b-7절의 교차대구법을 고안했다. 에릭슨은 또한 바울이 예수를 만난 사람 중 일부가 죽었다는 사실에 주의를 끌기 위해 자신의 해설을 교차 배열 중간에 배치했다고 제안한다(특히 p. 254에서 논하는 내용을 보라). 분명해지겠지만, 나 또한 바울이 오백 명 중 일부의 죽음을 강조하기 위해 6b절을 삽입했다고 생각한다(뒤에서 "오백 명 이상"이라는 제목의 단락을 보라). 그러나 에릭슨의 분석에는 두 가지 문제가 있다. 첫째, 바울이 '증인'을 추가했다면 자신을 교차대구 구조에 포함시킨 것과 같은 방식으로 6-7절을 공식화하지 않은 것이 흥미롭다(이 점에 대한 자세한 내용은 뒤에서 "정당화 입장"이라는 제목의 단락을 보라). 둘째, 더 중요한 것은 에릭슨이 여기서 발생하는 교차적 문제를 설명하지 못한다는 것이다. 바울이 '신조'의 문체(6a절)를 따오고, 자신의 문체를 사용하고(6b절), 다시 신조를 모방하고(7절), 그다음에 자신이 예수를 만난 경험을 서술하면서(8절) 자신의 문체로 돌아왔다고 가정하는 것보다, 그가 6a절과 7절로 이루어진 미리 형성된 구조에 6b절을 삽입했다고 가정하는 것이 전체적으로 더 간단해 보인다.

6-7절 사이의, 그리고 6-7절 내의 놀라운 유사점과 관계를 상당한 수준으로 보여 준다. (5) ἔπειτα 절들은 3b-5절의 어순과 병렬적 통사를 이어 간다. (6) 3b-6a절과 7절의 문체의 단절부(6b-c절과 8-11절)는 바울의 통사 구조와 문체에 부합한다. 즉, 3-7절과 분리된 부분은 6-7절의 모든 자료가 아니라 6b절의 자료뿐이다(ἐξ ὧν οἱ πλείονες μένουσιν ἕως ἄρτι, τινὲς δὲ ἐκοιμήθησαν).

몇 가지 중요한 사본학적 증거가 NA[27]의 εἶτα...ἔπειτα...ἔπειτα...εἶτα 를 지지하지 않는다는 점에 주목해야 한다.[27] 2차 문헌이 이 배열의 변형들에 대해 일반적으로 관심을 기울이지 않는 것은 εἶτα와 ἔπειτα의 의미론적 구분이 미미하기 때문일 것이다.[28] 그러나 나의 관찰에 따르면 의미론적 구분이 매우 선명하지는 않더라도 그 배열이 생성하는 패턴은 매우 의미심장하다. 따라서 나는 NA[27]의 배열을 있는 그대로 단순하게 옹호하고자 한다.

NA[27] 장치에 따르면, 사본 전통은 εἶτα...ἔπειτα...ἔπειτα...εἶτα 패턴의 여섯 가지 변형된 형태를 입증한다. 이러한 배열과 이들을 입증하는 증거들은(NA[27] 장치와 나의 추가 연구를 통해 확인할 수 있는 경우) 다음과 같다.

1. εἶτα...ἔπειτα...ἔπειτα...εἶτα. 이것이 NA[27]의 배열이고 B, D2, Ψ, 𝔐, Ambst에 나온다.
2. εἶτα... ἔπειτα... ἔπειτα... ἔπειτα: 𝔓[46] 0243 1739 1881.
3. ἔπειτα... ἔπειτα... ἔπειτα... ἔπειτα: ℵ* A 33 81 614 1175.

---

27   하지만 하르나크가 의존한 고린도전서 15:3-8 본문은 NA[27]의 본문과 같다.
28   예를 들어, 7절의 사본 비평적 문제에 대한 간략한 언급은 A. C. Thiselton, *The First Epistle to the Corinthians*, NIGTC (Grand Rapids: Eerdmans, 2000), p. 1207를 보라. 『NIGTC 고린도전서 하권』(새물결플러스). 티슬턴은 여기서 εἶτα 또는 ἔπειτα의 존재가 "두 번째 '그 후'의 의미에 거의 또는 전혀 차이를 만들지 않는다"고 말한다.

4. ἔπειτα... ἔπειτα... ἔπειτα... εἶτα: ℵ²

5. καὶ μετὰ ταῦτα... ἔπειτα... ἔπειτα... εἶτα: D*.

6. καὶ μετὰ ταῦτα... ἔπειτα... ἔπειτα... ἔπειτα: F, G.

즉 배열의 첫 번째 요소에 대해서는 세 가지 변형(εἶτα, ἔπειτα, καὶ μετὰ ταῦτα)이 있고 마지막 요소에 대해서는 두 가지(εἶτα, ἔπειτα) 변형이 있다. 당연히 각 변형은 각자의 장점에 따라 평가되어야 한다.

고린도전서 15:5b의 καὶ μετὰ ταῦτα 독법에 대해서는 칭찬할 만한 것이 거의 없다.[29] 그러나 ἔπειτα와 εἶτα 중 하나를 결정하기는 더 어렵다. NA[27]에 따르면 ἔπειτα는 ℵ A 33 81 614 1175 pc에 의해 입증되지만, 예루살렘의 키릴로스[30]와 에우세비오스[31]의 지지도 받는다. NA[27]에 열거된 εἶτα

---

[29] 이 변형은 D의 원본, 후기 대문자 사본 F와 G, 구 라틴어 사본과 불가타역에만 나온다. 주목할 점은 이 독법을 포함하는 모든 대문자 사본이 서부 사본 계열에 속한다는 것이다. 따라서 이 변종은 늦게 나타나고 하나의 본문 유형에 제한된다. 내부 증거 수준에서는 이 변형이 이차적이라는 점이 다음 사실에 의해 암시된다. 즉 καὶ μετὰ ταῦτα 구의 명확한 시간 순서를 보면, 이 구(καὶ μετὰ ταῦτα)가 원본에 있었으며 시간적으로 더 모호한 부사 εἶτα 또는 ἔπειτα가 사본 전통에서 독립적으로 발생했으리라고 생각하는 것보다, εἶτα 또는 ἔπειτα가 원본에 가까우며 필사자들이 이에 대한 해설을 제공하려고 καὶ μετὰ ταῦτα가 생겨났다고 보는 편이 더 쉽다. 더욱이 G. Fee, *The First Epistle to the Corinthians*, NICNT (Grand Rapids: Eerdmans, 1987), p. 717n17에서는 서부 전통의 신학적 경향에 맞게 이 독법이 베드로의 중요성을 높인다고 지적한다. 『NICNT 고린도전서』(부흥과개혁사).

[30] *S. patris nostri Cyrilli Hierosolymorum archiepiscopi Opera quae supersunt omnia*, ed. W. C. Reischl and J. Rupp, CPG 3585/2 (Hildesheim: Olms, 1967), 2: p. 136를 보라. 여기서 키릴로스는 느슨한 인용을 통해 καὶ ὤφθη Κηφᾷ ἔπειτα τοῖς δώδεκα라고 언급한다.

[31] 쉽게 풀어 쓴 그의 인용문을 보라. E. Schwartz, ed., *Eusebius Werke*, vol. 2, *Die Kirchengeschichte*, GCS 9/1 (Leipzig: Hinrichs, 1903), p. 82. *Quaestiowes Euauwgelicae*로 알려진 본문(의심스럽지만 에우세비오스 저작으로 추정되는)에서 증거는 혼합되어 있는데, ἔπειτα(PG 22:1013a5를 보라)와 εἶτα(PG 22:989d5를 보라)를 모

는 $\mathfrak{P}^{46}$ B D² Ψ 0243 1739 1881 $\mathfrak{M}$ Or³²에 의해 입증되며, 암브로시아스터도 이를 지지한다.³³ 따라서 두 독법 모두 알렉산드리아 사본 계열 내의 증인들에 의해 입증되며, 특히 교부의 추가적 증거를 고려할 때, 어느 정도 지리적 분포를 자랑할 수 있다. 그러나 $\mathfrak{P}^{46}$ 및 오리게네스에게 εἶτα가 존재한다는 것은 이것이 가장 초기에 입증된 독법이라는 뜻이다. 따라서 외부 증거는 εἶτα 쪽으로 약간 기운다.

그러나 내부 증거는 εἶτα 쪽으로 좀 더 결정적으로 기운다. 한편으로는 εἶτα가 ἔπειτα에 비해 필사자가 실수로 글자를 누락한 결과일 확률이 더 높다. 하지만 고린도전서 15:5-7을 제외하면, 기독교 초기 몇 세기 동안의 바울과 관련된 문헌에서 ἔπειτα는 10번 사용된 반면,³⁴ εἶτα는 4번만 등장

두 지지한다.

32 M. Borret, *Origen: Contre Celse*, SC 132 (Paris: Cerf, 1967), p. 432를 보라. 또한 E. Klostermann, *Origenes Werke*, vol. 11, *Origenes Matthäuserklärung*, GCS 38 (Leipzig: Hinrichs, 1933), p. 266를 보라. 여기서 오리게네스의 마태복음 주석 라틴어 판은 고린도전서 15:5-6a을 다음과 같이 인용한다. "Visus est...Cephae, postea illis undecim, deinde apparuit aplius quam quingentis fratribus simul"(그는…게바에게 나타났고, 그 후 열한 제자에게, 그다음 동시에 오백 명 이상의 형제들에게 나타났다). 6절에서 ἔπειτα의 확실성을 의심할 만한 증거가 사본 전통에 없다는 점을 감안할 때, 여기서 'postea'(그 후)와 'deinde'(그다음) 사이의 차이는 그리스어 선본이 εἶτα…ἔπειτα임을 암시한다.

33 H. J. Vogels, ed., *Ambrosiastri Qui Dicitur Commentarius in Epistulas Paulinas*, vol. 2, *In Epistulas ad Corinthios*, CSEL 81/2 (Vienna: Hoelder-Pichler-Tempsky, 1968), p. 166를 보라. 여기서 암브로시아스터는 고린도전서 15:5-7에서 말씀을 제시하고 그에 대해 논평한다. 관련 말씀은 다음과 같다. "Et quia visus est Cephae…Postea illis undecim…Deinde apparuit plus quam quingentis fratribus simul…Deinde apparuit Iacobo…Postea apostolis omnibus"(그리고 그는 게바에게 나타났고…그 후 열한 제자에게…그다음 오백 명 이상의 형제들에게 동시에 나타났다…그다음 그는 야고보에게 나타났고…그 후 모든 사도에게). 여기서 *Postea…deinde…deinde… Postea* 배열은 암브로시아스터의 그리스어 선본의 배열이 εἶτα…ἔπειτα…ἔπειτα…εἶτα임을 암시한다.

한다.³⁵ 이 두 용어가 공유하는 높은 수준의 의미적 중복을 고려할 때, 다른 바울 본문과 친숙한 필사자가 εἶτα를 더 일반적인 ἔπειτα로 변경했을 가능성이 더 높은 것 같다. 또한 논란의 여지가 없는 바울의 편지들에서 εἶτα가 고린도전서 15장 외에는 등장하지 않는다는 점도 주목할 가치가 있다. 따라서 개연성 측면에서 볼 때, εἶτα가 발견되기 더 어렵고 따라서 더 가능성이 높은 독법이다. 게다가 5절에서 ἔπειτα를 입증하는 모든 주요 사본들은 7절에서도 ἔπειτα를 입증하므로 배열의 네 구성 요소 모두가 ἔπειτα가 된다.³⁶ 이 현상은 원래 균일했던 순서가 나중에 5절의 ἔπειτα에서 εἶτα로 변경되었다고 가정하는 것보다 배열 내에서 균일성을 만드는(특히 통계적으로 더 일반적인 바울 용어를 따라) 경향이 작용한 것으로 설명하는 편이 더 쉬워 보인다. 즉 εἶτα가 원문의 독법일 가능성이 가장 높다고 결론 내릴 수 있다. 따라서 배열 속의 처음 세 용어는 비교적 확실하게 εἶτα…ἔπειτα…ἔπειτα로 간주될 수 있다.

가장 불확실한 경우는 배열의 마지막 부사다. 외적 증거의 관점에서는 ἔπειτα가 맞을 가능성이 높다. NA²⁷은 𝔓⁴⁶ ℵ* A F G K 048 0243 33 81 614 630 1175 1739 1881 *al* 같은 증거를 인용한다. 또한 오리게네스³⁷와 에우

---

34 고린도전서 12:28(2회); 15:23, 46; 갈라디아서 1:18, 21; 2:1; 데살로니가전서 4:17; 히브리서 7:2, 27을 보라.
35 고린도전서 15:24; 디모데전서 2:13; 3:10; 히브리서 12:9을 보라.
36 해당 사본들은 다음과 같다. ℵ, A, 33, 81, 612 1175의 원본. Thiselton, *First Epistle to the Corinthians*, p. 1186는 ℵ, A, 33의 ἔπειτα가 "7절에서 가져온 것"이라고 옳게 지적한다.
37 이 독법은 그의 *Contra Celsum*에서 두 번 등장한다. Borret, *Origen: Contre Celse*, pp. 432, 438를 보라. 또한 오리게네스의 민수기에 대한 강론의 라틴어 번역본도 보라. W. A. Baehrens, ed., *Origenes Werke*, vol. 7, *Homilien zum Hexateuch in Rufins Übersetzung*, GCS 30 (Leipzig: Hinrichs, 1921), p. 271. "Deinde apparuit et omnibus Apostolis"(그다음 그는 모든 사도들에게도 나타났다)은 ἔπειτα를 뒷받침할 수 있다.

세비오스[38]도 이를 지지한다. 그러나 εἶτα에 대한 증거가 결코 미미하지 않으며, ℵ² B D Ψ 𝔓와 암브로시아스터[39] 등이 있다. 앞의 경우와 마찬가지로, 두 독법 모두 지리적으로 그리고 텍스트 유형 측면에서 넓게 분포하고 있다고 주장할 수 있다. ἔπειτα 변형은 알렉산드리아의 증거 중 일부, 가이사랴의 에우세비오스, 후대의 서부 계열 사본들의 지지를 받는다. εἶτα 독법은 알렉산드리아 B, ℵ의 훌륭한 수정본, 서부 D, 암브로시아스터의 지지를 받는다. 그럼에도 𝔓⁴⁶ 및 오리게네스에 ἔπειτα가 나온다는 것은 이것이 가장 초기의 입증된 독법이며 외적 증거를 ἔπειτα 쪽으로 더 기울게 한다.

그러나 내부 증거는 앞서 주장한 것과 본질적으로 동일한 이유로 εἶτα를 가리킨다. 바울 문헌이 ἔπειτα를 선호한다는 점을 감안할 때, 그리고 문제의 배열 마지막 구성 요소 앞에 두 개의 ἔπειτα 있다는 점을 감안할 때, 필사자가 여기서 εἶτα보다 ἔπειτα에 끌릴 가능성이 더 높아 보인다. 따라서 5b절과 마찬가지로, ἔπειτα가 원 독법이었다면 εἶτα가 어떻게 생겼을지 설명하는 것보다 텍스트가 전해 내려오는 과정에서 ἔπειτα가 어떻게 생겨났을지를 설명하는 쪽이 더 쉽다. 따라서 εἶτα의 존재가 원문을 나타낼 가능성이 더 높다.

이제 하르나크의 구조적 논증을 살펴보기로 하자. 하르나크에게 결정적인 논증은 ὅτι 절들 사이의 내부 관계에 관한 것이다. 앞에서 논의했듯이 그는 기독교 신앙의 두 가지 기본 주장(우리 죄를 위한 그리스도의 죽음과 부활)이 1절과 3절에서 제시되고 2절과 4절에서 증거(그리스도의 매장 및 부활 후 출현)에 의해 검증되는 2×2 구조를 인식한다.

네 개의 ὅτι 절이 있다는 것은 충분히 명확하다. 그러나 두 번째와 네 번

---

38 Schwartz, *Die Kirchengeschichte*, p. 82를 보라. 또한 에우세비오스의 시편 주석(PG 23:696c13)도 보라. 모두 ἔπειτα ὤφθη τοῖς ἀποστόλοις πᾶσιν 독법을 보여 준다.
39 각주 33을 보라.

째 절이 첫 번째와 세 번째 절의 주장을 검증하기 위한 목적으로 제공되었다는 것은 확실하지 않다. 즉, 하르나크의 2×2 구조는 자명하지 않다. 사실, 이는 두 번째 절과 네 번째 절이 본질적으로 증거 역할을 한다는 중요한 해석적 가정에 기초한다.

하지만 이 가정에는 의문의 여지가 있다. 고린도전서 15:3b-5의 통사 구조는 이러한 결론을 직접적으로 시사하지 않는다는 점에 유의해야 한다. 관찰한 바와 같이, 이 네 절은 단순한 병렬 구조로 연결되어 있고 2절과 4절이 1절과 3절에 문법적으로 종속되지 않는다. 사실, 네 절 사이의 더 분명한 논리적 관계는 시간순으로 나열된다. 3b-5절에 대해 확실하게 주장할 수 있는 것은 ὅτι 절들이 사건의 순차적 목록을 제시한다는 것이다. 또한 병렬적 통사 구조와 시간 순서[40] 모두 6a절과 7절에서 계속된다는 점도 중요하다.[41] 나아가 더 공식적인 기독교 신조들이 발전함에 따라 이들은 기독

---

40 부사 εἶτα와 ἔπειτα가 반드시 시간순의 의미를 지니는 것은 아니라는 반론이 있을 수 있다. 물론 이는 사실이지만, 이 맥락은 εἶτα…ἔπειτα…ἔπειτα…εἶτα 배열에 대한 시간적 의미를 강력하게 암시한다. 첫 번째 εἶτα는 열두 제자에게 나타나신 일을 베드로 이후로 위치시킨다. 첫 번째 ἔπειτα는 가장 자연스럽게 이 시간적 진행을 이어 간다. 또한 바울의 ἔσχατον…πάντων을 통해 그 연대기적 성격이 조금 더 분명해진다. 적어도 바울은 등장 순서를 시간순으로 해석하고 있으며, 자신의 경험은 "맨 나중에" 나온다. 주변 자료를 고려할 때 두 번째 ἔπειτα와 두 번째 εἶτα가 이 연대기적 패턴에서 벗어날 가능성은 거의 없어 보인다. 특히 I. Saw, *Paul's Rhetoric in 1 Corinthians 15: An Analysis Utilizing the Theories of Classical Rhetoric* (Lewiston, NY: Mellen, 1995), p. 230의 수사학적 분석도 이 배열에 대한 이러한 이해를 뒷받침한다.

41 Eriksson, *Traditions as Rhetorical Proof*, p. 88는 2절과 4절이 1절과 3절을 "증폭시키는" 역할을 한다고 제안함으로써 하르나크의 주장을 약간 보강했다. 에릭슨은 이것이 텍스트의 구조에서 기인한다고 생각하는데 1절과 3절이 추가된 부사구와 성경의 증언을 담고 있기 때문이다. 따라서 그는 매장에 대한 언급이 "죽음의 현실과 부활 현실의 출현을 보여 준다"고 주장한다. 그러나 하르나크와 마찬가지로 에릭슨의 구조에 대한 평가는 본문의 병렬적 통사 구조를 고려할 때 반드시 도출되는 결론이라기보다는 해석적 가정에 가깝다. 다시 말하자면, ὅτι 절들이 사건의 연대기적 열거 이상의 역할을 한다는

론 부분에서 예수 생애에 일어난 사건들을 연대기적으로 열거하는 뚜렷한 경향을 보인다. 이러한 경향은 이미 2세기와 3세기 신앙 규범(*regula fidei*)의 발전에서도 나타난다. 이그나티우스(Ignatius), 유스티누스(Justin), 이레나이우스(Irenaeus), 테르툴리아누스(Tertullian), 오리게네스 등을 통해 우리는 예수가 동정녀에게서 태어나 고난을 받고 죽었다가 다시 살아나 하늘로 승천하셨다고 선언하는 수많은 연도(litany)의 예를 본다.[42]

3세기와 4세기에 완전히 발달한 신조에서는 이 패턴이 기독론적 신앙고백의 필수 요소로 결정되었다. 이 후기 자료의 약간 확장된 목록에는 예수의 성령에 의한 잉태, 동정녀 마리아에 의한 탄생, 본디오 빌라도 아래서 받은 고난, 십자가에서의 죽음, 매장, 부활, 승천, 하나님 우편의 좌정 등이 열거되어 있다. 이 모든 요점은 명백히 중요한 것으로 여겨지지만, 연도의 요소가 이전의 더 중요하거나 본질적인 주장에 대한 증거를 제공하기 위한 보조적 내용으로 구성되었는지는 분명하지 않다. 또한 연도의 각 구성 요소가 그 앞에 놓인 주요 주장(예를 들어, 예수를 하나님의 독생자이자 주님으로 믿는 믿음)의 진실성을 어떤 식으로든 입증한다는 것도 분명하지 않다. 오히려 이것들은 그저 예수 생애에 일어난 주요 사건들을 연대기적으로 따라가는 일련의 선언으로 보인다.

엄밀히 말하면, 이 모든 것이 하르나크의 해석적 가정을 반증하지는 않는다. 그러나 이 자료들은 성육신의 특정한 주요 순간을 연대순으로 기록하는 것에 상당히 일관된 관심을 보여 준다. 후대에 나온 연대순 연도들이 주 요점을 하위 요점으로 입증하는 방식으로 구성되었다는 생각을 뒷받침할 만한 근거는 거의 없다. 그저 어떤 관련 사건들의 단순 열거 기능만 가

결론은 공식의 구조로부터 자명하게 도출되지 않는다.

42 관련 텍스트로 A. Hahn and G. L. Hahn, *Bibliothek der Symbole und Glaubensregeln der Alten Kirche* (Breslau: E. Morgenstern, 1897), pp. 1-11를 보라.

진 것으로 보일 뿐이다. 따라서 만약 고린도전서 15장의 공식이 초기 기독교 신조의 발전 궤적 어딘가에 속한다면, 하르나크가 여기서 발견하는, 주요 주장이 증거에 의해 성립되는 구조는 매우 특이하다고 할 수 있다.[43] 기독교가 확산되고 고백 형식이 굳어지면서, 왜 하르나크가 식별하는 구조에서 매우 중요한 입증의 요소가 고백 공식에서 사라지고 사건의 단순한 연대기적 교독을 특별하게 강조하는 부분이 대거 등장했는가? 정확히 정반대의 경향성을 예상하기가 더 쉬울지도 모른다. 신앙 규범과 후대의 신조들이 연대기적 열거에 대한 높은 헌신을 보여 준다는 것은, 그 자체로 고백서 작성의 초기 단계에서 이러한 표현 방식이 중심이 되었음을 가리킬 수 있다.

지금까지의 논증에서 나는 고린도전서 15장에 나오는 '신조'의 범위에 대한 하르나크의 결론에 의문을 제기하고자 했다. ὅτι 구조 안의 단절이 공식의 끝을 알린다는 것을 의심할 만한 합당한 이유가 있으며, 공식의 구성에 있어서 근원적 주장이 지지 증거에 의해 입증되는 2×2 구조를 따른다는 것을 의심할 만한 합당한 이유가 있다. 확실한 것은 나열된 사건의 연대기적 성격이다. 이것은 다른 논리적 관계를 배제하지는 않지만, 특히 후기 기독교 공식에서 나온 증거가 시사하는 바는, 연대순의 배열 내에서 절들 간의 관계가 본질적으로 입증의 성격을 가진 것으로 보이지 않는다는 점이다.

그러나 이 모든 의심의 이유는 반박될 수 있다. 고린도전서 15:6-7에서 내가 지적한 구조적 현상이 바울 자신에게서 비롯된 것이라고 제안할 수

---

[43] 이 공식의 연대기적이고 열거적인 성격과 후대 신조와의 관계성은 2차 문헌에서 대체로 간과된 또 다른 특징 중 하나다. 주목할 만한 예외는 J. Schmitt, "Le 'Milieu' littéraire de la 'Tradition' citée dans 1 Cor., XV, 3b-5," in *Resurrexit: Actes du Symposium International sur la Résurrection de Jésus*, ed. É. Dahnis (Rome: Libreria Editrice Vaticana, 1974), pp. 169-180다.

있다. 아마도 바울은 공식의 구조를 모방하고 싶었을 것이다. 하르나크에 이어 몇몇 학자는 여기서 바울이 서로 경쟁하며 이미 퍼져 있던 출현 공식들을 오래된 '신조'와 결합하고 있다고 제안했다.[44] 또한 바울은 15장에서 부활에 관한 그의 주장에 사용하기 위해 분명 이 공식에 호소하고 있다. 따라서 그에게는 6-7절에 언급된 출현들을 공식 인용에 추가할 만한 충분한 변증적 이유가 있었을 것이다.

이 모든 요점은 다음 단락에서 분석의 지침이 될 중요한 문제를 제기한다. 바울이 고린도전서 15:6-7에 자료를 추가했다면, 그리고 공식의 문법과 문체를 주의 깊게 모방하는 방식으로 그렇게 했다면, 아마도 이 추가 자료는 그의 주장에 어느 정도 의미가 있을 것이다. 이제 15장에 대한 간략한 주해적 연구로 넘어가자. 나는 특히 6-7절의 자료가 이번 장의 광범위한 논증과 관련하여 어떤 역할을 하는지에 주목하고자 한다. 바울이 부활의 증인들을 추가한 타당한 이유를 제시할 수 있다면, 내가 시비를 따지고 있음에도 어쩌면 합의 지점을 찾을 수 있을 것이다. 그러나 6-7절이 15장의 논증 형태에 의해 적절하게 설명될 수 없다면, 아마도 내가 제기하고자 했던 의심들과 특히 바울 문체와 공식 문체의 교차 사이의 특이한 상관관계로 인해, 일반적으로 생각되는 것보다 더 긴 '신조' 쪽으로 개연성이 기울어질 수 있다.

고린도전서 15:1-11은 변증인가 정당화인가?: 양분된 상태

바울이 고린도전서 15:6-7의 내용을 3b-5절의 공식에 추가했다는 가정을 전제로, 주석가들은 이 출현 목록이 바울이 이번 장에서 제시하는 광범위

---

44   각주 16을 보라.

한 주장에 어떻게 기여하는지 설명하는 작업에 착수했다. 두 가지 기본 설명이 반복해서 등장하는데, 한편으로 어떤 사람들은 바울이 주로 변증할 목적으로 증인을 추가했다고 생각한다. 바울은 5절에서 예수가 나타나신 사건들이 가지는 증거의 성격에서 힌트를 얻어, 예수 부활의 실재에 대한 더 많은 증거를 제공하기 위해 목록을 확장한 것이다.[45] 다른 한편으로 많은 이는 변증의 목적과 바울이 이번 장에서 제시하는 더 큰 주장을 연결하기가 어렵다는 점을 인식하고, 대신 바울이 증인들을 추가한 것은 주로 바울이 가진 사도 지위의 정당성에 대한 또 다른 변호로 넘어가기 위함이라고 제안한다.[46] 이러한 입장들을 간략하게 논한 다음, 본문에 비추어 면밀

---

[45] 예를 들어, Fee, *First Epistle to the Corinthians*, pp. 718-719, 729-731; H. Grass, *Ostergescheben und Osterberichte* (Göttingen: Vandenhoeck & Ruprecht, 1970), p. 148; R. B. Hays, *First Corinthians*, Interpretation (Louisville: John Knox, 1997), p. 260. 『고린도전서』(한국장로교출판사); Kloppenborg, "Analysis of the Pre-Pauline Formula," pp. 351-367; J. Lambrecht, "Line of Thought in 1 Cor 15,1-11," *Greg* 72 (1991): pp. 655-670, 특히 pp. 664-670; J. Murphy-O'Connor, "Tradition and Redaction in 1 Cor 15:3-7," *CBQ* 43 (1981): pp. 582-589 [머피-오코너는 7절이 정당화 기능을 한다는 적절한 언급을 하기도 했다. 특히 *Keys to First Corinthians: Revisiting the Major Issues* (Oxford: Oxford University Press, 2009), p. 240n58를 보라]; J. Plevnik, "Paul's Appeals to His Damascus Experience and 1 Cor. 15:5-7: Are They Legitimations?," *Toronto Journal of Theology* 4 (1988) pp. 101-111; Schrage, *Der erste Brief an die Korinther*, pp. 54-55; R. Sider, "St. Paul's Understanding of the Nature and Significance of the Resurrection in 1 Corinthians XV 1-19," *NovT* 19 (1977): pp. 124-141; Thiselton, *First Epistle to the Corinthians*, pp. 1205-1208; D. Watson, "Paul's Rhetorical Strategy in 1 Corinthians 15," in *Rhetoric and the New Testament: Essays from the 1992 Heidelberg Conference*, ed. S. E. Porter and T. H. Olbricht, JSNTSup 90 (Sheffield: JSOT Press, 1993), pp. 231-249, 여기서는 p. 237.

[46] 이 의견에 대한 몇몇 버전은 다음을 보라. K. Barth, *Die Auferstehung der Toten: Eine akademische Vorlesung über 1. Kor 15* (Zürich: Evangelischer Verlag, 1953), 특히 pp. 75-86. 『죽은 자의 부활』(대한기독교서회); C. Bussmann, *Themen der paulinischen Missionspredigt auf dem Hintergrund der spätjüdisch-*

히 살펴보겠다.

고린도전서 15:1-2에서 바울은 자신이 고린도 교인들에게 복음을 전했고, 그들은 복음을 받아들였으며 그 안에 서 있고 그 복음을 통해 구원받고 있다고 말한다. 그러나 흥미롭게도 그는 바로 이 복음을 그들에게 '상기시켜야'(γνωρίζω) 할 필요성을 느낀다. 또한 그는 "내가 전한 그 말을 굳게 지[킨다면]"이라는 조건부 조항으로 그들이 구원받으리라는 자신의 진술에 단서를 달고, 그들이 '헛되이'(εἰκῇ) 믿고 있을 수도 있다는 제안을 덧붙인다. 그는 왜 이렇게 불편한 경고를 포함시켰는가? 더 중요한 질문은, 그 진술들 사이의 긴장을 조화시킬 수 있느냐는 것이다. 바울은 고린도 교인들이 구원받고 복음 안에 서 있다고 생각하는가, 아니면 그들이 헛된 믿음을 가졌다고 두려워하는가?

이러한 긴장을 근거로 많은 학자는, 바울이 고린도 교인 중 일부가 복음

---

hellenistischen Missionsliteratur, Europäische Hochschulschriften: Reihe 23, Theologie 3 (Bern: Lang, 1971), pp. 101-103; G. Claudel, *La Confession de Pierre: Trajectoire d'une Péricope Évangélique*, Études Bibliques (Paris: Gabalda, 1988), 특히 pp. 146-153; R. F. Collins, *First Corinthians*, Sacra Pagina 7 (Collegeville, MN: Liturgical Press, 1999), p. 531. 『코린토 1서』(대전가톨릭대학교출판부); H. Conzelmann, "Zur Analyse der Bekenntnisformel 1. Kor. 15,3-5," EvT 25 (1965): pp. 1-11; E. Lohse, "St. Peter's Apostleship in the Judgment of St. Paul, the Apostle to the Gentiles," *Greg* 72 (1991): pp. 419-435; W. Marxsen, *Die Auferstehung Jesu von Nazareth* (Gütersloh: Gütersloher Verlagshaus, 1968), 특히 pp. 97-98; R. Pesch, "Zur Entstehung des Glaubens an die Auferstehung Jesu," *Theologische Quartalschrift* 153 (1973): pp. 201-228, 특히 pp. 212-218; P. von der Osten-Sacken, "Die Apologie des paulinischen Apostolats in 1Kor 15 1-11," *ZNW* 64 (1973): pp. 245-262, 특히 pp. 254-260; U. Wilckens, "Der Ursprung der Überlieferung der Erscheinungen des Auferstandenen: Zur traditionsgeschichtlichen Analyse von 1.Kor. 15,1-11," in *Dogma und Denkstrukturen*, ed. W. Joest and W. Pannenberg (Göttingen: Vandenhoeck & Ruprecht, 1963), pp. 56-95.

에 헌신하지 않고 있다고 생각한다는 결론을 내린다. 고린도전서 15:6-7에 부활하신 예수가 나타나신 추가적인 이야기가 나온다는 사실과 부활이라는 주제가 이번 장 주제의 대부분을 차지한다는 사실이 함께 작용하여, 많은 사람은 바울이 고린도 교인 중 일부가 예수의 부활에 대한 본질적인 내용을 부정하고 있음을 진정으로 염려한다는 가정을 세웠다. 이러한 해석가들의 경향은 고린도 교인들이 예수의 부활을 영적/비육체적 사건의 관점에서 재정의함으로써 바울이 원래 선포한 교리에서 벗어난 상황에 초점을 맞추는 것이다. 그래서 바울은 6-7절의 증인 목록을 예수 부활의 실재를 입증하는 추가 증거로 첨가한다.[47] 문헌들에서 자주 발견되는 언급에 의하면, 바울이 '증인'을 추가한 목적은 예수의 부활을 의심하는 사람에게 이 사실의 진실성을 확인해 줄 사람이 많음을 알게 하는 것이다.[48] 곧 논의하겠지만, 이 해석의 가장 큰 난점은 바울이 주장하는 내용의 실제 논리를 설명하지 못한다는 것이다. 이 입장이 옳다면, 바울이 자신의 '증인들'을 다시 내세우거나 그 증인들에게 가서 질문하라고 제안한 적이 없다는 점이 주목할 만하다. 또한 그는 실제로 예수 부활의 실체나 본질에 대한 논증을 진행하지도 않는다. 오히려 그의 논증은 일관되게 고린도 교인들이 예수의 부활에 동의한다고 가정한다.[49]

---

[47] 각주 45를 보라. 이 견해에 대한 간결한 설명은 Sider, "St. Paul's Understanding," pp. 124-141를 보라.

[48] 예를 들어, Garland, *1 Corinthians*, p. 689; Hays, *First Corinthians*, p. 257; Schrage, *Der erste Brief an die Korinther*, p. 58; Sider, "St. Paul's Understanding," p. 128; Thiselton, *First Epistle to the Corinthians*, p. 1205; C. Wolff, *Der erste Brief des Paulus an die Korinther*, Theologischer Handkommentar zum Neuen Testament 7 (Leipzig: Evangelische-Anstalt, 1996), p. 371.

[49] 이 기본 입장을 취하는 사람 중 몇몇은 바울의 주장이 예수의 부활을 가정적 근거로 삼고 있다는 점을 올바르게 이해한다. 그럼에도 그들은 바울이 변증을 목적으로 6-7절의 내용을 추가했다는 견해를 고수한다. 몇 가지 예로는 Fee, *First Epistle to the*

널리 받아들여지는 또 다른 입장은 바울이 자신의 사도적 권위를 정당화할 기회를 한 번 더 갖기 위해 증인 자료를 추가했다는 주장이다. 이번 장에서 이 입장이 지닌 많은 뉘앙스와 변형을 다 설명할 수 없다. 그보다는 이 입장의 일반적 주장을 광범위하게 다루겠다. 이 해석은 바울 자신이 부활하신 그리스도를 만난 기록(고전 15:8)에서 출현 목록이 정점에 이른다는 점을 강조하는 경향이 있다. 이 입장을 따르는 이들은 바울이나 '신조'가 예수의 부활을 증명하는 데 지나치게 관심을 갖지는 않는다고 종종 주장한다. 그 대신 바울은 그리스도와 자신의 만남을 다른 사도들의 만남과 연결하기 위해 증인 목록을 확대한다. 이로써 바울은 자신의 사도적 부름 및 복음 선포의 내용이 다른 사도들의 부름 및 선포의 내용과 동등함을 확립한다. 그러므로 1-11절의 주요 목표 중 하나는 그의 사도로서 지위와 권위의 정당성을 재확인하는 것일 뿐 반드시 예수 부활의 역사적 실재를 입증하는 게 아니다. 앞으로 드러나겠지만, 이 해석은 본문의 실제 형식에 대한 최선의 설명을 제공하지 않는다.

이 접근 방식들은 이번 장의 광범위한 논증과 관련하여 1-11절이 갖는 역할을 평가하는 데 상당한 차이를 보이지만, 두 가지 중요한 요점을 공유하는 경향이 있다. 두 견해의 지지자들은 일반적으로 2절의 경고가 사실이라고 가정한다. 바울은 고린도에 있는 일부 사람들의 구원이 위험에 처해 있으며 그들이 자신의 복음을 헛되이 믿었다고 진정으로 의심한다. 그러나 더 중요한 것은, 두 해석 모두 바울이 6-7절을 '신조'에 추가했기 때문에 이

Corinthians, pp. 718-719; Thiselton, *First Epistle to the Corinthians*, pp. 1177, 1182-1208를 보라. 비록 다른 관점이긴 하지만 비슷한 긴장을 보려면 R. Bultmann and K. Barth, "Die Auferstehung der Toten," in *Glauben und Verstehen: Gesammelte Aufsätze*, ed. R. Bultmann and M. Lattke, 4 vols. (Tübingen: Mohr, 1933-67), 1: pp. 38-64, 특히 pp. 54-55를 보라.

구절들의 기능을 파악하는 것이 고린도전서 15장을 해석하는 데 매우 중요하다고 동의하는 경향이 있다는 것이다. 이제 이러한 해석을 면밀히 살펴보자. 특히 이러한 해석이 바울의 논증과 어떻게 일치하는지, 그리고 본문의 실제 윤곽을 얼마나 잘 설명하는지를 살펴보는 것이 중요하다.

고린도전서 15장의 논리: 부활을 상정하다

바울은 고린도전서 15:12에서 고린도 교인 중 일부가 "죽은 자 가운데서 부활은 없다"고 말한다고 주장한다. 13-19절에서 그는 죽은 자의 부활이 없다면 예수가 죽은 자 가운데서 다시 살아나실 수 없다고 추론한다(참조. 13, 16절). 그러나 예수가 부활하지 않으셨다면 예수 부활에 대한 복음 선포를 믿는 것은 '공허한'(κενή) 것이며, 그 선포의 약속된 결과(특히 죄로부터의 구속에 대한 소망)는 쓸모가 없다고 말한다(참조. 14-17절).

이 주장이 실제로 고린도의 문제를 다룬다면, 고린도전서 15:12-19에서 바울이 한 번도 예수 부활의 실재를 입증하고자 적극적 논증을 제시하지 않는다는 점에 주목하는 것이 중요하다. 오히려 반대로, 그는 죽은 자의 부활이 없다는 가설적 전제하에 먼저 예수가 죽은 자 가운데서 부활할 수 없음을 **보여 주는** 논증을 구성한 다음, 이 사건을 선포하고 그 선포의 구속적 의미를 믿는 것이 명백히 무의미함을 보여 준다. 따라서 그가 여기서 내리는 두 가지 결론, 즉 (1) 그리스도가 부활하지 않았다는 것(참조. 13b, 16b절)과 (2) 부활의 선포와 약속된 결과에 대한 믿음은 공허하다는 것(참조. 14b-c, 17b-c절)은 그가 수신자들이 지지하고 싶어 하지 않는다고 추정한 결론이다. 학자들 사이에서 이루어진 중요한 합의에 의하면, 본문의 논리가 이런 식으로 전개되며, 더 나아가 바울이 그의 논증을 고안한 목적은 고린도 교인들에게 죽은 자의 일반적 부활을 긍정하도록 독려하는 것인데 그 방식은 그러한 부활을 부인하면 **논리적으로** 이러한 바람직하지 않은 결론에 도달함을 제시하는 것이다.[50]

만약 바울의 논리에 대한 이러한 이해가 옳다면, 그가 논쟁하고 있는 사람들이 예수 부활의 실재나 본질에 동의하지 않는다는 결론이 도출된다. 즉, 이 주장이 논쟁을 벌이는 사람들에게 설득력이 있다고 바울이 실제로 생각했다고 가정한다면, 다음과 같은 중요한 관찰이 가능하다. 즉, 고린도전서 15:12-19의 논증의 힘은 예수가 죽은 자 가운데서 살아나셨다는 사실에 그들이 동의하는 데 달려 있다는 것이다. 만약 그들이 이 점에 의문을 제기하거나 부정한다면 바울의 주장은 힘을 잃게 된다. 이 경우 그의 주장의 첫 번째 요소(즉 부활이 없다면 예수는 죽은 자 가운데서 부활하지 않았다)는 요점을 단순히 인정하는 것이다.

그러나 바울이 자신의 주장이 설득력을 가지리라 생각했다면, 그는 예수 부활의 실체나 본질에 대한 일부 고린도 교인의 약해지는 믿음을 새롭게 하는 논증을 구성하지 않았을 것이다. 대신 바울은 그들의 헌신을 지렛대로 삼아 그들을 설득하여 '죽은 자의 부활'에 대한 거부를 그만두도록 했을 것이다. 고린도전서 15:20-28, 29-34, 35-58에 나오는 바울의 주장은 이

---

50 이 기본 입장에 대한 몇 가지 최근의 예는 다음의 문헌을 보라. Fee, *First Epistle to the Corinthians*, pp. 738-747; Garland, 1 Corinthians, pp. 696-703; J. Holleman, *Resurrection and Parousia: A Traditio-Historical Study of Paul's Eschatology in 1 Corinthians 15*, NovTSup 84 (Leiden: Brill, 1996), 특히 pp. 40-46; M. M. Mitchell, *Paul and the Rhetoric of Reconciliation: An Exegetical Investigation of the Language and Composition of 1 Corinthians*, Hermeneutische Untersuchungen zur Theologie 28 (Tübingen: Mohr Siebeck, 1991), pp. 286-289; Saw, *Paul's Rhetoric in 1 Corinthians 15*, pp. 223-232; Schrage, *Der erste Brief an die Korinther*, pp. 108-137; J. S. Vos, "Die Logik des Paulus in 1 Kor 15,12-20," *ZNW* 90 (1999): pp. 78-97, 특히 pp. 89-90; Wolff, *Der Erste Brief des Paulus an die Korinther*, pp. 376-381.

러한 해석을 뒷받침한다.

고린도전서 15:20-28에서 바울은 곧바로 방향을 돌려 예수 부활의 긍정적 함의를 논증한다. 예수가 부활하셨으므로(20절) 그리스도 안에 있는 모든 사람의 부활이 있을 것이다(22-23절; 6:14도 보라). 15:12-19에서와 마찬가지로, 이 논증은 예수의 부활에 대한 믿음을 증명하거나 강화하기 위해 고안된 것이 아니다. 오히려 예수의 부활을 긍정하는 데서 시작해 그 사건의 결과로 그리스도에게 속한 모든 사람의 더 광범위한 미래의 부활을 가정한다(23절).[51] 그러므로 20-28절의 기능은 예수의 부활이 12-19절에서 도출된 모든 부정적 결론을 거짓으로 만든다는 사실을 보여 주는 것이다. 따라서 12절에서 시작된 논증의 전제, 즉 죽은 자의 부활이 없다는 일부 고린도 사람들의 견해 또한 거짓이라는 결론이 나온다. 따라서 적어도 바울의 판단에 따르면 고린도의 문제는 예수의 부활에 대한 부정이 아니라 죽은 자의 일반적인, 미래의 부활에 대한 부정과 관계된 것이었다.[52]

고린도전서 15:29-34 및 35-58절에 나오는 바울의 주장에 대해서도 똑같이 말할 수 있다. 죽은 자를 위한 세례는 예수가 아닌 다른 사람들을 위해 행한 것으로 보인다(29절의 νεκρός와 αὐτός의 복수형에 주목하라). 이것 또한 문제가 되는 요점이 미래의 부활과 계속 관련되어 있음을 시사한다.[53] 더욱이 바울이 35-58절에서 다루는 문제는 부활한 몸의 본질과 관련이 있으며 다시 한번 그는 예수의 부활을 논증의 근거로 사용한다. 미래 부활의 본질은 예수의 부활을 모델로 삼는다(특히 39-49절을 보라). 따라서 여기서

---

51 이 점에 대해서는 특히 Holleman, *Resurrection and Parousia*, pp. 49-57를 보라.
52 바울이 다루는 문제의 정확한 본질에 관해 제안된 다양한 견해를 다룬 훌륭한 논의는 Thiselton, *First Epistle to the Corinthians*, pp. 1172-1176를 보라.
53 한 가지 예를 들자면, 티슬턴은 "부활이 부정된다면 죽은 자를 위한 세례 행위는 무의미할 것"이라는 점에 주목한다(Thiselton, *First Epistle to the Corinthians*, p. 1240).

도 예수의 부활에 대한 논증이 아니라 예수의 부활을 기반으로 한 논증을 볼 수 있다. 부활의 몸은 하늘에 계신 인간 예수의 몸과 같을 것이다(48-49절).[54]

이러한 모든 관찰은, 2절의 '경고'가 고린도 교인들이 예수의 부활을 긍정하는 것에 대한 바울의 진정한 의심을 나타낼 경우, 그의 논증이 그들의 잘못을 드러내기에는 현저히 빈약하다는 점을 시사한다. 그러나 그들이 예수의 부활을 긍정하지만 일반적 부활을 부인한다면, 그의 논증은 받아들여졌을 때 매우 효과적인 것으로 보인다. 따라서 고린도 교인들의 신앙에 의문을 제기하는 것처럼 보이는 2절의 언급은 실제 경고나 의심의 표현이라기보다는 12-19절의 부정적 논증의 논리적 결론을 그저 예상한 것일 가능성이 더 높아 보인다.[55]

그렇다면 바울이 고린도 교인들에게 자신이 전한 복음을 '상기'시킴으로써 전체 논증을 시작하는 것은 그들이 자신과 공유하는 공통 근거를 제시하기 위해서다.[56] 그런 다음 그 공통 근거의 한 요소(예수의 부활)에 호소하여 일반적인 미래의 부활을 주장한다. 달리 말하면, 바울은 고린도전서 15:12-19에서 부정적인 논증을 사용하여 고린도 교인들이 진정으로 복음에 충실하기를 원한다면 죽은 자의 미래의 부활이라는 실재를 부정할 수 없다고 설득한다. 그러한 부정을 고집하는 것은 논리적으로 복음에 대한 믿음을 포기하는 것과 같으며, 이는 사실상 복음의 메시지를 공허하게 만들고 구원의 소망에 의문을 제기하는 것이다(즉, 바울이 2절에서 암시한 바로

---

54 예를 들어, Fee, *First Epistle to the Corinthians*, pp. 793-795; Schrage, *Der erste Brief an die Korinther*, pp. 310-314.

55 이는 Fee, *First Epistle to the Corinthians*, p. 721에서 언급한 바와 같다.

56 티슬턴의 말을 빌리면, 이 점에 대해서는 "거의 보편적인 동의"가 이루어졌다. Thiselton, *First Epistle to the Corinthians*, p. 1177를 보라. 이 견해에 대한 더 최근의 표현들은 각주 49를 보라.

그 결과를 낳게 된다). 그런 다음 바울은 예수의 부활이 미래의 부활을 수반하며(20-28절), 이 부활은 그리스도의 부활과 같은 종류의 부활이 될 것이라는 긍정적 주장을 펼친다(35-58절). 그러므로 주 안에서 수고하는 것은 헛된 노력이 되지 않을 것이다. 따라서 바울은 어느 시점에서도 예수 부활의 실재나 본질에 대한 논증을 구축하지 않는다. 그러나 바울의 주장을 이렇게 이해한다면, 바울이 6-7절의 내용을 추가해야 할 변증상의 이유는 없어 보인다.

정당화 입장

고린도전서 15:1-7과 11절은 바울과 고린도 교인들이 공유하는 공통점을 제시하는 바울의 광범위한 의제와 분명히 관련이 있지만, 8-10절은 더 큰 논증과 거의 관련이 없어 보인다. 겉으로 보기에 이것은 주요 논점에서 벗어난 것처럼 보인다.[57] 바울은 부활 논의를 향해 나아가고 있지만, 그 과정에서 자신의 권위를 강화할 마지막 기회를 잡는다. 그러나 몇몇 학자는 여기에 더 많은 것이 있다고 제안한다. 그들은 6-7절에 나오는 내용은 여담이 아니라 바울이 자신의 사도적 정당성 논의로 넘어가기 위해 추가한 것이라고 주장한다.[58] 그러나 바울이 자신의 사도적 지위를 정당화하기 위해 6-7절에 나오는 내용을 추가했다는 가정에는 몇 가지 문제가 있다.

예를 들어, 바울이 고린도전서 15:6-7의 추가 등장인물들을 3b-5절과 통사 구조 및 문체 면에서 매우 잘 일치하는 언어로 묘사하면서 자신의 경

57　예를 들어, Fee, *First Epistle to the Corinthians*, p. 733; F. W. Grosheide, *Commentary on the First Epistle to the Corinthians*, NICNT (Grand Rapids: Eerdmans, 1953), p. 354; Hays, *First Corinthians*, pp. 257-258.

58　각주 46을 보라.

험은 같은 방식으로 묘사하지 않았다는 점이 의아하다. 바울이 6-7절에 나오는 전통을 '신조'에 추가하여 '신조'의 문체와도 일치하도록 만들었다면, 왜 자신의 만남을 묘사할 때는 자신의 문체로 돌아갔는가? 그는 공식의 문체를 쉽게 모방할 수 있었는데 왜 이러한 전통과 거리를 두었는가?

그러나 그 출현들이 그가 인용한 공식에 이미 들어 있다고 잠시 가정해 보면, 15장의 이 부분이 실제로 취하는 형식에 대한 설명이 즉시 떠오른다. '신조'가 바울보다 먼저 생겼기 때문에 그는 단순히 문체와 문법을 변경하여 6-7절의 자료에 자신을 집어넣을 수 없다. 더욱이 고린도 교인들이 이미 이 공식을 알고 있었다면[59](1-3a절의 도입과 바울이 공식을 공통 근거로서 호소한다는 점을 볼 때, 그들은 알고 있었던 것 같다) 바울이 그 안에 들어갈 자리가 없다는 사실도 잘 알고 있을 것이다. 또한 '모든 사도'라는 문구가 '신조'의 일부라면 바울이 자신의 사도적 권위에 대해 간략하게 논의하는 '여담'은 완벽하게 이해된다. 즉, 편지 전체에 걸쳐 나타나는 그의 방어적 태도를 고려할 때, 권위 있는 전통에서 예수가 '사도들'에게 나타났다는 언급은 자연스럽게 그의 사도 지위 문제로 돌아갈 기회를 제공할 것이다. 따라서 이번 장의 가설이 옳다면, 바울이 자신을 포함하지 않는 사도 그룹을 묘사하는 권위 있는 전통을 인용한 후에 자신의 사도 지위를 언급하는 이유를 잘 이해할 수 있다. 따라서 바울이 일반 부활에 대한 논쟁 도중에 자신의 권위를 한 번 더 방어하기 위해 고생스럽게 출현 목록을 신중하게 작성했다고 가정하기보다, 공식에 이미 존재했던 6-7절의 출현 사건들이 그의 사도적 권위에 대한 논의를 촉발했고 그 결과 8-10절이 존재하게 되었다고 설명하기가 더 쉽다.

---

59   결국 '신조'는 적어도 바울이 원래 '받아서' 고린도 교인들에게 '전한'(참조. 15:3a) 전통 자료의 일부다.

오백 명 이상

그렇다면 고린도전서 15:6b은 어떻게 된 것인가? "대다수는 살아 있고 어떤 사람은 잠들었으며"라는 임의적 표현이 나오는 이유는 무엇인가? 앞서 나는 이곳에 나타나는 문체의 전환을 지적했다. 이 전환이 바울의 문체와 일치하고 3b-6a절 및 7절 자료의 문체와 단절되는 방식은, 이것이 바울의 삽입구임을 암시한다. 그러나 바울은 자신의 논증에서 6a절과 7절에 직접적으로 호소하지는 않으면서 6b절의 자료를 사용하여 자신의 주장을 뒷받침하고 있다. 즉 6a절과 7절과는 달리, 바울의 더 큰 주장과 부합하는 6b절의 존재에 대한 잠재적 근거를 확인할 수 있다. 그는 일반적 부활을 부정하면 예수 부활의 선포와 구원의 의미가 '공허해진다'는 자신의 주장을 예견하며 이 발언을 추가했다. 특히 바울이 18절에서 그리스도 안에서 '잠든' 사람들은 완전히 멸망한 것이라고 언급할 때, 그의 언어는 '잠든' 오백 명의 사람들을 상기시킨다. 따라서 바울의 관점에서, 그리스도의 출현을 보았지만 그 후 죽은 사람들은 죽음에서 부활하지 않으면 궁극적으로 멸망한 것이다. 그들은 모든 사람 중에서 진정으로 가장 불쌍히 여겨져야 할 사람들이다.

나는 이 독법을 옹호하며, 고린도전서 15:11-19에서 바울이 1인칭과 2인칭 복수형을 사용하여 고린도 교인들과 부활하신 그리스도의 출현을 경험한 사람들을 일관되게 구분한다는 사실에 주목하고 싶다. 이 구분은 11절에서 명확하게 나타난다.[60] 여기서 바울은 한쪽에 자신과 방금

---

60 소가 지적했듯, 이러한 구분은 실제로 1절에서 시작되는데, 여기서 바울은 말하는 자로서의 자신과 청중으로서의 고린도 교인들을 명확하게 구분한다. Saw, *Paul's Rhetoric in 1 Corinthians* pp. 15, 223를 보라. 소는 또한 11-19절 전체에서 '나'/'우리'와 '너희' 사이의 변화를 추적하지만, 대다수의 견해에 따라 19절의 마지막 '우리'는 일반적으로

5-8절[61]에서 열거한 부활하신 그리스도를 본 자들을 위치시키는데, 이들을 설교하는 '우리'로 묶는다. 또 다른 쪽에는 고린도 교인들이 있는데, 곧 믿음을 가진 '너희'다. 12절의 ὑμῖν은 14c절의 ὑμῶν과 마찬가지로 계속해서 고린도 교인들을 가리킨다. 14b절의 ἡμῶν은 복수형 일인칭 동사 εὑρισκόμεθα와 15절의 ἐμαρτυρήσαμεν과 더불어 초점을 바울과 설교하는 다른 이들에게로 다시 가져온다. 17절에 나오는 일련의 ὑμῶν은 다시 고린도 교인들을 가리킨다.

고린도전서 15:18에서 바울은 잠든 사람들의 멸망에 대해 말한다. 그런 다음 19절에서 1인칭 복수형 우회어형 ἠλπικότες ἐσμέν과 1인칭 복수형 연계동사 ἐσμέν을 사용하여 미래의 부활이 없을 경우 어떤 집단이 처하게 될 불쌍한 상태를 묘사한다. 일반적으로 주석가들은 이러한 복수형이 모든 그리스도인 또는 고린도에 있는 사람들을 광범위하게 지칭한다고 가정한다.[62] 이러한 가정은 18절에서 잠들어 멸망한 사람들이 일반적으로 그리스도인이거나 특히 고린도의 죽은 자들이라는 또 다른 가정에 의해 강화된다. 그러나 바울이 바로 앞 문맥에서 '우리'와 '너희'를 일관되게 구분했다는 사실은 19절의 '우리'가 이러한 구분을 이어 가고 있음을 강력하게 암시한다. 19절의 '우리'는 11-17절의 '우리'와 동일하다. 앞서 언급했듯, 11절의 '우리'는 5-8절에 언급된 사람들, 즉 예수를 보았고 이제 그분의 부활을 전파

모든 그리스도인을 지칭한다고 가정하는 것 같다(특히 pp. 224, 232-233를 보라).

61 Conzelmann, *1 Corinthians*, pp. 260-261에서 지적하는 것처럼, ἐκεῖνος는 7-10절에 언급된 사도들만을 가리키는 것이 아니다. 바울이 여기서 지시 대명사의 원격 형태를 사용한다는 사실은 그가 여기 언급된 모든 증인을 염두에 두고 있음을 암시하는 듯하다.

62 몇 가지 예로는 다음을 보라. C. K. Barrett, *A Commentary on the First Epistle to the Corinthians*, BNTC (London: Adam & Charles Black, 1968), pp. 349-350; Hays, *First Corinthians*, p. 261; J. Moffatt, *The First Epistle of Paul to the Corinthians*, Moffatt New Testament Commentary (London: Hodder & Stoughton, 1938), p. 242.

하는 사람들로 구성된다. 이것은 19절이 그리스도인에 대한 일반적인 진술이라기보다는 주로 예수의 출현을 경험하고 복음의 메시지를 선포하는 사람들을 가리키고 있음을 암시한다. 바로 이들이 가장 불쌍한 사람들이다.[63]

더욱이 바울이 6절과 18절에서 "잠자는 자"라는 표현을 사용한 것은 이 독법과 잘 어울린다. 즉, 11-19절의 '우리' 집단에 오백 명이 포함되어 있다는 사실에 비추어 볼 때, 18절의 "잠자는 자"들이 가장 자연스럽게 지칭하는 대상은 바울이 명시적으로 '잠들었다'고 묘사한 오백 명이다. 따라서 바울은 죽은 자의 일반적 부활이 없다면 복음을 선포하는 모든 일은 공허하고, 그 일에 종사하는 사람들 즉 예수의 나타나심을 경험한 사람들은 완전

---

[63] 이에 대한 반박으로 바울이 20절과 51절에서 κοιμάω를 광범위하게 사용한 것은 18-19절에 대해 일반적으로 가정하는 해석(즉, 바울이 죽은 그리스도인들을 더 일반적으로 지칭한다는 해석)의 타당성을 시사한다고 말할 수도 있다. 그러나 여기서 언급의 대상을 주로 6b절에 언급된 오백 명으로 제한하는 것이 여전히 가장 자연스러운 독법인데 그 이유는 다음과 같다. 첫째, 20절에서 κοιμάω가 더 광범위한 지시 대상을 가지고 있다는 사실이 그 자체로 그 이전의 지시 대상을 결정하는 것은 아니다. 바울은 분명 20절에서, 부정적 주장에서 미래의 부활에 대한 긍정적 주장으로 전환한다. 그의 새로운 논증에 비추어 볼 때, 20절에서 κοιμάω에 대한 더 넓은 참고로 전환하는 것이 합리적일 것이다. 둘째, 본문의 실제 진행에서 지금까지 누군가가 '잠들었다'고 확인된 다른 유일한 곳은 6b절이며, 여기서 이 용어는 의심의 여지 없이 오백 명 중 일부를 나타낸다. 셋째, 바울이 12-19절에서 '우리'와 '너희'를 일관되게 묘사하며 ('우리'의 일부인) 오백 명을 직접적 맥락에서 유지하고 있기 때문에 청중이 18절을 6b절과 자연스럽게 연결하리라 생각하는 것이 타당하다. 넷째, 나의 더 큰 가설이 옳고 6a절과 7절이 신조를 나타낸다면, 원 청중이 18절에서 오백 명 중 일부가 '잠들었다'는 이전의 삽입구를 알아보리라는 예상이 가능했다. 즉, 바울 이전 공식에 6b절을 추가하면 이미 '신조'에 익숙한 사람은 누구나 쉽게 알아볼 수 있을 것이다(예를 들어, 누군가가 국가나 국기에 대한 맹세를 공개적으로 변경하면 너무나 분명하게 드러날 것이다). 그러한 추가는 그들의 관심을 끌었을 것이고 바울이 왜 그것을 삽입하고 오백 명 중 일부를 '잠든' 것으로 여겼는지 궁금하게 만들었을 것이다. 따라서 바울이 18절에서 κοιμάω를 추가로 사용하면 6b절의 의아한 삽입구를 떠올리게 할 가능성이 더욱 커지는데, 특히 이것이 바울의 앞선 언급(죽은 자의 부활이 없을 경우 복음 선포가 허무함을 주장하는 데 나중에 사용하고자 오백 명 중 일부의 죽음을 미리 강조한 것)에 대한 설명을 제공하기 때문이다.

히 망했으며 칭찬이 아니라 동정을 받을 만하다고 결론 내린다.

이 모든 것은 12-19절에 나오는 바울의 부정적 주장과 맥락을 같이한다. 바울은 여기서 죽은 자의 부활이 없다면 모든 수준에서의 복음 선포가 완전히 무의미함을 보여 주고자 한다. 바울은 고린도 교인들이 확신하는 예수 부활의 메시지가 공허해질 뿐만 아니라 그 메시지를 선포하도록 사명을 받은 사람들 역시 거짓을 바랐음을 보여 주고자 한다. 그들의 수고는 공허하고 이미 죽은 사람들은 완전히 멸망했다.

바로 이곳, 즉 바울 저작으로 알려진 자료에서 일어난 문체와 문법의 전환에 대해 앞서 관찰한 바를 고려할 때, 그리고 고린도전서 15:6b의 내용이 "죽은 자의 부활이 없으면" 복음 선포가 완전히 공허하다는 바울의 주장을 매우 잘 예견한다는 점을 감안할 때, 6b절은 바울이 공식에 추가한 것이라고 설명할 충분한 근거가 존재한다. 바울은 예수 부활의 확실성을 입증하는 증거로서 그분이 출현하신 사건들에 호소하지 않으며, 그가 주장하는 내용의 논리도 그것을 요구하지 않는다. 그가 내세우는 것은 복음을 전하도록 위임받은 사람 중 일부, 예수의 나타나심을 경험한 사람 중 일부가 죽었고 따라서 멸망했다는 사실이다.

결론

이번 장 앞부분에서 나는 고린도전서 15:3b-5과 6a절과 7절 사이의 관계, 그리고 6a절과 7절 내의 관계에서 여러 가지 주목할 만한 점을 지적했다. 특히 신조 자료와 6a, 7절의 문체적 일관성, 그리고 바울에게서 온 것으로 알려진 바로 그 자료(1-3a, 6b, 8-11절)에 바울의 문체가 존재한다는 점을 강조했다. 그러나 이 논지에 대한 추가 증거는 바울이 왜 6-7절에 출현 사건을 추가했을지에 대한 더 큰 질문이 제기되었을 때 나타났다. 표준적인 설명은 이 질문에 적절하게 대답하지 못했고, '신조'에 6a절과 7절이 포함되어 있고 바울이 6b절과 8절에 해설을 추가했다는 견해가 논증의 진행과 본문의 실제 형식에 대해 더 만족스러운 설명을 제공했다. 6a절과 7절의 존재에 대한 가장 간단한 설명은 이 구절들이 '신조'에 속한다는 것이다. 사실상 바울이 예수 부활의 실재에 대한 주장을 강화하기 위해 6-7절을 증거로 추가했다는 제안은 지지를 얻지 못하는데, 이것이 공식에서 실제로 어떻게 작용하는지 명확하지 않고 그의 논증에서 이러한 목적으로 사용되지도 않기 때문이다. 게다가 6a절과 7절과는 달리 6b절은 15장의 실제 주장과 잘 들어맞는다. 마지막으로, 8-10절에 나오는 사도 지위에 대한 변호도 공식에 존재하는 자료에 의해 촉발된 것으로 쉽게 설명된다.

이 마지막 요점은 또 다른 잠정적 결론을 암시한다. 하르나크의 2×2 구조에 존재하는 가정은 자명하지 않지만, 고린도전서 15:8-10에서 바울이 자신의 사도적 지위의 정당성을 강조하려는 또 하나의 시도를 하고 있다는 그의 인식은 타당할 수 있다. 즉, 공식의 출현 모티프는 실제로 복음 메시지를 선포하는 특별한 책임이 있는 사람들을 구별하는 수단으로 기능할 수 있다.[64] 소위 바울의 여담은 적어도 그가 이런 방식으로 출현 목록을 사용했음을 시사한다. 즉, 바울은 예수의 부활에 대한 증거로 이 목록에 호소하지는 않지만, 자신의 사도적 권위를 옹호하는 데는 이를 사용했다. 더욱이 복음을 선포해야 한다는 사명감은 12-19절에서 그가 주장하는 바와 완벽하게 일치한다. 앞에서 살펴본 바와 같이, 예수의 나타나심을 본 사람들의 전체 집단은 '우리'/'너희' 이분법에 의해 문맥 속에서 전달된다. 그러나 복음 메시지를 선포하도록 위임받은 사람들, 즉 예수의 나타나심을 경험한 사

---

64 흥미롭게도 초기 기독교 자료에서 부활 후의 만남에 대한 서술 중 적어도 일부는 위임 요소가 출현 전통과 밀접한 관련이 있음을 나타낸다(마 28:16-20; 눅 24:44-49; 요 21:15-19; 행 1:6-9; 9:3-16을 보라).

람들, 바로 이들이 부활이 없다면 하나님에 대한 거짓 증인이 되고 완전히 멸망하는 사람들이다.

이러한 관찰은 바울의 주장에 담긴 일부 뉘앙스를 더욱 선명하게 부각할 수 있다. 만약 출현 사건들이 주로 사명을 분명히 전달하기 위해 사용된다면, 고린도전서 15:12-19의 논쟁에는 양면성이 있다. 즉, 바울의 논증은 고린도 교인들이 일반적 부활을 부인하면 신앙이 공허해지고 바울과 경쟁할 다른 사도들이 없다는 두 가지 결론에 도달하도록 유도하기 위해 고안된 것으로 보인다. 따라서 바울이 자신의 지위를 옹호하는 것은 진정한 의미에서 여담이 아니다.[65] 바울은 8-11절에서 자신의 지위 및 메시지를 다른 사도들의 지위 및 메시지와 연결한다. 그의 권위는 다른 사람들의 권위와 동일한 조건, 즉 부활하신 그리스도가 그에게도 나타나셨다는 조건에 입각해 있다(참조. 9:1-2).[66] 이 중 어떤 것도 이 공식에 나오는 출현 사건들이 이런 식으로도 기능해야 한다고 의심의 여지 없이 증명하지 못한다. 그러나 이 공식에 대한 바울의 호소는 정당성에 대한 논의의 형식을 취하는데, 이것이 바울과 고린도 교인들이 그리스도의 출현을 해석한 방식이기 때문이다.

---

65 Eriksson, *Traditions as Rhetorical Proof*, p. 233에서는 이번 장에서 '공허함'이라는 모티프가 수미상관 구조를 형성한다고 언급하면서 이 모티프의 중요성을 올바르게 지적한다(참조. 2, 58절). 10절에 이 모티프가 있다는 것은 8-10절이 더 큰 논증에 통합되어 있는 정도를 추가로 암시한다.

66 바울이 고린도전서 9:1-2의 '보다'(ἑόρακα)라는 언어와 15:8의 '나타나다'(ὤφθη)라는 언어를 구분한 것은 거의 틀림없이 그 공식에 '출현' 언어가 있기 때문일 것이다. 다시 말하지만, 내 가설이 옳다면 바울이 여기서 ὤφθη를 비정형적으로 사용한 것은 그가 자신이 경험한 출현 사건을 다른 사도들의 경험과 연결하는 데 얼마나 열심인지 보여 준다. 여기서 ὤφθη를 사용한 것은, 그가 다른 모든 사도보다 뒤에 위임받았음에도 그와 예수의 만남이 공식에 언급된 사람들의 만남과 질적으로 동등하다는 점을 묘사하는 역할을 한다.

어쨌든 앞서 언급한 요인들은 '신조'의 실제 길이가 일반적으로 알려진 것보다 길다는 결론을 가리킨다. 구조적·문체적 현상의 조합과 이 가설이 본문의 실제 형식과 바울의 논증 진행을 설명하는 방식은, 바울이 인용한 초기 기독교 '신조'가 고린도전서 15:3b-6a 및 7절로 구성되어 있음을 암시한다.

저자 찾아보기

Adams, E. 200, 200n22

Adriaen, M. 342n43

Aesop 208n35

Akagi, K. 365

Alcain, J. A. 291n21

Alkier, S. 320n14

Allison, D. C., 314n2, 317n9, 325n22, 329n26, 331n28, 338, 338n38, 349n1, 350n2, 354, 354n13, 355n16, 357n17

Ambrose 337n33, 339n39, 342, 342n43

Ambrosiaster 337n33, 341, 342n40, 412, 412n33, 414

Anaximander 208n35

Anderson, B. W. 95n14

Anderson, G. A. 159n18

Aristotle 208n35

Arneson, H. 395

Attridge, H. W. 44n17, 45n21, 47n24, 47n25, 113n48, 125n60, 129n1, 130nn3-4, 134n13, 135n16, 136n18, 138n22, 140n26, 142n28, 144n31, 145nn33-34, 148n3, 151n7, 152n11, 153n14, 154n15, 158n16, 190n3, 209n36, 210n37, 224n14, 238n37,
239n38

Augustine 363, 363n21

Aulén, G., 310-311, 310n69, 311n70

Bachmann, P. 401n17

Backhaus, K. 190n3

Baehrens, W. A. 413n37

Bailey, D. P. 92n7, 95n13

Bammel, E. 400n16

Barclay, J. 40n2

Barkley, G. W. 291n23, 293n25, 293n26, 294n28, 295n29, 296n31, 297n32, 298nn33-35, 299n37

Barrett, C. K. 367n4, 430n62

Barth, K. 419n46, 422n49

Bartholomew, C. 43n16

Bartsch, H.-W. 400n16, 402n20

Basil the Great 341, 342n40

Bauckham, R. 200n22, 250n2

Bellinger, W. H. 96n15

Bertram, G. 151n7, 154n15

Boccaccini, G. 52n33

Bock, D. L. 388n47

Borret, M. 337n32, 412n32, 412n37

Bovon, F. 365n1

Breytenbach, C. 100n26, 111n47

Brown, R. E. 328n25
Bruce, F. F. 129nn1-2, 134n14, 135n16, 137n21, 144n31, 145n34, 150, 150n5, 152, 152n10, 152n12, 158n16, 388n47
Buchanan, G. W. 142n29
Bultmann, R. 350n6, 422n49
Burtea, B. 51n32
Bussmann, C. 419n46
Buswell, G. 366n2

Caird, G. B. 196, 196n15, 250n2
Carroll, J. T. 329n26
Carroll, R. P. 40n2
Caspi, M. 205n29
Chance, J. B. 383n40, 389n50
Chester, A. N. 39n1
Chilton, B. 110n45
Chow, S. 350n2, 352n12
Chrysostom 337n34, 341, 342n40
Claudel, G. 420n46
Cockerill, G. L. 262, 262nn11-13
Collins, R. F. 420n46
Compton, J. 230n26, 231n27
Conzelmann, H. 366n2, 402n20, 420n46, 430n61
Courtonne, Y. 342n40
Creed, J. M. 366n2
Crouzel, H. 291n21, 292n24, 310n68
Cullman, O. 91nn1-2, 92, 92n8, 124n59
Cyril of Jerusalem 337n34, 342, 342n43, 363n21, 411, 411n30

Dahnis, É. 417n43
Daly, R. J. 288, 289nn17-18, 290nn19-20, 311n71
D'Angelo, M. R. 40-41, 40nn2-6, 40n7, 43n14, 45n21, 64
Davies, W. D. 314n2, 317n9, 325n22, 329n26, 331n28, 338, 338n38, 350n2, 354, 354n13, 355n16, 357n17
Deichgräber, R. 401n19
Dempster, S. G. 96n17
deSilva, D. A. 103n31, 129, 131n7, 132n8, 145n35, 183n24, 395
Dibelius, M. 379n36
Diercks, G. F. 342n40
Dodd, C. H. 366n2
Doran, R. 103n33, 105, 105n34
Dreyer, E. A. 292n24
Dumbrell, W. J. 94n12
Dunn, J. D. G. 96n16
Dunnill, J. 42, 42nn11-12, 47n25, 54n36
Du Plessis, P. J. 183n24
Durken, D. 367n4

Eberhart, C. A. 75n15, 99n24, 147nn1-2, 158-159, 159nn20-21, 160, 160nn23-24, 190n3, 226n18, 228n20, 255n3, 258n5, 264n17, 280n1, 371n13, 372n15, 374n22, 377n33
Eco, U. 317n8, 318n10
Edwards, M. J. 293n27

Edwards, R. A. 350n2
Ehorn, S. M. 59n43, 67n1, 121n57
Ehrman, B. D. 313, 395
Eisele, W. 165n1, 200n21
Eisenbaum, P. M. 41, 41nn8-10, 47n25, 64
Ellingworth, P. 129n2, 130n4, 131n6, 133n13, 140n26, 140n27, 144n30, 148n3, 151n7, 152n10
Epiphanius 337n34
Eratosthenes 208n35
Eriksson, A. 406n23, 409n26, 415n41, 434n65
Eusebius 337n34, 341, 342n40, 411, 411n31, 413, 414, 414n38
Evang, M. 238n37

Farmer, W. R. 316nn6-7
Farrow, D. 199n18
Fee, G. 411n29, 419n45, 421n49, 424n50, 426nn54-55, 427n57
Feine, P. 402n20
Fitzmyer, J. A. 368n7
France, R. T. 350n2
Frey, J. 103n32, 106n35, 223n13
Fuller, R. H. 367n4

Gäbel, G. 223n13
Gane, R. E. 75n13-15, 76n16, 160n21, 176-177, 176n20, 226, 226n16, 228n20, 254, 255n3, 257n4, 267n19, 280n1, 371n13, 372n14-16, 373n19, 374n22, 376n26, 378n34
Garland, D. E. 328n24, 343n46, 401n17, 421n48, 424n50
Gelardini, G. 129, 147n1, 159n20, 190n3, 196n15
Gilders, W. K. 259n6, 264n17
Ginzberg, L. 50n29
Goldstein, J. A. 107, 107n37, 107n40
Gorday, P. J. 292n24
Graham, S. L. 314n3, 315n5
Grass, H. 419n45
Grässer, E. 137n21, 142n29, 151n7, 153n14, 154n15, 238n37
Green, J. B. 329n26, 385, 385n42, 386n43
Greene, J. T. 205n29
Greeven, H. 379n36
Gregory of Nazianzus 215, 217n5, 247, 289n16
Grosheide, F. W. 427n57
Groves, J. A. 100n26
Gundry, R. H. 329n26, 343n47
Guthrie, G. H. 219n8
Guthrie, S. C. 91n1

Haber, S. 39n1, 69, 69nn3-7, 70, 70n8, 71, 71n9, 72-73, 77, 81, 85, 168, 168n6, 180
Haenchen, E. 381n38
Hafemann, S. J. 96nn16-17

Hagner, D. A. 336n31, 350n2
Hahn, A. 416n42
Hahn, G. L. 416n42
Hahn, S. 123, 124n59
Hall, C. A. M. 91n1
Halpern-Amaru, B. 52n33
Harrelson, W. 95n14
Hay, D. M. 145n32
Hays, R. B. 129, 313, 351n10, 419n45, 421n48, 427n57, 430n62
Hebert, A. G. 310n69
Heinrici, G. 396n2
Hengel, M. 108, 108nn41-42
Héring, J. 400n16
Hess, R. S. 95n14
Hesychius 337n34
Hilary of Poitiers 337n33, 339-340n39, 342, 343n43
Hill, C. E. 100n26
Hill, R. C. 305nn48-51, 306n52
Hippolytus 285-286, 286n11, 286n12, 288-290, 290n20, 296
Hofius, O. 92n7, 153n14, 209, 209n36, 151n36, 240nn40-41
Holleman, J. 424n50, 425n51
House, P. R. 96nn16-17
Howell, D. B. 324n21
Hugenberger, G. P. 95n14
Hughes, P. E. 47n25
Huizenga, L. 395
Hurst, D. 342n43

Hurst, L. D. 199n19

Ibba, G. 52n33
Idaeus 208n35
Ignatius of Antioch 416
Irenaeus 285n8, 416
Isaacs, M. E. 189, 189nn1-2, 190, 260, 260n7, 261, 261nn8-9

Jacob of Sarug 306-308
James, F. A. 100n26
Janowski, B. 92n7, 95n13, 98n20, 99n25, 108n42, 111n47, 129, 133n12, 147n1, 158, 159n18
Jeremias, J. 153n14, 350n2, 401n19
Jerome 292n24, 337n33, 339n39, 342, 342n43
Jervell, J. 367n4, 368, 368n7
Joest, W. 420n46
Johnson, A. J. 217n6, 280
Johnson, L. T. 47nn24-25, 151, 151n7, 152n9, 200n21, 388n47
Johnson, M. 191n5
Johnsson, W. G. 183n25
Jones, C. P. M. 388n47
Jones, P. R. 44n19
Josephus 70n7, 80n22, 82n26, 208, 234n31, 318, 319, 319n11, 320, 373n19
Jost, M. R. 223n13
Justin Martyr 416

Karris, R. J. 366n3

Käsemann, E. 87, 87n32, 142n28, 153n14, 219n8, 220n10, 237, 369, 369n11

Keck, L. E. 366n2, 367n4

Keener, C. S. 380n37, 383n40, 388n49

Kellermann, U. 110n46

Kibbe, M. 217n5, 281n2, 282-283, 283n4, 283n6, 284n7

Kirk, J. R. D. 313

Kiuchi, N. 373n21, 376n26

Klawans, J. 169, 169n7, 173-174, 174n16, 175, 202, 202n27, 255n3, 374n22, 375, 375n24, 376n27, 376n30

Kloppenborg, J. 402n20, 419n45

Klostermann, E. 337n32, 412n32

Knowles, M. P. 314n3, 321, 321nn16-17, 349n1, 360n19

Koch, K. 108n41

Kodell, J. 367n4

Koester, C. R. 47nn24-25, 115n50, 136n18, 145n34, 152n10, 238n37

Kok, J. 68n2, 199n20

Kollamparampil, T. 308nn63-67

Kurianal, J. 135n17, 138n22, 140nn24-25, 145n34

Lakoff, G. 191n5

Lambrecht, J. 419n45

Landes, G. M. 351n8

Lane, W. L. 148n3, 152n10, 209n36

Lange, A. 211n38

Lattke, M. 422n49

Leonhardt, J. 80n22, 234n31

Levine, A.-J. 315n6, 345n48

Levine, E. 319n13, 326n23

Lichtenberger, H. 129, 395

Lierman, J. 43n15, 44n19

Lincoln, A. T. 43n16

Lindars, B. 148n3

Ling, M. 379n36

Loader, W. R. G. 133n12, 262-263, 262n14, 263nn15-16

Lohse, E. 42n46

Luz, U. 315n5, 350n2

Lyons, M. A. 97n19, 121n55

Maccoby, H. 172, 172n13, 172n14, 175n17, 375nn23-25

Mach, M. 51n30, 53n34

Mackie, S. D. 201, 201n25

MacRae, G. W. 201, 201n26, 207, 207n32, 209

Manson, T. W. 350n7

Marcus, J. 85n30, 329, 329nn26-27, 395

Marcus, R. 319n11

Marguerat, D. 370n12

Marshall, I. H. 280, 368nn7-8, 386n42, 386n44

Martens, P. 289n16

Martyn, J. L. 366n2, 367n4
Marxsen, W. 420n46
Mason, E. F. 199n19, 200n21, 201, 201n24
Maximus of Turin 337n34, 342, 342n43
McCollough, J. C. 91n4, 92n6
McCruden, K. B. 183n24, 200n21
McFadyen, J. F. 197n16
McFague, S. 191n5
McGlothlin, T. 280
McKnight, S. 151, 151n8
McLeod, F. G. 306nn53-55, 307n56-62
Meeks, W. A. 57n39
Menken, M. J. J. 91n4
Menzies, G. 384, 384n41
Merk, O. 238n37
Merrill, E. H. 350n2
Meshel, N. S. 178n22
Metzger, B. M. 336, 336nn30-31, 339, 341-342, 342nn41-42, 344
Meyers, C. L. 351n8
Michael, J. H. 350n3
Milgrom, J. 147n1, 158, 159n21, 172n12, 174n15, 175, 175n18, 176, 176n19, 371n13, 372n17, 373n19, 375n25
Milligan, W. 217n5, 234n32
Mingana, A. 301nn39-40, 302nn41-44, 303nn45-46
Mitchell, M. M. 424n50

Mittman-Richert, U. 367n5
Moffatt, J. 153n14, 220n10, 430n62
Moffitt, D. M. 19-27, 46n22, 47n23, 58n41, 59n43, 67n1, 68n2, 73n11, 78n19, 80n22, 81n25, 121n57, 167n5, 180n23, 184n26, 198n17, 199n20, 201n23, 205nn28-29, 206n30, 217n4, 217n6, 220n9, 223n13, 230n26, 234n31, 239n38, 245n46, 249n1, 250n2, 281n2, 283nn4-5, 351n11
Moffitt, H. 313
Montague, W. J. 369n11
Montefiore, H. 166n1
Moo, D. J. 314n2
Moore, N. J. 65n45, 281n2
Mora, V. 351n9
Morales, I. A. 351n11, 395
Morris, L. 216n3
Moule, C. F. D. 367n4
Moyise, S. 91n4
Murphy-O'Connor, J. 419n45
Mutzenbecher, A. 342n43

Najman, H. 57n39
Narsai 306-307
Nave, G. D. 379n36
Nelson, R. D. 151n7, 154n15, 164n26
Neufeld, V. H. 401n19
Neyrey, J. 366n3
Nickelsburg, G. 107, 107nn38-39
Nicklas, T. 365

Nineham, D. E. 388n47
Nolland, J. 350n4
Nomoto, S. 197n16
Noth, M. 101n27
Novatian 337n33, 341, 342n40

O'Connor, M. 351n8
Olbricht, T. H. 419n45
Olyan, S. M. 159n18
Origen 280, 281, 290, 291, 291nn21-22, 292, 292n24, 293, 293n27, 294-295, 295n30, 296-299, 299n36, 300-301, 304-305, 307, 310n68, 331n28, 336-337, 337n32, 337n34, 412, 412n32, 413, 413n37, 414, 416

Pannenberg, W. 420n46
Parsons, M. C. 366n2
Parsons, W. 363n21
Peake, A. S. 153n14
Pearson, B. W. R. 44n17
Peirce, C. S. 320n14
Pervo, R. I. 366n2
Pesch, R. 420n46
Peterson, D. 138n22, 140n26, 146n36, 183n24, 224n14, 386n42
Petschenig, M. 342n43
Philo of Alexandria 80n22, 199, 201-210, 234n31, 373n19
Photius of Constantinople 228-229n16

Pitra, J. B. 342n40
Plevnik, J. 419n45
Plummer, A. 401n17
Porter, S. E. 44n17, 419n45
Potter, J. M. 368n6

Reischl, W. C. 342n43, 411n30
Reventlow, H. G. 96n15
Robbins, V. K. 367, 368n6
Robertson, A. 401n17
Rooke, D. W. 220n10
Rufinus 291n22, 295n29
Rupp, J. 342n43, 411n30

Sailors, T. B. 395
Sand, A. 350n5
Sanders, E. P. 79n21, 170nn8-9, 171nn10-11, 173n14, 316n7, 373nn19-20
Satterthwaite, P. E. 95n14
Saw, I. 415n40, 424n50, 429n60
Schaefer, J. 91n1, 91n3, 93n9, 121n56
Schenck, K. 150, 150n6, 153n14, 154n15, 190n4
Schenk, W. 405n23
Schmid, J. 350n6
Schmidt, K. L. 151n7
Schmitt, J. 417n43
Schrage, W. 402n20, 419n45, 421n48, 424n50, 426n54
Schröter, J. 103n32, 106n35

Schubert, P. 379n36

Schwartz, B. J. 159n18, 373n21, 377nn31-32

Schwartz, E. 411n31, 414n38

Schwarz, D. R. 106n36

Seeberg, A. 396n2

Seeley, D. 102n29

Segal, M. 50n29, 53n34, 55n37

Seidelin, P. 351n11

Shively, E. 39

Sider, R. 419n45, 421nn47-48

Sklar, J. 159n19, 177, 177n21, 178, 178n22, 374n21, 376nn27-29

Smith, J. 190n3

Soards, M. L. 379n36

Soskice, J. M. 192-196, 193nn6-7, 194nn8-10, 195nn11-13, 196n14

Staab, K. 289n16

Stegemann, E. W. 196n15

Stegemann, W. 196n15

Stewart, B. A. 280

Stibbs, A. M. 215, 215n1, 216n2, 231n28, 235-236n34

Stromberg, J. 97n19

Stuckenbruck, L. 210, 211n38

Stuhlmacher, P. 92n7, 95n13, 108n42, 408n25

Swetnam, J. 350n2

Sykes, S. W. 39n1, 96n16

Tasker, R. V. G. 216n3

Tertullian 416

Theodore of Mopsuestia 301, 301n39, 302-304

Theodoret of Cyrus 304-307

Theophrastus 208n35

Thielman, F. S. 96n16, 98n22

Thiessen, M. 60n44, 280

Thiselton, A. C. 410n28, 413n36, 419n45, 421n48, 421n49, 425nn52-53, 426n56

Thompson, J. W. 151n7, 197n16, 200, 200n21, 239n38

Tooman, W. A. 97n19

Torm, F. 208n35

Treat, J. R. 283n4

Tuckett, C. M. 314n3

Tyndale, William 29, 29n1, 30-32

Tyson, J. B. 368n8, 381n38

Uhlig, S. 51n32

Unger, D. J. 285n8

VanderKam, J. C. 52n33, 83n28

van Henten, J. W. 51nn31-32, 103n32

Vanhoye, A. 240n39, 241n41

Van Voorst, R. E. 329n26

Vielhauer, P. 366n2

Versnel, H. 106n35, 126n61

Vogels, H. J. 342n40, 412n33

Vögtle, A. 350n6

von der Osten-Sacken, P. 420n46

von Harnack, A. 395, 395n1, 396-397, 397nn4-5, 398, 398nn6-9, 399, 399nn10-13, 399-400n14, 400, 400n15, 401, 401n19, 402, 406n24, 409n26, 410n27, 414-415, 415n41, 416-418, 433

Vos, J. S. 424n50

Watson, D. 419n45

Wedderburn, A. J. M. 39n1, 161n25, 166, 166nn2-4, 167, 168

Weinrich, W. C. 250n2

Weiss, H.-F. 152n10

Weiss, J. 401n18

Welker, M. 111n47

Wengst, K. 402n19

Wenham, G. J. 95n14

Westcott, B. F. 220n10

Westfall, C. L. 44n17

Wilckens, U. 420n46

Wilhite, S. J. 281n2

Williams, J. J. 96n17, 102n28

Williams, S. K. 102n29, 106n35, 108n43

Willi-Plein, I. 147n1, 158, 159nn20-21, 160n22

Wilson, S. G. 379n36, 382n39

Windisch, H. 151n7, 152, 154n15

Winter, P. 400n16

Witherup, R. D. 379n36

Wolff, C. 421n48, 424n50

Wolter, M. 370n12

Worrall, A. S. 291n21

Wright, D. P. 98n23, 374n21

Wright, N. T. 27, 280

Young, F. M. 311, 311nn71-72

Young, N. H. 261, 261n10, 270n20

Zehnder, M. 94n10

Zehnle, R. 366n3, 367n4

Zingerle, S. 340n39, 343n43

성경과 고대 문헌 찾아보기

구약성경

창세기
4:4 235n33
26:10 99
42:21 99
43:16 98n21
43:26 287n13

출애굽기
2:23-24 132n10
3:7-8 133n11
4:22-23 56n38
6:4-8 133n11
6:6 58n42, 84n29
12장 54n36
12:13 50, 82
12:23 49, 50, 50n29, 51, 52, 53, 54, 55, 56, 82, 83
13:3 58n42, 84n29
13:14 58n42, 84n29
15:25 241n42
16:4 241n42
20:2 58n42, 84n29
20:20 241n42
21:37 98n21
24장 70, 70n7, 81
24:1-8 69, 69-70n7, 72
25:9 203, 205
25:40 203, 205, 209, 225
26:30 203
26:31-35 269
27:8 203
29:21 70n7
29:37-46 376n30
33-34장 43n14
40:1-15 383
40:9 69, 69n7
40:29-32 383
40:34-35 387n46
40:34-38 383

레위기
1-6장 255
1:2 288n14
1:3 98, 255, 288n14, 289n16, 374n22
1:4 372n17
1:5 255, 374n22
1:10 289n16
1:11 264
1:13 255, 374n22
1:14 288n14
2:1 288n14
2:1-15 226n17
2:4 288n14
2:12 288n14
2:13 288n14
3:1 98, 289n16
3:2 264
3:6 288n14, 289n16
4:3 98
4:7 262n13
4:20 257, 373n18
4:23 288n14, 289n16
4:25-26 257
4:26 373n18
4:27-35 175
4:30-31 257
4:31 373n18
4:32 288n14, 289n16
4:34-35 257
4:35 373n18
5:6 372n17
5:10 372n17
5:13 373n18
5:15-19 99

5:16   372n17
5:18   372n17
6:7   372n17
6:12-13   266
6:13   288n14
6:30   373n18
7:2   99n25
7:7   372n17
7:13   288n14
7:29   288n14
7:37-38   255
7:38   255, 288n14
8:10   69, 70n7
8:10-9:21   383
8:15   373n18
8:30   70n7
9:7   372n17
9:15   288n14
9:23-24   383
12-15장   169
12:1-4   170
12:4   171
12:6-8   170, 175, 376
12:7   176
12:7-8   372n17
12:8   171
14:14   100n25
14:18-20   372n17
14:30-31   372n17
15:1-11   170
15:15   372n17

15:30   372n17
16장   262n13, 295, 296, 304
16:2   387n45
16:4   296
16:6   373, 372n17
16:7-10   373
16:9   114
16:10   114, 373n21
16:11   373, 372n17
16:11-14   373
16:15   269
16:15-16   77, 115, 212
16:15-17   373
16:15-20   175, 377
16:15-22   373
16:16   176, 374, 377
16:17   373
16:18-20   374
16:20-22   373, 373n21
16:21   297
16:21-22   99, 114
16:24   372n17
16:24-25   374
16:27   373
16:29-31   256
16:30   179
16:30-34   372n17
16:31   377n32
17:11   31, 76, 159, 212, 258n5, 259, 260,

267n19, 300, 373n18
18:24-25   173
18:26-30   174
19:22   372n17
20:3   160n21, 174
21:1-3   171
21:6   288n14
21:8   288n14
21:10-11   171
21:17   288n14
21:21   288n14
22:18   288n14
22:25   288n14
23:14   288n14
23:27-32   256
23:28   372n17
26장   80-81, 103
26:31   81n24, 101, 104, 229n23
26:45   58n42
27:9   288n14
27:11   288n14

민수기
7:1-2   70, 70n7
8:12   177
8:21   177
9:15-23   383
12:7   45, 45-46n21, 48n26
13:2   87n31

14:22   241n42
16:46-50   227
18:5   227

신명기
5:6   58n42, 84n29
6:12   58n42, 84n29
7:8   58n42, 84n29
8:14   58n42, 84n29
12:27   258
13:6   58n42, 84n29
13:11   58n42, 84n29
18:1-5   221
26:5-8   133n11
27:25   338n37
28-30장   103
28:31   98n21
32장   107n40
32:36   107

사사기
3:17   287n13

사무엘상/제1왕국기(칠십인역)
4:4   273n23
19:5(칠십인역)   338n37
25:26(칠십인역)   338n37
25:31(칠십인역)   338n37

사무엘하/제2왕국기(칠십인역)
2:23   92n5

5:2   357, 357n17
5:2(칠십인역)   357
6:2   273n23

열왕기상/제3왕국기(칠십인역)
2:5(칠십인역)   338n37
2:46(칠십인역)   287n13
8:11   387n46

열왕기하/제4왕국기(칠십인역)
9:33   97, 96n17
19:15   387n45
19:21(칠십인역)   313n1
21:16(칠십인역)   338n37
24:2(칠십인역)   338n37

역대상
11:2   357, 357n17
13:6   273n23
17:14   45-46n21

역대하
5:1-7:7   383
5:14   387n46
7:1-2   387n46
7:12   256
19:10   99
24장   325n22
24:21   325
30:16-17   266n18
36:5   338n37

느헤미야
9:7-15   133n11

에스더
8:12   338n37

욥기
1-2장   51
16:4   313n1

시편
2:7   142, 145
4:1-3   132n10
4:2-4(칠십인역)   132n10
6:8-9   132n10
6:9-10(칠십인역)   132n10
8편   20, 46, 47, 119, 120,
       121, 122, 125, 127,
       251, 252, 253, 274
8:6   251
17편(칠십인역)   132n10
18편   132n10
21편(칠십인역)   331
21:8(칠십인역)   313n1,
       331, 332, 332n29
21:12(칠십인역)   123
21:23(칠십인역)   92n5
21:23-25(칠십인역)
       132n10
22편   121, 121n55, 313,
       314n2, 330, 331, 332,

332n29, 333
22:7　313, 314n4, 331,
　　332n29
22:7-8　333
22:8　333
22:22　120
22:22-24　132n10
30:20-25(칠십인역)
　　132n10
31:19-24　132n10
40편　165, 166, 249n1
43:15(칠십인역)　313n1
44:7(칠십인역)　122n58
44:8(칠십인역)　165
54편　256
57편　340n39
66편　256
68:22(칠십인역)　329
69편　329
69:21　329, 330
69:22　329
80:1　387n45
90:14-16(칠십인역)
　　132n10
91:14-16　132n10
93:21(칠십인역)　338n37
94편(칠십인역)　240n40
94:8(칠십인역)　131n5
95편　62, 65n45, 240
99:1　387n45
102:26　239

105:38(칠십인역)　338n37
110편　20, 222, 223,
　　242n43
110:1　388n48, 391n53
110:4　142, 144, 145,
　　157, 181, 223n13,
　　391n53

잠언
6:17　323n20, 338n37

이사야
5:1-7　358
6:1-4　387n45
8:17　92n5, 109n44
8:18　92n5, 123, 272n22
9:1-2　356
12:2　92n5, 109n44
24:6　99
26:20　92n6
37:16　387n45
37:22　313n1
40-55장　95n13
41:7　122n57
41:8　122n57
41:8-9　121-122n57
41:8-10　121n57
41:10　122n57
42:1-4　356
42:7　95
43:1　123

43:14　123
44:21-24　123
49장　106
49:3-6　107
49:5-6　95
49:7　107
49:9-12　95
50:4　108
52-53장　107n40, 367n5
52:3　123
52:10　122
52:13　122
52:13-53:12　91, 94n12,
　　96, 100n25, 100n26,
　　106, 120
52:15　96, 97, 99, 99n25,
　　122
53장　91, 94, 95n12,
　　95n13, 98n22, 102,
　　106n36, 107, 108, 109,
　　110, 113, 117n52, 119,
　　121, 123, 124, 125,
　　126, 127
53-54장　111, 112, 113
53-55장　106n35
53:2　122
53:4　114
53:5　97
53:6　99
53:7　97, 98
53:8　369

53:10 98, 99
53:11 99
53:12 92n7, 109, 113,
　　114, 119, 120, 122,
　　123, 124, 127
54장 94n11, 94n12, 123,
　　127
54-55장 94n12, 95n13
54:1 123
54:3 123
54:7-8 94n11, 96, 106,
　　106n36, 111
54:10 94n12
55장 94n12
55:3 94n11, 94n12
63:3 97, 96n17
63:11 44n19, 92n6

예레미야
2:34 338, 338n37
7:6 338, 338n37
14:10-12 229n23
17:26 256
18장 338
18:16 313n1
19장 338
19:4 338, 338n37
22:3 338, 338n37
22:17 338, 338n37
31장 85, 243
31:32 85

32장 338
33:15(칠십인역) 338,
　　338n37

예레미야애가
1:1 321n18
2장 332, 345
2:1-4 316n7
2:7 333
2:15 313, 313n1, 314,
　　314n2, 314n3, 314n4,
　　316n7, 332, 332, 333,
　　334, 345
2:20 325
3장 330n28, 345
3:15 330
3:19 330
3:30 330-331n28
4장 345
4:13 322, 322-323n19,
　　323, 324, 325, 327,
　　331n28, 334, 338n37,
　　339n39, 345

에스겔
5:11 176
10:1-5 387n45
10:4 387n46
43:6-7 387n45
44:10-16 265
44:11 265

44:13 265
44:15-16 76n17, 265,
　　378n35

호세아
8:13-14 229n23

요엘
4:19 322, 323, 338n37

아모스
5:20-27 229n23

요나
1:2 363n21
1:14 322, 338n37
2:2 359
2:2-9 132n10
2:3-10(칠십인역) 132n10
3:1 363n21
3:4 363n21
3:9 363n21

미가
5:1 357
5:1-3 357
5:3 357
7:7-8 132n10

하박국
2:3-4 92n6

학개

2:6　24

2:21　24

스가랴

1:1　325n22, 326

3장　51

9:11　85n30

11:12-14　338

신약성경

마태복음

1:5　355

1:6　355

1:19　338n36

1:21　32, 357

1:22　349n1

1:23　324

2:1-2　356

2:6　345n48, 357

2:11　287n13

2:15　349n1

2:17　321n15

4:15-16　356

5:11-12　359

5:12　349

5:23　288n14

5:39　331n28

5:45　338n36

8:4　288n14

8:10　356

8:11-12　356

8:17　349n1

8:23-27　354

9:13　338n36

9:36　345n48

10:5-6　357

10:41　338n36

12장　354

12:17　349n1

12:18-21　356

12:21　356

12:22-32　359

12:33-37　359

12:38-39　360n18

12:39　349

12:39-42　360n18

12:40　360

12:40-41　360

12:41　360

13:17　338n36

13:35　349n1

13:43　338n36

13:49　338n36

15:1-20　362n20

15:21-28　356

15:24　357

15:26　357

16:1　360n18

16:4　349, 360n18

16:14　321n15

16:21　320n14

17:9　320n14

17:11-13　359

17:22-23　320n14

20:4　338n36

20:18-19　320n14

21:4　349n1

21:11　360n19

21:33-46　358, 362n20

21:43　356

23장　315, 322, 339n39,
　　　345, 346

23-24장　323, 327, 335,
　　　339, 340

23:1-24:2　324

23:28　338n36

23:29　338n36

23:29-34　349

23:29-39　360

23:35　322, 322n19, 323,
　　　323n19, 324, 325, 327,
　　　328, 329, 329n25,
　　　335, 336, 338n36,
　　　339, 339-340n39,
　　　340, 341, 344

23:35-24:2　327, 328,
　　　329, 334, 335, 341

23:37　324

23:37-38　328n25

23:38　324

24:1　324

24:2　324
24:14　356
25:37　338n36
25:46　338n36
26:32　320n14
26:67-68　331n28
26:68　331n28
27장　315, 321n17, 322, 327, 328, 328n24, 329, 335, 339n39, 345, 346
27:1-9　339
27:3-10　338
27:4　315, 335, 336, 337, 337n32, 337n33, 338, 339, 339n39, 340, 341, 344, 345, 345n48, 346
27:9　321n15, 338
27:9-10　338
27:19　327, 335, 338n36, 341, 344, 345
27:20　345n48
27:24　315, 328, 335, 338, 339-340n39, 341, 342, 343, 344, 345, 345n48, 346
27:24-25　335, 345
27:25　328, 341, 344
27:34　321n17, 329, 330, 331n28, 335, 341, 345

27:35　331, 332n22
27:39　313, 314, 321n17, 329, 331, 332, 333, 334, 335, 341, 345
27:39-40　333
27:40　333
27:43　330, 331, 333
27:46　313, 331
27:51　328
28장　320n14
28:16-20　433n64
28:18-20　356, 358

마가복음
1:10-11　208n34
8:11-12　236n18
10:45　365
11:25　208n34
12:25　208n34
13:25　208n34
13:32　208n34
15:23　330
15:36　329

누가복음
9:31　369
9:51　369
11:16　360n18
11:29　360n18
11:29-32　360n18
22:14-38　367n5

22:19-20　367n4
22:20　125, 367
22:27　365
24:26　369
24:44-49　433n64
24:46-49　389n50
24:47　382
24:51　369

요한복음
16:7　386, 386n51
18:40　18n1
19:30　23, 215, 216
20:17-23　386n51
21:15-19　433n64

사도행전
1:2　369
1:6-9　433n64
1:9　369n10
1:9-10　369
1:11　306
2장　381, 384, 386
2:21　386
2:33　385, 386, 387, 389, 392
2:38　382, 386, 389
3:22　145n35
3:26　145n35
5:30-31　385
5:31　382, 385, 386, 387,

389, 392
6:13-14 388
7장 387
7:1 388
7:44 388
7:47-50 387
7:48-49 388
7:55-56 295n30, 387
8:33 369
9:3-16 433n64
10장 379, 380, 381, 385
10:15 389
10:15-16 380
10:28 380, 389
10:43 389
10:45 380
11장 381
11:3 380
11:16-18 381
11:17 382
11:18 382, 389
13:26-39 389n50
15:7-9 389
15:8-9 381, 382
20:28 367n4

로마서
1:18 208
3:25 298
4:25 117n52
5:11 29, 29n1

8:1-4 18n1
8:11 227n19
8:34 22n3, 35, 119n53, 246, 388n48
8:35-39 36, 246
10:6 208
10:9 246

고린도전서
6:14 425
9:1-2 434, 434n66
10:10 53n35
11:25 125
12:28 413n34
15장 19, 20, 34, 396, 397, 401n19, 413, 417, 418, 423, 428, 433
15:1 407
15:1-2 407, 420
15:1-3 402, 408, 428, 432
15:1-7 427
15:1-11 418, 422
15:2 422, 426, 434n65
15:3 396, 401n19, 404, 407, 428n59
15:3-5 395, 396, 397, 398, 400, 401-402n19, 402, 403, 405, 407, 408, 410, 415, 418, 427, 432

15:3-6 407, 408, 409, 410, 429, 435
15:3-7 395, 396, 410
15:3-8 404, 410n27
15:4 400n16
15:5 395, 396, 400n16, 401n19, 402, 402n19, 403, 403n21, 404, 405, 406, 406n24, 407, 409, 409n26, 413, 414, 419
15:5-6 404, 412n32
15:5-7 409n26, 412, 412n33
15:5-8 430
15:6 396, 397, 398, 400, 401n19, 402, 403n21, 404, 405, 407, 408, 408n25, 409n26, 410, 412n32, 415, 429, 431, 431n63, 432, 433
15:6-7 396, 398, 399, 400, 401n18, 403, 404, 405, 409, 409n26, 410, 417, 418, 421, 421n49, 422, 427, 428, 432, 433
15:7 395, 396, 402, 404, 406, 406n24, 407, 408, 408n25, 409, 409n26, 410,

410n28, 413, 415, 419n45, 429, 431n63, 432, 433, 435
15:7-10 430n61
15:8 396, 398, 400, 402, 404, 407, 408, 408n25, 409n26, 422, 433, 434n66
15:8-10 427, 428, 433, 434n65
15:8-11 408, 410, 432, 434
15:8-58 402
15:9-11 408
15:10 434n65
15:11 427, 429, 430
15:11-17 430
15:11-19 429, 429n60, 431
15:12 423, 425, 430
15:12-19 423, 424, 425, 426, 431n63, 433, 434
15:13 423
15:13-19 423
15:14 423, 430
15:14-17 423
15:15 430
15:16 423
15:17 423, 430
15:18 429, 430, 431, 431n63

15:18-19 431n63
15:19 429n60, 430, 431
15:20 425, 431n63
15:20-28 423, 424, 425, 427
15:22-23 425
15:23 413n34, 425
15:24 413n35
15:29 425
15:29-34 424, 425
15:35-58 424, 425, 427
15:39-49 425
15:46 413n34
15:47 208
15:48-49 426
15:51 431n63
15:58 434n65

고린도후서
5:1-2 208
5:18-19 29n1
5:18-20 29, 29n1
5:20 29n1
12:2 208

갈라디아서
1:8 208
1:18 413n34
1:21 413n34
2:1 413n34
3장 185

골로새서
1:5 208n34
1:16 208n34
1:20 208n34
4:11 208n34

데살로니가전서
1:10 208
4:16 208
4:17 413n34

디모데전서
2:13 413n35
3:10 413n35

히브리서
1장 46n21, 250, 252
1-2장 121n57, 223n13, 249, 250n2, 251, 252, 307
1-4장 121n57
1:1-2 218
1:2 68, 206, 249
1:3 138, 141, 179, 182, 216, 243, 249, 388n48
1:3-4 307n59
1:4 250
1:7 223n13
1:9 122n58, 165
1:10 206n31
1:10-11 207n33

1:12 239
1:13 251, 289n16
1:13-14 186
1:14 223n13, 230, 233n30, 238
2장 45, 46, 47, 47n24, 49n27, 58, 84, 119, 120, 121, 122, 127, 250, 251, 252
2-4장 59
2:1 122n57, 191
2:2 49n27
2:3 113
2:4 88
2:5-9 46
2:6-8 249
2:6-9 252
2:7 251
2:9 46, 119, 121, 121n56, 133, 157, 250, 251, 307n59
2:9-10 58
2:10 58, 68, 87n31, 137, 183, 287
2:10-11 122
2:11 79, 137, 242, 244, 245
2:12 92n5, 120
2:12-13 123
2:13 92n5, 272n22
2:14 48, 54, 58, 59, 83, 181, 251
2:14-15 47, 49, 58, 60, 68, 82, 86, 120
2:14-16 47, 47n25, 61, 63, 83, 84
2:15 48, 58
2:16 121-122n57
2:17 224-225n14
2:17-18 90, 140
2:18 134
3-4장 49, 56, 62, 65n45, 67n1, 84, 87
3:1 219, 219n8
3:1-3 44n19
3:1-6 43n14, 44n17
3:2 45n20, 45-46n21
3:2-6 45, 46n21
3:3 45n20
3:4 46n21, 191
3:4-6 45n21
3:5 45n20, 45-46n21, 63
3:5-6 46n21
3:6 46n21
3:7-4:2 131
3:8 131n5, 134n15
3:9 134n15, 240n40
3:12 131
3:15-4:7 240
3:16 45n20, 61, 240n40
3:19 131
4:1-2 68
4:1-6 67
4:1-11 65n45
4:2 131
4:12 191
4:14 141, 206, 209, 219n8, 246, 253, 269, 273, 298
4:14-16 131, 216, 219n8, 270, 273
4:14-8:2 137
4:14-8:6 270n20
4:15 131, 134, 183, 227n19
4:15-16 134n15
4:16 90, 273n23, 387n45
5:1 204, 221
5:1-10 137
5:1-7:28 219, 219n8
5:5 142
5:5-6 221
5:6 142
5:7 114, 130, 131, 132, 132n9, 133, 134, 135, 156, 249n1
5:7-10 42n13
5:8 138
5:8-10 138, 140, 216, 220, 287
5:9 138, 183, 224-

225n14
5:9-10   139
5:12-14   191
6:1   155
6:1-2   132
6:2   155
6:7-9   191
6:12   68
6:12-15   133
6:19-20   162, 269, 270, 271
6:20   224-225n14
7장   142, 156, 162, 180, 205n29, 220, 221, 222, 223, 270, 283n6
7:1-8:2   144
7:2   413n34
7:2-3   222
7:3   140, 144, 157, 180, 223n13
7:8   140, 144, 157, 180, 223n13
7:11   144, 157, 158, 243
7:11-12   186
7:11-19   44n19
7:13-14   143
7:13-16   156
7:14   45n20, 141, 221, 222, 251
7:15   144, 145, 157, 158
7:15-16   223, 224-

225n14
7:16   144, 157, 158, 180
7:18   165
7:18-19   186
7:19   136n19, 165, 182, 243
7:22   136n19
7:23   180
7:23-25   139
7:24   157
7:24-25   138n23, 180
7:25   22n3, 68, 79, 116, 139, 157, 216, 217, 233, 235, 242, 243, 245, 295, 298, 299, 388n48
7:25-26   201
7:26   162, 206, 209
7:27   183, 204, 212, 413n34
7:28   139, 181, 183, 287
8-9장   44n19
8-10장   148n3
8:1   141, 206, 209, 217, 295n30
8:1-2   68, 116, 161, 201, 204, 269, 306n54, 308, 387n45, 388n48
8:1-3   305
8:1-4   216, 222, 235
8:1-5   77, 204, 302

8:2   162
8:3-4   161, 162, 287
8:4   141, 143, 148, 185, 204, 221, 222, 224-225n14, 301
8:4-5   204
8:5   45n20, 203, 204, 205, 209, 225
8:5-6   269
8:6   68, 136n19
8:7-13   125
8:13   186
9장   67n1, 127
9-10장   254, 268, 269
9:1-5   82n26
9:1-10   204
9:1-10:22   204
9:5   198, 226
9:6-7   82, 82n26
9:7   78, 149n4, 253, 268, 270, 271, 272
9:9   182, 243
9:9-10   165
9:9-14   287
9:11   162
9:11-12   78, 149n4, 201, 388n48
9:11-14   204
9:12   212, 305
9:13   73
9:14   182, 212, 211,

227n19, 287
9:15　67n1, 68, 123, 157
9:15-18　86, 123
9:15-21　81
9:19　45n20, 70n7
9:19-22　72, 204
9:22　166
9:23　136n19, 206,
　　207n33, 243n44
9:23-24　201
9:23-25　162
9:23-26　204
9:24　116, 206, 207, 209,
　　253, 269, 272, 295,
　　299, 305, 306n54,
　　388n48
9:24-26　77, 78, 116, 117,
　　118, 124, 216, 270,
　　271, 305, 307n58
9:25　114, 117, 287
9:25-26　212
9:26　23, 116, 272, 299
9:27　115, 120
9:28　36, 68, 87, 87n31,
　　92, 92n7, 113, 114,
　　115, 116, 117, 118, 119,
　　124, 126, 127, 230,
　　233n30, 236, 237,
　　238, 239, 242, 299
10장　165, 166
10:1　243

10:1-2　114
10:5　249n1
10:8　114
10:10　212, 245, 272
10:10-18　243
10:12　162, 295n30, 302
10:12-13　388n48
10:12-14　216
10:14　244
10:19-20　271
10:19-21　306n54
10:19-22　270, 273,
　　387n45
10:19-23　219n8, 273
10:20　269
10:21　46n21
10:23　219n8, 246
10:25　237, 246
10:26　246
10:28　44n19, 45n20
10:29　244n45
10:34　136n19
10:35-37　87n31
10:35-39　36, 68
10:37　238
10:37-38　92n6
11장　26, 42, 42n13, 59,
　　135, 136, 137, 155,
　　156
11:1-12:2　133
11:4　235n33

11:6　132
11:9　67n1
11:9-10　136
11:10　135, 238
11:12　207
11:13-16　136
11:14-16　135
11:16　136n19, 238
11:17-19　132, 134, 135
11:19　134, 135, 155
11:23-24　45n20
11:23-28　44n19
11:28　41, 47n25, 48n26,
　　49, 49n28, 53, 54, 55,
　　56, 59, 82, 83
11:35　132, 136, 155, 184
11:35-36　124n60
11:39-40　233n30, 244
12장　56, 59, 67n1, 88
12:1-2　26
12:1-4　132n8
12:1-10　42n13
12:2　26, 87n31, 135,
　　137, 155
12:5　68
12:9　413n35
12:18-23　56
12:21　45n20
12:22　68, 238
12:23　55, 56, 68, 83,
　　206, 291

12:24 136n19, 186, 212, 235, 235n33, 245
12:25 206
12:25-29 136
12:26 24, 207, 207n33
12:27 186, 207n33, 239
12:28 24
12:29 191
13:10 235, 260, 261, 273
13:11 253, 270, 271, 272, 272n21
13:11-12 78, 272n21
13:12 272n21
13:14 239
13:15 149n4
13:20 44n19, 85n30, 92n6, 130, 130n3, 130n4, 135, 152n11, 154, 158, 191
13:20-21 242, 250

베드로전서
1:4 208n34
1:12 208n34
3:22 208n34

베드로후서
1:18 208n34
3:5 208n34

요한1서
1:7-9 245n47
1:7-2:2 245n47
1:8-2:2 388n48
2:1 245n47
2:1-2 298
2:2 245n47, 295n29

요한계시록
1:12-13 388n48
1:12-18 295n30
5:6-7 295n30, 388n48
21:1 239
21:2 238
21:10 238

구약 외경
1 Maccabees
1:37 338n37

2 Maccabees
1:7-8 111
1:8 338n37
1:18-22 112
1:19-29 112
1:24-29 107
2:16-18 111
2:19-32 103
3장 105
3:1 104, 105
4장 104
4-5장 112
4:1-10:9 105
4:10-17 109
4:13-17 104
4:14-17 111
5:15-20 104
5:17-20 111
6장 105, 107
6-7장 106, 107, 110
6:1-11 105
6:12-17 104
6:18-7:42 104
7장 105, 107, 107n40, 108, 127
7:1 109
7:6 107
7:32 109
7:32-33 108, 111
7:33 107, 109, 112
7:34 107
7:37-38 108, 110
7:40 109n44
8장 104
8-9장 105
8-10장 112
8:3 110
8:5 104, 106, 106n36, 111
8:29 112
10장 105

10:1-4　105
10:10-15:36　105
15:37　105

Sirach
12:18　313n1
13:7　313n1
44-50장　26

Wisdom
18:13-19　53n35
18:25　53n35

구약 위경
Apocalypse of Ezra
1:7　208n34
1:14　208n34

Apocryphon of Ezekiel
2:1　208n34
5:1　208n34

Apocalypse of Sedrach
2:3-5　208n34

3 Baruch
2:5　208n34
11:2　208n34

1 Enoch
14장　202, 384
14:8-20　387n45
18:3-10　208n34
89:50　256

2 Enoch
3-22장　203
20:1-21:6　202

Jubilees
1:20　51
2:2　208n34
2:16　208n34
10:8　51
10:11　53
11:4-5　51
11:8　208n34
12:20　51
15:31-33　51
17:16　51, 55
17:19　51n32
18:11　55
18:15　55
23:29　53, 84
31:14-16　256
48장　51, 53n34, 83
48-49장　53
48:2　51
48:5-8　52n34
48:9　51

48:12　51, 52, 52n34
48:15-17　52n34
48:16-17　52
49장　53n34
49:2　52, 52n34, 83
49:4　52n34
50:5　53, 84

Psalms of Solomon
2편　316n7
2:3-4　316n7
2:11　316n7
2:19-21　316n7
8:9-22　316n7

Testament of Abraham
4:5　208n34
7:4　208n34

Testament of Levi
2:6　208n34
2:9　208n34
3:1-10　203
3:4-5　387n45
5:1　208n34, 209, 387n45

쿰란 문헌
1QS
3-4　53n34

3.13-4.26 51n30

11QT^a

22.4-5 266n18

타르굼

Isaiah

52:15 97

53장 110n45

53:4 110n45

53:7 110n45

53:11 110n45

53:12 110n45

Lamentations

1:19 319, 326

2:20 325

Neofiti

Exodus 12:23 50n29

Zechariah

9:11 85n30

기타 랍비 저작

Lamentations Rabbah

39.i.2-4 319n12, 325

113.i.1-2 325

Mekilta Amalek

1.128-129 50n29

Mekilta Pisḥa

7.28-30 50n29

11.61-62 50n29

13.9-11 50n29

mishna Zebaḥim

2.1 266n18

3.1 266n18

Pesiqta Rabbati

29 319n12

Pirqe Rabbi Eliezer

10 355n14

신약 외경과 위경

Apostolic Constitutions and Canons

8.13.7-10 304n47

그리스어, 라틴어, 시리아어 저작

Augustine

Letters

102 363n21

Cyril of Jerusalem

Lenten Lectures

14.17-20 363n21

Eusebius

Church History in GSC 9/1

82 411n31, 414n38

Commentary on the Psalms

PG 23:696c13 414n38

Quaestiones Evangelicae

PG 22:989d5 411n31

PG 22:1013a5 411n31

Gregory of Nazianzus

Letters

171 289n16

Orations

30.14 215, 247n48, 289n16

Hilary of Poitiers

Commentary on the Psalms in CSEL 22

180 340n39

Hippolytus
  Against Noetus
  PG 10:809b   286n10
  PG 10:809b-c   286n9

  Discourse on Elkanah and
    Hannah
  PG 10:864c   287n12

Irenaeus
  Against Heresies
  3.19.3.67-72   285n8

Jacob of Sarug
  Homily on the Ascension
    of our Lord in TCLA 24
  50   308n63
  52   308n64
  54   308n65
  56   308n66
  57   308n66
  58   308n66, 308n67
  59   308n66

Josephus
  Jewish Antiquities
  3.188-192   82n26
  3.189   80n22
  3.189-191   234n31
  3.191   80n22
  3.197-198   82n26
  3.201-203   82n26
  3.204-206   70n7
  3.226   373n19
  10   319n11
  10.79   318

Narsai
  Homily on the Feast Day
    of the Ascension in PO 40
  163   306n53
  167   306n53, 306n54
  169   306n55
  171   307n56
  175   307n57, 307n58, 307n59
  179   306n53
  181   307n60
  185   307n61
  187   307n62

Origen
  Commentarii in
    Matthaeum in GCS 38
  247   337n32
  266   412n32

  Contra Celsum in SC 132
  312   337n32
  432   412n32, 413n37
  438   413n37

  Homiliae in Leviticum
  1   291, 292, 293, 299
  1.3.19-23   291n23
  1.4.49-53   293n26
  3   294
  3.5.15-19   294n28
  7   295
  7.1.110-121   295
  7.2.14-16   295
  7.2.37-57   295
  7.2.38-39   295n29
  9   295
  9.2.20-33   297
  9.2.26-32   296n31
  9.5.47-57   298n32
  9.5.96-98   298n33
  9.5.99-103   298n34
  9.5.103-106   298n35
  9.5.103   295n29
  9.5.107-112   299n37

Philo
  De congressu eruditionis
    gratia
  116-117   203

  Legatio ad Gaium
  306   80n22, 234n31

  De vita Mosis
  2.74-76   203

2.80-81   203
2.80-107   203
2.88   203
2.101   203
2.102-103   203
2.104   203
2.194   204

Quaestiones et solutiones in Exodum
2.52   203
2.82   203, 205

De somniis
1.215   204

De specialibus legibus
1.66   204
1.72   204

Theodore of Mopsuestia

Homily on Eucharist and Liturgy in WS 6
74   303n46
78   303n46
79   301n39, 303n46
80   301n40, 301n41, 301n42
81   301n43
83   301n44, 303n45

Theodoret of Cyrus

The Letter to the Hebrews in *Commentary on the Letters of St. Paul* (R. C. Hill)
2:169   305n49
2:172-173   305n50
2:175   305n51, 305n52

Questions on Leviticus in *The Questions on the Octateuch* (R. C. Hill)
2:57   305n48

옮긴이 박장훈은 캐나다 사이먼프레이저 대학교에서 철학을 공부하고, 리젠트 칼리지에서 신학 석사 학위를 받았다. 이후 영국 세인트앤드루스 대학교에서 신학 석사를 마친 후 톰 라이트의 지도 아래 바울 신학으로 박사 학위를 받았다. 현재 숭실대학교, 서울기독대학교에서 학생들을 가르치고 있다. 옮긴 책으로는 『톰 라이트는 처음입니다만』 『칭의를 다시 생각하다』 『동양의 눈으로 읽는 로마서』 『혁명의 십자가 대속의 십자가』 『그리스도에서 그리스도교까지』 『신약 단어 수업』(이상 IVP), 『성경과 하나님의 권위』(새물결플러스) 등이 있다.

속죄의 새 지평

초판 발행_ 2024년 11월 29일

지은이_ 데이비드 모핏
옮긴이_ 박장훈
펴낸이_ 정모세

펴낸곳_ 한국기독학생회출판부
등록번호_ 제2001-000198호(1978.6.1)
주소_ 04031 서울시 마포구 동교로 156-10
대표 전화_ (02)337-2257 팩스_ (02)337-2258
영업 전화_ (02)338-2282 팩스_ 080-915-1515
홈페이지_ http://www.ivp.co.kr 이메일_ ivp@ivp.co.kr
ISBN 978-89-328-2307-2

ⓒ 한국기독학생회출판부 2024

책값은 뒤표지에 있습니다.
무단 전재와 복제를 금합니다.